中国区域金融稳定报告（2020）

China Regional Financial Stability Report (2020)

中国人民银行上海总部金融稳定分析小组　编

中国金融出版社

责任编辑：王雪珂
责任校对：潘　洁
责任印制：程　颖

图书在版编目（CIP）数据

中国区域金融稳定报告．2020/中国人民银行上海总部金融稳定分析小组编．
—北京：中国金融出版社，2020.11
ISBN 978－7－5220－0910－0

Ⅰ．①中…　Ⅱ．①中…　Ⅲ．①区域金融—研究报告—中国—2020
Ⅳ．①F832.7

中国版本图书馆 CIP 数据核字（2020）第 226388 号

中国区域金融稳定报告．2020
ZHONGGUO QUYU JINRONG WENDING BAOGAO. 2020
出版
发行　中国金融出版社
社址　北京市丰台区益泽路 2 号
市场开发部　（010）66024766，63805472，63439533（传真）
网 上 书 店　http://www.chinafph.com
（010）66024766，63372837（传真）
读者服务部　（010）66070833，62568380
邮编　100071
经销　新华书店
印刷　北京市松源印刷有限公司
尺寸　210 毫米×285 毫米
印张　29.5
字数　710 千
版次　2020 年 11 月第 1 版
印次　2020 年 11 月第 1 次印刷
定价　198.00 元
ISBN 978－7－5220－0910－0

《中国区域金融稳定报告（2020）》编写组

组　　长：孙　辉

总　　纂：饶庆文　贾　拓　王地宁　郭　勇　裴绍军

统　　稿：张国文　宋玉刚　郑振东　郭　芳　贾　喆

执　　笔：第一章　贾　喆

第二章　赵诗雨　郑境辉

第三章　丁小红　乐林平　陈萌星　袁　媛

第四章　农丽娜　郭　研

第五章　梁　伟　刘　健　高　霞

第六章　贾　喆

专　题　缪仕国　郝雨时　赵诗雨　王同江

孟　楠　丁　上　徐　融　雷梦菲

吴　玓　郑　勇　罗海飞　乐林平

本报告涉及四个区域：东部地区十个省、直辖市，包括北京、天津、河北、上海、江苏、浙江、福建、山东、广东和海南；中部地区六个省，包括山西、安徽、江西、河南、湖北和湖南；西部地区十二个省、自治区、直辖市，包括内蒙古、广西、重庆、四川、贵州、云南、西藏、陕西、甘肃、青海、宁夏和新疆；东北地区三个省，包括辽宁、吉林、黑龙江。

本报告不含港、澳、台。

目　录

中国各地区金融稳定报告摘要（2020）

第一章 概 述

2019年，全球经济增速放缓，国际经贸摩擦加剧，宏观经济金融运行中的不确定因素持续增多，国内经济下行压力加大。面对国内外矛盾交织的复杂局面，各地区①以习近平新时代中国特色社会主义思想为指导，按照党中央、国务院部署，坚持稳中求进工作总基调，全面做好“六稳”② 工作，实施稳健的货币政策，金融支持和服务实体经济力度不断增强，主要预期目标较好实现。金融业改革不断深化，对外开放力度持续加大，防范化解重大金融风险攻坚战取得实质性进展。综合来看，各地区经济运行总体平稳、稳中有进，经济结构持续优化，金融业保持平稳健康运行。

一、区域经济运行与金融稳定

2019年，各地区继续坚持稳中求进工作总基调，贯彻落实积极的财政政策和稳健的货币政策，大力推进供给侧结构性改革，产业结构持续优化，高质量发展扎实推进，新旧动能转换提速，区域协调发展成效进一步显现。

（一）各地区经济总体运行平稳，区域协调发展扎实推进

2019年，各地区经济运行平稳，经济增速维持在合理增长区间。东部、中部、西部和东北地区生产总值分别达到51.12万亿元、21.87万亿元、20.52万亿元和5.02万亿元，同比分别增长6.25%、7.35%、6.78%和4.55%（表1）。中部、西部地区经济发展速度继续高于东部地区和东北地区，在地区生产总值增速超过7%的10个省（自治区、直辖市）中，中部地区占5席、西部地区占4席、东部地区占1席（图1）。其中，西部地区贵州省的经济增速为8.30%，位列

表1　　2019年各地区生产总值及增长率　　单位：亿元、%

项目	东部地区		中部地区		西部地区		东北地区	
	2019年	2018年	2019年	2018年	2019年	2018年	2019年	2018年
地区生产总值	511161.46	480994.74	218737.81	192657.92	205185.15	184302.16	50249.02	56751.62
占全国GDP比例	51.88	52.58	22.20	21.06	20.82	20.15	5.10	6.20
增长率	6.25	6.67	7.35	7.79	6.78	7.33	4.55	5.09

① 指东部地区、中部地区、西部地区和东北地区。

② 指稳就业、稳金融、稳外贸、稳外资、稳投资、稳预期。

全国首位。中、西部地区与东部地区经济发展相对差距继续缩小，东北地区深化体制机制改革，培育经济增长新动能，区域经济增长协调性进一步增强。

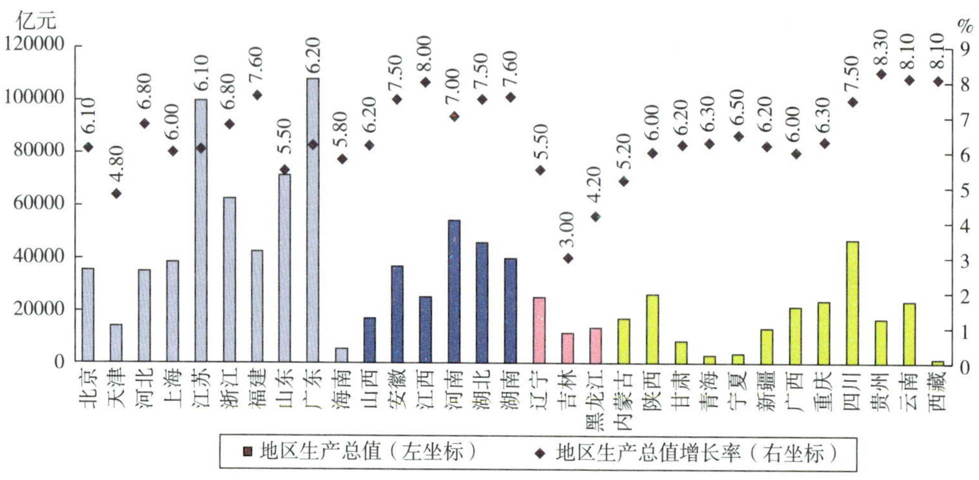

图1　2019年各省（自治区、直辖市）生产总值及增长率

（二）各地区三次产业结构持续优化，第三产业增加值占GDP比重稳步上升

2019年，东部、中部、西部和东北地区第一产业增加值分别为2.35万亿元、1.79万亿元、2.25万亿元和0.66万亿元，同比分别增长2.11%、2.89%、4.41%和2.78%，增速较上年分别回落0.67个、0.3个、0.31个和0.4个百分点。各地区全年粮食产量66384万吨，较上年增产0.9%；谷物产量61368万吨，较上年增产0.6%；猪牛羊禽肉类总产量7649万吨，较上年减产10.2%；棉花产量589万吨，较上年减产3.5%；水产品产量6450万吨，较上年减产0.1%；木材产量9028万立方米，较上年增产2.5%。

东部、中部、西部和东北地区第二产业增加值分别为19.90万亿元、9.14万亿元、7.78万亿元和1.73万亿元，同比分别增长4.92%、7.65%、6.66%和4.31%。其中，东部、西部和东北地区增速较上年有所回落，分别回落0.54个、0.07个和1.21个百分点。中部地区增速较上年有所提高，上升了0.42个百分点。各地区第二产业占GDP比重均有所下降，东部、中部、西部和东北地区第二产业占三大产业比重分别为38.92%、41.78%、37.92%和34.39%，较上年分别回落1.92个、2.22个、2.59个和1.67个百分点。全年规模以上工业中，战略性新兴产业增加值较上年增长8.4%；高技术制造业增加值较上年增长8.8%，占规模以上工业增加值的比重为14.4%。

东部、中部、西部和东北地区第三产业保持较快发展，全年实现增加值分别为28.87万亿元、10.95万亿元、10.49万亿元和2.63万亿元，同比分别增长7.53%、7.81%、7.31%和5.12%，增速均有所放缓，分别回落0.48个、1.52个、1.22个和0.35个百分点。东部、中部和西部地区第三产业占GDP比重持续上升，东部、中部和西部地区第三产业占GDP比重分别为56.49%、50.04%和51.13%，较上年分别上升1.91个、2.44个和2.68个百分点；东北地区第三产业占GDP比重为52.38%，较上年小幅回落0.64个百分点（图2）。

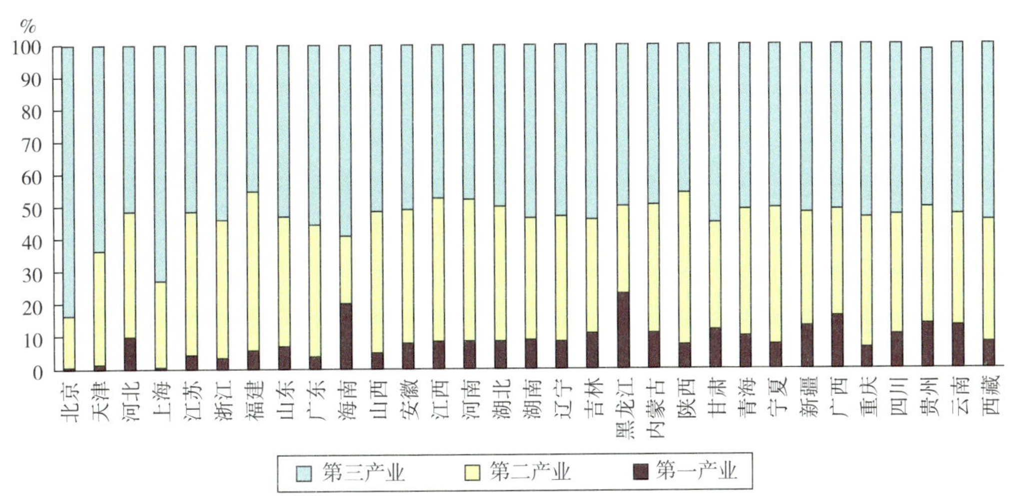

图2 2019 年各省（自治区、直辖市）三次产业结构

（三）各地区投资、消费增速保持平稳较快增长，对外开放水平不断提高

各地区固定资产投资平稳增长。2019 年，各地区全社会固定资产投资 56.09 万亿元，同比增长 5.1%，增速较上年回落 0.8 个百分点。其中固定资产投资（不含农户）55.15 万亿元，同比增长 5.4%。分地区看，东部、中部和西部地区固定资产投资同比分别增长 4.1%、9.5% 和 5.6%，东部和中部地区增速分别较上年回落 1.6 个和 0.5 个百分点，西部地区增速较上年上升 0.9 个百分点；东北地区固定资产投资同比下降 3.0%。分产业看，第一产业固定资产投资 1.26 万亿元，较上年增长 0.6%，增速较上年大幅回落 12.3 个百分点；第二产业固定资产投资 16.31 万亿元，增长 3.2%，增速较上年回落 3.0 个百分点；第三产业固定资产投资 37.58 万亿元，增长 6.5%，增速较上年上升 1.0 个百分点。民间固定资产投资 31.12 万亿元，增长 4.7%，占固定资产投资（不含农户）的比重为 56.42%。基础设施投资增长 3.8%，增速与上年持平。六大高耗能行业投资增长 4.7%。

各地区内需结构持续改善。2019 年，社会消费品零售总额达 41.16 万亿元，首次突破 40 万亿元大关，同比增长 8.0%，增速较上年下降 1.0 个百分点。2019 年内需对经济增长贡献率为 89.0%，最终消费支出对经济增长的贡献率为 57.8%，较上年下降 18.4 个百分点，比资本形成总额对经济增长的贡献率高 26.6 个百分点，货物和服务净出口的贡献率为 11.0%。全年实物商品网上零售额 8.52 万亿元，同比增长 19.5%，占社会消费品零售总额的比重为 20.7%，较上年提高 2.3 个百分点。城镇消费品零售额 35.13 万亿元，同比增长 7.9%；乡村消费品零售额 6.03 万亿元，同比增长 9.0%。按消费类型看，商品零售额 36.49 万亿元，同比增长 7.9%；餐饮收入额 4.67 万亿元，同比增长 9.4%。分地区看，东部、中部、西部和东北地区社会消费品零售总额分别为 20.77 万亿元、8.99 万亿元、7.67 万亿元和 3.31 万亿元，同比分别增长 7.11%、10.22%、7.97% 和 5.48%（图3）。

各地区进出口总额创历史新高，贸易结构继续优化。2019 年，全国货物进出口总额 31.55 万亿元，连续两年超过 30 万亿元，较上年增长 3.4%，增速较上年回落 6.3 个百分点。其中，出口 17.23 万亿元，同比增长 5.0%；进口 14.32 万亿元，同比增长 1.6%。货物进出口顺差 2.92 万亿元，较上年增加 5932 亿元。全年服务进出口总额 5.42 万亿元，同比增长 2.8%。其

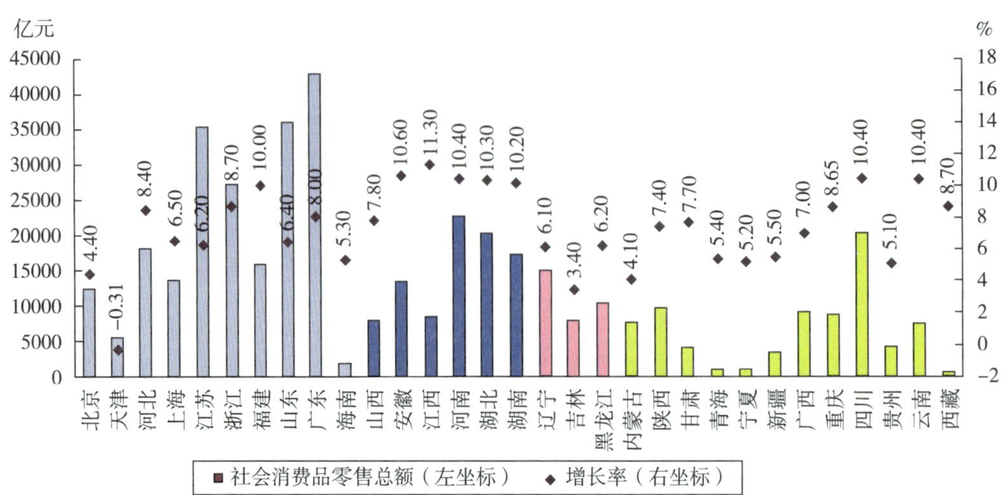

图3 2019年各省（自治区、直辖市）社会消费品零售总额及增长率

中，服务出口1.96万亿元，同比增长8.9%；服务进口3.46万亿元，同比下降0.4%。服务进出口逆差1.50万亿元。其中，服务出口总额在服务进出口总额中的比重达36.1%，较上年提高2.0个百分点。分地区看，东部、中部、西部和东北地区进出口贸易总额分别为36902.57亿美元、3431.60亿美元、3914.27亿美元和1512.82亿美元，其中中部和西部地区同比分别增长9.34%和6.10%，东部和东北地区同比分别下降2.32%和6.45%（图4）。

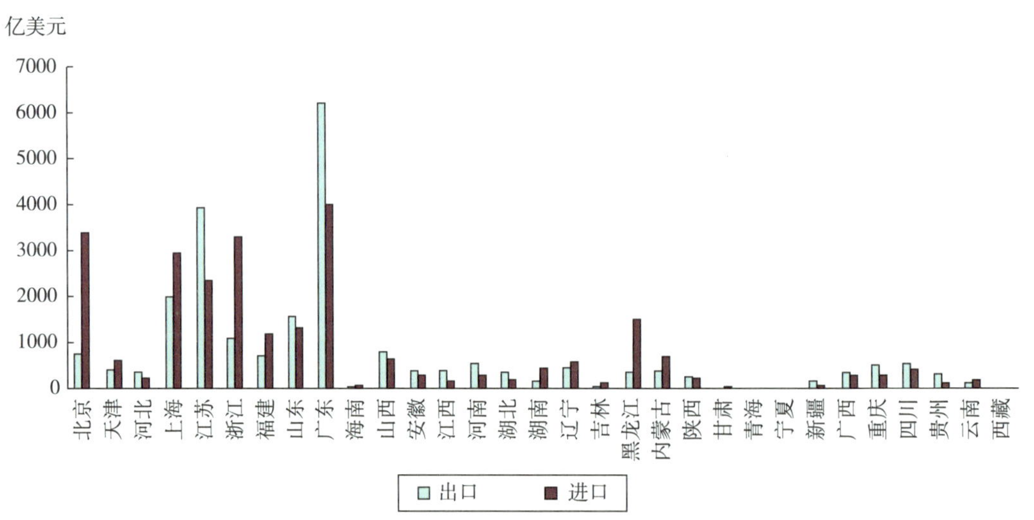

图4 2019年各省（自治区、直辖市）进出口情况

共建“一带一路”成果丰硕，与“一带一路”沿线国家和地区经贸合作进一步加深。2019年，我国对“一带一路”沿线国家和地区进出口总额9.27万亿元，较上年增长10.8%。其中，出口5.26万亿元，增长13.2%；进口4.01万亿元，增长7.9%。全年外商直接投资（不含银行、证券、保险领域）新设立企业40888家，较上年下降35.5%，但实际使用外商直接投资金额达9415亿元，较上年增长5.8%。其中“一带一路”沿线国家和地区对华直接投资新设立企业5591家，增长24.8%；对华直接投资金额576亿元，增长36.0%。我国对“一带一路”沿线

国家和地区投资150亿美元，占对外总投资的13.6%，占比提高0.6个百分点。

（四）各地区消费价格指数涨幅总体温和，工业生产者价格同比回落

各地区消费价格指数走势温和上升。2019年，CPI同比上涨2.9%，涨幅较上年扩大0.8个百分点，延续温和上涨态势。分类别看，猪肉价格上涨较快，同比上涨42.5%，带动牛、羊肉价格也分别上涨12.1%和11.9%。食品价格上涨9.2%，涨幅较上年提高7.4个百分点；非食品价格上涨1.4%，涨幅较上年回落0.8个百分点。不包括食品和能源的核心CPI温和上涨1.6%，涨幅较上年回落0.3个百分点。衣着、居住、生活用品及服务、交通和通信、教育和文化、医疗保健、其他用品和服务分别上涨1.6%、1.4%、0.9%、-1.7%、2.2%、2.4%、3.4%。分省份看，甘肃省、湖南省、新疆维吾尔自治区、广西壮族自治区、广东省CPI涨幅居全国前五位，同比分别上涨4.3%、4.2%、3.9%、3.7%和3.4%；西藏自治区、北京市、辽宁省、贵州省和内蒙古自治区CPI涨幅居后五位，同比分别上涨2.3%、2.3%、2.4%、2.4%和2.4%。

工业生产者价格同比下降。2019年，工业生产者出厂价格同比下降0.3%，涨幅较上年回落3.8个百分点。工业生产者购进价格同比下降0.7%，涨幅较上年回落4.8个百分点。固定资产投资价格上涨2.6%。农产品生产者价格上涨14.5%。分省份看，湖北省、上海市、天津市、福建省和广西壮族自治区的工业生产者出厂价格居前五位，同比分别上涨2.6%、1.92%、1.8%、1.5%和1.2%。

（五）各地区财政运行总体平稳，居民收入与经济增长基本同步

2019年，全国一般公共预算收入19.04万亿元，同比增长3.8%，增速较上年回落2.4个百分点。其中，税收收入15.80万亿元，同比增长1%。财政支持实体经济力度加大，2019年减税降费超过2.3万亿元。分地区看，东部、中部、西部和东北地区全年分别实现地方一般公共预算收入6.01万亿元、2.30万亿元、1.93万亿元和0.5万亿元，东部、中部和西部地区同比分别增长3.42%、4.21%和0.92%，东北地区同比下降2.1%（图5）。财政支出保持较快增长。2019年，全国一般公共预算支出23.89万亿元，同比增长8.1%，增速较上年下降0.6个百分点。

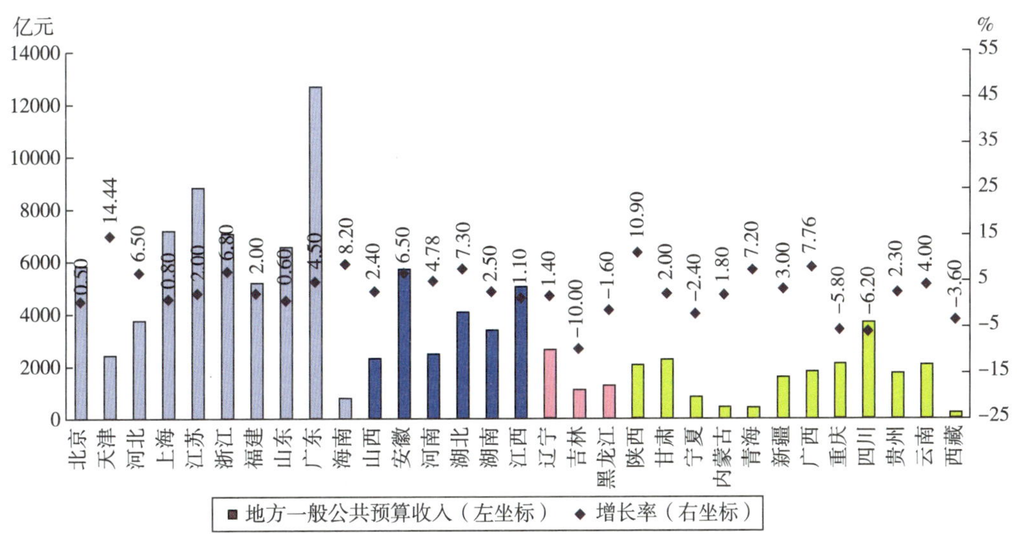

图5　2019年各省（自治区、直辖市）地方一般公共预算收入及增长率

各地区居民收入稳定增长，脱贫攻坚成效显著。2019 年，全国居民人均可支配收入 30733 元，较上年名义增长 8.9%，扣除价格因素，实际增长 5.8%，与经济增长基本同步。按常住地分，城镇居民人均可支配收入 42359 元，较上年增长 7.9%，扣除价格因素，实际增长 5.0%；农村居民人均可支配收入 16021 元，较上年增长 9.6%，扣除价格因素，实际增长 6.2%。城乡居民人均收入倍差 2.64，较上年缩小 0.05。按照每人每年 2300 元（2010 年不变价）的农村贫困标准计算，年末农村贫困人口 551 万人，较上年末减少 1109 万人。贫困地区农村居民人均可支配收入 11567 元，较上年增长 11.5%，扣除价格因素，实际增长 8.0%。

（六）各地区房地产开发投资稳中微升，商品房销售增速有所放缓

2019 年，全国房地产开发投资 13.22 万亿元，较上年增长 9.9%，增速同比提高 0.4 个百分点。其中，住宅投资 9.71 万亿元，增长 13.9%，增速同比提高 0.5 个百分点，住宅投资占房地产开发投资比重为 73.4%，同比上升 2.6 个百分点；办公楼投资 6163 亿元，增长 2.8%；商业营业用房投资 1.32 万亿元，下降 6.7%。分地区看，东部、中部、西部和东北地区房地产开发投资分别为 6.93 万亿元、2.76 万亿元、3.02 万亿元和 0.51 万亿元，较上年分别增长 7.7%、9.6%、16.1% 和 8.2%。

2019 年，商品房销售面积 17.16 亿平方米，较上年微降 0.1%，增速同比回落 1.4 个百分点。其中，住宅销售面积增长 1.5%。分地区看，东部、中部和东北地区销售面积有所下降，分别为 6.66 亿平方米、5.00 亿平方米和 0.75 亿平方米，同比分别下降 1.5%、1.3% 和 5.3%。西部商品房销售面积为 4.74 亿平方米，同比增长 4.4%。全国商品房销售额 15.97 万亿元，增长 6.5%，增速较上年回落 5.7 个百分点。分地区看，东部、中部、西部和东北地区商品房销售额分别为 8.38 万亿元、3.55 万亿元、3.45 万亿元和 0.59 万亿元，同比分别增长 5.8%、4.9%、10.8% 和 2.8%，东部、中部和东北地区增速分别回落 1.3 个、0.7 个和 0.6 个百分点，西部地区增速加快 0.2 个百分点。

（七）供给侧结构性改革继续深化，"三去一降一补" 成果巩固

供给侧结构性改革扎实推进。去产能方面，2019 年全国工业产能利用率为 76.6%，较上年提高 0.1 个百分点。其中，黑色金属冶炼和压延加工业产能利用率为 80.0%，提高 2.0 个百分点；煤炭开采和洗选业产能利用率为 70.6%，与上年持平。去库存方面，2019 年末商品房待售面积较上年末减少 2593 万平方米。去杠杆方面，2019 年，实体经济杠杆率 245.4%，较上年上升 6.1 个百分点，升幅呈前高后低态势，2019 年前三个季度分别上升 5.1 个、0.7 个、0.9 个百分点，第四季度下降 0.6 个百分点。非金融部门杠杆率 151.3%，上升 0.3 个百分点。规模以上工业企业整体资产负债率为 56.6%，下降 0.2 个百分点。降成本方面，规模以上工业企业每百元主营业务收入中的成本有所提高，较上年提高 0.18 元。补短板方面，教育和生态环保领域投资保持快速增长，全年教育、生态保护和环境治理业固定资产投资（不含农户）分别较上年增长 17.7% 和 37.2%。"放管服"[①] 改革持续深化，微观主体活力不断增强。全年新登记市场主体

① "放管服" 是简政放权、放管结合、优化服务的简称。"放" 即简政放权，降低准入门槛；"管" 即创新监管，促进公平竞争；"服" 即高效服务，营造便利环境。

2377 万户，日均新登记企业 2 万户，年末市场主体总数达 1.2 亿户。2019 年末对实体经济发放的人民币贷款余额 151.6 万亿元，较上年末增长 12.5%。

二、区域金融业与金融稳定

2019 年以来，面对国内外经济金融形势不确定性增大，各地区金融业保持稳健运行，推进业务创新和转型发展，继续深化金融体制改革，金融支持重点领域和薄弱环节力度加大，为实现"六稳"和各地区经济高质量发展创造了良好的金融环境。

（一）银行业

2019 年，各地区银行业运行总体平稳，资产负债规模稳步增加，贷款增长较快，资产质量保持稳定，信贷结构进一步优化，普惠、小微信贷得到有力支撑。

1. 各地区银行业资产负债规模保持较快增长，资产增速略高于负债

截至 2019 年末，各地区银行业金融机构总资产 282.51 万亿元，总负债 258.24 万亿元，同比分别增长 8.1% 和 7.6%，增速较上年分别回升 1.8 个和 1.7 个百分点。东部、中部、西部和东北地区银行业总资产同比分别增长 8.48%、10.12%、6.26% 和 4.98%，占全国的比重分别为 58.34%、16.43%、18.75% 和 6.47%（图 6）；总负债同比分别增长 8.03%、9.93%、6.26% 和 4.63%，占全国的比重分别为 58.14%、16.54%、18.83% 和 6.50%。

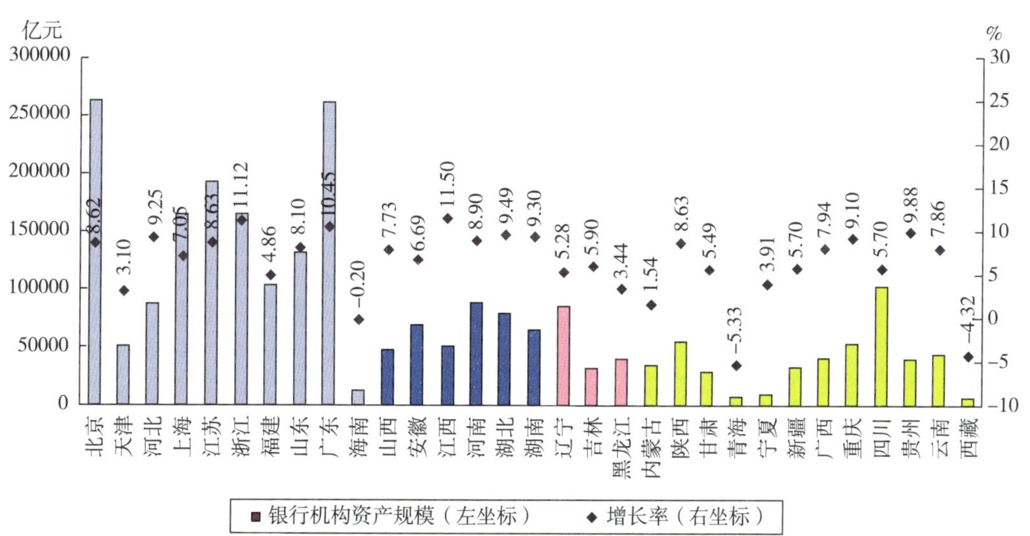

图 6 2019 年各省（自治区、直辖市）银行业金融机构资产规模及其增长率

2. 各地区银行业存款增速上升，贷款较快增长，金融支持实体经济力度增强

2019 年，各地区存款增速均有所上升。截至 2019 年末，东部、中部、西部和东北地区金融机构本外币各项存款余额分别为 105.44 万亿元、30.96 万亿元、34.04 万亿元和 11.47 万亿元，同比分别增长 12.60%、7.56%、6.42% 和 11.57%，分别较上年提高 6.92 个、0.37 个、2.15 个和 4.16 个百分点。从人民币存款部门分布看，人民币各项存款新增额较上年均实现增长，同比变化情况呈分化态势。其中，住户存款全年新增 9.7 万亿元，同比多增 2.5 万亿元，增速

13.5%，成为拉动存款规模增长的主要因素。非金融企业存款全年新增3.3万亿元，同比多增1.1万亿元，增速5.8%；机关团体存款和非银行业金融机构存款全年分别新增11387亿元和11536亿元，同比分别少增9775亿元和8033亿元，增速分别为4.1%和7.3%。

各地区贷款保持较快增长，金融支持实体经济力度持续加大。截至2019年末，东部、中部、西部和东北地区金融机构本外币各项贷款余额分别为84.29万亿元、26.05万亿元、30.84万亿元和9.20万亿元，同比分别增长13.32%、15.10%、11.45%和9.10%（图7）。其中，东部、中部和东北地区增速较上年分别提高4.91个、0.15个和2.04个百分点；西部地区增速与上年基本持平。从人民币贷款部门分布看，住户部门贷款增速放缓，2019年末为15.5%，较上年末低2.7个百分点，降幅收窄0.5个百分点。非金融企业及机关团体贷款同比多增1.1万亿元，增速10.9%。

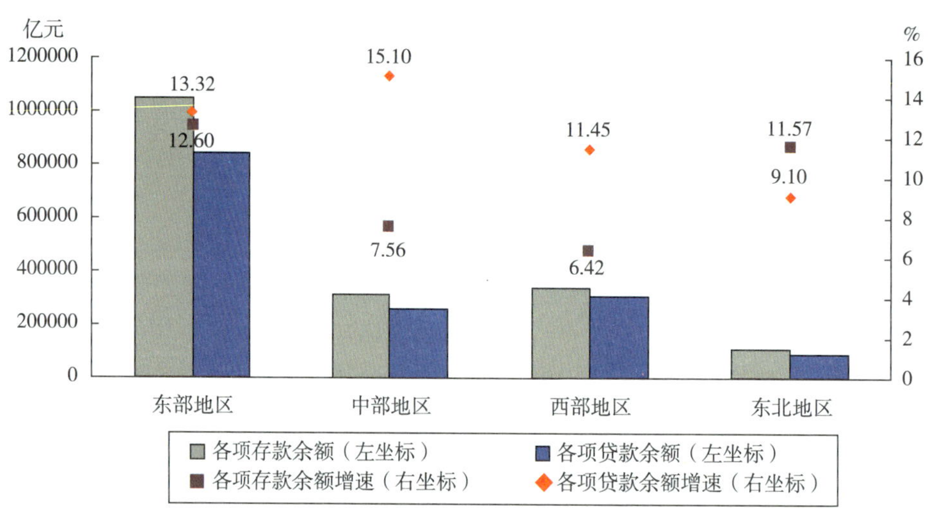

图7 2019年各地区银行业金融机构存贷款余额及其增长率

从人民币贷款期限看，中长期贷款增量比重上升。2019年末，中长期贷款较年初增加11.3万亿元，同比多增7986亿元，占同期贷款增量的67.3%，较上年提高2.3个百分点。分地区看，东部、中部、西部和东北地区中长期贷款余额分别为48.82万亿元、17.18万亿元、22.28万亿元和5.32万亿元，同比分别增长7.61%、15.24%、11.75%和11.56%（表2）。

表2 2019年各地区银行业金融机构中长期贷款情况 单位：亿元、%

项目	东部地区		中部地区		西部地区		东北地区	
	2019年	2018年	2019年	2018年	2019年	2018年	2019年	2018年
中长期贷款余额	488202.26	453667.05	171835.10	151748.56	222758.19	199344.68	53163.31	47654.91
增长率	7.61	12.98	15.24	17.23	11.75	15.13	11.56	10.17

3. 各地区银行业风险总体可控，风险抵御能力较强

截至2019年末，东部、中部、西部和东北地区银行业不良贷款余额分别为11498.65亿元、5211.41亿元、8573.49亿元和3991.99亿元，同比分别增长1.21%、1.89%、22.91%和7.90%。东部、中部、西部和东北地区不良贷款率分别为1.36%、2.00%、2.78%和4.34%，东部、中部和东北地区较上年分别下降0.17个、0.26个和0.05个百分点，西部地区提高0.26

个百分点。除西部地区外，其他地区不良贷款余额、不良贷款率实现双降。从资本充足率和拨备覆盖率来看，截至2019年末，全国商业银行（不含外国银行分行）核心一级资本充足率、一级资本充足率和资本充足率分别为10.92%、11.95%和14.64%，拨备覆盖率和贷款拨备率分别为186.08%和3.46%，均与上年基本持平，银行业金融机构总体损失吸收能力较强。

4. 各地区信贷结构进一步优化，普惠、小微信贷得到有力支撑

2019年各地区积极引导金融机构加大普惠、小微贷款投放力度，信贷结构进一步优化。截至2019年末，普惠、小微贷款新增2.1万亿元，与上年增量相比提高1.7倍，年末余额增速达23.1%，较上年末提高7.9个百分点。年末主要农村信用合作金融机构（农村商业银行、农村合作银行和农村信用社）人民币贷款余额19.07万亿元，比年初增加2.09万亿元。同时，人民银行积极运用多种结构性货币政策工具加大对民营和小微企业等国民经济的重点领域和薄弱环节的支持，引导金融机构加大对“三区三州”深度贫困地区的资金供给。截至2019年末，再贷款和再贴现余额共计11790亿元，同比增加16.1%。其中，支农再贷款余额为2602亿元，支小再贷款余额为2832亿元，扶贫再贷款余额为1642亿元，再贴现余额为4714亿元；对政策性和开发性银行发放的抵押补充贷款余额为35374亿元。此外，进一步强化金融对新冠肺炎疫情防控工作的信贷支持力度，2020年2月提供3000亿元低成本专项再贷款定向支持疫情防控重点领域和重点企业，引导金融机构加大对疫情防控的信贷支持力度；3月出台5000亿元再贷款、再贴现政策，用于支持企业复工复产。

（二）证券期货业

2019年，股票市场指数大幅回升，期货市场回暖，各地区直接融资规模继续扩大，证券业机构资产负债规模回升，区域股权市场稳步发展，多层次资本市场建设持续推进。

1. 股票市场指数大幅回升，期货市场回暖，基金业发展平稳

2019年，沪、深两市股指总体呈上涨走势，涨幅较大（图8）。截至2019年末，上证综合指数收于3050.12点，较上年末上涨22.3%；深证成分指数收于10430.77点，较上年末上涨

图8 2019年上证综合指数和深证成分指数走势

44.1%；创业板指数收于1798.12点，较上年末上涨43.79%。

股票市场成交额大幅上升。2019年，沪、深股市累计成交127.4万亿元，日均成交5222亿元，同比增长40.7%；创业板累计成交23.1万亿元，同比上涨45.3%。截至2019年末，沪、深股市流通市值48.3万亿元，同比增加36.4%；创业板流通市值4.02万亿元，同比增加60.8%。科创板成交额13314亿元，总市值8638亿元，流通市值1288亿元。

各地区期货成交持续回暖，金融期货成交量显著上升。2019年，全国期货市场累计成交量39.22亿手，同比上升30.25%；累计成交额290.59万亿元，同比增长37.85%。其中，商品期货成交量38.56亿手，占总成交量的98.31%，成交额220.99万亿元，占总成交额的76.04%；金融期货全年累计成交量0.66亿手，累计成交额69.6万亿元，同比分别大幅增长143.60%和166.51%，分别占全国市场的1.7%和23.96%。上海期货交易所累计成交量和成交额同比分别上升19.82%和18.89%；郑州商品交易所累计成交量和成交额分别增长33.04%和3.45%；大连商品交易所全年累计成交量和成交额分别增长37.26%和32.06%。

基金业总体发展平稳。截至2019年末，各地区共有基金管理公司128家。其中，中外合资公司44家，内资公司84家；取得公募基金管理资格的证券公司和资管子公司共13家。以上机构管理的公募基金资产合计14.77万亿元，同比增长13.35%。其中，货币基金净值71171亿元、债券型基金净值27661亿元、股票型基金净值12993亿元、混合型基金净值18893亿元、QDII基金净值931亿元、封闭式基金16024亿元。私募基金方面，截至2019年末，各地区在中国证券投资基金业协会已登记的私募基金管理人24471家，已备案私募基金81710只，同比分别增长0.09%和9.49%，管理基金规模总计13.74万亿元，同比增长7.52%。分地区看，上海市、深圳市和北京市私募基金管理人数量位列全国前三，分别为4709家、4566家和4367家，分别管理基金数量22490只、14251只和14085只，分别管理基金规模2.95万亿元、1.81万亿元和3.18万亿元。

2. 境内直接融资规模比重保持平稳增长，债券融资增速有所回落

2019年，各地区新增直接融资规模达3.59万亿元，较上年增加0.6万亿元，同比增长20.07%。其中企业债券新增3.24万亿元，非金融企业境内股票融资新增0.35万亿元。从占比来看，2019年新增直接融资规模占新增社会融资规模增量的比例为14.03%，较上年微降0.75个百分点。

从股票市场看，2019年沪深交易所A股累计筹资13534亿元，较上年增加2076亿元。首次公开发行A股201只，筹资2490亿元，较上年增加1112亿元，其中科创板股票70只，筹资824亿元；A股再融资（包括公开增发、定向增发、配股、优先股、可转债转股）11044亿元，增加964亿元。分省份看，股票市场融资总额在千亿元以上的有三个省市，分别为江苏省、北京市和浙江省。广东省、江苏省、北京市、浙江省和上海市的IPO企业数量位居前五名，全年首发过会家数分别达34家、31家、29家、25家和22家；吉林省、山西省、贵州省、海南省、新疆维吾尔自治区、甘肃省、内蒙古自治区全年无企业IPO。

从债券市场看，2019年累计发行各类债券45.3万亿元，同比增长3.1%，增幅较上年收窄4.4个百分点；各类债券余额为99.1万亿元，同比增长15.2%。分地区看，北京市、广东省、江苏省、上海市和浙江省企业债券融资额居全国前五位，企业债券融资规模分别为6975亿元、

4787 亿元、3139 亿元、2746 亿元和 2679 亿元，排名 2 ~ 5 位的省市较上年分别增长 50.82%、31.78%、60.02% 和 73.51%，北京市企业债券融资额于上年基本持平。

3. 证券业机构资产负债规模持续增长，盈利水平大幅上升

各地区法人证券公司资产和负债规模延续增长态势。截至 2019 年末，东部、中部、西部和东北地区法人证券公司资产总额分别为 42168.39 亿元、5717.39 亿元、5926.03 亿元和 1203.73 亿元，同比分别增长 16.19%、6.45%、10.61% 和 0.32%（图 9）。东部、中部、西部和东北地区法人证券公司负债规模分别为 30288.66 亿元、4030.93 亿元、3856.77 亿元和 894.00 亿元，同比分别增长 20.46%、10.45%、10.48% 和 2.90%。

各地区 133 家法人证券公司中有 120 家实现盈利，营业收入和利润水平扭转下降趋势，全年营业收入和净利润分别为 3604.83 亿元和 1230.95 亿元，同比分别增长 35.37% 和 84.77%。其中，代理买卖证券业务净收入、证券承销与保荐业务净收入、投资咨询业务净收入、资管业务净收入和证券投资收益同比分别上升 26.34%、46.03%、20.05%、0.06% 和 52.65%。

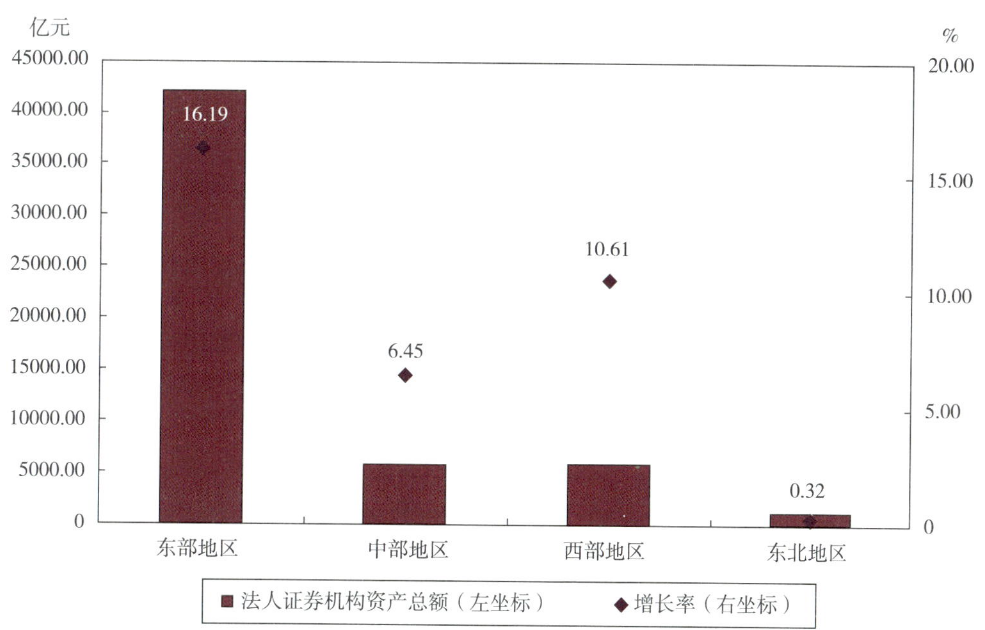

图 9　2019 年各地区法人证券公司资产规模变化情况

4. 新三板市场摘牌公司进一步增多，市场出清生态逐步形成

截至 2019 年末，各地区企业在新三板挂牌家数为 8953 家，较上年减少 1738 家，其中新增 249 家挂牌公司，摘牌 1987 家。新三板企业总股本为 5616.29 亿股，可交易股份为 3365.26 亿股，总市值 2.94 万亿元，同比下降 14.75%；成交金额 825.69 亿元，同比下降 7.02%，成交数量 220.20 亿股，同比下降 6.81%，市盈率 19.74 倍。

（三）保险业

2019 年，各地区保费收入增速回升，保险业总资产和保险资金运用规模稳步上升，财产险、人身险业务持续健康发展，保险资金支农支小试点持续推进，服务实体经济能力不断提升，保险的社会“稳定器”和经济“助推器”作用得到有效发挥。

1. 各地区保费收入增幅扩大，保险深度总体稳定

2019年，东部、中部、西部和东北地区保险业分别实现保费收入22894.03亿元、8622.71亿元、8155.83亿元和2921.53亿元，同比分别增长14.31%、10.87%、9.97%和7.52%，增速较上年分别上升12.52个、1.88个、1.74个和12.13个百分点。从结构上看，东部地区保费收入占比53.74%，较上年上升0.96个百分点，中部、西部和东北地区保费收入占比分别为20.23%、19.14%和6.89%，较上年分别回落0.25个、0.40个和0.30个百分点。

从保险深度来看，东部、中部、西部和东北地区保险深度分别为4.48%、3.94%、3.97%和5.81%。其中，东部和东北地区较上年分别提高0.31个和1.03个百分点；中部和西部地区较上年分别微降0.09个和0.05个百分点。

2. 保险业总资产、资金运用规模稳步增长

截至2019年末，各地区保险业资产总额20.56万亿元，同比增长12.17%。东部、中部、西部和东北地区保险机构资产总额同比分别增长13.50%、15.00%、14.37%和8.44%。其中，除东北地区增速较上年回落0.47个百分点外，东部、中部和西部地区增速较上年分别上升5.71个、3.53个和3.28个百分点。

全年各地区保险公司资金运用余额18.53万亿元，同比增长12.91%。其中，银行存款2.52万亿元，占比13.60%；债券6.40万亿元，占比34.54%；股票和证券投资基金2.44万亿元，占比13.17%；其他投资7.17万亿元，占比38.69%。

3. 各地区财产险业务增长趋缓，人身险业务均实现正增长

2019年，东部、中部、西部和东北地区财产险分别实现保费收入6260.89亿元、2363.63亿元、2517.14亿元和778.34亿元，同比分别增长8.23%、10.74%、8.42%和8.67%，增速较上年分别回落0.59个、4.20个、0.57个和1.30个百分点（表3）。分险种看，农业险和责任险业务持续快速发展，车险业务增速有所分化。其中，农业险方面，东部、中部、西部和东北地区分别实现保费收入162.74亿元、159.51亿元、236.66亿元和94.31亿元，同比分别增长28.17%、12.21%、13.30%和13.53%；责任险方面，东部、中部、西部和东北地区分别实现保费收入408.81亿元、111.96亿元、134.18亿元和31.97亿元，同比分别增长25.77%、26.62%、23.68%和17.75%；车险方面，东部、中部、西部和东北地区分别实现保费收入4244.56亿元、1727.04亿元、1673.73亿元和514.18亿元，同比分别增长4.56%、6.90%、0.36%和4.48%，东部和东北地区增速分别较上年上升1.08个和0.67个百分点，中部和西部地区增速分别较上年回落0.78个和2.29个百分点。

表3　2019年全国各地区保险业分险种保费收入情况　　单位：亿元、%

项目	东部地区		中部地区		西部地区		东北地区	
	2019年	2018年	2019年	2018年	2019年	2018年	2019年	2018年
人身险保费收入	16633.16	14243.57	6259.06	5642.57	5193.63	5082.30	2143.18	2001.38
同比增长	16.78	-0.81	10.93	10.37	2.19	7.62	7.08	-8.91
占保险收入比例	72.65	71.12	72.59	72.55	63.68	68.53	73.36	73.66
财产险保费收入	6260.89	5784.87	2363.63	2134.47	2517.14	2321.68	778.34	716.23
同比增长	8.23	8.82	10.74	14.94	8.42	8.99	8.67	9.97
占保险收入比例	27.35	28.88	27.41	27.45	30.86	31.31	26.64	26.36

2019 年，各地区人身险保费收入均实现正增长，但增速有所分化。东部、中部、西部和东北地区人身险分别实现保费收入 16633.16 亿元、6259.06 亿元、5193.63 亿元和 2143.18 亿元，同比分别增长 16.78%、10.93%、2.19% 和 7.08%。东部、中部和东北地区增速较上年分别提高 17.59 个、0.56 个和 15.99 个百分点，西部地区增速较上年回落 5.43 个百分点。东部地区分红险高速发展，保费收入同比增长 47.63%，占人身险比重为 39.74%，较上年提高 8.3 个百分点。

4. 各地区保险业赔款给付支出总体保持平稳，“稳定器”功能得到较好发挥

2019 年，东部、中部、西部和东北地区保险业各项赔款和给付支出分别为 6710.65 亿元、2583.83 亿元、2610.32 亿元和 937.34 亿元，同比分别增长 4.68%、4.03%、4.53% 和 9.30%。分险种来看，财产险赔付支出稳步增加，东部、中部、西部和东北地区全年财产险赔款支出分别为 3533.19 亿元、1255.35 亿元、1397.15 亿元和 457.80 亿元，同比分别增长 7.62%、13.12%、17.77% 和 17.06%。其中，责任保险赔款支出保持快速增长，同比分别增长 47.22%、10.62%、29.22% 和 21.10%。人身险赔款和给付支出方面，各地区赔付支出增速均有所放缓，中部和西部地区出现负增长。东部、中部、西部和东北地区人身险赔款和给付支出分别为 3177.45 亿元、1328.45 亿元、1215.20 亿元和 479.54 亿元，东部和东北地区同比分别增长 1.60% 和 2.80%，中部和西部地区同比分别下降 3.32% 和 6.71%（表 4）。从风险保障看，2019 年，各地区保险业共提供风险保障金额 6470 万亿元。

表 4　　2019 年全国各地区保险业赔款和给付支出情况　　单位：亿元、%

项目	东部地区		中部地区		西部地区		东北地区	
	2019 年	2018 年	2019 年	2018 年	2019 年	2018 年	2019 年	2018 年
赔款和给付支出	6710.65	6410.60	2583.83	2483.80	2610.32	2497.15	937.34	857.58
增长率	4.68	10.24	4.03	8.72	4.53	12.26	9.30	8.40
占全国比例	52.25	52.34	20.12	20.28	20.33	20.39	7.30	7.00
其中：人身险	3177.45	3127.43	1328.45	1374.06	1215.20	1302.67	479.54	466.48
增长率	1.60	2.49	-3.32	1.68	-6.71	13.08	2.80	7.47
占总赔款和给付支出比	47.35	48.79	51.41	55.32	46.55	52.17	51.16	54.39
财产险	3533.19	3283.17	1255.35	1109.74	1397.15	1186.34	457.80	391.09
增长率	7.62	17.53	13.12	18.91	17.77	10.63	17.06	9.53
占总赔款和给付支出比	52.65	51.21	48.58	44.68	53.52	47.51	48.84	45.60

5. 推进保险资金支农试点，农业保险服务模式不断创新

2019 年，各地区稳妥推进保险资金支农试点，为农户提供“保险 + 融资”综合性金融服务，鼓励保险机构结合优势产业研发特色农产品保险，积极创新农业保险服务模式，增强农业保险内在吸引力、减轻农户保费支出，不断满足农户多元化的风险保障需求。例如，安徽省部分地区探索开展了农业保险“基本险 + 商业险 + 附加险”三级保险保障体系；海南省深入推进天然橡胶“保险 + 期货 + 扶贫”试点；广西围绕甘蔗生产经营开展了价格指数保险试点；甘肃省探索开展“一户一单、一户一保、一户一赔”的种养产业综合保险。2019 年，东部、中部、西部

和东北地区农业保险保费收入分别为162.74亿元、159.51亿元、236.66亿元和94.31亿元，同比分别增长28.17%、12.21%、13.30%和13.53%。东部、中部、西部和东北地区农业保险赔付支出分别为114.08亿元、111.07亿元、191.78亿元和96.05亿元，同比分别增长45.31%、13.52%、31.50%和84.71%。2019年，各地区农业保险为1.8亿户次农户提供风险保障金额3.6万亿元。

三、区域金融市场与金融稳定

2019年，各地区金融机构积极参与各类型金融市场活动，金融市场整体运行平稳，市场交易活跃。货币市场回购交易量增加，利率互换成交金额上升；债券市场发行规模稳步扩大，债券现券交易量增加。金融市场在助力实体经济发展、满足企业融资需求、降低融资成本等方面发挥了重要作用。

（一）货币市场运行平稳，市场利率维持较低水平

2019年，各地区金融机构银行间市场信用拆借、回购交易总成交量971.3万亿元，同比增长12.7%。其中，同业拆借累计成交151.6万亿元，日均成交6065亿元，同比增长9.7%。银行间市场债券回购累计成交819.6万亿元，日均成交3.3万亿元，同比增长14.3%。从期限结构看，市场交易集中于回购和拆借隔夜品种，成交量分别占各自总量的85.2%和91.4%，占比较上年分别上升3.6个和1.3个百分点，基本保持稳定。交易所债券回购累计成交238.9万亿元，成交量由降转升，同比上升3.4%。

货币市场利率稳中有降。2019年12月，同业拆借月加权平均利率为2.09%，较上年同期低48个基点；质押式回购月加权平均利率为2.10%，较上年同期低58个基点；12月银行业存款类金融机构间利率债质押式回购月加权平均利率为1.98%。Shibor呈下行趋势。2019年末，隔夜和1周Shibor分别为1.69%和2.74%，较上年末分别下降86个和16个基点；3个月和1年期Shibor分别为3.02%和3.1%，较上年末分别下降33个和42个基点。

利率互换交易继续保持活跃，短期产品交易量占比较高。2019年，人民币利率互换市场达成交易23.77万笔，同比增长26%；名义本金总额18.1万亿元，同比减少16%。从期限结构看，1年及1年期以下品种名义本金11.12万亿元，占总量的61.27%。

（二）债券市场现券交易量保持快速增长，债券发行规模稳步扩大

2019年，银行间债券市场现券交易213.7万亿元，日均成交8550亿元，同比增长42.9%。从交易品种看，主要以政策性金融债、同业存单和国债现券交易为主，全年分别累计成交80.07万亿元、54.97万亿元和50.50万亿元，占比分别为34.9%、24%和22%，交易所现券成交8.2万亿元，同比增长29.4%。

债券发行规模继续增长。2019年，各地区累计发行各类债券45.2万亿元，同比增长4.9%。从债券品种看，主要是非金融企业债务融资工具和公司债发行增加较多，分别累计发行6.81万亿元和2.4万亿元，较上年分别多发行1.01万亿元和0.9万亿元。截至2019年末，国内各类债

券余额99万亿元，同比增长15.1%。

（三）人民币汇率在合理均衡水平上保持基本稳定，外汇市场交易总体平稳

2019年，国务院金融稳定发展委员会办公室宣布11条关于进一步扩大金融业对外开放有关举措，人民银行继续深化汇率市场化改革，人民币汇率弹性明显增强。我国跨境资本流动和外汇供求基本平衡，市场预期总体平稳。人民币汇率以市场供求为基础，有贬有升，双向浮动，在合理均衡水平上保持总体稳定。

2019年，银行间外汇市场人民币直接交易成交活跃，流动性明显提升，降低了微观经济主体的汇兑成本，促进了双边贸易和投资。其中，银行间外汇即期成交7.9万亿美元，同比增长4.0%；人民币外汇掉期累计成交金额折合16.4万亿美元，同比减少0.5%；人民币外汇远期累计成交760亿美元，同比减少13.2%。

（四）票据融资保持快速增长，利率走势震荡下行

截至2019年末，企业累计签发商业汇票20.4万亿元，同比上升11.6%；商业汇票未到期金额为12.7万亿元，同比增长15.3%。票据承兑余额保持快速增长，年末余额较年初增加1.7万亿元，同比增长41.7%。

截至2019年末，金融机构累计贴现34.3万亿元，同比上升25.5%。其中，票据融资余额7.6万亿元，同比上升25.5%，占各项贷款的比重为5.0%，同比上升0.7个百分点。全年票据市场利率震荡下行，有效降低实体经济融资成本。2019年12月票据贴现加权平均利率3.24%，同比下降59个基点，比12月1年期LPR低91个基点；票据转贴现加权平均利率为3.11%，较上年同期下降61个基点。

四、区域金融生态环境与金融稳定

2019年，各地区金融基础设施建设不断加强，宏观审慎政策框架不断完善，重点领域金融风险处置有序推进，对外开放程度不断加深，金融生态环境持续改善。

一是加强金融基础设施统筹监管。2019年9月，中央全面深化改革委员会第十次会议审议通过《统筹监管金融基础设施工作方案》，提出要加强对重要金融基础设施的统筹监管，统一监管标准，健全准入管理，优化设施布局，健全治理结构，推动形成布局合理、治理有效、先进可靠、富有弹性的金融基础设施体系。

二是完善宏观审慎政策框架，进一步补齐监管短板。2019年中国人民银行开展了系统重要性银行评估工作，牵头起草了《系统重要性银行评估办法（征求意见稿）》，从规模、关联度、可替代性和复杂性四个维度初步确立了我国系统重要性银行的评估指标体系。为推动金融控股公司规范发展，有效防控金融风险，中国人民银行牵头起草了《金融控股公司监督管理试行办法（征求意见稿）》，遵循宏观审慎管理理念，从强化对非金融企业投资形成的金融控股公司的监管入手，切实强化监管约束，促进经济金融良性循环。

三是进一步完善金融市场制度建设。债券市场方面，2019年相关部门发布、起草了《关

于做好开放式债券指数证券投资基金创新试点工作的通知》等一系列政策文件[①]，推动债券指数公募基金在银行间市场和交易所市场发展；鼓励商业银行发行创新创业金融债券，增加创新创业领域信贷投放；明确标债资产的界限、认定标准及监管安排，引导市场规范发展；促进投资者保护制度与国际接轨，丰富违约债券处置渠道；推动公司信用类债券信息披露标准统一尽快落地。资本市场方面，修订《中华人民共和国证券法》，主要内容包括推行证券发行注册制度，提高证券违法违规成本，完善投资者保护制度和加强信息披露等；设立科创板并试点注册制重大改革成功落地，以信息披露为核心的注册制运行良好，全年共有70家公司在科创板上市，完成融资824亿元；证监会于2019年6月发布修订后的《期货公司监督管理办法》，增加控股股东、第一大股东净资本要求，细化境外股东条件，完善期货子公司监管要求。

四是稳妥有序推进金融风险处置，打好防范化解重大金融风险攻坚战。中国人民银行牵头实施防范化解重大金融风险攻坚战行动方案，稳妥有序推进包商银行风险处置，积极推进恒丰银行、锦州银行改革重组，重点金融机构风险处置取得突破性进展。针对结构性流动性紧张局面，建立再贴现、常备借贷便利、动用存款准备金、流动性再贷款等防范中小银行流动性风险的“四道防线”，及时稳定了市场信心。

五是进一步扩大金融业对外开放。2019年7月20日，国务院金融稳定发展委员会办公室宣布11条关于进一步扩大金融业对外开放有关举措，开放措施涉及银行、证券、保险等多个领域，基本涵盖金融业的全部范围。重点是大幅放宽银行、证券、保险业的市场准入，提前至2020年不再设股比限制，并大幅扩大业务范围；进一步便利境外机构投资者投资银行间债券市场；拓宽债券信用评级范围；支持外资全资设立或参股货币经纪公司等。

五、区域金融改革与金融稳定

2019年，各地区坚持金融服务实体经济的根本要求，深入推进区域金融改革试点，改革内容涉及金融业对外开放、绿色金融、普惠金融等多个方面，与时俱进、协同发展、形成合力，总结并推广改革经验成果，金融服务改革开放和经济高质量发展的能力显著提高。

东部地区继续带头充当全国区域金融改革的“试验田”和“排头兵”，深入推进金融改革政策先行先试。一是金融对外开放程度不断加大。上海自贸区积极打造金融对外开放高地，增设上海自贸区临港新片区，不断提升贸易投资便利化和自由度，出台自贸区外汇管理改革试点实施细则（4.0版）和资本项目收入结汇支付便利化试点实施细则。广东省支持开展外商投资股权投资企业（QFLP）试点；天津市推进全国首个融资租赁公司外债便利化试点；粤津琼三地复制上海市经验，推动自由贸易（FT）账户体系先后成功落地，加快推进海南自由贸易港建设；江苏省、浙江省、河北省、福建省等地不断提高跨境人民币贸易投资便利化水平，优化金融管理和金融服务。二是稳步推进绿色金融改革试点。广东省侧重培育市场机制，出台碳排放权抵质

---

① 2019年5月发布《关于做好开放式债券指数证券投资基金创新试点工作的通知》，8月发布《关于支持商业银行发行创新创业金融债券的意见》，10月发布《标准化债权类资产认定规则（征求意见稿）》，12月起草《关于公司信用类债券违约处置有关事宜的通知（征求意见稿）》《公司信用类债券信息披露管理办法（征求意见稿）》等。

押融资、林业碳汇生态补偿机制两份实施方案。浙江省湖州市侧重市场化激励政策，发布绿色企业、绿色银行认定标准，对“深绿、中绿、浅绿”的企业和项目分别给予12%、9%和6%绿色贷款贴息。三是稳步发展普惠金融。浙江省台州市发布小微企业信用保证基金运行规范和小微金融指数规范两项金融标准；信用信息共享平台银企融资对接功能上线，发挥“信息母港”功能；法人银行发行永续债、小微金融债等增强银行业支持小微企业金融能力。四是进一步强化国家级金融综合改革试验区改革力度。长三角区域一体化战略进入实质落实阶段，广东省统筹推进珠江三角区域金融综合改革和粤港澳大湾区金融改革创新，着力深化粤港澳金融合作，促进各项区域金融改革充分发挥协同效应。山东省大力推动临沂市金融服务乡村振兴改革试验区创建工作和济南市科创金融改革试验区创建工作，青岛市财富管理金融综合改革试验区发布2019中国财富管理金家岭指数，“财富青岛”影响力稳步提升。浙江省温州市获批国家深化民营和小微企业金融服务综合改革试点，不断建立健全民营企业融资传导机制，大力开展首贷户拓展工作，有力推动民营金融领域创新探索。

中部地区金融改革创新稳步推进，普惠金融、绿色金融改革创新力度持续加大。江西省积极推动绿色金融创新改革试点，建立绿色金融标准和项目库，成立绿色金融行业自律机制、建设一体化信息管理平台、发行绿色市政专项债券，推出拉手理财、绿色家园贷、洁养贷等专项创新绿色金融产品，支持垃圾分类前端源头治理、后端转运处置和畜禽养殖废弃物处置及资源化利用，畜禽“智洁贷”“链养贷”在全国率先落地，绿色信贷余额比年初增长18.9%；山西省普惠小微贷款余额同比增长17.4%；河南省持续深化完善“一平台四体系”的普惠金融兰考模式，围绕“普惠、扶贫、县域”三大主题，着力提升普惠金融可持续发展水平，并将经验在全省推广，全省涉农贷款余额同比增长11%；湖北省武汉市积极探索金融支持科技创新、产业转型升级和新旧动能转换的有效模式，以机构设立、经营机制、金融产品、信息平台、直接融资、金融监管等“六专机制”为特点，探索出了全生命周期金融综合服务科技型产业发展的模式。

西部地区扎实推进金融改革创新工作，全力助推经济高质量发展，精准扶贫提质增效。陕西省金融精准扶贫贷款余额1271.98亿元，较年初增长12.18%。广西壮族自治区开展跨境金融区块链服务平台试点，有效缓解中小微涉外企业融资难题，民营企业和小微企业贷款“量增面扩”，民营企业和小微企业贷款余额同比分别增长14.98%和11.56%。云南省小微企业贷款余额5705.91亿元，同比增长8.15%。新疆维吾尔自治区绿色项目库升级扩容，纯绿项目近400个、总投资近2000亿元，覆盖地区由试验区扩展到伊犁、阿勒泰、石河子、乌鲁木齐等10个地市。城市商业银行改革持续深化，战略转型成效显著，2019年3月，西安银行成功登陆上海证券交易所主板市场。农村金融机构改革稳步推进，2019年西部地区共计25家农村信用社、农村合作银行改制为农村商业银行。非银行业法人金融机构快速发展，业务类型日益丰富，陕西长银消费金融公司总资产突破100亿元，行业排名上升至全国前列。

东北地区继续推进农村金融改革和市场化债转股。2019年，东北地区共有3家农村信用社改制成立农村商业银行，其中吉林省1家，黑龙江省2家。吉林省开展乡村振兴金融改革创新试点，以点带面提升全省金融服务乡村振兴能力和水平，引导金融机构创新信贷产品和服务方式，深化“银税互动”和“银政担”合作模式，推出“土地经营权抵押+”系列贷款模式，鼓励金融机构用好用足人民银行提供的支小再贷款、支农再贷款、再贴现等货币政策工具。2019 年末，吉林省小微企业贷款余额 3960 亿元，同比增长 8.0%；全省涉农贷款余额 5441 亿元，占全省各项贷款比重的 26.7%。辽宁省在省政府主导、相关部门积极参与下，国有企业债转股工作取得一定进展。截至 2019 年末，辽宁省已有 14 家大型国有企业先后完成债转股实施方案，实际落地金额超过 1000 亿元。

第二章　东部地区

2019年，在国内外宏观经济形势更趋复杂严峻的大背景下，东部地区坚持以习近平新时代中国特色社会主义思想为指导，深入贯彻落实党的十九大、十九届二中三中四中全会精神，秉持稳中求进工作总基调，认真落实国家逆周期调节宏观政策，经济运行稳中有进，发展质量稳步提升；金融业运行整体稳健，金融支持实体经济能力进一步增强。但经济金融运行中的结构性矛盾和薄弱环节仍然突出。

一、经济增速保持平稳增长，宏观经济下行压力加大

2019年，东部地区生产总值51.12万亿元，同比增长6.25%，增速高于全国0.15个百分点。一是产业结构持续优化。第三产业增加值同比增长9.98%，高于地区生产总值增速3.73个百分点；三次产业结构由2018年的4.57:40.84:54.58调整为4.59:38.92:56.49，第三产业占比提高1.91个百分点，服务业对经济增长的拉动作用有所增强。二是居民收入快速增长，物价水平持续上涨。东部地区居民人均可支配收入同比增幅集中于7.3%~9.5%，其中河北省和福建省居民人均可支配收入增幅均超过9%；居民消费价格指数同比涨幅集中于2.3%~3.4%，其中江苏省、山东省、广东省和海南省的同比涨幅均超过3%。

2019年，东部地区经济运行总体平稳，但受国内外宏观经济形势和经济周期等因素影响，经济金融运行中的突出矛盾和薄弱环节依然存在。一是财政收支平衡面临较大压力。受减税降费效应持续扩大、部分重点工业行业税收贡献下降等多重因素影响，一般公共预算收入呈现低增长态势，财政收支平衡难度加大。2019年，东部地区一般预算收入60124.78亿元，同比增长7.19%；一般预算支出85043.88亿元，同比增长7.26%；财政收支缺口较上年进一步扩大，其中广东省、浙江省、江苏省和山东省的财政收支缺口分别较上年扩大了1028.19亿元、975.57亿元、743.20亿元和596.60亿元。二是消费增长动力不足。受房价对消费挤出效应凸显、汽车消费持续走低、居民收入增速放缓等因素叠加影响，消费品市场增长乏力。2019年，东部地区社会消费品零售总额20.77万亿元，同比增长7.11%，增速低于全国0.89个百分点，居民消费对经济增长的拉动作用有限，亟须培育新的消费热点。三是工业经济下行压力较大。2019年，北京市、上海市、浙江省、福建省、山东省、广东省和海南省七个省市的规模以上企业工业增加值同比增速呈回落态势。四是部分领域物价涨幅过快。受非洲猪瘟疫情影响，猪肉、果蔬等部分食品价格高企，推动东部地区居民消费价格指数持续上涨。如浙江省2019年食品价格同比上涨8.0%，其中猪肉价格上涨33.1%，直接拉动CPI上升0.71个百分点。

二、房地产市场运行平稳，部分房地产企业资金链紧张

2019 年，东部地区各省市房地产调控政策仍以“稳”字为先，按照“稳地价、稳房价、稳预期”的要求，继续坚持“房住不炒”的定位，因城施策，确保房地产市场平稳健康发展。一是东部地区房地产市场开发投资低速增长，全年完成房地产开发投资 6.93 万亿元，同比增长 7.7%，低于全国平均水平 2.2 个百分点。东部地区多个省市房地产开发投资增速回落，广东省房地产开发完成投资 1.59 万亿元，同比增长 10.0%，增速回落 9.3 个百分点；北京市、河北省、海南省房地产开发投资分别下降 0.9 个、2.9 个和 22.1 个百分点，房地产投资增长面临较大压力。二是商品房销售面积出现区域分化。2019 年东部地区商品房销售面积 6.66 亿平方米，同比下降 1.5%，降幅收窄 3.5 个百分点；销售额 8.38 万亿元，同比增长 5.8%。分省市看，北京市和天津市商品房销售面积增速明显快于其他省市，同比分别增长 34.9% 和 12.6%；福建、江苏、河北三省也呈增长态势，但增速均低于 5%；其余 5 个省市出现不同程度的下降，其中受房地产全域限购等政策影响，海南省销售面积大幅下降，同比下降 42.1%。三是房地产开发贷款增速放缓。2019 年东部地区房地产开发贷款余额 5.25 万亿元，同比增长 10.99%，增速回落 14.80 个百分点①。其中海南省房地产开发贷款降幅同比收窄，山东省房地产开发贷款增速有所上升，其余各省市房地产开发贷款增速均不同程度回落。

在房地产市场平稳运行的同时，部分潜在风险值得关注。一是部分地区房地产贷款占比仍然较高。如上海市房地产贷款余额占各项贷款余额比重超过三成，全年房地产贷款增量占同期各项贷款增量的比重超过四成，重回三年前高点；福建省 2013—2019 年房地产贷款平均增速 19.14%，高于各项贷款平均增速，2019 年末房地产贷款占各项贷款的 30.9%，全年新增房地产贷款占新增各项贷款的 33.06%。二是房地产市场结构性风险进一步积聚。如江苏省多地新建商品住宅成交均价呈不同程度上涨，但部分三四线城市库存高企，去库存化较慢。三是房地产企业资金链紧张，债务偿付能力承压。在房地产融资政策持续收紧、自筹资金来源减少的背景下，盈利能力和资金周转能力较弱的中小型房企极易发生资金链断裂。部分大型房企负债较高，且面临债务集中到期的局面，同样存在较大资金压力。

专栏 1　严调控背景下房地产市场存在的困难及政策建议

2019 年，我国房地产市场整体政策环境持续偏紧，房地产行业资金定向监管全年保持从紧态势。房价快速上涨的态势得到遏制，但市场蕴含的民生和金融风险依然值得关注。

一、房地产市场的发展现状

房地产行业在国民经济中占据重要地位。一是房地产行业对我国 GDP 贡献巨大。2019 年房地产业增加值 6.96 万亿元，占 GDP 比例为 7.03%。二是银行房地产贷款占各项贷款的比重较高。以上海地区为例，截至 2019 年末，上海市房地产贷款余额 2.28 万亿元，占各项贷款比重为 30.9%，本年新增 1742 亿元。

---

① 不含浙江省数据。

二、房地产市场存在的困难

（一）房地产融资环境趋紧，监管政策持续加码

银保监会在2019年5月发文强化房地产信托风险管控，严格限制信托公司前端融资模式，并在下半年开启房地产融资专项检查，要求控制房地产企业融资业务规模和增速。房企发债被有序收紧，发改委、证监会、交易商协会分头控制房企新增发行境内外债券的总量。此外，随着资管新规逐步落地，房企非标融资增速大幅回落。总体来看，房地产企业偿债压力较大，再融资需求较高。

（二）市场供需存在错配

一是住房供给结构失衡。中国住房体系重销售轻租赁，根据2015年小普查数据，城镇居民住房来源中租赁比例约为16%，远低于日本、英国和美国等发达国家（租赁比例分别为39%、37%和36%）。二是土地供需失衡。2006—2017年1000万人以上城市城区人口增长34.1%，居住用地仅增长1.1%；20万人以下城市人口增长1.5%，居住用地增长15.3%。

（三）中小房企经营压力加大

2019年面对国内经济下行压力、地产调控、资金链紧张等不利因素，中小房企生存空间进一步被压缩，加上自身抗风险能力较为薄弱，增长速度受到限制。据人民法院公告网的信息显示，2019年房地产企业的破产数量超过525家，创历史新高。

三、政策建议

（一）保持房地产调控政策稳定

坚持差异化的住房信贷政策，支持刚需和改善群体购房自住，抑制投机性需求；支持房企合理融资需求，避免因房地产融资过度收紧导致房企大面积倒闭；保持调控措施的连续性和稳定性，引导各类房地产市场主体产生合理预期。

（二）丰富住房供应主体，转变住房供给结构

一方面，积极引导住房改善需求，通过税收、技术标准等手段，鼓励高品质住宅的建设；另一方面，健全法律法规，完善住房租赁市场，释放社会闲置住房，支持住房租赁专业化运营，同时加大各类保障性住房供应力度，逐步形成“高收入靠市场、中等收入有支持、低收入能保障”的阶梯化住房供给结构。

（三）加快构建房地产长效机制

一方面，优化土地供应。坚持都市圈城市群战略，推行新增常驻人口与土地供应挂钩，调整土地用途结构，优化城镇用地在城乡间的配置；另一方面，将合理有效的短期调控措施制度化，建立金融、土地、财税、住房保障、市场管理等一揽子长效管理机制。

资料来源：中国人民银行上海总部。

三、进出口承压，外贸增长面临较多不利因素

2019年，受世界主要发达经济体经济增长放缓和国际贸易保护主义抬头的影响，东部地区

外贸进出口承压，部分经济外向型程度较高的省市受冲击程度大于全国平均水平。2019 年，东部地区外贸进出口同比双降，进出口总额 36902.57 亿美元，同比下降 2.32%，其中出口总额 19973.91 亿美元，同比下降 0.91%，进口总额 16928.66 亿美元，同比下降 3.94%。虽然东部地区大部分省市保持了外贸进出口的增长，但广东、江苏、上海、天津等进出口规模较大的省市均出现了外贸进出口额的同比双降。其中，进出口份额最大的广东省 2019 年出口金额 6291.79 亿美元，同比下降 2.7%；进口金额 4070.04 亿美元，同比下降 7.1%；降幅最大的天津市 2019 年出口金额 437.95 亿美元，同比下降 10.3%，进口金额 628.55 亿美元，同比下降 14.8%。

目前东部地区对外贸易面临以下不利因素：一是对美国贸易额明显下降。由于对美出口不确定性增加，2019 年东部地区部分以美国为主要市场的出口企业订单下滑明显。如江苏省 2019 年全年涉税产品对美出口额同比下降 17.82%，自美国进口额同比下降 23.45%。上海、广东等地区对美国进出口也出现了不同程度的下降。二是加工贸易产业外移加速。2019 年国际贸易环境加速恶化，东部地区一些附加值较低、对美国依赖较大的出口加工型企业产业外移进程加速，其中部分企业仅暂时将组装、包装等末端生产环节转移，部分企业已将前端流程一并转至国外，以规避美国提高关税造成的影响。如广东省和江苏省 2019 年加工贸易进出口总额分别为 2.3 万亿元和 1.63 万亿元，同比分别下降 12.3% 和 4.92%。三是部分高新技术产品进出口受阻、科技合作交流受限，对外贸企业的产业转型升级造成了一定的阻碍。2019 年我国企业的高端机器设备和重要关键元器件进口限制增加，随着企业加速产能外移，部分企业国内生产线投资动力不足。

四、银行业经营总体稳健，风险抵补能力有待提升

2019 年，东部地区银行业整体运行稳健。一是资产负债规模稳步增长，存贷款余额持续增加。截至 2019 年末，东部地区银行业金融机构资产总额 143.24 万亿元，较年初增加 11.2 万亿元，同比增长 8.48%；负债总额 136.55 万亿元，较年初增加 10.15 万亿元，同比增长 8.03%；存款余额 105.44 万亿元，同比增长 12.6%；贷款余额 84.29 万亿元，同比增长 13.32%。二是营业收入稳步上升，中间业务收入小幅增加。2019 年，东部地区银行业金融机构营业收入 3.5 万亿元，同比增长 4.4%。其中，利息净收入 2.73 万亿元，同比增长 21.8%，占营业收入的 77.99%；中间业务收入 5730.91 亿元，同比增长 1.83%。

专栏 2　中小银行负面舆情及风险防范

2019 年 4 月以来，随着银行年报的逐步披露，网络媒体上关于中小银行的负面信息骤然增多，特别是包商银行被接管后，围绕年报的负面信息更加密集。这些信息涉及全国几十家中小银行，营造出中小银行风险高、靠不住的舆论气氛，冲击着公众对中小银行的信任基础，成为影响区域金融稳定的因素之一。

一、负面舆情特征

报道媒体主要为通过拉赞助、拉广告或搞有偿新闻进行经营的市场化媒体。素材来源多

为公开渠道的信息披露，如银行按照信息公开披露的监管要求在官方网站公布的年报、政府及监管部门的政务公开信息、法院的判决信息等。一些媒体过度解读年报中的经营财务数据，未进行全面客观的报道，有的甚至片面夸大问题、错误推测，还有的以负面新闻标题抓取眼球，易对缺乏专业知识的社会公众造成误导。这类负面舆情涉及的内容多为敏感话题、热点事件，不便回应解释，且社会关注度广、传播转载速度快、处置难度较大。

二、负面影响

一是严重影响银行声誉和正常经营活动。媒体带有倾向性的报道使得中小银行声誉受损，同时负面舆情容易引起社会公众的恐慌情绪，个别银行出现存款流失，给银行正常经营活动带来一定干扰。二是恶化了网络生态环境。一些市场化媒体出于逐利目的造谣生事，把对金融机构的负面报道作为牟利工具，严重破坏了网络生态。三是成为影响区域金融稳定的重要因素。金融机构有别于一般企业，其风险具有传染性、脆弱性和破坏性，一家银行的负面舆情极易引发挤兑等群体性事件，进而向整个金融体系蔓延扩散，影响区域金融稳定。

三、政策建议

一是积极引导，构建良好的网络舆论生态。建议相关主管部门对各类舆论媒体积极引导，科学施策，共建良好的网络舆论生态。二是主动出击，通过主流媒体开展正面宣传。银行要变被动防御为主动合作，确保负面舆情第一时间发现，及时采取发布权威信息等正面宣传方式化解风险。三是依靠地方党委政府，形成工作合力。银行要强化与地方政府有关部门的沟通协作，综合运用内外部力量共同处置舆情风险，避免造成次生风险。四是加大对负面舆情的管控力度。建议宣传、网信等部门对可能影响地方金融和社会稳定的负面信息严格审查、谨慎发布。

资料来源：中国人民银行石家庄中心支行。

2019 年，东部地区银行业金融机构资产质量承压，不良贷款余额和关注类贷款余额持续上升。2019 年末，东部地区银行业金融机构不良贷款余额 1.15 万亿元，同比增长 1.21%；关注类贷款余额 2.57 万亿元，同比增长 1.7%，未来信用风险管控形势仍然严峻。各省市间资产质量有所分化，部分省市信用风险防控压力较大。东部地区整体不良贷款率同比下降 0.17 个百分点，北京市、上海市、海南省三省市不良贷款率同比上升，天津市、河北省、江苏省、浙江省、福建省、山东省和广东省的不良贷款率同比下降。其中，海南省不良贷款率较上年增加 1.18 个百分点，较东部地区平均不良贷款率高 4.54 个百分点，资产质量持续下滑。

东部地区中小法人银行机构经营总体稳健，但在经济下行压力加大和监管趋严的背景下，部分省市中小法人银行机构经营压力较大，相关领域风险有所显现。一是风险抵补能力不足。从拨备覆盖率看，广东省、山东省、河北省中小法人银行机构拨备覆盖率较低，个别省份甚至低于监管标准。从资本充足率看，某省中小法人银行机构中资本充足率低于监管标准的机构有 50 家，部分机构受资本补充途径狭窄、贷款清收效果不佳等影响，提升至监管标准存在较大困难。二是流动性风险管理压力较大。包商银行被接管打破银行刚兑预期，对中小法人银行的流动性管理造成短期冲击，资金融出行普遍提高了同业交易对手的准入标准，个别中小法人银行同业存单发行出现困难，流动性风险上升；村镇银行流动性管理能力普遍偏弱，多数银行负债端主要依赖发起行或股东的大额存款，如深圳市个别村镇银行流动性监管指标贴近监管下限，部分村镇银行未能通过2019年流动性压力测试。三是高风险金融机构风险化解值得关注。高风险机构普遍规模小、抗风险能力弱，如某省高风险机构有8家，呈现历史包袱较重、化解难度较高的特点，相关风险化解处置工作需进一步加强推进。

专栏3　深圳市线上个人小额贷款情况分析

为了解深圳市银行业金融机构线上个人小额贷款经营及风险状况，对全市48家银行和1家消费金融公司开展调查。调查显示，辖内银行业金融机构线上个人小额贷款资产质量总体良好，但个别机构风控能力较差，线上贷款特征与当前属地监管原则矛盾，部分中小银行信息技术水平落后，隐私保护不足值得关注。

一、现状

近年来，深圳市线上个人贷款产品迅速发展。截至2020年4月末，深圳市银行业金融机构共推出线上个人贷款产品42个，贷款余额3096亿元。总体来看，全市个人小额贷款整体资产质量良好，多数金融机构风险控制措施健全，多数线上贷款产品不良率小于2%。

二、主要问题

（一）部分中小银行信息技术水平落后

线上贷款产品需要一定的信息技术平台支撑，且产品上线前往往需要较长的开发、验证环节，前期投入大。但当前中小银行技术力量相对落后，部分中小银行自行研发的线上贷款风控模型事前未经充分验证即上线，导致风控模型被突破而产生大量不良贷款；部分委托外部金融科技公司开发线上贷款产品风控模型，实际未掌握风控细节，同时也存在多家银行委托同一机构开发线上贷款产品、风控流程高度相似的现象；部分银行通过联合贷款、助贷等形式发放消费贷款，在自身无系统、模型和策略的情况下，独立风控难以落到实处。

（二）数据隐私保护不足

银行内部保存着大量客户数据，包括自有数据和贷款流程中获取的外部数据，这些数据往往属于客户隐私信息。但是，目前尚未出台统一的个人信息保护法，个人信息违规采集、使用、泄露事件时有发生。如果银行使用的外部数据来源不合规，或未经客户授权即使用，则容易导致法律纠纷；如果内控存在疏漏，则不能有效监控数据的使用和流转，留有人为操作的空间；如果信息系统未做好安全防护，服务器和数据库安全漏洞未及时修复，则容易导致网络黑客入侵，这些风险均有可能造成客户信息泄露。

三、政策建议

（一）从宏观审慎视角关注互联网贷款风险

互联网贷款存在产品同质化及与各类金融与非金融机构关联度高等特点，具有跨机构、跨行业的特征，易产生共同风险敞口。要从宏观审慎的角度，关注互联网贷款风险传染链条，在金融委办公室地方协调机制下，加强信息共享与协调合作，做好系统性风险的分析、监测和预警，防范风险外溢。

（二）摸索适应互联网银行业务特征的央行评级体系

近年来，以微众银行为代表的互联网银行发展迅速。与传统银行业务模式相比，互联网银行通过网络平台广泛连接客源，借助大量同业资金开展信贷业务，其风险特征与传统银行有较大不同。应加强对互联网银行管理及业务模式的分析研究，厘清产品结构、风险特征，梳理影响风险的关键因素，探索设计与互联网银行特征相匹配的风险监测及央行评级体系。

（三）引导商业银行通过互联网贷款提供普惠金融能力

依托大数据风控的线上小额贷款成为普惠金融重要的创新路径，其通过线上触达和智能风控，实现大规模、低成本、高效率的服务，提高金融服务的可获得性。应积极引导商业银行加快自身信息化、线上化转型，增强商业银行普惠金融供给能力，通过互联网贷款等方式更好地服务小微企业和居民个人，缓解“融资难”“融资慢”等问题。

资料来源：中国人民银行深圳市中心支行。

五、证券期货业稳步发展，股票质押等潜在风险不容忽视

2019 年，东部地区证券期货行业总体保持稳健运行，资本市场有效支持实体经济。一是市场参与主体进一步扩大。截至 2019 年末，东部地区共有法人证券期货类机构 325 家，全年新增 74 家；上市公司 2340 家，全年新增 134 家，其中有 64 家公司通过科创板上市；区域内投资者账户数达 2.06 亿户，同比增长 21.16%。二是盈利能力显著提高。2019 年东部地区法人证券公司营业收入 2753.75 亿元，同比增长 131.32%，其中经纪业务手续费收入、利息收入和证券发行收入分别占比 21.20%、16.35%[①]和 12.43%；净利润达 971.07 亿元，同比增长 143.62%。三是直接融资能力不断提升。东部地区上市公司 2019 年股票市场累计募集资金 15756.32 亿元，同比增长 41.07%。其中，首发筹资金额 2506.05 亿元，占募资总额的 15.91%，同比增长 115.18%；再融资金额 10492.43 亿元，占募资总额的 66.59%，同比增长 42.59%。

在证券期货行业总体保持稳健发展的同时，部分风险因素仍不容忽视。一是股票质押风险仍需重点关注。2019 年东部地区股票质押市值达 11953.72 亿元[②]，涉及 585 家上市公司。深圳 299 家上市公司中约六成上市公司大股东或实际控制人存在股票质押，其中质押比例超过 80% 的公司共 32 家，质押融资金额 504 亿元，32 家中有 15 家上市公司的股价已触及质押平仓线，涉及融资金额 197 亿元。二是个别上市公司退市风险需持续关注。2019 年东部地区共有 7 家上市

① 不含北京市数据。
② 数据来源：Wind 资讯。

公司退市，其中3家因连续三年亏损退市，个别上市公司重大违法违规行为导致的退市风险以及后续的维稳压力不容忽视。江苏省存在退市风险公司共5家，其中康得新、保千里已停牌，这两家公司股东数量多且大多为自然人，后续维稳压力较大。三是公司债券违约风险持续承压。2019年东部地区共有135只债券违约，余额合计高达1063.45亿元，债券违约风险仍然较高。四是上市公司的公司治理能力有待提升。个别上市公司盈利能力较弱，发展潜力不足，经营和财务风险较高，内部治理结构和治理机制不完善不健全，与控股子公司在生产、运营与财务等方面关联紧密，存在风险隔离不到位、风险预警不及时、风险管控不规范等问题，导致风险在集团内部扩散。

专栏4 东部地区民营企业债券融资现状、制约因素及建议

民营经济在稳定经济增长、促进创新、增加就业、改善民生等方面发挥着重要作用，是推动经济社会发展的重要力量，但长期以来民营企业债券融资难、融资贵的现状，降低了经济整体运行效率，成为当前经济高质量发展的主要障碍之一。东部地区尽管经济相对发达，但仍面临较为严重的民营企业债券融资难问题。

一、民营企业融资现状

2019年，我国东部十省市非金融企业全年新发行信用债总规模79227.13亿元，同比增长25.75%。其中，民营企业新发行规模6809.80亿元，同比下降3.16%；民营企业新发行规模占比仅为8.60%，同比下降2.56个百分点。在新增信用债总规模快速扩张的情况下，民营企业融资能力反而趋于弱化。分省份看，广东和浙江民营企业融资能力相对较强，2019年全年民营企业融资占比分别为28.67%和15.03%，而其他大部分省份民营企业信用债融资能力表现较弱，尤其是山东和北京，民营企业信用债融资占比仅为2.74%和2.11%。东部地区民营企业债券融资能力与其经济地位明显不相称，民营企业债券融资能力亟待提高。

二、民营企业融资制约因素分析

（一）民营企业违约较多，市场认可度低。2019年，东部地区企业信用债违约133只，涉及债券余额1053亿元。其中，民营企业违约112只，涉及债券余额801亿元，民营企业信用债违约余额占总余额的76%，高于全国平均水平2个百分点。由于民营企业违约数量较多，投资者对民营企业债券投资非常谨慎。

（二）债券违约风险分散渠道少，影响投资者风险偏好

一是债券违约风险发生前，投资者缺少分散风险的金融工具。我国信用衍生品市场尚处于探索阶段，相关的法律制度、信用环境、交易结算、会计税收制度等多方面的配套机制尚不健全。二是债券违约风险发生后，投资者缺少处置风险的专业化转让市场。目前我国沪深交易所和银行间债券市场对违约信用债券均采取停牌措施，投资者无法通过市场化手段及时实现止损。

（三）债券投资者保护机制不健全，影响风险识别和处置

一是债券发行环节缺少限制性条款对企业进行约束。当前，民营企业发债限制性契约条款的设计内容单一，约束方式较少，且触发后的处罚方式过于简单，对债券违约风险的

预防能力较弱，无法实现事前保护债权人利益的目的。二是对违反信息披露规定的行为缺少强有力的惩戒机制。监管机构多采取诫勉谈话、书面警示、公开谴责等措施，较少追究行政责任和刑事责任。三是违约债券处置环节中的制度约束效果不强。债券违约后，现行的债券持有人会议和债券受托管理人制度对债务人缺少约束效力，债券违约处置效率不高。

三、政策建议

（一）改善民企融资环境，加大对民企债券融资的增信支持

一是加强债券融资宣讲培训。二是进一步优化债券评级体系。三是引导具有国资背景的担保公司、政府城投平台，对符合国家产业支持政策的民营企业发债提供担保增信。

（二）推进信用风险管理工具发展和债券违约转让市场建设，拓展信用风险分散渠道

一是加强金融衍生品市场建设，丰富信用风险分散手段。二是推进违约债券转让市场建设，拓宽信用风险分散渠道。三是推动市场参与主体的专业化、多元化发展。

（三）在法律层面完善债券投资人保护制度，为控制风险提供制度保障

一是完善发行人限制性条款，强化内部约束。二是健全规范信用披露制度。三是对“债券持有人会议”“受托管理人”特殊保护制度在《公司法》《证券法》中予以明确。四是进一步加快已违约债券风险化解工作进度，改善债券市场融资环境。

资料来源：中国人民银行济南分行。

六、保险业保障功能持续增强，发展和风险防范的压力与难度增大

2019 年，东部地区保险市场总体保持平稳健康运行，保险业回归保障功能的方向更加清晰，服务实体经济发展的能力持续增强。一是保险公司资产规模快速扩张。截至 2019 年末，东部地区保险公司资产总额 6.52 万亿元，同比增长 13.50%。其中财产险公司资产总额 4464.21 亿元，同比增长 9.54%；人身险公司资产总额 5.73 万亿元，同比增长 14.58%。二是保险公司保费收入增长较快。2019 年，东部地区保险公司实现保费收入 2.29 万亿元，同比增长 14.31%。其中财产险和人身险保费收入分别同比增长 8.23% 和 16.78%。三是保险行业保障功能持续增强。2019 年，东部地区保险公司赔款和给付支出 6710.65 亿元，同比增长 4.68%。其中财产险和人身险赔款和给付支出分别增长 7.62% 和 1.60%。

保险业在稳健运行的同时，仍存在以下问题值得关注。一是保险业发展不平衡问题较为突出。2019 年末，东部地区保险密度为 4226.72 元/人，同比增加 500.50 元/人；平均保险深度为 4.48%，同比上升 0.31 个百分点。东部地区保险业区域分化程度较高，十个省市中保险密度最高的达到 9639.97 元/人，最低的仅为 2144.66 元/人，差距高达 7495.31 元/人；保险深度最高的为 5.87%，最低的为 2.77%，差距达到 3.10%。二是健康险业务转型难度进一步加大。部分地区健康险赔付支出增速高于保费收入增速，伴随重大疾病发生率上升、赔付率上升，健康险业务的后期赔付将进一步增加，转型发展难度明显提升，如广东省健康险保费收入 857.1 亿元，同比增长 32.2%；累计赔付支出为 222.3 亿元，同比增长 45.9%，赔款占保费收入比加大。三

是保险公司经营管理不规范。部分保险公司合规经营理念较为缺乏，在内部管理方面，通过虚列广告费、虚挂中介业务等形式套取资金支付渠道账外费用或给予业务团队补贴；在产品设计方面，不符合监管要求，变相突破监管规定将分红险、万能险设计为“双主险”产品捆绑销售；在产品销售方面，对销售人员行为管控不到位，电话销售、微信朋友圈等存在误导性内容，销售误导行为时有发生；在理赔方面，缺乏服务意识，理赔流程存在明显缺陷，拖赔、惜赔问题较为突出。四是存在非理性竞争行为和现象。保险行业同质化竞争较为严重，产品核心竞争力不强，低价等非理性竞争现象时有发生。如北京市、江苏省等地区的财产险公司在车险销售过程中普遍存在不同形式的保费返还，变相突破报批费率标准。

七、定量评估

运用区域金融稳定定量评估模型，对东部地区的区域金融稳定状况进行评估。从定量评估结果来看，东部地区 2019 年金融稳定状况综合得分为 76.8 分，比上年下降 2.5 分，高于全国平均水平 0.6 分，处于较稳定区间[①]。其中，宏观经济、银行业、证券业、保险业和金融生态环境得分均高于全国平均水平（图 10）。

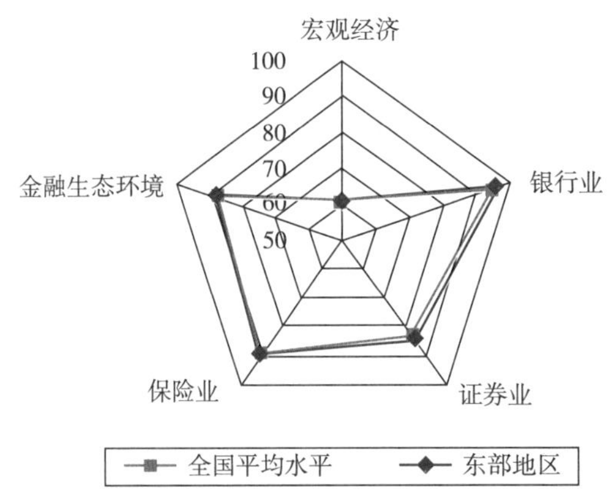

图 10 2019 年东部地区金融稳定状况和全国平均水平的比较

从具体指标变动情况来看，东部地区共有 6 项指标较上年有所改善，6 项指标较上年有所下降，13 项指标基本与上年持平。在宏观经济方面，地区生产总值增长率、第三产业增加值增长率、实际利用外资增长率、进出口总额增长率和典型城市房地产销售价格指数均有所放缓，宏观经济整体得分较上年有所下降。银行业盈利能力指标得分有所上升，导致东部地区银行业总得分较上年小幅提高。与此同时，东部地区证券业和保险业得分较上年企稳回升，受证券市场交易活跃影响，证券业盈利能力明显增强，资产利润率指标大幅回升，得分较上年有所上升；保险业保费收入、退保率指标大幅改善，保险业得分同比大幅上升。受地方法治环境调查综合得分下降的影响，金融生态环境得分有所下降（表 5）。

---

① 将定量评估结果进行五大区间的等级评估：非常稳定（95 分及以上）、稳定（85 ~ 94 分）、较稳定（70 ~ 84 分）、较不稳定（60 ~ 69 分）和不稳定（60 分以下）。

表 5　**2019 年东部地区评价指标及其变动情况**

指标分类		变动方向	评价指标	变动情况		
				改善	稳定	下降
宏观经济		↓	地区生产总值增长率			√
			第三产业增加值增长率			√
			全社会固定资产投资增长率	√		
			社会消费品零售总额增长率		√	
			实际利用外资增长率			√
			进出口总额增长率			√
			城镇居民可支配收入增长率		√	
			农村人均纯收入增长率	√		
			居民消费价格指数		√	
			城镇登记失业率		√	
			典型城市房地产销售价格指数			√
金融机构	银行业	↑	核心资本充足率		√	
			不良贷款率		√	
			资产利润率	√		
			流动比率		√	
	证券业	↑	净资本充足率		√	
			净资本负债率		√	
			资产利润率	√		
	保险业	↑	应收保费率		√	
			保费收入增长率	√		
			寿险公司退保率	√		
金融生态环境		↓	法治环境调查综合得分			√
			地方财政收入占 GDP 比重		√	
			银行服务密度		√	
			信数据库覆盖率		√	

注：表中“↑”表示改善，“↓”表示下降，“→”表示稳定。

综合历史数据考察区域金融稳定变动趋势，东部地区 2019 年金融稳定综合得分稳中略降（图 11）。分项来看，宏观经济得分延续回落态势；银行业得分近年来一直维持在较高水平；证券业 2010 年以来一直处于稳定区间，受证券公司盈利能力企稳回升，得分在连续三年出现下滑后由降转增；保险业受保费收入增加以及退保率回落影响，得分大幅上升，时隔 2 年重新进入非常稳定区间；东部地区的金融生态环境基本保持平稳，多年得分都处于稳定区间（图 12）。

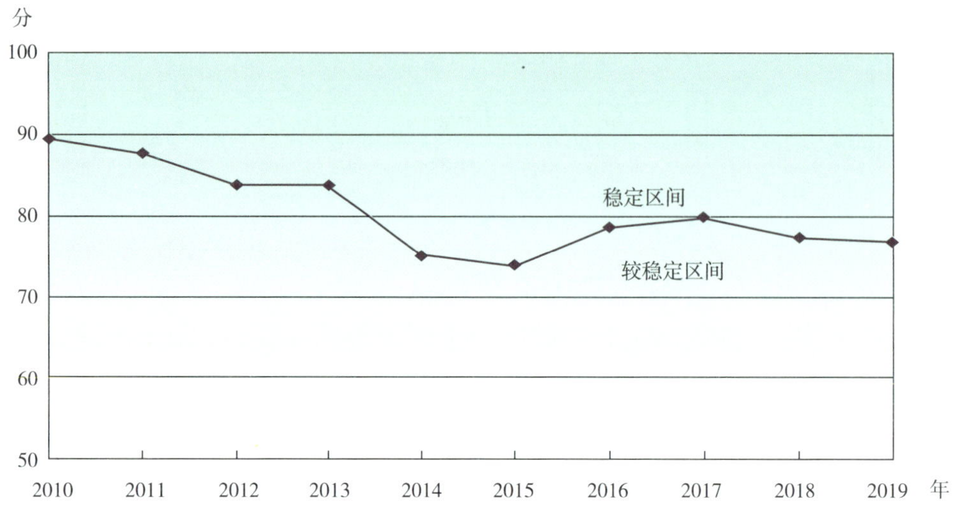

图 11 2010—2019 年东部地区金融稳定综合得分趋势

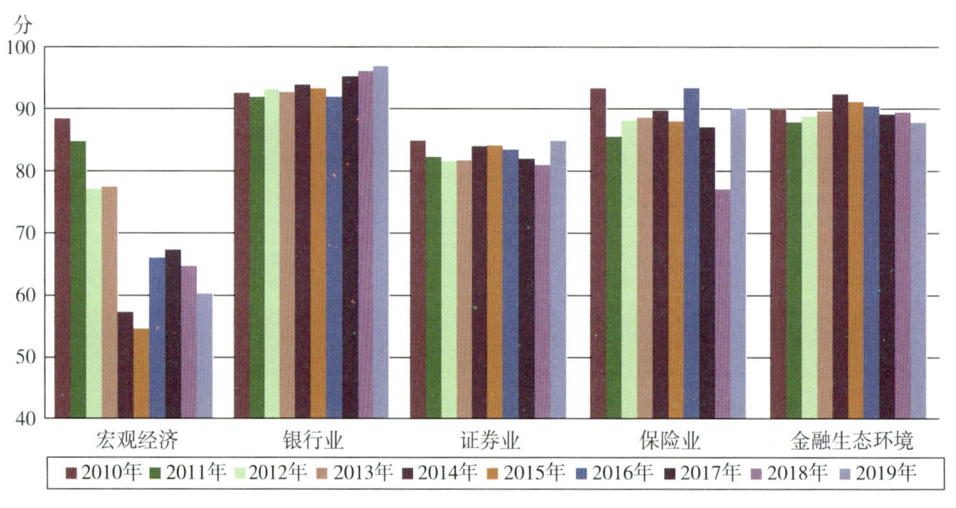

图 12 2010—2019 年东部地区金融稳定状况的比较

第三章 中部地区

2019年，中部地区以习近平新时代中国特色社会主义思想为指导，坚持稳中求进工作总基调和新发展理念，统筹做好“稳增长、促改革、调结构、惠民生、防风险、保稳定”各项工作，深入推进“三大攻坚战”，实现了经济平稳健康发展，金融风险总体可控，但经济高质量发展和金融风险防控压力仍然较大。

一、经济发展质量稳步提升，持续稳增长压力较大

2019年，中部地区生产总值21.87万亿元，同比增长7.35%，增速快于全国1.25个百分点，占全国比重为22.08%，较上年上升0.68个百分点。一是产业升级稳步推进，服务业保持支撑引领作用。三次产业结构由2018年的8.40:43.99:47.61调整为8.18:41.78:50.04。第三产业增加值同比增长7.81%，增速快于地区生产总值0.46个百分点，第三产业继续成为经济增长的主要拉动力量。二是固定资产投资平稳增长，对外贸易规模持续扩大。2019年，中部地区全社会固定资产投资（不含农户）14.61万亿元，同比增长9.5%。其中房地产开发投资2.76万亿元，同比增长9.57%。社会消费品零售总额8.99万亿元，同比增长10.22%。进出口总额3431.60亿美元，同比增长9.34%；其中进口、出口总额分别为1200.83亿美元、2230.77亿美元，同比分别增长6.21%、11.09%。三是居民生活质量持续改善，物价水平保持温和上涨。2019年，中部地区城镇、农村居民可支配收入持续增长，同比涨幅分别位于7.2%～9.1%、9.2%～10.1%，与经济增长基本同步。居民消费价格指数温和上涨，同比涨幅在2.7%～4.4%，增长势头同比有所上扬。

在世界经济增长低迷、中美经贸摩擦加剧等多因素叠加影响下，中部地区经济在高质量发展中面临一些困难和挑战。一是内外部问题交织叠加。2019年，全球政治经济格局深度调整，中美经贸摩擦态势反复，有效投资增长乏力，消费增速减慢，实体经济仍较困难。安徽省、江西省全社会固定资产投资（不含农户）增速分别下降2.6个和1.9个百分点，安徽省、湖北省和山西省社会消费品零售总额增速分别下降1个、0.6个和0.4个百分点。二是CPI与PPI“剪刀差”持续扩大。2019年，中部地区CPI持续攀升、PPI持续走低，“剪刀差”分化趋势面有所扩大。2019年山西省、江西省、湖南省、湖北省、河南省、安徽省CPI与PPI“剪刀差”相较上年分别增加7.9个、6.1个、5.8个、5.1个、4.1个和3.4个百分点。受非洲猪瘟等因素影响，猪肉价格持续上涨，推动CPI同比涨幅逐月扩大，削弱居民消费能力，对消费增长产生反向制约效应。与此同时，PPI同比基本持平或略有下跌，维持走弱趋势，表明当前工业品需求依然不

振。三是产业转型升级任务艰巨。近年来中部地区经济稳步增长，服务业对经济增长贡献不断提高，但主要依靠传统产业拉动的局面没有根本转变，产业转型升级压力较大。2019 年，中部地区第三产业增加值占地区生产总值的 50.04%，低于全国平均水平 3.86 个百分点，与北京（83.5%）、上海（72.7%）、广东（55.5%）等发达地区相比，仍然存在较大差距。四是财政收支平衡矛盾加大。2019 年，中部地区一般预算收入、支出分别为 22977.98 亿元、44017.02 亿元，同比分别增长 4.21%、10.52%，中部地区财政收支缺口为 21039.04 亿元，“入不敷出”特征较为明显。五是小微企业发展融资约束仍然存在。2019 年末，中部地区普惠小微企业贷款余额为 37533.6 亿元，同比增长 11.55%，但小微企业融资难、融资贵问题仍未根本解决。

专栏5　小微企业融资难、融资贵问题的困难与对策

当前，小微企业在培育经济动能、推动经济增长和促进就业等方面发挥着重要作用，但仍面临着诸多问题，比如融资难、融资贵即为制约其发展的重要因素之一。为解决小微企业融资难、融资贵，近年来人民银行积极强化逆周期调节，灵活运用货币政策工具，引导金融部门加大信贷资源投向民营和小微企业的力度，一定程度上缓解了小微企业融资难度，但仍然面临一些困难亟待解决。

一、小微企业融资现状

中部地区小微企业金融服务取得长足改善，融资难、融资贵的现象得到了有效缓解。2019 年末，江西省、山西省、河南省、安徽省、湖南省和湖北省普惠小微企业贷款余额分别为 4271.3 亿元、1625.5 亿元、5202.5 亿元、4828.8 亿元、11292.4 亿元和 10313.1 亿元，较年初分别增长 16.7%、9.2%、9.1%、18.9%、13.1%和 6.5%。其中，江西省创建了小微客户融资服务平台，截至 2019 年末，12.7 万户企业申贷 2074 亿元，9.3 万户企业成功获贷 1487 亿元；有 741 户企业通过平台申请贴现 99.6 亿元，其中 597 户企业成功获得贴现 73.4 亿元。

但是，中部地区小微企业融资难、融资贵问题仍然突出。例如，河南省小微企业经担保后的银行贷款实际利率在 8% ~15%，若经过两轮银行承兑贴现的方式贷款，小微企业贷款的实际利率甚至可能高达 18% 以上；江西省小微企业贷款利率在 5% ~6%，但加上抵押担保费用和其他隐性成本，小微企业贷款实际利率高达 9% ~12%。有些银行往往以小微企业经营风险大、贷款管理成本高为由，对其贷款利率适用较高的浮动比例，在基准利率基础上上浮 30% 以上。

二、存在的困难

（一）缺乏合格抵质押物使得小微企业融资困难

小微企业尤其是科技型初创企业，大多属于轻资产性企业，缺乏机械设备、厂房等固定资产，而其核心资产如专利技术、知识产权等的认定、估值较为困难，难以抵质押。

（二）担保圈代偿致使小微企业负债率高，加剧融资困难

小微企业贷款担保抵押不足，多采取企业联保方式获取贷款。如发生担保代偿，则担保圈内小微企业负债率、或有负债率急剧增加，高负债率导致贷款难度增大。

（三）恶意逃废债影响小微企业资信，融资更为困难

小微企业出现恶意逃废债务情况，严重影响企业资信，加剧小微企业融资困难。据对江西20家样本银行的调查，至2018年底全省已结案的715个贷款诉讼案件中，时间跨度2年以上的占比57%，且仍有3244个案件尚未结案。

（四）缺乏有效激励政策

2019年末，湖北省小微企业不良贷款率2.07%，是大型企业不良贷款率的6.8倍。一方面，小微企业信贷风险补偿获得比例偏低。据对湖南省33家省级银行机构调查，其中仅有6家机构获得过财政信贷风险补偿资金。另一方面，现行监管政策未针对小微企业不良贷款率高的状况制订单独核销处置方案，财政部门出台的小微企业信贷奖补资金也不能直接用于冲抵不良贷款，政策的激励效果有限。

（五）信息不对称影响银企合作

小微企业公司治理结构不健全、财务不透明等，使得银行难以了解其真实风险状况，而社会信用体系建设滞后，又加深了这种信息不对称，风险的不可控导致银行对小微企业“惜贷”。

（六）尽职免责机制有待进一步健全

一方面，尽职免责条款仍不够细化。虽然银行机构在尽职免责上较以往有所改进，但个别省级银行机构的尽职免责条款主要是采用总行的原则性规定，未结合地区或业务实际出台更加细化、具有可操作性的规定，且责任认定标准不够清晰、难以准确量化，基层信贷人员反映较难落实。另一方面，申诉复议较难。大多数银行机构尽职免责的启动条件、调查取证、陈述申辩和权利救济等程序规定较为简单甚至缺失，导致问责容易，免责较难。银行从业人员如需要申诉，只能通过内部申诉通道申请复议，申诉成功率一般较低，一定程度上影响银行信贷人员放款积极性。

三、政策建议

（一）拓展融资渠道，充分发挥政府财政资金的激励作用

一是发展多层次资本市场，鼓励小微企业在创业板、新三板、区域性股权交易市场等资本市场挂牌上市融资。二是运用各级财政资金建立风险资金池，通过财政贴息方式对银行贷款进行风险补偿。同时，设立创业投资引导基金，对科技型、创新型企业进行扶持，合力解决小微企业融资难题。

（二）进一步完善担保机制，解决小微企业担保难题

一是完善银担合作机制，合理确定银行和担保公司的利益和风险分担机制。二是增强具有政府背景的担保公司实力，争取国家融资担保发展基金，充分发挥省级担保集团的再担保功能，增强代偿能力和风险抵补能力。三是建议给予适当的财政注资、业务补贴等，为中小企业提供便利、低成本的担保服务。四是推动小微企业抵押担保创新工作，合理确定小微企业贷款价格，从源头上降低小微企业融资费用负担。

（三）加快推动社会信用体系建设

一是加快构建社会综合性信用信息平台，缓解银企信息不对称问题。二是加大对恶意失信企业的惩戒力度，坚决打击“跑路”、逃废债等行为。三是协调有关部门提高小微企业不良贷款判决和抵质押物的处置效率，降低抵债资产处置税费。

（四）推动银行机构进一步落实尽职免责政策要求

一是督促各银行机构在各自总行原则性规定的基础上，结合各地区实际，对尽职免责的具体情形、免责措施等进一步明确和细化，推动尽职免责条款在基层落实、落地。二是对于未尽责任需要追责的情况应尽量列出负面清单，如未触及这些负面情况，则应认定银行信贷人员已尽职而免责，使尽职免责真正落到实处。

资料来源：中国人民银行南昌中心支行。

二、银行业总体运行稳健，信用风险防控能力仍需加强

2019 年，中部地区银行业实力不断增强，盈利能力持续增长，服务实体经济质效有效提升。一是整体规模稳步增长。2019 年末，中部地区银行业资产、负债总额分别为 40.36 万亿元、38.84 万亿元，同比分别增长 10.12%、9.93%，存款、贷款余额分别为 30.96 万亿元、26.05 万亿元，同比分别增长 7.56%、15.1%。其中，山西省、安徽省银行业金融机构住户存款增长较快，同比增长均超 10%。全年实现利润 3775.67 亿元，同比增长 9.45%。二是金融改革创新稳步推进。地方法人银行机构 1110 家，同比增加 4 家。江西省赣江新区发行全国首单绿色市政债、绿色境外债券，裕民银行成为全国第 18 家、江西省首家民营银行。河南省普惠金融“一平台四体系”兰考模式成功入选中组部等五部委《贯彻落实习近平新时代中国特色社会主义思想在改革发展稳定中攻坚克难案例》和中央党校教学案例，金融扶贫“卢氏模式”得到习近平总书记批示肯定。三是信贷结构持续优化。从期限结构看，2019 年末，中部地区银行业金融机构中长期贷款余额同比增长 13.24%，低于各项贷款增速 1.86 个百分点。从贷款投向看，房地产开发贷款余额占各项贷款余额比例为 7.5%，较上年同期下降 1.44 个百分点。四是重点领域和薄弱环节的支持力度持续加大。江西省绿色信贷余额同比增长 18.9%；山西省普惠小微贷款余额同比增长 17.4%；河南省涉农贷款余额同比增长 11%；湖南省小微企业、民营企业贷款余额同比分别增长 13.1%、13.5%。五是金融风险防范化解初有成效。中部地区银行业金融机构不良贷款率同比下降了 0.26 个百分点。江西省、山西省、湖南省、湖北省、安徽省和河南省不良贷款率同比分别下降了 0.78 个、0.72 个、0.19 个、0.14 个、0.07 个和 0.04 个百分点。在处置和盘活不良资产、防范和化解金融风险方面，地方资产管理公司发挥了积极作用。

专栏 6　地方资产管理公司发展现状及问题分析

近年来，随着银行不良贷款规模攀升、地方债务逐渐增加，中部地区地方资产管理公司（以下简称地方 AMC）快速发展，在处置不良资产、盘活存量资产、防范和化解金融风险、支持实体经济发展等方面发挥了积极作用，但同时也产生了一些高风险甚至违规经营行为。

一、基本情况

中部地区六省各成立了2家地方AMC，注册资本在15亿~50亿元，注册资本合计371.34亿元。从股权结构看，股东多为全国四大资产管理公司和地方国有企业。例如，山西省华融晋商资产管理公司由中国华融资产全资子公司控股，山西省8家国有股东参股共同成立；安徽省国厚资产管理公司由中国东方资产全资子公司牵头并联合优势资源企业共同设立；河南省中原资产管理公司由河南省财政厅联合中国信达资产管理公司等多家企业共同设立。从资产情况看，地方AMC资产规模较快增长，河南省中原资产管理公司资产规模770亿元，山西省华融晋商资产管理公司资产规模207亿元，山西省晋阳资产管理公司、湖南省资产管理公司、河南资产管理公司等多家公司资产规模均超过100亿元。从负债情况看，地方AMC多通过商业银行贷款、发行债券进行融资。中部地区地方AMC的主体信用评级为AA+或AAA，信用状况良好。Wind数据显示，截至2019年末，中部地区地方AMC存量债券余额302.72亿元。

二、积极成效

自成立以来，中部地区地方AMC在处置不良资产、盘活存量资产、防范和化解金融风险、支持实体经济发展等方面发挥了积极作用，取得了明显成效。

一是收购不良资产。通过前置化解、直接收购、债务重组等方式收购处置不良资产，实现从传统不良资产收处业务向整合资源提升价值转型。2019年，安徽省2家地方AMC累计收购不良资产规模763.93亿元，山西省2家地方AMC累计收购不良资产规模252.49亿元，湖南省2家地方AMC累计收购金融不良资产规模60.7亿元。河南省中原资产管理公司收购金融不良资产规模本息合计77.25亿元。

二是纾困帮扶困难企业。地方AMC通过组建流动性纾缓基金、发行纾困专项债、实现战略入股或资金支持等多种方式对上市公司、民营企业进行救助和扶持，化解阶段性困难和信用风险。中原资产管理有限公司设立2只河南民营企业市场化纾困基金，规模7亿元，纾困帮扶辖内2家民营上市公司。山西省晋阳资产管理公司设立2只纾困基金，规模35.23亿元，成功化解2家民营上市公司流动性风险；在上交所发行30亿元规模纾困债，专项支持山西省民营经济发展。湖南省资产管理有限公司对10家省内优质上市公司实现战略入股或资金支持，纾困资金实际投放总规模超过35亿元。

三是缓释地方平台流动性风险。中部地方AMC通过信托计划、委托贷款等方式向地方平台公司提供支持，缓解流动性风险。河南省中原资产管理有限公司切实发挥维护区域金融稳定的功能作用，致力于防范化解区域金融风险，先后投入15.88亿元参与地方政府及平台公司债务风险化解。湖南省资产管理公司发起设立初始规模为100亿元的债务风险化解基金，通过集合信托方式为融资平台公司到期债务提供短期周转资金，投放规模累计超过66亿元。

三、存在问题

一是个别地方AMC在参与不良资产批量转让业务时经营范围从省内向省外扩张，偏离了地方AMC的定位和设立初衷。二是资产负债期限错配明显。从地方AMC的资产负债结构看，部分公司一年期以内的短期借款占比超过40%，长期借款及债券比重不足三分之一；资产端主要以长期投资资产为主，合计占比超过70%，期限错配明显，可能引发流动性风险。同时，部分公司资产负债率超过80%，流动性状况不容乐观。三是存在虚假收购不良资产的情况。部分地方AMC开展的不良资产收购业务存在虚假转让的问题，未实现资产和风险的真实、完全转让，只是通过收取一定数额的佣金协助银行实现不良资产出表。

四、相关建议

一是加大对不良资产处置方面的政策支持。适当减免抵债资产登记过户中涉及的相关税金。针对不良资产业务设立特别法庭、特别通道，简化诉讼程序，降低时间成本，并适当减免法院诉讼费用。允许符合条件的地方AMC接入人民银行征信查询系统，降低AMC与不良资产相关主体的信息不对称性。

二是加强监管，引导地方AMC回归不良资产收购处置主业。强化非现场监测和现场检查，引导地方AMC坚持以市场化、法制化、专业化原则开展不良资产收购处置业务。对业务操作不规范、风险管控不到位的地方AMC加大处罚惩戒力度，坚决查处违法违规问题，加大责任追究力度，提高违法违规成本，不断净化市场环境。地方AMC应加强对不良资产细分市场的机会把握，综合运用债务重组、资产重组、资产置换、债转股等方式，丰富处置手段，提升处置能力。

资料来源：中国人民银行太原中心支行。

中部地区银行业风险总体可控，存量风险有序化解，但重点领域风险防控压力仍然较大。一是个别省份信用风险防控化解压力依然较大。受融资环境趋紧和经营管理不善等多因素影响，部分企业风险加速暴露，风险进一步向银行蔓延，对地区信贷资产质量造成较大影响。如河南省、山西省不良贷款率均高于全国平均水平。二是中小法人银行机构风险较高。部分中小法人银行机构信贷资源相对集中、授信企业高负债经营，总体不良贷款余额较大、占比较高。受包商银行事件等因素影响，部分中小法人银行流动性趋紧。尤其是高风险法人银行机构资产质量差、拨备计提不足、关联交易等问题突出，风险化解难度大，成为防控化解的“硬骨头”。三是部分重点领域风险需引起重视。影子银行等领域仍须推动规范治理，地方政府隐性存量债务陆续到期、民营企业负债率高、债券违约风险等可能会进一步影响到银行资产质量。

专栏7　化解企业债务风险的思考与建议

近年来，随着经济下行及结构转型加快，企业债务风险有所上升，中部地区出险企业数量有所增多。部分企业依靠“借新还旧”“借新还息”等方式勉强维持，甚至处于停产、半停产状态，由此引发企业债务风险向产业链、银行体系蔓延传导，亟须化解。

一、中部地区出险企业特点

截至2019年末，中部地区出险大型企业76家，其中国有企业18家、民营企业57家、中外合资企业1家。一是杠杆率普遍较高。企业平均资产负债率73.9%，其中超过80%的企业有31家，超过100%企业的15家，另有2家企业超过200%。二是经营出现困境。2019年，监测企业累计净亏损68.63亿元。目前维持生存的10家，高负债经营的23家，半停产企业7家，停业23家，重组5家，破产6家，正常经营的仅有2家。从出险特征看，多数企业出现严重流动性困难，难以偿还债务或债券发生违约。三是行业分布较为集中。出险企业多为制造业（占比57%），其他还涉及建筑业、农林牧渔业、采矿业、交通运输等多个行业。四是债务规模较大。出险企业共涉及金融机构融资金额合计3957.7亿元。

二、企业债务风险形成原因与化解中的困难

（一）原因分析

企业债务风险形成有其特定的历史背景与企业自身特质，但也存在一些共性因素，主要体现在：一是企业亲周期性导致经济上行阶段盲目扩张，高杠杆融资集聚风险。调查显示，45.8%的出险企业风险形成是由于盲目扩张，22.5%的是因为高杠杆融资。二是经济下行冲击有效需求，结构调整加剧行业阵痛。近年来，宏观经济下行压力加大，社会有效需求放缓以及消费结构升级调整，低端制造业以及不符合产业政策调整导向的行业企业生产经营压力加大，企业效益下滑导致偿债能力不足。特别是2016年以来，在去产能推进过程中部分涉及落后产能和过剩产能企业的风险暴露较多，37.5%的出险企业是来自钢铁、煤炭行业。三是经营管理不规范，公司治理风险突出。部分企业经营管理水平粗放，尤其是在融资决策过程中，缺乏长远目光与通盘考虑，未将市场中各种风险因素纳入决策范围，导致融资结构不合理，短贷长投、民间融资比例过高等问题较为突出，一旦企业出现资金流紧张，整个资金链有可能面临断裂的危险。

（二）化解中的困难

由于企业债务风险形成的多样性及涉及部门较多，导致化解企业债务风险困难重重。一是企业债权债务关系复杂，协同处置难。出险的大中型企业大多存在多头融资、多头担保问题，而且融资方式涵盖了表内贷款、票据、表外承兑、理财等，由于各债权银行的抵质押品价值和种类不同，处置抵质押品难易和先后时间不一致，同时抵押物种类繁多，导致协同处置难度较大。如最多的一家出险企业债权方涉及80家金融机构。二是诉讼时间较长，财产保全与胜诉执行难。法律诉讼是最常见的企业债务化解方式，但普遍存在司法审理周期较长、诉讼财产保全难度大、抵押物处置难度大、依法破产退出的司法程序烦琐冗长等问题。三是地方保护与市场出清存在利益诉求不一致。地方政府从经济发展与社会稳定角度考虑，在处置企业债务风险时一般要求银行通过存量贷款重组、续贷等方式延缓真实风险，导致部分企业错过最佳债务处置时机。

三、思考与建议

化解企业债务风险，降低杠杆率是打好重大金融风险攻坚战的重要组成部分。一是化解企业债务风险须发挥银行、政府、司法等多部门、多条线的联动作用，地方政府应立足自身角色功能，明确职责范围，发挥好统筹作用，从完善营商环境、优化金融生态环境出发，针对不同企业情况制订细化相应的解决方案和处置措施，牵头制定出险企业风险处置化解长效机制。二是金融机构在化解企业债务风险中要从大局出发，通过债权委员会实现债务处置的联动联通，整体推进，形成处置合力；同时，要根据出险企业不同行业特征、经营现状采取不同处置方式，特别对部分暂时出现资金链紧张但产品有销路的企业，要切实考虑到企业经营现状，适时调整风险容忍度。三是出险企业应落实自身风险化解的第一责任，积极寻求内源及外源融资，充分发挥企业股东积极性进行注资，同时拓展合适的外部战略投资者，提升经营管理水平，增强盈利能力。

资料来源：中国人民银行合肥中心支行。

三、资本市场活力进一步释放，部分领域风险需重点关注

2019 年，中部地区证券业市场主体数量增多，综合实力稳步增强，市场融资功能得到有效发挥，金融服务实体经济能力进一步提升。一是上市公司数量不断增加，市场融资功能持续增强。中部地区共有境内上市公司 477 家，新增 9 家。其中，湖北省增加 4 家、河南省增加 2 家，湖南省、江西省和安徽省分别增加 1 家。境内上市公司全年股票市场累计募集资金 2238. 67 亿元，同比增长 92. 48%；债券市场全年累计筹资金额 11849. 35 亿元。河南省各类企业通过资本市场实现融资 1544. 41 亿元，是 2018 年全年融资总额的 2. 78 倍；山西省实现资本市场直接融资 1812. 37 亿元，同比增长 22. 02%。二是证券市场交投活跃，证券机构营业收入与净利润实现双升。中部地区证券投资者资金账户数 5924. 18 万户，同比增长 10. 74%；法人证券公司资产总额 5717. 39 亿元，同比增长 6. 45%；法人证券公司营业收入与净利润分别为 258. 00 亿元、80. 04 亿元，同比分别增长 32. 42%、221. 87%。其中，安徽省证券交易额 5. 93 万亿元，增速由上年的下降 13. 82% 转为增长 36. 83%；江西省证券交易额 5. 5 万亿元，同比增长 31. 4%，累计实现营业收入和净利润分别为 19. 8 亿元和 5. 1 亿元，同比分别增长 38. 5% 和 263. 8%；湖南省证券公司利润总额 33. 1 亿元，同比增长 201. 8%。三是私募基金规模稳步增长，发展速度较快。中部地区共有私募基金机构 1309 家，同比增长 5. 2%；管理基金数量 3111 只，同比增长 12. 84%；管理基金规模 7578 亿元，同比增长 9. 5%。其中，湖北省私募基金管理人 375 家，在全国排名第十位；山西省私募基金管理人 116 家，基金规模同比增长 91. 93%。四是金融监管依法从严，风险化解有序推进。各省全力加大证券期货监管力度，强化行业金融风险防范化解，并取得阶段性成效。河南省 2019 年全年分别完成上市公司、新三板挂牌公司、债券发行人、证券期货基金机构现场检查 18 家次、3 家次、3 家次、59 家次，先后处置了 21 起公司债券及资产证券化产品违约风险；江西省针对上市公司业绩波动、股权质押等风险，加大了风险化解处置力度，全年化解 5 家股权质押高风险公司。

中部地区证券市场发展中存在的共性问题和潜在风险隐患仍需重点关注。一是打击非法证券期货活动难度加大，部分领域信用风险增加。多数非法证券投资咨询和非法经营期货业务通过互联网开展，大部分违法主体无真实固定经营场所且手段、模式变化快，导致非法证券期货活动案件取证难、认定难，打击非法证券期货活动形势严峻。另外，受国内外经济下行压力影响，各类资产价格波动加剧，部分企业经营困难、信用风险隐患大，如安徽省 2019 年新增违约

债券13只，违约债券金额101.7亿元。二是资管产品整改压力较大。各地区的行业资管产品正处在转型整改的过渡期，资管产品整改压力较大，需整改的问题主要包括产品分类不合规、多层嵌套等。部分资管产品整改面临融资人资金链紧张，难以在产品到期前终止产品。三是股票质押风险不容忽视。部分上市公司潜在风险较大，例如安徽省2019年末84家上市公司的平均质押比例为54%，10家公司的大股东股票质押比例超过80%。大股东持股比例高可能引发平仓风险、诉讼风险、持续经营风险和控制权转移风险。四是退市风险需警惕。个别上市公司由于行业或技术落后，缺乏风险意识和资管能力，存在短债长投、期限错配等问题，长期处于亏损状态，企业面临退市风险。山西省年内已有3家上市公司面临暂停上市风险，个别机构已被实施退市风险警告；安徽省华信国际已经退市，盛运环保等上市公司面临退市风险。

四、保险市场运行平稳，区域发展差距较大和市场乱象问题依然存在

2019年，中部地区保险业总体运行平稳，资产总额、保费收入、赔款给付支出等持续增长，发展质效不断提升。中部地区保险公司资产总额16773.54亿元，同比增长15.00%；分公司以上保险公司396家，同比增加12家；原保险保费收入8622.71亿元，同比增长10.87%，其中，人身险保费收入6259.06亿元，同比增长10.93%，财产险保费收入2363.63亿元，同比增长10.74%。一是财产险中非车险业务保费增长较快，市场份额稳步提高。中部地区非车险保费收入同比增长22.68%，增速高于车险保费收入15.78个百分点，其中农业保险、责任保险保费收入同比分别增长12.21%、26.62%；非车险保费收入在财产险中占比26.93%，同比提高2.62个百分点。二是人身险业务转型发展不断推进，继续回归保险本源。山西省人身险公司保障型业务占比27.93%，同比提高4.32个百分点。湖南省健康险保费收入同比增长34%；安徽省、河南省健康险保费收入增速分别高于人身险保费收入增速15.53个百分点、18.77个百分点。三是保险保障功能进一步提升。保险业赔款给付支出2583.83亿元，同比增长4.03%，在脱贫攻坚、医疗养老等方面进一步发力。安徽省和江西省累计提供风险保障81.7万亿元和53万亿元，同比分别增长50.82%和33.28%。

保险业在平稳运行的同时仍然存在一些问题和风险。一是保险业务发展区域差距较大。从机构家数看，分公司以上保险公司家数最多省份与最少省份两者相差38家。从保费增速看，中部地区中最高增速省份与最低增速省份两者相差10.43个百分点。从保费规模占比看，排名前两位省份占比合计为48.24%，同比提高0.23个百分点；排名后两位省份占比合计仅为19.93%，同比下降0.37个百分点。二是退保风险仍需关注。中部地区退保率在5%～7%的省份超过半数，占比较高。山西省保险满期给付与退保风险给付高峰仍将持续；湖南省部分地区高现金价值产品退保压力较大；安徽省中短存续期产品存量规模较大，少数公司仍在售中短存续期产品；湖北省测算2020年至2021年人身保险业满期给付与退保总额仍将保持高位。三是市场乱象问题不容忽视。部分保险中介机构内控管理不健全，依法合规意识淡薄，刻意规避监管要求，存在打政策擦边球、长险短做、诱导客户退保、捆绑销售、落实可回溯要求不到位等现象。部分人身险公司仍存在未按规定对人身险新型产品进行信息披露、未对投保人进行回访、客户信息和财务数据不真实等违法违规行为。

专栏8 人身险公司业务转型发展面临的主要问题及对策建议

2019年，监管部门持续强化人身险业务监管和整治市场乱象，中部地区人身险公司加快业务转型发展，取得了积极成效。但受经济下行叠加外部竞争、行业内部分化加剧等多重因素影响，其在转型发展中也面临一些困难和问题，需要加以关注并予以解决。

一、基本情况

一是保费收入平稳增长。2019年末，中部地区共有人身险公司196家，其中，法人公司1家，省级分公司195家。整体看，全年中部地区人身险公司原保险保费收入同比增长8.29%，各省原保险保费收入同比增幅在5.78%～11.87%。二是保障型险种健康险增速较快。健康险收入同比增长27.60%，而同期人寿险、意外伤害险收入同比仅分别增长3.78%、5.33%；三者合计占总保费收入的95.65%，其中健康险收入占比同比上升3.44个百分点，人寿险、意外伤害险收入同比分别下降3.09个、0.06个百分点。三是个人代理渠道业务向好发展。个人代理渠道实现收入同比增长10.98%，银邮代理渠道实现收入同比下降0.37%；两者合计占总保费收入的90.06%，其中个人代理渠道实现收入占比同比上升1.50个百分点，银邮渠道实现收入占比同比下降2.38个百分点。四是赔付支出和退保金额整体下降，风险整体可控。全年中部地区人身险公司赔付支出、退保金额同比分别下降7.63%、16.84%，各省赔付支出同比降幅在3.89%～13.99%，各省退保金额也同比下降。

二、转型发展中面临的主要问题

一是产品同质化严重。多数产品主要条款相同，缺乏差异性，可替代性较强，尚未形成核心竞争力。二是高质量发展压力仍然较大。部分公司高投入、高成本的粗放式经营模式没有根本改变，内控制度执行不严等问题依然不同程度存在，规范经营长效机制尚未完全建立。三是市场乱象仍需从根治理。虚列费用、销售误导、客户信息不真实等行业顽疾总体呈减少趋势，但各类市场乱象仍不同程度存在。四是人民群众丰富的保障需求与不充分的保险供给之间的矛盾依然存在。对客户需求进行精准定位、定价、销售和服务的能力不足，满足老龄化、个性化、高端化、网络化消费需求的有效供给仍然缺乏。五是宣传覆盖面不足。部分公司仍主要依靠人情营销和“口口相传”的方式进行宣传，对新媒体等宣传渠道利用较少，保险政策及理念的宣传普及仍有待加强。

三、相关建议

一是加大产品和服务创新力度。找准市场定位，将保险产品与信息技术、医疗服务等深度融合，提高客户服务体验，提升客户的归属感和黏性。二是加快转型发展。人身险公司应加强精细化管理，强化公司治理并完善内控制度，不断提高风险防控能力，确保业务合规稳健有序发展。三是强化业务监管。监管部门应依法全面从严监管，继续深入整治市场乱象，有效防控相关风险。四是增加有效保险供给。立足于满足人民群众生活需求和服务实体经济，深入研究市场，以客户需求为导向，大力发展保障型产品，不断满足人民群众日益增长的健康养老保障等需求。五是加大宣传力度。以客观、公正、透明为原则，丰富宣传途径，扩大宣传范围，让公众切实认识到保险的保障功能，提高保险业声誉。

资料来源：中国人民银行郑州中心支行。

五、地方金融风险逐步化解，P2P 网贷整治清退压力较大

2019 年，中部地区地方金融风险逐步化解。一是 P2P 网络借贷风险正有序化解。如湖北省在营机构数量、代偿余额、出借人数分别同比下降 80%、80.19%、88.59%，全省在营机构数量压降至 10 家。二是地方交易场所存量风险得到有效化解。如江西省金融资产类交易场所存量风险较年初压降约 75%；邮币卡类存量持仓人和持仓市值分别较年初压降 45.6%、14.3%，其他文化艺术类交易场所持仓人和持仓市值分别较年初压降 66.9%、3.1%。三是非法集资打击和处置力度不断加大。中部地区不断健全完善宣传教育、监测预警、打击处置“三位一体”防范和处置非法集资工作体系，非法集资风险总体可控、稳步下降。如江西省累计新发案件 153 件，同比上升 12.5%；涉案金额 38.55 亿元，同比下降 11.68%；集资参与人数 2.59 万人，同比下降 48.11%。湖北省新发非法集资案件 69 起，同比减少 25 起；涉案金额 26.19 亿元，下降 81.81 亿元；参与人数 1.78 万人，减少 3.62 万人；非法集资案件全年销号 154 起，司法判决审结 190 起，存量“非法校园贷”基本处置完毕。

中部地区个别地方金融风险仍需关注：一是 P2P 网贷整治还需加大力度。虽然各省 P2P 网贷风险总体可控，整治工作也取得了一定成效，但部分省份 P2P 网贷整治、清退工作压力仍然较大，需要加快清退工作进度。另外，停业机构“退而不清”问题突出，部分省份网贷机构已经停业，但资金兑付、工商登记吊销、注销等工作进度缓慢，风险出清和彻底处置仍然需要较长时间。二是打击和处置非法集资风险任务依然严峻。一方面，单一非法集资风险向多领域传导，时常与涉黑涉恶、P2P 网络借贷风险、社会稳定风险相互交织，风险呈现扩大化趋势，风险完全化解处置存在难度。另一方面，由于非法集资案件的资产处置难、法院执行慢、涉稳风险大等问题，完全实现非法集资陈案的销号化解仍有一定难度。另外，对于涉及金额 10 亿元以下、仅涉及少数省市的跨区域非法集资案件，因各地对处置原则、处置方式等认识有偏差，导致协调处置有梗阻。

六、定量评估

从定量评估结果来看，2019 年中部地区金融稳定状况综合得分为 78.7 分，较上年下降 1.6 分，比全国平均水平高 2.5 分，由稳定区间下调至较稳定区间。其中宏观经济指标明显高于全国平均值，银行业、证券业、保险业和金融生态环境得分与全国平均值相近（图 13）。

从具体指标变动情况来看，中部地区共有 7 项指标较上年有明显改善，7 项指标较上年有所下降，11 项指标基本与上年持平。在宏观经济方面，城镇居民可支配收入增长率、典型城市房地产销售价格指标有所改善，地区生产总值增长率、第三产业增加值增长率、全社会固定资产投资增长率、社会消费品零售总额增长率、进出口总额增长率等多项指标得分均小幅下降，最终宏观经济得分较上年有所回落。银行业盈利能力指标较上年有所下降，其他指标基本与上年持平，因此中部地区银行业得分较上年略有下降。证券业盈利能力上升、保险保费收入和退保率指标有所改善，中部地区证券业和保险业得分较上年有所回升。金融生态环境得分略有回落，主要由于征信数据库覆盖率指标有所下降（表 6）。

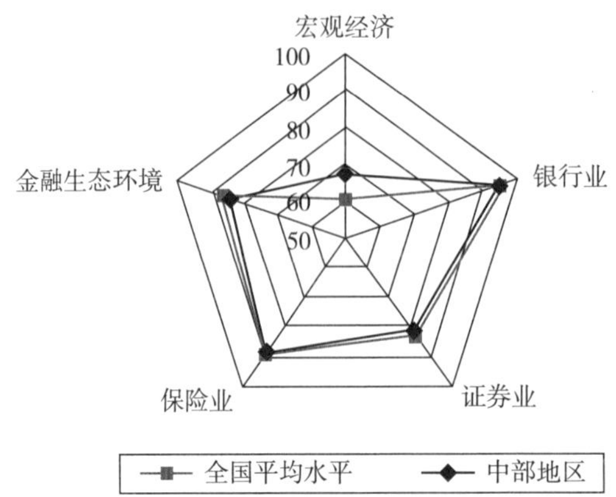

图 13 2019 年中部地区金融稳定状况和全国平均水平的比较

表 6 **2019 年中部地区评价指标及其变动情况**

指标分类		变动方向	评价指标	变动情况		
				改善	稳定	下降
宏观经济		↓	地区生产总值增长率			√
			第三产业增加值增长率			√
			全社会固定资产投资增长率			√
			社会消费品零售总额增长率			√
			实际利用外资增长率			√
			进出口总额增长率			√
			城镇居民可支配收入增长率	√		
			农村人均纯收入增长率	√		
			居民消费价格指数		√	
			城镇登记失业率		√	
			典型城市房地产销售价格指数	√		
金融机构	银行业	↓	核心资本充足率		√	
			不良贷款率		√	
			资产利润率		√	
			流动比率		√	
	证券业	↑	净资本充足率		√	
			净资本负债率		√	
			资产利润率	√		
	保险业	↑	应收保费率		√	
			保费收入增长率	√		
			寿险公司退保率	√		
金融生态环境		↓	法治环境调查综合得分	√		
			地方财政收入占 GDP 比重		√	
			银行服务密度		√	
			征信数据库覆盖率			√

注：表中“↑”表示改善，“↓”表示下降，“→”表示稳定。

从历年综合得分变动趋势看，中部地区金融稳定状况综合得分近三年有所下降，2019 年得分由稳定区间下调至较稳定区间（图 14）。分项来看，中部地区证券业和保险业得分小幅回升，宏观经济、银行业和金融生态环境得分小幅回落（图 15）。

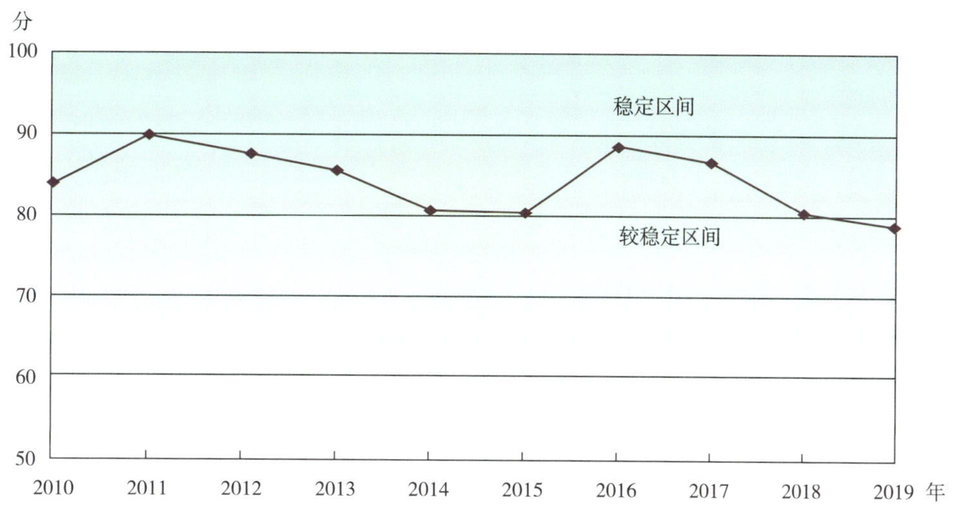

图 14　2010—2019 年中部地区金融稳定综合得分趋势

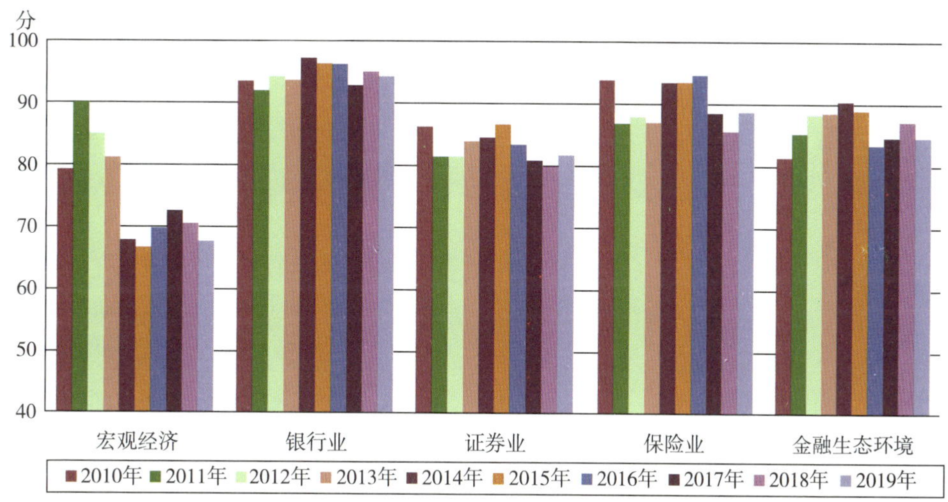

图 15　2010—2019 年中部地区金融稳定状况的比较

第四章　西部地区

2019年，西部地区积极适应经济金融发展新常态，认真落实各项宏观调控政策，扎实推进结构调整，经济保持平稳发展态势。金融业在改革中平稳较快发展，金融体系的内在稳定性有所增强，区域金融稳定基础更加牢固。但受经济发展水平滞后、外部经济环境变化及未来发展不确定性增大等因素影响，维护西部地区的金融稳定依然面临一定压力。

一、经济保持平稳发展态势，不平衡不充分问题仍较突出

2019年，西部地区经济继续保持平稳发展态势，全年实现地区生产总值20.52万亿元，同比增长6.78%，增速高于全国0.68个百分点。三次产业结构持续优化，由2018年的11.05:40.5:48.45调整为10.95:37.92:51.13。投资、消费和对外贸易均继续保持增长，2019年，西部地区共实现全社会固定资产投资（不含农户）14.22万亿元，同比增长5.6%；实现社会消费品零售总额7.67万亿元，同比增长7.97%；实现进出口总额3914.27亿美元，同比增长6.10%。

西部地区经济保持平稳运行，但发展不平衡不充分问题仍较突出。一是工业持续增长动力不足。甘肃省高新技术产业及新动能增长乏力，规模以上工业战略性新兴产业和高技术产业增加值负增长，增速比规模以上工业增加值分别低4.9个和4个百分点；贵州省规模以上工业新增入库企业221户，同比减少94户，新增企业主要集中在煤炭、建材等传统行业，新兴产业企业占比仅为25%，同比下降8.3%。二是投资支撑基础薄弱。甘肃省5000万元及以上项目到位资金占完成投资额的77.2%，到位资金增速放缓，一定程度上影响项目开工建设进度。三是企业盈利能力下降。贵州省工业企业营业收入8688.57亿元，同比下降0.4%；亏损企业亏损额152.98亿元，同比增长32.8%；青海省规模以上工业企业中亏损企业占比35.5%，累计亏损542亿元。四是房地产去库存压力显现。陕西省商品房待售面积下降速度明显减缓，年末全省商品房待售面积同比下降10.5%，降幅同比收窄11.9个百分点。五是消费增长乏力。在新兴消费模式下，陕西省限额以上企业（单位）通过公共网络实现的商品销售额同比增长19.6%，增速回落11.2个百分点。

专栏9 西部地区房地产运行情况及风险隐患

自党的十九大工作报告中提出“房子只住不炒”以来，各地方政府积极出台一系列更加精准的调控政策，西部地区房价上涨趋势得到遏制，商品房成交量有所减少，房地产市场有所降温，各项房地产政策效应持续凸显，房地产金融运行稳中有进，信贷资产质量有所提高，房地产市场总体保持稳定。但房地产信贷集中度过高、商品房库存处于高位、居民加杠杆购房等现象仍然存在，信贷增长过度依赖房地产风险仍需警惕。

一、西部地区房地产市场运行情况

（一）房地产开发投资增长较快，部分房企投资意愿仍较高

2019 年，西部地区房地产开发投资保持较快增长。房地产开发投资完成额达 30185.60 亿元，同比增加 16.06%，高于全国 6.07 个百分点。部分省区房地产企业增加投资的意愿仍然强烈。调研显示，西部某省 28 家被调查房地产企业中，有 21 家企业表示年内将增加房地产开发投资，其中有 10 家企业表示计划投资增加主要因为当前销售向好，计划开发新项目。

（二）商品住宅销售价格指数增速下滑，但去库存压力增大

2019 年，西部地区新建商品住宅销售价格指数①为 110.58，同比增长 10.58%，增速较上年下滑 3.8 个百分点，二手房整体商品住宅销售价格指数为 105.78，同比增长 5.78%，增速较上年下滑 5.37 个百分点。西部地区住房（新房、二手房）价格较上年同期均出现下滑。房地产开发企业房屋累计新开工面积 64473.47 万平方米，较上年同期增加 11494.89 万平方米，同比增长 21.7%；累计竣工面积 20173.08 万平方米，较上年同期减少 925.56 万平方米，同比下滑 4.39%；商品房销售面积 49012.26 万平方米，较上年同期增加 2769.25 万平方米，同比增长 5.99%。去库存化周期为 15.78 个月，较上年同期增加 2.03 个月，短期内房地产业面临去库存压力。

（三）房地产贷款市场稳中有进，信贷资产质量有所提高

2019 年末，西部地区房地产贷款余额 84511.26 亿元，较年初增加 11141.08 亿元，增幅达 15.18%，不良贷款率为 0.91%，较上年同期下降 0.45 个百分点。其中，房地产开发贷款余额 37236.37 亿元，较年初增加 3876.55 亿元，增幅 11.62%，不良贷款率为 1.28%，较上年同期降低 0.58 个百分点；个人住房贷款余额 47274.90 亿元，较年初增加 7264.50 亿元，增幅 18.16%，不良贷款率为 0.45%，较上年同期降低 0.42 个百分点。

二、西部地区房地产市场存在的风险隐患

（一）房地产市场信贷资源集中度较高，风险敞口较大

2019 年末，西部地区房地产贷款增速高于各项贷款增速 4.8 个百分点，占各项贷款余额的 30.8%，房地产新增贷款占各项贷款新增额的 43.17%，信贷资源呈现向房地产领域集中趋势。在经济下行压力加大的背景下，房企资金面紧张，中小型房企资金链断裂压力上升。

① 房价调查指数数据来源：呼和浩特、南宁、重庆、成都、昆明、贵阳、西安、兰州、西宁、银川、乌鲁木齐和大理。

一旦资金链断裂，部分房企风险将逐渐暴露并直接向银行机构传导，进而加大房地产信贷违约风险，同时抵押物价值下降，处置变现困难，商业银行信贷资产质量进一步下降的可能性不断加大。

（二）房价下行压力加大，个人住房贷款资产质量承压

2019 年末，西部地区个人住房贷款余额达 47274.90 亿元，同比增长 18.16%，占房地产贷款余额的 55.94%，较年初增加 7264.50 亿元，占房地产贷款新增额的 65.20%。个人住房贷款快速增长，居民加杠杆购房热潮不退。随着政策收紧、房价下行压力增加，住房按揭贷款违约风险可能加大，或将导致个人住房贷款质量下降。

三、政策建议

（一）加强监测分析，摸清风险底数

加强对房地产金融市场，尤其是中小型房地产企业经营情况及债务融资情况的监测分析，及时、全面地掌握房地产企业债务风险底数。

（二）继续坚持因城施策、一城一策、分类指导原则

政府相关部门应加强沟通协调，不断健全完善房地产市场的调控政策框架和决策机制，科学把握房地产用地和商品房供应节奏，明确稳房价稳预期的主体责任，保持市场供给平衡、结构合理。

资料来源：中国人民银行昆明中心支行。

二、金融改革持续推进，绿色金融改革取得实效

2019 年，西部地区金融机构改革持续推进，着力提高发展质量。银行业进一步深化改革创新力度，国家开发银行、进出口银行、农业发展银行根据改革方案积极强化自身职能定位，加大对重点领域和薄弱环节的支持力度。农业银行进一步深化三农金融事业部改革，围绕县域城镇化、农业产业化、水利基础设施建设、抵押担保等重点领域和关键环节，持续加大“三农”信贷支持和产品创新力度，全力做好金融扶贫工作。城市商业银行改革持续深化，战略转型成效显著，2019 年 3 月，西安银行成功登陆上海证券交易所主板市场，成为西北首家 A 股上市城市商业银行。农村金融机构改革稳步推进，按照“成熟一家，改制一家”的原则和“充分尊重市场规律和机构意愿”的监管要求，共计 24 家农村信用社、1 家农村合作银行改制为农村商业银行。非银行业法人金融机构快速发展，业务类型日益丰富，陕西长银消费金融公司总资产突破 100 亿元，行业排名上升至全国前列。

绿色金融改革取得实效，融资渠道不断拓宽。2017 年 6 月，贵安新区成为全国首批、西南地区唯一一个获准开展绿色金融改革创新的国家级试验区，截至 2019 年末，共有 22 家金融机构拟入驻新区，形成了多层次绿色金融机构体系，贵州省绿色贷款余额达 2950 亿元，较年初增加 579 亿元，同比增长 36%。四川省发放乡村振兴绿色贷款余额 4135.21 亿元，同比增长 16.6%。

陕西省扶贫、绿色金融等领域债券融资实现创新突破，非金融企业通过银行间市场发行债务融资工具128只，累计融资1675亿元，西安银行、长安银行分别发行小微企业专项金融债和二级资本债，实现融资70亿元。

三、银行业经营情况总体稳健，资产质量管控压力仍然较大

2019年，西部地区银行业经营情况总体稳健，经营效益整体提升。截至2019年末，银行业金融机构资产总额达46.04万亿元，同比增长6.26%；负债总额达44.24万亿元，同比增长6.26%；各项存款余额达34.04万亿元，同比增长6.42%；各项贷款余额达30.84万亿元，同比增长11.45%。全年实现账面利润4011.23亿元，同比增长0.76%。西部地区银行业金融机构继续聚焦经济社会重点领域和薄弱环节，金融支持实体经济力度进一步增强。一是积极对接重点领域、重点项目融资需求。甘肃省电力、交通、水利等重大基础设施建设项目贷款余额5370.45亿元，同比增长9.21%。二是精准扶贫提质增效。陕西省金融精准扶贫贷款余额1271.98亿元，较上年增长12.18%。三是民营企业和小微企业贷款“量增面扩”。广西开展跨境金融区块链服务平台试点，有效缓解中小微涉外企业融资难题，民营企业和小微企业贷款余额同比分别增长14.98%和11.56%。四是低息减费缓解“融资贵”。青海省企业贷款加权平均利率降至4.95%，银行业为企业和社会公众减费让利4亿元。

由于经济金融形势复杂多变，金融创新风险与传统金融风险并存，且交叉传染，西部地区银行业金融机构经营风险日益凸显。一是资产质量持续承压。截至2019年末，银行业金融机构不良贷款余额8573.49亿元，同比增长22.91%，其中4个省区的不良贷款余额增长率超过50%，最高的超过7倍；不良贷款率2.78%，同比增加0.26个百分点，其中3个省区的不良贷款率超过5%，信用风险防控形势仍然严峻。二是农村合作金融机构不良贷款潜藏反弹风险，后续压降难度较大。收息上调五级分类和续贷重组仍然是农村合作金融机构压降不良贷款的主要手段，其实质是一种变相的短期经营行为，多数借款人经营情况、还款能力没有实际改善。三是部分中小银行流动性风险有所上升。由于长期依靠同业资金维持经营，期限错配严重，某省有6家机构同业融入占总负债的比例超过30%，34家机构同业融出占总资产的比例超过30%。受包商银行被接管事件的影响，个别中小银行同业存单认购率有所降低，同业融资难度显著上升，流动性风险隐患突出。四是盈利空间进一步压缩。随着同业业务、通道类业务等逐步规范，银行业金融机构业务逐渐回归传统，发展速度放缓，利润渠道收窄。五是地方法人金融机构内控风险防控压力大。部分法人金融机构合规经营理念欠缺，在制度建设、内控管理、风险防控等方面存在缺陷和漏洞，违规操作、内外勾结等风险事件仍呈高发多发态势。如某省先后发生地方法人金融机构高管人员违法违纪等多起金融领域腐败和犯罪案件，以及“内部人控制”等个案，不仅给涉事机构带来巨大经济损失，而且对地方金融生态造成了恶劣影响。

专栏10　中小银行机构资本补充问题及建议

近年来，在经济下行和监管趋严形势下，中小银行机构普遍面临资本补充压力。国务院金融委多次会议强调要多渠道增强中小银行资本实力，但资本补充情况仍不容乐观。通过随机选取西部地区64家中小银行机构①（以下简称样本银行机构）进行调研显示：中小银行机构资本充足压力较大，面临四大困境，即增资扩股推进难、外源性资本补充突破难、内源性资本补充提升难、资本管理改善难。

一、中小银行机构亟须补充资本

（一）中小银行机构资本充足水平“一降两高”

一是资本充足率总体下降。截至2019年末，样本银行机构整体核心一级资本充足率、一级资本充足率和资本充足率分别为10.50%、10.50%和12.54%，较上年末分别下降0.61个、0.61个和1.43个百分点。二是核心一级资本占比高。2019年末，样本银行机构核心一级资本占总资本比重为84.47%。分机构类型看，城商行、农合机构和村镇银行的核心一级资本占比分别为83.77%、89.10%和94.32%。三是农合机构和村镇银行的传统资本补充渠道占比高。样本农合机构、村镇银行分别有84.64%、99.61%的一级资本来源于传统资本补充渠道（增资扩股和利润留存），二级资本则均来源于超额贷款损失准备。

（二）不良贷款增加，加速资本消耗

一是不良贷款增加，拨备计提力度加大，资本消耗加快。2019年末样本银行机构不良贷款余额较上年末增加25.8亿元，贷款减值准备金较上年末增加71.63亿元。二是中小银行机构核销不良贷款力度加大，直接导致资本消耗。2017—2019年，样本银行机构分别核销不良贷款58.02亿元、122.18亿元和124.04亿元。

（三）表外资产回表，资本持续承压

近年来，资管业务加大整改规范力度，导致表内资产业务规模增加，需按规定计提资产减值准备金，对利润产生较大影响，同时风险资产增加导致资本充足率下降，资本持续承压。2018年至2019年，样本银行机构表外资产回表250.73亿元，占用资本26.33亿元；2020年预计表外资产回表127.97亿元，占用资本13.44亿元。

二、中小银行机构资本补充面临“四难”

（一）增资扩股推进难

目前，增资扩股是中小银行机构主要的外源性资本补充途径，但受优质法人股东引入困难、自然人股东引入受限、股权托管进度缓慢等因素影响，部分机构增资扩股难以顺利开展。

（二）外源性资本补充突破难

对农合机构和村镇银行而言，部分机构资质和经营指标不达标，资本补充债发行难度较大，且市场接受程度较低；对城商行而言，部分机构虽已制订上市规划，但相关指标在

① 样本机构来自四川省、云南省、陕西省、甘肃省、青海省、内蒙古自治区、宁夏回族自治区、新疆维吾尔自治区、广西壮族自治区和西藏自治区十个省区，包括城商行18家，农合机构28家，村镇银行18家。

短期内无法满足 IPO 要求，IPO 不确定性较大。

（三）内源性资本补充提升难

中小银行机构盈利模式单一，在当前利差收窄、信用风险管理难度加大的背景下，45.31%的样本机构利润呈下降趋势，且面临亟须补充资本和现金分红的两难处境，内源性资本补充压力较大。

（四）资本管理改善难

长期以来，部分农合机构和村镇银行内部尚未建立健全资本管理架构，不具备制订长期、有效资本补充计划的能力，同时对资本补充的重要性缺乏充分的认识，资本补充工作一直处于被动地位。

三、政策建议

（一）控风险、降不良，有效减少资本消耗

中小银行机构应多措并举推进存量不良资产处置，通过采取法院起诉、接收抵债资产等手段多管齐下清收不良资产，降低不良贷款拨备缺口，减少资本消耗。

（二）拓业务、促留存，夯实内源资本补充基础

中小银行机构应在坚持支农支小定位的同时优化业务结构，扎根地方经济，拓展资本消耗较小但盈利能力较强的中间业务和零售业务。平衡股东利益和盈余留存，按照可持续发展原则决定分红比例。

（三）强引导、谋创新，多渠道补充外源性资本

引导中小银行机构加入银行间市场，创新使用资本补充工具，适度降低中小银行机构发行优先股、永续债、二级资本债等资本补充工具的准入门槛。

资料来源：中国人民银行南宁中心支行。

四、证券期货业平稳运行，上市公司风险等隐患值得关注

2019 年，西部地区证券期货业平稳运行。一是市场主体数量平稳增长。西部地区境内上市公司 494 家，较上年增加 20 家；辅导备案拟上市企业增多，新增辅导备案的拟上市企业 26 家。二是证券经营机构经营实力稳步提升。西部地区法人证券公司净资产 2064.18 亿元，同比增长 10.57%；法人证券公司营业收入 377.48 亿元，同比大幅增长 82.87%，其中经纪业务手续费收入、利息收入和证券发行收入分别为 83.36 亿元、50.7 亿元和 44.58 亿元，较上年分别增长 8.32%、4.17%和 86.96%。三是证券交易量快速增长。西部地区证券交易额累计 36.51 万亿元，同比增长 39.84%，增速高于全国 27.74 个百分点。四是部分省区直接融资规模不断扩大。内蒙古各类市场主体通过资本市场共实现融资 643.9 亿元，同比增长 76.8%；广西通过资本市场直接融资 467.38 亿元，同比增长 46.53%；四川省涉农企业对接多层次资本市场取得新进展，3 家农业上市企业通过资本市场融资 50.88 亿元。五是利用业务创新助力“三农”和小微企业发展。四川华西期货公司创新设计凉山州苹果、鸡蛋产业链“蛋果期贷宝”风险管理项目，协助新型

农业经营主体向银行申请低息贷款，打造“一站式”风险管理。

西部地区资本市场仍存在一些需要关注的风险点。一是期货行业经营压力不断加大。部分期货经营机构创新发展水平较低，盈利模式单一，差异化、特色化发展实际效果并不明显，业务收入主要依靠经纪业务，对市场景气程度的依赖程度较高，盈利水平持续下滑。2018 年、2019 年某省法人期货经营机构净利润连续两年分别下降 42.24% 和 37.47%。二是上市公司经营风险凸显。如个别公司因经营业绩恶化，被实施退市风险警示；个别公司治理结构不完备，公司董事长、总经理长期处于缺位状态，持续经营存在风险。三是部分上市公司股票质押风险仍需关注。某省 29 家上市公司中，控股股东开展股票质押业务的公司超过一半，其中 40% 的公司股票质押股数占自身持股总数超过 80%。虽然已采取纾困基金支持等方式推进解决股票质押比例过高问题，但整体进度缓慢，资金压力较大，控股股东股票质押风险仍需关注。四是资管业务风险逐渐暴露。某省证券业机构有 13 只投向异地地方政府平台的资管产品不能正常兑付，涉及金额 68 亿元。五是个别债券存在违约风险。部分公司债券发行人在公司治理、信息披露、日常经营等方面存在较多问题，在加强金融监管、融资环境趋紧形势下，少数债券发行人存在债券兑付违约风险。

五、保险业经济补偿功能有效发挥，行业潜在风险仍需防范

2019 年，西部地区保险业整体运行稳中有进，经济补偿功能有效发挥。一是市场主体不断增加。截至 2019 年末，西部地区共有 469 家省级分公司以上保险公司，较上年增加 26 家。二是行业综合实力日益提升。西部地区保险业总资产 1.58 万亿元，同比增长 14.37%。全年累计实现原保险保费收入 8155.83 亿元，同比增长 9.97%；累计发生赔付支出 2610.32 亿元，同比增长 4.53%。三是风险保障能力不断增强。甘肃省农险品种保额普遍提高 30% ~100%，保险费率降幅 30% ~ 40%，农业保险实现保费收入 16.23 亿元，同比增长 50.48%；贵州省创新开发包括意外险、寿险、医疗险的“黔惠保”产品组合，为贫困人口提供基本医保和大病保险之外保费低廉、保障适度的保险补充；内蒙古首台（套）保险、新材料首批次保险为重大技术装备、应用企业提供 27.7 亿元风险保障，出口信用保险连续 9 年实现全覆盖；陕西省保险业累计为全省装备制造企业提供首台（套）重大技术装备风险保障超过 30 亿元，有力地推动了制造业转型升级；广西跨境保险发展走在全国前列，全年累计承保进出境车辆 8.6 万台次，提供风险保障 79.4 亿元。

西部地区保险业潜在风险仍需防范。一是产险公司综合赔付率上升。2019 年，西部地区产险公司综合赔付率较上年同期均有所提高，其中最高的省份达 73.72%，一定程度上影响了保险机构的经营效益。二是保险业转型调整面临较大压力。人身险公司在外部资金面趋紧以及新业务转型困难多重因素影响下，业务结构调整承压。产险市场呈现多寡头局面，中小公司承保亏损较大，甘肃省业务规模前六的产险公司全年共实现原保险保费收入 134.93 亿元，占产险市场的 87.27%，8 家承保亏损的产险公司均为中小型公司。三是保险业市场秩序有待进一步规范。车险市场违规问题仍然存在，费用以更加隐蔽的方式流入除手续费以外的其他科目，查处难度增加；部分人身险公司合规经营理念欠缺，对违规操作、内外勾结行为等没有从源头上进行治理，通过银保渠道提取高绩效、公司内部虚假列支费用等问题仍然存在；部分保险中介法人机构内控薄弱，采取加盟制等形式盲目大量铺设机构，部分机构蜕变为违法违规业务“通道”，跨

市场、跨行业传导风险可能性加大。

六、金融生态环境日益优化，政府隐性债务风险不容忽视

2019 年，西部地区金融生态环境日益优化。一是整治金融乱象成效明显。新疆加大对“7 + 4”类机构的清理整顿，通过年审对经营风险较大的 90 家小额贷款公司、29 家融资性担保公司、12 家典当公司予以撤销经营资格、注销或退出市场。二是切实维护支付市场秩序。陕西省强化对支付系统日常监管，增强各银行机构支付清算规则执行力，有力维护良好的支付清算秩序。三是净化外汇市场环境。广西通过现场检查、名单库管理、协商关停可疑平台等方式对辖内网络炒汇平台实施集中整治，维护辖区外汇市场秩序。四是保持反洗钱监管高压态势。贵州省对 1526 家反洗钱义务机构开展工作考评，行业覆盖面连续 10 年达 100%。五是反假币工作成效显著。云南省共收缴假人民币 20.88 万张，合计金额 0.15 亿元，同比下降 17.39%，并建成全国首家货币鉴定工作中心——货币鉴定分析实验室。六是不断完善金融法治环境。内蒙古加大执法检查力度，各级行政执法检查共检查机构 163 家，作出行政处罚决定 81 次，罚款总额 1168.9 万元，总查处比 50.3%，创历史新高。七是成功处置包商银行风险。采取收购承接方式，依法接管并专业高效处置包商银行严重信用风险，既最大限度地保护了客户合法权益，又依法依规打破了刚性兑付，严肃了市场纪律，促进了金融市场的合理信用分层。

近年来，西部地区政府性债务增长较快，部分省区债务水平较高，违规担保问题仍然存在。目前地方政府债务管理中存在的主要问题有：一是举债权力与偿债责任分离，举债冲动较难遏制。政府短期内以投资建设需求为导向大量举债，造成债务规模较快增长。二是隐性债务监管存在空白，变相举债不容忽视。目前隐性债务尚未实现有效监管，在防控和化解地方政府债务风险方面，仍存在很多现实难题。三是债务监测体系不完善，风险难测难控。现行的债务监测体系存在债务覆盖不全、统计不够准确、风险评估缺乏统一适用的标准等问题。四是债务风险可能传导至金融体系，发生系统性风险的隐患尚未根除。融资平台转型推进困难，出于资金安全性考虑，金融机构争抢政府项目等因素也助推了债务规模不断扩张。一旦后续融资推进不力，或是债务无法展期，资产将立即成为坏账，风险隐患较大。

专栏 11　地方融资平台转型路径、制约因素及建议

近年来，地方政府积极推动融资平台向市场化方向转型，积极化解和置换隐性债务，取得了一定成效。但通过对西部某地区（以下简称 A 地）调查发现，目前融资平台转型面临偿债压力大、置换成本高、置换率低等问题，建议引导社会资本参与助推转型，开展经营性债务置换以降低置换成本。

一、A 地融资平台转型升级路径

（一）剥离政府融资功能、参股部分实体企业

通过积极进行政企分离，剥离政府融资功能，参股部分具有发展潜力的实体企业实现盈利，逐步推进平台转型和降债。

（二）出让部分政府股权或经营性国有资产权益进行降债

通过出让平台公司名义下的政府股权及经营性国有资产权益偿还部分债务，从而降低利息支出，达到降杠杆的目的。

（三）引入外部资金共同设立投资基金

通过与股权投资基金管理有限公司共同设立投资基金，引入外部资金专门投资于当地成长性较好，且具有盈利能力的农业项目。

二、制约融资平台转型升级的因素

（一）当前融资平台偿债压力较大

据统计，A 地融资平台 2019 年应还本金额较上年增长 33.31%。在政府隐性债务只减不增的情况下，政府对平台的财务支持不可持续，平台公司信贷形成的债务由公司自行偿还，随着偿债高峰期的到来面临较大偿债压力。

（二）隐性债务置换率较低，置换成本升高

调查显示，虽然地方政府及各类融资平台积极化解政府隐性债务，但是各类融资平台主要依靠借新还旧化解隐性债务，受政策影响，置换难度较大，置换后融资成本有上升趋势。如 A 地财政部门表示，2019 年债务平均成本同比上升 0.5 个百分点。

（三）平台公司吸引力小、经营性项目少等因素加剧转型难度

调查显示，部分平台公司对投资者吸引力小，相应项目引入的投资规模不大。一些公司经营性项目少，市场化运作灵活程度不及民营企业，项目投资效率影响项目盈利能力，在引入外部资金方面存在一定困难。

三、政策建议

（一）升级发展思路，助推融资平台转型

引导社会资本参与建设，拓宽其他投融资渠道，一方面可以拓宽基础设施建设的融资渠道，降低地方政府财政压力，另一方面也可以为民营资本找到长期稳定的收益来源，壮大民营经济实力。

（二）强化金融支持，防范债务风险

充分考虑地方基础设施建设与隐性债务管控关系，引导金融机构强化支持，甄别优质项目，以时间换空间，降低融资成本，缓解融资压力。

（三）避免出现半拉子工程，造成资源浪费

对未完工存量项目，推动项目主体、政府（财政）、金融机构积极协商，落实还款来源，防止项目出现完工风险和还款风险。

资料来源：中国人民银行重庆营业管理部。

七、定量评估

从定量评估结果来看，2019 年西部地区金融稳定状况综合得分为 71.3 分，处于较稳定区

间，较上年下降0.9分，比全国平均水平低4.9分。其中证券业得分高于全国平均水平，宏观经济和银行业得分低于全国平均水平，保险业和金融生态环境得分与全国平均水平相近（图16）。

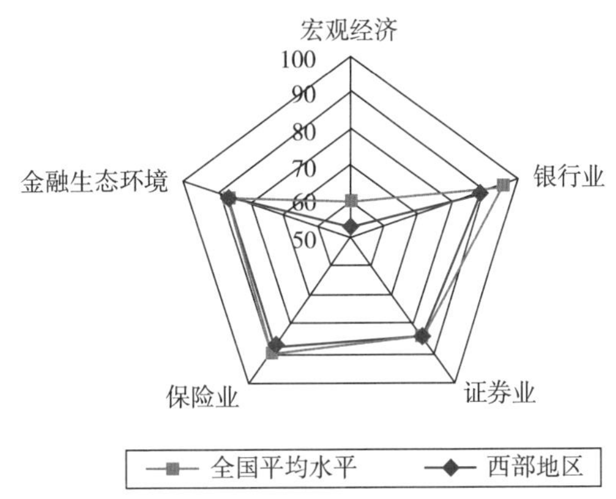

图16　2019年西部地区金融稳定状况和全国平均水平的比较

从具体指标变动情况来看，西部地区共有7项指标较上年有所改善，6项指标较上年有所下降，12项指标与上年持平。在宏观经济方面，全社会固定资产投资增长率、实际利用外资增长率、城镇居民可支配收入增长率、农村人均纯收入增长率指标有所改善，但地区生产总值增长率、第三产业增加值增长率、社会消费品零售总额增长率等相关指标得分有所下降，因此宏观经济得分较上年回落。银行业资本充足指标有所下降，其他指标与上年基本持平，银行业得分有所下降。证券业和保险业得分均有所回升，主要得益于证券公司盈利能力上升、保险公司保费收入增长加快和退保率有所下降等原因。金融生态环境得分基本与上年保持一致，征信数据库覆盖率指标略有下降（表7）。

表7　2019年西部地区评价指标及其变动情况

指标分类	变动方向	评价指标	变动情况		
			改善	稳定	下降
宏观经济	↓	地区生产总值增长率			√
		第三产业增加值增长率			√
		全社会固定资产投资增长率	√		
		社会消费品零售总额增长率			√
		实际利用外资增长率	√		
		进出口总额增长率		√	
		城镇居民可支配收入增长率	√		
		农村人均纯收入增长率	√		
		居民消费价格指数		√	
		城镇登记失业率		√	
		典型城市房地产销售价格指数		√	

续表

指标分类		变动方向	评价指标	变动情况		
				改善	稳定	下降
金融机构	银行业	↓	核心资本充足率			√
			不良贷款率		√	
			资产利润率		√	
			流动比率		√	
	证券业	↑	净资本充足率		√	
			净资本负债率		√	
			资产利润率	√		
	保险业	↑	应收保费率			√
			保费收入增长率	√		
			寿险公司退保率	√		
金融生态环境		→	法治环境调查综合得分		√	
			地方财政收入占 GDP 比重		√	
			银行服务密度		√	
			征信数据库覆盖率			√

注：表中“↑”表示改善，“↓”表示下降，“→”表示稳定。

从历年综合得分变动趋势看，2019 年，西部地区金融稳定综合得分有所回落，但仍保持在较稳定区间（图 17）。分项来看，2019 年西部地区宏观经济和银行业得分有所下降；证券业和保险业得分有所回升；金融生态环境得分与上年基本持平（图 18）。

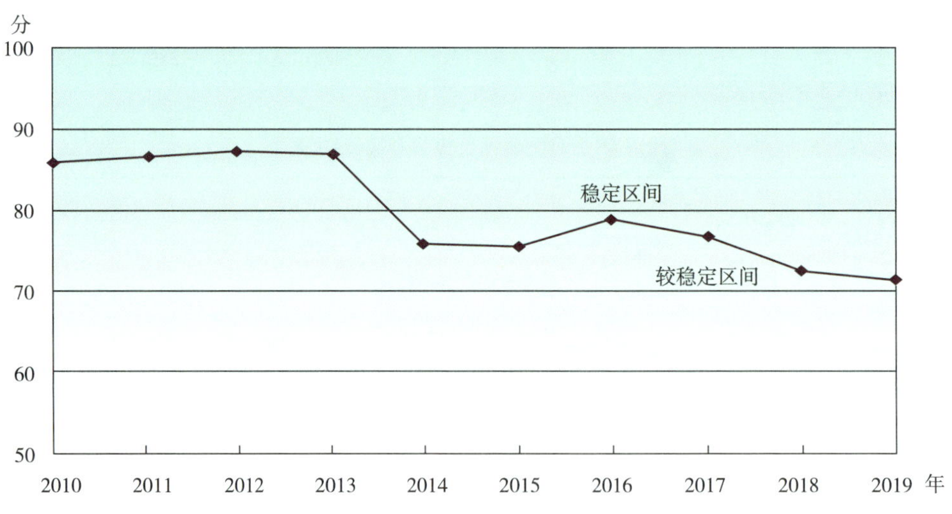

图 17　2010—2019 年西部地区金融稳定综合得分趋势

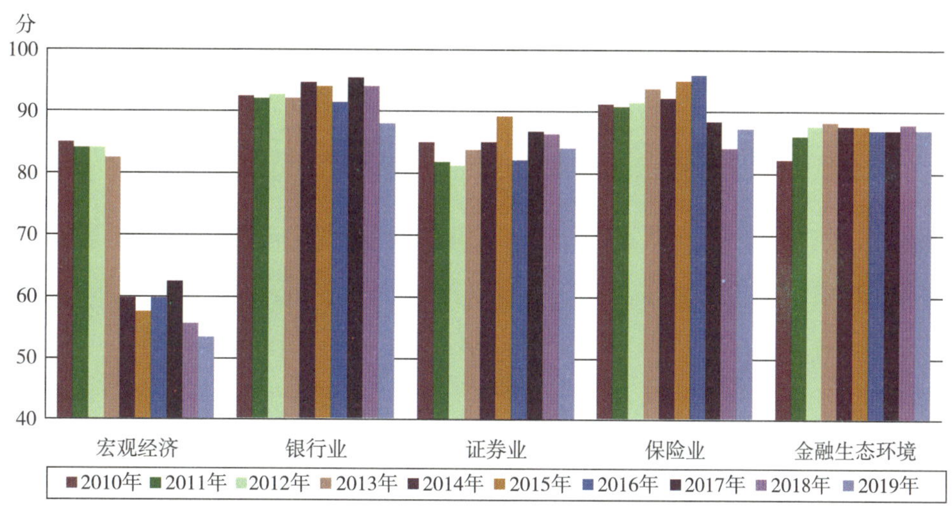

图 18 2010—2019 年西部地区金融稳定状况的比较

第五章　东北地区

2019年，东北地区坚持稳中求进工作总基调，持续深化供给侧结构性改革，深入贯彻落实党中央、国务院支持东北地区深化改革创新推动高质量发展的重大决策部署，扎实做好“六稳”工作，积极应对经济下行压力，金融体系稳健运行，金融风险总体可控。但部分领域存量金融风险化解任务依然艰巨，风险防范不容松懈。

一、经济增长势头趋稳，但部分领域下行压力较大

2019年，东北地区经济平稳增长，地区生产总值5.02万亿元。其中，辽宁省、吉林省、黑龙江省地区生产总值分别为2.49万亿元、1.17万亿元和1.36万亿元，同比分别增长5.5%、3.0%和4.2%，分别低于全国平均水平0.6个、3.1个和1.9个百分点，增速分列全国31个省（自治区、直辖市）第26位、第31位和第30位。黑龙江省基础设施建设投资拉动效果明显，全年完成固定资产投资同比增长6.3%。进出口方面，黑龙江省自俄罗斯进口规模加大，进出口实现稳步增长，全年进出口总额271.01亿美元，同比增长2.51%。居民消费保持增长势头。2019年，辽宁省社会消费品零售总额在网上消费增势强劲的推动下，保持了较高的增速，同比增长6.1%；吉林省社会消费品零售总额同比增长3.4%，但增速比上年同期回落1.4个百分点，低于全国平均增速4.6个百分点。

虽然经济运行整体呈现企稳迹象，但部分领域下行压力仍然较大。一是部分省份固定资产投资增速放缓。辽宁省固定资产投资同比增长0.5%，增速较上一年下降3.2个百分点，制造业投资回报下降、传统基建投资趋于饱和、房地产库存压力较大等因素导致有效投资不足。由于重点项目数量和规模有所减少，吉林省固定资产投资同比下降16.3%，其中，实施亿元以上项目个数和投资完成额同比分别下降13.6%和26.0%。二是外贸进出口整体萎缩。2019年，东北地区出口总额同比下降5.09%，进口总额同比下降7.22%，贸易逆差408.35亿美元。受全球经济增长放缓导致需求减弱和中美贸易摩擦等因素影响，辽宁省和吉林省进出口总额下滑，分别为1052.80亿美元和189.01亿美元，同比分别下降8.13%和8.60%。目前，东北地区缺乏大规模、有比较优势的企业特别是企业集群，而且出口产品以原油等大宗商品为主，高附加值产品与高新技术产品占比较低，产品出口竞争力不足，外贸结构的调整与提升优化仍需增强。

二、供给侧结构性改革持续推进，发展布局不均衡问题亟待解决

2019年，东北地区坚持以供给侧结构性改革为主线，逐步推进产业结构调整升级，发展新

动能不断积聚。辽宁省推进工业互联网项目建设，华为锦州云计算数据中心启动运行，上云企业3万多户。恒力石化2000万吨炼化一体化项目全面投产，恒大新能源汽车等重大项目开工建设。中国航发燃气轮机公司落户沈阳。高端装备、电子信息、生物医药等新兴产业加快发展，高技术制造业增加值增长18.7%。大连自贸区建设取得丰硕成果，大连片区改革试点任务完成度在全国第三批7个自贸试验区中名列前茅。松下电池二期、万纬产业园、大连国际先进装备博览中心等一批重点项目和产业平台竣工投产，东芝机车动力电池等21个项目开工建设，松下电池三期等25个项目签约入驻，完成其他各类储备项目100个，已确定投资超140亿元。吉林省红旗品牌汽车销量大幅增长，长客公司时速400公里高速动车组研制成功并顺利投产，“吉林一号”卫星在轨运行数量达到15颗。大数据、人工智能、通用航空等加快发展，获得阿里巴巴、华为、浪潮、科大讯飞等知名企业项目投资布局。黑龙江省高技术制造业增加值比上年增长10.2%，快于全省规模以上工业7.4个百分点。新产品中，新能源汽车产量增长1.8倍，集成电路（芯片）增长16.6%，电工仪器仪表增长52.6%。石墨产业发展较快，石墨及碳素制品产量比上年增长18.6%。

虽然经济新增长点逐渐显现，但东北地区作为老工业基地，传统行业、能源行业占比仍然较大，企业盈利能力不足等问题仍需着力解决。东北地区产品以粮食、石化、冶金等大宗商品为主，高附加值产品与高新技术产品占比较低，企业盈利能力较差。消费品行业发展薄弱，品牌意识、品牌数量与发达省份有较大差距。战略性新兴产业仍是短板，多点多业支撑的产业格局还没有形成。2019年，受中美贸易摩擦影响，沈阳等地一批对美出口企业贸易规模降幅较大，大连三菱、海尔大连等公司将生产基地转移至国外。吉林省规模以上工业企业利润同比下降8.3%，其中，采矿业亏损有所增加，装备制造业利润下降11.6%。黑龙江省大庆以及鸡西、鹤岗、七台河、双鸭山等资源型城市主要围绕石油、煤炭资源开采，产业聚集、城市空间布局等方面都有一定局限性，经济发展相对哈尔滨市差距逐渐拉大。

三、银行业金融机构规模稳步增长，资产质量风险控制承压

2019年，东北地区银行业金融机构资产负债规模稳步增长。截至2019年末，东北地区银行业金融机构资产总额15.89万亿元，同比增长4.98%，其中，辽宁省、吉林省、黑龙江省银行业金融机构资产总额分别为8.59万亿元、3.27万亿元和4.03万亿元，同比分别增长5.28%、5.9%和3.44%；东北地区银行业金融机构负债总额15.25万亿元，同比增长4.63%，其中，辽宁省、吉林省和黑龙江省银行业金融机构负债总额分别为8.24万亿元、3.14万亿元和3.87万亿元，同比分别增长4.76%、5.83%和3.21%。金融机构本外币各项存贷款业务较快增长。东北地区银行业金融机构本外币各项存款总额11.47万亿元，同比增长11.57%。其中，辽宁省、吉林省和黑龙江省各项存款余额分别为6.27万亿元、2.42万亿元和2.79万亿元，同比分别增长6.24%、9.51%和9.35%。银行业金融机构本外币各项贷款总额9.2万亿元，同比增长9.10%。其中，辽宁省、吉林省和黑龙江省各项贷款余额分别为4.96万亿元、2.09万亿元和2.15万亿元，辽宁省和吉林省增速较快，同比分别增长10.22%和9.96%。2019年东北地区银行业金融机构实现利润合计555.99亿元，同比增长121.72%，主要原因是辽宁省银行机构利润

由亏转盈，并实现较大幅度增长。其中，辽宁省、吉林省和黑龙江省利润总额分别为159.74亿元、121.34亿元和274.91亿元。

专栏12　结构性存款发展现状及风险分析

自2016年以来，结构性存款规模以年均28.64%的速度快速扩张。虽然近年来对于结构性存款的监管逐渐加强，但由于相关制度尚不完善，部分结构性存款产品不规范、不真实的现象仍然存在，相关风险值得关注。

一、基本情况

（一）业务规模保持高位

近年来，全国金融机构存款增长持续放缓，但结构性存款整体呈上涨态势。2016年至2019年，全国结构性存款余额分别为51623.96亿元、69549.08亿元、96166.41亿元、95980.57亿元，增长率分别为2.44%、34.72%、38.27%、-0.19%，其中，中资大型银行结构性存款增长率分别为-3.63%、25.14%、36.97%、2.91%，中资中小型银行结构性存款增长率分别为6.45%、40.46%、38.97%、-1.83%。中小型银行结构性存款占比较高，均在63%以上。2019年在强监管态势下，结构性存款增速有所放缓，但总规模仍然较高。2019年前11个月，各月结构性存款规模均在10万亿元以上。

（二）合约内容有待规范

部分结构性存款业务“名不副实”，成为高息的固定收益产品。一是设置了不可执行的行权条件，通过提高内部转移价格将结构性存款转化成“类固收产品”，从而使客户获得较高利率的无风险收益；二是部分银行为结构性存款设定远高于同期限存款利率水平的保底收益，构建狭窄的收益波动区间。例如，某银行从2019年12月2日到2020年3月11日在售的部分结构性存款，其最高收益率触发条件在近十余年的时间都可以实现，从历史情况来看，这些产品取得最高收益率的概率很大。此外，在2019年12月20日到31日，某股份制银行在售的8款结构性存款产品收益率波动区间狭窄，仅相差0.1～0.5个百分点，且最低收益率明显高于同期限存款利率水平。

二、存在的风险

（一）缺乏统一的监管制度和实施细则

2004年以来，我国结构性存款市场快速发展，但现有监管制度较为零散，缺乏针对性。2019年10月发布的《关于进一步规范商业银行结构性存款业务的通知》对结构性存款和理财业务进行了区分，但并未明确结构性存款的结构设定、营销管理等细则，银行机构在实践中自行决定结构性存款的发行操作流程，不规范行为时有发生。

（二）风险计量不准确，未能准确反映业务背后真实风险

对结构性存款所嵌入的金融衍生产品，个别银行在运营管理中存在银行账户和交易账户划分不适当、资本计提不规范等问题，不符合《银行业金融机构衍生产品交易业务管理暂行办法》《商业银行资本管理办法（试行）》等监管要求，导致资本充足率、杠杆率等关键指标计算结果出现偏差，产生合规风险和流动性风险隐患。

（三）业务体量与风控能力不匹配，给银行稳健经营带来挑战

部分银行虽然具备相应衍生产品交易资格，但在制度规范、人员配备、系统支撑、定价能力、风险管理水平等较为薄弱的情况下，短时间内大量发售结构性存款产品，增加市场风险和操作风险。

三、政策建议

一是要出台并完善针对结构性存款的监管制度，力争从会计制度、业务开展、信息披露等层面制定全行业统一的规定。二是准确计量风险加权资产，真实反映风险，提高金融机构结构性存款的风险管理水平。三是加强投资者教育与引导，使其选择与自身风险承受能力相匹配的结构性存款产品。

资料来源：中国人民银行哈尔滨中心支行。

近年来，东北地区金融机构加大不良资产处置清收力度，稳步推进市场化“债转股”，积极采取清收、重组、转让、核销等多种措施化解不良贷款。吉林省和黑龙江省不良贷款和不良贷款率整体实现双降。其中，吉林省银行业金融机构不良贷款余额同比减少8.74亿元，不良贷款率同比下降0.42个百分点；黑龙江省银行业金融机构不良贷款余额同比减少64.7亿元，不良贷款率同比下降0.5个百分点。辽宁省不良贷款出现双升，不良贷款余额和不良贷款率同比分别增加365亿元和上升0.29个百分点。截至2019年末，东北地区银行业金融机构不良贷款余额3991.99亿元，同比上升7.9%；不良贷款率4.34%，同比下降0.05个百分点。关注类贷款余额同比增长22.32%，占全部贷款的比重达7.12%。关注类贷款增长势头有所放缓，增速较上年同期下降13.26个百分点，但增长速度仍然较快，该类贷款比例比上年上升0.77个百分点，信贷资产质量下降压力较大。

专栏13　辽宁省债转股实施进展及存在的问题

辽宁省作为全国传统老工业基地，工业发展以重资产模式为主，且主要集中于国有企业，债务负担较为沉重。为有效降低国企债务负担，支持东北老工业基地振兴，在辽宁省政府主导、相关部门的积极参与下，辽宁省国有企业债转股工作取得一定进展。截至2019年末，辽宁省已有14家大型国有企业先后完成债转股实施方案，实际落地金额超过1000亿元。

一、债转股存在的困难及潜在问题

（一）债转股实施机构有限，平台作用尚未充分发挥

《商业银行法》规定商业银行不能持有工商企业的股权，银行不能直接实施债转股。2018年6月，银保监会发布《金融资产投资公司管理办法（试行）》，明确银行需通过金融资产投资公司实施债转股。目前仅有五大行获批成立金融资产投资公司，其他股份制商业银行以及城商行则不满足要求。另外，该管理办法对金融资产投资公司的注册资本提出最

低限额为100亿元的要求，对于中小银行而言门槛较高。

（二）债转股落地难，后续政策有待完善

债转股一直存在落地难问题，主要受以下因素制约：一是资本约束影响银行债转股实施积极性。现有法规对债转股实施机构的财务并表管理，受资本约束的影响，银行开展债转股业务的积极性受到影响。二是资金来源存在不确定。国内投资者多习惯于债权投资，对资金安全性和收益稳定性要求较高，而债转股项目则多依赖于长期股权资金，因而在资金筹措方面存在一定难度。此外资管新规要求理财产品打破刚兑，实行净值化管理，难以通过滚动发行理财筹集资金对接债转股项目。三是辽宁省重工业和国企比重大，需要进行转股债务的体量相应较大，债转股历程任重而道远。

（三）实施机构参与债转股面临诸多风险，参与积极性受影响

一是债转股实施机构履行股东权利面临困难。一方面，本轮债转股的对象以高负债国企为主，而国企通常情况较为复杂，实施机构和地方政府在经营理念、发展战略等方面存在一定冲突，因而实施存在一定阻力。另一方面，实施机构作为金融机构，对目标企业及其所在行业的了解不够充分，缺乏专业优势和比较优势，因而在参与企业治理和运营方面存在能力不足的问题。

二是转股债权定价存在较大折价风险。债权通常的定价方式为正常类按照1:1比例定价，不良类按照3折至4折进行折价，再结合对应资产的抵质押状况、资产负债表估出现金价值。在实务中，对企业所处行业的预期、对外投资企业的成长性等都会直接影响企业净值评估，股份对价存在较大的折价风险，可能导致转股比例过低，从而损害金融机构利益，降低其参与积极性。

三是实施机构存在不能有效退出的风险。目前主要退出渠道有股权回购、股权转让、IPO等，但我国资本市场退出机制还不健全，债转股的资产证券化率较低。对于规模较大的债转股企业，资本市场难以有效吸纳消化，可能导致实施机构无法有效退出。

二、政策建议

（一）探索业务创新模式，拓展债转股渠道资金来源

2020年5月，银保监会发布了《关于金融资产投资公司开展资产管理业务有关事项的通知》，从资金募集、投资运作、登记托管、信息披露等多方面对金融资产投资公司通过资管产品开展市场化债转股业务予以明确。银行应利用好政策，积极推进市场化债转股业务，通过发行私募资管产品、金融债券或债券回购等方式融入资金，并建立审慎合规的债转股业务模式，积极稳妥地推进市场化债转股业务。

（二）完善债转股信息披露，有效解决债转股定价难题

一方面，要有针对性地加强债转股交易的信息披露和信用记录管理，引入第三方信用评级机构开展信用风险评估，提高参与机构对债转股项目的风险识别能力，并对转股价格和过程实施有效监督，使得转股价格更加公平合理。另一方面，需要进一步厘清债转股交易过程中定价机制、风险承担机制以及退出机制等方面存在的问题，完善相应配套政策，打消各方顾虑，有效推进债转股实施进展。

（三）围绕支持实体经济，完善国有企业降杠杆的长效机制

一是加快推进国企混合所有制改革，以有效的治理结构作为控制企业杠杆率的长效机制。二是围绕服务实体经济，找准金融杠杆的作用点，提高企业融资的运用效率。三是在转股协议的约束基础上，强化企业杠杆率约束，研究配套的转股企业股东行为准则，明确相应激励惩罚措施，企业应注重转股后续经营，提升转股企业股权管理的专业性。

资料来源：中国人民银行沈阳分行。

四、部分法人银行机构资本实力进一步增强，结构性风险仍需关注

截至2019年末，东北地区共有18家城市商业银行、2家民营银行、116家农村商业银行、164家村镇银行和77家农村信用社。2019年，东北地区共有3家农村信用社完成改制，成立农村商业银行，其中，吉林省1家，黑龙江省2家。城市商业银行中，锦州银行引入工银金融资产投资有限公司、信达投资有限公司和中国长城资产管理股份有限公司三家战略投资者，公司治理水平和风险管控能力进一步提升；盛京银行完成境内外同步增发股份30亿股，募集资金180亿元，年末资产总额达1.02万亿元，突破万亿元大关，同比增长3.7%；吉林银行非公开募股15亿股，募集资金52.5亿元，全部用于补充一级资本，进一步优化了股本结构，增强了风险抵御能力。

与发达省份相比，东北地区法人银行机构规模相对较小，历史包袱较为沉重，公司治理尚不完善。一是风险控制面临压力。随着区域经济波动加剧，法人银行机构不良资产防控难度加大，抵债资产处置困难。一些农村合作金融机构审慎合规经营意识不强，市场战略偏离“立足本地、服务三农和小微”的定位，资产管理业务转型缓慢，潜在信用风险突出。二是资本补充难度较大。具有入股资质的优质战略投资者稀缺，法人银行机构利润增长放缓，外源性资本和内部资本补充能力不足，风险抵补能力有所减弱。农村信用社改制推进迟缓，增资扩股资金渠道较窄。三是公司治理结构不健全。部分法人银行风险管理滞后于业务发展，内控制度执行不严，大股东违规关联交易损害金融机构利益，“三会一层”功能未得到有效发挥，授权授信体系不完善，违规行为造成资产损失，给区域金融稳定造成不利影响。

专栏14　黑龙江省法人银行机构抵债资产处置难点与建议

2019年，黑龙江省法人银行机构不断加大不良贷款处置力度，信贷风险得到有效控制，年末不良贷款率同比下降1.34个百分点。但实践中辖区法人银行机构在接收、处置抵债资产过程中仍面临诸多问题，银行接收抵债资产意愿弱，处置抵债资产积极性不高，导致银行资产损失风险加大，银行金融风险化解任务依然艰巨。

一、抵债资产处置面临的困难及问题

（一）抵押物灭失或贬值严重，银行贷款面临损失风险

一是因政策调整导致信贷抵押物灭失。资源型城市因去产能关停煤矿，导致煤炭采矿

权作为贷款抵押物灭失时有发生。二是操作风险等导致抵押物灭失。有的机构尽职调查不充分，在质押物被第三方申请资产保全的情况下仍发放贷款，抵押物存在灭失风险。三是房产贬值有价无市，个别抵押物贬值率高达58%。四是机器设备贬损，影响变现价值。

（二）相关税费偏高，银行接收抵债资产意愿弱

一是诉讼成本高。如被告方无力承担诉讼费用，诉讼费用需要由银行先行垫付。二是房产过户费用高，最高可达房产评估价值的40%。三是补缴税费高。部分抵债资产需要补缴多年的土地出让金、取暖费、物业费等费用方可交易过户。

（三）司法诉讼维权周期长，执行困难

一是司法诉讼执行涉及周期较长，不能在短期内清收。个别机构诉讼的欠款历时五年才执行回部分案件款。二是司法文书送达困难。由于借款人死亡、失踪、变更居住地或者营业执照吊销等原因，导致司法文书无法送达，需要90天以上公告，拖慢了诉讼进程。三是胜诉案件执行存在困难。受社会维稳、媒体舆论、保障民生等因素影响，有的案件即使银行胜诉，也难以执行。

（四）银行处置抵债资产力度不够，积极性不高

一是处置方式欠缺。部分机构尚未建立与资产管理公司、资产交易所、网络拍卖平台、商会等合作处置抵债资产的有效机制。二是宣传力度不足。辖区银行机构抵债资产拍卖只在黑龙江联合产权交易所、阿里拍卖等交易平台进行公告及拍卖，且对抵债资产情况介绍也不够详细、具体。三是抵债资产贬值，银行不愿遭受损失。大部分抵债资产无法收回信贷成本，银行处置抵债资产面临损失责任追究等问题，导致银行不愿主动处理抵债资产。四是银行期待先税费减免，再处置抵债资产，导致抵债资产处置变现效率低。

二、相关建议

（一）加强信贷抵押物风险防控

做好抵押物审查评估，跟踪监测抵押物欠费、使用、损坏等情况，在控制信贷抵押物的同时，要重视第一还款来源。

（二）优化抵债资产处置机制

规范银行抵债资产处置流程，建立银行抵债资产处置考核机制。完善市场化抵质押资产竞卖平台，逐步拓宽抵债资产处置合作渠道与领域。

（三）加大政策支持力度

建议适当减免相关税费，给予适当的补贴或其他形式的补偿，简化司法程序，建立银行机构金融案件受理侦办绿色通道等，争取多种政策支持，加快银行机构不良贷款清收进程。

（四）完善诚信体系建设

健全完善跨区域、跨部门综合信用平台建设，加大对失信人群的联合惩治力度，加强诚实守信宣传教育工作，打击金融逃废债行为。

资料来源：中国人民银行哈尔滨中心支行。

五、证券市场逐渐活跃，直接融资有待加强

2019 年，随着证券市场改革不断深入，中美贸易摩擦在年底趋于缓和，股票市场逐渐趋稳，投资者信心逐步恢复。东北地区证券市场全年交易总额 12.49 万亿元，同比增长 21.89%；投资者股票账户数 2656.92 万户，同比增长 13.06%。东北地区共有法人证券公司 6 家，其中，辽宁省 3 家，吉林省 2 家，黑龙江省 1 家。截至 2019 年末，法人证券公司资产总额 1203.73 亿元，同比增长 0.32%，实现利润 7.09 亿元，扭转了上一年整体亏损的局面，利润同比增加 11.24 亿元。东北地区上市公司共计 155 家，当年股票市场募集资金合计 186.76 亿元。2019 年新上市 4 家公司，首发募集资金 25.82 亿元，其中 2 家科创板上市公司共募集资金 15.18 亿元，占当年新上市公司募资的 58.79%。

东北地区证券业发展中一些结构性问题仍需关注。一是直接融资发展相对缓慢。2019 年东北地区股票市场募集资金同比下降 50.99%，虽然新股上市融资取得新成果，但上市公司再融资规模下降 57.77%，黑龙江省上市公司在股票市场未实现再融资。东北地区企业对风投等产品缺乏了解，对已有市场融资渠道利用不充分，在吸引风险投资、天使投资方面显著弱于发达省份，地方投资吸引力还需提高。二是上市公司经营效益有待提升。东北地区上市公司中，传统的重工业以及冶炼、化工企业占比较高，企业产能和经营绩效较低。三是部分上市公司大股东股票质押比例较高，流动性较为紧张，经营稳健性受到影响。个别上市公司债务违约、报表失真、信披违规等风险事件频发，削弱了东北地区上市公司在资本市场的再融资能力。

六、农业险快速发展功能不断完善，经营质量仍需提升

2019 年，东北地区保险市场总体运行平稳，行业规模持续增长，保险保障功能进一步发挥。东北地区保险机构全年实现保费收入 2921.53 亿元，同比增长 7.52%；赔款和给付支出合计 937.34 亿元，同比增长 9.3%。辽宁省、吉林省和黑龙江省保险深度分别为 5.18%、5.79% 和 6.99%；保险密度分别为 2964.27 元/人、2524.58 元/人和 2538.52 元/人。2019 年东北地区农业险保持了快速发展的势头，增强保障功能，有力支持农业生产。东北地区农业险业务原保险保费收入合计 94.31 亿元，同比增长 13.53%，农业险赔付支出 96.05 亿元，同比大幅增长 84.71%。辽宁省大灾保险试点地区由原有的 13 个增至 28 个，并在全国率先开展玉米完全成本保险和收入保险试点。吉林省农业保险为 141.84 万户次农户提供风险保障 734.58 亿元，其中，中央财政补贴的玉米、水稻、大豆、葵花、花生和马铃薯六大作物种植业保险参保面积 5335 万亩。黑龙江省农业险业务为 217.9 万户次农户累计提供风险保障保额达 978.34 亿元，原保险保费收入规模位于全国第 3 位，服务领域实现农业种、养、森全覆盖。

当前，东北地区保险业发展面临的主要问题有：一是地方法人保险机构规模较小，特色不足。目前东北地区共有 9 家法人保险公司，按地域看，辽宁省 5 家、吉林省 3 家、黑龙江省 1 家；按机构类型，人身险公司 3 家、财产险公司 6 家。从业务规模来看，在全国范围内均属于中

小保险机构，市场占有率不高、保费收入下滑、偿付能力充足率水平提升较慢等问题仍然存在。二是业务转型压力仍然较大，财产险方面，保证保险业务持续快速增长伴随风险管控挑战不断上升；人身险方面短期健康险显露非理性竞争苗头，个别保险公司抢夺市场，不当调整定价基础，造成赔付支出攀升，加大经营风险隐患。部分中小保险公司高端人才储备不足，简单复制其他公司产品，风险控制能力和市场细分能力欠佳，埋下风险隐患。

专栏15 多种因素制约东北地区法人保险公司偿付能力提升

近年来，东北地区各法人保险公司虽然资产规模得到快速增长，但由于资产投资收益和成本控制能力等方面与发达地区机构仍存在一定差距，加之外部环境不确定因素增多，保险公司综合偿付能力水平提升压力较大。截至2019年末，东北地区共有9家法人保险公司，平均综合偿付能力充足率154.79%，低于全国平均92.91个百分点。其中，综合偿付能力充足率大于150%的保险公司有8家，综合偿付能力充足率在100%～150%的保险公司有1家。影响东北地区法人保险机构偿付能力提升的因素主要体现在以下几个方面：

一、保险资金投资收益率降低

保险公司为提高资产收益率，将部分资金投向非标资管产品和权益类投资。但受国内A股市场波动加剧和债券市场违约事件频发等因素影响，东北地区部分中小法人保险公司资金运用的投资收益处于较低水平，偿付能力受到较大负面影响。例如，2019年东北地区财产险公司中，A保险公司和B保险公司投资收益率分别为1.97%和-1.02%，两家保险公司投资收益率在全国84家财产险公司里分列第44位和第80位，相对处于行业落后地位。其中，A保险公司持有的某笔信托计划在2019年二次展期后再次违约，造成本金4100万元及对应的利息逾期，面临较为明显的减值压力。

二、车险市场竞争进一步加剧

财产险公司业务结构中车险业务占比较高，2019年东北地区财产险公司车险保费收入占财产险保费收入的66.06%。2019年我国汽车全年销量2576.9万辆，同比下降8.2%。汽车销量下降导致车险市场竞争加剧，综合成本率上升，财产险公司保费增速放缓，进而对偿付能力产生负面影响。

三、农业险业务赔付比例和资本要求相对更高

一方面，2019年东北地区农业险赔付支出96.05亿元，大幅增长84.71%。受全球气候变化影响，近年来极端灾害天气和病虫害相对高发，局部的旱灾、冻灾、涝灾、病虫草害较为严重，特别是非洲猪瘟疫情影响范围较广，导致农业险行业整体赔付率上升。另一方面，在综合偿付能力充足率的计算中农险业务风险资本要求更高，风险因子约相当于车险的3.5倍，因此在同等资本和资产规模下，农业保险公司综合偿付能力充足率水平要低于其他保险公司。

资料来源：中国人民银行长春中心支行。

七、定量评估

从定量评估结果来看，2019 年东北地区金融稳定状况综合得分为 67.1 分，由较稳定区间下调至较不稳定区间，较上年下降 3.1 分，比全国平均水平低 9.1 分。其中宏观经济、银行业和证券业得分低于全国平均水平，保险业和金融生态环境得分与全国平均水平相近（图 19）。

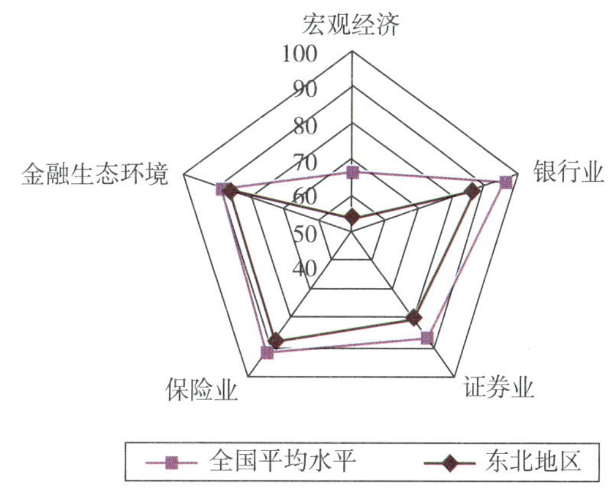

图 19　2019 年东北地区金融稳定状况和全国平均水平的比较

从具体指标变动情况来看，东北地区共有 6 项指标较上年有所改善，8 项指标较上年有所下降，11 项指标与上年持平。在宏观经济方面，农村人均纯收入增长率、城镇登记失业率等相关指标得分均较上年有所改善，但社会消费品零售总额增长率、实际利用外资增长率和进出口总额增长率下降幅度较大，因此宏观经济得分较上年有所回落。银行业不良贷款率和流动性指标有所下降，盈利能力指标有所回升，得分与上年基本持平，略微下降。证券业和保险业得分均有所回升，主要得益于证券公司盈利能力上升以及保险公司保费收入增长加快、退保率下降等原因。金融生态环境得分与上年基本持平，征信数据库覆盖率指标略微下降（表 8）。

表 8　2019 年东北地区评价指标及其变动情况

指标分类	变动方向	评价指标	变动情况		
			改善	稳定	下降
宏观经济	↓	地区生产总值增长率		√	
		第三产业增加值增长率		√	
		全社会固定资产投资增长率		√	
		社会消费品零售总额增长率			√
		实际利用外资增长率			√
		进出口总额增长率			√
		城镇居民可支配收入增长率		√	
		农村人均纯收入增长率	√		
		居民消费价格指数			√
		城镇登记失业率	√		
		典型城市房地产销售价格指数			√

续表

<table>
<tr><th colspan="2" rowspan="2">指标分类</th><th rowspan="2">变动方向</th><th rowspan="2">评价指标</th><th colspan="3">变动情况</th></tr>
<tr><th>改善</th><th>稳定</th><th>下降</th></tr>
<tr><td rowspan="10">金融机构</td><td rowspan="4">银行业</td><td rowspan="4">↓</td><td>核心资本充足率</td><td></td><td>√</td><td></td></tr>
<tr><td>不良贷款率</td><td></td><td></td><td>√</td></tr>
<tr><td>资产利润率</td><td>√</td><td></td><td></td></tr>
<tr><td>流动比率</td><td></td><td></td><td>√</td></tr>
<tr><td rowspan="3">证券业</td><td rowspan="3">↑</td><td>净资本充足率</td><td></td><td>√</td><td></td></tr>
<tr><td>净资本负债率</td><td></td><td>√</td><td></td></tr>
<tr><td>资产利润率</td><td>√</td><td></td><td></td></tr>
<tr><td rowspan="3">保险业</td><td rowspan="3">↑</td><td>应收保费率</td><td></td><td>√</td><td></td></tr>
<tr><td>保费收入增长率</td><td>√</td><td></td><td></td></tr>
<tr><td>寿险公司退保率</td><td>√</td><td></td><td></td></tr>
<tr><td colspan="2" rowspan="4">金融生态环境</td><td rowspan="4">↓</td><td>法治环境调查综合得分</td><td></td><td>√</td><td></td></tr>
<tr><td>地方财政收入占 GDP 比重</td><td></td><td>√</td><td></td></tr>
<tr><td>银行服务密度</td><td></td><td>√</td><td></td></tr>
<tr><td>征信数据库覆盖率</td><td></td><td></td><td>√</td></tr>
</table>

注：表中“↑”表示改善，“↓”表示下降，“→”表示稳定。

从历年综合得分变动趋势看，2019 年，东北地区金融稳定综合得分略有下降，由较稳定区间下调至较不稳定区间（图 20）。分项来看，2019 年东北地区宏观经济有所回落，证券业、保险业得分略有回升，银行业和金融生态环境得分与上年基本持平（图 21）。

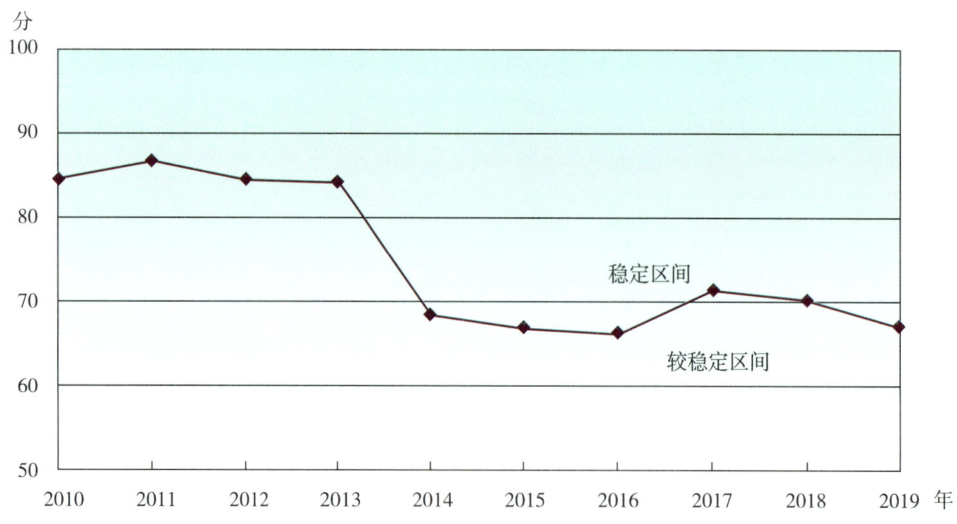

图 20　2010—2019 年东北地区金融稳定综合得分趋势

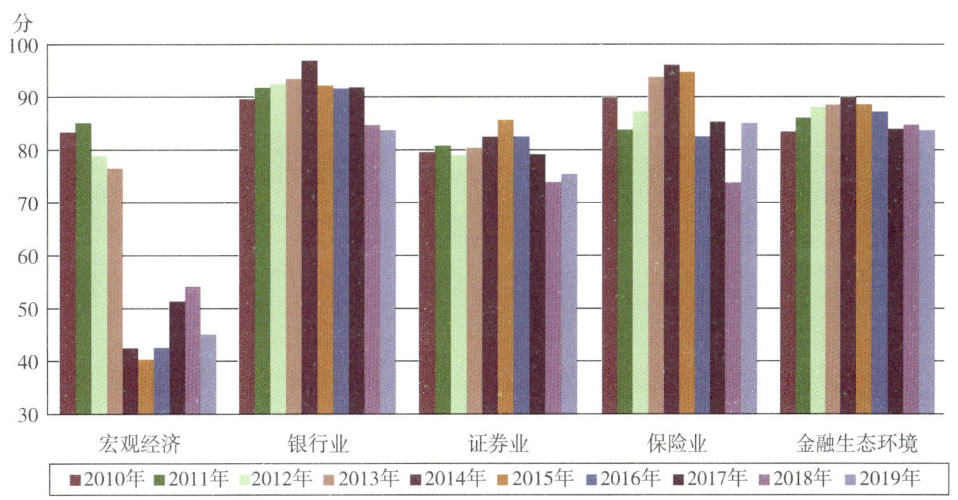

图 21　2010—2019 年东北地区金融稳定状况的比较

第六章　总体评估

一、总体评估

2019 年，各地区经济金融总体稳健运行，经济结构持续优化，发展质量稳步提升，区域新旧动能转换加快，区域发展协调性显著增强，三大攻坚战取得关键进展。农业生产增速保持平稳，工业生产总体稳定，服务业继续发挥经济“稳定器”作用。物价水平合理上涨，消费、投资增速保持平稳较快增长。各地区金融业改革不断深化，对外开放稳步推进，金融支持和服务实体经济力度不断增强。银行业总体保持稳健运行，社会融资规模适度增长，资产负债规模稳步增加，资产质量总体平稳，重点领域风险整体可控，服务实体经济能力持续提升。证券业直接融资规模进一步扩大，资本市场交易活跃，证券业金融机构盈利水平大幅上升，多层次资本市场建设稳步推进。保险业发展较快，保险业金融机构资产规模和资金运用规模稳步增长，各地区保费收入增速回升，社会保障功能较好发挥。

2019 年，国际上不确定因素明显增多，世界经济增长持续放缓，仍处在国际金融危机后的深度调整期。面对国内外风险挑战明显上升的复杂局面，各地区存在一些影响金融稳定的因素。经济方面，实体经济增长虽保持较强韧性，但下行压力不断加大，企业投资增长相对乏力，有效投资后劲不足，消费品价格结构性上涨特征明显，受全球贸易保护主义、单边主义抬头影响，对外贸易增长持续承压。金融业方面，银行业金融机构资产质量呈现下滑趋势，个别法人机构风险暴露，部分农村合作金融机构不良率较高，风险处置存在一定难度；证券业金融机构面临盈利模式单一、创新驱动力不足等问题，上市公司股权质押风险仍不容忽视；保险业虽整体实现恢复性增长，但财险业务增长持续承压，人身险业务转型面临一定困难。

分地区看，各区域经济运行总体平稳，区域发展协调性进一步增强，但各地区经济金融运行中存在的突出矛盾和薄弱环节不尽相同。其中，东部地区财政收支平衡面临较大压力，消费增长动力不足，居民消费对经济增长的拉动作用有限，多省市工业增速回落，部分房地产企业资金链紧张，对美贸易明显承压；部分省市中小法人银行机构经营压力较大，相关领域风险有所显现；个别上市公司面临退市风险，股权质押风险、债券违约风险仍需重点关注；保险业发展不平衡问题仍较为突出，健康险业务转型难度较大。中部地区财政收支平衡矛盾加大，CPI 与 PPI“剪刀差”持续扩大，产业转型升级任务依然艰巨，贸易环境更趋复杂，小微企业融资难、融资贵问题仍需进一步解决；银行业资产质量下行压力较大，部分省份信用风险防控化解存在一定压力；非法证券期货活动频发；保险业区域发展差距较大和市场乱象问题依然存在。西部地区工业持续增长动力不足，投资支撑基础薄弱，企业盈利增长和消费增长乏力，房地产去库存面临一定压力；银行业资产质量持续承压，部分中小银行流动性趋紧，农村合作金融机构不良贷款潜藏反弹风险；期货业经营压力不断加大，部分上市公司经营风险凸显；保险业转型调整面临较大压力。东北地区经济发展相对缓慢，部分省份固定资产投资增速放缓，对外贸易整体萎缩，企业盈利能力不足等问题仍需着力解决；法人银行业金融机构利润增长放缓，不良资产防控难度加大；证券业直接融资发展相对迟缓，上市公司经营效益有待提升；地方法人保险机构规模较小，业务创新能力不足，综合偿付能力充足率水平提升较慢。

从定量评估的结果来看，2019 年区域金融稳定状况综合得分排序结果为：中部地区得分延续 2018 年态势位列各区域首位，东部地区位列第二，西部和东北地区分列第三和第四。各地区综合得分受宏观经济分值偏低的影响，均有不同程度的下降。具体来说，各地区宏观经济得分有所分化，西部和东北地区得分与其他地区仍有一定差距；各地区银行业得分均处于较高水平，银行业运行总体稳健；东部地区的证券业得分较高，西部地区得分次之，主要原因在于东部和西部地区证券公司的盈利能力稍强于中部和东北地区；得益于保费收入增长率企稳回升和退保率有所下降等因素，各地区保险业得分差距较上年明显缩小，保险业呈均衡发展态势；金融生态环境得分方面，各地区得分与上年基本持平，其中东部地区最高，中部和西部其次，东北地区稍低于其他地区（图 22）。

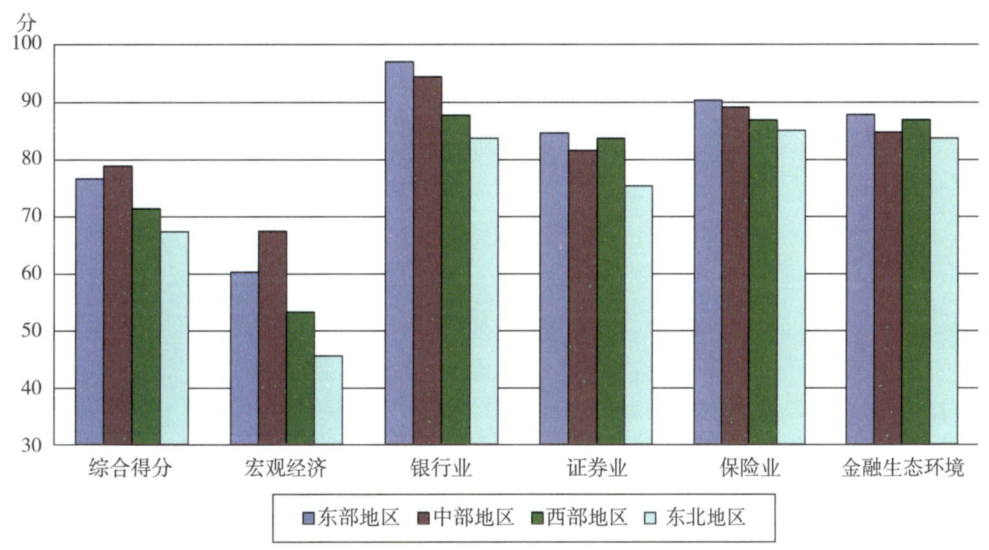

图 22　2019 年全国各地区金融稳定综合得分对比

二、维护区域金融稳定需关注的方面

从国际上看，世界经济增长持续放缓，外部不确定因素增多，全球经贸摩擦和市场波动风险加大。从国内看，我国经济运行虽保持在合理区间，但下行压力加大，经济正由高速增长转向高质量发展，结构性、体制性、周期性问题相互交织，增长速度换档期、结构调整阵痛期、前期刺激政策消化期“三期叠加”影响持续深化。因此，需要高度关注和重视经济金融运行中存在的问题，坚持底线思维，守住不发生系统性风险的底线，确保金融体系平稳运行，助推经济高质量发展。

（一）区域经济运行中值得关注的方面

1. 各地区经济下行压力持续加大，投资、消费增速下滑，对外贸易承压明显

2019 年，各地区经济保持平稳增长，但增速均较上年有所下降。东部、中部、西部和东北地区生产总值较上年分别回落 0.42 个、0.44 个、0.55 个和 0.54 个百分点。有效投资增长乏力，第一、二产业投资增速回落明显。2019 年，全社会固定资产投资同比增长 5.1%，增速较上年回落 0.8 个百分点。第一产业固定资产投资增速较上年大幅回落 12.3 个百分点；第二产业固定资产投资增速较上年回落 3.0 个百分点；分地区看，东部和中部地区固定资产投资增速较上年分别回落 1.6 个和 0.5 个百分点。东北地区固定资产投资出现负增长，较上年下降 3.0%。消费增速持续下滑，汽车、家电消费增速较上年持续回落。各地区进出口总额虽创新高，但增速较上年回落 6.3 个百分点，对外贸易承压明显。

2. 政府部门杠杆率上升较快，地方政府债务问题值得关注

2019 年，各地区政府部门杠杆率①从 2018 年的 36.2% 升至 38.3%，上升 2.1 个百分点，增幅较上年提高 1.5 个百分点。2019 年各地区政府部门财政收支缺口延续近年来不断扩大态势，东部、中部、西部和东北地区地方财政收支缺口分别为 2.49 万亿元、2.10 万亿元、3.86 万亿元和 0.97 万亿元，缺口较上年分别扩大 17.77%、13.43%、14.48% 和 11.85%。截至 2019 年末，政府债券融资余额 37.73 万亿元，同比增长 14.3%，全年新增 4.7 万亿元。部分地区地方政府债务偿还压力较大，隐性债务风险底数不清，存在债务化解措施单一、偿债能力弱、债务化解计划与到期债务结构不匹配、债务对应资产价值较低且变现能力差等问题。部分地方政府融资平台资产质量下移，少数平台流动性紧张，地方政府隐性债务置换率较低，置换成本升高，平台市场化转型面临一定困难。

3. 居民部门杠杆率上升趋势仍未缓解，部分中小房企偿债压力较大

2019 年，居民部门杠杆率由 2018 年的 52.1% 升至 55.8%，上涨 3.7 个百分点，仍处于自 2008 年以来的快速上升期。房地产信贷集中度仍然较高，居民偿付压力较大。房地产贷款是驱动居民杠杆率攀升的主要因素，2019 年居民贷款总规模为 55.3 万亿元，其中个人住房贷款 30.0 万亿元，占居民总债务的 54%。居民短期消费贷款 9.9 万亿元，占居民总债务的 18.4%，同比增长 13%，较上年有所回落，成为拉动居民杠杆率上升的次要动力。此外，在 2019 年房地产市场严调控背景下，房地产企业面临偿债压力加大、再融资需求较高等问题。个别中小房企债务杠杆率高企，且未来一段时间处于债务集中到期的高峰，资金压力较大，潜在的流动性风险值得关注和警惕。

4. 大型有问题企业风险持续暴露，警惕信用风险跨地区传递

在经济下行压力加大、行业政策调整等宏观因素影响下，部分大型企业前期盲目扩张、过度对外担保、企业或实控人涉诉等微观风险持续暴露，企业由于大额授信违约、债券违约、股权质押和“两链”等问题出现风险情况，风险形成原因多样。此类企业业务多遍布国内多个省

① 数据来源于国家金融与发展实验室国家资产负债表研究中心发布的《中国杠杆率进程 2019 年度报告》。

份，甚至跨国经营，企业负债情况较为复杂，贷款普遍涉及不同地区的多家金融机构，风险易跨地区传导，出清难度较大。

（二）区域金融业发展中需关注的方面

1. 区域银行业方面

一是各地区银行业不良资产余额均有不同程度增长，部分地区不良率有所上升，资产质量持续承压。东部、中部和东北地区银行业不良贷款余额同比分别增长 1.21%、1.89% 和 7.90%。西部地区银行业金融机构经营风险日益凸显，受部分机构风险暴露影响，不良贷款余额 8573.49 亿元，较上年大幅增长 22.91%；不良贷款率上升 0.26 个百分点。此外，截至 2019 年末，东部、中部、西部和东北地区关注类贷款余额占各项贷款的比重分别为 3.05%、2.80%、3.94% 和 7.12%，仍处在较高水平。除西部地区外，东部、中部和东北地区关注类贷款余额较上年分别增长 1.70%、7.11% 和 22.32%。

二是部分中小法人银行风险有所上升。一方面，2019 年包商银行被接管事件打破银行刚兑预期，对中小银行的流动性管理造成短期冲击，部分银行提高了同业交易对手方的准入标准，个别中小法人银行机构同业存单发行出现困难，流动性风险上升；部分村镇银行流动性管理能力偏弱，负债端主要依赖发起行或股东的大额存款，易发生流动性紧张情况。另一方面，部分银行存在公司治理薄弱、内部控制和风险管理不到位、激励约束机制不健全等问题，导致各类风险事件时有发生，内控管理仍需加强。大股东违规关联交易损害金融机构利益，违规套取票据资金、违规销售理财产品、高管贪污受贿等案件时有发生。此类案件往往金额巨大、涉及面广、影响程度较深，给区域金融稳定造成不利影响。此外，部分中小银行资本充足率较低，拨备不足，抗风险能力有待提高，应持续重视中小银行多渠道补充资本。

三是资管市场竞争加剧，需进一步关注市场发展情况。资管新规发布后，理财业务回归本源，各类资产管理机构在统一的监管规则基础上开展竞争。银行体系资产管理规模长期在资管市场中位列第一，在固定收益类投资方面，银行体系将与公募基金在相关产品上形成直接竞争；在非标投资方面，银行理财子公司投资范围拓宽，通道需求进一步减弱，通道业务占比较高的资管机构受到一定冲击，市场竞争秩序需要进一步规范，切实防范不当竞争等市场乱象。此外，2019 年是银行理财子公司元年，新建立的银行理财子公司相对欠缺市场化、独立化的经营经验，在竞争中精确定位业务发展方向、形成差异化竞争等问题值得进一步关注。

2. 区域证券业方面

一是上市公司股权质押风险虽有所缓解，但仍需高度关注。受经济下行压力加大和资本市场异常波动等多重因素影响，一些上市公司股东质押股份濒临平仓以及强制平仓事件可能导致公司控股权变动，影响其经营稳定性。虽然各地区已采取纾困基金支持等方式推进解决股权质押比例过高问题，但整体进度缓慢，资金压力较大，控股股东股权质押风险仍需关注。截至 2019 年末，A 股市场质押股票股数 5806 亿只，市值 4.58 万亿元，约占 A 股总市值的 9.5%，质押比例高于 30% 的股票占比由 2018 年末的 19.53% 降至 2019 年末的 14.94%。

二是债券违约事件持续增多。2019 年共有 178 只债券违约，较上年增加 53 只，新增违约数量较上年减少 37 只；违约金额 1424.08 亿元，较上年增加 214.47 亿元，同比增长 17.73%，增速较上年大幅回落240.68个百分点。虽然债务违约数量和违约金额增速较上年双降，但在经济下行压力下，部分“明星”企业首次出现违约，如康得新、东方园林、东旭光电、北大方正等，企业债务违约风险仍不能忽视。

3. 区域保险业方面

一是部分人身险公司退保风险仍处高位，流动性风险需要关注。部分人身险公司中短存续期产品体量较大，退保率相应较高，人身险公司满期给付能力面临考验，需持续关注高退保率可能引发的流动性问题。另外，也要警惕因流动性风险引发的保险公司声誉风险和大规模退保事件。

二是财险业务继续承压，近七年增速持续放缓。一方面，受汽车销量下滑、一线城市汽车保有量趋于饱和及限购政策影响，2019年车险保费收入8189亿元，较上年仅增长4.14%，增长率与去年基本持平，由于车险保费收入占财产险保费收入的比重超过60%，车险业务的缓慢增长导致财险业务增长持续承压。另一方面，产险市场呈现多寡头局面，头部机构占据全市场份额的60%左右，其他中小财险机构经营压力较大，容易出现承保亏损情况。

三是保险业转型调整面临较大压力，市场秩序有待进一步规范。保险行业同质化竞争较为严重，产品核心竞争力不强，个别保险公司不正当竞争，随意调整定价基础，造成赔付支出攀升，加大经营风险隐患。车险市场违规风险仍然存在，“虚假费用”“虚假理赔”等现象频发，投保人利益受到损害。人身险公司在外部资金面趋紧以及新业务转型困难多重因素影响下，业务结构调整承压，部分人身险公司未按规定对新型产品进行信息披露以及对投保人进行回访，且存在客户信息和财务数据不真实等违法违规行为。部分保险中介机构内控薄弱，依法合规意识淡薄，采取加盟制等形式盲目大量铺设机构，部分机构蜕变为违法违规业务“通道”，跨市场、跨行业传导风险可能性加大，市场乱象问题不容忽视。

三、展望

2020年，突如其来的新冠肺炎疫情对我国乃至全球经济社会发展带来前所未有的冲击，世界经济发生严重衰退，产业链供应链循环受阻，国际贸易投资萎缩。但在党中央的坚强领导下，我国经济展现出巨大韧性，疫情的短期影响没有改变中国经济稳中向好、长期向好、高质量发展的基本面。2020年是全面建成小康社会和“十三五”规划收官之年，下一步要按照党中央和国务院的决策部署，以习近平新时代中国特色社会主义思想为指导，全面贯彻党的十九大精神，紧扣全面建成小康社会目标任务，继续打好防范化解重大金融风险攻坚战，统筹推进疫情防控和经济社会发展工作，在疫情防控常态化的前提下，坚持稳中求进工作总基调，以供给侧结构性改革为主线，扎实做好“六稳”工作，全面落实“六保”① 任务，确保完成决战决胜脱贫攻坚目标任务，全面建成小康社会。各地区将坚持新发展理念，以“一带一路”建设、京津冀协同发展、长三角一体化发展、粤港澳大湾区建设等重大战略为引领，促进区域间相互融通互补，塑造更高质量、更有效率、更加公平和更可持续的区域协调发展新格局。

① 指保居民就业、保基本民生、保市场主体、保粮食能源安全、保产业链供应链稳定、保基层运转。

专题一　发行地方政府专项债券注资中小银行问题研究

无论从支持实体经济发展，还是从打赢防范化解金融风险攻坚战的角度，补充资本金都是中小银行绕不过去的“槛”。2019 年下半年以来，国务院金融委多次提及加快中小银行资本补充，但找到合适的投资者增资扩股并非易事。为推动地方经济金融健康发展，压实地方政府防范化解重大风险属地责任，可以探索扩大地方政府专项债券（以下简称专项债）使用范围，用专项债资金注资中小银行。

一、中小银行资本实力较弱，资本补充渠道匮乏

近年来，中小银行资本金不足的问题较为突出。一方面，金融监管部门鼓励加大对实体经济的信贷投放力度，中小银行资产规模快速扩张，需相应计提更多资本。另一方面，经济下行和监管趋严导致中小银行风险加速暴露，资管新规施行后表外资产回表进一步加剧中小银行资本消耗。2019 年末，我国商业银行资本充足率为 14.64%，高于监管要求的 10.5%。分机构类型看，城商行和农商行资本充足率分别为 12.7% 和 13.13%，显著低于大型商业银行的 16.31%。

中小银行资本补充压力较大，但补充工具不足，亟须拓宽资本补充渠道。中小银行补充资本金有内源式和外源式两个渠道。内源式资本补充主要依靠银行利润留存，近年来中小银行资产利润率整体波动下行，盈利能力下滑，难以完全依靠其自身积累补充资本。外源式资本补充可通过发行各种资本补充工具和增资扩股引入战略投资者。首次公开募股（IPO）、优先股、可转债门槛较高，不适用于大多数中小银行；永续债发行刚刚起步，存在投资者范围有限、发行成本较高、税务处理尚未明确等问题；二级资本债发行成本较高，到期面临资本减记压力，除非破产或清算，否则不能用于弥补银行日常经营损失、冲销坏账。在增资扩股引入战略投资者方面，中小银行可选择的外部投资者主要是当地法人银行、地方国有企业或平台企业。当地法人银行自身规模不大、资本实力不强、人才资源有限，部分地方国有企业或平台企业则存在入股资金不实的问题，如有的国有企业经营性现金流为负，严重依赖外部债务融资，后续增资扩股方案面临落地难、合规难的问题，可能增加地方政府隐性债务。另外，部分中小银行还要求投资者同时收购部分不良资产，或将风险传导至自身实力不强的地方法人银行、国有企业或平台企业。

二、专项债补充中小银行资本金的可行性与利弊分析

（一）具备政策和实践基础

2019 年中办和国办联合印发《关于做好地方政府专项债券发行及项目配套融资工作的通知》

（以下简称《通知》），允许将专项债券作为符合条件的重大项目资本金，为专项债补充中小银行资本金提供了政策基础。一方面，银行资本金与项目资本金有相似之处。专项债补充银行资本金，有助于降低中小银行的风险状况，提高其风险抵御能力。根据《关于固定资产投资项目试行资本金制度的通知》（国发〔1996〕35 号）中对项目资本金的定义[①]，与项目资本金类似，银行资本金也属于权益性资金，同样属于资本金范畴，操作方式和流程也有相似之处。另一方面，注资中小银行属于重大项目，对区域经济发展具有示范带动效应。《通知》指出重大项目是“符合中央决策部署、具有较大示范带动效应的项目”。国务院金融委多次提出“多渠道增强商业银行特别是中小银行资本实力”，发行专项债补充中小银行资本金符合中央重大决策部署精神。在示范带动效应方面，需要地方政府介入的中小银行无法通过市场化方式注资，且对区域影响性较大。提高中小银行发展质量对优化当地的金融生态环境、服务实体经济具有较大带动性。

从已有实践看，专项债的适用范围正不断扩展，地方政府入股中小银行也较为普遍。一方面，专项债的适用范围从 2017 年仅包括土地储备、政府收费两个领域已扩展到 2019 年的铁路、轨道交通、城市停车场等十大领域，适用范围不断扩大。另一方面，随着银行业改革步伐的加快，不少新成立的中小银行引入地方政府作为股东。以江苏省为例，省财政厅履行出资人职责直管的省级国有金融机构有 7 家，另有 16 家为委托管理。山东省和内蒙古自治区政府也通过注资分别获得了恒丰银行和蒙商银行的控股地位。

（二）有助于地方政府履行中小银行风险处置的属地责任

一是有助于降低中小银行顺周期性，增强其风险抵御能力。经济上升期，中小银行往往脱实向虚、过分追求同业扩张，资金投放偏向同业、房地产和平台类企业，偏离服务当地、支持实体经济发展的定位。经济下行期，主要服务于中小企业的中小银行更容易面临业务收缩、资产质量恶化等问题，同时由于资产规模小、资本补充困难，更容易陷入资不抵债的困境。通过专项债补充中小银行资本金，有助于降低顺周期性，发挥专项债逆周期调节作用。

二是专项债注资有利于压实地方政府中小银行风险处置的属地责任，推动中小银行回归本源。地方政府对中小银行风险处置负有属地责任和维稳第一责任。地方政府发行专项债注资中小银行之后，可以通过股东会、董事会引导中小银行优化公司治理机制、回归支农支小和服务地方经济的发展道路。相较于地方政府和监管部门通过行政救助为中小银行注资的情况，专项债注资更有利于厘清银行、银行股东、地方政府和监管部门的职责，明确各方分工。

（三）专项债注资透明高效，可有效缓解中小银行资金压力

中小银行常用的定向增资和发行二级资本债审批流程复杂、时间长。定向增资普遍耗时一年以上，发行二级资本债需满足多个前提条件，提交当地银保监局和人民银行审批通过后方可发行，一般耗时约四个月。而按照现行专项债的流程，在准备工作充分、投资项目合规的情况下，最快一个月即可以审批通过发行。同时，专项债融资依托地方政府信用，注资成本相对较

① 《关于固定资产投资项目试行资本金制度的通知》（国发〔1996〕35 号）规定：“投资项目资本金，是指在投资项目总投资中，由投资者认缴的出资额，对投资项目来说是非债务性资金，项目法人不承担这部分资金的任何利息和债务；投资者可按其出资的比例依法享有所有者权益，也可转让其出资，但不得以任何方式抽回。”

低。2019 年，主体评级为 A +、AA - 和 AA 的 23 家中小银行共发行 24 笔二级资本债，平均利率5.6%，对比同期全国发行的 642 笔 10 年期专项债，平均利率仅为 3.46%，二者平均利差为 2.14 个百分点。如允许政府用低成本专项债募集资金对接（投资）上述二级资本债券，统筹匡算并合理确定资金价格，适当让利，则能有效降低中小银行筹资成本。另外，相比地方国有企业或融资平台作为战略投资者入股中小银行，专项债已有多年的发行经验，信息透明、流程完备，可以大幅降低地方政府隐性债务风险。

尽管发行专项债注资中小银行具有较好的实践基础和较多优势，但目前实践中可能还面临以下问题：一是监管规则有待进一步明确。项目资本金与中小银行股本金仍有差异，且《商业银行股权管理暂行办法》第十条规定“债务资金等非自有资金不得入股，法律法规另有规定的除外”。二是潜在道德风险较高。一方面，资本不足时一味地依赖政府施以援手或导致中小银行风险偏好上升、经营审慎性下降。另一方面，个别地方政府注资后可能过度干预中小银行正常经营，利用中小银行违规为地方政府、融资平台、辖内高风险企业提供信贷支持。三是可能带来财政风险。经济欠发达省份中小银行盈利能力弱、市场化注资方式少，对专项债补充资本需求更旺盛，但这些地区财政实力更弱，发债注资中小银行相当于动用地方政府信用，或导致金融风险向财政领域传导。

三、专项债补充中小银行资本金的政策建议

（一）消除专项债注资中小银行的制度障碍

专项债使用范围不断扩展，目前已扩展到铁路、轨道交通、城市停车场等十大领域，但尚不包括为中小银行注资。建议明确专项债可用于注资中小银行，并将专项债注资中小银行作为《商业银行股权管理暂行办法》中的法律法规除外事项，确保注资的合规性。

（二）明确目标中小银行的选取原则

一是市场化优先。若中小银行可以通过市场化方式增资扩股，专项债则不应介入。二是合理评估，分类施策。专项债注资应侧重于有重组或救助价值，且有区域重要性的中小银行。风险外溢性弱的中小银行，应及时启动市场化退出程序，避免风险蔓延。

（三）建立健全专项债发行管理机制

一是额度管理。可由省级政府根据本省实际情况从专项债总额中划定专项债额度，符合要求的中小银行可按需提出注资申请，报地方政府审批。二是分步试点。充分评估各地区经济发展水平和综合财力状况，在限额管理的基础上，优先选择北京、上海、广东和江苏等偿债能力较强的地区开展专项债发行试点，待试点成熟后再逐步向中西部经济欠发达地区推进。三是项目挂钩。中小银行需以自身储备、拟投放的项目为基础，向当地政府申请使用专项债补充资本金用于上述项目。四是损失分担。专项债注资如果失败，应打破刚性兑付，在股东、债权人、地方政府和专项债投资人之间合理分担损失。承销人、中介机构等也应承担相应责任。

（四）完善配套制度和公司治理

一是完善政策支持。注资中小银行专项债存续期长、流动性较低，可借鉴永续债、债转股的经验，对购买专项债的银行采取定向降准、央行票据互换等措施，降低投资者资金成本，提高专项债流动性。二是培育银行股权市场。坚持市场化、法治化原则，鼓励具备银行股东资质、实力雄厚的社会资本积极参与银行股权交易，帮助中小银行改进治理机制，提高风险管理水平，实现专项债注资的顺利退出。三是完善公司治理。理顺股权结构，规范股东行为，清退不合格股东；加快推进股权集中托管，强化信息披露，做好实际控制人穿透，避免股权代持，规范股权质押；明确股东大会、董事会、监事会和管理层各方责任，实现有效制衡，防止地方政府注资后对中小银行的过度干预。

资料来源：中国人民银行南京分行。

专题二　包商银行事件后的金融市场流动性状况分析

2019年5月24日包商银行被接管事件打破了国内金融市场参与者的“刚性兑付”惯性思维，促使各类市场参与主体加强风险管理，充分考虑风险与收益的匹配性，进一步推动了银行间市场同业融资业务的市场化进程。接管事件发生后的短期内，由于资金融出方过于担忧中小金融机构风险，部分中小银行的流动性风险被市场放大，市场融资能力受到较大影响，此后又进一步扩大至非银机构；在金融市场出现了信用分层和流动性分层现象，较低等级债券的质押回购等融资难度明显加大。在人民银行会同相关部门针对中小金融机构提供流动性和政策支持后，市场流动性紧张局面很快得到缓解，平稳渡过2019年第二季度末的关键时点，此后逐步恢复平稳状态。

一、包商银行被接管后银行间市场流动性受到明显冲击

（一）银行间质押回购市场受到短暂冲击

在银行间质押回购市场，R① 与 DR② 两者利差可以在一定程度上反映非银机构融资的溢价水平，进而能够反映全市场流动性充裕水平。以具有代表性的R007、DR007为例，5月24日之前两者一直处于较低水平，如5月24日R007、DR007分别为2.53%和2.55%，R007甚至略低于DR007，表明市场流动性整体较为充裕。5月24日（周五）17：45包商银行被接管公告发布后，27日（周一）R007与DR007均快速攀升，且R007明显高于DR007，27日、28日两者利差分别达29bp和76bp，非银行机构融资溢价明显抬升。其中，28日R007与DR007分别达到最高点3.6250%和2.8643%。

随着人民银行及时加大流动性投放力度，并通过多种渠道加强与市场沟通，市场恐慌情绪逐步平稳。5月29日开始，R007与DR007均快速回落，两者利差也快速收窄，30日已基本恢复常态，表明中小金融机构的流动性紧张局面得到快速缓解，并逐步恢复至正常状态（图1）。

（二）同业存单即期收益率走势出现分化

包商银行被接管后，AA与AA+等级的同业存单即期收益率（以下简称CD利率）所受影响最为明显③。5月27日之后，更高等级的AAA和AAA+级CD利率并未明显上涨，甚至从6

① R统计口径是指全银行间市场的质押回购加权利率，包括存款类金融机构和非存款类金融机构。

② DR统计口径是指银行间市场存款类金融机构质押回购加权利率，且仅以利率债作为质押物。

③ 中证指数将主体评级为AA+及以上的同业存单列为高等级同业存单。

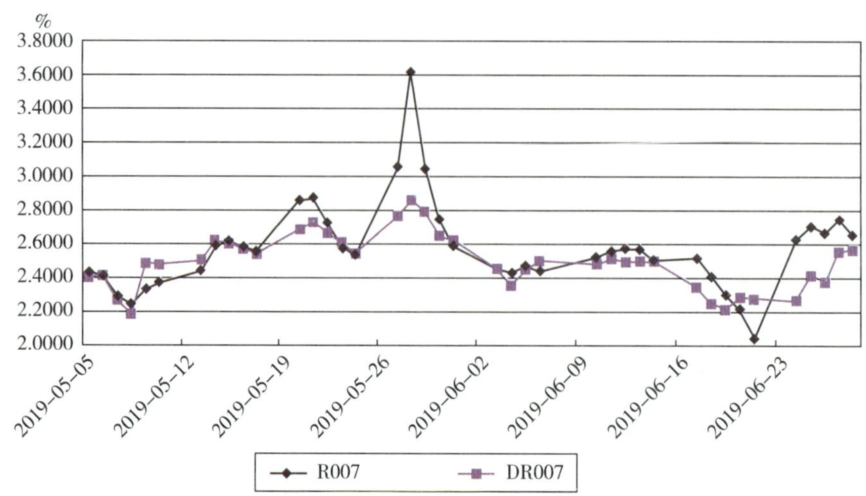

图 1　银行间 R007 与 DR007 的 5 ~ 6 月变动情况

（数据来源：Wind 资讯，下同）

月中旬开始出现小幅下跌，但 AA 和 AA + 级 CD 利率上涨显著，AA、AA + 级与 AAA 级 CD 利率差快速扩大。6 月中旬至 7 月下旬，AA 与 AA + 级 CD 利率走势出现明显分化，AA 级 CD 利率小幅震荡上行，AA + 级 CD 利率则持续下行。从 AAA 和 AAA + 级 CD 利率变化情况看，6 月中旬开始市场资金已趋于充裕，但 AA、AA + 级 CD 利率却依然高企，市场恐慌情绪直至 8 月上旬才逐步消退（图 2）。

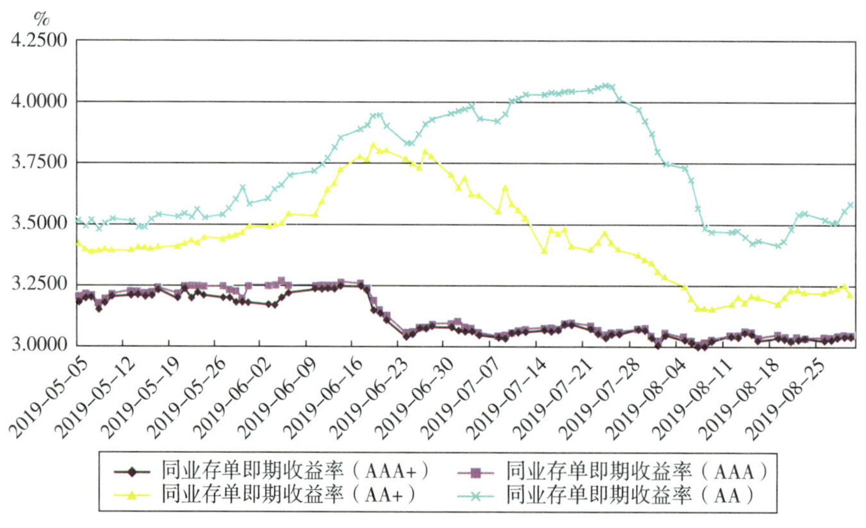

图 2　1 年期不同等级同业存单发行利率变化情况

二、银行间市场融资结构化分层、原因分析及应对措施

（一）结构化分层情况

从银行间质押回购市场和 CD 利率走势来看，5 月 30 日后银行间市场流动性基本上恢复常

态。但由于市场恐慌情绪依然存在，从6月开始市场出现了较为明显的结构化分层现象，即高等级债券的质押融资利率非常低，而较低等级债券质押融资利率偏高、融资难度大，且非银机构受到的影响更为明显。

1. 资金闲置与资金短缺现象同时存在。一方面，高等级质押券回购融资的跨季价格非常低，如6月底隔夜加权价格屡屡跌破1%，创史上新低，显示市场资金总量非常充裕。但另一方面，较低等级质押券回购融资价格则明显偏高，个别交易甚至难以找到交易对手。

2. 接受较低等级债券质押回购融资的机构少。除了大型头部券商受政策指导对AA级和PPN[①]质押券融出资金外，较少有大型金融机构跟进接受低等级债券质押融资。不满足信用等级要求的质押券，只能与债券基金、基金专户、小型券商资管的零星资金进行撮合，量价波动幅度均大幅增加。以6月27日为例，R007和R014加权回购利率分别达2.75%和2.87%，两者个别利率最高时达到19%。

3. 持有低等级债券较多的机构专户存在融资困难。市场对AA级及以下等级债券投资偏好较低，持有此类债券较多的专户，如部分小型券商定向资管产品和基金专户等均出现了质押回购融资困难。

4. 个别中小银行发行的CD在二级市场上成交清淡。个别中小银行被市场普遍认为风险较高，其发行的CD在二级市场上成交清淡，而持有这些中小银行CD较多的机构在市场上也出现了明显的融资困难。

（二）结构化分层的原因分析

1. 部分银行类资金融出机构集中调整对非银机构的质押券要求和授信类别。主要包括三种情况：一是暂停与非银机构或者产品专户的交易；二是质押券要求提高为高评级信用债，如由AA+级可以质押PPN调升至AAA级且非PPN；三是质押券要求提高为高评级CD和利率债，如由AAA级信用债提高到利率债、地方债、铁道债、股份制银行（含）以上CD等。

2. 基金、保险、资管类等非银机构调整对手库和质押券要求。此类非银机构是市场上主要的中长期资金融出方，为规避风险，从6月初起这些机构也开始调整对手库和质押券要求：一是暂停与券商资管产品户的交易；二是提高质押券要求，如由AA级提升至AA+级，由AA+级不考虑中债资信评级提升至AA+级且须中债资信评级等。随后不同评级券种利差拉大，AA级和AA+级的1个月资金利差从6月初的80~100bp，一度升至6月中旬的300bp。

（三）应对措施

针对金融市场流动性分层现象，从5月底开始，人民银行综合运用公开市场逆回购、存款准备金率、中期借贷便利、常备借贷便利、再贷款再贴现等多种政策工具投放流动性，将市场流动性总量保持在合理充裕水平。同时，人民银行还针对中小银行提供流动性特别支持，为满足中小金融机构合理的融资需求提供适宜的流动性环境。

6月中旬，人民银行、证监会指导6家大型商业银行向头部券商提供流动性支持，再由头部

① 非公开定向债务融资工具。

券商向市场提供流动性。6 月 17 日起，头部券商开始对产品专户融出资金，6 月 20 日起市场流动性压力逐步缓解。

从非银机构看，包商银行被接管后金融市场出现的局部流动性偏紧对各非银机构自有资金流动性影响总体不大，流动性压力主要体现在其管理的产品方面。各非银机构通过融入跨月资金、调整持仓结构、降低组合杠杆等措施，最终均较为平稳地渡过了市场流动性紧张阶段。

三、包商银行事件对银行间市场的后续影响

（一）2019 年 5 月 24 日后跨月融资品种利差明显变大

1. 银行间质押回购业务中，R 与 DR 跨月品种利差明显变大

为对比 R 与 DR 两者利差的变化情况，选取具有代表性的 1 天、7 天、1 个月、3 个月和 6 个月质押回购利率，统计这 5 个业务品种 2015—2019 年每年的利差日均值①（图 3）。从统计情况看，R001 与 DR001 利差、R007 与 DR007 利差日均值自 2017 年以来持续下降，说明 2019 年银行间市场的资金充裕程度超过 2017 年和 2018 年。

但是，从 3 个跨月品种（1M、3M 和 6M）的利差日均值统计来看，2019 年 3 个跨月品种的利差日均值快速变大，且 2019 年 5 月 24 日包商银行被接管之后的利差日均值更大，明显超过市场资金相对紧张的 2017 年和 2018 年，这说明在 2019 年跨月品种的质押回购业务中，信用等级较低的融资方需要承担更高的融资成本，包商银行事件后该特点更加明显。

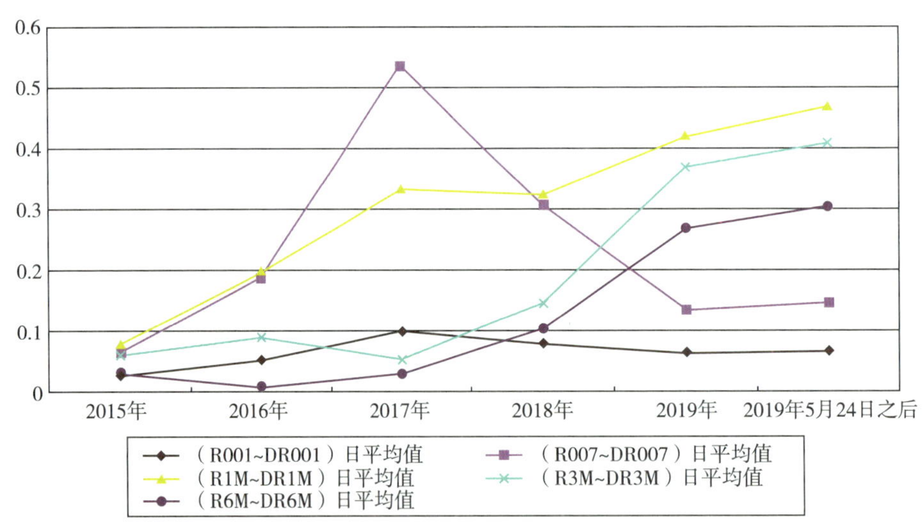

图 3 银行间质押回购业务中不同品种的 R 与 DR 利差变化统计

2. CD 业务中，AA 级 CD 与更高等级 CD 利差明显变大

CD 业务中，选取 AA、AA +、AAA +②三个等级 CD 的 1 个月、3 个月、6 个月、9 个月和 1

① 以年作为一个周期。此外，为对比包商银行事件后的市场利率变化，2019 年 5 月 24 日至 2019 年底单独进行计算。

② AAA +、AAA 评级的 CD 利率走势近乎一致，利差也非常小，因此只选取 AAA +进行统计分析。

年 5 个业务品种，即 1M、3M、6M、9M、1Y，对其每年利差日均值变化情况进行统计分析。

首先对比 AA 级与 AAA + 级 CD 的利差日均值。5 个业务品种中，除 1M 外的其他 4 个品种，2019 年 5 月 24 日之后利差日均值均超过 2018 年水平，表明 AA 级 CD 与 AAA + 级 CD 利差在包商银行事件后明显扩大（图 4）。

其次对比 AA 级与 AA + 级 CD 的利差日均值。同样，5 个业务品种中，除 1M 外的其他 4 个业务品种，利差日均值在 2019 年均出现快速放大，且 5 月 24 日之后的利差日均值明显大于 2019 年全年利差日均值水平，这说明 AA 级 CD 与 AA + 级 CD 两者长期几乎完全一致的利率价格走势已经成为历史，AA 级 CD 需要承担更高的利率成本（图 5）。

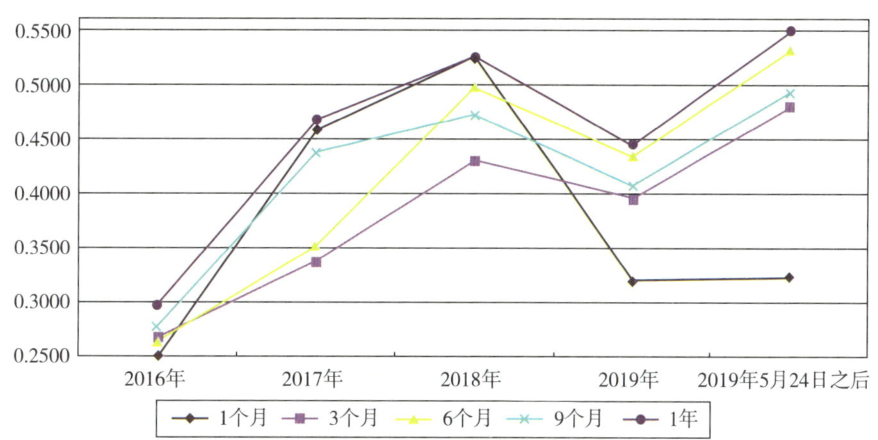

图 4 AA 级 CD 与 AAA + 级 CD 利差日均值统计

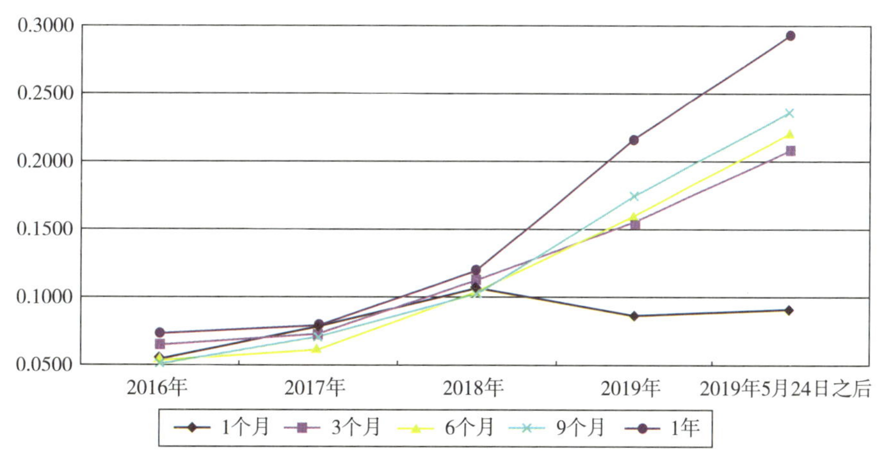

图 5 AA 级 CD 与 AA + 级 CD 利差日均值统计

（二）风险因素已经成为同业融资的重要考量指标

从上述统计分析来看，2019 年 5 月 24 日包商银行事件后，银行间市场同业融资业务交易对手和交易品种的风险因素已经成为资金融出方非常重要的考量指标，即风险高的交易对手和交易品种需要付出更高的融资成本和代价方能融入资金。这表明银行间市场融资环境已发生较大变化，之前的银行“牌照信仰”和“刚兑神话”已被打破，包商银行事件督促各市场参与主体进一步提高风险意识、加强交易对手管理，促进了金融市场的合理信用分层，极大地推进了银行间市场同业融资业务的市场化进程。

资料来源：中国人民银行上海总部。

专题三　市场化法治化处置中小金融机构风险的实践与思考

——以锦州银行为例

近年来，受经济下行压力持续加大和金融监管政策趋严等因素的影响，我国中小银行风险呈现上升趋势，部分银行前期激进式扩张累积的风险加速暴露。为积极稳妥化解局部性突出风险，2019年我国加大对中小银行风险处置力度，针对个别出现重大风险的银行，采取市场化、法治化、差异化纾困措施，标本兼治处置风险。本专题以锦州银行为例，梳理了该银行实施风险处置的背景、思路与措施，也为其他高风险中小金融机构市场化法治化处置提供了有益的经验和借鉴。

一、锦州银行风险处置的背景

（一）负面舆情持续发酵，流动性缺口迅速扩大

2019年3月，锦州银行因与其聘用的安永华明会计师事务所就财务审计的部分结果未达成一致，分别于4月1日、5月14日先后两次向港交所申请延期刊发业绩公告。锦州银行年报“难产”事件在网络上迅速传播，引发市场投资者和公众负面猜测。自2019年5月以来，在年报延期发布和市场信用分层叠加影响下，锦州银行长期经营不规范累积的信用风险和流动性风险加速暴露。一段时期内，市场对其信心严重不足，同业融资和各项存款大幅下降，流动性缺口迅速扩大。

（二）自身“造血”功能不足，风险外溢隐患较大

在风险形成之初，锦州银行采取了多方面自救措施，但该行资产负债期限错配问题较为严重，高信用等级的利率债占比较低，依靠资产回收和变现难以抵消流动性消耗过快带来的影响，已经无力持续开展自救。同时，锦州银行股权高度分散，缺少真正意义上的战略投资者，也难以通过股东进行流动性救助。锦州银行资产规模在全国城商行中排名前10位，且同业负债依存度较高，如果风险进一步升级，存在个体风险向其他中小金融机构蔓延、传染的可能性。

二、锦州银行风险处置的思路与措施

（一）风险处置的主要思路

锦州银行的风险爆发具有发酵周期短、传播速度快的特点，且与同时期的包商银行、恒丰

银行相似，尽管只是区域性银行，但因其活跃的同业业务，拥有数百家同业交易对手，具有了一定系统重要性的特征。面对严峻的风险形势，若处置不及时或施策不当，则极易造成风险外溢，对区域乃至全国金融市场的稳健运行造成较大冲击。

深入分析，锦州银行风险是内部风险因素叠加市场信用分层导致的流动性风险，而非偿付性风险，这与因发生严重信用危机且资不抵债而被接管的包商银行有本质性区别，风险特点也有别于同时期的恒丰银行。因此，与对包商银行实施“收购＋承接”、恒丰银行由省政府及战略投资者共同注资的两种模式有所不同，对锦州银行采取的处置模式是引进战略投资者、实施改革重组。这既是充分结合市场环境和地方实际，并考虑银行风险成因、风险大小等因素做出的最优选择，也是市场化、法治化处置问题银行的又一次有益探索。具体来看，整个处置模式通过“两步走”战略实施，第一步“治标”，稳住各方局面，引入战略投资者，确保风险不扩散；第二步“治本”，进行增资扩股，修复资产负债表，实现可持续发展。

（二）风险处置的主要措施

一是引入战略投资者，稳定市场信心。在风险处置的“吃劲”关头，以受让原有股东股权方式，快速引入工银金融资产投资公司、信达投资公司、长城资产管理公司三家国字号战略投资者，全面改组“三会一层”。通过引入有实力的战略投资者帮助锦州银行进行增信，改善金融市场和社会公众对锦州银行的稳健性预期，及时阻断风险进一步升级和向外扩散的链条。

二是加强流动性支持，恢复锦州银行“造血”功能。发挥央行最后贷款人作用，在锦州银行流动性风险爆发的关键时点，及时给予流动性支持，保障其流动性基本平衡，为改革重组赢得时间和空间。同时，指导锦州银行发行增信类同业存单、票据标准化工具，通过创新金融工具向市场释放积极信号，提高其自身融资能力。

三是各方切实履行责任，形成风险处置合力。地方政府落实风险处置属地责任，加大财政和政策支持力度，调动各方资源积极推动改革重组。金融管理部门做好风险研判、顶层设计和窗口指导工作，用足用好金融工具和监管政策，与地方政府形成职能互补和协同联动。涉事银行积极采取自救措施，全力配合风险处置工作有序开展。

四是实施增资扩股，修复资产负债表。在基本实现第一步“治标”预期目标的基础上，实施增资扩股，成功引入北京成方汇达企业管理公司和辽宁金融控股集团两家新股东，将募集股金用于补充核心一级资本，同时通过资产重组积极化解锦州银行信用风险。两项市场化、法治化措施“双管齐下”，推动银行补充资本实力、改善资产负债结构，为实现可持续发展扫清障碍。

三、经验与思考

经过各方艰苦努力，锦州银行在堵住“出血点”、守住风险底线的同时，成功引入三家国字号战略投资者，为全面改革重组奠定了良好基础，也为市场化、法治化处置其他高风险中小金融机构提供了有益参考，相关经验值得思考与借鉴。

（一）制订有针对性的风险处置方案是有效处置不同中小金融机构风险的前提条件

风险处置方案是整个风险处置过程的行动指南，对最终处置效果和处置成本具有重要意义。由于不同高风险金融机构风险表现、风险性质和风险成因存在差异，在选择处置方式时不能“一招鲜、吃遍天”。要综合考虑出险机构的具体情况和地方实际分类施策、对症下药，制订切实可行的处置方案，提高处置效率。

（二）压实各方责任是推进风险处置的重要保障

对中小金融机构特别是银行机构进行风险处置是一项复杂的系统性工程，涉及多个领域的工作，仅靠一方单打独斗不可能取得理想效果。因此，在处置中小金融机构风险过程中，要坚持市场化、法治化原则，明确各方职责边界，切实压实各方责任，特别要推动地方政府落实风险处置属地责任，强化信息共享与协同联动，确保在思想和行动上保持一致，推动风险处置工作高效开展。

（三）管控舆情、引导预期是风险有效处置的重要环节

金融风险事件社会关注度高，如果舆情管控不当会加快风险升级速度，增加风险处置难度。地方政府要落实好维稳处突第一责任，高度重视对出险机构的舆情监测，依托网信、公安等部门迅速管控负面舆情和不实传言，坚决打击造谣生事等违法行为。出险金融机构自身也要抓住关键时间节点，及时主动正面发声，加强媒体引导，有效恢复市场信心。

（四）完善中小金融机构公司治理是风险关口前移的关键措施

从近年来发生的中小金融机构风险事件来看，股东占款和内部人控制已经成为局部性金融风险不容忽视的因素。要加快补齐中小金融机构公司治理短板，充分引导各利益相关方在权责范围内积极参与公司治理，使监督制衡机制走向制度化和常态化。同时，要把党的领导与完善公司治理有机地结合在一起，有效发挥党委在“把方向、谋战略、抓改革、促发展、防风险”等方面的作用。

资料来源：中国人民银行沈阳分行。

专题四　地方法人银行流动性压力测试探索

自 2018 年以来，中国人民银行将银行业压力测试的范围从大中型商业银行扩展到地方中小法人银行，进一步发挥了压力测试在宏观审慎管理和防范系统性金融风险方面的重要作用，健全了地方法人银行的金融风险监测预警体系，提高了金融稳定评估的前瞻性和科学性。但是在开展流动性压力测试的过程中，所有法人银行给定的压力情景完全相同①，这无法充分反映出宏观经济和市场约束情况②。因此，可以根据宏观经济情况和银行自身基本面情况，对每家银行设定不同的压力情景。本专题主要讨论负债端流失率中的非同业存款流失率（以下简称存款流失率）的设定方法。

一、流动性压力测试压力情景设定方法

设定方法分为三步：第一步，通过实证模型构建宏观经济和银行基本面指标对银行存款流失率的影响；第二步，根据第一步的结果，计算每家银行在不同压力情景下的总体存款流失率；第三步，将总体存款流失率分配给各个细项。

（一）构建存款流失率与宏观经济和银行基本面指标的关系

通过面板数据模型，估计出银行非同业存款流失率与宏观经济因素和自身基本面因素的关系。本文样本数据为湖北省内 37 家农商行的季度数据，样本区间为 2015 年第一季度到 2019 年第四季度。被解释变量为各农商行的非同业存款增长率（负数代表存款流失）。解释变量为宏观经济和银行基本面指标。宏观经济指标选用湖北省地方一般公共预算支出同比增长率、湖北 CPI 同比增速、M2 同比增速、湖北社会融资规模同比增速、信用利差（shibor 1w 与活期存款利率的差值）；银行基本面指标用银行资本比率（资本/总资产）衡量银行的杠杆情况，用不良贷款率衡量资产质量情况。实证模型采用面板数据固定效应模型。首先对各变量进行单位根检验，结果表明各变量至少都能在 10% 的水平下显著；方差膨胀因子检验结果显示不存在较强的多重共线性；对银行基本面因素进行联合检验，概率为 0，表明存在市场约束。回归模型估计结果如表 1 所示。

所有变量均至少在 10% 的检验水平下显著。财政预算支出增速显著为正，表明政府支出越多，存款的增长率越高。CPI 增速显著为负，表明通胀情况越严重，投资者越不愿意进行储蓄。M2 增速符号显著为正，表明货币供给越多，存款增速越快。信用利差显著为负，表明利差越大，储蓄率越低，投资者越可能将资金投在回报率更高的资产上。资本比率符号为负，与预期不相符。不良贷款率显著为负，表明银行资产质量越差，吸引存款的能力就越弱。

---

① 指资产端流入率和负债端流失率的参数相同。

② 指投资者对不同银行持有的风险偏好不同。例如发生经济危机时，投资者更愿意将钱存入大型银行。

表 1　面板数据估计结果

变量名称	回归结果
财政预算支出增速	0.351**
CPI 增速	-0.046***
M2 增速	0.995**
社会融资规模增速	0.054***
信用利差	-3.804*
常数项	0.342***
资本比率	-1.249*
不良贷款率	-3.597***

注：***、**、*分别代表该估计值在1%、5%和10%的检验水平下显著。

（二）计算压力情景下的存款流失率

将宏观经济和银行基本面指标代入回归方程后，可以得出37家银行各自的存款增长率。本专题选择样本序列中宏观经济和银行指标1% VaR值（如果估计值为负数，则是99%的VaR值），分别代表宏观经济情况较差（宏观不利情景）和银行资本偿付能力较弱（银行不利情景）的情况，并计算了四种情景的结果，如表2所示。

表 2　四种情景下的存款增长率描述性统计

	宏观正常情景 银行正常情景	宏观正常情景 银行不利情景	宏观不利情景 银行正常情景	宏观不利情景 银行不利情景
平均值	13.57%	7.00%	-6.93%	-13.50%
最优值	18.84%	13.41%	-1.66%	-7.08%
最差值	6.30%	-5.54%	-14.19%	-26.04%
标准差	2.73%	4.60%	2.73%	4.60%
存款流失机构数	0	3	37	37

从表2可以看出，当宏观和银行指标处于正常情景下，所有受测银行的存款都在增长，增长均值为13.57%；当宏观为正常情景、银行资本偿付能力为不利情景时，存款增长率平均值下降到7.00%，有3家机构出现存款流失；当宏观为不利情景、银行资本偿付能力为正常情景时，存款增长率平均值为-6.93%，全部机构都出现不同程度的存款流失；当宏观和银行指标均为不利情景时，存款增长率进一步下降到-13.50%，全部机构均出现存款流失，情况最严重的机构存款流失了26.04%。

（三）细化存款流失率

非同业存款主要包括定期存款和活期存款，每项又分为零售客户和对公客户两类，每一类又有不同的期限。因此，在第二步算出压力情景下总体存款流失率之后，需要将其细化到非同业存款的每一个种类的每个期限。基于投资者行为，在设置负债端流出率时，主要遵循以下原则：一是批发型融资的流失率高于零售型存款，因为相较于企业、金融机构和机构投资者而言，储户及个人投资者可获取的信息更少。二是无担保融资的流失率高于有担保融资、使用劣质押品担保的融资流失率高于使用优质押品的融资。三是定期存款增长率高于活期存款增长率。活期存款通常用于交易、支付等目的，这使得在压力情境下，活期存款反而较定期存款更稳定。各个期限的存款流失率和上一节计算出的总存款增长率的关系如下：

$$\sum \text{各期限存款流失率} \times \text{各期限存款金额} = \text{总存款流失率} \times \text{总存款金额}$$

以在宏观和银行均不利情景下存款流失率的最差值为例，即当非同业存款整体流失率为26.04%时，具体细项的存款流失率可细化为表3所示。例如，次日期限的定期存款流失率均高于活期存款，对公客户的流失率均高于零售客户。

表3　　非同业存款流失率设置示例

	次日	2日至7日	8日至30日	31日至90日	91日至1年	1年以上
3.5　各项存款						
3.5.1　定期存款						
3.5.1.1　零售客户	30%	30%	30%	15%	10%	0
3.5.1.2　对公客户	40%	40%	40%	20%	15%	0
3.5.2　活期存款						
3.5.2.1　零售客户	23%	18%	9%	5%	0	0
3.5.2.2　对公客户	28%	23%	15%	10%	0	0

二、结果应用

在不向人民银行申请动用法定存款准备金的情况下，当流动性累计到期期限出现负缺口时，银行通常可以采取三种方式来弥补，分别是动用超额存款准备金、存款流失后释放的法定存款准备金以及变现合格优质流动性资产。当上述方式均无法弥补负缺口时，则表示该银行未能够通过流动性压力测试，说明潜在流动性风险较大。经测算，在宏观经济和银行指标均不利情景下，37家农商行均能通过流动性压力测试，但有27家银行出现累计到期期限负缺口。其中，15家仅需动用超额准备金即可弥补缺口，12家还需要使用释放后的法定存款准备金及变现合格优质流动性资产才可弥补缺口。上述结果表明37家农商行流动性风险整体可控。

未来研究可以在两方面进行拓展。一是将宏观经济和银行基本面指标与同业存款增长率相联系。湖北中小地方法人银行由于同业业务起步晚、发展快等因素，同业存款变动幅度较大，数据质量目前还不具备典型性，可以待到同业业务发展稳定之后再开展研究。二是使用压力状态下的银行基本面指标计算存款增长率。这将与偿付能力压力测试联系更加紧密，从而可以测算出银行在极端不利的偿付能力下的流动性状况。

资料来源：中国人民银行武汉分行。

专题五　信托业转型发展中的问题及对策

——以西部地区为例

2007 年《信托公司管理办法》和《信托公司集合资金信托计划管理办法》修订实施后，信托业经历了十余年的高速发展。随着 2018 年资管新规等“严监管、去通道、降杠杆”政策的出台，行业发展模式出现调整，信托业务逐渐回归本源，服务实体的能动性、依法经营的自觉性和风险防控的主动性不断增强。信托公司在告别传统路径依赖、实现转型发展的过程中，也出现了受托资产规模下降、盈利下滑、项目违约风险上升、风险管理水平滞后于业务创新等问题。本专题以西部十一省区[①] 14 家信托公司为样本，研究分析信托业转型中的优化升级情况及面临的主要问题，并提出相应对策建议。

一、西部地区信托公司基本情况

西部十一省区共有信托公司 14 家。其中，陕西 3 家，四川、内蒙古、新疆各 2 家，青海、甘肃、云南、贵州、西藏各 1 家，宁夏、广西无信托公司。从股权结构来看，由国有企业或地方政府实际控股的信托公司 12 家，民营企业控股的信托公司 2 家。截至 2019 年末，14 家信托公司资产总额共计 1496. 56 亿元，同比增长 11. 46%，增速较上年下降 9. 96 个百分点；负债总额共计 360. 95 亿元，同比增长 10. 96%，增速较上年下降 29. 16 个百分点。

二、信托业转型中的优化升级

（一）业务结构优化，主动管理能力提升

在信托业快速扩张时期，以通道业务为主的单一信托在部分信托公司业务规模中的比例一度高达 80% 以上。2018 年以来，信托公司普遍加强营销渠道建设，注重培养主动管理能力，主动管理型信托占比进一步提升。截至 2019 年末，西部地区信托公司主动管理型信托产品规模 21544. 01 亿元，同比增长 47. 27%，较 2017 年末增长 53. 5%；占当期信托公司实收信托项目规模的比重为 46. 78%，同比上升 14. 83 个百分点，较 2018 年末上升 19. 32 个百分点。

（二）信托资金行业投向更趋实体化、多元化

服务支持实体经济是金融供给侧结构性改革的核心要求，也是信托业转型的重要方向。2019 年，西部地区信托公司资金配置中工商企业依然占据首位，占比稳定保持在 33% 左右，房

① 不含重庆市数据。

地产和基础产业分别占比 10.52% 和 8.69%，投向金融机构的产品仅占比 10% 左右，反映了信托产品消除多层嵌套、脱虚向实的发展趋势。为保障公司的长期稳健经营，各信托公司充分发挥自身独特性与灵活性的优势，更加注重多领域、多模式的探索。在信托项目规模整体增速放缓的情况下，信托公司通过共享股东旗下其他机构的消费类客户资源，在短期内快速实现消费金融类信托产品的客户拓展，2019 年项目规模同比增速达 112.24%，较 2017 年末大幅增长 650% 以上。

（三）服务信托产品充分发挥信托制度管理服务属性

银保监会信托部《关于加强规范资产管理业务过渡期内信托监管工作的通知》规定公益（慈善）信托和家族信托不适用资管新规，不需要进行净值化管理。在监管政策引导下，信托公司突破传统资金业务藩篱，在财富管理、践行社会责任方面积极发挥作用。2017 年至 2019 年，家族信托、慈善信托等服务信托产品实现了从无到有再到快速增长的态势，其中，甘肃光大兴陇信托是全国慈善信托数量及金额第一的信托公司。2020 年初疫情期间，信托公司充分发挥信托制度优势，发力慈善信托，精准抗疫。截至 3 月末，共发行抗疫相关慈善信托产品 22 笔，募集金额近 13 亿元。

（四）金融科技助力信托行业提升经营和管理效率

金融科技的推广应用及迅速发展，极大地促进了信托业务办理的信息化进程。借助金融科技，信托公司实现了快速立项审批、异地展业、无纸化办公、客户单一账户管理等功能。在风险管理方面，信托公司依靠大数据等信息科技手段，及时掌握客户和投资产品风险变化，降低信息不对称，有效解决风险识别、风险计量、产品定价、存续期管理等方面存在的问题。

三、信托业转型过程中的现实问题

（一）受托资产规模显著下降，短期内盈利下滑

2018 年，受监管政策趋严影响，信托业结束了长达 7 年的高速增长期，自 2011 年以来首次出现规模下降。截至 2018 年末，西部地区信托公司实收信托规模 45781.98 亿元，同比下降 10.43%。2019 年情况有所改善，信托规模虽未恢复到 2017 年末的水平但下降势头有所遏制。2019 年末，西部地区信托公司实收信托规模 46050.43 亿元，同比微增 0.59%，较全国增速高 5.44 个百分点。信托规模下降的同时，经营业绩也相应下滑。2018 年，西部地区信托公司实现利润总额 149.72 亿元，同比下降 6.53%。2019 年，信托公司经营出现分化。已适应转型发展的信托公司逐步实现盈利，仍在探索中的信托公司业绩仍然堪忧。2019 年末西部地区信托公司利润总额同比上升 22.39%，但部分省区信托公司利润总额仍呈持续下降态势，同比下降幅度达 30% 以上。

（二）风险项目增多，刚性兑付难以打破

受宏观经济下行、监管政策趋严、股票市场大幅波动等因素影响，近年来信托违约项目明

显增多。2019年末，西部地区信托公司出现兑付风险的项目共210个，较2018年末增加116个，同比多增110个；出现兑付风险的项目规模617.35亿元，较上年末增长109.74%。出险项目底层资产多涉及城投、房地产及上市公司。尽管资管新规要求打破刚性兑付，但迫于竞争压力以及对声誉风险的担忧，信托公司仍延续刚性兑付，部分公司采取向信托业保障基金申请流动性救助的方式缓解兑付压力。截至2019年末，西部地区尚无一例实质性违约风险项目，已进行刚性兑付的项目规模393.4亿元，同比增长103.8%，同比多增25.64个百分点。此外，因疫情影响，短期内旅游、餐饮等服务业财务状况会有明显恶化，基础设施产业项目延迟复工将影响原定的还款计划，疫情严重地区的地方融资平台偿债能力也将有所下降，2020年信托业风险防控压力有所上升。

（三）信托业延续集中态势，公司间分化加剧

无法打破传统通道业务路径依赖的信托公司，在风险识别能力、资产端和资金端的管理能力等方面缺乏足够的业务沉淀和人员储备，转型压力较大。而原本在主动管理方面具有先发优势的头部信托公司，在项目筛选、尽职调查、投资决策、项目管理、风险控制等方面的竞争优势凸显，与其他信托公司在经营业绩、盈利能力方面进一步拉开差距。根据已公布的全国67家信托公司[①]2019年财务数据，行业前十家头部信托公司集中了信托业40%以上的信托规模，利润集中度达46.65%，较上年上升4.5个百分点，下游公司与头部公司的经营业绩差距进一步拉大。西部地区个别信托公司部分业务已被暂停，公司经营几乎停滞，业务规模和盈利能力都呈现下滑趋势。而此次疫情所导致的展业困难、资产质量压力和经营业绩考验，无疑将会进一步加剧信托公司间分层。

（四）行业受监管处罚增多，风险管理滞后于业务创新

从处罚数量来看，2016年全年信托公司仅收到9张罚单，2018年激增至24张，2019年处罚数量进一步上升。据不完全统计，2019年全国共有21家信托公司受到监管处罚，罚单数量32张，处罚金额1785万元。除监管政策趋严外，风险管理水平难以匹配创新业务需求也是重要原因。例如，家族信托和慈善信托等服务信托业务具有期限长、受益人多、分配方案复杂、投资管理多样化等特点，现有的信息科技系统以自益信托为主，难以匹配创新业务管理要求。供应链金融类业务中，应收账款资产池单笔资产分散，金额小、笔数多，真实性核查及核心企业确权较为烦琐，与核心企业的信息交换系统建设不足，增加了风险管理的难度。

（五）缺乏净值化估值指引和信息披露细则

资管新规的估值难点在于非标债权、非上市企业股权投资的估值及其减值损失计量，由于没有统一的净值化估值指引和标准，信托公司推进该项工作异常困难。此外，尽管资管新规明确了私募产品的披露频度，但未对披露内容及方式进行统一规范，不同私募产品也未制定相应的披露模板，容易因理解偏差而导致信息披露不充分。

---

① 其中雪松信托未公布年报。

四、对策建议

（一）立足自身优势，助推实体经济高质量发展

进入资管新时代，信托业要充分发挥自身多工具、多市场、跨领域的独特优势，以为实体经济提供有效的金融服务为中心，通过投贷联动、债转股、并购基金、资产证券化等业务，支持实体经济结构调整和转型升级。一方面，应紧密围绕“一带一路”、供给侧结构性改革以及国企混改等国家重大产业政策方向开展业务。另一方面，要助力新兴产业发展，通过股权投资、“股权 + 债权”等多种金融服务模式，支持医疗健康、环保科技、新型能源、文化产业等国家鼓励行业的发展。

（二）创新发展特色信托业务，探索差异化发展模式

明确信托行业受托管理定位，加大资产证券化、家族财富管理信托等业务的拓展力度，进一步探索养老、消费等特色受托业务。深入挖掘自身特色资源禀赋，探索差异化发展模式，开拓新的利润增长点，提升市场竞争优势。

（三）进一步完善与创新业务相关的行业政策法规

一是完善信托财产登记及税收制度，鼓励发展房产和股权型的家族信托和慈善信托。二是完善信托受益权的流转机制，提高信托资产的流动性。三是明确私募信托产品信息披露细则，细化公募信托产品发行相关的监管制度。

（四）重视并大力发展金融科技，提升风险管理水平

探索运用大数据、云计算、区块链、人工智能等新一代信息技术，推动信托业向数字化、信息化、智能化转型发展，加强小微金融、证券投资、家族信托、资产证券化、财富管理等领域的信息科技系统建设，完善线上信托产品风控体系，优化客户体验，提升业务运营与风险管理能力。

（五）加强投资者教育，提高投资者金融知识水平和风险意识

打破刚性兑付需要建立在投资者教育和管理人尽责的基础之上，单纯靠净值化管理无法实质性打破刚性兑付。通过强化投资者教育，不断提高投资者的金融知识水平和风险承担意识，向投资者传递“买者自负，卖者尽责”的投资理念。

资料来源：中国人民银行西安分行。

专题六　P2P 网贷风险处置做法、成效及建议

互联网金融风险专项整治工作开展以来，各地深入贯彻落实国家互金整治领导小组和网贷整治领导小组的决策部署，稳妥有序有力开展 P2P 网贷风险整治工作，P2P 在运营机构数量迅速减少，网贷风险大幅压降，市场秩序不断好转。本专题梳理了各地 P2P 网贷风险处置的做法和成效，深入分析了目前市场仍存在的风险底数摸排、资产处置、转型、已停业但未完全退出机构风险处置中存在的困难，并提出工作建议。

一、我国 P2P 网贷发展情况

P2P 网贷 2005 年起源于英国，2007 年我国首家 P2P 网贷机构成立。总体来看，我国 P2P 网贷的发展经历了四个阶段。

（一）市场探索期（2007—2011 年）

2007 年 P2P 网贷进入中国，作为新生的融资模式，P2P 网贷在探索中发展。2011 年末，P2P 网贷机构 53 家，借贷余额仅 20 亿元，投资人和借款人总数不足 8 万人。

（二）高速发展期（2012—2015 年）

这一时期，P2P 网贷得到快速发展。尤其是 2013 年和 2014 年，机构数量都实现了倍增，并于 2015 年达到历史高位（3111 家）。借贷余额累计达 9752 亿元，投资人和借款人总数达 4000 万人。

（三）监管规范期（2016—2017 年）

这一阶段，随着监管细则的落地和市场竞争的加剧，P2P 网贷发展进入了监管规范阶段，大批不合规机构被清退或被市场淘汰，机构数量逐步减少至 1931 家。在机构清退的初期，业务逐步向头部机构聚集，成交量在 2017 年达到最高峰 2.7 万亿元，同比增长 35.9%，投资人和借款人总数超 1 亿人。

（四）清退转型期（2018 年以来）

从 2018 年开始，经济下行压力持续加大，P2P 网贷机构内部管理问题不断暴露，市场出现“爆雷潮”，监管部门逐步清理整顿相关机构。截至 2019 年末，全国 P2P 网贷机构存量数量减少至 344 家，当年借贷金额 9000 多亿元；投资人压降至 726 万人，同比减少 45.4%；借款人压降至 1156 万人，同比减少 42%。

二、P2P 网络借贷风险处置的主要做法和成效

全国各省（自治区、直辖市）按照国家互金整治领导小组和网贷整治领导小组的要求，结合当地实际，加强风险监测，分类施策，聚焦重点机构，风险处置工作取得积极成效，P2P 网贷风险出清速度持续加快，风险形势发生根本好转。截至 2019 年末，全国实际在营 P2P 网贷机构下降至 344 家，较 2016 年末下降 87.1%，借贷余额下降至 4915.9 亿元，较 2016 年末下降 27.7%。

（一）建立完善风险处置制度体系

2016 年 4 月，原银监会印发《P2P 网络借贷风险专项整治工作实施方案》，将整治活动分为摸底排查、分类处置和验收规范三个阶段。专项整治活动的实施，对于防止行业风险蔓延、促进行业正本清源、建立长效发展机制具有重要意义。后续建立了“一个办法、三个指引”的基本监管框架[①]，进一步加强了对 P2P 网贷机构的监管，对中介业务活动、备案登记、资金存管和信息披露等作出了明确规定。2019 年 9 月，《关于加强 P2P 网贷领域征信体系建设的通知》印发，以有力惩戒恶意逃废债行为，完善 P2P 网贷行业征信体系，助力防范金融风险。2019 年 11 月，国家互金整治领导小组和网贷整治领导小组联合召开了加快网贷机构分类处置工作推进会，明确下一阶段要坚定持续推进行业风险出清，将稳妥有序化解存量风险、多措并举支持和推动机构良性退出或平稳转型作为重点，切实保护投资人合法权益，维护各地经济金融稳定。

（二）建立健全风险应对工作机制

各地均成立了 P2P 网贷风险处置工作领导小组，由当地的地方金融监督管理部门、银保监局牵头，公安部门、人民银行分支机构、法院、检察院等部门参与，探索建立风险应对机制和跨区域协作机制，落实首访责任制，加强宣传引导，推动网贷领域的互联网金融广告治理。引导投资者依法维权，打击违法违规金融活动，协调推进资产处置，并加强与打非、交易所专项整治、扫黑除恶、国家安全、信访维稳等工作协同统筹，同部署同落实。例如，广东省、浙江省开展区域性金融广告治理工作试点，探索建立 P2P 网贷机构监测、处理及处置的全领域全流程工作机制。

（三）加强风险监测研判

一是人民银行多次组织召开互联网金融风险专项整治工作专题会议，分析研判 P2P 风险防控形势，研究部署专项整治相关工作。二是各地督促在营 P2P 网贷机构按时报送运营数据，加强风险监测预警和风险提示。组织在营网贷机构接入全国网贷实时数据监测系统和登记披露平台，进一步加强对网贷机构的动态监测和穿透式监管。三是发挥征信作用，及时将经法院判决的企业和个人信息纳入征信系统，加大对恶意逃废债的打击力度。四是依托科技手段提升风险

① “一个办法、三个指引”分别是《网络借贷信息中介机构业务活动管理暂行办法》《网络借贷信息中介机构备案登记管理指引》《网络借贷资金存管业务指引》《网络借贷信息中介机构业务活动信息披露指引》。

排查能力。例如，天津与国家互联网应急中心、蚂蚁金服、腾讯公司签订协议，采取政府购买服务的方式，运用大数据风险预警监测系统，对全市各类市场主体实施全时段线上排查和监测，同时将数据应用端口布设至各区整治办，及时接收和报告新发风险，提升整治工作的精准性和连续性。

（四）分类有效处置风险

一是按照“一企一策一专班”要求针对每一家网贷机构成立处置专班，制订处置方案和维稳预案，明确专人负责落实，压实存量化解任务。二是聚焦部分涉案金额较大、风险较为突出的重点机构精准发力，集中人力物力开展攻坚，约谈实际控制人和高管，多途径穿透式、多角度深入细致核查，全面掌握风险底数，共同会商明确处置思路。三是对不接入 P2P 网贷风险专项整治数据报送系统及自行开展网贷、资产管理、理财等相关业务的机构，立即将相关线索移送当地处置非法集资工作机制。四是建立网贷风险应对和涉稳动态情况报告制度，及时掌握动向。加强对高风险机构和人员的稳控，重点关注规模较大、风险较高的机构，及时控人、控资金，协调公安部门对个别机构的关键人员采取边控措施。

（五）引导 P2P 网贷机构有序良性退出

按照应退尽退原则，因地制宜、实事求是，督促引导退出类 P2P 网贷机构制订退出方案，采取财产保全、仲裁、诉讼等多种方式进行催收和资产处置，逐步压降业务规模，推动良性市场退出。加大对市场退出的实地督办力度，明确细化工作目标。对违法违规机构定点打击，精准拆弹。据统计，截至 2020 年 3 月末，已有内蒙古、陕西、吉林、黑龙江等 13 个省份公告对辖内所有 P2P 网贷机构全部取缔。

三、P2P 网贷风险处置中面临的困难

（一）P2P 网贷机构底层风险状况掌握难

部分 P2P 网贷机构以刚性兑付为噱头招揽投资者，违规设立资金池，存在自融、承诺保本保息、虚构投资标的、内外勾结骗取资金等违法违规问题。风险企业资产通常具有底数不清、质量不高等问题，资产类型形式多样、处置难度较大。例如，“团贷网”案件资产涉及飞机、土地、上市公司股权等，案情复杂、涉及面广，公安机关投入了大量人力物力侦办案件和追赃挽损，侦查工作历时超 8 个月，最终将案件移交检察机关审查起诉。

（二）部分重点 P2P 网贷机构整顿出清难

P2P 网贷机构的借款人多数是“长尾”客户，相当比例客户多头借贷，造成部分机构资产端量大质低，风险隐患大。即便全部列入不良征信记录，回款预期仍处于较低水平。而良性退出资金主要来源于资产催收，借款人回款较慢或长期逾期不还将直接影响清退工作进展，部分网贷机构良性退出资金缺口较大，导致按期出清难度加大，个别机构已经出现大量信访投诉。

此外，受新冠肺炎疫情影响，个别P2P网贷机构资产无法正常处置变现，导致资金紧张、兑付延迟。例如，个别P2P网贷机构主要借款人为网约车司机，2020年春节期间网约车停运、客流量大幅下降导致收入锐减，兑付资金压力较大；部分借款企业受疫情影响无法正常经营，P2P网贷机构回款缓慢，资金缺口增大，良性退出难度加大。

（三）P2P网贷机构转型难

一是存量业务消化难。根据《关于网络借贷信息中介机构转型为小额贷款公司试点的指导意见》（以下简称83号文），P2P网贷机构需在转型期限内完成存量业务清零，转型期限原则上不超过1年；对于存量业务规模在50亿元以上且借款期限大部分在1年以上的网贷机构，转型期限原则上不超过2年，并且要求实控人、主要股东及其相关主体承诺对存量业务承担兜底风险。但目前绝大多数网贷机构并不具备这种实力。二是准入门槛高。83号文明确规定全国性小贷公司注册资本不低于10亿元，要求首期实缴资本不低于5亿元，同时要求小贷公司首期实缴资本还应同时满足不低于转型时网贷机构借贷余额的1/10，以及风险准备金等其他附加要求，转型难度大。三是业务发展存在局限性。一方面，无法享受金融机构的税收等相关优惠。另一方面，面对银行和消费金融公司业务下沉的冲击，生存空间收窄。据了解，一些省份目前符合转型小额贷款公司条件的P2P网贷机构仅有一两家，转型难度较大。

（四）已停业但退出未完成的P2P网贷机构处置难

随着P2P网贷专项整治工作的推进，在运营机构已经快速减少，已经停发新标但未完全退出的机构数量迅速增加，行业风险主要集聚在已停业机构上。截至2019年末，全国累计停业转型机构3340家，累计问题机构2923家。但实际上P2P网贷机构停发新标，仅仅是退出流程的开始，后续资产摸查清收、处置变现、分配兑付等工作，专业性强且耗时费力。已停业机构普遍存在资产质量差、催收变现难、兑付清偿率低、维稳压力大等问题。

（五）P2P网贷的法律法规适用和审理难

当前P2P等领域非法金融活动较为活跃，《非法金融机构和非法金融业务活动取缔办法》（国务院令247号）的历史局限性凸显，已不适合当前的形势要求，需要及时进行修订。受现行法律规定影响，已刑事立案的案件中，大量债务追索等正常民事案件被各地各级法院暂停审理。债务人以各种原因逾期或逃废债，公安机关尚无法定职权追索债务，造成资金回款困难。对于涉及非法集资的P2P网贷机构，一般情形下，刑法对于非法集资、非法经营罪的刑罚均不超过十年有期徒刑及处五十万元或违法所得五倍以下罚金，不足以形成震慑。

四、下一步推进P2P网贷风险处置的工作建议

（一）强化P2P网贷机构风险处置的监管协调

一是加强风险处置工作成员单位之间的协调配合，增强工作合力，摸清机构风险底数，共

同研究风险处置方案。二是坚决贯彻“以退出为主要方向”的整治思路，督促机构有序退出，尽早完成风险基本出清的目标。三是压实 P2P 网贷机构主体责任，落实监管部门监管责任，共同推动转型退出工作。四是对于已停业但清退未完成的机构，要继续按照“一企一策一专班一预案”部署，持续推进风险化解。

（二）推动符合条件的 P2P 网贷机构顺利转型

一是对于部分资本实力强、具备一定金融科技基础及良好内控能力的机构，争取国家层面支持，推动转型为小贷公司或消费金融公司。二是对于拟转型的头部机构，细化转型工作方案和工作预案，做好各项转型准备工作。三是做好各项政策衔接，力争实现平稳转型，严防多种政策叠加引发风险暴露。

（三）提高 P2P 网贷机构资产处置效率

一是进一步完善退出管理机制，建立公平、高效、有序的市场化退出机制，切实保护投资者合法权益。二是加大力度打击恶意逃废债，充分发挥人民银行征信系统和百行征信的联合失信惩戒作用，广泛宣传，形成震慑，提高追赃挽损率。三是在资产处置过程中，有效区分确因疫情影响暂时未能还款和恶意逃废债的行为，分类对待，精准施策。四是探索发挥地方资产管理公司等专业清收公司作用，创新方式方法处置资产，推动易贬损资产加快处置。

（四）维护 P2P 网贷机构投资者合法权益

一是整治网络借贷营销宣传乱象，加大对失信惩戒措施的报道。通过“金融消费者权益日”等开展宣传活动，提高金融消费者对违法违规互联网金融广告的甄别能力。二是强化投资者教育，尤其是加强风险自担教育，坚决打破刚性兑付预期。三是密切关注舆情动态，加强信息收集和形势研判，进一步畅通投资人诉求回应机制，主动回应投资人合理诉求，依法公开案件进展。

（五）营造有利于 P2P 网贷健康发展的法律环境

一是建议尽快修订《非法金融机构和非法金融业务活动取缔办法》，明确法律依据，规范调查取证、事实认定、移交打击权责，明确非法网站、移动应用程序关停下架工作程序，明确金融服务机构的配合责任等。二是尽快出台有关司法解释，对正常债务追索的民事案件予以正常审理，助力风险化解。三是加大刑法等法律法规中涉及非法集资、非法经营行为等违规金融活动的处罚力度，确保形成震慑作用。

资料来源：中国人民银行广州分行。

专题七　中部地区地方政府融资平台风险分析

地方政府融资平台贷款作为弥补地方政府资金短缺的一种融资模式，一定程度上缓解了地方政府融资短缺状况，助推了当地经济发展。近年来中部地区地方政府融资平台为推动当地经济平稳健康发展发挥了重要作用，但在经历快速发展后，也出现了一些问题和风险，需要重点关注。

一、基本情况

（一）省市县平台贷款全覆盖

2019 年末，中部地区融资平台贷款余额 31178.45 亿元，同比增长 31.82%，全年增加 7525.7 亿元。其中省级、地市级、县级平台贷款余额分别为 10426.55 亿元、12941.22 亿元、7810.68 亿元，同比分别增长 63.79%、20.45%、19.38%。从占比看，各级融资平台占比存在一定差异。省级、地市级、县级平台贷款余额分别占全部融资平台贷款余额的 33.44%、41.51%、25.05%，省级平台贷款余额同比上升 6.53 个百分点，地市级和县级平台贷款余额同比分别下降 3.92 个和 2.61 个百分点。

（二）抵质押贷款和现金流良好平台贷款较多

中部地区公司类平台贷款以抵押贷款为主。从贷款方式上看，除湖南外，2019 年末，其他五省抵质押贷款余额 8077.58 亿元，占同期五省平台贷款总额的 67.68%。信用贷款和保证贷款分别占 23.08% 和 9.24%。各省现金流良好的平台贷款相对较多，2019 年末，湖南、山西和江西三省现金流良好平台贷款余额总计为 14356.63 亿元，同比增长 14.98%，为同期现金流一般或欠佳的平台贷款余额的 1.78 倍。

（三）平台贷款以长期贷款为主

新增贷款主要投向五年以上项目贷款，主要用于折迁、旧城改造、保障性住房和农村基础设施。2019 年末，除江西外，其他五省 1 年以内（含 1 年）、1 ~ 3 年（含 3 年）、3 ~ 5 年（含 5 年）以及 5 年以上平台贷款余额分别为 787.25 亿元、2250.88 亿元、3116.6 亿元和 21537.7 亿元，5 年以上贷款占比达 77.77%，占据主要份额。

二、风险分析

（一）整体资产质量未见好转

2019 年末，中部地区融资平台不良贷款余额 8.69 亿元，同比增加 2.25 亿元，增幅

34.94%；不良贷款率0.03%，同比上升0.01个百分点。分省份看，江西省、安徽省不良贷款实现清零，河南省、湖南省同比分别增加1.88亿元、3.15亿元。从结构看，可疑类贷款余额6.28亿元，占全部不良贷款余额的72.27%，占比最高；次级类贷款、损失类贷款余额分别为1.9亿元、0.51亿元，占全部不良贷款余额的比重分别为21.86%、5.87%。

（二）少数平台公司存在流动性风险

在市场乱象整治不断推进、资管新规政策实施和地方财政监管加强的背景下，地方政府举债渠道持续收紧，融资平台存量风险处置以及融资接续挑战加大。部分市县财政收入增幅明显放缓，债券以及非标融资后续难以为继，少数平台公司可能存在短期流动性风险。

（三）部分平台公司市场化转型存在困难

当前平台公司多为地方政府全资控股企业，经营决策仍受制于行政约束，财务独立运转能力不足。一些平台公司盈利水平和资产流动性欠佳，仍需财政支持。少数平台公司债务包袱重，存量债务多且债务结构不合理，制约转型进度与前景。另外部分平台公司转型过程中债务化解压力大，资产以土地为主，预期化债资金来源主要靠出让土地，而土地出让受制于手续不全、出让指标时序控制等因素，出让收入难有大突破，化债压力较大。

三、政策建议

（一）控制融资平台债务规模，建立多元化融资渠道

一是加强对融资平台债务总量的控制和管理，以收定支，避免债务膨胀，特别是遏制长期债务过度膨胀。二是严控政府性债务增长，特别是严控关注类债务增加。进一步严格落实地方政府融资制度，坚决遏制违法违规举债融资，规范地方政府融资行为，形成风险自担、责任自负的约束机制。三是构建融资平台的多元化资金来源体系，多措并举，确保资金来源稳定。在传统的银行间接融资之外，大力发展资本市场直接融资方式。

（二）进一步完善平台公司治理，明确平台公司定位

一是引导平台公司通过社会资本引入、高级管理人员社会化招聘等方式，进一步完善股权结构和公司治理。鼓励平台公司与其他行业国企通过资产重组、并购等方式，进行多元化经营转型。二是明确平台公司自身战略定位，坚守主业，规范资本运作，建立集中管控、分级审批、预算管理、阳光公开的预算管理制度，结合平台实际对投资方向、投资数额限定等进行明确规定，严格实行预算管理。

（三）加强融资平台管理，严格识别管控风险

一是规范融资平台信贷管理，严格履行审批程序，完善平台内部各项工作流程，实现业务流程规范化、经营决策科学化。审慎评估借款人财务和还款能力，切实加强风险识别和管控。

加强关注类债务还款来源管理，依照约定履约，严防逃废债务行为。二是加强对融资平台项目管理、融资管理和担保管理。建立地方政府融资平台贷款统计报告和信息公开制度，定期收集统计相关信息，对地方政府债务进行信息公开。支持地方政府合法合规举债融资。加强地方政府债务审计监督，有效控制地方债务规模，防范风险。三是明确化解途径，推进平台存量债务分类偿还。制订化解平台公司债务中长期规划，通过债务重组、债务置换、存量项目转化 PPP 模式等方式缓解偿付压力。指导平台公司将具有稳定现金流的债务合规转化为企业经营性债务，缓释短期偿付压力。

资料来源：中国人民银行南昌中心支行。

中国各地区
金融稳定报告摘要
（2020）

北京市金融稳定报告摘要

2019年，北京市积极主动应对“稳中有变”的发展形势，坚持“稳中求进”工作总基调，经济高质量发展迈出坚实步伐，经济布局加速优化，产业发展更加聚焦，质量效益稳步提升。金融业继续保持稳健运行，银行业金融机构存贷款余额保持平稳较快增长，支持实体经济力度持续增强，信用风险整体可控；在京法人证券公司资本实力增强，基金公司管理基金资产净值提高；保险业保费收入稳步增长，业务结构持续改善，社会服务功能进一步增强。

一、北京市经济运行情况[①]

2019年，面对国内外风险挑战上升的复杂局面，北京市经济运行总体平稳，发展质量稳步提升。重点领域投资较快增长，消费市场增势良好，进出口规模继续扩大，房地产市场保持平稳发展，消费价格温和上涨，调查失业率低位运行。

（一）经济运行保持在合理区间，产业发展更加聚焦

2019年，北京市实现地区生产总值35371.3亿元，按可比价格计算，比上年增长6.1%。分产业看，第一产业实现增加值113.7亿元，同比下降2.5%；第二产业实现增加值5715.1亿元，同比增长4.5%；第三产业实现增加值29542.5亿元，同比增长6.4%。全年，北京市实现林业产值115.6亿元，同比增长21.6%，占农林渔业总产值的41.0%，农业生态功能进一步增强。规模以上工业中，高技术制造业、战略性新兴产业[②]增加值按可比价格计算，分别增长9.3%和5.5%，高于规模以上工业平均水平6.2个和2.4个百分点，发挥了重要引领作用。第三产业发挥“压舱石”作用，对经济增长的贡献率达到87.8%；其中，金融、信息服务、科技服务等优势行业持续发挥带动作用。

（二）全社会固定资产投资下降，重点领域投资较快增长

2019年，北京市固定资产投资（不含农户）比上年下降2.4%。分产业看，第一产业投资增长20.6%，第二产业投资下降9.0%，第三产业投资下降2.3%。其中，房地产开发投资比上年下降0.9%。2019年，反映实体工作量的建筑安装工程投资增长5.9%，投资有效性不断增强；重点行业、民生领域投资增势较好，租赁和商务服务业，文化、体育和娱乐业，卫生和社会工作，科学研究和技术服务业投资分别增长1.6倍、77.0%、49.0%和27.0%。

① 本部分数据来源于北京市统计局。

② 高技术制造业、战略性新兴产业有交叉。

（三）消费市场增势良好，网上零售表现活跃

2019 年，北京市实现市场总消费额 27318.9 亿元，比上年增长 7.5%。从内部结构看，实现服务性消费额 15048.8 亿元，增长 10.2%，对总消费额增长的贡献率达 72.7%；实现社会消费品零售总额 12270.1 亿元，增长 4.4%。其中，限额以上批发和零售业企业实现网上零售额 3366.3 亿元，较上年增长 23.6%；占零售总额的 27.4%，比上年提高 5 个百分点。从商品类别看，限额以上批发和零售业企业实现日用品类、家用电器和音像器材类、通讯器材类商品零售额分别增长 25.7%、21.5% 和 9.6%。

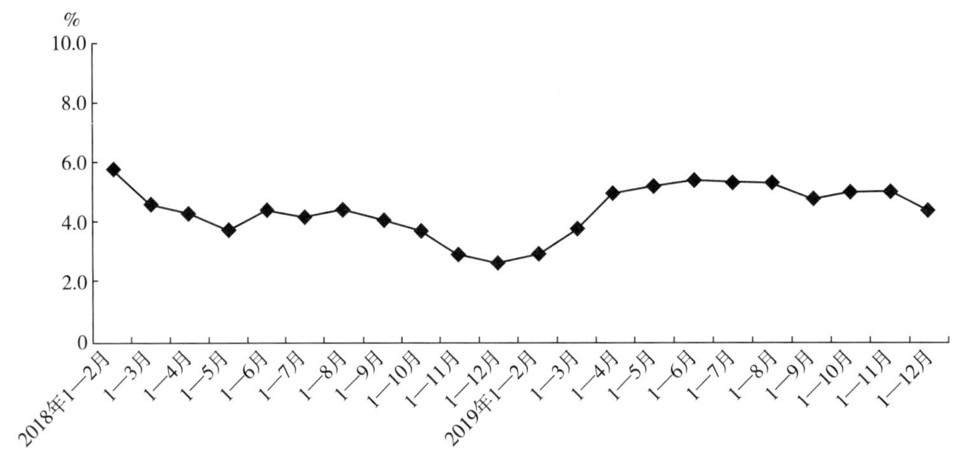

图 1　北京市社会消费品零售总额累计增速

（四）进出口规模继续扩大，实际利用外资规模下降

2019 年，北京地区进出口总值 28663.5 亿元，比上年增长 5.4%。其中，出口 5167.8 亿元，增长 6.1%；进口 23495.7 亿元，增长 5.3%。全年吸收合同外资 259.7 亿美元，比上年下降 38.0%。实际利用外资 142.1 亿美元，下降 17.9%；其中，信息传输、软件和信息技术服务业占 37.6%，科学研究和技术服务业占 25.9%，金融业占 11.4%。

（五）新建商品住房和二手房价格符合预期，房地产市场保持平稳发展

2019 年，北京市商品房销售面积 938.9 万平方米，同比增长 34.9%。其中，住宅销售面积 789.0 万平方米，增长 49.8%；办公楼、商业营业用房销售面积分别下降 29.6% 和 6.3%。同年 12 月，北京市新建商品住房销售价格同比上涨 4.8%，二手房销售价格同比下降 0.5%。全市房地产开发企业到位资金为 5672.5 亿元，同比下降 0.9%。其中，国内贷款为 1346.2 亿元，下降 18.8%；自筹资金为 1205.0 亿元，下降 21.5%；定金及预收款为 2516.7 亿元，增长 22.8%。

（六）消费价格温和上涨，工业生产价格总体平稳

2019 年，北京市居民消费价格比上年上涨 2.3%。其中，食品价格上涨 6.2%，非食品价格上涨 1.6%；消费品价格上涨 2.2%；服务价格上涨 2.5%。2019 年，农产品生产者价格比上年上涨 9.9%；工业生产者出厂价格下降 0.4%，工业生产者购进价格下降 0.4%；固定资产投资价格上涨 2.1%。

（七）居民收入稳步增加，调查失业率低位运行

2019年，北京市居民人均可支配收入67756元，比上年增长8.7%，扣除价格因素，实际增长6.3%。四项收入“三升一平”：工资性收入增长9.4%，转移性收入增长9.5%，财产性收入增长6.1%，经营性收入与上年持平。就业形势稳定，北京市城镇调查失业率保持在4.5%以内的较低水平，第四季度为4.0%。

二、北京市金融业运行状况

（一）银行业

2019年，北京市辖内银行业金融机构整体平稳运行，金融支持实体经济的力度持续增强，各项存贷款余额稳步增长，信贷结构持续优化，不良贷款率低于全国平均水平，信用风险整体可控。法人银行总体经营稳健，非银行金融机构资产负债规模平稳增长。

1. 资产负债规模增速稳健，存贷款占比持续回升

截至2019年末，北京市辖内银行业金融机构资产总额26.3万亿元，同比增长8.6%；负债总额25.0万亿元，同比增长8.7%。其中，各项存款占负债的74.2%，占比连续四年回升，且为2011年以来同期最高值；各项贷款占资产的39.3%，占比连续三年回升，且为2012年以来同期最高值。

2. 金融支持实体经济力度持续增强，信贷结构持续优化

截至2019年末，北京市辖内银行业本外币各项贷款[①]余额7.7万亿元，同比增长9.1%，增速比上年同期低2.6个百分点。其中，人民币贷款余额7.4万亿元，同比增长10.2%；外币贷款余额473亿美元，同比下降12.7%。从主体看，非金融企业及机关团体贷款保持较高增速，2019年末贷款余额5.5万亿元，同比增长11.0%，增加额占全部贷款增加额的88.6%，较上年同期高5.3个百分点。住户贷款增速平稳，贷款余额1.9万亿元，同比增长6.2%，增速较上年同期下降2.2个百分点。

对重点领域和薄弱环节的信贷支持力度继续增强。截至2019年末，小微企业贷款同比增长13.6%，高于各项贷款平均增速4.3个百分点；高新技术产业贷款同比增长19.8%；战略性新兴产业贷款同比增长15.7%；文化创意产业贷款同比增长8.9%。房地产贷款增速继续回落。截至2019年末，北京辖内银行业（含外资）人民币房地产贷款余额1.8万亿元，同比增长4.5%，增速同比下降1.5个百分点，低于各项贷款同期增速4.6个百分点。

3. 各项存款余额稳步增长，住户存款增速提升

截至2019年末，北京辖内银行业金融机构本外币各项存款余额17.1万亿元，同比增长8.9%，增速同比下降0.4个百分点。其中，人民币各项存款余额16.4万亿元，同比增长9.3%，与上年同期基本持平；外币存款余额962.2亿美元，同比下降0.9%，上年同期为增长4.3%。

按主体划分，住户存款保持近五年同期最高增速，全年人民币住户存款余额增加4762.8亿元，同比增长14.8%，比上年同期高2.6个百分点。此外，全年人民币非金融企业存款增速较上年同期

---

① 存款、贷款数据来源于中国人民银行营业管理部调查统计数据，其他数据均来源于北京银保监局。

大幅提升，余额同比增长6.8%；人民币非银行金融机构存款保持较高增速，余额同比增长14.4%；人民币机关团体存款余额同比增长5.5%；人民币财政性存款余额，同比下降6.5%。

4. 表外业务增速略有回升，部分影子银行特征业务降幅明显

截至2019年末，北京市辖内银行业金融机构剔除托管资产后的表外业务余额10.6万亿元，同比增长7.7%，增速同比提高2.6个百分点。其中，承诺类业务增长较快，余额同比增长18.2%；而委托贷款（不含现金管理和公积金项下）、委托投资和金融机构委托投资余额分别同比下降12.2%、11.2%和25.1%。

5. 银行业金融机构不良贷款率上升，但仍处于较低水平

截至2019年末，北京辖内银行业金融机构不良贷款余额564.0亿元，同比增长76.8%；不良贷款率0.55%，较上年同期上升0.21个百分点，不良贷款率保持远低于全国平均水平。不良贷款余额前五大行业分别是批发和零售业、制造业、租赁和商务服务业、房地产业和个人贷款。

6. 法人银行规模稳步增长，各项指标保持良好

截至2019年末，北京辖内法人银行资产负债余额分别为4.00万亿元和3.68万亿元，同比分别增长6.3%和6.2%。存款和贷款余额分别为2.39万亿元和1.86万亿元，同比分别增长9.0%和12.6%。全年实现利润307.07亿元，较上年增加10.57亿元。不良贷款余额同比增长19.3%，不良贷款率1.3%，同比上升0.1个百分点。拨备覆盖率252.81%，同比下降16.04个百分点。流动性比例65.09%，同比上升3.84个百分点，整体流动性较好。

7. 非银行金融机构平稳增长，不良贷款率保持较低水平

截至2019年末，北京辖内非银行金融机构资产和负债余额分别为4.50万亿元和3.76万亿元，同比分别增长10.0%和9.8%；全年实现利润669.93亿元，较上年增长7.8%；不良贷款余额合计57.73亿元，同比增长23.4%，不良贷款率0.25%，同比上升0.02个百分点。

（二）证券业

2019年，证券期货行业总体经营稳健。在京法人证券公司资本实力增强，基金公司管理基金资产净值提高，期货公司规模上升明显，新三板挂牌公司数量继续减少。

1. 法人证券公司资本实力增强，各项监管指标良好

截至2019年末，北京辖区18家法人证券公司资产总额10312.92亿元，同比增长3.1%；净资本2458.28亿元，同比增长7.1%。平均流动性覆盖率323.43%，净稳定资金比率145.12%，风险覆盖率255.35%，资本杠杆率21.30%。2019年累计实现净利润139.64亿元，较上年增长51.2%。

2. 基金公司管理基金净值略有下降，新发基金募集额增长

截至2019年末，总部设在北京辖区的基金管理公司共34家，较上年增加2家，其中法人基金管理公司19家，与上年持平。法人基金公司共管理基金809只，同比增长13.6%；管理基金年末资产净值1.96万亿元，同比下降1.1%。2019年，辖区法人基金管理公司新发基金144只，与上年持平；新发基金首次募集金额1667.77亿元，较上年增长21.9%。

3. 期货公司规模略有增长，期货代理交易额大幅上升

截至2019年末，北京共有法人期货公司19家，与上年持平；期货分支机构112家，同比增加4家。期货公司资产总额782亿元，同比上升16.7%；净资本153亿元，同比增长18.2%。全年期货代理交易额59.13万亿元，较上年增长32.8%；利润总额10.96亿元，较上年增长8.7%。

4. 上市公司数量增加，股权融资规模明显增长

截至2019年末，北京辖区共有上市公司334家，同比增加18家。其中，主板公司173家、中小板公司54家、创业板公司107家。上市公司总市值13.93万亿元，同比增长20.2%。2019年，上市公司累计股权融资3860.70亿元，较上年增长42.9%。其中，IPO共28家，共计募集资金686.67亿元；定向增发融资27家，共计募集资金924.03亿元；发行优先股上市融资4家，共计募集资金2250.00亿元。

5. 新三板挂牌公司数量减少，融资量显著下降

截至2019年末，北京市共有新三板挂牌公司1190家，同比下降17.4%，占全国总数的13.3%；总股本992.68亿股，占全国新三板挂牌公司总数的17.7%；总市值5283.67亿元，占全国的18.0%；平均市盈率22.91倍，平均市净率2.14倍。创新层挂牌公司有98家，占全国的14.7%。2019年，北京辖区挂牌公司定向增发79次，共计募集资金40.99亿元，同比下降50.6%。

（三）保险业

2019年，北京地区保险业①实现原保险保费收入（以下简称“保费收入”）2076.5亿元，较上年增长15.8%；累计赔付支出718.95亿元，较上年增长14.2%；保险深度5.87%，较上年提高0.45个百分点；保险密度9640.44元/人，较上年提高16.25%。截至2019年末，在京注册的法人人身险公司31家，法人财产险公司14家，保险分公司112家，保险销售从业人员② 17.96万人。

1. 财产险公司保费收入稳步增长，承保利润由正转负

2019年，北京地区财产险公司实现保费收入512.4亿元，较上年增长11.7%。其中，车险业务实现保费收入268.25亿元，较上年减少1.4%；非车险业务实现保费收入244.16亿元，较上年增长30.7%。财产险公司累计赔付支出289.06亿元，较上年增长11.5%；累计承保亏损1.13亿元，较上年减少7.8亿元。主要监管指标方面，综合赔付率64.73%，同比上升6.74个百分点；综合费用率35.57%，同比下降4.71个百分点。

2. 人身险公司保费收入恢复稳步增长，业务结构持续改善

2019年，北京地区人身险公司实现保费收入1564亿元，较上年增长17.2%；非保险合同业务本年新增交费③ 1046.3亿元，较上年增长22.6%。人身险公司赔付支出429.89亿元，较上年增长16.1%。人身险新单期交率50.8%，较上年提高3个百分点；长期健康险业务占比17.4%，较上年提高0.3个百分点；退保率5.55%，较上年下降1.61个百分点。

3. 保险业创新社会服务形式，保障支持功能进一步增强

2019年，北京启动农业保险承保全流程电子化改革试点，累计提供风险保障67.3亿元。力推工程质量潜在缺陷保险、关税保证保险等险种，累计提供风险保障118.3亿元。在全国首推车险“互碰快赔”机制，减少事故车辆占路时长，缓解首都交通拥堵。启动保险业支持养老、家政、托幼等社区家庭服务试点，石景山区长期护理保险试点已覆盖30万人群，保险业参与的老年人意外险、失

---

① 数据来源于北京银保监局。

② 根据自2013年7月1日起实施的《保险销售从业人员监管办法》规定，“保险销售从业人员”是指为保险公司销售保险产品的人员，包括保险公司的保险销售人员和保险代理机构的保险销售人员。其中，原“保险营销员”对应现在的“人身险公司代理制保险销售从业人员”。

③ “非保险合同新增交费”是指人身险公司保户投资款新增交费和投连险独立账户新增交费。其中，人身险公司保户投资款包括寿险保户投资款、健康险保户投资款和意外险保户投资款。

独家庭保障等政府保险合作项目服务约 231 万人次。2019 年，北京地区保险机构以债权投资计划形式投资北京市重点项目 1937.8 亿元。

4. 法人保险公司偿付能力充足，超半数机构高于 200%

截至 2019 年末，辖内 45 家法人保险公司中，43 家法人保险公司综合偿付能力充足率均满足 100% 的监管要求。其中，综合偿付能力充足率大于 150% 的保险公司有 37 家，占全部法人保险公司的 82.22%；综合偿付能力充足率大于 200% 的保险公司有 26 家，占全部法人保险公司的 57.78%。

（四）金融基础设施

1. 支付清算系统服务水平持续提高，市场乱象整治工作成效显著

2019 年，完成取消企业银行账户许可工作，企业银行账户开立平均时间缩短至 1 天；全面推广电子营业执照在开户环节的应用，向社保、公积金、税务等部门共享新设企业账号信息；大力推进移动支付便民示范工程，3 万余辆公交车实现联网通用移动支付全覆盖，累计消除金融空白村 1917 个；成功上线 ACS 一键式灾备系统并完成首次应急演练，保障社会资金清算安全高效。开展支付机构违规行为整治行动取得阶段性成果。

2. 实现动产担保统一登记，征信服务便民水平进一步提升

启动北京动产担保统一登记系统试点工作，有效盘活民营、小微企业动产资源；组织征信机构与金融机构开展需求对接，制作《北京征信支持民营和小微企业融资联盟案例》，便利民营、小微企业融资；开创“网银查询”和“自助查询”相结合的全天候、全程电子化企业征信查询服务新模式，实现对北京地区 70 万家企业的在线征信服务。

3. 充分发挥反洗钱职能优势，深化重点风险领域调查分析

人民银行营业管理部与各金融监管部门签署《反洗钱监管合作备忘录》，上线运营非现场监管系统，提升反洗钱监管能力。试点开展房地产机构可疑交易报告工作，启动针对 P2P 等高风险领域的反洗钱分析调查机制，协助北京市纪监委、公安局等部门破获多起专案。

4. 消费者权益保护力度加大，金融知识普及力度增强

建立金融消费者权益保护监管协调和金融广告治理协作机制，从源头上防范不合规金融活动向社会公众传播。成立北京市金融消费纠纷人民调解委员会和金融业公共法律服务中心，“12363”金融消费权益保护咨询投诉电话运行平稳，妥善处理金融消费者投诉 1500 余件。组织金融知识纳入国民教育体系研讨会，组织辖内金融机构开展“金融消费者权益日”、“普及金融知识、守住‘钱袋子’”、“金融知识普及月”宣传活动，着力提升辖区内金融消费者金融素养。

（五）需要关注的问题

1. 银行业金融机构信贷资产质量有所劣化，盈利水平下降等值得关注

2019 年受经济下行压力加大等因素影响，北京辖内银行业金融机构信贷资产质量下降，盈利水平不及往年。截至 2019 年末，辖内银行业金融机构不良贷款余额同比增长 76.8%，不良贷款率同比上升 0.21 个百分点。2019 年，银行业金融机构累计实现利润 2585.8 亿元，同比下降 4.9%，增速较上年下降 10.0 个百分点，是近 10 年首次出现负增长。

2. 股票质押风险仍未根本缓解，债券违约风险需高度关注

截至 2019 年末，北京辖区共有 42 家上市公司第一大股东股票质押比例超过 80%，质押股数共

计 175.84 亿股，融资金额合计 783.52 亿元，股票质押风险依然需要持续关注。在新冠肺炎疫情冲击叠加经济下行压力下，部分企业资金链断裂、债券违约风险可能进一步上升。

3. 寿险公司满期给付、低利率环境下资金配置问题值得关注，财产险公司内控管理仍存在薄弱环节

预计未来三年辖内寿险公司满期给付金仍将逐步攀升，由收益率较低引起的投诉问题、局部现金流风险需持续关注。随着寿险行业逐步回归本源，负债端现金流期限有拉长趋势，利率下行环境下，寿险公司面临较大的利差损风险。部分财产险公司存在泄露客户信息、骗保、拖延赔付等问题；在车险销售过程中，财产险公司普遍存在不同形式的保费返还、变相突破报批费率标准的问题；产品同质化导致财产险行业承保利润为负。

4. 非正规金融机构、非法金融活动及互联网金融风险不容忽视

截至 2019 年末，北京市进入行政核查且在营 P2P 机构数量、业务规模、出借人数同比均大幅压降，但在营网贷机构业务量在全国的占比依然较大；大部分平台将陆续退出，部分平台清偿比例较低，退出过程中易引发投资者集体维权，面临较大维稳压力。此外，非法集资案件形势依然严峻，涉及网贷平台的非法集资数量占比多，风险的传染性和隐蔽性较强，防范和化解风险的任务仍然较重。

5. 房地产稳预期目标尚需巩固，房地产市场金融风险需高度关注

2019 年，北京市房地产市场整体稳定，但各地房地产调控政策变化对市场预期形成一定影响。房地产市场金融风险需高度关注，北京市房地产贷款余额占全部贷款余额的 23.6%，居行业前列；部分房地产企业资金链紧张，市场融资压力加大，个别房企在京银行贷款出现信用风险。

三、政策建议

（一）稳步推进经济结构调整，在高质量发展中防范化解金融风险

加大对受新冠肺炎疫情影响较大行业及重点企业的政策支持力度，降低疫情对经济发展的冲击。以城市副中心建设、京津冀协同发展、冬奥会、“一带一路”等为契机，优化微观主体营商环境，提高金融服务便利化，推进服务业扩大开放，促进经济结构稳步调整和高质量发展，在推动高质量发展中防范化解金融风险。

（二）强化风险监测、评估与应对，密切监测辖区重点领域风险

运用科技手段提高风险监测、预警能力，密切监测新冠肺炎疫情对实体经济、金融机构和区域金融稳定的影响。提高风险敏感度，根据风险形势对辖区主要风险进行总结梳理，持续密切监测相关风险动态。

（三）化解处置重点领域风险，打好防范化解金融风险的决胜战

根据中央及总行工作部署，对各类金融风险分类施策、精准拆弹。加大对非法金融机构、非法金融活动及互联网金融的清理整治力度，有序处置重点领域风险，为首都经济高质量发展创造良好金融环境。把握好工作力度和节奏，避免形成处置风险的风险。

（四）探索构建金融风险防范长效机制，切实维护首都金融稳定

进一步健全金融委办公室地方协调机制，加强中央和地方在金融监管、风险处置、信息共享和消费者权益保护等方面的协作，更好地服务实体经济、防范金融风险、深化金融改革。

中国人民银行营业管理部金融稳定分析小组

组　　长：杨伟中
副 组 长：贺同宝
成　　员：周军明　王远志　余　剑　周　丹　韩　芸　张涵宇
　　　　　赵　清　秦　宇

《北京市金融稳定报告（2020）》编写组

总　　纂：贺同宝
统　　稿：周军明　肖　炜　刘文权
执　　笔：张　萍　张素敏　郑　珩　李艳丽　赵伟欣　张　岩
　　　　　郑　齐
参与写作人员：盖　静　赵　睿　王　艳　王　京

天津市金融稳定报告摘要

2019年，天津市坚持“稳中求进”工作总基调，贯彻新发展理念，聚焦高质量发展，经济整体保持平稳运行。金融服务实体经济水平持续提升，防范化解重大金融风险取得阶段性成果，金融市场稳健运行，金融风险总体可控，但经济金融运行中出现的一些新情况和新问题仍需关注。

一、经济运行情况

（一）经济整体保持平稳运行

2019年，天津市实现地区生产总值14104.3亿元，按可比价格计算，同比增长4.8%，增速较上年加快1.2个百分点。其中，第一产业增加值185.2亿元，增长0.2%；第二产业增加值4969.2亿元，增长3.2%；第三产业增加值8949.9亿元，增长5.9%。

1. 产业结构持续优化

现代都市型农业加快发展。全市建成26万亩高标准农田，培育国家级龙头企业17家，创建畜禽养殖标准化示范区30个、优质高效渔业养殖生产基地50个。工业转型升级稳步推进，全市规模以上工业增加值增长3.4%，较上年加快1.0个百分点。新能源汽车、工业机器人、服务机器人等新产品产量分别增长56.7倍、40.0%和85.8%。现代服务业发展良好，服务业增加值占全市生产总值的比重为63.5%，较上年提高1.0个百分点；其中交通运输、仓储和邮政业增加值增长6.8%，电信业务总量增长62.4%。云账户共享、今日头条、滴滴出行等新型企业蓬勃发展，国家租赁创新示范区初步建设，租赁2.0版创新政策加速落地。

2. 供给侧结构性改革不断深化

工业新动能持续发展壮大，全年规模以上工业中战略性新兴产业增加值同比增长3.8%，快于全市工业0.4个百分点。科技创新成效显著，新一代超级计算机、国家合成生物技术创新中心等国家级创新平台落户，海之星智能水下检测机器人填补国内空白，万人发明专利拥有量22.3件，综合科技创新水平位居全国前列。生态环境显著改善，地表水优良水体比例达到50%，提高10个百分点，生态保护修复持续推进，升级保护875平方公里湿地自然保护区。

3. 财政收支恢复增长

全年全市一般公共预算收入2410.3亿元，增长14.4%，较上年提高23.2个百分点。其中非税收收入增长61.2%，是拉动增长的主要动力。在减税背景下，全年税收收入增长0.6%。受一般公共预算收入增速转负为正带动，一般公共预算支出3508.7亿元，增长13.0%，较上年提高18.4个百分点。其中，节能环保支出242.2亿元，增长264.5%；城乡社区支出751.2亿元，增长34.0%。

4. 民计民生进一步改善

就业收入稳步增长，全年全市新增就业50.2万人，同比增长2.4%，城镇登记失业率控制在3.5%。居民人均可支配收入42404元，增长7.3%，较上年提高0.6个百分点。其中，城镇居民人均可支配收入46119元，增长7.3%；农村居民人均可支配收入24804元，增长7.5%。居民人均消费支出31854元，增长6.5%。其中，服务性消费支出、教育文化娱乐支出、医疗保健支出分别增长13.2%、12.5%和11.8%。民生保障不断增强，全面完成20项民心工程。

（二）经济运行中需要关注的问题

1. “三驾马车”拉动力减弱

投资推动力后劲不足，全年全市固定资产投资（不含农户）同比增长13.9%，实现增速由负转正，但新开工项目个数减少，同比下降12.9%。消费市场增长乏力，全年全市社会消费品零售总额同比下降0.3%。17种限上商品中，只有3种商品零售总额实现正增长。外贸出口增速转负，受中美贸易摩擦等因素影响，天津全年出口总额3017.8亿元，下降5.9%，增速同比下降14.5个百分点。

2. 新经济支撑力较弱

当前，天津仍处于新旧动能转换的空档期，新经济发展面临增速不够快、占比小等问题，难以弥补传统经济拉动力下降的空白。全年高技术产业（制造业）增加值同比增长3.1%，低于全市工业增速0.3个百分点；高技术产业（制造业）重点产业营业收入下降6.2%。

3. 民营企业活跃度不足

天津民营经济占比较低，企业规模偏小，行业偏旧，整体发展水平与发达地区相比存在一定的差距，导致经济可持续增长的韧性和后劲不足。全年民间投资增长3.5%，低于全市固定资产投资（不含农户）增速10.4个百分点；占全市投资的41.1%，同比下降4.1个百分点。民营企业规模以上工业增加值增长1.3%，同比下降1.3个百分点，分别低于全市和国有企业2.1个和2.6个百分点。

二、金融运行情况

（一）金融业运行情况

1. 银行业风险总体可控

2019年全市存款呈恢复性增长，贷款增速小幅回落，资产负债扩张速度较上年有所加快。年末银行业资产总额共计50972.73亿元，同比增长3.10%，增速较上年提高1.77个百分点；负债总额共计48640.99亿元，同比增长3.19%，增速较上年提高1.70个百分点。

2019年末，各项存款余额31788.78亿元，比年初增加795.83亿元，同比增加753.47亿元，其中住户存款增加1881.88亿元，是各项存款增加额的2.36倍；各项贷款余额36141.27亿元，比年初增加2026.11亿元，同比少增412.98亿元，其中住户贷款增加1577.73亿元，占各项贷款增加额的77.87%。

全年全市银行业实现计提资产减值损失前利润总额957.27亿元，同比增加52.66亿元。但由于计提资产减值损失897.25亿元，同比多计278.43亿元，导致全年亏损9亿元。

为化解存量信用风险，全市银行业加快推进风险类资产的转让与核销，不良贷款余额、不良贷款率实现“双降”。年末不良贷款余额882.33亿元，比年初减少56.80亿元；不良贷款率2.29%，比年初下降0.27个百分点。

2. 证券业平稳发展

2019年末，全市证券营业部资产总额172.40亿元，同比增长24.48%；客户交易结算资金余额144.89亿元，同比增长26.31%；指定与托管市值3273.32亿元，同比增长7.52%；资金账户总额350.04万户，同比增长6.53%。

2019年末，全市基金管理公司管理基金62只，同比增加17只；基金份额12791.02亿元，同比下降4.92%；基金净值12826.50亿元，同比下降4.43%。

2019年末，全市期货公司资产合计137.19亿元，同比增长45.98%；净资产总额24.5亿元，同比增长8.02%。全年代理交易额73718.78亿元，同比增长66.70%；代理交易量11937.01万手，同比增长71.49%。

2019年末，全市境内上市公司总股本790.85亿股，同比增长22.67%；总市值7208.4亿元，同比增长87.08%。全年上市公司A股融资规模179.98亿元，同比增长351.98%。年末，新三板挂牌公司162家，同比减少32家；拟上市公司21家，同比增加1家。

3. 保险业服务实体经济水平进一步提升

2019年末，全市共有6家法人保险公司，其中财产险公司2家、人身险公司4家；共有省级分公司69家，其中财产险公司28家、人身险公司41家。保险公司在天津分支机构资产总额1548.56亿元，同比增长10.38%。

全年全市保险业共实现保费收入617.89亿元，同比增长10.34%。车险保费收入占财产险公司保费收入比重为65.85%，同比下降3.19个百分点；非车险保费收入占比逐年上升。普通寿险实现保费收入149.45亿元，同比增长17.99%，占人身险公司保费收入比重为33.00%，同比上升1.96个百分点；分红寿险实现保费收入203.11亿元，同比增长1.70%，占人身险公司保费收入的44.85%，同比下降4.10个百分点。

2019年末，法人保险公司保险资金运用余额6536.96亿元，同比增长14.28%，比上年同期增加5.00个百分点。从资金运用结构来看，债券投资和金融产品依然是资金运用的主要方向。银行存款占比连续三年下降，股票投资和未上市公司股权投资占比上升明显。2家法人保险公司偿付能力不足150%；受计提资产减值准备的影响，1家法人保险公司亏损较为严重。

（二）金融市场运行情况

1. 社会融资规模减少，表外融资大幅下降

2019年全市社会融资规模2866.37亿元，同比减少427.00亿元。从结构上看，一是表内贷款、企业直接融资占比上升，本外币各项贷款、企业直接融资占社会融资规模的比重分别为71.5%、34.3%，同比分别上升1.5个、10.7个百分点。二是政府债券融资增加较多，天津市地方政府发行一般债231.67亿元，同比多发42.32亿元；发行专项债940.03亿元，同比多发148.79亿元。三是表外融资减少1754.17亿元，同比多减699.00亿元。

2. 货币市场交易仍以短期为主，资金集中度有所上升

全年全市银行间同业拆借市场累计完成交易 33583.15 亿元，同比增长 15.70%；净融入资金 7560.19 亿元，同比下降 8.66%。债券回购交易累计成交 283368.23 亿元，同比下降 10.59%，其中质押式回购 282279.82 亿元，占全部回购交易的 99.62%。市场交易仍以短期为主，隔夜和 7 天拆借占全部拆借成交金额的 91.72%，7 天以内的投资品种占全部回购交易金额的 71.21%。资金集中度有所上升，拆借金额前三位金融机构占全市总量的 71.22%，同比上升 6.81 个百分点。

3. 银行间债券市场交易量大幅上升，市场收益率走低

全年全市现券买卖成交金额为 86942.07 亿元，是上年同期的 2.38 倍。其中，买入量为 44648.04 亿元，是上年同期的 2.08 倍；卖出量为 42294.03 亿元，是上年同期的 2.82 倍。政策性金融债、国债和同业存单是市场主要交易品种，合计占比达 94.53%。市场收益率呈下降趋势，现券买入收益率 3.18%、卖出收益率 3.17%，同比分别下降 0.61 个和 0.45 个百分点。

4. 票据市场银行承兑汇票业务、企业贴现业务、再贴现业务规模上升，买断式转贴现业务规模下降

2019 年末，全市银行承兑汇票余额 3245.52 亿元，同比增长 19.66%，年累计发生额 3560.01 亿元，同比增长 3.67%；企业贴现余额 577.12 亿元，同比增长 15.15%，年累计发生额 1701.42 亿元，同比下降 30.59%；再贴现余额 50.42 亿元，同比增长 71.33%，年累计发生额 102.13 亿元，同比增长 85.54%；买断式转贴现余额 854.41 亿元，同比下降 18.27%，年累计发生额 6461.08 亿元，同比下降 43.78%。

5. 跨境收支总量[①]、结售汇总量及逆差均较上年下降，继续呈现“经常逆差、资本顺差”的格局

全年全市跨境收支总量 1310.56 亿美元，同比下降 20.85%。其中跨境收入 595.91 亿美元，同比下降 10.05%；跨境支出 714.65 亿美元，同比下降 28.06%。跨境收支逆差 118.73 亿美元，同比收窄 64.12%。其中，经常项目逆差 165.81 亿美元，同比收窄 56.78%；资本项目顺差 47.08 亿美元，同比收窄 10.82%。全市结售汇总量 750.89 亿美元，同比下降 13.35%。其中结汇 335.51 亿美元，同比下降 10.04%；售汇 415.38 亿美元，同比下降 15.85%。结售汇逆差 79.87 亿美元，同比收窄 33.81%，逆差规模创 2015 年汇改以来新低。

（三）金融运行中需要关注的方面

1. 银行业风险持续暴露，部分法人机构风险隐患较大

受区域经济环境、国企债务风险等多重因素影响，全市银行业仍处于风险持续暴露阶段，关注类贷款仍然较高，资产质量进一步下行压力较大，房地产风险不容忽视，部分法人银行业金融机构流动性压力较大、风险抵补能力不足，个别机构非保本理财业务转型推进速度较慢。

2. 部分证券机构风险防控能力有待进一步提升，上市公司盈利能力有待提高

2019 年，部分证券机构风控指标有所下降，抵御风险的能力减弱；部分期货公司盈利能力水平下降；基金管理公司个别货币基金产品规模持续下降，对其流动性管理提出更高要求；部分上市公司盈利能力弱，54 家上市公司中，有 10 家公司出现亏损，13 家公司每股盈利低于 0.1 元，个别公司

---

① 数据来源于国际收支统计分析子系统。

因持续亏损面临退市风险。

3. 财产险公司持续发展能力不足，人身险公司渠道发展面临困境

近年来，全市财产险市场一险独大的局面虽略有改善，但企财险、保证保险、信用保险等非车险业务发展受到专业人才、基础数据积累等限制，风险识别和管控能力有待提高。人身险公司保费收入来源主要依靠个人代理和银邮代理渠道，但依靠这类交易方式，保险公司不仅对客户掌控力度不足，并且银邮代理渠道销售的多是理财型产品，内涵价值较低，对提升保险业务品质贡献不大。

三、打好防范化解重大金融风险攻坚战取得阶段性成果

天津市按照“稳定大局、统筹协调、分类施策、精准拆弹”的基本方针，坚持“稳中求进”工作总基调，坚持底线思维，压实各方责任，以依法合规手段处置风险，以结果导向化解风险，将防范化解重大金融风险攻坚战向纵深推进。

（一）天津市防风险实施方案落地

制订天津市打好防范化解重大金融风险攻坚战实施方案，切实将中央的要求与天津市实际结合起来，明确攻坚战时间表、路线图、责任人，为全市防范化解重大金融风险提供制度保障。压实金融机构的主体责任，克服顺周期思维，守住防范化解金融风险的第一道防线。压实地方政府属地风险处置责任和维稳第一责任，切实做到“守土有责，守土尽责”，积极担当、主动作为。压实金融监管部门监管责任，切实做到“管住人、看住钱、扎牢制度防火墙”。压实中国人民银行最后贷款人责任，发挥好最后一道防线作用。

（二）切实落实防范化解重大金融风险攻坚战各项要求

1. 认真开展风险大排查，有针对性地完善风险防控机制

对全市金融风险大排查大起底，全面摸清天津市金融风险底数，并根据风险变化情况，完善风险防范机制。制订天津市中小型金融机构流动性风险应对预案，提升流动性风险应对效率。制定防范化解地方政府隐性债务风险的具体措施，防范化解融资平台债务风险。

2. 加强风险监测、评估及处置力度，实现风险防控“全覆盖”

通过完善监测、评估评级、压力测试和现场检查核查等一系列举措，多维度掌握金融机构特别是中小银行机构的真实经营状况和风险水平，实现风险防控“全覆盖”。建立重点机构日报和周报制度，进一步提升流动性风险监测频度，及时发现流动性风险隐患；及时分类处理重大事项报告，充分发挥重大事项报告制度功能；建立大型有问题企业风险排查机制，防范企业债务风险向区域金融风险演化。

3. 多措并举，做好多领域风险防控工作

保持对无证经营支付业务的高压监管态势，化解支付领域合规风险，防范次生风险。持续防范征信机构和信用评级风险，加强行业自律管理，积极整治征信市场乱象，进一步规范天津征信市场。加强货币兑换特许机构风险防范，加大业务指导和政策宣传，提升特许机构的合规性。防范化解跨境资本异常流动风险，加强事中、事后监管，提高监管针对性和有效性。密切关注中美贸易摩擦、

汇率变动等外部因素对市场主体形成的冲击，加大对跨境资金流动苗头性、倾向性问题的监测力度，严厉打击外汇违法违规行为。

（三）稳妥做好重点金融风险化解处置工作

1. 妥善做好包商银行风险处置工作

包商银行被接管后，成立天津市风险处置领导小组和包商银行风险处置领导小组，多部门调集人员组成工作专班，形成工作合力，顺利完成包商银行风险处置相关工作。包商银行发起设立的村镇银行经营基本稳定，地方中小法人银行流动性风险可控。

2. 积极稳妥开展高风险机构风险化解工作

落实法人银行深化改革和化解风险有关要求，重点加强高风险机构的风险监测和风险防控力度，按照“一家一策”原则制定应对措施，多措并举化解风险。完善金融机构各类风险处置预案，及时处置各类风险。

3. 完成渤钢集团债务风险处置

遵循市场化、法治化原则，开展渤钢系企业债务处置工作。通过各方面广泛沟通，平等协商，充分论证，按照司法重整模式完成渤钢系企业债务处置，有效维护债权人利益和区域金融稳定。

（四）专项整治取得阶段性成果

1. 互金专项整治领域风险得到有效化解

2019 年，天津市互联网金融风险线索均得到有效处置，1 家 P2P 网贷机构正在转型为金融消费公司，其余 P2P 网贷机构均已分类化解；跨界资管类机构全部完成处置，机构退出率 100%，存量余额“归零”。

2. 非法集资风险得到有效防控

广泛开展防范非法集资宣传教育，从源头上防范化解非法集资风险。排查涉嫌非法集资风险线索，及时开展风险研判、分类处置，有效防控非法集资风险。

3. 非法外汇交易风险集中整治

持续开展“打击非法网络炒汇”宣传。有效开展打击电信网络新型违法犯罪、非法外汇交易平台、地下转移赃款等专项行动，集中整治天津市网络炒汇平台，关停或下架全部相关平台的网站或 APP，立案查处违规企业，深入治理金融乱象，净化金融生态环境。

四、评估结论与政策建议

（一）定量分析

为全面、客观评估天津市经济金融稳定状况，结合宏观经济和金融业发展状况，运用区域金融稳定定量评估模型量化分析了区域金融风险程度。基于评价指标的可获得性，模型从宏观经济运行、银行业、证券业、保险业和金融生态环境五个方面选取了 22 个指标进行分析。结果显示，13 项指标有所改善。2019 年天津市宏观经济运行得分回升，地区生产总值增长率、固定资产投资增长率、实际利用外资增长率等指标明显好于上年，经济下行趋势有所缓解；金融机构得分与上年基本持平，银行业不良贷款率、核心资本充足率有所改善；证券业得分整体较高，维持了较好的发展水平；保险业退保率、应收保费率指标好于上年，保险市场发展稳定；在金融生态环境方面，征信数据库覆盖率继续扩大。

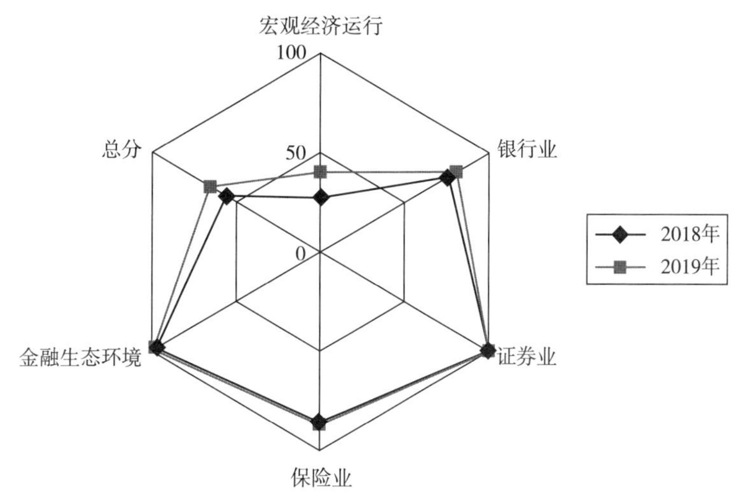

图1　2018年和2019年天津市金融稳定定量评估情况

（二）总体评估

2019年，面对复杂严峻的发展环境，天津市全面贯彻新发展理念，坚持推动高质量发展，以供给侧结构改革为主线，统筹推进各项工作，经济运行整体向好，为区域金融发展和稳定奠定了基础。整体来看，2019年天津市金融体系平稳运行，银行业资产质量有所好转，证券业稳步发展，保险业回归本源成效初显，攻坚战取得阶段性成果。但全市经济金融面临的不确定性因素依然较多，宏观经济运行定量分析得分偏低，部分法人银行业金融机构风险隐患较大，部分证券业机构风险防控能力还有待提升，保险公司可持续发展能力不足，区域金融风险防控形势较为复杂。

（三）政策建议

1. 发挥好地方协调机制的作用，提升风险防范的合力

建立健全金融委办公室地方协调机制，强化金融监管协调、政策沟通、信息共享，促进金融监管全覆盖，提升风险防范的合力。强化对经济金融运行情况的分析和研判，提高金融服务实体经济的能力和水平。

2. 密切关注疫情和经济社会发展形势，确保金融支持落地见效

贯彻落实党中央关于疫情防控和经济社会发展的各项要求，密切关注疫情对经济社会的影响。建立健全金融支持疫情防控政策体系，搭建疫情防控重点企业金融精准支持机制。做实金融服务，抓实政策落地，为实现疫情防控和经济社会发展“双战双赢”提供有力金融支持。

3. 压实主体责任，将防范化解重大金融风险攻坚战向纵深推进

进一步明确攻坚战时间表、路线图、责任人，压实金融机构的主体责任、地方政府的属地责任、

金融监管部门的监管责任和人民银行最后贷款人责任。加大重点领域和高风险机构的风险防控力度，加强金融风险监测、评估和处置力度，守住不发生系统性金融风险的底线。

4. 深化金融供给侧结构性改革，增强金融服务实体经济质效

优化政策体系，引导金融机构将金融资源配置到经济社会发展重点领域和薄弱环节，进一步改进金融服务。深化金融领域改革，推动市场化债转股与建立现代企业制度、国有企业混合所有制改革等工作相结合，改善公司治理，拓宽企业融资渠道，优化融资结构，进一步提高金融供给对实体经济的适应性和灵活性。

中国人民银行天津分行金融稳定分析小组

组　　　长：王晓明

副　组　长：朱志强

成　　　员：吴　超　李　鹏　张丽军　穆晓东　张　薇

《天津市金融稳定报告（2020）》编写组

总　　　纂：朱志强

统　　　稿：吴　超　宁　悦

执　　　笔：李晓迟　杨彩丽

参与写作人员：曾　薇　刘　丹　范雨桐　周中明　王贵鹏　张　珺
苗润雨　刘亚楼　李　师

河北省金融稳定报告摘要

2019年，面对风险挑战明显上升的外部环境、转型升级阵痛凸显的严峻挑战、两难多难问题增多的复杂局面，河北省坚持“稳中求进”工作总基调，践行新发展理念，以供给侧结构性改革为主线，推动经济高质量发展，深入落实“三六八九”工作思路，统筹推进稳增长、促改革、调结构、惠民生、防风险、保稳定，经济运行稳中有进稳中向好，金融业保持整体稳健，金融服务实体经济力度不断加强。但经济运行中突出矛盾和问题依然存在，金融体系平稳运行仍面临挑战。

一、河北省经济金融体系运行平稳

（一）经济运行稳中有进，发展质量稳步提升

2019年，河北省地区生产总值3.51万亿元，较上年增长6.8%，增速同比提高0.3个百分点，高于全国平均水平0.7个百分点，居全国第13位。其中，第一产业增加值0.35万亿元，增长1.6%；第二产业增加值1.36万亿元，增长4.9%；第三产业增加值1.80万亿元，增长9.4%。产业结构不断优化，第三产业增加值比重51.3%，较上年提高1.3个百分点，达到历史最高水平，对经济增长的贡献率为68.6%，连续6年超过第二产业，是引领河北省经济增长的第一支撑产业。工业创新能力不断提升，新旧动能转换取得新进展。新产业快速增长，工业战略性新兴产业增加值增长10.3%，快于规模以上工业增加值增速4.7个百分点；高新技术产业增加值增长9.9%，快于规模以上工业增加值增速4.3个百分点，占规模以上工业增加值比重为19.5%。新产品产量增长较快，集成电路增长1.9倍，新能源汽车增长74.5%，液晶显示屏增长22.7%，工业自动调节仪表与控制系统增长30.4%。新兴业态发展态势良好，快递业务量增长32.3%，增速快于全国7.0个百分点。需求结构继续改善，社会消费品零售总额1.79亿元，增长8.4%，增速快于全国0.4个百分点；消费对经济增长贡献率为61.2%，高于投资需求13.4个百分点，消费的基础性作用进一步增强，是河北省经济增长的“主引擎”。固定资产投资稳中有升，全年固定资产投资增长6.1%，较上年提高0.1个百分点，快于全国0.7个百分点。对外经贸稳步增长，进出口总值0.40万亿元，增长12.6%，增速较上年提高7.5个百分点。财政收入稳步增加，全年财政收入0.59万亿元，增长4.7%。居民生活水平逐步提高，全省居民人均可支配收入2.57万元，较上年增长9.5%。扶贫脱贫成效显著，35.4万贫困人口稳定脱贫。就业形势稳定，城镇新增就业89.6万人。

（二）银行业整体稳健，支持实体经济能力增强

2019 年，河北省银行业金融机构资产负债稳定增长。全省银行业资产总额 8.73 万亿元，较上年增长 9.25%；负债总额 8.37 万亿元，较上年增长 9.20%，增速分别高于全国平均增速 1.17 个和 1.55 个百分点。受居民收入增加、风险意识增强等因素影响，资金向金融机构回流。全省金融机构本外币存款余额 7.32 万亿元，较上年增长 10.5%，同比提高 0.9 个百分点，高于全国平均水平 2.7 个百分点。全省金融机构本外币贷款余额 5.38 万亿元，较上年增长 11.8%，同比提高 0.7 个百分点。信贷结构不断优化，投向重点区域突出。石家庄、保定、唐山、张家口四地新增贷款合计占全省贷款增量的 52.1%。支持京津冀协同发展信贷余额 1.39 万亿元，较上年增长 7.75%；雄安新区各项建设加快，贷款延续高位增长态势，各项贷款余额 382.2 亿元，较上年增长 50.4%，高于全省贷款增速 38.6 个百分点；累计投放涉及冬奥会贷款 80.8 亿元，余额 316.8 亿元，较上年增长 42%。对薄弱环节支持力度加大，缓解民营、小微企业融资困难。金融资源不断向贫困地区倾斜，全省贫困县①金融机构各项贷款余额 6246.7 亿元，较上年增长 15.7%，高于全部贷款增速 3.9 个百分点；深化普惠小微金融服务，普惠小微贷款②余额 3664.9 亿元，较上年增加 483.9 亿元；全省民营企业贷款③余额 2.04 万亿元，较上年增长 10.4%。LPR 形成机制改革的政策效应初步显现，贷款利率进入下降通道。2019 年 12 月，金融机构一般贷款加权平均利率同比下降 0.26 个百分点，较 LPR 形成机制改革前的 7 月下降 0.28 个百分点，“融资贵” 的矛盾初步得到缓解。

商业汇票业务小幅收缩。2019 年末，全省商业汇票余额 3841.64 亿元，同比减少 55.99 亿元；全省票据贴现业务稳步增长，全年贴现发生额 8067.18 亿元，同比增加 916.64 亿元；全省票据再贴现业务大幅增长，全年再贴现发生额 417.50 亿元，同比增加 190.15 亿元。全省非金融企业债务融资工具余额达到 2369.1 亿元，较上年增加 289.3 亿元。货币市场交易活跃，拆借利率中枢上行。河北省法人银行业金融机构同业拆借市场交易活跃，2019 年累计发生 4709 笔拆借交易，较上年增加 2008 笔；拆借发生额累计 8352.92 亿元，同比增加 1926.22 亿元。同业拆借市场 7 天利率同比大幅上升。其中，7 天拆出、拆入利率同比分别上升约 63 个和 165 个基点。

法人银行业金融机构拨备指标稳中向好，风险抵补能力有所提升。法人银行业金融机构各项减值准备合计 1012.45 亿元，较年初增加 126.23 亿元；贷款拨备率 4.44%，与年初基本持平；平均拨备覆盖率 146.19%，较上年提高 24.25 个百分点。资本充足率稳中有升，全省平均资本充足率 13.24%，较上年末提高 0.25 个百分点。流动性基本平稳，法人银行业金融机构平均流动性比例 76.49%，人民币超额备付金率 5.67%，存贷款比例 68.09%，总体流动性风险基本可控。

（三）证券业平稳运行，多层次资本市场体系不断完善

截至 2019 年末，全省证券机构共计 297 家，其中，法人证券公司 1 家，证券分公司 39 家，证券营业部 257 个，证券机构数量较年初增加 3 家，辖区证券营业部个数居全国第 16 位。受股市回暖、

---

① 考虑到脱贫不脱政策的情况，贫困县贷款数据仍为 62 个贫困县的合计。

② 普惠小微贷款包括：个体工商户及小微企业主经营性贷款、单户授信小于 1000 万元的小微企业贷款。2019 年起，普惠小微贷款统计口径扩大，由单户授信小于 500 万元小微企业贷款调增至单户授信小于 1000 万元小微企业贷款，导致 2019 年普惠小微贷款与上年同期不可比。

③ 民营企业贷款包括集体控股、私人控股、港澳台控股、外商控股企业贷款及个人经营性贷款。

交易活跃等因素影响，证券机构经营效益显著提升，证券交易额4.97万亿元，较上年增长20.91%；营业收入19.68亿元，较上年增长27.14%；利润总额4.12亿元，较上年增长258.96%，为近4年来最高。

期货市场稳步发展。河北省共有期货机构48家，其中法人机构1家，分公司6家，营业部41个。期货代理交易5745.58万手，较上年增加24.93%；代理交易额3.64万亿元，较上年增加27.26%。2019年辖区期货机构净利润盈利5家，盈利622.23万元；亏损43家，亏损3893.74万元。

辖区上市公司58家，较年初增加1家（新增2家，迁往北京2家，从江苏迁入1家）。新三板挂牌公司216家，较上年减少27家；石家庄股权交易所挂牌企业2037家，较上年新增119家。河北省企业通过多层次资本市场实现直接融资885.31亿元，较上年增长53.11%。具体融资情况为：首次公开发行IPO融资22.64亿元，上市公司股权再融资125.74亿元，新三板挂牌公司股权融资5.13亿元，区域性股权市场股权融资101.48亿元；上市公司债权融资83亿元，非上市公司债权融资487.20亿元，区域性股权市场债权融资5.03亿元，资产证券化融资55.09亿元。

（四）保险业平稳发展，风险保障能力不断提升

2019年，河北省保险市场有法人保险公司1家；省级分公司75家，较上年增加3家；省级以下分支机构5302家，较上年增加91家。其中，财产保险省级分公司37家，较上年增加2家；人身保险省级分公司38家，较上年增加1家。保险业机构覆盖面进一步扩大。

截至2019年末，河北省保险业累计实现原保险保费收入1989.16亿元，居全国第8位，较上年增长11.09%，低于全国平均水平1.08个百分点。保险业业务结构显著优化，车险保费收入占比较上年下降3.77个百分点，保证保险较上年增长30.18%。保险密度2303.02元/人，较上年减少72.48元/人，较全国水平低348.29元/人。保险深度4.97%，与上年持平，高于全国水平1.23个百分点。保险业累计承保风险总额93.21万亿元，较上年增长16.74%；累计赔付支出549.84亿元，较上年上升1.60%。保险规模持续增长，风险保障能力进一步提高。

（五）社会融资机构活跃度持续走低，风险承压能力进一步弱化

2019年，受外部环境及自身管理不规范等因素影响，河北省社会融资机构不良贷款规模进一步上升，盈利能力持续下滑，机构数量、业务规模呈现一定程度萎缩。2019年，河北省小额贷款公司有567家，较上年减少18家，机构数量自2016年以来连续三年下降；贷款余额281.56亿元，较上年减少16.81亿元，下降5.63%，自2014年以来呈连续萎缩态势。营业收入、净利润较上年分别下降15.99%和23.85%。全省小额贷款公司不良贷款余额22.24亿元，较上年增加2.72亿元；不良贷款率达到7.90%，较上年上升了1.36个百分点。融资性担保法人机构有262家，较上年减少9家。2019年融资性担保责任余额408.78亿元，较上年减少11.4亿元，下降2.71%，业务规模自2014年以来连续5年萎缩。2019年，全省融资性担保公司主营业务收入和利润水平均发生较大下滑，分别下降38.40%和45.76%。风险抵补能力持续下降，担保准备金余额18.44亿元，较上年减少4.04亿元，下降17.97%；担保责任拨备率41.54%，较上年下降23.46个百分点。全省典当企业有354家，较上年减少173家，呈现断崖式下跌；年内发放当金238.25亿元，较上年增加4.98亿元，增长2.13%，出现小幅回升。不良贷款余额较上年小幅增加0.1亿元，为5.6亿元，增长1.82%。融资

租赁机构22家，较上年减少1家，大部分融资租赁机构开展融资租赁业务时间较短，尚处于起步阶段。

（六）金融生态环境进一步优化

一是防范化解重大金融风险取得阶段性进展。2019年是打好重大金融风险攻坚战关键之年，河北省委省政府高度重视，积极贯彻落实党中央、国务院关于金融风险防控的重要精神和决策部署，重拳出击整治金融乱象，全面排查整治非法集资、政府债务、房地产等领域风险隐患，制订防范化解重大金融风险实施方案，成立工作专班，建立金融风险点台账，实地督导检查，深入了解风险处置化解进展情况，卓达集团、“轻易贷”等为代表的非法集资及P2P非法网贷机构得到妥善处置，地方金融组织规范有序发展，金融风险源头得到有效控制。二是司法环境进一步优化。公安机关、法院等司法部门积极推动重大案件进入司法程序，妥善处置各类经济金融案件，落实有效措施，强化舆情社情管控，涉稳形势总体平稳，案件侦办和资产处置工作持续推进。全省金融案件执结率45.71%，金融案件标的额兑现率13.02%。三是金融基础设施不断完善。反洗钱监管协调机制不断健全，反洗钱监管力度持续强化；外汇领域风险防控持续加强，贸易投资便利化水平稳步提升，服务改革发展成效显著；支付清算系统安全稳定运行；银行卡受理环境得到持续改善；继续深化落实“放管服”，取消企业银行账户许可。

二、维护河北省金融稳定需关注的问题

（一）经济发展下行压力较大

一是投资对经济发展有效支撑不足。2019年，新开工大项目数量减少，计划总投资亿元以上项目较上年减少369个，下降5.6%；民间投资持续低迷，全省民间投资项目减少968个，民间投资增长2.1%，增速同比回落2.4个百分点。投资延续疲软态势，对全省经济可持续发展带来一定压力。二是工业增长缺乏有力拉动。受市场竞争激烈、更新换代减缓、国六标准实施等因素影响，汽车制造业对规模以上工业增加值增长贡献率持续下降，较上年回落24.4个百分点；受外部需求持续低迷影响，工业企业出口交货值持续下降，规模以上工业企业出口交货值同比下降2.3%。受上述因素影响，工业生产增速呈现回落态势。三是消费品市场增长乏力。受汽车、石油及传统消费商品等市场持续下探，居民消费情绪日趋低迷影响，全年社会消费品零售总额增速较上年回落0.6个百分点，为近五年来最低。四是不确定因素增加。如中美贸易摩擦、重大公共事件发生，都可能会对经济平稳发展带来较大影响。

（二）银行业信用风险防控压力依然较大

受经济下行影响，银行业资产质量下迁压力仍然较大，潜在信用风险不容忽视。一是2019年新增不良贷款1429.59亿元，较上年多增183.30亿元。二是隐性不良贷款居高不下。截至2019年末，全省银行业已逾期未计入不良贷款余额仍有569亿元，已展期未计入不良贷款余额为990亿元。三是账面不良贷款率与真实情况相差较大。部分机构通过置换、代持、互持等方式，延迟不良贷款风险暴露。省内个别金融机构筹集风险救助资金置换高风险机构不良资产，其效果仍有待关注。四是

企业风险向银行业传导加剧。个别大型企业集团资金链断裂，流动性严重不足，陆续出现大额违约。有的担保圈中个别企业因资金链断裂，可能引爆担保圈整体贷款风险，造成区域连锁违约。上述风险均对银行信贷质量产生较大影响。五是全省居民杠杆率上升较快，偿债压力进一步增大。2019 年末，全省个人贷款余额 1.54 万亿元，全年新增 2522.89 亿元，较上年增长 19.63%，远高于全省城乡居民收入的增长，居民的偿债压力有所加大。

（三）部分法人银行业金融机构风险值得关注

全省法人银行业金融机构 265 家，呈现数量多、规模小、抗风险能力弱的特点。2019 年央行评级为高风险机构 14 家。其主要风险表现在：一是随着金融市场风险的不断暴露，金融机构经营趋向审慎，前期依靠短期同业负债、逆周期快速扩张、资产负债期限错配严重的部分城市商业银行，流动性风险进一步加剧。二是内控制度不健全，监督控制不力，加之银行内部部分员工违规操作，内外勾结案件时有发生，且涉案金额较大，造成较大经济损失，有潜在较大声誉风险。三是法人治理不健全，股东干预银行正常经营，一些由大型民营企业参股控股的法人银行业金融机构，存在通过关联交易进行利益输送等问题，个别金额超百亿元，加剧了风险向银行业的传导。

（四）证券保险经营风险不容忽视

资本市场发展与经济发展不匹配。法人类证券期货机构较少，总体盈利能力较弱，业务创新、为实体经济服务能力需要进一步提高。上市公司数量较少，仅占全国 3777 家的 1.54%，且产业结构不尽合理，高新技术创新型企业数量偏少，后续发展动力不足。部分上市公司高比例股权质押、债券违约、违规占用资金等风险防控压力依然较大，对全省资本市场可持续发展带来一定冲击。保险业发展和风险防范的压力与难度增大。保险产品同质化严重，竞争力不强；市场秩序不规范问题有所抬头，非理性竞争现象时有发生，销售误导和理赔难问题仍较为突出；保险理财产品有待规范，非正常集中退保和偿付能力不达标隐藏风险，影响着保险业的安全与稳定。上述风险均有传递性和蔓延性，应特别防范由个别事件的单一风险演变成行业性、系统性风险。

（五）金融乱象风险形势不容乐观

2019 年，河北省非法集资形势总体可控，但案件持续多发，金额巨大。全年全省新发案件 876 件，同比增加 65.91%，个别案件金额在百亿元左右。新旧领域风险叠加，交织性突出，互联网金融、民间投融资、电子商务等领域案件持续多发，个别机构假借私募、小贷、地方交易场所等行业名义进行非法集资的风险事件仍有发生，严重损害了行业声誉。社会危害日趋复合化，对经济金融安全和社会稳定的影响进一步凸显。

三、维护金融业健康稳定发展的建议

（一）大力推进供给侧结构性改革，保持经济平稳健康发展

一是深入实施工业转型升级。大力发展战略性新兴产业和现代服务业，升级改造传统产业，运用市场化、法治化手段，稳妥做好去产能企业债务处置和职工安置等工作。制定实施数字经济、生

物经济规划和产业政策，加快雄安新区数字经济创新发展示范区建设。二是进一步优化投资环境。加大项目推进力度，支持鼓励扩大民间投资，发挥高质量投资对优化供给结构的关键性作用，以精准有效投资扩大优质供给，以高端高质项目带动转型升级。促进消费增量提质，加快布局港货精品店、河北特色产品店、进口商品营销中心等项目。优化外贸结构，加强与“一带一路”沿线国家经贸合作，促进供需精准对接，增强竞争能力。三是深入实施乡村振兴战略。坚持农业农村优先发展，推进农业供给侧结构性改革，加速农业提质、农民增收、农村繁荣。

（二）引导金融回归本源，服务实体经济发展

金融是现代经济的核心，金融要把为实体经济发展服务作为出发点和落脚点，促进金融体系稳健运行。一是各级政府和相关职能部门要加强沟通协调，贯彻落实河北省各项重大发展战略，建立纾困基金，帮扶暂时出现流动性困难但仍有较大发展空间的优质企业缓解流动性问题，促进实体经济与金融良性互动发展。二是要充分发挥金融助推经济发展的积极作用，推动金融机构将更多的金融资源用于供给侧结构性改革、战略性新兴产业等重点领域，紧抓京津冀协同发展、雄安新区建设、北京冬奥会等战略机遇；切实缓解民营和小微企业融资难题，持续推动续贷和降成本政策落实，不断强化服务民营和小微企业的资源保障，减轻企业负担，降低企业债务杠杆和融资成本，鼓励开展市场化、法制化债转股，不断提升服务实体经济能力。三是壮大上市公司规模，不断提高上市公司质量，强化合规运作，要大力发展产业投资等其他投融资机构，探索上市保荐、股票自营、委托理财等业务品种，扩大投融资规模，提升利用多层次资本市场服务实体经济的能力。四是保险业要大力发展风险保障型及长期储蓄型业务，增强保险的风险管理和保障功能。完善增长方式和管理模式，拓展业务领域和盈利空间，提高保险密度和保险深度。倡导理性竞争，适度合理开发保险资源。要规范市场秩序，解决保险业销售误导和理赔难等突出问题。

（三）防范化解金融风险，保障金融体系安全

一是落实风险防控责任。加强政府部门与监管部门的协调联动，压实机构自身责任，提高金融风险防范的针对性，有序推进风险化解，坚决守住不发生系统性风险底线。二是防范风险扩散。持续抓好不良贷款压降工作，严密盯防流动性风险，跟踪监测机构风险状况，扎实做好监测预警、风险提示、监管指导，做到早识别、早发现、早处置。适时开展压力测试和应急演练，完善各类处置预案。设立高风险机构风险救助资金，优化各类法人机构流动性互助机制，提升机构自身抗风险能力。三是坚决防止房地产泡沫化倾向。健全常态化的房地产金融监测分析体系，研究制订全省房地产金融风险防控计划，持续做好监测分析。四是抓好案件风险治理。全面排查案件风险隐患，保持案防高压态势。大力整治市场乱象，切实规范行业秩序。五是严厉打击违法违规金融活动。积极应用大数据、人工智能等技术打击非法集资、反洗钱、反欺诈，严防非法金融活动风险传染渗透。

（四）持续优化金融生态环境，促进经济金融健康发展

充分发挥国务院金融稳定发展委员会办公室地方协调机制（河北省）作用，提升河北省金融服务实体经济的能力，强化监管协调，促进金融监管全覆盖。督促金融机构强化内控机制建设，严格规范股东股权管理。加强政府部门与相关部门的沟通配合，共同营造良好的信用环境，持续加强河北省金融生态环境建设，促进区域经济金融健康发展。进一步加强存款保险知识宣传，不断创新宣传形式，提高宣传效果，增强社会法治意识，从源头上净化市场环境，维护正常金融秩序。

中国人民银行石家庄中心支行金融稳定分析小组

组　长：陈建华

副组长：卢　钦

成　员：李　博　牛素中　曹增和　张军辉　刘莉亚　付先军
刘吉龙　张新文　郑向阳　李　伟　袁新民　穆建敏
闫胜国

《河北省金融稳定报告（2020）》编写组

总　纂：张军辉

统　稿：杨辉平　王丽英　李　鹏

执　笔：张佳婧　靳凤菊　刘冰欣　樊伟谦　黄　倩　王聿孜
梁雅楠　焦欣欣　林红家　吕俊峰　高　远　刘石涵
陈小我　李少聪　白元元　李丹阳

山西省金融稳定报告摘要

2019年，面对国内外风险挑战明显上升的复杂局面，山西省坚持“稳中求进”工作总基调，贯彻新发展理念，落实高质量发展要求，以“示范区”“排头兵”“新高地”三大目标为牵引，扎实推进三大攻坚战，做好“六稳”工作，全省经济呈现稳中向好、持续向好的态势，高质量转型发展迈出坚实步伐。山西省金融业总体运行平稳，社会融资规模增长较快，金融支持重点领域和薄弱环节的力度持续加大，资本市场平稳发展，保险业保障功能进一步发挥，金融业为经济持续健康发展提供了重要支持。但经济下行压力依然较大，部分领域金融风险仍在高位，风险化解工作依然繁重。

一、区域经济运行

（一）

（二）经济高质量发展

1. 经济增长稳定性增强，财政支出较快增长

2019年，山西省GDP实现17026.7亿元，增长6.2%，高于全国0.1个百分点，连续12个季度保持在6%以上，连续三年超过全国。三次产业分别增长2.1%、5.7%和7.0%，分别与上年持平、较上年高1.2个百分点、低1.8个百分点。全省一般公共预算收入2347.6亿元，增长2.4%，在大规模减税降费的情况下，完成备案预算收入；一般公共预算支出4713.1亿元，增长10%。

2. 产业结构持续优化，服务业保持支撑引领作用

一是农业生产形势较好。山西省粮食总产量136.2亿公斤，下降1.3%，但仍保持了135亿公斤以上的较好水平。二是工业经济持续增长，结构调整稳步推进。2019年，全省规模以上工业增加值增长5.3%，高于上年1.2个百分点，低于全国0.4个百分点。全省规模以上非煤工业增加值增长6.5%，高于全省工业增加值1.2个百分点。三是服务业引领作用凸显。服务业（第三产业）增加值同比增长7.0%，高于第二产业1.3个百分点；服务业占GDP比重51.4%，高于第二产业7.6个百分点。

3. 总需求运行平稳

一是投资增长较快。山西省固定资产投资增长9.3%，较上年加快3.6个百分点，高于全国3.9个百分点，为2017年以来最高增速。从投资结构看，基建和房地产投资占固定资产投资的比重由2017年的39.5%上升至2019年的47.3%。二是消费运行平稳。全省社会消费品零售总额7909.2亿

元，增长 7.8%，超过全年目标 0.3 个百分点。其中，新业态新模式不断拓展，全省限额以上网络零售额增长 25.2%。旅游消费持续活跃，全省旅游总收入 8026.9 亿元，增长 19.3%。三是进出口保持增长。全年进出口总额 209.7 亿美元，增长 1.0%。其中，出口总额 116.9 亿美元，下降 4.7%；进口总额 92.8 亿美元，增长 9.2%。全省跨境收支和结售汇双双下降，跨境收支总额 342.2 亿美元，下降 14.3%；结售汇总额 120.5 亿美元，下降 11.3%。

4. 物价及就业形势总体稳定

一是居民消费价格温和上涨，工业生产者出厂价格与购进价格指数持续处于“高进低出”状态。山西省居民消费价格上涨 2.7%，较全国平均水平低 0.2 个百分点。工业生产者出厂价格下降 0.3%，购进价格上涨 1.1%，二者相差 1.4 个百分点。二是居民人均可支配收入稳步增长。全省城镇居民人均可支配收入 33262 元，增长 7.2%，较上年加快 0.7 个百分点；农村居民人均可支配收入 12902 元，增长 9.8%，较上年加快 0.9 个百分点。三是就业形势稳中向好。全省城镇新增就业、农村劳动力转移就业前三季度提前完成全年目标。全省城镇新增就业 54.8 万人、农村劳动力转移就业 40.2 万人，分别完成全年目标的 119.1%、121.9%。城镇登记失业率为 2.7%，控制在 4.2% 的目标以内。

5. 重点领域改革向纵深推进

2019 年，国资国企改革持续深化，省属二级及以下企业混改率达 75.9%，市场化处置省属“僵尸企业”115 户。传统产业改造步伐加快，退出煤炭产能 2745 万吨，煤炭先进产能占比达 68%；退出钢铁产能 175 万吨；关停淘汰焦炭产能 1192 万吨。认真落实国家减税降费政策，全年新增减税降费超过 560 亿元。推动开发区改革创新发展，77 家省级以上开发区正成为全省新兴产业的集聚区，综改示范区示范引领作用开始显现。

6. 三大攻坚战成效明显

2019 年，山西省全力防范化解重大风险，着力化解高风险金融机构风险，严厉打击非法集资，稳妥推进互联网金融风险专项整治，加快农信社改制化险，各类风险总体稳定可控。全力攻坚深度贫困，最后 17 个贫困县全部进入脱贫摘帽程序，剩余 918 个贫困村全部退出，23.9 万贫困人口脱贫，脱贫攻坚实现决战决胜。全力打好污染防治攻坚战，狠抓中央生态环保督察及问题整改，开展“百日清零”专项行动，燃煤发电机组全部实现超低排放，焦化行业达到特别排放限值标准。强力推进汾河流域治理攻坚。

（三）经济运行中需关注的问题

1. 经济下行压力依然较大

一是工业增速大幅波动，增长压力大。山西省工业增速最高点 3 月和最低点 10 月相差 9.4 个百分点，全年全省工业增加值累计增速较最高点一季度回落了 2.9 个百分点。二是投资与消费增速趋缓。全年固定资产投资增速较第一季度回落 2.9 个百分点，消费品零售总额增速较第一季度回落 0.4 个百分点。三是市场预期走弱，先行指标放缓。全省工业用电量和铁路货运量增速分别回落 4.6 个和 3.3 个百分点。全省工业企业家问卷调查显示，第四季度宏观经济热度指数分别低于上季度和上年同期 2.54 个和 4.41 个百分点；企业家信心指数分别低于上季度和上年同期 2.8 个和 4.24 个百分点。

2. 企业固定资产投资意愿不强，融资需求较弱

山西省工业企业问卷调查显示，第四季度工业企业固定资产投资指数为近 5 个季度的最低点，

预期指数为近6个季度的最低点。从金融机构看，全省金融机构信贷项目储备规模、储备项目转化为贷款授信的规模、储备项目转化率同比分别下降10.4%、16%和4.2个百分点。项目储备下降领域主要集中于交通运输业、制造业、房地产业、服务业。大型企业的储备项目额同比下降了17.7%。2019年以来，多家金融机构新增授信客户数量少于往年，存量客户续贷占比较高。

3. 企业部门资产负债率较高

山西省国有企业平均资产负债率处于高位，高于全国央企和全国地方国有企业的平均水平。从山西省七大煤企的情况看，2017年以来盈利状况持续向好，资产负债率呈下降态势，但仍处在高位，此外还面临债务成本高、永续债占比低、市场化债转股推进慢、非煤产业盈利弱等经营现状，持续压降资产负债率存在压力。

二、金融业运行

（一）银行业

1. 银行业运行和发展情况

（1）资产负债规模稳步增长，结构持续优化。2019年末，全省银行业资产总额、负债总额、所有者权益同比分别增长7.7%、7.5%、14.4%。银行业信贷资产占总资产的57.7%，较上年提高1.8个百分点。同业资产、非标投资规模较上年有所下降。

（2）各项贷款快速增长，增量创历史新高。2019年末，全省金融机构本外币各项贷款余额同比增长11.3%，增量创历史新高。从期限结构看，中长期贷款余额同比增长12.1%，快于各项贷款增速0.8个百分点；短期贷款余额同比增长8.2%。从行业分布看，服务业贷款同比增长14.7%，增量占企业贷款增量的75.4%；制造业贷款同比增长8.3%，较上年同期加快6.5个百分点，增量占全省工业贷款增量的43.4%，较上年同期提高18个百分点。

（3）民营和小微企业、房地产信贷政策得到较好落实。2019年末，全省金融机构支持民营经济贷款余额同比增长3.9%，高于上年同期8.3个百分点；民营经济贷款增量占各项贷款增量的11.5%，较上年同期提高5.7个百分点。全省金融机构普惠小微贷款余额同比增长17.4%，快于各项贷款增速6.6个百分点；支持了46.4万户普惠小微经营主体，较年初增加7.8万户。房地产贷款增速连续19个月回落，差别化住房信贷政策执行较好，贷款利率定价基准调整工作扎实推进。

（4）各项存款快速增长，增量创历史新高。2019年末，全省金融机构本外币各项存款余额同比增长10.1%，快于上年同期3.1个百分点。从部门看，年末全省住户存款余额同比增长10.8%，快于上年同期1.5个百分点，增速及增量均创2014年以来同期新高；非金融企业存款余额同比增长7.5%，快于上年同期0.1个百分点。从产品看，年末全省金融机构大额存单、定期存款两者合计存款增量占全省金融机构各项存款增量的67.7%。

（5）金融体系流动性整体充裕，贷款利率显著下降。2019年，中国人民银行太原中心支行执行各类定向降准政策，向全省金融机构累计释放资金443.4亿元，通过常备借贷便利向市场注入流动性资金101.6亿元，为金融机构提供了合理充裕的流动性支持。累计发放再贷款、再贴现605亿元。从贷款市场报价利率（LPR）五次报价情况看，金融机构1年期品种报价较改革之前累计下降0.1个百分点，5年期以上品种报价累计下降0.05个百分点。在此引导下，全省金融机构贷款加权平均利率下行。2019 年，全省金融机构人民币贷款加权平均利率 6.266%，同比降低 0.172 个百分点。

（6）金融机构盈利实现增长。2019 年，全省存款类金融机构实现盈利 491.2 亿元，同比增盈 81.7 亿元。其中，政策性银行和国有银行实现盈利 250.7 亿元，同比增盈 86 亿元。

2. 银行业稳健性评估

（1）不良贷款压降任务依然艰巨。2019 年末，全省银行业账面不良贷款较年初减少 116.3 亿元，不良贷款率较年初下降 0.72 个百分点。全省银行业不良贷款处置成效明显，但不良贷款总量规模较大，不良贷款率高于全国 0.3 个百分点，部分地区、机构、业务和客户仍存反弹压力。

（2）高风险金融机构风险突出。一是数量多。2019 年第四季度央行金融机构评级结果显示，高风险金融机构家数较年初减少 10 家，但数量仍然较多。二是程度深。2019 年末，全省高风险金融机构实际资本充足率、不良贷款率、拨备覆盖率等监管指标均低于监管标准，资本缺口较大。三是种类杂。全省风险多点频发，叠加省外风险事件向省内传导，部分个案风险波及并加重高风险机构风险。如全国性财务公司票据、网信证券买断式逆回购等业务违约风险。四是化解难。目前存量高风险机构是风险化解的“硬骨头”，且多分布在经济欠发达县域，部分机构风险化解工作无实质性进展。

（3）高风险区域风险突出。山西省各市域风险表现不同，部分市域金融生态脆弱，易诱发突发事件。如个别地市不良贷款率高于全省平均水平，信用风险整体较高；某地市担保圈问题突出，对区域金融生态造成负面影响；部分地市高风险金融机构数量较多；部分地市法人银行业金融机构关联交易风险突出。

（4）高负债企业风险隐患大。高负债经营企业资金链条紧张，企业负债连接金融机构，企业违约直接挂钩金融体系信用风险。山西省企业负债率整体偏高，且部分民营企业高负债经营，股权质押、债券违约风险时有发生，甚至叠加。大型企业债务违约影响金融机构信贷质量，甚至诱发区域性金融风险。

（5）流动性风险不容忽视。部分机构不良贷款率较高，同业负债占比高，流动性风险隐患大，受金融市场信用分层影响，中小银行金融市场融资出现困难，流动性趋紧，一旦有突发事件，单体风险易传染形成区域性金融风险。

（6）信贷资源集中度较高。一是集中在大中型企业。2019 年末，全省大中型企业贷款余额占公司类贷款余额的比重较上年上升 2.4 个百分点，贷款增量占公司类贷款增量的比重较上年上升 0.5 个百分点。二是集中在国有企业。全省国有控股企业贷款余额占公司类贷款余额的比重较上年上升 2.3 个百分点，贷款增量占公司类贷款增量的比重低于上年 8.4 个百分点，但仍然占绝对份额。三是集中在传统行业。信贷资源主要集中于煤炭、交通运输、电力等行业。

（7）金融案件、风险事件持续暴露。部分银行因内控机制不健全、合规管理不到位、风控措施不同步等形成的旧案、陈案持续暴露。在扫黑除恶和金融反腐持续加大的背景下，金融机构高管、员工腐败与企业违法犯罪交织交错，风险隐蔽，牵扯面广，影响不容忽视。

（二）证券业

1. 证券业运行和发展情况

（1）上市公司平稳发展。2019 年末，山西省共有 A 股上市公司 37 家，减少 1 家，其中主板 30 家、中小板 4 家、创业板 3 家；其中国有控股 22 家，民营 15 家。新三板挂牌公司 83 家，新增 3 家、摘牌9家。上市公司以传统资源型行业为主，专业设备制造、高端装备制造、精密机械等新兴行业家数为零。共有拟上市公司14家，新增4家，其中3家在证监会排队审核，1家在上交所科创板排队审核。上市公司规范运作意识和信息披露质量有效提升，未发生重大违法违规问题和退市、立案等重大风险。

（2）证券交易活跃、证券经营机构经营稳健。2019年末，山西省共有山西证券、大同证券2家证券公司、37家证券分公司和194家证券营业部，新增2家分公司、9家营业部。证券经营机构投资者资金账户总数、客户总资产、累计代理证券交易总额同比分别增长7.45%、26.3%、29.45%。2家法人证券公司总资产同比增长0.36%，累计营业收入、净利润同比分别增长37.40%、107.32%。证券交易额增速在中部六省排名第一，高于全国增速。

（3）期货交易活跃、经营机构实力增强。2019年末，山西省有3家期货公司、6家分公司和23家期货营业部，新增1家分公司。期货经营机构投资者开户数、客户保证金余额、期货市场累计成交额分别同比增长15.3%、20.44%、22.67%。期货公司资本实力增强、实现盈利。截至2019年末，3家法人期货公司净资本与风险资本准备总额的比例等四项主要监管指标均满足监管要求。累计营业收入同比增长223.26%，实现扭亏为盈。

（4）基金规模持续增长，公募基金存续规模倍增。山西省无具有独立法人资格的公募基金管理公司，仅有山西证券取得公开募集证券投资基金管理资格。2019年末，山西证券共管理7只公募基金。2019年末，山西省在中基协登记的管理人61家，其中，私募股权、创业投资基金管理人51家，私募证券投资基金管理人10家；在中基协备案的正在运作的私募基金116只，较上年增加31只。基金规模同比增长91.93%。

（5）资本市场直接融资规模稳步增长。2019年，山西省实现资本市场直接融资1812.37亿元，同比增长22.02%。其中，上市公司增发股份融资12.87亿元，公司债融资594.2亿元，企业债融资75.4亿元，证券公司柜台市场融资252.38亿元，资产支持证券（ABS）融资32.58亿元，私募股权、创投基金融资78.76亿元，新三板挂牌公司定向增发融资1.3亿元，山西区域性股权市场融资7.91亿元，地方政府债券融资756.97亿元。

（6）资本市场支持重点领域发展成效显著。一是持续为国企国资改革赋能。省属国有上市公司通过资本市场并购重组调整产业结构，主动实施战略转型。二是支持山西能源革命试点。煤炭类上市公司通过资本市场实现融资292.2亿元，提升持续经营能力。证券期货公司加大布局布点力度支持企业扩大直接融资，2019年6家企业在区域股权交易市场完成挂牌。三是助力脱贫攻坚。阳煤集团在上交所发行辖区第一只扶贫专项公司债券，募集资金10亿元。辖区18家上市公司年报披露投入扶贫资金合计2772.77万元，助力精准扶贫。山西证券、大同证券、和合期货与部分贫困县建立“一司一县”帮扶机制。

2. 证券业稳健性评估

（1）市场主体发展差距大。一是上市公司数量少。山西省只有37家上市公司，数量和增速在中部六省垫底，仅占全国的0.98%。二是拟上市资源严重不足。连续4年无新增上市公司，在山西证监局备案的拟上市企业只有14家，在证监会和上交所排队审核的拟上市企业只有4家，仅占全部申报企业的0.75%。三是新三板挂牌公司数量有待增加。辖区挂牌公司数量不足全国的1%。四是私募行业整体体量小，实力弱。已备案的私募基金管理人仅占全国的0.25%，全国排名第31位；私募基金管理规模仅占全国的0.09%。

（2）资本市场发展水平低。一是山西省资本市场规模仍然较小，资本市场与实体经济之间融合度差，资本市场促进实体经济发展的功能发挥不足。二是证券期货经营机构资本实力弱，创新业务发展不足，服务实体经济能力受限。三是多数上市公司对资本市场运用不足，市值管理不积极，资本运作方式、手段单一。部分国有上市公司资本运作理念和能力不足，再融资、并购重组功能未有效发挥。

（3）重点领域风险防控形势严峻。一是部分企业股权质押风险仍需关注。2019 年末，大股东股票质押比例超过 80% 的上市公司有 5 家，全部为民营企业，较年内最高时减少 5 家。大股东股票高比例质押可能引发平仓风险、诉讼风险、持续经营风险及控制权转移风险。二是债券违约风险。全年发生实质违约的交易所债券占辖区全部债券余额的 2.73%，总体风险可控。三是退市风险。年内 3 家上市公司面临暂停上市风险，个别机构被实施退市风险警示，年末虽得到基本化解、扭亏为盈，但公司盈利基础仍不稳固。四是非标资管产品兑付风险。个别机构逾期未兑付非标资管产品兑付工作整体进展缓慢。五是壳资源流失风险。上市公司注册地迁出山西、公司控股股东变更为省外等上市公司壳资源流失形势严峻，需引起关注。

（三）保险业

1. 保险业运行和发展情况

（1）市场主体持续丰富和规范。2019 年末，山西省共有法人保险公司 1 家；省级分公司 53 家，新增 4 家，其中，财产险、人寿险、养老险公司分别增加 2 家、1 家、1 家。随着保险市场乱象整治工作的深入开展，保险经纪分支机构较上年减少 34 家。

（2）业务规模持续增长。2019 年末，山西省保险业实现保费收入 883.34 亿元，同比增长 7.09%，较上年提高 6.97 个百分点，保费增速重回合理区间。分险种看，财产险实现保费收入 227.36 亿元，同比增长 6.77%；人身险实现保费收入 655.98 亿元，同比增长 7.20%，其中，健康险保费收入增长较快，同比增长 34.61%，意外险同比增长 12.18%，寿险同比增长 0.94%。

（3）业务结构持续优化。保障型业务占比明显提升，车险市场秩序治理成效显现。非车险保费占比 35.55%，同比提高 4.63 个百分点，保费收入增速高于车险 25.47 个百分点。人身险公司保障型业务占比 27.93%，同比提高 4.32 个百分点，保费收入增速高于储蓄型业务 25.83 个百分点。财产险公司综合费用率较年初下降 12.24 个百分点。

（4）赔付支出整体保持增长。2019 年，山西省保险业赔款与给付支出同比增长 4.21%。其中，财产险赔付支出同比增长 16.31%；人身险赔付支出同比下降 3.31%。但部分险种赔付支出增长迅速，健康险同比增长 54.34%，意外险同比增长 8.30%。

2. 保险业稳健性评估

（1）法人保险公司发展压力依然较大。2019 年，中煤财险综合成本率连续 9 个月超过 100% 的监管标准，应收保费同比增长 6.88%，滚动 12 月应收率同比上升 0.16 个百分点，第四季度综合偿付能力充足率较第三季度下降 18.84 个百分点。

（2）市场秩序不规范。根据山西银保监局行政处罚公开信息显示，某些保险公司存在虚列费用套取资金、给予投保人保险合同约定以外的利益、编制提供虚假资料等问题，个别保险从业人员夸大保险产品收益、利用自媒体对保险产品进行虚假宣传、隐瞒与保险合同有关的重要情况、欺骗投保人和被保险人。

（3）保险业务发展区域差距扩大。从保费增速看，全省 11 个市中最高增速地市与最低增速地市两者相差16.68个百分点，较2018年差幅扩大6.96个百分点。从保费规模占比看，全省保费规模前三市占比合计为51.56%，同比提高1.04个百分点；保费规模后三市占比合计仅为11.79%，同比下降0.54个百分点。区域发展不平衡凸显。

（4）风险防控任务依然艰巨。一是车险市场费用仍有压降空间。山西省车险市场业务及管理费用率仍高于全国平均水平，且车险市场费用延迟入账、向理赔端转移等现象有所抬头。二是非正常满期给付与退保风险需重点关注。全省保险满期给付与退保风险给付高峰仍将持续，存量风险不容忽视。三是保险中介市场行为仍不规范。部分保险中介机构内控管理不健全，依法合规意识淡薄，极易引发市场整体风险、非法集资行为及群体性事件。

三、地方金融监管领域

2019年，山西省地方金融监管领域整体运行平稳，在缓解“三农”、小微企业融资难、化解区域金融风险方面发挥了积极作用。截至2019年末，全省共有小额贷款公司477家，贷款余额264.3亿元；融资性担保公司193家，在保责任余额370亿元，融资担保放大倍数1.21倍；典当行349家，分支机构24家，资产总额48.66亿元；省内注册的融资租赁公司4家，外省在晋注册的融资租赁分公司58家；无省内设立的商业保理公司，外省在晋设立的分公司7家；地方资产管理公司2家，资产总额349.78亿元，存量不良资产投资余额46.96亿元；区域股权市场1家，年末展示企业1580家，挂牌企业479家。

地方金融监管领域的发展也面临一些问题和困难，如小额贷款公司经营困难、大额贷款占比高、经营管理不规范，融资性担保公司代偿率保持高位，典当行经营管理粗放、专业人才缺乏、行业整体亏损，地方资产管理公司收购不良资产主业不突出，股权融资市场融资功能不足等，需引起关注。此外，《地方金融监督管理条例》及融资租赁公司、商业保理公司的监管办法等地方金融监管领域的监管制度建设仍需加快推进。

四、金融基础设施

（一）金融法治环境及消费权益保护工作持续改善

金融法治宣传工作进一步加强。2019年，全省金融机构采取多种形式面向社会开展了金融法治宣传活动，金融发展的法治环境持续改善。全年全省各级人民法院审结民间借贷、证券期货等各类案件40859件，审结破坏市场经济秩序的虚假出资、合同诈骗等案件838件，审结各类合同纠纷案件139135件，营商环境的法治化水平显著提高。全年全省人民银行系统共受理金融消费者投诉664件，办结率94.73%。解答金融消费者咨询7917件。成立山西省金融消费权益保护协会，推动筹建山西省金融消费纠纷人民调解委员会，不断推进金融纠纷多元化解机制建设。

（二）支付结算体系运行安全稳健

支付结算业务系统平稳运行。2019年，山西省共有92家银行网点加入现代化支付系统。现代化支付系统发起、接收业务笔数同比增长11.3%，金额同比增长40.97%。中国人民银行太原中心支行通过创新支付产品与服务，优化支付服务环境，保障了第二届全国青年运动会在山西太原的成功举办。

农村支付环境建设持续深化。2019 年末，全省共建设农村“金融综合服务站”29546 个，实现了有条件的行政村全覆盖；全省所有县域全部建成 1—2 个与扶贫、特色产业结合的特色示范服务站，其中，18 个贫困县共建成特色服务站 66 个，支付业务助推脱贫攻坚成效显著。全省累计办理助农取款业务 272. 83 万笔，金额 17. 26 亿元；累计办理“农民工银行卡特色服务”跨行交易业务 4. 93 万笔，金额 5080. 4 万元。

支付结算监管进一步深入。合规开展行政许可事项，持续加强企业银行账户全生命周期监管，有效防范电信网络新型违法犯罪；全面开展支付结算现场检查；持续做好无证机构清理整治工作。

（三）征信管理和服务水平稳步提升

征信系统应用成效显著。2019 年，二代征信系统成功切换上线运行，年末分别为山西省 26. 33 万家企业和 2139 万自然人建立了信用档案，全年累计提供企业征信系统查询 15. 89 万次，个人征信系统查询 1176. 8 万次，累计向公安局、法院、检察院、审计署特派办、中小企业局等机关提供企业和个人信用报告查询 813 笔、1018 笔。推进应收账款融资服务平台推广工作，在全国率先实现政府采购全流程线上融资服务。2019 年末，应收账款融资服务平台累计登记全省融资业务 1647 笔，融资金额 2181. 59 亿元，金额同比增长 9. 6%。

社会信用环境逐步优化。创建山西信用生态创新先导区，助力小微与民营企业发展。大力推进农村信用体系建设，2019 年末，全省农村信用信息平台共收录 365 万家企业及个体工商户基本信息、542 万农户户主信息和 54 万户贫困户基本信息；信用户评定工作有序开展，共为 90 万农户建立了信用档案。履行行政许可和行政处罚信用信息“双公示”推送职责，全年推送信息 19 万余条。开设商业银行代理查询网点 28 个，推动征信窗口服务规范化标准化建设，征信查询的可获得性明显提升。

征信市场规范有序发展。全面实施金融信用信息基础数据库接入机构分类监管，有序推进征信管理现场检查、信息泄露风险自查自纠和重点抽查工作，强化征信信息安全合规监管。启动地方征信平台建设，促推小微企业替代数据归集。

（四）反洗钱工作扎实开展

“风险为本、法人监管”，监管效能持续提升。一是完善监管制度建设，规范监管行为。山西印发了《山西省反洗钱行政处罚裁量基准实施细则（试行）》和《山西省法人银行业金融机构洗钱和恐怖融资风险评估指标执行规程（2019 年版）》，确保监管工作的规范性。二是强化反洗钱执法检查和行政处罚。2019 年全省共检查机构 74 家，处罚机构 18 家，处罚金额 909. 54 万元，有效规范了机构的反洗钱工作。三是探索开展对法人义务机构的洗钱和恐怖融资风险评估工作。2019 年全省共选取 24 家法人银行业金融机构开展洗钱风险评估，基本掌握了辖内金融机构的洗钱风险点。四是推进反洗钱工作信息化建设，自主开发 3 个监管系统。2019 年自主开发了洗钱和恐怖融资风险评估信息管理系统、反洗钱监管信息管理系统和反洗钱知识测试系统，助力反洗钱工作提质增效。五是扎实开展反洗钱分类评级工作，督促义务机构加强洗钱风险管控。六是差别化运用反洗钱监管措施。对全辖义务机构实施监管走访 39 家，约谈 44 家，质询 8 家，督促义务机构提升反洗钱工作有效性。

发挥职能优势，扫黑除恶专项斗争工作向纵深推进。一是加强制度建设，完善工作机制。印发了《关于深入推进 2019 年度扫黑除恶专项斗争的指导意见》《涉黑洗钱风险监测指标建设指引》

《山西省金融机构涉黑涉恶可疑交易监测及可疑账户查控工作指引》。二是充分发挥线索协查与案件侦办协作机制作用。2019 年，协助公安部门、省纪委监委查询涉黑违纪违法企业和个人账户信息；强化线索排查移送，并积极协助侦办大案要案。严厉打击涉黑洗钱犯罪行为，推动山西省第一例涉黑洗钱犯罪案件宣判。

（五）人民币管理和反假货币工作持续推进

现金管理水平稳步提升。2019 年，全省人民银行累计向金融机构办理发行基金出库 1430.4 亿元，同比下降 7.7%；累计入库 1147.1 亿元，同比下降 18.4%；净投放 283.3 亿元，同比增长 97.6%。全省建立了旅游行业、医疗卫生行业 2 个行业现金服务示范区、33 个区域现金服务示范区。设立了 1438 个农村现金服务点、1506 个小面额主办网点、535 个特殊残缺污损人民币兑换网点。开展了违规使用人民币图样行为专项整治工作，查封违规单位 4 家。及时有效处理了拒收现金线索 7 起，签署提示卡 10.56 万份。

新版人民币发行工作有序推进。顺利完成 2019 年版第五套 50 元及以下面额人民币发行工作。发行前摆布到位，通过人员培训、机具升级等措施，完成了发行前相关配套工作。通过广告屏循环播放宣传片、“千人进千村”专题宣传以及新版人民币“5221 宣传兑换套餐”和“826 反假鉴别套餐”等渠道，提高了公众识别度。

反假货币工作成效明显。2019 年，山西省反假货币形势总体平稳。全年累计收缴假人民币 917.81 万元、106912 张（枚），分别同比下降 10.3% 和 18.2%。山西省反假货币工作联席会议办公室充分发挥联席会议作用，完善工作机制，各项反假货币工作有序开展。

五、总体评估与政策建议

（一）总体评估

参照中国人民银行上海总部定量评估方案，采用专家调查法、层次分析法等技术方法，对山西省金融稳定状况进行了综合评估。结合山西省经济金融发展对部分指标阈值及标准值计算方法进行修正，在纵向比较中为排除指标权重变化对评价结果的影响，全部采用 2019 年专家调查法的权重进行计算。评估结果表明，2019 年山西省综合得分较上年大幅提高，金融稳定等级评估处在 B 类较好区间。纵向对比评估结果中，宏观经济、金融机构和金融生态环境得分均明显上升。宏观经济层面，经济增速持续保持在合理区间，固定资产投资大幅增长，居民人均收入较快增长，城镇登记失业率保持低位；金融机构层面，银行业资产规模稳步增长，资本充足状况和资产质量显著改善，保险业寿险公司退保率明显下降，证券法人机构各项风控指标均达监管要求。

（二）政策建议

1. 深化供给侧结构性改革，推进经济高质量转型发展

一是加快发展新动能。培育壮大战略性新兴产业，推动农业、工业、服务业高质量发展，提升产业基础能力和产业链现代化水平，全力构建现代产业体系。二是推动“三驾马车”协同发力。聚焦项目建设，积极扩大有效投资，深度挖掘消费潜力，推动外贸外资稳速提质，确保全省经济运行

在合理区间。三是深化财政金融体制改革。落实好减税降费政策。推进省属国有金融机构改革，加快山西金融租赁、山西信托、中煤保险等战略重组。大力发展直接融资，培育孵化上市企业，用好上市公司平台资源，提高上市公司竞争力。支持基金业健康发展。鼓励城商行、农商行等地方金融机构引入战略投资者，培育和组建民营银行。

2. 加大逆周期调节，提升金融对实体经济的支持力度

各金融机构要强化逆周期思维，平衡好稳增长和防风险的关系，紧密结合实体经济需要，一体化推进信贷、债券、股权融资，更好地满足实体经济多元化融资需求；进一步优化内部资源配置、授信审批、内部考评激励、尽职免责及容错纠错等机制，提升服务能力和动力；积极创新金融产品和服务，改进信贷管理模式，强化金融科技运用，提高资金使用效率；强化银企对接，加强政策宣传和产品推介，为企业提供一揽子综合性金融服务，增进银企互信。聚焦山西省国企改革、制造业升级、能源革命综合改革试点等重点领域以及脱贫攻坚、乡村振兴等薄弱环节，提升金融供给能力。金融管理部门要支持愿意干事创业、有较好发展潜力的地区加快发展，对全省营造诚实守信金融生态环境、维护良好金融秩序的地方继续采取激励措施；适度提高监管容忍度，推动落实信贷尽职免责制度，引导金融机构加大信贷投放。

3. 压实各方责任，坚决打赢防范化解重大金融风险攻坚战

坚持“稳定大局、统筹协调、分类施策、精准拆弹”的基本方针，扎实推进防范化解金融风险各项工作。金融机构要切实承担起主体责任，提高风险防范意识，做实资产质量分类，加大不良贷款清收力度，有效化解存量风险，审慎合规授信，严控增量风险，制订风险防范化解方案，制订突发事件应急预案，提升风险管控能力。法人银行业金融机构要完善公司治理，强化股权及关联交易管理，防范和制止不当干预金融机构经营、套取金融机构资金行为等违法违规行为，要强化资本约束，通过增资扩股、留存利润、发行新型资本工具等方式充实金融机构资本金，提升风险抵御能力。高风险村镇银行的发起行、省联社要切实承担起责任，推动高风险机构风险化解。金融管理部门要强化风险监测，及时预警提示，发挥债委会、联合授信等机制作用，督促金融机构采取有效措施化解风险，运用货币信贷政策工具提供流动性支持，引导金融机构在支持实体经济中化解风险。地方政府要继续履行好属地风险处置和维稳工作，守住不发生区域性金融风险的底线。努力在全省形成“风险机构多措并举主动化险，地方政府属地统筹主导化险，监管部门监测指导推动化险”的工作格局。

4. 完善金融基础设施，优化金融生态环境

推动金融法治建设，加强金融法规宣传，推进金融消费者权益保护工作；健全支付结算体系，提供安全便捷的清算服务；提升征信服务与管理水平，推动征信市场规范运行，有序开展信用评级工作；强化反洗钱“穿透式”监管，加大差别化监管力度；稳步开展反假货币和现金管理工作，改善货币流通环境；扎实推进互联网金融风险整治，严厉打击非法集资、非法金融机构和非法金融活动，严厉打击逃废债行为，保护金融机构合法债权，营造良好的金融环境。

中国人民银行太原中心支行金融稳定分析小组

组　　长：高　波

副 组 长：杜　斌

成　　员：王瑞林　张育春　任桂花　陈爱书　周文峰　李　清
夏永青　王少杰　白　静　毛晓东　张　园　范广明
李　兵

《山西省金融稳定报告（2020）》指导小组

潘跃飞　侯广庆　王润全

《山西省金融稳定报告（2020）》编写组

总　　　纂：高　波　杜　斌

统　　　稿：张育春　张晓红

执　　　笔：吴晋科　杨　明　郭　涛

参与写作人员：刘　卉　赵　辉　李　伟　戴万龙　常丽婧　李　绚
薄利华　高　婧　温　璐　张雅婷　乔宁宁　戚元臻
郭　帅　祝丽君　解志敏　李计花　王丽娜　张会玉

内蒙古自治区金融稳定报告摘要

2019年，全区深入贯彻落实党中央、国务院各项决策部署，以深化供给侧结构性改革为主线，积极推动高质量发展，统筹推进稳增长、促改革、调结构、惠民生、防风险、保稳定各项工作。全年经济运行总体平稳、稳中向好，发展质量逐步提升，金融体系不断健全，资产负债结构进一步优化，金融服务实体经济能力稳步提升，金融风险总体可控。但随着经济下行压力加大，金融机构存贷款增速放缓，不良贷款仍然居高不下，高风险金融机构数量较多，金融风险防控形势依然严峻。

一、宏观经济环境

（一）经济运行总体平稳，三次产业协调发展

初步核算，2019年全区生产总值17212.5亿元，按可比价格计算，同比增长5.2%，整体经济运行处于合理区间。其中，第一产业增加值1863.2亿元，同比增长2.4%；第二产业增加值6818.9亿元，同比增长5.7%；第三产业增加值8530.5亿元，同比增长5.4%。三次产业优化调整到10.8:39.6:49.6，第一、二、三产业对生产总值增长的贡献率分别为5.5%、43.9%和50.6%。人均生产总值达到67852元，同比增长5%。

（二）工业生产提质增效，企业效益持续改善

2019年，规模以上工业增加值同比增长6.1%，全区工业经济效益水平保持良好，规模以上工业企业实现营业收入16233.1亿元，比上年增长11.5%；实现利润1431.7亿元，增长3.8%；营业收入利润率8.8%。全年规模以上工业企业产品销售率99.3%。

（三）供给侧结构性改革深入推进，财政收支保持增长

2019年，商品房待售面积同比下降13.9%，规模以上工业企业资产负债率61%，同比下降2.3个百分点；企业成本略有上升，规模以上工业企业每百元营业收入成本为80.1元，仍低于全国平均水平84.1元。制造业投资占固定资产投资总额的比重为18.8%，同比提高0.4个百分点，高技术服务业投资增长17.6%。全年一般公共预算收入2059.7亿元，同比增长10.9%；一般公共预算支出5097.9亿元，同比增长5.5%。

（四）固定资产投资回升，消费价格涨势温和，对外贸易结构调整

2019年，全区全社会固定资产投资（不含农户）较上年增长6.8%，其中民间投资较上年增长

6. 9%，占全社会固定资产投资（不含农户）的比重为49. 7%。居民消费价格同比上涨2. 4%，涨幅同比扩大0. 6个百分点。全区实现进出口总额1095. 7亿元，同比增长5. 9%。其中，出口总额376. 8亿元，下降0. 4%；进口总额718. 9亿元，增长9. 5%。与“一带一路”沿线国家贸易额达到713亿元，同比增长1. 9%。

二、金融业发展情况

（一）银行业①

截至2019年末，全区共有银行业金融机构199家，其中全国性银行分支机构20家，较上年新增1家（浙商银行呼和浩特分行）；地方法人银行业金融机构179家，较上年减少1家（通辽市辽河镇融达农村资金互助社）。2019年内有2家农村信用社改制成农商行（内蒙古鄂温克农村商业银行、内蒙古林西农村商业银行）。辖内银行业金融机构组织体系不断健全，金融服务能力进一步提升。

1. 全区资产负债规模继续扩张，地方法人银行均下降。2019年末，全区银行业金融机构资产总额35542. 3亿元，同比增长1. 5%，增速同比下降0. 3个百分点；负债总额34186. 9亿元，增长1. 8%，同比增速上升0. 4个百分点。2019年末，地方法人银行业金融机构资产总额14879. 4亿元，同比下降2. 5%，占全区银行业金融机构资产总额的41. 9%；负债总额13590. 3亿元，同比下降1. 5%，占全区银行业金融机构负债总额的39. 8%。

2. 各项存款低位增长，住户存款支撑作用增强。2019年末，全区金融机构人民币各项存款余额23645. 1亿元，同比增长1. 7%，增速高于上年同期0. 3个百分点。住户存款保持稳定增长，全年增加1615. 1亿元，占各项存款新增额的427. 8%，同比多增382. 3亿元。其中，个人大额存单全年增加665. 6亿元，同比多增184. 2亿元，成为住户存款增加的重要因素。受经营效益不佳等因素影响，企业存款规模持续收缩，较年初减少1044亿元，同比多减546. 2亿元。广义政府存款较年初减少195. 2亿元，同比多减312. 1亿元。

3. 各项贷款增长平稳，增速好于上年同期。2019年末，全区金融机构人民币各项贷款余额23085. 1亿元，同比增长4. 5%，增速高于上年同期1. 6个百分点。分部门看，住户贷款增长放缓；企业贷款增势良好。2019年住户贷款增速为11. 5%，较上半年和上年末分别下降1. 1个和0. 3个百分点；全年住户贷款增加569. 9亿元。企业贷款全年增加330亿元，主要是企业中长期贷款增加较多，新增贷款主要投向基建及交通运输等领域。分机构看，机构间信贷增长差异明显，全国性银行增势好于上年；国有和股份制商业银行贷款同比分别多增243亿元和99. 7亿元；地方性金融机构贷款同比少增198. 5亿元。分地区看，地区间信贷增长不均衡，部分地区出现负增长。2019年，全区贷款增加较多的地区集中在呼和浩特市、赤峰市和乌海市，合计占全部新增贷款的82. 8%；包头市、阿拉善盟和呼伦贝尔市出现负增长。

（二）证券业

2019年末，全区共有法人证券公司2家；证券分支机构124家，同比增加5家，其中证券分公

① 本部分数据均含包商银行，其中资产负债的数据日期为2019年11月末。

司21家。全区无期货法人，设有期货营业部10家，私募基金管理人45家。全区共有境内上市公司26家，同比持平，全国排名第29位。其中，A股上市公司25家、B股上市公司2家（内蒙古鄂尔多斯资源股份有限公司同时在A股、B股上市）；境外上市公司6家；新三板挂牌公司54家；拟发行上市辅导备案企业9家。全区资本市场实现了持续健康发展。

1. 法人券商业务大力发展，利润大幅上升。2019年，两家法人证券公司因权益类投资受市场行情变化影响较大，产品流动性较好，传统的经纪、投行、资管等业务收入呈上升趋势，整体盈利能力上升明显。2019年末，全区法人证券公司总资产363.1亿元，同比下降7.5%；净资产130.3亿元，同比上升3.7%；托管股票市值1058.8亿元，同比上升1.4%。2019年，法人证券公司实现证券交易额累计29999.4亿元，同比上升15%。累计实现营业收入31.5亿元，同比上升185.7%，其中手续费及佣金净收入14.1亿元，同比上升31.5%，投资收益7.8亿元，同比上升138.3%。全年盈利5.3亿元，净利润同比增加11.2亿元。

2. 期货经营机构交易规模下降，经营状况恶化。2019年，辖区期货机构交易规模、经营业绩下降，机构经营情况恶化。截至12月末，期货公司累计开户8361户，较上年减少7658户，同比下降47.8%；全年成交金额4800亿元，同比下降4%；主营业务收入0.3亿元，同比下降65.3%；佣金收入0.2亿元，同比下降66.7%。2019年期货机构较上年多亏损0.2亿元，同比下降109.1%。

3. 境内上市公司总市值增长，资本市场融资功能增强。截至2019年末，全区境内上市公司总股本980.2亿股，占全国上市公司总股本的1.4%；总市值5098.9亿元，同比增长17.8%，占全国总市值的0.9%。其中，主板、中小板、创业板市场总市值分别为491.5亿元、206.4亿元和101亿元，同比分别上升17.6%、41.9%和-5%。挂牌公司总股本44.5亿股，居全国第28位。截至2019年末，全区各类市场主体通过资本市场共实现融资643.9亿元，同比增长76.8%，其中股权融资62.4亿元，债券融资581.5亿元，资本市场融资功能明显增强。

（三）保险业

2019年末，全区共有保险公司省级分公司42家，同比多增1家（中原农业保险内蒙古分公司），其中财险公司25家，寿险公司17家；下设分支机构2882家，同比减少15家。全区保险业继续保持稳健发展态势，保障和服务经济社会发展能力继续提升。

1. 保险业市场整体保持平稳健康发展态势。2019年末，全区保险业累计实现原保险保费收入729.8亿元，同比增长10.7%，增速全国排名第18位。其中，财产险公司保费收入235.1亿元，同比增长11.6%；人身险公司保费收入494.7亿元，同比增长10.2%。保险公司累计赔款与给付支出200.8亿元，同比增长3.9%。其中财产险公司赔付支出122.5亿元，同比增长6.3%；人身险公司赔付支出78.3亿元，同比下降0.3%。

2. 主要业务指标持续向好。2019年末，全区保险业资产总额1507.1亿元，增长16.6%；累计提供各类风险保障30万亿元。车险综合费用率40.7%，同比下降6个百分点。满期给付22.7亿元，同比下降18.1%；续期业务保费收入321.3亿元，同比增长15.8%；退保金69.5亿元，同比下降15.9%。

3. 保障和服务地方经济社会发展能力不断提升。2019年末，首台（套）保险、新材料首批次保险为重大技术装备、应用企业提供27.7亿元风险保障，出口信用保险连续9年实现全覆盖，保险资金在内蒙古地区投资额811亿元。农业保险累计承保各类农作物4.9亿亩、牲畜1616.3万头（只），提供风险保障3251.9亿元。大病保险覆盖全部14个统筹地区103个旗县的1633.8万人。

三、金融稳定状况评估

（一）银行业①

1. 不良贷款仍处于高位，金融风险防控形势依然严峻。2019年5月，受包商银行风险事件影响，全区银行业金融机构不良贷款余额激增，随后不断攀升，不良贷款率最高达到8.4%。在加大不良贷款清收处置力度的情况下，全区银行业金融机构不良贷款余额年末小幅回落至864.5亿元，较年初减少4.6亿元，不良贷款率4.0%，较年初下降0.2个百分点。全区银行业金融机构不良贷款趋于稳定，但仍处于高位，且部分金融机构存在不良贷款反映不真实或不良资产非洁净出表问题，实际风险情况更加严重，风险防控形势严峻。

2019年，全区不良贷款呈现以下四个特点：

（1）地方法人不良贷款同比双降，但形势仍不容忽视。截至2019年末，全区地方法人银行业金融机构不良贷款余额357.1亿元，同比减少84.4亿元；不良贷款率6.5%，同比下降2.4个百分点。全国性金融机构在不良贷款清收处置力度持续增大的情况下，不良贷款余额507.4亿元，不良贷款率3.1%。地方法人机构信用风险不断暴露，仍处于高位运行。城市商业银行和农村金融机构的不良贷款余额分别为43.8亿元和311.9亿元，同比分别增加11.2亿元和减少96.2亿元，不良贷款率分别为2.8%和8.5%，同比分别上升和下降0.3个和3.4个百分点。

（2）贷款分类向下迁徙的压力依然较大，个别机构风险分类存在偏离。全区银行业金融机构正常类贷款比例同比上升，关注类贷款余额和占比均出现下降。截至2019年末，全区银行业金融机构关注类贷款占全部贷款的比例为7.0%，同比下降0.5个百分点。地方法人银行业金融机构逾期90天以上贷款与不良贷款余额比值为99.2%，同比上升5.8个百分点。其中，占比大于100%的机构有6家，同比增加2家。

（3）中型企业不良贷款同比上升较快。截至2019年末，中型企业不良贷款余额724.8亿元，同比上升249.7%；不良贷款率达到15.1%，同比增加10.7个百分点。大型企业和小微企业的不良贷款率分别为4.9%和8.5%，同比分别增加3.4个和3.7个百分点。个人经营性贷款的不良贷款率8%，同比减少1.6个百分点。

（4）部分盟市信用风险突出。截至2019年末，全区5个盟市不良贷款率较高，分别是锡林郭勒盟、乌兰察布市、通辽市、阿拉善盟、赤峰市。不良贷款率分别为10.1%、9.7%、6.2%、5.9%和5.6%；不良贷款余额分别为78.4亿元、76.2亿元、63.8亿元、21.5亿元和112.1亿元。

2. 整体拨备覆盖情况有所好转，但贷款损失准备计提仍不充分。截至2019年末，地方法人银行业金融机构拨备覆盖率为73.8%，较上年同期上升13.6个百分点，但仍不足监管标准的一半。全区有55家机构拨备覆盖率低于监管标准，占30.6%，同比减少5家。其中低于50%的机构有28家，同比减少2家；有5家机构的拨备覆盖率甚至不足10%，同比持平。截至2019年末，全区地方法人银行业金融机构贷款损失准备余额263.6亿元，较年初少计提2.2亿元，按照120%—150%拨备覆

① 出于包商银行重组阶段数据可得性考虑，除大中小微企业不良贷款分析外本部分数据均不含包商银行。

盖率监管标准计算，地方法人银行业金融机构还应计提164.9亿元至272亿元贷款损失准备。

3. 地方法人银行业金融机构整体资本充足水平基本稳定，部分机构资本充足率严重不足。截至2019年末，全区地方法人银行业金融机构的平均资本充足率为10.6%，同比上升0.7个百分点。全区有33家地方法人银行业金融机构资本充足率不达标，占18.3%，同比减少10家，其中有22家机构为负值。地方法人银行业金融机构资本补充渠道狭窄，损失吸收能力不足。

4. 地方法人机构利润大幅下滑，盈利能力下降。2019年，全区地方法人银行业金融机构累计实现利润52.9亿元，同比减少20.3亿元，下降27.8%。占全区银行业金融机构利润总额的34.3%，同比上升6.2个百分点。资产利润率为0.5%，同比下降0.2个百分点。其中，低于0.6%的机构有76家，盈利能力整体同比有所下降。如果考虑资产质量反映不真实、拨备计提不足等因素，地方法人机构的利润将进一步大幅度下滑，2019年全区有25家地方法人机构呈现亏损，较上年同期增加5家，亏损额合计10.8亿元，同比增加7.4亿元，同比上升220.1%，另有5家机构净利润为零，较上年同期增加1家。

5. 地方法人机构流动性承压明显，部分机构流动性风险隐患突出。截至2019年末，全区地方法人银行业金融机构流动性比例为50.4%，同比上升1.2个百分点，高于监管标准25.4个百分点。同业负债占负债总额的比例为13.6%，总体保持在合理区间。但仍有17家机构的存贷比超过100%，22家机构的核心负债依存度低于60%，59家机构优质流动性资产充足率不足80%，流动性承压明显。部分机构长期依靠同业资金维持经营，期限错配严重，流动性风险隐患突出。全区有6家机构同业融入占总负债的比例超过30%，34家机构同业融出占总资产的比例超过30%。受包商银行被接管事件的影响，区内地方法人机构在同业市场上的融资门槛明显提高，截至2019年末，地方法人机构发行同业存单212.7亿元，较4月末减少72.1亿元，较年初减少167.3亿元。

（二）证券业

1. 证券公司总体风险可控，存在一定经营风险。从主要财务指标情况看，受市场回暖影响，两家法人证券公司实现扭亏为盈，资本市场融资功能加强，以净资本为核心的风险覆盖率、资本杠杆率、流动性覆盖率、净稳定资金率等主要风险控制指标均符合监管要求，且保持在监管标准的预警阈值之上，总体风险可控，但证券公司经营中存在的业务和组织构架重组风险、项目违约风险及合规风险等隐患不容忽视。

2. 股权质押风险依然存在。截至2019年末，全区存在5%以上大股东股权质押的A股上市公司共18家，同比减少2家，第一大股东股权质押比例超过50%的12家，同比减少1家。区内上市公司股权质押风险暂时得到缓解，但上市公司二级市场股价波动频繁和大股东流动性紧张的本质仍旧未改变，股票质押风险依然存在。

3. 部分上市公司存在经营风险和退市风险。部分上司公司因年报业绩变脸和重大安全事故使公司持续性经营存在不确定性；无实质经营主业或主业发展停滞，以非经常性损益维持其上市地位，存在较大的经营风险和退市风险；受到子公司理财产品兑付风险的牵连，同时也面临着因股权质押被处置的风险；因股价连续下跌并接近发行价而面临暂停交易和退市风险。

4. 个别债券存在违约风险。2019年是全区债券偿付的高峰期，年内全区交易所市场上市的债券和资产证券化资产到期及回售金额为251.5亿元，为历年来最高，截至2019年末已有9只债券出现了兑付风险，金额合计72.5亿元，虽然得到稳妥化解，但对区内的信用环境造成了一定程度的影响。

（三）保险业

1. 保费支出有所增长，部分保险业务超赔和应收保费上升，营运压力增大。一是大病保险发生超额赔付。全区保险机构累计承保大病保险项目86个。其中，赔付率超过100%的超赔项目有48个，占全部项目的56%，保险机构共承担超赔金额2.4亿元。二是保证险和农险应收保费上升明显。应收保费49亿元，同比增长29%；平均应收保费率18%，高于全国平均水平4.7个百分点，全国排名第5位。其中，保证险应收保费24亿元，占比49%；农险应收保费15亿元，占比30%。另外，个别公司车险综合费用率、健康险赔付支出攀升，加大了保险业经营亏损风险。

2. 行业稳增长难度依然较大。车险业务竞争加剧，保费充足度下降，盈利空间进一步压缩；农业保险因自然灾害频发，条款设计和承保方式需要更加审慎、科学、有效。人身险公司高现价产品清理整顿不断深入，在中短存续期业务得到有效管控的同时，业务增速明显放缓，保持中高速增长难度不断加大。

四、金融改革及基础设施建设

（一）存款保险制度稳步推进

2019年，稳步推进存款保险制度有效落实。一是有序开展存款保险保费管理工作。2019年，全区170家投保机构累计交纳存款保险保费4.9亿元，增长71.3%。二是稳步推进存款保险现场核查工作。对169家投保机构的实收资本、同业投资、贷款、其他应收款、抵债资产、固定资产、预付账款、其他资产等业务开展全面核查，摸清投保机构真实风险状况。三是积极发挥存款保险风险差别费率的校正作用。2019年，对辖内投保机构存在的数据严重失实、重大风险状况、早期纠正效果不佳等情况进行了89项适用费率调整，及时纠正经营数据不真实、违反宏观调控政策等问题，促使投保机构依法、合规、审慎经营。四是履行存款保险风险警示职能，落实存款保险早期纠正职责。约谈投保机构主要负责人，督促投保机构加快风险化解与处置工作进程，下发存款保险风险警示函，开展存款保险早期纠正，限期要求投保机构改善经营状况。

（二）利率市场化改革扎实推动

2019年，积极落实利率市场化改革措施。一是认真开展合格审慎评估工作。54家机构通过评估成为全国自律机制成员。2019年累计发行同业存单1134.3亿元，累计发行大额存单639.1亿元。二是积极推进利率市场化改革政策措施。积极推动完善贷款市场报价利率（LPR）形成机制改革政策落地，提高利率传导效率，促进降低实体经济融资成本。截至2019年12月末，全区新发生贷款中运用LPR定价的占比达到92%，地方法人银行业金融机构LPR运用占比达到95%，提前完成考核进度目标，个人住房贷款利率定价基准按期顺利向贷款市场报价利率切换。

（三）综合运用货币政策工具落实信贷政策

2019年，货币政策工作充分发挥作用。一是运用再贴现工具引导金融机构优先办理涉农、小微和民营企业的绿色票据。截至2019年12月末，全区支农（含扶贫）、支小再贷款余额分别为25.2亿元、22.9亿元，再贴现余额52.8亿元。二是积极推动“三档两优”存款准备金政策框架落地。精准落实普降、定向降准和差别化存款准备金率政策，强化降准资金使用监测。2019年共释放全区金融机构流动性金额429.8亿元。

（四）支付体系不断完善

2019年，全区支付体系协调平衡发展，支付服务环境建设不断完善。一是各类支付系统安全稳定运行。2019年，全区通过各类支付系统①共处理支付业务10.4亿笔，金额62.5万亿元。二是会计核算系统高效安全稳定运行，妥善处置包商银行应急事件，为包商银行办理应急资金支取、调拨业务。三是持续推进移动支付便民工程建设，向县域纵深发展。2019年，全区银联手机闪付和二维码移动支付交易累计8315万笔，实现了全区100%城市公交、64%旗县公交、100%高速MTC（人工半自动收费车道）以及高校、医疗健康、便民菜场等十大民生场景银行统一标准移动支付受理全覆盖。四是大力发展农牧区支付服务环境，落实乡村振兴战略。全年农村牧区电商业务286.3万笔，金额36.6亿元。

（五）反洗钱工作机制进一步健全

2019年，全区反洗钱工作继续稳步推进。一是加强部门间协调配合，“三反”工作取得新进展。加强与金融监管部门协调配合，牵头建立自治区金融机构反洗钱监管联席会议机制，为建立长期良性监管协作机制奠定基础。二是积极主动作为，各类专项行动成效显著。积极配合相关部门开展打击虚开骗税等专项行动，全年配合自治区有权机关开展协查43起，向金融机构发出调查通知书310份。三是上下联动，推动洗钱案件立案起诉审判工作取得突破性进展，加强与司法部门间信息反馈、案情会商，深化在洗钱犯罪分析、调查取证、侦破与宣判等方面的合作。

（六）征信体系建设成效明显

2019年，全区征信系统共收录企业和其他组织信息21.3万户，收录自然人信息1658.7万人，个人信用报告月均查询117.2万次，企业信用报告月均查询1.4万次。一是征信服务不断提升。2019年，全区信用报告查询网点130个，共布放个人信用报告自助查询机175台，全年个人信用报告自助查询201.9万次。二是征信信息安全和征信市场管理不断增强。对接联合机构和市场监管部门开展征信执法检查和年度考核评估，完成全区105家接入机构征信执法检查和151家接入机构的年度考核评估，摸底排查134家机构。三是应收账款融资服务平台作用不断显现。组织召开推进会、业务对接座谈会以及专题业务培训，推动政府采购、供应链核心企业与中征应收账款融资服务平台对接，拓展应收账款线上融资业务。四是农村牧区信用体系建设深入推进。2019年末，全区共采集317.8万农牧户信用信息，评定信用乡镇（苏木）312个，评定信用村（嘎查）4391个，评定信用户151.5万余户。

（七）金融法制环境建设不断完善

2019年，金融法制环境建设不断完善。一是加大执法检查力度。2019年全区各级行执法检查共

① 包含大额支付系统、小额支付系统、网上支付跨行清算系统、银行业金融机构行内支付系统、银行卡跨行支付系统。

检查机构163家。作出行政处罚决定81次，罚款总额1168.9万元，总查处比50.3%，创历史新高，相关行政处罚信息全部予以公示。二是组织全区各级行清理涉企收费项目，提出降费减负措施并开展违规涉企收费治理工作。经自查，全区各级行不存在违规收费项目。三是为依法接管包商银行风险处置操作提供法律保障。

（八）夯实国库基础工作促进国库信息化发展

2019年，国库基础工作平稳进行，信息化发展加速推进。一是进一步夯实国库基础工作。2019年全区各级国库共办理各项预算收入3316万笔，金额14917.7亿元，同比增长8.3%；办理各项预算支出283万笔，金额14715.2亿元，同比增长7.5%；全区国库库存余额378.2亿元，同比下降15.7%。二是积极促进国库信息化发展。2019年全区各级国库共办理电子税费入库金额4339.3亿元，占全区税费入库总额的88%。三是国库服务创新能力稳步提升。大力推动互联网电子方式签订授权划缴税款协议工作，全区24家商业银行网签覆盖面达到100%，2019年全区网签授权划缴税款协议4.1万份。加快普惠性税收减免退库业务进程，建立小微企业退税“绿色通道”，进一步提升国库服务质效。

五、影响金融稳定的因素分析

全区金融风险的成因较多，处置包商银行与地方债务化解、高风险机构数量多、公司治理和体制性因素叠加共振进一步加大了风险成因的复杂性。

（一）高风险机构处置风险外溢，金融机构声誉风险上升

包商银行被接管事件加大了部分地方法人银行业金融机构的流动性风险，区内法人机构在同业市场上的融资门槛明显提高、对公存款组织压力较大，加上长期处于高风险状态以及信贷资金大量沉淀等原因，部分机构的流动性隐患较为明显。另一方面法人机构风险意识薄弱的问题普遍存在，内部控制的缺位和外部监督的缺失也导致违规放贷、票据诈骗等案件时有发生，本年全区银行业金融机构案件数量激增，风险防控和处置压力较大，风险隐患较为突出。

（二）信用风险高企，地方金融形势严峻

随着前期资产规模持续扩张埋藏的风险隐患逐渐暴露，当前全区银行业不良贷款规模、不良贷款率均居全国前列，部分金融机构存在账实不符、不良资产非实质性转让和利用表外业务等监管盲点掩盖和承接不良等诸多问题。从目前区内经济基本面看，短期内不良贷款压力不会减弱，金融机构的正常类、关注类贷款中已有部分出现明显的风险征兆，且经过近些年的全力压降，不良贷款处置往后越难，陷入存量风险化解难、增量风险压力大、风险变量难控制的困境。

（三）农合机构公司治理不完善，相互持股风险叠加

近年来，农村信用社系统内相互持股的现象日渐增多，部分农村合作金融机构持有同系统内机构的股权，蕴含了以下风险：一是股东的作用难以有效发挥。在自治区联社政策安排下入股同业机构的农合机构，其主动监督参股机构经营管理的意愿降低。二是内部人员控制问题。同业股东可以

视为职工股的一致行动人，进一步削弱了其他股东的话语权。三是相互持股使得股权结构更加复杂，机构间的风险关联度和风险传染性上升，监管难度加大。

（四）不良贷款清收处置方式单一，抵债资产潜在风险较高

2019 年全区地方法人银行业金融机构清收处置不良贷款 271.2 亿元，同比多清收 85.6 亿元，占清收处置总额的 50.1%。清收处置方式以现金清收、以资抵债和贷款核销为主，加大了对部分机构拨备等积累的消耗。存量利用以资抵债处置不良贷款的规模有限，而且部分抵债资产存在产权不明、权证不齐全、不易于变现和处置税费高企等问题，受偿机构面临不同程度的贷款本息损失风险。此外，部分法人机构可能存在通过抵债资产腾挪不良贷款、少计提拨备、处置和账务处理不规范等问题，潜在的风险加大。

中国人民银行呼和浩特中心支行金融稳定分析小组

组　　长：肖龙沧

副 组 长：韩向国

成员单位：办 公 室　法律事务处　货币信贷管理处
跨 境 办　金融稳定处　调查统计处
支付结算处　反洗钱处　货币金银处
国 库 处　金融研究处　征信管理处
外汇综合处

《内蒙古金融稳定报告（2020）》编写组

总　　纂：韩向国

统　　稿：尹志成　张　燕　乔海滨

执　　笔：郭　研　岳昕巍　王　璐　李梦瑶

参与写作人员：乌　兰　石琛皓　那木拉　张宇薇　范玉红　高　菲
魏　桐　魏　敏

辽宁省金融稳定报告摘要

2019年，辽宁经济呈现稳中有进、持续向好的发展态势，发展质量稳步提升。全省金融业总体运行平稳，防范化解重大金融风险攻坚战持续推进。银行业资产负债规模不断扩大，中小银行长期积累的问题逐步显现。证券业稳步发展，交易规模增长较快。保险业业务规模继续增长，经济补偿功能进一步发挥。地方“7+4”类机构运行平稳，经营压力有所加大。金融基础设施不断完善，金融服务水平明显提升。

一、区域经济运行与金融稳定

（一）经济运行状况

1. 经济增长企稳回升，重点产业稳步发展

2019年，辽宁省实现地区生产总值24909.5亿元，同比增长5.5%，较上年少增0.2个百分点，增速居东北“三省一区”之首。经济增速与全国差距从上年同期1个百分点缩小到0.6个百分点，逐步跟上全国步伐。其中，第一产业同比增长3.5%，第二产业同比增长5.7%，第三产业同比增长5.6%。规模以上工业增加值同比增长6.7%，同比少增3.1个百分点，高于全国1个百分点，居全国第12位。

2. 固定资产投资保持增长，工业投资降幅明显

2019年，辽宁省固定资产投资同比增长0.5%，增速低于全国4.9个百分点。三大产业投资增长态势出现分化，第一产业固定资产投资同比增长11.1%，增幅较上年同期提高13.2个百分点；第二产业同比下降3.8%，较上年同期下降15.9个百分点，其中工业投资同比下降2.7%，较上年同期下降14.6个百分点；第三产业同比增长2.8%，较上年同期提高3.5个百分点。

3. 消费保持较高增速，居民收入保持增长

2019年，辽宁省社会消费品零售总额实现15008.6亿元，同比增长6.1%，较上年同期少增0.6个百分点，低于全国1.9个百分点。网上消费增势强劲，全年实物商品网上零售额实现1094.4亿元，同比增长24.7%。城镇常住居民人均可支配收入39777元，同比增长6.5%，增幅较上年同期下降0.2个百分点；农村常住居民人均可支配收入16108元，同比增长9.9%，较上年同期多增3.3个百分点。

4. 居民消费价格水平小幅上涨，工业生产者出厂价格指数有所回落

2019年，辽宁省居民消费价格指数（CPI）同比上涨2.4%，较上年同期下降0.1个百分点，低于全国平均水平0.6个百分点。工业生产者出厂价格指数（PPI）同比下降0.5%，较上年同期回落

5.3 个百分点。

5. 外贸总额同比下滑，贸易逆差有所收窄

2019 年，辽宁省进出口总额 7255.1 亿元，比上年下降 4.0%。其中，出口总额 3129.8 亿元，同比下降 2.6%；进口总额 4125.3 亿元，同比下降 5.0%。贸易逆差为 995.5 亿元，较上年同期有所收窄。跨境人民币收付金额合计 1255.4 亿元，结算量排名全国第 11 位。人民币保持辽宁省跨境收支第二大结算货币，资本项下第一大结算货币。

6. 财政收支保持增加态势，财政赤字规模同比扩大

2019 年，辽宁省一般公共预算收入 2652 亿元，同比增长 1.4%，较上年同期少增 7.9 个百分点，低于全国 2.4 个百分点。一般公共预算支出 5761.4 亿元，同比增长 7.9%，较上年同期少增 1.2 个百分点，低于全国 0.2 个百分点。财政赤字 3109.4 亿元，比上年同期增加 402 亿元，同比增长 14.8%。

7. 房地产开发投资进度有所放缓，房屋销售面积缩减

2019 年，辽宁省房地产开发投资 2833.95 亿元，同比上升 9%。商品房销售面积 3696 万平方米，同比下降 6.1%；商品房销售额 3049 亿元，同比上升 2.8%，但增幅较 2018 年收窄 4.3 个百分点。

（二）经济运行中需要关注的问题

1. 新增发展动能尚显不足，产业结构调整任务艰巨

工业运行对传统产业依赖依然较大，发展新动能尚未形成足够支撑。当前工业运行趋稳更多的是依赖石化、冶金等大宗原材料价格的阶段性上涨。新增利润集中于基础原材料行业，新兴行业利润增长不明显。消费品行业发展薄弱，品牌意识、品牌数量与发达省份有很大差距。战略性新兴产业仍是短板，难以抵消传统动能的减弱，多点多业支撑的产业格局还没有形成。

2. 固定资产投资增速放缓，难以形成持续稳健支撑

2019 年，辽宁省固定资产投资增速较上一年下降 3.2 个百分点，没有达到预期目标。其中第二产业固定资产增速降幅较大，工业投资未能对经济增长带来拉动效应，有效投资不足。由于制造业企业杠杆高、债务负担重，加之近年来初级工业品由于产能过剩导致价格大幅下滑，而生产成本压缩空间有限，导致企业投资回报率下降，抑制企业投资热情。

3. 民营经济综合实力不强，营商环境建设仍需持续推进

辽宁省民营企业大多为国有装备制造及重化工企业配套型企业，大多处于产业链低端，只能完成简单的初级产品加工，独立发展及创新能力较差，行业龙头领军企业较少，加之地区多年累积的结构性、体制性矛盾，民营经济发展不协调、不充分，缺乏核心竞争力。此外，营商环境建设力度仍需持续升级，面向创新企业的普惠性政策落实和配套服务尚不完善。

4. 贸易摩擦影响开始显现，对外开放短板亟待补齐

受中美贸易摩擦和钢材、镁砂等主要出口商品价格下跌影响，辽宁省对美贸易总额下降 31.7%，较上年同期多降 55.6 个百分点。其中出口下降 23.7%，较上年同期多降 35.3 个百分点，进口下降 40.4%，较上年同期多降 81.2 个百分点。沈阳等地一批对美出口企业降幅较大，大连三菱、海尔大连等公司将生产基地转移至国外。对日本、欧盟出口减少 60 亿元左右。此外，受伊朗被制裁等因素影响，进口减少 380 亿元。

二、金融业与金融稳定

（一）银行业

1. 运行状况

资产负债规模持续扩大，各类机构增速有所分化。截至2019年末，辽宁省银行业金融机构资产总额85875.87亿元，同比增长5.28%；负债总额82432.51亿元，同比增长4.76%。资产负债增速分别比上年同期提高1.72个和0.83个百分点。从机构类型来看，股份制商业银行、农村信用社和民营银行的资产规模增长较快，而外资银行资产规模增速放缓。地方法人银行业金融机构资产负债规模稳步增长，截至2019年末，地方法人银行业金融机构资产总额43655.89亿元，同比增长4.50%，负债总额40613.09亿元，同比增长4.50%。

存贷款余额稳健增长，信贷投向更趋合理。截至2019年末，辽宁省银行业各项存款余额62697.41亿元，同比增长6.24%；各项贷款余额49582.63亿元，同比增长10.22%。从机构类型看，外资银行贷款整体呈收缩状态，地方法人银行业金融机构贷款保持较快增速。从行业看，传统产业及产能过剩行业贷款增速放缓或出现负增长，而第三产业中多数行业贷款增速加快。分企业类型看，大型企业、中型企业、小型企业、微型企业贷款余额分别同比增长3.46%、4.01%、13.24%和37.28%。

贷款利率先升后降，切实降低实体经济融资成本。2019年，辽宁省存款利率运行平稳，贷款利率呈现出先升后降的态势。上半年，受小微企业发放贷款占比提升、包商银行事件引发中小银行信用分层等因素影响，辽宁省金融机构贷款加权利率呈波动上行趋势。下半年，在贷款市场报价利率（LPR）改革有序推进、国家降低企业融资成本政策及央行货币信贷政策的引导下，市场利率呈现下行态势。2019年末，辽宁省金融机构新发放人民币一般贷款加权平均利率同比下降33个基点。其中，小微企业贷款利率显著下降，辽宁省普惠口径下小微企业贷款利率较年初降幅达55个基点。

货币政策得到有效落实，为实体经济发展提供有力支持。2019年，辽宁省金融机构通过各类政策工具累计获得流动性支持2639.7亿元，是2018年的2倍。金融机构积极利用降准资金，加大对小微企业、民营企业等重点领域的信贷投放力度。截至2019年末，全省小微企业贷款余额12692亿元，同比增长15.0%，比大中型企业贷款增速高9.8个百分点，比全部贷款增速高4.2个百分点。民营企业贷款余额21930亿元，同比增长14.0%，高于全部贷款增速3.2个百分点。金融机构有效运用扶贫再贷款，深入推进精准扶贫工作。金融精准扶贫贷款余额223.5亿元，同比增长22.3%。全面做好“三农”金融服务，加快推进乡村振兴战略。涉农贷款余额8638亿元，同比增速6%，较上年高0.6个百分点。

2. 需要关注的问题

不良贷款仍处于高位，贷款质量下迁压力加大。2019年末，辽宁省银行业不良贷款余额2547.4亿元，比年初增加365亿元，不良贷款率为5.14%，比年初上升0.29个百分点，不良贷款余额和不良贷款率分列全国第1位和第5位。关注类贷款比年初增加737亿元，同比多增455亿元，贷款质量下迁压力加大。不良贷款主要集中在制造业、批发零售业和农林牧渔业，这三类行业不良贷款余额合计占比接近70%，风险防控面临较大压力。

法人银行业金融机构风险抵补能力减弱，管理经营压力较大。受监管政策趋紧、同业及资管业务萎缩以及信用风险加大等因素影响，辖内银行业金融机构累计利润增长率逐步走低，风险抵补能力有所减弱。2019年，全省法人银行的资本充足率为9.76%，较年初下降0.37个百分点，外源性资本和内部资本补充能力不足，资本管理压力持续存在。部分法人银行"三会一层"流于形式，不能有效发挥监事会监督职能，授权体系不完善。一些机构缺乏审慎合规经营意识，风险管理滞后于业务发展，抗风险能力弱，可持续发展面临挑战。

部分机构流动性风险凸显，风险管控明显承压。2019年，受同业市场波动、负面舆情及机构自身资产负债结构不合理等因素叠加影响，多家法人银行业金融机构同业融资难度加大，信用融资比例较低，流动性紧缩明显，流动性指标不达标，流动性压力凸显。2019年，辽宁省个别法人机构爆发不同程度的流动性风险，网点出现集中取款事件，风险管控压力明显加大。

企业信用风险向银行体系传导，银行信用风险加剧。近年来，辽宁省大型企业风险事件频出，尤其是债券违约事件不断爆发，对银行信贷资产质量产生冲击。截至2019年末，辽宁省大型有问题企业不良贷款余额占全省近四分之一。由于大型企业信用风险事件逐渐蔓延，债权银行受到资产损失和补充拨备等因素影响，经营利润大幅下降，多数债权银行出现增收不增利的情况。

（二）证券业

1. 运行状况

上市公司数量有所增加，多元化资本工具继续助力企业改善融资结构。截至2019年末，辽宁省共有境内上市公司75家，同比增加1家。其中，3家公司新上市，1家公司退市，1家公司迁址至外埠。上市公司总股本1233.67亿股，同比增加4.74%；总市值6966.31亿元，同比增长23.98%。辽宁省在全国中小企业股份转让系统挂牌企业181家，同比减少43家。2019年，辽宁省企业通过各类资本工具，共实现直接融资总额230.51亿元，其中股票市场融资47.07亿元，辽宁股权交易中心挂牌或托管企业直接融资4.96亿元，通过交易所市场发行公司债券融资132亿元，通过发行资产支持证券融资46.48亿元。

经营机构数量略有增加，有效发挥服务实体经济功能。截至2019年末，辽宁省共有法人证券公司3家，证券咨询公司3家，证券分公司58家，比上年增加5家；证券营业部342家，比上年减少3家；共有法人期货公司2家，期货分支机构108家（分公司41家，营业部67家），数量与上年持平；登记基金管理人164家，比上年增加2家，其中私募证券投资管理人59家，股权投资管理人与创业投资管理人合计102家。各类经营机构的增加为投资者和市场提供了更加丰富、多元化的金融服务。

证券交易规模增长较快，但新发基金数量下降明显。截至2019年末，辽宁省在沪深开户数为1563.58万户，同比增加8.34%；证券成交额74569.34亿元，同比增长12.02%；股票交易额41877.13亿元，同比增长30.26%；期货开户数13.92万户，同比增加1.61%；成交量33539.49万手，同比增长5.77%；期货交易手续费收入22031.22万元，同比下降6.9%。基金管理公司当年新发基金21只，比上年同期减少18只，募集金额为8.02亿元，比上年同期下降51.01%。

2. 需要关注的问题

直接融资规模下降明显，地方投资吸引力有待增强。2019年，辽宁省直接融资规模呈现下降趋势，上市公司在股票市场融资同比下降60.89%，发行公司债规模同比下降18.4%，资产支持证券规模同比下降34.8%。同时，辽宁省在吸引风险投资、天使投资方面显著弱于发达省份，新发基金数量比上年减少21只，新发募集金额同比下降51%，企业对风投等产品缺乏了解，对已有市场融资渠道利用不充分，地方投资吸引力还需改善。

上市公司经营业绩不佳，部分企业的流动性风险不容忽视。辽宁省上市公司中，大型的重化工企业以及制造业占比较高，受产业结构调整影响较大，企业产能和经营绩效较低。再加上近年来省内的企业债券违约、违规担保、报表失真等风险事件频发，削弱了辽宁省上市企业在资本市场再融资能力，导致企业整体流动性较为紧张。目前辽宁省上市公司普遍存在大股东股权质押情形，部分股东质押比例高达80%以上，若资本市场震荡加剧，将会影响企业和融资机构的资金安全，相关流动性风险仍然不容忽视。

法人证券公司规模较小，个别机构风险突出。2019年，受股票市场行情逐步稳定的因素影响，主要法人证券公司均实现营业收入快速增长，但个别证券机构由于债券交易违约，导致亏损规模持续扩大，并出现资不抵债、净稳定资金率为负等情形，存在风险外溢可能。另一方面，辽宁省目前的法人证券公司仍然存在资本规模小、从业人员数量减少、全国排名靠后等问题，法人证券公司核心竞争力不强，对地方经济发展的支持力度受限。

（三）保险业

1. 运行状况

市场总体平稳运行，行业规模持续提升。截至2019年末，辽宁省共有省级以上保险公司121家，其中人身险法人公司3家，财产险法人公司2家，保险资产管理公司1家。省级财产险公司42家，省级人身险公司62家，省级政策性保险公司1家。保险从业人员45.39万人。2019年，全省保险业共实现原保险保费收入1289.96亿元，同比增长8.56%，其中，财产险业务保费收入371.59亿元，同比增长9.59%；人身险业务保费收入918.37亿元，同比增长8.15%。全省保险业总资产3463.70亿元，同比增长9.61%，其中人身险公司资产总额3173.40亿元，同比增长9.73%；财产险公司资产总额290.28亿元，同比增长8.22%。

经济补偿功能持续发挥，改革试点深入推进。一是继续发挥积极的经济补偿作用。2019年，全省赔付支出406.34亿元，其中财产险业务共发生赔付支出205.94亿元，同比增长5.96%；车险业务实现赔付支出149.29亿元，同比增长0.18%；责任保险继续发挥在社会管理中的重要作用，发生赔付支出9.44亿元，同比增长16.83%；农业保险增速较快，实现赔付支出20.10亿元，同比增长45.13%。保险功能作用得以进一步发挥，成为保障民生的有力支撑。二是改革创新持续推进。在商业车险改革方面，道路交通事故“互碰自赔”机制、简易事故快处快赔对接机制等推动深化。在农业保险试点方面，大灾保险试点地区由原有的13个增至28个，并在全国率先开展玉米完全成本保险和收入保险试点。

人身险业务结构优化，期趸比例不断提升。在规范中短存续期产品的监管政策引导下，人身险机构继续着力调整业务结构，人身险市场业务结构改善幅度加大。新单期交业务指标呈现上升，全省人身险公司寿险业务实现新单保费收入229.34亿元，其中新单期交保费150.21亿元，期趸比例从上年的1:0.7提升到1:0.5。2019年，寿险公司退保率下降，由2018年的8.29%下降至3.65%，下降4.64个百分点。

2. 需要关注的问题

业务发展动力不足，法人公司经营受限。2019 年全省保险业总资产同比增长 9.61%，低于全国 2.57 个百分点。目前，辽宁辖内法人保险机构数量少，资产规模较小，资产总额仅占全国保险公司资产总额的 1.68%。各机构市场定位普遍相对模糊，未展现出明显的区域经济特色，高质量人才储备不足，公司治理与经营发展不尽理想，未与区域经济发展形成良好的正向相互促进机制。个别机构深陷股权纠纷的状况长期没有改善，实际控制人和管理层缺位，业务停滞，保费收入大幅下跌，持续亏损。

行业转型发展有待深入，流动性压力仍需关注。一是部分保险机构依靠销售中短存续期产品带动业务快速增长，目前该类产品已经陆续进入实际兑付期。随着控制中短存续期产品销售规模系列措施的出台，部分机构面临较大的现金流压力。二是总体来看，多数中小财险公司在差异化竞争方面深耕不足，仍采用拼费用赢市场的粗放发展模式。尽管市场秩序维护取得一定成效，但保险产品的创新性与保障功能有待进一步加强，业务转型仍处攻坚期。

机构合规经营意识不足，市场规范性有待加强。一是部分保险机构重业务轻合规，经营模式仍显粗放，风险管控不严，更趋良性的竞争环境尚有待形成。二是部分机构内控管理较为薄弱，存在岗位管理不规范、独立的风险控制和合规管理部门缺失、虚列费用等问题，机构合规经营的体制机制和执行力仍然不足。三是寿险代理人稳定性差，离职率高，一方面增加保险公司人员培训管理成本，另一方面易产生大量孤儿保单，影响保险公司自身信誉。

三、地方“7+4”类机构与金融稳定

（一）融资性担保机构

1. 基本情况

截至 2019 年末，辽宁省共有融资担保机构 370 家，其中法人机构 359 家，比上年减少 11 家；注册资本总额 541.3 亿元，同比下降 7.77%，平均注册资本 1.51 亿元，同比减少 4.43 亿元。2019 年，辽宁省融资担保机构累计实现融资担保额 675.1 亿元，同比上升 8.9%；在保责任余额 1667.7 亿元，同比增长 12.1%；全年实现净利润 -0.98 亿元，同比下降 463.0%。

2. 风险状况分析

一是银行机构收缩与融资担保机构业务合作，逐步下调存量业务规模，银担合作面临困难；二是受当前经济下行趋势影响，融资担保公司代偿率增加，代偿资产追索难，进而导致资产流动性下降；三是融资担保机构承保能力弱，尚未与银行等金融机构建立起风险共担的业务合作模式；四是内部缺乏有效的风险分担和转移措施，外部尚未建立起资金补充和风险分散机制，造成行业经营风险不断积聚。

（二）小额贷款公司

1. 基本情况

截至 2019 年末，辽宁省共有小额贷款公司 526 家，比上年减少 4.19%。注册资本总额 357.8 亿元，平均注册资本 0.68 亿元。全年累计投放贷款 165.4 亿元，同比下降 15.7%；贷款余额 305.0 亿

元，同比下降 1.9%；净利润总额 0.9 亿元，同比下降 25.0%。

2. 风险状况分析

一是行业景气度不高，社会资本投资小贷公司的意愿不强；二是资金流动性下降，贷款回收困难，不良资产难以清收，资金周转缓慢。

（三）典当行

1. 基本情况

截至 2019 年末，全省共有典当行及分支机构 616 家，其中：法人 597 家，分支机构 19 家；企业实缴注册资本 61 亿元；发放当金累计总额 52.1 亿元，同比增长 0.8%；当金余额 31.3 亿元，同比增长 32.7%；营业收入 2.2 亿元，同比增长 12.6%；从业人数 1846 人，同比减少 1.4%。2019 年，全省典当企业缴纳税金 1293 万元，同比增长 373.9%。净利润 -7006.64 万元，同比下降 299.49%。

2. 风险状况分析

辽宁省典当企业注册资本、当金余额、累计发放当金总额明显低于全国平均水平，行业准入门槛低、规模小、经营能力弱和管理效率低等问题较为突出。

（四）金融权益类交易场所

截至 2019 年末，辽宁省共有 4 家金融权益类交易场所：辽宁股权交易中心、辽宁金融资产交易中心、辽宁北方金融资产交易中心和大连股权交易中心。辽宁股权交易中心注册资本 1 亿元，累计挂牌企业 2120 家，累计实现各类融资 451.8 亿元。辽宁金融资产交易中心注册资本 1000 万元，挂牌金融资产 1068 亿元，累计成交额 137.8 亿元。辽宁北方金融资产交易中心注册资本 3 亿元，累计完成金融资产交易 1269 笔，交易额 1857 亿元。大连股权交易中心注册资本 5000 万元，挂牌企业 608 家。

（五）地方资产管理公司

1. 基本情况

截至 2019 年末，辽宁省共有 2 家地方资产管理公司，分别为辽宁富安金融资产管理公司和辽宁省国有资产经营有限公司。辽宁富安金融资产管理公司资产规模 19.3 亿元，当年收购债权规模 80.89 亿元，实现净利润 8160 万元。辽宁省国有资产经营公司资产规模 52.56 亿元，当年收购债权规模 8.05 亿元，实现净利润 2346 万元。

2. 风险状况分析

一是地方资产管理公司面临融资期限短、成本高、渠道少的困境。融资受限使得地方资产管理公司未来竞争压力日趋严峻。二是辽宁省内不良资产一级市场活跃度不高，且不良资产包内资产项下抵押物以工业土地、厂房为主，商业地产居多。受经济下行、资产价格低迷等因素影响，担保物权的价值在逐步减值，处置难度大，处置收益或难以抵消通胀影响。

（六）融资租赁公司

1. 基本情况

截至 2019 年末，全省共注册融资租赁公司 1615 家（分支机构 349 家），注册资本合计 1080.6 亿元；其中内资企业1414家（分支机构334家），注册资本合计831.67亿元；外资企业201家（分支机构15家），注册资本合计248.9亿元。2019年，全省（不含大连）94家融资租赁公司累计纳税5739.01万元。

2. 风险状况分析

一是2019年辽宁省87%的融资租赁公司未发生缴税，存在大量空壳、失联企业。二是行业管理法律法规不健全，行业准入标准和监管规则制度缺失对融资租赁公司和监管部门履职有一定负面影响。三是实际经营中的融资租赁公司存在融资难、银行授信门槛高、服务产品针对性不强等问题，使企业难以做大做强。

（七）商业保理公司

1. 基本情况

截至2019年末，全省有商业保理公司382家（分支机构17家），注册资本合计441.6亿元；其中，21家为外资或中外合资企业，注册资本合计31亿元。2019年，全省（不含大连市）39家商业保理公司累计纳税777.3万元。

2. 风险状况分析

一是2019年辽宁省89%的商业保理公司从未发生缴税，存在大量空壳、失联企业。二是监管法治体系不健全，行业规章制度缺失给商业保理公司经营和监管部门落实措施都造成了一定障碍。

（八）非法集资

1. 基本情况

2019年，辽宁省非法集资案件的特点是“三升两小两集中”，即发案数量、集资金额、参与人数上升；绝大多数个案金额较小，参与人数较少；发案领域集中、发案地域集中。全年新发案件292起，同比增长92.11%；涉案金额294亿元，同比增长600.73%；参与集资人数10.4万人，同比增长35.06%。

2. 风险状况分析

2019年，辽宁省非法集资新发案件数量、涉案金额以及参与集资人数等较大增长，风险总体处于可控状态。最突出的风险特点体现为千万规模和千人规模以下的案件占大多数。维稳压力主要集中在个别案件，案发地主要集中在大连和沈阳两地。

四、金融基础设施与金融稳定

2019年，辽宁省金融基础设施不断完善，支付系统平稳运行，法律环境继续优化，反洗钱监管效率切实提升，社会信用体系建设协调推进。

（一）支付体系

2019年，辽宁省支付体系健康发展，支付系统运行平稳，移动支付普及稳步推进，农村支付环境建设持续深化。

1. 支付环境与体系状况

支付系统平稳运行。2019 年，辽宁省共处理大、小额支付系统业务 16169.1 万笔，金额合计 151.1 万亿元，相当于同年辽宁省 GDP 的 60.66 倍（2018 年是辽宁省 GDP 的 59.22 倍）。辽宁省处理大额支付系统业务同比增长 0.19%，处理小额支付系统业务同比增长 75.52%。

支付体系建设成效显著。一是取消企业银行账户许可，进一步优化金融服务。二是强化移动支付与农村支付环境建设相对接，大力推进移动支付等新兴支付方式在县域地区的普及应用。三是推动农村支付环境建设。以行政村为单位将原有农村金融服务站、助农取款服务点转型升级为农村普惠金融服务站，完善农村普惠金融服务功能。截至 2019 年末，全省 4120 个服务点终端已完成升级改造。

2. 需要关注的问题

一是风险防控仍是支付领域的重要任务；二是如何运用金融科技保证支付产业的安全性成为支付结算体系面临的重大课题；三是金融科技的应用给现有监管体系带来挑战。

（二）法律环境

2019 年，辽宁省充分发挥立法引领、推动和保障作用，依法治理、依法行政、依法保护能力和水平不断提升，金融消费环境得到持续改善。

1. 法律环境状况

立法机制不断健全，法治环境进一步改善。2019 年，辽宁省人大常委会围绕辽宁振兴发展，着眼重点民生问题，坚持立改废释并举，共制定 5 件、修改 5 件、集中清理 23 件省级地方性法规。全省法院共受理各类案件 1183844 件，同比上升 6.82%，审执结案 1106691 件，同比上升 9.96%。全省检察机关努力营造法治化营商环境，精准服务保障打好三大攻坚战，起诉金融诈骗、非法吸收公众存款等犯罪 1071 人。

金融消费环境持续改善，金融教育普及机制继续推进。2019 年，投诉管理工作稳步开展，服务水平和运行效率不断提升。全年共受理有效投诉 854 件，解答咨询 6249 件，涉及支付结算、征信、人民币类等，金融消费者满意度保持在较高水平。金融消费者教育长效机制逐步完善，基本形成以日常宣传教育为基础，“3·15 消费者权益日”“普及金融知识　守住钱袋子”“金融知识普及月”宣传为重点的多层次、全覆盖的宣传格局。

2. 需要关注的问题

一是随着社会经济不断发展，金融纠纷案件总体呈上升趋势，如何更好地保护消费者权益需要持续关注；二是金融消费者的知识水平、风险防控意识有待进一步加强。

（三）反洗钱

2019 年，辽宁省不断完善反洗钱合作机制建设，持续加大执法检查处罚力度，积极开展反洗钱调查协查，保证金融安全和社会稳定。

1. 反洗钱工作状况

加强协调合作，提升反洗钱执法检查力度。人民银行与银保监局等相关部门协调合作不断加强，扎实推进在地市层面沟通合作，拓宽信息共享通道，形成反洗钱监管合作新机制。对于辖内重点关注高风险行业和机构，倾斜监管资源分配、采取针对性监管措施，突出对法人义务机构监管。2019

年，共对54家义务机构开展现场检查工作，组织开展监管走访69次，约见谈话84次，督促义务机构不断完善洗钱风险控制措施。

优化工作机制，提高反洗钱工作质量。有序开展反洗钱评级工作，针对不同类型法人特点，修改反洗钱分类评级指标，改进非现场监管手段，探索引入人工智能、大数据等技术提升反洗钱工作信息化水平。2019年共完成25家法人机构、143家非法人义务机构、1162家义务机构的分类评级工作，实现对辖内所有义务机构反洗钱分类评级全覆盖。

2. 需要关注的问题

一是对特定非金融行业监管、洗钱犯罪重视程度不够，反洗钱监管制度操作难；二是反洗钱处罚力度、监管水平需要进一步提升。

（四）征信体系

2019年，辽宁征信体系建设稳步推进，征信合规管理力度显著增强，金融信用信息基础数据库平稳运行，征信服务水平进一步提升。

1. 征信体系状况

金融信用信息基础数据库平稳运行。截至2019年末，个人信用信息基础数据库共收录辽宁省3462万个自然人、9544万个信贷账户，收录3462万自然人信息。2019年，企业信用信息基础数据库共采集辽宁省内44万户企业和其他组织的信贷信息，开通查询网点2435个，开通查询用户2426个，月均查询量3.1万次。全年互联网查询服务平台新增注册用户53万个，申请查询服务102万次。全省各级人民银行累计提供企业信用报告查询服务2.98万次、个人信用报告查询服务240万次。

信用报告查询渠道建设积极推进。2019年，共开设138个个人信用报告查询网点，51个企业信用报告查询网点，投入151台个人信用报告自助查询设备。同时，推出企业信用报告网银查询服务，满足广大企业尤其是中小微企业信用报告便捷化查询需求，形成了“线上线下”互补的企业征信服务模式。

农村信用体系建设扎实开展。围绕脱贫攻坚，助力金融精准扶贫，建立“小额信贷补偿机制”、搭建农业信贷担保平台。截至2019年末，全省农村信用社和邮政储蓄银行共为449.7万户农户建立信用档案，农户信用档案覆盖全省全部县区。其中已评定信用农户数412.8万户，对已建立信用档案的383.7万农户累计发放贷款6435.2亿元，贷款余额683.7亿元。

2. 需要关注的问题

一是地方征信平台建设存在标准不一、重复建设和数据割裂等问题；二是如何加强信用评级机构监管，促进信用评级行业高质量发展，是目前需要解决的问题。

五、2020年展望

2020年是决胜全面建成小康社会、打赢精准脱贫攻坚战、实现“十三五”规划收官之年，辽宁省将以习近平新时代中国特色社会主义思想为指导，全面贯彻党的十九大和十九届二中、三中、四中全会精神，深入落实习近平总书记关于东北、辽宁振兴发展重要讲话和指示批示精神，认真落实《中共中央、国务院关于支持东北地区深化改革创新推动高质量发展的意见》精神，聚焦“五大安全”战略，紧扣全面建成小康社会目标任务，坚持稳中求进工作总基调，坚持新发展理念，坚持以供给侧结构性改革为主线，坚持以改革开放为动力，推动高质量发展，坚决打赢三大攻坚战，全面做好“六稳”工作，统筹推进稳增长、促改革、调结构、惠民生、防风险、保稳定，保持经济运行在合理区间，确保与全国同步全面建成小康社会和“十三五”规划圆满收官。

中国人民银行沈阳分行金融稳定分析小组

组　　长：朱苏荣

副 组 长：李　强

成　　员：王　莹　王　涛　尹　久　李　珺　李维康　苏　存
姚　勇　徐振江　龚　科　薛　静　魏忠全

《辽宁省金融稳定报告（2020）》编写组

总　　纂：薛　静　于大鹏　许　胜

统　　稿：高　霞

执　　笔：由　华　高　鹏　张新宜　孟　楠　张继仁　刘晓东
纪　晗　田睿璇　张　帆　孙楚涵　丁　上

参与写作人员：白　地　李丽丽　李璐娟　宋杭倩　张　冰　阿　荣
郑冬蔚　郑维臣　郭晓旭　崔　冬　谭福梅

吉林省金融稳定报告摘要

2019年，吉林省认真贯彻落实党中央、国务院决策部署，坚持“稳中求进”工作总基调，面对前所未有的困难挑战，着力推进高质量发展，经济发展新动能不断集聚，经济发展总体平稳。金融业按照党中央关于打好防范化解重大金融风险攻坚战重要决策部署，围绕落实“六稳”工作要求，积极推进各项改革，全力防范化解金融风险。金融机构存贷款回升势头明显，证券融资功能进一步发挥，保险业务结构持续优化，金融法制环境建设推进力度不断加大。

一、区域经济运行与金融稳定

2019年，吉林省经济运行承受了较大的下行压力，全年实现地区生产总值11726.82亿元①，同比增长3.0%，低于当期全国平均增速3.1个百分点。其中，第一、二、三产业分别实现增加值1287.32亿元、4134.82亿元和6304.68亿元，同比分别增长2.5%、2.6%和3.3%，三次产业比重为11.0∶35.2∶53.8。第一产业比重比上年下降3.3个百分点，呈逐年下降趋势；第二产业比重比上年下降7.3个百分点；第三产业比重比上年提升4.0个百分点，产业结构比例持续优化。

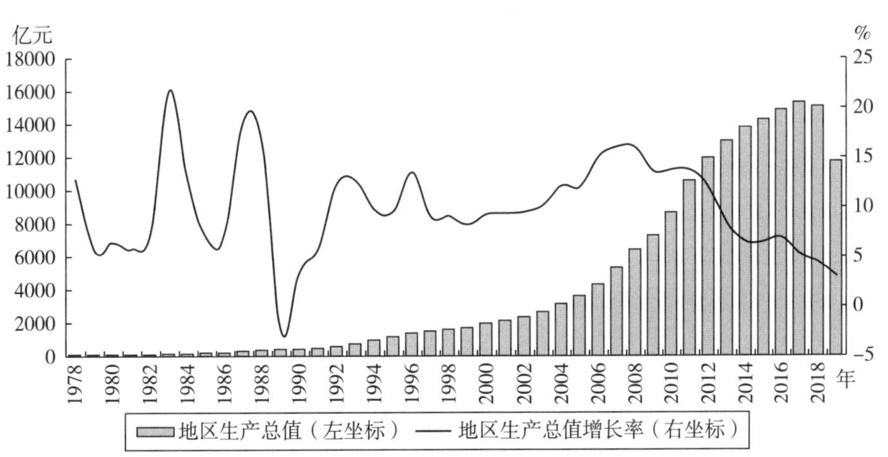

图1　1978—2019年吉林省地区生产总值及其增长率

（数据来源：吉林省统计局）

① 根据国家统计局统一部署，自2019年第四季度开始实施地区生产总值统一核算改革。按新的口径核算后，2019年地区生产总值与往年数值相比，绝对值与增速有所差异。

（一）固定资产投资增速下降明显

2019 年，吉林省固定资产投资（不含农户）同比下降 16.3%，比上年同期下降 17.9 个百分点，低于当期全国平均增速 21.7 个百分点。从三次产业来看，第一产业投资同比下降 51.4%，第二产业投资同比下降 37.7%，第三产业投资同比下降 4.9%。从重点行业来看，基础设施投资同比下降 2.8%，较上年同期收窄 6.4 个百分点；房地产开发投资 1315.52 亿元，同比上升 11.9%，较上年同期回落 17.3 个百分点。受省内重点项目储备不足的影响，固定资产投资持续萎靡，对经济增长贡献减少。

（二）消费品市场增势有所回落

2019 年，吉林省社会消费品零售总额同比增长 3.4%，增速比上年同期回落 1.4 个百分点，低于当期全国平均增速 4.6 个百分点。其中，限额以上社会消费品零售总额同比下降 5.8%。从消费地区看，城镇市场消费品零售额同比增长 3.4%；乡村市场消费品零售额同比增长 3.3%。从消费形态看，全省商品零售业零售额同比增长 3.4%，低于上年同期增速 1.2 个百分点；餐饮业零售额同比增长 3.2%，低于上年同期增速 3.3 个百分点。

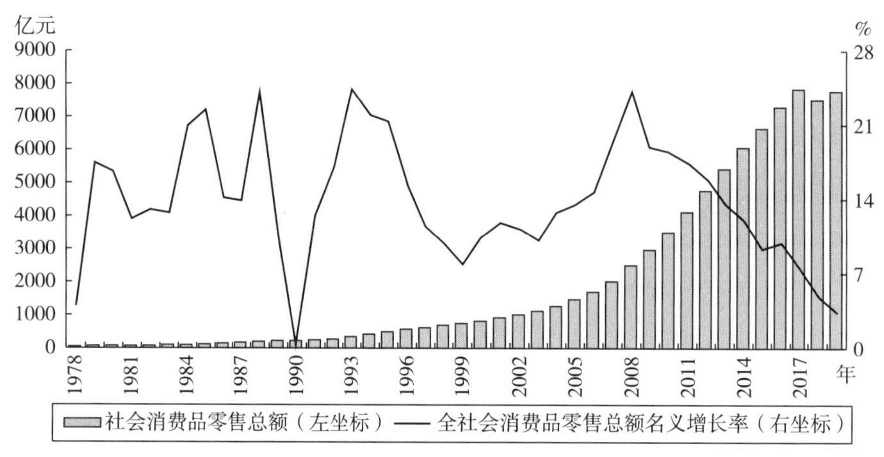

图 2 1978—2019 年吉林省社会消费品零售总额及其增长率

（数据来源：吉林省统计局）

（三）外贸进出口形势趋紧

2019 年，受海外经济体需求走弱和中美贸易摩擦潜在影响不断累积影响，吉林省进出口形势较上年明显走低。2019 年，吉林省实现进出口总值 1302.17 亿元，同比下降 4.5%，低于上年同期 13.1 个百分点。其中，进口 978.20 亿元，同比下降 5.7%，出口 323.98 亿元，同比下降 0.6%。同时，结售汇需求下降。2019 年，吉林省结售汇总额 175.92 亿美元，同比下降 14.79%。其中，结汇 40.29 亿美元，同比下降 21.9%；售汇 135.63 亿美元，同比下降 12.42%；逆差 95.34 亿美元，同比收窄 7.69%。

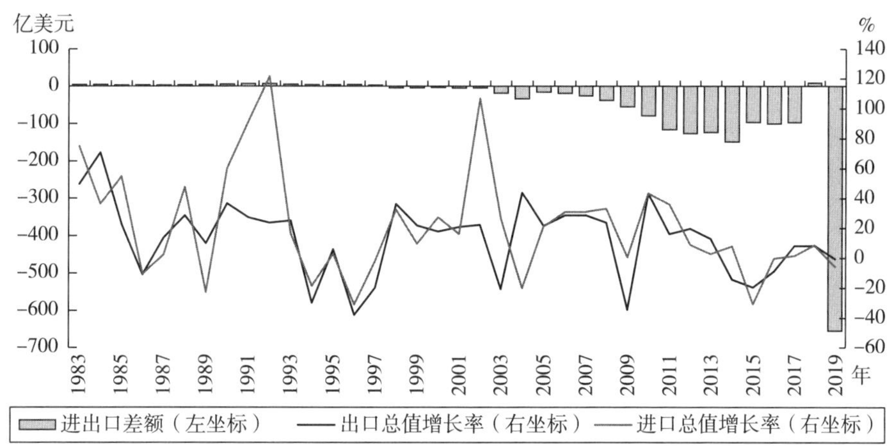

图3 1983—2019 年吉林省外贸进出口变动情况

（数据来源：吉林省统计局）

（四）农业生产保持稳定

2019 年，吉林省实现农林牧渔业增加值 1333.42 亿元，同比增长 2.5%，比上年同期高 0.5 个百分点。全省粮食生产获得丰收，粮食产量同比增长 6.7%，较上年同期高 19.2 个百分点。全省生猪、羊、牛、家禽出栏量分别增长 -13.3%、2.5%、3.7%、8.3%，较上年同期分别提高 -6.1 个、8.3 个、-3.1 个、3.1 个百分点；猪肉、牛肉、羊肉和禽肉产量同比分别增长 -14.7%、3.0%、2.5%、9.5%。生猪养殖受非洲猪瘟疫影响降幅较为明显。

（五）工业经济稳中有降

2019 年，吉林省规模以上工业增加值同比增长 3.1%，比上年同期回落 1.9 个百分点。重点产业支撑作用突出，八大重点产业增加值同比增长 3.7%。其中，汽车制造业增加值同比增长 7.9%，一汽集团汽车市场占有率从 12.3% 提升到 13.6%。从主要产品产量看，汽车、卷烟、乙烯、水泥、钢材产量分别增长 4.4%、2.4%、13.1%、24.2%、19.1%，化学纤维、中成药产量分别下降 13.8%、

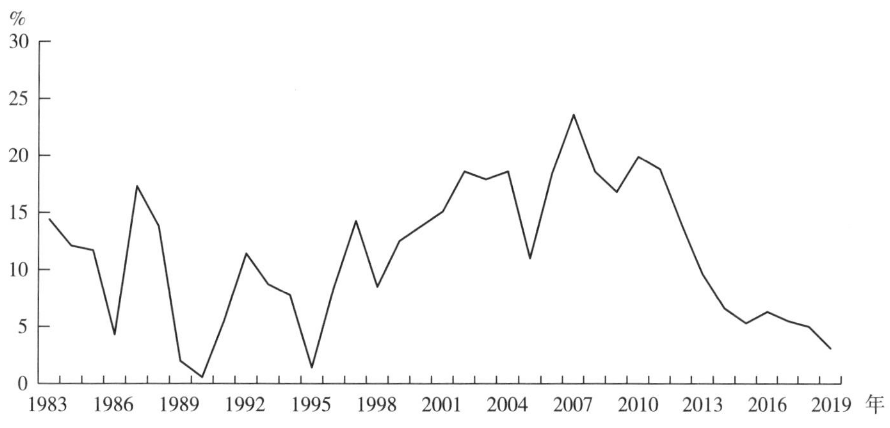

图4 1983—2019 年吉林省规模以上工业增加值实际增长率

（数据来源：吉林省统计局）

25.0%。新兴产业迅速成长。新能源汽车产销量分别是上年的4倍和3.4倍。

（六）服务业发展呈积极变化

2019年，吉林省服务业实现增加值6304.7亿元，同比增长3.3%。服务业增加值占地区生产总值的比重为53.8%，比上年提高4个百分点，服务业企业达36.3万户，增长8.6%，服务业对经济发展支撑作用持续增强。从主要行业看，批发和零售业增加值比上年增长4.7%，交通运输、仓储和邮政业增加值增长1.6%，房地产业增加值增长3.1%，金融业增加值增长6.2%，其他服务业增加值增长2.7%。寒地冰雪经济、避暑休闲产业带动下，全域旅游业接待人次和总收入分别增长12.5%和17.1%。

（七）供给侧结构性改革初见成效

发展新动能不断集聚，红旗品牌汽车销量大幅增长，长客公司时速400公里高速动车组研制成功并顺利投产，“吉林一号”卫星在轨运行数量达到15颗。大数据、人工智能、通用航空等加快发展，寒地冰雪经济、避暑休闲产业成为新增长点。去产能方面，有效压减过剩产能，2019年，吉林省原煤产量下降23.7%，铁合金产量下降75.6%。降成本方面，全面落实减税降费政策，减征增值税小规模纳税人“六税两费”，全年共减轻企业和个人负担322亿元，减税降费使市场主体活力明显增强，为实体经济降本增效发挥了至关重要的作用。补短板方面，基础设施领域投资保障有力，全年基础设施投资占全部投资的比重为22.7%，比上年同期提高3.2个百分点。脱贫攻坚战持续推进，农村贫困人口减少67610人，贫困发生率降至0.1%，1489个贫困村全部退出，9个贫困县正在履行摘帽程序。

（八）房地产调控效果显现

随着房地产市场健康平稳发展长效机制的实施，房地产市场投资逐渐趋于理性，房地产市场逐渐降温，各项指标增速回落。2019年，吉林省房地产开发投资同比增长11.9%，增速低于上年同期17.3个百分点。房屋新开工面积同比增长18.9%，增速低于上年同期11个百分点。全省房屋竣工面积同比减少19.6%，增速低于上年同期22.4个百分点。商品房销售面积同比增长2.3%，增速低于上年同期7.7个百分点。商品房销售额同比增长8.9%，增速低于上年同期19.1个百分点。从国家统计局公布的70个大中城市住宅销售价格指数来看，2019年12月长春市和吉林市新建商品住宅销售价格指数（上年=100）分别为109.4和110.2，较2018年12月的111.8和112.6均有所回落。

（九）物价水平温和可控

2019年，吉林省CPI上涨3.0%，较上年同期上升0.9个百分点，比全国平均水平高0.1个百分点。从同比看，八大类呈现“七升一降”态势。其中，食品烟酒类、居住类、衣着类、生活用品及服务类分别上涨7.5%、2.3%、2.1%、1.5%。受非洲猪瘟疫情影响，猪肉价格攀升导致食品烟酒类价格上涨，是居民消费价格指数上升的重要因素。

吉林省工业生产者出厂价格（PPI）指数累计为98.9，同比下降1.1%，与上年同期的102.8相比，价格指数下降3.9个百分点。生产资料类产品出厂价格同比下降2.2%，生活资料类产品出厂价格同比上升0.5%。工业生产者购进价格指数全年累计为99.2，同比下降0.8%。

城乡居民收入水平保持较快增速。2019 年，吉林省城镇常住居民人均可支配收入 32299 元，同比增长 7.1%；其中，工资性收入 20570 元，同比增长 8.4%。农村常住居民人均可支配收入 14936 元，同比增长 8.6%；其中，工资性收入 3933 元，同比增长 11.7%。当年城镇新增就业人数 37.56 万人，年末城镇登记失业率 3.11%。

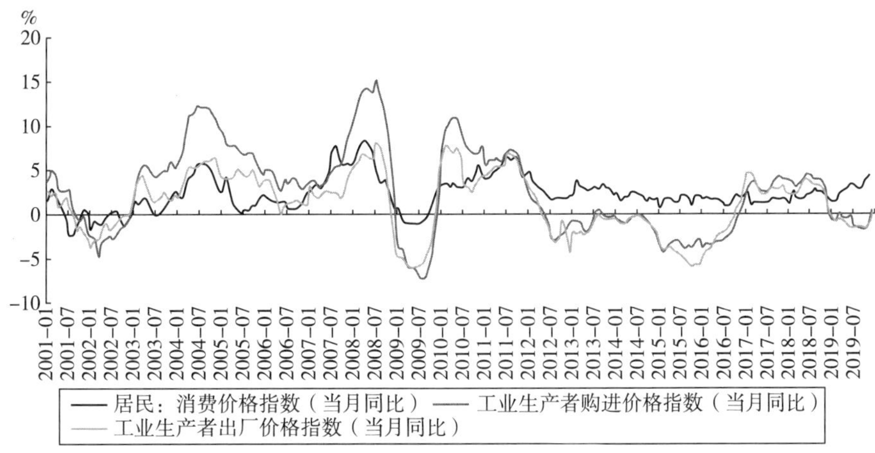

图 5　2001—2019 年吉林省居民消费价格和生产者价格变动趋势

（数据来源：吉林省统计局）

二、金融业与金融稳定

（一）银行业分析

1. 机构规模实现稳定增长，体制改革取得新成果。2019 年，吉林省认真贯彻落实党中央打好防范化解重大金融风险攻坚战部署，银行业金融机构聚焦服务实体经济，持续推进金融改革，通榆县农村信用联合社改制为通榆农村商业银行股份有限公司。2019 年末，吉林省银行业金融机构资产总额 32672.7 亿元，同比上升 5.9%；负债总额 31408.86 亿元，同比上升 5.83%。辖区银行业网点数量比上年增加 185 个，金融服务网络进一步优化。新成立 1 家农村商业银行，全省农村商业银行总数达到 39 家，占农合机构数量的 75%。新设立村镇银行 2 家，已开业村镇银行达 65 家，实现全省县域全覆盖。

2. 存贷款平稳较快增长，利率定价改革稳步推进。吉林省银行业金融机构存贷款增速回升，2019 年本外币各项存款余额同比增长 9.51%，高于上年同期 7.81 个百分点；本外币各项贷款余额同比增长 9.96%，高于上年同期 4.46 个百分点。其中，非金融企业贷款新增 668.5 亿元，同比多增 461.5 亿元。从贷款投向上看，与基础设施建设密切相关的四个行业贷款同比增长 16.4%，普惠小微企业贷款同比增长 29.3%，科学研究与技术服务业贷款同比增长 18.5%，对重点领域和薄弱环节的支持力度不断增强。2019 年，我国贷款市场利率定价改革迈出关键一步，吉林省金融机构新发放贷款已主要参考贷款市场报价利率（LPR）定价，打破贷款利率隐性下限，降低实体经济融资成本。12 月，吉林省新发放贷款中，参考 LPR 定价占比达 9 成，全年企业贷款加权平均利率为 5.70%。

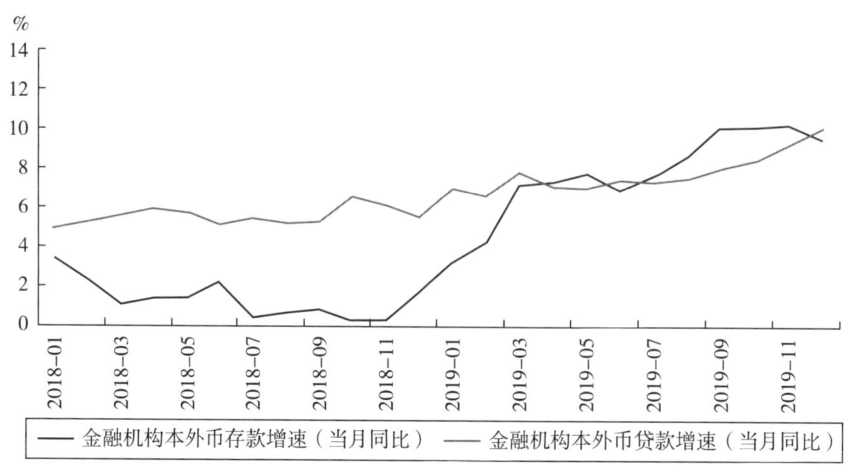

图6 2018—2019年吉林省金融机构本外币存、贷款增速变化

（数据来源：中国人民银行长春中心支行）

3. 表外业务优化调整，同业投资逐步压降。2019年末，吉林省银行业金融机构存续理财产品资金余额3433亿元，同比下降3%。吉林省地方法人银行业金融机构主动调整资产负债结构，压缩同业业务，聚焦主业，回归本源。2019年末吉林省地方法人银行业金融机构存量同业投资1600.2亿元，同比减少267.6亿元；同业负债1391.7亿元，同比增加204.2亿元。

4. 小微和“三农”领域信贷支持力度不断加大。吉林省开展乡村振兴金融改革创新试点，以点带面提升全省金融服务乡村振兴能力和水平。组织开展银企对接，精准对接民营、小微企业融资需求。引导金融机构创新信贷产品和服务方式，推进应收账款融资，深化“银税互动”和“银政担”合作模式，推出“土地经营权抵押+”系列贷款模式，鼓励金融机构用好用足人民银行提供的支小再贷款、支农再贷款、再贴现等货币政策工具，不断强化对民营、小微企业及“三农”领域金融支持。2019年末，全省小微企业贷款余额3960亿元，同比增长8.0%；全省涉农贷款余额5441亿元，占全省各项贷款比重26.7%。

5. 大力推进不良资产处置，市场化“债转股”稳步推进。各银行机构积极防控金融风险，积极采取清收、重组、转让、核销等多种措施化解不良贷款，不良贷款和不良贷款率整体实现“双降”。中国银行吉林省分行、国家开发银行吉林省分行、吉林银行和盛京银行长春分行全年处置核销不良贷款均超过10亿元，信用风险得到有效控制。吉林省有3家大型企业（集团）“债转股”工作基本完成，进一步拓宽了大型企业不良资产处置的方式方法。2019年末，吉林省银行业金融机构不良贷款余额同比下降1.07%；不良贷款率同比下降0.42个百分点。

6. 法人银行业金融机构风险防范能力逐步增强，资本水平、流动性总体保持平稳。2019年末，作为吉林省唯一一家城市商业银行，吉林银行11月完成定向增发工作，非公开募股15亿股，募集资金52.5亿元，全部用于补充一级资本，进一步优化了股本结构，年末资本充足率11.32%，同比提高0.78个百分点；流动性保持良好，年末流动性比例48.56%，同比提高7.24个百分点。农村商业银行资本充足率11.62%，流动性比例44.72%；村镇银行整体资本充足率13.13%，流动性比例84.53%。

银行业虽然总体呈现稳健运行的态势，但是一些结构性问题和局部风险仍需密切关注。

（1）不良贷款防控压力仍然较大，盈利水平持续降低。虽然吉林省不良贷款整体水平有所下降，但从结构上看，关注类贷款连续五年增加，存在劣变成为不良贷款的风险。从机构类型看，国有商业银行核销不良贷款力度较大，但法人银行业金融机构不良贷款余额出现上升。受区域经济低迷、不良资产核销等因素影响，吉林省银行业金融机构利润出现下滑。

（2）大型企业贷款违约对债权金融机构资产质量影响较为明显。2019 年，吉林省经营出现问题的大型企业涉及金融机构融资规模较大，部分企业属于产能过剩行业，经营周转处于停滞状态，在多家银行贷款已经逾期或面临逾期。

（3）法人银行业金融机构部分风险指标下滑。与大中型金融机构相比，地方中小法人银行业金融机构对市场环境变化更为敏感。城市商业银行、农村商业银行不良贷款上升压力不容忽视，农村信用社改革及风险化解工作有待推进。

（二）证券业分析

1. 证券机构经营总体稳健。2019 年末，吉林省共有法人证券公司 2 家，证券分支机构 161 家；法人期货公司 2 家，期货公司营业部 8 家。法人证券公司资产总额 655. 59 亿元，同比增长 7. 05%；净资产总额 151. 15 亿元，同比增长 2. 97%；营业收入总额 31. 58 亿元，同比增长 43. 86%；净利润总额 8. 22 亿元，同比增长 403. 36%。

2. 证券交易额平稳增长。2019 年，吉林省证券市场交易总额 37784. 53 亿元，同比增长 10. 55%。其中，股票交易额 16493. 85 亿元，债券交易额 20127. 94 亿元，基金交易额 1105. 07 亿元。证券经营机构代理期货交易额 21701. 67 亿元，比上年增长 139. 38%。

3. 直接融资额持续增加。2019 年，吉林省通过资本市场直接融资 294. 82 亿元。其中，1 家上市公司配股融资 8. 3 亿元；1 家上市公司非公开发行股票 61. 87 亿元；7 家新三板挂牌公司定向增发融资 2. 28 亿元；发行 18 只公司债券融资 222. 37 亿元。2019 年末，吉林省处于融资进程但未完成的共 257. 46 亿元。其中，1 家公司的 4. 5 亿元发行可转债申请、1 家公司的 30 亿元发行公司债券申请经证监会核准但尚未发行，3 家公司提出了 222. 96 亿元融资方案。

4. 私募基金市场业务规模不断扩大。2019 年，在中国基金业协会登记的吉林省私募基金管理人 76 家，比上年同期增加 3 家。吉林省私募基金管理人共管理私募基金 111 只，比上年同期增加 9 只；管理基金规模 295. 75 亿元，比上年同期增加 57. 22 亿元。

吉林省证券业存在的问题需要关注。

一是 ST 上市公司退市风险较高。2019 年末，吉林省共有 * ST 利源、ST 成城、ST 中天 3 家上市公司被实施退市风险警示。二是部分公司债券违约。“14 利源债” 和 “15 金鸿债” 出现违约，发行人偿还能力不足。

（三）保险业分析

1. 资产规模稳步增长。2019 年末，吉林省保险行业分公司以上资产总额 1708. 97 亿元，较去年增加 149. 72 亿元，同比增长 8. 76%。辖内法人保险公司 3 家，分别为安华农业保险股份有限公司、都邦财产保险股份有限公司以及鑫安汽车保险股份有限公司。省级保险分公司 38 家，与上年持平，按业务性质划分，财产险公司 18 家，人身险公司 20 家。各保险公司从业人员 21. 81 万人，较上年增加 1. 02 万人。

2. 保费收入快速增长，保险保障功能有效发挥。2019 年，吉林省保险业实现原保险保费收入

679.37亿元，同比增长7.28%，保费规模和保费增速分列全国第23位和第29位。其中，产险公司保费收入204.55亿元，同比增长8.74%。人身险公司保费收入474.82亿元，同比增长6.66%。2019年，吉林省保险业赔付支出207.00亿元，同比增长7.11%。其中，财产险公司赔款支出110.36亿元，同比增长14.43%；人身险公司赔付支出96.64亿元，同比下降1.26%。

3. 保险市场结构持续调整。财产险市场方面，机动车辆保险保费增速持续放缓，农业保险较快发展，保证保险业务规模快速提升。2019年末，吉林省机动车辆保险原保费收入125.83亿元，同比增长2.62%；农业保险原保费收入22.79亿元，同比增长12.61%；保证保险原保费收入15.13亿元，同比增长41.86%。人身险市场方面，随着保险业回归保障功能本源，人身险保障水平提升较快。2019年末，人身险公司有效保险金额10.89万亿元，同比增长41.81%。人寿保险保费收入348.38亿元，同比增长0.01%；健康险保费收入133.71亿元，同比增长38.49%。

4. 农业保险工作有效推进。2019年，吉林省农业保险为141.84万户次农户提供风险保障734.58亿元，同比增长25.15%。其中，中央财政补贴的玉米、水稻、大豆、葵花、花生和马铃薯六大作物种植业保险保费收入14.7亿元，同比增长7.78%，参保面积5335万亩，同比增长7.01%，共为130万户次农户提供风险保障152.3亿元，同比增长7.29%；赔款6.3亿元，受益农户超120万余户次。

5. 小微企业保障服务不断增强。2019年，吉林省保险业共为5万余家小微企业提供企业财产保险、责任保险、货运保险、意外伤害保险等类型的风险保障4401.54亿元，实现保费收入2.58亿元，支付赔款5146万元。出口信用保险服务小微企业数量达到255家，支持全省民营企业和小微企业出口1.86亿美元。

三、金融市场与金融稳定

2019年，吉林省金融市场平稳运行，各市场交易活跃。全省拥有全国银行间同业拆借市场会员机构60家；场外融资电子备案系统备案的会员机构78家；参与全国银行间债券市场101家（含信托理财资管专户26个）。

（一）同业拆借市场情况

2019年，吉林省同业拆借市场资金面总体宽松，融资规模大幅缩减。银行间同业拆借利率集体下行，同业拆借市场融资成本降低。2019年末，48家机构参与银行间同业拆借市场，累计成交6993.79亿元，同比减少33.76%。

（二）债券现券市场情况

随着银行同业业务监管的趋紧，大部分机构加大了债券资产的匹配，投资期限相对较长、收益相对较高的中期票据。在基础资产价格下行的形势下，债券投资成为金融机构提高闲置资金使用效率，调整资产负债结构，合理匹配资金运用期限的重要手段。2019年，现券市场交易规模扩大，交易额稳中回升，现券市场累计成交48824笔，交易金额4.70万亿元，同比增加67.86%。其中，买入成交22756笔，交易金额2.29万亿元，同比增加55.78%；卖出成交26.68笔，交易金额2.42万亿元，同比增加81.95%。

（三）债券回购市场情况

吉林省金融机构普遍配置了较多的债券资产，保持较低的备付水平，通过利率较低的回购市场进行流动性管理。此外，市场成员利用回购交易，适时开展债券与同业、票据业务之间的跨期套作，也助推了回购市场持续活跃。2019 年，吉林省银行间回购市场成交额高位回落，仍保持较高水平，全年累计成交 50379 笔，累计成交金额 10.66 万亿元，同比减少 17.36%。金融机构通过债券回购业务，累计净融入资金 1.27 万亿元，净融入资金日均余额 34.94 亿元。其中，质押式正回购、质押式逆回购加权利率分别为 2.28% 和 2.22%，同比分别下降 0.39 个和 0.51 个百分点；买断式正回购和逆回购加权利率分别为 2.47% 和 2.84%，同比分别下降 0.65 个和 0.26 个百分点。

（四）人民币跨境结算情况

2019 年，吉林省跨境人民币结算业务量为 433.6 亿元，同比增长 29.2%，在全省外贸收支下滑的背景下取得了来之不易的较快增长。其中，经常项下跨境人民币结算量占经常项下本外币结算量的 21.3%，直接投资项下跨境人民币结算量占直接投资项下本外币结算量的 42.7%。与吉林省发生跨境人民币实际收付业务的境外国家和地区累计达 97 个，主要业务量集中于德国，占比 61.7%。同时，积极推进人民币在周边国家的使用，全年共办理对俄跨境人民币结算业务 8.0 亿元，占对俄本外币结算的 30.4%；办理对韩跨境人民币结算业务 10.3 亿元，占对韩本外币结算的 13.3%。

四、金融基础设施与金融稳定

（一）征信体系建设

2019 年，吉林省信用体系建设工作不断深入，征信监管力度持续增强，区域信用环境优化成效显著，金融机构、社会公众信用意识普遍提高。一是征信系统建设稳步推进，逐步缓解金融市场信息不对称现状。2019 年末，101 家省内金融机构（或分支机构）已接入征信系统，累计收录吉林省 2036.69 万自然人、18.91 万企业的信贷信息；在全省范围内布设个人信用报告自助查询机 167 台、企业信用报告自助查询机 19 台，征信查询便利性进一步提高。全年社会公众查询个人信用报告 617.38 万次、企业信用报告 17.76 万次，为防范信用风险提供有力信息支持。二是强化征信合规监管力度，有力维护征信信息的有序使用。吉林省共组织辖内 7000 余名征信从业人员参加征信合规业务培训，全面排查征信查询网点的征信信息安全风险；建立完善吉林省征信非现场监管系统，2019 年末，已有 97 家机构接入非现场监管系统。三是优化营商环境，推动金融生态环境持续向好。不断夯实信用体系建设制度基础，推动探索建立政务信息共享更新长效机制。重点推进中小企业、农村信用体系建设工作，截至 2019 年末，吉林省累计为 347 万余户农户建立信用档案，累计评定信用村 2400 余个、信用乡 100 余个、信用农户 165 万余户。四是开展形式多样的征信宣传活动，提升社会公共守信意识。全年举办室内外宣传活动场次近 5000 场，近 40 家媒体参与宣传；覆盖小微及民营企业超 5000 家、个体工商户近 3 万户、大中小学 300 余所、社区近 900 个、乡村 1400 余个。

（二）支付体系建设

2019 年吉林省支付体系持续稳定运行，各支付系统全年共处理支付业务 4.53 亿笔、金额 39.42

万亿元，同比分别下降41.57%和13.28%。

全年共发生票据、银行卡等非现金支付业务39.70亿笔、金额27.40万亿元，同比分别增长12.46%、下降26.03%。其中，票据业务325.84万笔、金额1.33万亿元，同比分别下降11.04%和13.07%；银行卡业务38.73亿笔、金额11.11万亿元，同比分别增长12.72%、下降4.03%。

银行卡受理环境持续优化，银行卡消费稳步增长。2019年末，银行卡跨行清算系统联网商户40.6万户、联网POS机具47.2万台、ATM1.43万台，同比分别下降3.22%、8.31%和12.8%。累计发行银行卡1.31亿张，同比增长6.72%，人均持有银行卡4.77张。全年银行卡消费1.53万亿元，同比增长22.84%。

银行卡信贷规模稳步增长，授信使用率持续提升。2019年末，信用卡授信总额2289.56亿元，同比增长13.38%；应偿信贷余额999.96亿元，同比增长13.74%。授信使用率达43.67%，较上年增长0.14个百分点。逾期半年透支余额9.91亿元，同比增长18.82%，占应偿信贷余额的0.99%，占比值较上年增长0.04个百分点。

（三）反洗钱体系建设

2019年，吉林省反洗钱监管体系持续优化，案件调查战果突出。以风险为导向开展监管，全省开展反洗钱执法检查41家，风险评估12家，监管走访93家，约见高管谈话53家，分类评级901家。通过采取差异化监管措施，实现长春辖内法人义务机构监管全覆盖；中国人民银行长春中心支行首次与吉林银保监局联合开展反洗钱执法检查；反洗钱宣传力度不断加强，举办了吉林省金融系统“守初心　担使命　提素质　强履职”反洗钱培训月、“反洗钱，我们一直在行动”主题宣传月等系列宣传培训活动，积极引导金融从业人员及民众提升风险防范能力。

2019年，吉林省推动3起贪腐洗钱案以刑法第一百九十一条洗钱罪宣判，实现吉林省洗钱入罪零的突破；中国人民银行长春中心支行配合纪委监委、国安、公安、税务、海关等部门开展调查80次。在涉税、地下钱庄专项行动中反洗钱部门与税务部门建立合作机制，全年移送涉税线索7条、协助调查9起，向公安机关移送地下钱庄线索31条、协助破获案件30起。中国人民银行长春中心支行和省金融监管局联合开展集中整治专项行动，对六百余户涉嫌非法集资企业开展排查，对“文投”“鼎邦”等涉及群众切身利益的重大非法集资案件与公安机关开展联合分析研判，协助公安部门侦破案件、追缴资金；在扫黑除恶专项斗争中，协助纪委监委、公安部门破获涉黑案件3起。移送3名吉林省公安厅公开通缉的重大涉黑在逃人员相关信息情报，协助公安机关抓捕归案。

（四）金融消费者权益保护

2019年，吉林省金融消费者权益保护工作进一步加强，积极推进农村普惠金融试点。中国人民银行长春中心支行大力开展金融消费权益保护现场监督检查，持续提升金融机构服务水平。充实“12363”呼叫中心人员力量，扩展业务范围，全年解答消费者咨询6000余次，共受理处置消费者投诉217笔，投诉办结率100%。试点推进金融知识纳入国民教育体系工作，四平、松原等试点地区已将金融知识纳入中小学德育课程。统筹开展“3·15消费者权益日”“普及金融知识　守住钱袋子”“金融知识普及月”等集中性、特色性宣传，取得良好成效。全省共组织宣传17000余场，受众消费者超过1000万人次，发放各种宣传资料420万份，微信推送点击量280余万次，媒体报道372次。

开展“普惠金融综合试验区”建设试点工作，选取亚洲最大的人参交易市场所在地——白山市抚松县万良镇，重点抓好特色产业信贷产品创新等“六大工程”，运用“政府行政职能+央行政策指导+金融机构业务服务+市场发展潜力”联合优势，探索出一条可持续、广覆盖、易复制的农村金融惠农新模式。

（五）打击非法金融活动

2019年，吉林省进一步加大打击非法集资、互联网金融风险专项整治和反假币工作力度。2019年，吉林省非法集资陈案化解率84%，小贷行业风险出清率62.5%，均居全国第一。集中力量及时有效处置应对“文投”等非法集资大案，有力地遏制了风险的传播和蔓延。互联网金融风险专项整治工作按照取缔违法、整改违规、保护合规的原则，完善工作机制，推动清理整顿。完成了9家重点机构整改计划的审核，非重点机构抽查比率达到85%，要求不合规机构退出互联网活动，专项整治工作达到了国家专项整治的阶段性要求。在深入实施互联网金融风险专项整治的同时，引导互联网金融企业规范发展。

持续打击假币犯罪活动，2019年公安机关破获假币案12起，抓获犯罪嫌疑人24名，打掉犯罪窝点2个。在7个县（市）建立了《举报假币违法犯罪奖励制度》，为进一步加大打击制贩假币犯罪活动提供了保障。开展新版人民币机具升级和培训工作，对现金接收设备、纸币清分机设备、硬币清分机设备进行升级，培训现金从业人员30344人次，确保了新版人民币顺利发行。结合“3·15消费者权益日”、新版人民币发行和反假货币知识宣传月活动，以多种形式积极开展反假货币知识宣传活动，提升公众防伪反假意识和能力。结合金融助推脱贫、金融服务乡村振兴，立足实际，因地制宜，持续开展“反假货币示范村”建设工作，2019年全省建立了27个反假货币示范村，形成了农民直接参与、金融机构与农民有机结合的工作机制，农村反假货币宣传得到深化，农村群众反假货币意识得到增强。

五、评估和政策建议

2019年，吉林省金融业在多项经济指标低位运行的背景下保持了积极平稳的发展态势，尤其是贷款增速回升、直接融资取得进展，保险业稳步增长都有力地支持实体经济转型升级，处置不良资产、整顿市场秩序为区域金融稳定发展创造了良好基础。总体来看，吉林省金融业运行稳健，风险可控。但也必须注意到，自2019年末开始的新型冠状病毒肺炎疫情对国际、国内经济运行将会产生不可忽视的负面影响，也将给金融机构业务发展、风险防范带来新的巨大挑战。2020年，应继续坚持以习近平新时代特色社会主义思想为指导，深入贯彻落实党的十九大、中央经济工作会议和党中央、国务院的各项部署，坚持稳中求进工作总基调，坚决打好防范化解重大金融风险攻坚战，增强金融风险治理能力，推进金融风险的市场化、法制化处置进程。

有效应对新冠肺炎疫情影响，有针对性地加大“六稳”工作力度，促进经济平稳运行。用好政策工具，精准施策，加大对实体经济、科技创新和疫情应对的信贷投放，加强对防疫物资生产企业的金融支持，多渠道、多手段支持复产复工，有效解决实体经济部门因疫情影响产生的资金周转需求，保障整个社会经济快速恢复。有效纾解受疫情影响较大的中小微企业和个体工商户的资金紧张问题，着力解决好稳就业，密切关注困难群体、贫困群体。发挥金融资源配置功能，支持公共卫生投资、发展新基建等方面的融资需求，激发新兴消费、升级消费的活力，继续推动经济转型升级。

充分发挥金融稳定协调机制作用，贯彻落实打好防范化解重大金融风险攻坚战各项战略部署。针对金融机构在新冠肺炎疫情冲击下可能面临的不良上升、利润下降等风险做好政策指导，出台相应的支持政策。完善金融监管协作，加强金融监督检查，密切跟踪同业业务和资产管理业务发展和规范情况，加大对违法违规行为的监督惩处力度，积极稳妥推进互联网金融风险防范和非法集资案件处置。完善金融风险监测预警和防范处置机制，对发现的问题“早识别、早预警、早报告、早处置”。坚持“稳定大局、统筹协调、分类施策、精准拆弹”的原则，有序推进落实各项金融风险处置方案措施，严守不发生重大金融风险底线。

深入推进金融体制改革，指导金融机构牢固树立稳健经营理念，坚持回归本源，服务实体经济。健全金融机构公司治理，加强风险管控，提高风险识别防范能力，鼓励探索新业务、新模式解决实体经济发展需求，将金融创新与重点发展战略深度融合。持续推动农村信用社改革工作，完善村镇银行等农村新型金融机构建设；积极推动企业通过各级资本市场发行股票或债券融资；促进保险市场优质健康发展，提高对区域经济保障能力。

加强区域金融生态环境建设。普及金融知识宣传和加强舆论引导，增强社会公众的金融素养，切实保护金融消费者合法权益，坚决打击非法集资、制贩假币等金融违法行为，净化金融生态环境。不断完善征信、支付、反洗钱等金融基础设施建设，提升对金融发展和金融安全的保障水平。进一步强化社会信用体系建设，加大打击逃废债力度，提高逃废债违法成本，形成良好的诚信社会环境。

中国人民银行长春中心支行金融稳定协调机制工作小组

组　　长：付喜国

副 组 长：周　海　裴绍军（常务）　孙维仁　王景富　林长杰

成　　员：梁　伟　李清峰　王景瑞　丁树成　刘晓鑫　刘　哲
　　　　　张淑霞　乔继红　张九春　王国玉　张　洁

《吉林省金融稳定报告（2020）》编写组

主　　任：付喜国

副 主 任：裴绍军

总　　纂：梁　伟　白云峰

统　　稿：刘　健

参与写作人员：张斌弛　周飞虎　刘　镇　佟训舟　金　博　王伟树
　　　　　　　李志刚　王宇洋　邢秩源　毕　聪

黑龙江省金融稳定报告摘要

2019年，黑龙江省深入贯彻落实习近平重要讲话和重要指示精神，贯彻落实党中央、国务院重大决策部署，坚持供给侧结构性改革，扎实开展“六稳”工作，着力打好三大攻坚战，经济金融整体运行稳健，金融服务实体经济能力进一步增强。虽然个别领域风险逐步显现，但总体风险可控。

一、经济运行与金融稳定

（一）经济运行基本情况

1. 深入贯彻中央决策，宏观经济稳健运行。2019年，黑龙江省深入贯彻习近平总书记在深入推进东北振兴座谈会上的重要讲话和对黑龙江省重要指示精神，不折不扣落实党中央、国务院支持东北地区深化改革创新推动高质量发展的重大决策，坚持“稳中求进”工作总基调，坚持新发展理念，坚持以供给侧结构性改革为主线，扎实做好“六稳”工作，推动高质量发展。初步核算，黑龙江省全年实现地区生产总值13612.7亿元①，按可比价格计算，同比增长4.2%，低于全国平均水平1.9个百分点。

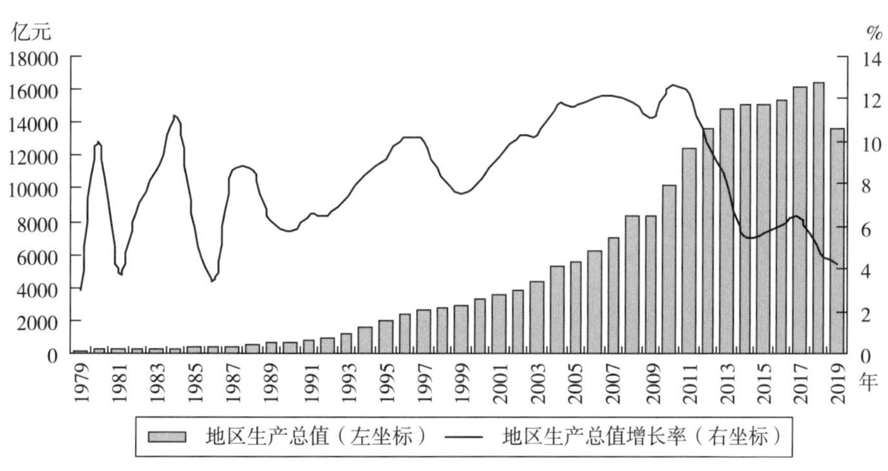

图1　1979—2019年黑龙江省地区生产总值及其增长率

（数据来源：《黑龙江统计年鉴》，《黑龙江统计月报》）

① 国家统计局第四次经济普查修订后的数据，黑龙江省2018年地区生产总值（GDP）由16361.6亿元修订为12846.5亿元。

2. 三大攻坚战取得关键进展。脱贫攻坚扎实推进。聚焦“两不愁、三保障”，完成年度脱贫攻坚任务，贫困发生率由0.65%降至0.07%，剩余100个贫困村全部脱贫出列，剩余5个国贫县达到脱贫摘帽条件。生态环境质量不断改善。持续打好原生态、蓝天、碧水、净土、美丽乡村五场保卫战，秸秆综合利用率达到83.2%，空气优良天数比率达到93.3%，城市黑臭水体消除比例达到80%以上。坚持底线思维，持续动态排查风险点，打好防范化解重大风险主动仗。化解重点企业信用风险，政府债务管理进一步加强。

3. 三次产业均衡发展，产业结构继续优化。2019年，黑龙江省三次产业分别实现增加值3182.5亿元、3615.2亿元和6815.0亿元。三次产业构成比由2018年的23.4∶27.5∶49.1调整为23.4∶26.5∶50.1，总体呈现第一产业巩固发展、第二产业小幅回落、第三产业稳中有升的特点。

粮食生产“十六连丰”。2019年粮食总产达到1500.6亿斤，连续9年位居全国首位，稳固当好维护国家粮食安全的“压舱石”。实施国家“大豆振兴计划”成效显著，全省大豆种植面积增加1067.6万亩，产量156.2亿斤，同比增长18.7%。绿色、有机食品认证面积8120万亩，产量1660万吨，均位居全国第一。畜禽产品供应保障能力和水平进一步提升，牛、羊、禽肉产量分别为45.5万吨、12.7万吨、42.3万吨，分别增长6.9%、2.1%、2.4%。

高技术制造业发展较快。2019年黑龙江省规模以上工业增加值比上年增长2.8%。从行业看，装备工业增加值增长11.0%，食品工业增长8.7%，是黑龙江省工业的重要支撑力量。高技术制造业增加值比上年增长10.2%，快于全省规上工业7.4个百分点。新产品中，新能源汽车产量增长1.8倍，集成电路（芯片）增长16.6%，电工仪器仪表增长52.6%。石墨产业发展较快，石墨及碳素制品产量比上年增长18.6%。

服务业持续发挥带动作用。2019年黑龙江省服务业增加值同比增长5.9%，占GDP的比重超过50%，对GDP增长的贡献率为66.2%，拉动GDP增长2.8个百分点，是GDP增长的首要拉动力量。其中，住宿和餐饮业、其他服务业增加值分别增长7.9%和8.2%，分别快于服务业2.0个和2.3个百分点；交通运输、仓储和邮政业增长5.9%。

4. 地方财政收入小幅下降，财政支出持续向民生领域倾斜。2019年，黑龙江省全面落实减税降费政策，全省一般公共预算收入完成1262.6亿元，同比下降1.6%；全省一般公共财政支出完成5011.5亿元，比上年增长7.2%。全省各级财政部门积极克服减收压力，多方筹措资金，大力压缩

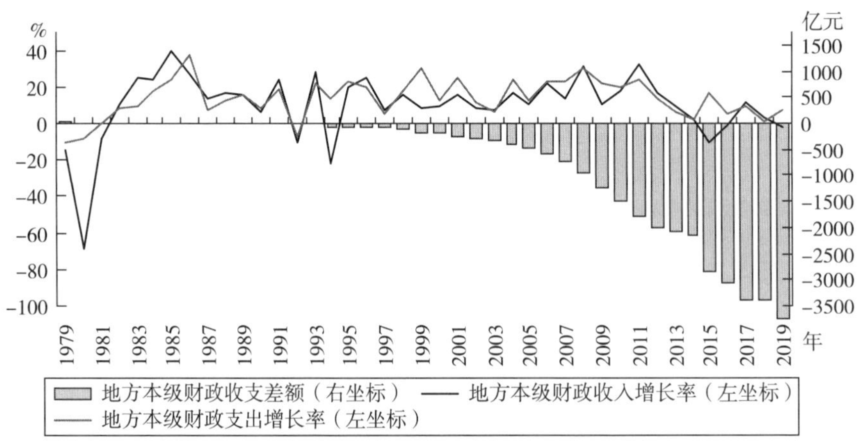

图2　1979—2019年黑龙江省财政收支状况

（数据来源：《黑龙江统计年鉴》，《黑龙江统计月报》）

一般性支出，优化支出结构，重点保障民生支出，民生领域支出仍然保持增长，增幅达 7.3%。

5. 固定资产投资稳步提升，基础设施投资增势强劲。2019 年黑龙江省固定资产投资完成额比上年增长 6.3%，增幅同比提高 11.0 个百分点。全省施工项目个数和新开工项目个数分别增长 17.3% 和 4.7%。从投资领域看，在国道、高速公路、地铁等多个项目带动下，基础设施投资增长 22.6%，有效推动投资增长；工业投资增长 8.5%；房地产开发投资增长 1.4%。高技术制造业投资保持较快增长，比上年增长 58.6%。

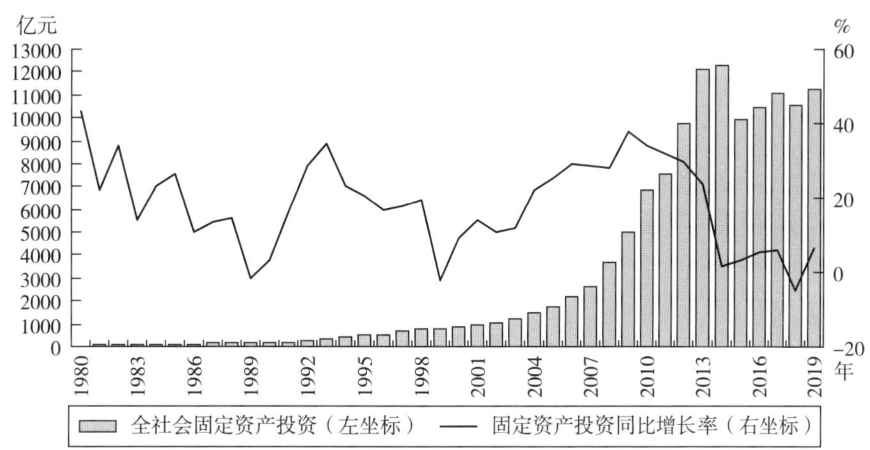

图 3　1980—2019 年黑龙江省固定资产投资状况

（数据来源：《黑龙江统计年鉴》，《黑龙江统计月报》）

6. 居民收入水平不断提高，就业物价保持稳定。2019 年黑龙江省城镇常住居民人均可支配收入 30945 元，同比增长 6.0%；农村常住居民人均可支配收入 14982 元，同比增长 8.5%。全省实有城镇登记失业人员 34.7 万人，同比减少 4.7 万人，同比下降 12.0%；城镇登记失业率 3.5%，同比降低 0.5 个百分点，创历史同期新低。消费价格涨势温和，2019 年黑龙江省居民消费价格（CPI）比上年上涨 2.8%，涨幅低于全国平均水平 0.1 个百分点。

7. 进出口增速高于全国，贸易结构不断优化。2019 年黑龙江省实现进出口总额 1865.9 亿元，同比增长 6.7%，增幅高于全国平均水平 3.3 个百分点。其中，出口 349.4 亿元，同比增长 18.8%；

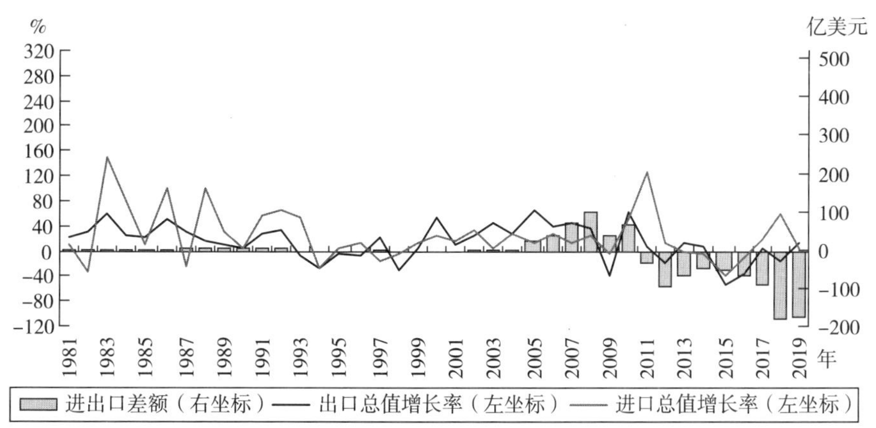

图 4　1981—2019 年黑龙江省外贸进出口变动情况

（数据来源：《黑龙江统计年鉴》，《黑龙江统计月报》）

进口1516.5亿元，同比增长4.2%。一般贸易进出口1536.8亿元，同比增长10.5%，占进出口总额的比重为82.4%。对62个“一带一路”沿线国家合计进出口总额达1485.8亿元，同比增长4.6%，占全省进出口总额的79.6%。

（二）宏观经济运行中影响金融稳定的风险因素

1. 发展不充分、不均衡。发展不充分是黑龙江省面临的最大问题。2019年，黑龙江省地区生产总值13612.7亿元，居全国第24位，是广东省地区生产总值（107671.1亿元）的12.64%、辽宁省地区生产总值（24909.5亿元）的54.65%。2014—2019年，黑龙江省GDP增速始终落后于全国平均水平，分别低于全国GDP增速1.7个、1.2个、0.6个、0.4个、1.9个和1.9个百分点。黑龙江省内各城市间也存在发展不平衡的问题。哈尔滨市地区生产总值占全省比重约40%，但作为省会城市对全省经济的辐射带动作用发挥尚不充分。齐齐哈尔、佳木斯作为省内区域中心城市的地位尚未确立，大庆以及鸡西、鹤岗、七台河、双鸭山等资源型城市主要围绕石油、煤炭资源开采，产业聚集、人口分布及城市空间布局都有一定局限性。整体呈现出哈尔滨市一枝独秀，且其他城市与哈尔滨市差距逐渐拉大的趋势。

2. 民营经济发展相对缓慢。黑龙江省民营经济已占全省经济总量一半以上，但多集中在传统服务、贸易等领域，企业规模小、产业集中度低、抗风险能力不强，适应现代市场经济发展的科技型、成长型企业很少。民营企业虽然增速较快，但由于基数小、底子薄、科技含量低，对经济发展的带动能力非常有限。

3. 外部需求萎缩明显。一直以来，黑龙江省最大的外贸进出口国都是俄罗斯。近年来，西方国家对俄罗斯实施制裁，导致卢布持续贬值，俄罗斯购买需求疲软。2019年，对俄贸易虽有小幅回升，但主要是因为加大自俄进口规模。目前，西方国家对俄罗斯的制裁没有放松的迹象，外需不足以及外部环境的不确定仍是未来一段时间黑龙江省对外经贸发展的重要制约因素。

二、金融业与金融稳定

（一）银行业

1. 银行业基本情况

2019年，黑龙江省银行业金融机构继续执行稳健中性的货币政策，积极优化信贷结构，加大重点项目、小微企业支持力度，进一步提升风险管控水平，运行总体稳健。

行业规模增速加快，三次产业信贷需求复苏。截至2019年末，黑龙江省银行业资产总额为4.0万亿元，同比增长3.4%，增速较上年提高0.4个百分点；负债总额为3.9万亿元，同比增长3.2%，增速较上年提高0.6个百分点。全省本外币各项存款余额2.8万亿元，同比增长9.4%，增速较上年提高2.3个百分点，全年新增2370.8亿元；本外币各项贷款余额2.2万亿元，同比增长5.8%，增速较上年提高1.4个百分点，剔除不良贷款核销和政策性置换等不可比因素，实际增长7.0%，全年新增1090.5亿元。从三次产业看，第一、二、三产业全年分别新增48.9亿元、55.7亿元和554.5亿元，分别同比多增61.3亿元、91.2亿元和422.1亿元。

着力支持重点领域，服务实体经济效能增强。截至2019年末，黑龙江省单户授信总额500万元以下的小微企业贷款同比增长11.5%，对小微企业授信户数达到21629户，比年初增长24.6%，信贷支持小微企业覆盖面持续扩大。支持培育经济发展新动能，全省“科学研究和技术服务业”贷款余额同比增长达44.5%。同时，不断加大对基础设施建设及大项目建设资金支持力度，全省“建筑业”“交通运输、仓储和邮政业”贷款余额分别为330.9亿元、1698.0亿元，同比增长分别达26.9%、20.8%。

盈利能力稳步提升，“以量补价”特征明显。2019年，黑龙江省银行业金融机构累计实现净利润274.9亿元，同比增长3.5%。利息收入仍是拉动利润的主要力量，但全省银行业净息差已持续收窄至1.88%。在此情况下，全省银行业通过扩量来抵补价差收窄的影响。一方面，贷款利息收入同比增长3.7%，正向拉动利润增长14.1个百分点。另一方面，因黑龙江省是存差大省，大量存款上划总行，系统内存放利息收入大幅增长，增幅达8.6%，同比多增15.1个百分点，拉动利润增长12.9个百分点，成为影响利润复苏的第二大力量。未来，伴随着利率市场化改革持续深化，银行业利差继续收窄，全省银行业金融机构盈利能力将面临更大挑战。

“资管新规”初见成效，杠杆、嵌套有效遏制。表外业务持续回归本源。受监管政策趋严影响，表外业务逐渐回归传统，传统类业务和金融资产服务类业务出现分化。2019年，黑龙江省银行业金融机构表外业务资产金额1.5万亿元。其中，传统承诺类业务金额3862.2亿元，同比增长45.9%；委托贷款大幅萎缩，同比大幅下降，降幅超60.0%。杠杆比例显著下降。“资管新规”禁止开展结构化分层，限定私募产品杠杆倍数，辖内银行机构同业投资杠杆操作比例逐步下降，同业投资资产的流动性风险以及利率风险有所降低。业务结构趋向简单透明。全省新开展的信贷类同业投资业务均以银信结构为主，存量银证模式规模萎缩，交易结构链条有所缩减。

2. 银行业面临的主要问题

不良贷款仍然高位运行。截至2019年末，黑龙江省银行业金融机构不良贷款余额637.9亿元，较年初下降64.7亿元；不良贷款率2.8%，较年初下降0.5个百分点。不良贷款3年来首次实现“双降”，但不良贷款率仍高于全国平均水平0.91个百分点。关注类贷款余额1664.3亿元，较年初增加231.5亿元；关注类贷款率7.28%，比年初上升0.66个百分点。

银行业贷款投放精准度有待提升。目前，黑龙江省贷款增长依然主要依靠传统的外延式发展，对高质量发展和可持续性发展关注不够，未能深入发掘比较优势和独特属性。用于小微企业贷款、涉农贷款增速均低于平均水平，科学研究与技术服务业、信息传输、软件和信息技术服务业等技术密集型产业贷款同比降幅超20.0%。

法人机构改革化险压力较大。城商行风险意识不高，风险管控水平有待提高。高风险农小机构边清边增，具有参股资质的企业偏少，在战投引进方面愈发艰难。部分改制后的农商行未实现战略定位、经营理念有效转换，监管指标出现不同程度的劣变。

（二）证券期货业

1. 证券期货业基本情况

2019年，黑龙江省证券期货业运行总体稳健，行业主体风险防控意识不断增强，未发生影响区域金融稳定的事件。

证券期货经营机构。截至2019年末，黑龙江省有法人证券公司1家，证券分支机构186家；法人期货经纪公司2家，期货分支机构17家。已登记的私募基金管理人64家，其中，证券投资基金

18 家，私募股权、创业投资基金 46 家；备案基金 95 只，实缴资金规模 62.6 亿元。投资者股票账户数 766.3 万户，较上年底增加 53.2 万户；证券市场交易额 39930.4 亿元，较上年增长 5691.5 亿元。

截至 2019 年末，黑龙江省法人证券机构——江海证券总资产 345.00 亿元，同比增长 4.65%；净资产 98.48 亿元，同比增长 2.09%；负债总额 246.53 亿元，同比增长 5.72%；净资本 94.71 亿元，同比下降 7.44%。营业收入 15.39 亿元，同比增长 29.87%；利润总额 2.21 亿元，上年同期亏损 2.08 亿元；净利润 1.89 亿元，上年同期亏损 1.90 亿元。

截至 2019 年末，黑龙江省 2 家期货公司资产总计 2.93 亿元，较上年增加 0.65 亿元；营业收入 814.60 万元，同比减少 52.92 万元；净亏损 572.69 万元，同比减亏 415.01 万元。

上市公司。截至 2019 年末，黑龙江省共有 A 股上市公司 38 家，其中，沪市公司 27 家，深市公司 11 家（主板 5 家、中小板 4 家、创业板 2 家）。A 股上市公司总股本 518.75 亿股，总市值 2782.61 亿元；首次公开发行股票并上市（IPO）在审企业 2 家，在辅导企业 9 家。新三板挂牌公司 75 家，总市值 189.06 亿元。上市公司主要呈现以下特点：一是地区集中度较高。目前，黑龙江省上市公司主要分布在哈尔滨、齐齐哈尔和牡丹江。上述三地的上市公司数量共达到 34 家，占黑龙江省全部上市公司总数的 89%。其中，仅哈尔滨市就有上市公司 28 家，占全省上市公司总数的 74%。二是行业集中度较高。黑龙江省 36 家上市公司分布于制造业、农业、零售业、电力及水的生产和供应业等 9 个行业。其中，25 家公司集中于制造业，占辖区上市公司总数的 66%。

2019 年黑龙江省企业直接融资 188.25 亿元。其中，科创板上市公司首发融资 9.52 亿元，企业发行公司债券融资 171.7 亿元，发行可转换公司债券融资 3.08 亿元，发行资产支持证券融资 3.4 亿元；新三板挂牌公司定向发行股票融资 0.55 亿元。

截至 2019 年末，1 家上市公司（S 佳通）未进行股权分置改革。

表 1　　2019 年黑龙江省证券业基本情况

项目	数量
总部设在黑龙江省内的证券公司数（家）	1
总部设在黑龙江省内的基金公司数（家）	0
总部设在黑龙江省内的期货公司数（家）	2
年末国内上市公司数（家）	38
当年国内股票（A 股）筹资（亿元）	9.52
当年发行 H 股筹资（亿、港元）	0
当年国内债券筹资（亿元）	171.7
其中：短期融资券筹资额（亿元）	—
中期票据筹资额（亿元）	—

数据来源：黑龙江证监局。

2. 证券期货业面临的主要问题

资本市场发展速度偏慢。从总量分布看，2019 年，黑龙江省 GDP 约占全国总量的 1.37%，而黑龙江省上市公司总市值仅占 A 股总市量的约 0.47%，且占比持续下降。黑龙江省 A 股上市公司总市值与中国神华（601088）市值基本相当，不足工商银行（601398）市值的 1/5，资本市场发展水平与经济社会总体发展水平严重失衡。从机构分布看，截至 2019 年末，全国 A 股上市公司总数 3765 家，黑龙江省只有 38 家，仅占全国总数的 1.01%，远远低于省均 121 家的水平；全国证券公司 133

家，而黑龙江省仅1家，低于省均4家的水平；全国期货公司149家，黑龙江省仅2家，低于全国平均5家的水平；基金公司尚处空白，没有具备证券期货业务资格的法人类会计师事务所和资产评估事务所。

私募基金经营不规范。部分私募机构利用其在中国基金业协会的备案信息作为机构融资“增信”手段，向社会公众吸收资金。目前，黑龙江省已有私募机构因涉嫌非法集资被公安机关立案查处。此外，存在私募基金管理人“失联”“跑路”以及非法集资等违法违规问题。

非法证券期货活动风险。不法分子利用微信、网络直播等互联网手段开展非法投资咨询、场外配资业务等非法证券期货活动风险依然存在。

（三）保险业

1. 保险业基本情况

2019年，黑龙江省保险业运行总体稳健，风险保障能力进一步提高，经济补偿功能进一步发挥。

市场体系保持稳定。截至2019年末，黑龙江省保险市场主体49家，数量与2018年持平，其中，财产险公司21家（含1家法人机构），人身险公司28家。保险专业中介法人机构48家，较上年同期减少2家；保险兼业代理机构8403家，较上年同期减少3家；保险销售从业人员40.88万人，同比增加0.84万人。

表2　　2019年黑龙江省保险业基本情况

项目	数量
总部设在黑龙江省内的保险公司数（家）	1
其中：财产险经营主体（家）	1
寿险经营主体（家）	0
保险公司分支机构（家）	48
其中：财产险公司分支机构（家）	20
人身险公司分支机构（家）	28
保费收入（中外资，亿元）	952.2
其中：财产险保费收入（中外资，亿元）	202.2
人身险保费收入（中外资，亿元）	750
各类赔款给付（中外资，亿元）	324
保险密度（元/人）	2523.65
保险深度（%）	7.0

数据来源：黑龙江银保监局。

行业整体实力持续增强。截至2019年末，黑龙江省保险公司总资产2190.3亿元，较年初增长5.8%。全年共实现原保险保费收入952.2亿元，同比增长5.9%，全国排名第15位。其中，财产险业务原保险保费收入202.2亿元，同比增长7.7%。人身险业务产品结构优化逐步深入，寿险业务原保险保费收入527.3亿元，同比下降3.3%；健康险业务204.7亿元，同比增长37.6%；意外险业务17.9亿元，同比增长5.3%。

保险保障功能进一步发挥。2019年黑龙江省保险业为经济社会提供风险保障金额36.8万亿元，同比增长27.2%。全省保险公司累计赔付支出324.0亿元，同比增长26.0%。其中，财产险业务赔款 141.5 亿元，同比增长 40.6%。寿险业务给付 105.0 亿元，同比下降 1.3%；健康险业务赔款和给付 73.5 亿元，同比增长 58.9%；意外险业务赔款 4.1 亿元，同比增长 4.8%。消费者保险理念逐步增强，保险经济补偿功能进一步发挥。特别是农险业务持续快速增长，全省累计实现原保险保费收入 43.3 亿元，保费规模位于全国第 3 位，同比增长 9.1%。服务领域实现农业种、养、森全覆盖，为 217.9 万户次农户累计提供风险保障保额达 978.3 亿元。全年农业保险赔款支出 62.5 亿元，受益农户 140 万户以上。

2. 保险业面临的主要问题

保证保险业务与高质量发展尚存差距。截至 2019 年末，黑龙江省保证保险业务已发展成为仅次于车险、农险的第三大险种。近年来，网贷监管政策收紧，P2P 类平台风险加紧暴露，风险传导至保险公司，加之保险公司业务风险管控能力薄弱，全年保证保险业务赔付支出大幅增加，承保亏损 0.99 亿元，对相关保险公司稳定经营造成重大影响，面临潜在的偿付能力风险和流动性风险。

健康险业务发展面临多重挑战。2019 年，黑龙江省健康险业务虽实现高速增长，但短期健康险非理性竞争趋势显现，有的保险公司为抢客户调整定价基础，赔付支出攀升，加大经营风险隐患。部分中小公司简单复制其他公司产品，细分市场针对性不足，经营能力和服务能力欠缺，为未来赔付埋下风险隐患。

中介机构管理基础相对薄弱。目前，黑龙江省保险专业中介机构正处于发展初期，普遍存在公司治理不到位、管理基础和经营条件不足、经营模式和经营理念异化等问题，由此伴生出各类违法违规行为和风险矛盾纠纷。监管部门虽开展了专项清理整顿工作，但仍存在个别从业人员违规销售非保险金融产品、与第三方网络平台非法合作等问题。

（四）具有融资功能的非金融机构

1. 基本情况

小额贷款行业全面收缩。截至 2019 年末，黑龙江省共有小额贷款公司 312 家，其中，法人机构 311 家，省外分支机构 1 家；从业人员 1095 人，比年初减少 1270 人，减幅 53.7%。全省小额贷款公司贷款余额 184.5 亿元，其中，小微企业贷款余额 28.1 亿元，占比 15.2%；涉农贷款余额 11.7 亿元，占比 6.3%；个人贷款 61.8 亿元，占比 33.5%。全省小额贷款公司中有 131 家亏损，亏损面 42.0%，约 2/3 的公司处于停业或清收状态，主动退出市场机构数量逐年增加。

融资担保行业持续发展。截至 2019 年末，黑龙江省共有融资担保法人机构 141 家、分支机构 59 家（其中，省外融资担保分支机构 3 家），注册资本 357.7 亿元，平均注册资本 2.5 亿元，从业人员共 2160 人。按照机构性质划分：国有机构 65 家，占机构总数的 45.8%，注册资本 238.3 亿元，占注册资本总额的 66.6%；民营机构 76 家，占机构总数的 54.2%，注册资本 119.4 亿元，占注册资本总额的 33.4%。全省融资担保机构全口径在保余额 620.2 亿元，同比增长 5.1%。从代偿情况看，全口径担保代偿损失 6.3 亿元，同比增长 24.7%。全年共实现净利润 5 亿元，同比增长 100.0%。

典当行业低位运行。截至 2019 年末，黑龙江省共有典当企业 257 家，其中，法人企业 251 家，分支机构 6 家。全行业注册资本 35.74 亿元，从业人员 557 人，典当总额 8.66 亿元，典当余额 7.74 亿元。全年全行业亏损 40 万元。

2. 存在的问题

目前，具有融资功能的非金融机构在发展过程中存在风险隐患。一是经营理念不强，内部管理不完善。有的公司法人治理结构不够完善，决策机制不够健全，缺乏完善的内控制度。追逐短期高利，缺少长期可持续发展规划，经营手段简单，抗风险能力弱。二是存在机构异化风险。受经营管理能力偏弱、主营业务回报不高、经营业绩不佳等因素影响，部分小贷公司、融资担保机构、典当行存在“异化”冲动，个别机构甚至从事违法违规活动。三是市场环境亟待规范。目前，市场上存在大量以投资公司、理财公司、贷款咨询公司等名义进行非法集资融资活动的机构，这些公司没有准入门槛，登记注册手续简单，不受监管，逃避税收，对正常的市场经营秩序产生极坏的影响。

小额贷款公司存在违规行为。部分小额贷款公司缺少长期可持续规划，把资金集中投向高风险行业，专注挣快钱，经营手段简单，抗风险能力弱，导致大量贷款逾期，且专业性人才匮乏，经营管理能力弱，部分专业岗位甚至由股东公司非业内人员兼职。个别小额贷款公司存在非法集资、吸收公众存款以及暴力催债等违法行为。

融资担保公司存在合规风险隐患。黑龙江省融资担保机构整体管理成本较高，且运营成本难以进一步压缩。在严控担保费率的情况下，资本利润率过低有可能导致个别机构经营偏离主业，形成合规风险隐患。

典当行业政策支持不足。目前，典当行仍然定位为普通工商业企业，无法享受与金融机构同等待遇的税收优惠及财政补贴政策，经营负担较重。由于与银行机构的合作受限，使得原本融资渠道就相对狭窄的典当行更加举步维艰。对于清收的抵押资产，缺少有力的司法保障，存在执行难、周期长等困难，抵押资产无法快速变现，导致企业流动性紧张。

三、金融市场与金融稳定

（一）金融市场平稳健康运行

2019 年，黑龙江省金融市场继续发挥融资功能，各市场虽出现分化，但运行总体保持平稳健康。

1. 信贷融资仍是主要融资来源

2019 年，黑龙江省社会融资规模增量为 3097.1 亿元，同比多增 1137.8 亿元。从结构看，对实体经济发放的人民币贷款和外币贷款占黑龙江省社会融资规模增量的 35.7%，占比最高；全年表外融资（含委托贷款、信托贷款、未贴现银行承兑汇票）增加 896.2 亿元，同比多增 912.9 亿元；全年企业直接融资（含企业债券融资和股票融资）增加 49.9 亿元，同比多增 105.1 亿元；其他融资增加 1044.7 亿元，同比少增 218.8 亿元。

2. 同业拆借市场交易较为活跃，拆出交易大幅上涨

截至 2019 年末，黑龙江省累计进行信用拆借交易 2144 笔，同比增长 80.5%；同业拆借市场累计成交金额 6818.7 亿元，同比增长 164.6%。其中，拆出金额 6059.4 亿元，同比增长 304.8%；拆入金额 759.2 亿元，同比下降 30.1%；拆借利率 2.82%，同比下降 1.18 个百分点。

3. 债券市场交易量总体下滑，金融债积极支持重点领域发展和补充银行资本

截至 2019 年末，黑龙江省银行间债券市场累计成交金额 14.3 万亿元，同比下降 13.7%。其中，融入、融出分别为 5.3 万亿元、9.1 万亿元，同比分别下降 27.8%、2.5%。一是债券回购交易量下降。质押式、买断式回购累计成交金额分别为 9.5 万亿元、0.1 万亿元，同比分别下降 28.6%、63.3%。二是现券交易量同比增多。现券累计成交金额 4.7 万亿元，同比增长 58.1%。三是法人银

行业金融机构发行金融债13单。其中，“三农”、小微企业和绿色专项金融债券155亿元，补充二级资本发行债券117亿元。

4. 东北债券违约影响犹在，企业在银行间市场直接债务融资发行额继续下滑

自发行以来，黑龙江省共有31家企业累计发行180只非金融企业直接债务融资工具，募集资金1494亿元。受近两年来东北地区个别企业债券市场违约事件影响，以及区域经济下行压力制约，投资者对东北地区债券投资保持谨慎态度。2019年，黑龙江省企业共发行债务融资工具18只，累计发行额139.4亿元，同比下降12.9%，降幅较上年收窄7.9个百分点。

5. 票据市场交易量不断攀升

票据承兑余额持续增长，2019年末达到611亿元，同比增长9.1%。票据贴现余额快速增长，2019年黑龙江省金融机构累计贴现4060.1亿元，同比增长52.5%。

（二）黑龙江省金融市场发展需关注的问题

1. 直接融资渠道需拓展

目前，黑龙江省社会融资规模增速回升，但直接融资活跃程度不高，人民币贷款占比仍然是最重要的融资手段，融资结构单一化的现状不利于满足省内不同融资主体的融资需求。

2. 债务融资发行主体较为单一

目前，黑龙江省发债企业仍然局限于省内已在公开市场发行过信用债的传统大型企业，其他更多类型的企业尚未纳入发债储备库及发债，例如内控规范管理、披露机制健全、经济增长点较突出的高新技术企业、小微企业、绿色食品企业等有待挖掘发债潜力。

四、金融基础设施与金融稳定

（一）金融基础设施建设情况

1. 支付清算体系

2019年，支付体系建设运行平稳，为黑龙江省经济社会持续健康发展提供高效安全的支付服务。支付系统业务量总体持续平稳增长。截至2019年末，黑龙江省共有商业银行支付系统直接参与者4家、间接参与者3313家，大额支付系统日均处理业务11.7万笔，金额1867.5亿元，同比分别下降11.0%和4.6%；小额支付系统日均处理业务6.4万笔，金额9.4亿元，同比分别上升36.7%和79.8%。同城票据清算系统业务量总体保持下降趋势。2019年，同城票据清算系统共处理业务142.6万笔、金额3831.3亿元，同比分别下降24.3%和29.8%，降速同比加快0.7个和5.3个百分点。截至2019年末，同城清算机构数量13家，较上年末减少18家，主要原因是各地同城清算系统逐步退出。非现金支付业务持续增长。2019年，黑龙江省共办理电子支付业务38.5亿笔、金额19.9万亿元，同比分别增长19.3%和9.2%。其中，网上支付业务量与移动支付业务量合计为32.6亿笔、金额18.1万亿元，同比分别增长42.5%和11.5%，增速同比分别加快4.0个和10.2个百分点，其占全部电子支付业务量的84.6%和91.0%，较上年分别增加13.8个和1.9个百分点。单位银行结算账户数量呈平稳增长态势。2019年，黑龙江省单位银行结算账户数量达122.6万户，同比增长8.5%。其中，基本存款账户97.8万户、一般存款账户16.8万户、专用存款账户7.5万户、临时存

款账户0.5万户，同比分别增长10.1%、3.2%、2.0%和-15.2%。

2. 征信体系

2019年，黑龙江省持续推进信用体系建设，助力小微企业融资能力提升。征信系统平稳运行。截至2019年末，企业征信系统已收录全省企业及其他组织19.7万户，同比增长8.9%，提供企业信用报告查询9.4万份，同比减少9.0%；个人征信系统共收录2742.9万自然人信息，同比增长3.0%，提供个人信用报告查询993.2万份，同比增长37.0%。创新农村信用体系建设模式。积极推进以“农业信用信息数据+金融科技”为顶层设计，以构建新型农村信用评价体系和创新农村金融产品为建设方向的农村信用体系建设新模式。成立了黑龙江省农业大数据管理中心，搭建了跨地域、跨系统、跨部门、跨业务的农业信用信息数据共享平台，深度挖掘农业信用信息数据的金融应用，开发“智慧乡村”农村金融服务平台，提升农业信用信息数据的市场价值。截至2019年末，“智慧乡村”农村金融服务平台已经覆盖黑龙江省13个地市、118个县区的农户和新型农业生产经营主体。强化信用培育，着力提升中小微企业融资能力。优化系统建设，提升中小微企业信用体系试验区建设的可持续性。将试验区原有的“一库两网一平台”升级为“一库两网三平台”，新增“金助民企在线对接平台”和“产业金融服务平台”，全方位提升中小企业信用信息服务能力。截至2019年末，大庆市企业信用数据库信息已为8万多户中小微企业及个体工商户建立信用档案；19家银行机构利用数据库评分功能辅助授信决策，已有220余家中小微企业通过融资服务平台进行在线咨询，并与银行机构达成贷款意向，落实贷款金额共计约29.8亿元。应收账款融资服务平台支持小微企业融资成效显著。2019年，实现黑龙江省首笔全流程线上应收账款融资业务落地，推动4家供应链核心企业、1家地方银行与平台签订对接协议，支持民营、小微企业融资1650万元，融资效率大幅提高，融资成本降低20%。

3. 反洗钱工作

2019年，黑龙江省反洗钱工作扎实开展，监管效果显著提升。开展风险为本反洗钱监管。全年共对1105家义务机构开展分类评级、对37家义务机构开展现场检查、对69家义务机构开展监管走访、对26家义务机构开展约见谈话、对17家义务机构开展质询。累计对6家义务机构进行行政处罚，金额共计142.5万元。加强特定非行业反洗钱监管。开展座谈及实地调研、拟定社会组织反洗钱工作指引等方式，推进社会组织可疑交易报告报送试点工作有效开展。多部门联合建立监管协作机制，探索对会计师事务所、互联网金融从业机构等行业反洗钱监管。加大反洗钱调查协查力度。开展涉毒、涉恐、涉税等洗钱上游犯罪活动涉案账户资金的调查协查，积极梳理分析涉黑涉恶账户资金流向，以资金交易为线索，查找搜寻重要关联关系人，为案件侦破提供积极金融信息支持。截至目前，共搜集黑龙江省以《刑法》第一百九十一条宣判的洗钱犯罪案件4起，持续扩大打击洗钱犯罪战果。加强资金监测分析工作力度。深入指导辖内金融机构开展可疑交易资金监测分析工作，推动其可疑交易识别发现能力逐步提升，报告数量持续增长，报告质量逐步提高，金融情报价值进一步显现，深入分析研判金融机构报送的重点可疑交易报告，对外移送了一批疑似非法经营、涉毒等可疑交易线索，部分线索被立案侦查，充分发挥了打击洗钱及上游犯罪的积极作用。

4. 金融法治环境

2019年，黑龙江省积极推进建设法治化营商环境，颁布实施《黑龙江省营商环境条例》，在金融方面积极引导金融机构将资金向“三农”和小微企业倾斜。黑龙江省人民银行系统在职责范围内进一步加大对辖区金融违法违规行为处理力度，对15家金融机构、19名责任人作出共计293.1万元处罚。畅通投诉渠道，稳妥处置金融消费纠纷，推动“12363”电话呼叫中心与人民银行消保系统的有效连接、消费者投诉与调解仲裁等第三方非诉纠纷解决机制的无缝对接。全辖共受理投诉334起，解答金融消费者咨询709人次，未发生群体性投诉事件，有效防范了金融消费纠纷所产生的不稳定因素。协调推动建立金融纠纷多元化解机制。黑龙江省各级人民法院共审结金融借款、保险、证券等案件2.6万件，有效防范化解金融风险。

（二）金融基础设施建设的薄弱环节

1. 取消企业银行账户许可工作落实情况需全面关注

应对商业银行账户业务开展现场检查和非现场监测，强化事中事后监管，尤其是地方性银行机构企业银行账户的事中事后监管；加强企业银行账户开立、变更、撤销异常监测分析，及时发现辖区内企业账户数量异常增加情况并及时纠正。应加强企业银行账户开立、变更、撤销异常监测分析，防止和纠正企业多头开户和账户数量异常增加；建立企业银行账户监督检查制度，定期对分支机构企业银行账户内控制度、业务办理、风险管理等情况开展监督检查。

2. 信用信息使用及管理仍需加强

目前，征信系统信用信息应用范围逐步扩大，但在信用信息管理等方面仍存在一些薄弱环节，如查询用户盗用、个人信用信息泄露等。因此，应加大征信宣传力度，引导公众关心自身的信用记录，培养公众提高风险意识，防止个人信息被盗用而损害自身的信用权益，提高自我防范能力；引导商业银行正确使用信用信息和信用评级结果，完善负面信息解决机制；加强对数据上报机构数据质量管理，从源头上杜绝征集主体对被征集人主体权益的侵害；加快研究开发企业和个人征信产品，提供多元化的征信信息服务。

3. 反洗钱制度体系尚需完善，新兴领域洗钱风险值得关注

近年来，洗钱与恐怖融资活动呈现出向非金融领域持续蔓延、加快渗透的趋势，为预防洗钱和恐怖融资活动，应进一步加强对特定非金融机构反洗钱及反恐怖融资监管，与特定非金融机构行业监管部门建立反洗钱协作机制，联合制定特定非金融机构反洗钱监管制度及实施细则，有序推进特定非金融机构反洗钱监管。互联网金融、虚拟货币等新兴领域洗钱风险不容忽视，应进一步加大对金融新领域、新业务反洗钱监管的研究与实践，探索新兴业务反洗钱监管有效措施。

4. 多元化金融纠纷化解机制建设需提档提速

加强与黑龙江省高级人民法院、黑龙江省银保监局沟通与协调，推进金融纠纷多元化解机制在黑龙江省落地生根。密切与黑龙江省金融消费权益保护协会合作，从完善在线调解流程、筹备金融纠纷数据库和案例库、探索独立专家中立评估制度、督导会员单位建立小额纠纷快速解决机制等方面着手，努力搭建“投诉+调解+裁决”一站式纠纷解决平台，提高金融消费争议调解仲裁的接受度和认可度，积极稳妥化解金融消费纠纷。优化消费者咨询投诉的内部转办流程，提高咨询投诉受理、处理工作准确性，强化对“12363”电话运行风险的管控能力。

五、2020年展望

2020年是全面建成小康社会和“十三五”规划收官之年，黑龙江省将以习近平新时代中国特色社会主义思想为指导，全面贯彻党的十九大和十九届二中、三中、四中全会及中央经济工作会议精

神，深入落实习近平总书记在深入推进东北振兴座谈会上的重要讲话和对黑龙江省重要讲话重要指示批示精神，紧扣全面建成小康社会目标任务，统筹推进疫情防控和经济社会发展工作，在疫情防控常态化前提下，坚持稳中求进工作总基调，坚持新发展理念，坚持以供给侧结构性改革为主线，坚持以改革开放为动力，推动高质量发展，坚决打好三大攻坚战，加大“六稳”工作力度，全面落实“六保”任务，统筹推进稳增长、促改革、调结构、惠民生、防风险、保稳定，着力解放思想，着力优化营商环境，着力集聚各类人才，加快建设“六个强省”，努力实现全面建成小康社会目标任务，努力完成“十三五”规划目标任务，加快推进全面振兴全方位振兴。

中国人民银行哈尔滨中心支行金融稳定分析小组

组　　长：张远军

副 组 长：张　星

成　　员：董建华　管公明　刘树宪　何志刚　李大中　毛晓杰
　　　　　丁　勇　史秀芬　王　舵　王玉凯

《黑龙江省金融稳定报告（2020）》编写组

总　　纂：董建华

统　　稿：亢　玉

执　　笔：梁　蒙　董　磊　李卓南　李雨桐

参与写作人员：包艳龙　单立强　高　磊　孙晓丹　李　丹　肖赫男
　　　　　徐　扬　刘　帆　鲁　荣　刘禹婷　窦凌蛟　王　晶

上海市金融稳定报告摘要

2019年在以习近平同志为核心的党中央坚强领导下，上海市坚持“稳中求进”的工作总基调，坚持新发展理念，聚焦三项新的重大战略任务，金融供给侧结构性改革持续深化，国际金融中心建设取得新成绩，服务实体经济成效显著，实现经济社会平稳运行和金融体系健康发展。

一、经济与金融环境

（一）上海经济金融运行总体平稳

在复杂的国际形势、国内经济下行压力较大以及调结构转产能等因素影响下，上海市全年实现地区生产总值3.82万亿元，同比增长6.0%。第三产业比重进一步提高，第三产业增加值占全市生产总值的比重达到72.7%，同比提高1.8个百分点。工业战略性新兴产业增加值比上年增长3.3%，明显好于全市工业平均水平，占全市规模以上工业总产值的比重达到32.4%，同比提高1.8个百分点。

1. 固定资产投资稳定增长

2019年，全市固定资产投资同比增长5.1%。从三大投资领域看，工业投资增长11.3%，虽然增速回落但仍连续21个月保持两位数增长；房地产开发投资维持平稳增长，全年增长4.9%，同比提高0.3个百分点；城市基础设施投资减少2.6%，对投资增长形成拖累。

2. 消费持续低速增长

2019年，上海市社会消费品零售总额同比增长6.5%。下半年消费增长明显回落，主要与市场需求偏弱、汽车销售下降、统计口径调整等因素有关。

3. 外贸进出口“双降”

上海经济外向型程度较高，中美经贸摩擦对上海外贸领域的冲击大于全国。2019年，上海外贸进出口4938亿美元，同比下降4.2%。上海涉外收支逆差1820.3亿美元，同比减少15.3%，主要是经常项目收支逆差收窄所致。

4. 财政收支小幅增长

2019年，上海市一般公共预算收入7165.1亿元，同比增长0.8%；一般公共预算支出8179.3亿元，同比下降2.1%，增速回落12.8个百分点。

5. 工业企业经济效益下滑

2019年，上海规模以上工业企业实现营业收入和利润同比分别下降2.3%和13.7%，增速分别回落4.9个和18个百分点，下半年降幅有所收窄。

6. 居民收入增速放缓

2019 年，上海居民人均可支配收入 69442 元，名义增长 8.2%，扣除价格因素，实际增长 5.6%。就业形势总体稳定。新增就业岗位 58.91 万个，同比增加 0.74 万个。截至 2019 年末，全市城镇登记失业人数 19.34 万人，同比减少 0.07 万人。

7. 金融业稳步发展

全年金融市场交易总额达到 1934.31 万亿元，同比增长 16.6%。其中，银行间市场总成交金额 1454.31 万亿元，同比增长 15.2%。上海黄金交易所总成交金额 14.38 万亿元，同比增长 33.2%。上海证券交易所总成交额 283.48 万亿元，同比增长 7.1%。上海期货交易所总成交金额 112.52 万亿元，同比增长 19.3%。中国金融期货交易所总成交金额 69.62 万亿元，同比增长 1.7 倍。保险公司原保险保费收入 1720.01 亿元，同比增长 22.4%；保险赔付支出 654.90 亿元，同比增长 12.6%。各类营业性银行业金融机构数量 4069 家，证券资管业务总规模占全国的三分之一，保险资管公司受托资产总规模占全国一半以上。

（二）促进经济增长和金融稳定的重要举措

1. 继续实施稳健的货币政策，服务实体经济

认真落实全国金融工作会议、中央经济工作会议和总行工作会议部署，紧紧围绕加强宏观调控和服务实体经济两条主线，切实落实稳健的货币政策，努力为供给侧结构性改革和高质量发展营造适宜的货币金融环境。积极发挥再贷款、定向降准等工具定向调控、精准滴灌功能，强化正向激励，引导金融机构聚焦科创、先进制造等重点领域民营、小微企业，努力加大信贷投放。改革完善贷款市场报价利率（LPR）形成机制，用改革的办法疏通货币政策传导，利率市场化改革取得关键性进展。在 MPA 中完善小微企业、民营企业等指标，增设企业中长期贷款、制造业信贷、绿色信贷评估指标。

2. 维护金融稳定，守住不发生系统性风险底线

实施宏观审慎管理，监测辖内重大金融风险，打好防范化解重大金融风险攻坚战。开展央行金融机构评级，除资本管理、流动性、跨境业务和稳健性等宏观审慎管理要求之外，重点关注资产质量分类准确性与审慎性、公司治理和关联交易的合规性，科学评估金融机构经营管理水平和风险状况；实施存款保险风险差别费率评定，有效识别风险水平并及时采取早期纠正措施，促进金融机构稳健经营；结合辖内实际，充分发挥货币政策和宏观审慎政策双支柱作用，强化动态监测，做好预调微调和窗口指导，切实加大逆周期调控；持续监测、有序处置代币融资发行（ICO）和虚拟货币交易领域风险，压降违规互联网资管业务规模，推进网贷业务头部平台转型退出，互联网金融风险专项整治成效明显。

3. 持续建设国际金融中心，加大开放力度

科创板正式开板，上海金融市场改革试验田的作用进一步凸显。中日 ETF 互通产品、20 号胶期货、沪深 300ETF 期权、不锈钢期货、国债期货期转现、票据“贴现通”“票付通”标准化票据等多项创新陆续推出，全国集中管理信托收益权账户系统上线，全球首单中国（上海）自贸试验区和境外债券发行，期货市场全面引入债券冲抵交易保证金制度。贷款市场报价利率改革顺利推进，人民币资产定价功能不断提升。多家外资金融机构在上海开业，资本项目收入支付便利化试点范围稳步扩大，吸引 720 家跨国公司地区总部落户上海。2019 年英国独立智库 Z/YEN 智库集团发布的全球金

融中心指数（GFCI）排名中，上海连续3次排名第5位。

4. 金融支持长三角一体化

为深入贯彻落实国家战略，推动金融更好地服务长三角高质量一体化发展，沪苏浙皖人民银行密切合作，各项专题有序推进，工作成效陆续显现。2019年建立了“金融服务长三角高质量一体化发展合作机制”，确定首批12项专题合作工作，并成立专题工作组逐项狠抓落实。一系列重点专题工作取得阶段性成果：制订长三角区域金融稳定信息共享方案；实现三省一市主要经济金融指标数据共享；长三角地区金融消费纠纷非诉解决机制正式落地；推动中债估值中心在上海成功发布中债长三角系列债券指数；加强三省一市反洗钱交流合作；将再贷款再贴现支持企业范围覆盖到整个长三角区域。2020年，三省一市人民银行将继续发挥长三角合作机制的积极作用，在深入推进原有专题工作的基础上，拟在支付结算一体化、金融支持科创企业、构建长三角征信体系、建设长三角绿色金融服务平台等方面启动新一批专题工作，切实推动金融支持长三角一体化发展取得新成效。

（三）经济金融运行中需要关注的方面

1. 经济下行压力加大

受外部环境变化、内外需求不足和周期性等问题交织影响，2019年上海市工业、外贸等部分指标增速出现回落，稳增长难度加大，汽车、电子等部分重点工业行业增长动力减弱，服务业发展能级、结构和动力需优化提升，新兴产业体量较小、支撑作用仍不足，新旧动能转换接续仍需加快推进。受减税降费效应持续扩大、部分重点工业行业税收贡献下降等多重因素影响，全市一般公共预算收入呈现低增长态势，财政收支平衡难度加大。一些行业和企业生产经营困难加大，部分企业出现订单流失、产能转移、利润下滑等问题。与生活密切相关的猪肉、水果、蔬菜等食品类价格涨幅较大，对居民尤其是低收入群体生活的影响需重点关注。

2. 中美贸易摩擦升级风险

2019年，中美贸易摩擦“一波三折”，对上海外贸进出口的影响有所加剧。企业外贸出口显露疲态，外贸进口加速回落。贸易摩擦大概率在中长期仍将持续，2020年将继续影响上海经济发展。出口方面，2019年上海外贸出口1989.4亿美元，同比减少4%，增速较上年同期下降11个百分点。中美贸易摩擦的不确定性对外贸出口数据的扰动加大，导致部分对美出口向第三方市场转移，人民币汇率贬值一定程度上对冲了关税税率提高的不利影响。进口方面，2019年上海外贸进口2948.6亿美元，同比减少4.4%，增速较上年同期下降13.6个百分点。不过，高新技术、资源类商品进口加快，高端消费品进口受到的影响有限。

3. 新冠肺炎疫情冲击经济金融

在目前新冠肺炎疫情大流行的情况下，全球经济面临巨大挑战，经济衰退几成定局。由于上海国际化程度较高，第三产业的比重远高于全国平均水平，此次疫情将对上海2020年的经济金融造成较大冲击。微观主体的生产经营受疫情影响较大。服务业企业受到明显冲击，劳动密集型制造业企业供货压力陡增，民营企业和小微企业流动性压力大，租金、工资和原材料负担大的企业承压较大，转型较慢的线下传统企业可能陷入困境，汽车经销商资金承压。逾期、展期甚至无力偿还的风险传导至金融机构，进而提升金融机构的经营风险。企业的经营窘境还会影响到就业，并产生一系列连锁效应。

二、银行业

（一）银行业发展运行情况

1. 资产结构回归本源成效显著

2019 年，上海银行业同业业务压降明显，同比下降 10.68%，投资业务同比增长 4.49%，其中债券投资同比增长 19.36%，其他投资同比下降 13.60%。表外非传统业务收缩，其中非现金管理项下委托贷款、委托投资余额同比分别下降 17.41%、19.52%。含 2 个及以上 SPV 的非保本理财投资非标资产余额比年初下降约 30%，交易链条有所缩短。

2. 资产负债规模持续低位增长

2019 年末，上海银行业资产总计 16.51 万亿元，同比增长 7.05%，增速提高 2.46 个百分点；负债总计 15.73 万亿元，同比增长 7.07%，增速提高 2.8 个百分点。资产负债连续三年呈现个位数增长。资产方面，各项贷款增速放缓，实体经济有效需求不足。2019 年末，辖内各项贷款余额 7.90 万亿元，比年初增加 5226.59 亿元，增量较 2018 年、2017 年分别下降 21.46%、31.89%。负债方面，个人存款回流银行，"定期化、高成本"趋势凸显。2019 年末，各项存款余额 10.97 万亿元，比年初增加 1.08 万亿元，同比增长 10.97%，增速提高 5.46 个百分点。单位存款增速 8.53%，个人存款增速 16.30%，其中个人活期存款增速 11.24%，个人定期存款增速 23.67%。

3. 银行业持续开放创新

落实国务院支持自贸区深化改革创新若干措施通知要求，深化创新业务监管互动机制探索，明确"自贸区银行业务创新监管互动机制"的重点支持领域，以更好地对接新片区建设特殊经济功能区的定位要求。上海银保监局制定发布《上海银行业保险业进一步支持科创中心建设指导意见》，提出"五大支持目标、五大完善举措、五大联动措施"，助力上海科创中心建设。鼓励外资银行加大投入、新设机构、新开业务，稳步提高金融中心的国际化程度。聚焦重大战略领域，加大"一带一路"建设信贷支持，深入实施创新驱动发展战略。

（二）上海银行业金融机构稳健性评估

1. 风险抵补能力整体较强

2019 年末，在沪法人银行业金融机构拨备覆盖率为 288.64%，比年初上升 15.19 个百分点。各项资产减值损失准备 1332.35 亿元，比年初增加 239.87 亿元。贷款拨备率 3.52%，比年初上升 0.21 个百分点。整体上看，拨备指标远超监管要求，有较强的风险抵补能力。

2. 资产质量总体较好

上海市银行业金融机构不良贷款率远低于全国平均水平，但近期有加速攀升态势。截至 2019 年末，不良贷款余额 731.69 亿元，比年初增加 153.27 亿元；不良贷款率 0.93%，比年初上升 0.15 个百分点，相较全国尚处于较低水平。其中，信托公司虽体量较小，但不良贷款快速增长，不良贷款余额同比增长 121.75%，不良贷款率高达 24.29%，比年初上升 11.05 个百分点。

3. 盈利水平显著回落

2019 年，上海银行业金融机构累计实现净利润 1598.85 亿元，同比减少 7.91%，增速下降 7.62

个百分点，本年度以来净利润同比增速持续为负。净利润下降主要受三方面因素影响：一是资产减值损失大增。辖内银行业金融机构计提资产减值损失 588.26 亿元，同比增长 36.15%。二是净息差持续收窄。年末辖内净息差 1.77%，比 2018 年收窄 6 个基点，低于全国平均水平 29 个基点。三是非息收入减少。受理财产品市场发行成本上升及金融资产估值下降影响，辖内银行业金融机构手续费及佣金净收入、公允价值变动损益同比分别减少 70.02 亿元和 82.44 亿元。

（三）上海银行业发展中需要关注的方面

1. 部分领域的资产质量承压

房地产贷款存在高集中度风险。在其他行业有效信贷需求不足的情况下，辖内银行业对房地产业务依赖度进一步提高。2019 年末，辖内房地产贷款余额占各项贷款余额比重超过三成，全年房地产贷款增量占同期各项贷款增量的比重超过四成，重回三年前高点。另外，在房地产融资政策持续收紧、自筹资金来源同比下降的背景下，资金储备不足、盈利周转弱的中小型房企极易发生资金链断裂。部分大型房企负债较高，且面临到期债务井喷的现状，资金压力同样高企。

消费金融领域风险隐患上升。截至 2019 年末，上海辖内信用卡业务不良贷款余额同比增长 29.95%，不良贷款率 1.21%。各行大力拓展信用卡业务可能会吸纳大量低信用等级客户，非银体系的信贷风险通过共债债务人向银行体系传导，债务风险向银行信用卡业务聚集。

集团系风险不容忽视。受市场影响，大型企业尤其是民营集团的信贷风险加速暴露，并将持续影响 2020 年的信贷质量。多家大型企业年内出险。同时，大型企业的债券违约风险增加。2019 年全国 179 只债券违约，违约规模 1444 亿元。

资产质量仍存隐患。目前上海辖内银行的资产质量处于优良水平，但也要看到，不良贷款余额和不良贷款率未能完全体现资产质量的情况。一些逾期超过 90 天的贷款在债委会等方面的要求下并未纳入不良贷款，甚至未纳入关注类贷款，使银行资产质量的真实情况无法完全暴露。如此类资产无法妥善处置，将对银行的资产质量造成较大影响。

2. 中小银行存在流动性管理压力

包商事件打破银行刚兑预期，对中小银行的流动性管理造成较大影响。短期市场冲击明显，多家银行提高了同业交易对手的准入标准，个别中小银行同业存单发行出现困难，流动性风险上升。为缓解银行间流动性压力，人民银行加大资金投放，积极回应市场关心问题，市场情绪明显缓和。

但中小法人银行负债端压力较大，尤其是低评级的民营银行和外资法人银行，自身市场竞争力较弱，产品单一，存款稳定性不足，市场与监管政策变化对银行的流动性冲击较大，同业存单的成本和发行均存在一定压力。

3. 外资银行利润大幅下滑

受网点、规模和母行战略导向限制，外资法人银行的贷款行业集中度普遍超过 20%，易受外部经济环境的影响。部分外资银行尤其是港资银行的客户结构偏重于房地产企业，在房地产调控背景下，风险暴露对资产规模和盈利指标形成较大冲击。同时，相较于中资银行，外资银行缺乏竞争优势，零售贷款的业务量有限，在实体企业方面的业务拓展也存在一定困难。母行带来的获客红利减少、汇率波动、中美贸易摩擦等因素也直接影响外资银行的业务收入。

4. 异地城商行在沪分支机构面临较大经营压力

截至 2019 年末，辖内 14 家异地城商行在沪分行总资产规模比年初增长 12.16%，各项存款和贷款余额分别比年初增长 17.85% 和 0.49%。受大型银行竞争挤压，客户流失严重，叠加战略定位不清、信用风险上升等问题，异地在沪城商行经营退化明显，贷款增量乏力，部分银行原有客户大量流失，转做房地产、垒大户。部分银行小企业贷款占比少，户均贷款金额高，严重偏离城商行市场定位。

5. 银行业金融机构严格落实资管新规及细则尚有难度

上海辖内银行理财业务按照资管新规及相关配套细则要求，逐步转型升级。保本、同业理财以及老产品规模持续压降，多层嵌套和通道业务进一步收缩，现金管理类和定期开放式产品增长明显，净值型产品和开放式产品占比持续提升，非标准化债权类资产投资出现下降，产品期限向长期化转变。辖内信托公司也对存量信托产品开展全面排查和整改。取得成绩的同时也面临难点，如对部分长期限的存量非标准化债权类资产和未上市股权类资产的转接和处置工作有待进一步推进，部分存续事务管理类信托的整改难度较大，风险准备金计提缺乏相应细则等。

三、证券业

（一）证券业发展运行情况

上海证券基金期货经营机构种类齐全，截至 2019 年末，证券公司、期货公司、基金管理公司等机构数量继续位居全国第一，并保持了各类机构协调合作、有序竞争的良性局面。

1. 机构种类齐全，保持良性竞争局面

截至 2019 年末，上海共有证券公司 27 家（包括 8 家证券公司下属的资产管理公司），总资产 16084.59 亿元、净资产 4876.98 亿元、净资本 3792.24 亿元，同比分别增长 14.62%、增长 7.82% 与减少 0.19%。共有基金管理公司 57 家，管理公募基金 2267 只，公募基金资产规模 49481.21 亿元，同比分别增长 18.13% 和 21.48%。在中国证券投资基金业协会完成登记的上海私募基金管理人共 4709 家，管理私募基金 22490 只，管理规模 29508 亿元。共有期货公司 34 家，总资产（含客户权益）2036.90 亿元、净资产 314.05 亿元，同比分别增长 28.04% 和 12.54%。

2. 提升行业管理水平，推动资产管理业务规范健康发展

上海证券公司贯彻落实合规新规，持续梳理完善合规制度，加强内部控制管理，提高合规管理有效性，强化对子公司合规风险管理全覆盖。上海证券公司积极参与科创板试点工作，发挥专业投行定价承销能力，对投行业务流程、内控制度、风控措施等进行全方位的优化，为投资者提供客观专业的投资者教育服务，严格落实投资者适当性管理。上海基金管理公司积极提升公司治理与内控机制的有效性，积极落实资管业务指导意见和资管新规要求，有序推进分级基金、短期理财基金、私募资产管理业务规范整改，稳步推进降杠杆、去通道、打破刚性兑付，推动资产管理业务规范健康发展。上海期货公司进一步优化公司治理结构，充实资本实力，加强合规管控，发展步伐更加稳健。

3. 主动创新，服务实体经济发展

上海证券公司主动对接创新驱动发展、上海科创中心建设、可持续发展等国家战略，为科技创新企业、中小微企业和绿色产业提供高效的金融服务，2019 年累计完成 2 个双创债项目、金额 5.2 亿元，承销（分销）绿色债券 51 只、金额 675.5 亿元。上海头部券商积极参与交易所债券市场信用

保护工具试点，其中，国泰君安针对红狮集团创设的信用保护合约成为市场首单信用保护工具。上海证券公司积极响应国家和上海市号召，不断扩大服务供给，提高服务质量，助力成为长三角区域多层次、全方位、渐进式金融一体化发展的强纽带。

上海证券基金经营机构充分发挥专业优势，积极参与基金产品和投资者服务创新，服务实体经济发展。2019 年上海证券基金经营机构共成立 45 只纾困基金参与化解民营上市公司流动性风险，17 家基金管理公司发行了 22 只养老目标基金，2 家基金管理公司参与首批发行科创板基金，4 家基金管理公司参与首批发行浮动净值货币型基金，6 家基金管理公司获准发行首批浮动管理费基金，2 家机构获得公募基金投资顾问业务试点资格，多家基金管理公司积极参与中日 ETF、商品 ETF 和上海金 ETF 产品的申报与发行工作。

上海期货公司大力开发产业客户，持续深化仓单业务、基差交易、合作套保、场外期权等业务模式，为实体企业提供风险管理服务。大力开展扶贫助农，拓展“保险 + 期货”险种及业务环节，2019 年 16 家期货公司共开展 104 单“保险 + 期货”业务，其中完成赔付 85 单，赔付金额 1.06 亿元。

4. 积极吸引外资，稳步开展国际化经营

截至 2019 年末，上海共有合资证券公司 8 家，合资基金管理公司 23 家，外资代表处 39 家。此外，22 家登记为内地合格的外商独资私募证券投资基金管理人（WOFE）落户上海。多家企业和机构积极赴海外融资和开展国际化经营，2019 年上海有 5 家证券公司实现 A + H 股上市，部分证券公司通过已发行或拟发行境外债券，2 家公司获准试点开展跨境业务，5 家证券公司、9 家基金管理公司、5 家期货公司在香港设立子公司，1 家期货公司在新加坡设立子公司，9 家公司 17 只基金产品在香港销售，5 家公司获得香港基金内地销售代理资格。期货公司积极推进国际化期货品种的市场开发及培育，拓展海外市场，做好境外投资者的引入工作，境外机构与个人投资者数量及客户权益规模持续增长。

（二）证券市场融资

1. 上市公司融资规模增长较快

截至 2019 年末，上海共有上市公司 308 家，占全国的 8.15%，市值约占全国的 8.83%。2019 年，上海上市公司境内股票市场直接融资（含发行股份购买资产，下同）832.82 亿元。其中，IPO 融资 208.24 亿元，同比增长 150.32%；股票再融资 624.58 亿元，同比增长 13.74%。

2. 公司债券融资增长平稳

2019 年，上海 75 家企业共计发行公司债券 148 只，发行金额合计 2726 亿元，同比增长 11.81%，其中面向公众投资者公开发行 79 亿元，占比 2.89%；面向合格投资者公开发行 1880 亿元，占比 68.97%；非公开发行 767 亿元，占比 28.14%。

3. 新三板挂牌公司融资规模大幅下降

2019 年，上海 52 家新三板企业实施定向增发，共计募集资金 13.16 亿元，同比下降 72.75%。

（三）上海证券机构稳健性评估

1. 总资产、净资产增长，净资本保持相对平稳

截至 2019 年末，上海证券公司总资产 16084.59 亿元，同比增长 14.62%；总负债 11207.61 亿元，同比增长 17.86%；净资产 4876.98 亿元，同比增长 7.82%；净资本 3792.24 亿元，同比减少 0.19%。

2. 风险管理水平持续提升

2019 年，上海证券公司守住了风险底线，核心风控指标和流动性监管指标均符合监管标准。从财务杠杆来看，截至 2019 年底，上海证券公司杠杆率为 2.79 倍，低于行业水平（2.95 倍），财务结构保持稳健。

3. 盈利水平较 2018 年显著上升

2019 年，上海证券公司营业收入 817.84 亿元，同比增长 26.47%，净利润 315.2 亿元，同比增长 107.49%（2018 年，华信证券风险事件计提减值约 82 亿元）。从各部门业务收入看，经纪业务收入、自营业务收入、投行业务收入同比分别增长 20.06%、46.76%、12.11%，资产管理业务收入、融资类业务收入同比分别减少 1.94%、15.38%。

4. 收入结构较为稳定

2019 年，证券行业整体盈利水平上升，收入结构变动较小。受证券二级市场指数上涨、保荐机构科创板跟投等因素影响，自营业务收入占比提高了 4.27 个百分点；经纪业务收入、投行业务收入、资管业务收入占比均小幅下降；受股票质押回购业务规模持续缩小影响，融资业务利息收入占比下降 14.65 个百分点。

（四）上海证券业发展中需要关注的方面

1. 股票质押业务风险仍需关注

2019 年，上海证券公司持续压缩股票质押等融资类业务规模，较上年规模下降近 30%，整体履约保障比高于全行业。公司根据风险判断计提了减值准备，努力有序做好违约处置。但部分公司违约规模较大、违约比例较高，部分股票后续违约处置耗时较长、难度较大，客户在短期还款压力较大。

2. 债市信用风险不容忽视

2019 年，债券违约仍处在高位，与上年相比，涉及的发行人数量、债券数量、债券规模均有增长，突发的违约情况也更多。部分证券公司自营债券违约出现亏损，承销的债券已出现实质违约或潜在兑付风险，证券公司处置压力和难度加大，个别证券公司因承销债券发生违约，被投资者以尽职调查未勤勉尽责为由提起诉讼或仲裁，要求承担连带赔偿责任，可能对公司的净资本和流动性产生不利影响。

3. 私募基金风险处于暴露阶段

上海地区私募机构众多，部分机构存在涉集团化、“资金池”自融、开展 P2P 等情形，存在非法集资、违规运作、交叉传递等风险。截至 2019 年末，上海已有 21 家爆发较大及以上风险事件的私募机构，且均已列入证监会全国已暴露风险私募机构台账。

四、保险业

（一）上海地区保险业发展运行情况

1. 资产规模不断扩大，保费收入高速增长

2019 年 12 月末，上海地区保险公司分支机构总资产为 8831.87 亿元，较年初增加 963.50 亿元，同比增长 12.25%。全年实现原保险保费收入 1720.01 亿元，同比增长 22.35%，增速全国第一。分

险种看，财产险、寿险、健康险、意外险原保险保费收入分别为524.90亿元、838.79亿元、264.99亿元、91.34亿元，同比分别增长8.21%、35.28%、22.90%、7.37%。

2. 非车险业务快速增长，财产险业务结构出现调整

2019年，非车险业务快速增长，全年实现原保险保费收入266.89亿元，同比增长12.53%，其中责任险、企财险和保证险同比分别增长16.57%、16.87%和45.02%。同期，车险原保险保费收入同比仅增长4.07%。非车险业务快速增长导致财产险业务结构发生深度调整。2018年，上海地区车险与非车险保费收入比为51:49；2019年该比例已经调整为49:51，非车险业务比例首次超过车险比重，在全国范围内，仅有上海地区的非车险比例超过车险比例。

3. 人身险业务强势反弹，呈现恢复性增长

2019年，上海地区人身险业务原保险保费收入1195.12亿元，同比增长29.81%，人身险业务已摆脱2018年下滑颓势，实现恢复性增长，基本接近2017年的水平（1158.49亿元）。分险种看，普通寿险、分红险、投连险、万能险业务同比分别增长33.40%、37.53%、5.03%、14.17%。

4. 赔款与给付继续增长，风险保障持续增强

2019年，上海地区保险公司赔付支出累计654.90亿元，同比增长12.61%。其中，财产险业务赔付支出为306.12亿元，同比增长12.70%；寿险业务给付金额为225.15亿元，同比增长8.28%；健康险业务赔款与给付支出为100.77亿元，同比增长22.59%；意外险业务赔款支出为22.87亿元，同比增长15.47%。

（二）上海保险机构稳健性评估[①]

1. 总资产快速增长，净利润大幅上升

2019年末，上海市法人保险公司总资产余额为32099.74亿元，同比增长17.89%。其中，法人人身险公司（以下简称“人身险公司”）总资产余额为27917.48亿元，同比增长22.03%；财产险公司总资产余额为4182.26亿元，同比减少3.90%。

原保险保费收入平稳增长。2019年，上海市法人保险公司共实现原保险保费收入7774.51亿元，同比增长15.71%。其中，人身险公司实现原保险保费收入5293.10亿元，同比增长16.43%；财产险公司实现原保险保费收入2481.41亿元，同比增长14.19%。

净利润大幅上升。2019年，上海市法人保险公司实现净利润508.27亿元，同比增长65.83%。其中，人身险公司实现净利润457.33亿元，同比增长67.65%；财产险公司实现净利润50.94亿元，同比增长51.15%。主要原因：一是受保险企业手续费及佣金支出税前扣除新政策[②]影响，佣金手续费支出税前扣除比例上调至18%，保险公司税负下降较多。二是保险公司基于对宏观经济、资本市场和品种结构的研判，调整资产持仓结构，投资收益同比有较大增长。

2. 财产险公司车险业务增长缓慢，非车险业务快速增长

2019年，财产险公司机动车辆保险（以下简称“车险”）业务原保险保费收入为1478.05亿元，

---

① 评估对象为注册地在上海的20家财产险公司和22家人身险公司（含人寿保险公司、养老保险公司和健康保险公司）。

② 旧政策是指《关于企业手续费及佣金支出税前扣除政策的通知》（财税〔2009〕29号）规定，财产险企业和人身险企业佣金手续费税前扣除比例分别为15%和10%；所有保险企业均无结转以后年度扣除政策。新政策是指《关于保险企业手续费及佣金支出税前扣除政策》（财税〔2019〕72号）规定，保险企业发生与其经营活动有关的手续费及佣金支出，不超过当年全部保费收入扣除退保金等后余额的18%（含本数）的部分，在计算应纳税所得额时准予扣除；超过部分，允许结转以后年度扣除。新政策实施后，保险行业税负明显下降。

同比增长 3.76%，车险业务增长缓慢的主要原因是新车销量持续下滑。非车险业务原保险保费收入为 1003.36 亿元，同比增长 41.36%。

分险种看，家庭财产保险、健康险、保证保险和农业保险原保险保费收入分别增长 60.74%、53.72%、51.43%和 36.12%，是增长较快的几个险种。从比重来看，保证保险、责任保险、健康险和意外伤害险原保险保费收入占比分别为 6.90%、6.12%、5.79%和 5.43%，已成为财产险公司最重要的非车险业务。

3. 人身险公司业务发展平稳，健康险实现高速增长

2019 年，人身险公司实现原保险保费收入 5293.10 亿元，同比增长 16.43%。其中，寿险实现原保险保费收入 3631.64 亿元，同比增长 12.89%；健康险业务实现原保险保费收入 1504.26 亿元，同比增长 31.07%。健康险高速增长的主要原因是：居民健康意识增加，购买健康险的意愿增强；各人身险公司相应开发多种健康险品种，加大了健康险的销售力度。

4. 公司综合偿付能力充足率较低

2019 年，上海市法人保险公司的平均综合偿付充足率为 255.47%，同比下降 2.23 个百分点。其中，财产险公司的平均综合偿付能力为 299.01%，同比上升 35.68 个百分点；人身险公司平均综合偿付能力为 248.21%，同比下降 8.18 个百分点。有 8 家公司的综合偿付能力充足率较低，分布于 120% ~200%。

5. 健康险高速增长伴随较大的亏损风险

2019 年，上海市法人保险公司健康险业务实现保费收入 1647.99 亿元，同比增长 32.78%，实现高速增长。健康险业务在高速增长的同时，面临着较大的亏损风险。主要原因是：一是重大疾病险非理性竞争趋势显现，各家保险公司为抢占市场实施低价定价战略，收益率迅速下降。二是许多健康险产品仍属于新生事物，各家公司尤其是财产险公司无经验可以参考，部分险种核赔率过高，欺诈事件较多，赔付支出较高。

（三）上海保险业发展中需要关注的方面

1. 转型期业务增长空间受到限制

财产险公司发展后劲不足。2019 年，财产险业务同比仅增长 8.21%，受汽车销量、保有量以及车险费率改革等因素叠加影响，车险业务增长缓慢，同比仅增长 4.07%，占财产险业务的比例收缩到 49.15%，后续增长堪忧。不同公司类型损益情况差异较大，2019 年，占市场份额前三的保险公司保费收入合计占比为 52.92%，同时中小财产险公司存在承保亏损较为严重、发展较为困难的情况。此外，因上海地区人身险同业竞争激烈，部分公司大量发售高息预定利率产品，实际负债成本居高不下。

2. 跨行业风险较高

财产险公司保证保险增速较高，外部风险容易向保险公司传染。2019 年，保证保险原保险保费收入 31.54 亿元，同比增长 45.02%，全险种增速全市第一。在经济下行压力加大、外部信用环境恶化的宏观背景下，易导致外部风险向保险机构传染。2019 年保证保险综合赔付率达到 111.77%，高出辖内财产险公司综合赔付率 50.15 个百分点，保险赔付支出大幅增加。

人身险公司各类非法集资等行业外风险与保险行业自身风险交织。P2P 不法分子骗取保单贷款资金签订理财协议，在职或离职保险从业人员以非法手段获取客户信息后销售获利、代客户退保、

误导客户购买理财产品等事件时有发生。

中介方面，部分专业中介机构与第三方财富管理公司存在股权关联关系，并有通过推荐客户资源等打擦边球方式违规销售非保险金融产品的行为。

3. 互联网保险经营压力较大

从展业看，互联网保险同质化现象比较严重，以意外险、车险、理财险等标准化产品为代表的互联网保险，普遍具有费率低、易核保、条款简单等特点，导致相关产品缺乏差异性，市场竞争较为激烈。从渠道看，第三方平台占据谈判话语权，通过“手续费＋技术咨询费”方式从保险公司回流保费，保险公司沦为出单工具，业态可持续发展能力不强，并且容易引起消保纠纷。

4. 流动性风险有所加大

2019 年 12 月末，财产险业务应收保费率为 14.20%，同比上升 0.63 个百分点，叠加中小保险公司承保持续亏损导致经营性现金流流出等因素，上海地区部分保险机构现金流状况趋紧，流动性风险凸显。12 月末，上海辖内有 12 家公司简单现金流为负。经排摸，虽然目前 12 家公司现金流风险总体可控，无集中给付风险，但后续潜在流动性风险仍值得关注。

5. 消保投诉与案件发生率上升

一是举报投诉较快增长。截至 11 月末，辖内共计接收保险举报、投诉来电 53663 个，同比增长 46.1%，涉及投诉事项 5978 件，同比增长 2.45%，主要集中在理赔（占比 53.10%）和销售（占比 19.53%）环节。理赔方面，部分保险公司服务意识与理赔流程存在明显缺陷，拖赔、惜赔问题较为突出。销售方面，部分保险公司对销售人员行为管控不到位，消费误导问题突出。部分新发领域投诉冒头，比如格式化投诉现象较多；借款人意外伤害险业务实质脱离本源，变异为助贷增信工具引发投诉；P2P 信保合作业务风险仍较高，群访群诉与个体投诉较为集中。二是案件风险频发。2019 年来，辖内共发生保险司法案件 7 件，发生保险业外风险案件 41 件。

五、金融基础设施建设

（一）践行“支付为民”理念，推进支付体系建设

2019 年，中国人民银行上海总部持续推进和完善上海市支付体系建设。推进银行账户管理改革，组织全辖银行网点开展账户管理系统压力测试，监管重心由事前向事中、事后迁移，建立风险监测机制，压实银行主体责任。建设移动支付便民工程，在公共交通、医疗教育、政务民生等多个领域提供联网通用移动支付服务。推动同城清算业务迁移，开展实时监测，进行针对性指导、深入专题调研、积极排除风险隐患，已迁移业务量约占上海同城清算系统业务量的 95%。强化支付结算业务监管，完成 8 家银行、6 家支付机构的支付结算业务执法检查和 66 家银行、23 家支付机构的现场督查，对 2 家银行、11 家支付机构、5 名个人实施共计 19 次行政处罚；并在规范创新、防范电信网络新型违法犯罪案件等方面积极探索，强化警银协作。加快支付产业对外开放，扩大 ACS 代理境外央行业务范围，优化服务方式，为境外央行在 ACS 开设账户提供绿色通道，指导支付机构向“一带一路”沿线国家和地区提供普惠金融服务。

（二）推动征信体系建设，优化上海金融生态环境

2019 年，上海总部不断加强对接入机构的监管，对 6 家接入机构开展现场检查和综合执法检查，

对7家接入机构开展安全巡查，对接入机构进行考核评级，积极运用多种手段的非现场监管措施。不断提升征信服务水平，以扩大自助查询机布设范围提升个人征信查询的可获得性；以微信公众号、商业银行网银、自助查询机等多渠道加强企业征信查询可获得性；加强与商业银行和核心企业的对接，推进应收账款抵押融资服务。进一步推动征信市场健康发展，辅导5家公司申请企业征信机构备案，清理注销4家不符合要求的企业征信机构；对6家企业征信机构开展巡查，对1家征信机构开展现场检查；通过大数据监测分析，加强企业征信机构的日常监管。稳步推进央行内部（企业）评级工作，强化对评级机构的非现场监管，实施信用评级机构相关从业人员的备案管理和国内外信用评级的动态监测。广泛开展征信专题宣传，采取多种形式和渠道的宣传活动，聚焦小微企业和民营企业主体，促进强化诚信意识。

（三）推行“风险为本”思路，推动反洗钱工作

2019年，上海总部研究完善6个行业的固有洗钱风险指标体系，对在沪242家义务机构实施了洗钱风险评估。对3家机构开展了综合执法检查，对4家机构开展了反洗钱专项执法，对1家支付机构、2名直接责任人实施行政处罚；与上海银保监局、上海证监局分别签署《反洗钱和反恐怖融资监管合作备忘录》。在“金融服务长三角高质量一体化发展合作机制”的总框架下，建立了长三角反洗钱专题工作组机制，“三省一市”人民银行对6起可疑交易线索开展了联合分析研判。在总行反洗钱局的授权指导下承担跨境监管合作任务，妥善应对新加坡金管局和香港金管局对有关在沪外资金融机构的现场监管活动。持续督导数据报送管理工作，督促义务机构自查自纠和整改。成立了扫黑除恶专项斗争领导小组，制订工作方案。牵头组织召开2019年上海市反洗钱工作联席会议，与上海金融监管部门签署了合作备忘录，加强与市公安机关、检察机关双边合作交流。广泛开展反洗钱和扫黑除恶专项斗争宣传教育活动。

六、总体评估

2019年是打好攻坚战承上启下的关键一年，国内外宏观形势变化快，挑战多。上海经济在合理区间运行，总体平稳，经济发展的韧性和活力增强，结构调整步伐稳健。虽受国内外宏观形势和经济周期等因素影响，经济下行压力加大，但长期向好的基本趋势未变。金融业总体稳健，开放创新持续推进。

2020年是全面建成小康社会的决胜之年，是“十三五”规划的收官之年。面对内部的疫情冲击和外部的不利环境，上海将继续以习近平新时代中国特色社会主义思想为指导，加大“六稳”工作力度，实现“六保”工作目标，坚持底线思维，持续深化金融供给侧结构性改革，坚决打赢防范化解重大金融风险攻坚战。

中国人民银行上海总部金融稳定分析小组

组　　长：孙　辉

副 组 长：饶庆文

成　　员：文善恩　冯润祥　吕进中　朱　沛　吴水平　陈　勇
　　　　　姜　威　荣艺华

《上海市金融稳定报告（2020）》编写组

总　　　纂：饶庆文
统　　　稿：王　剑　金怡琛
执　　　笔：金怡琛　王同江　郑振东
参与写作人员：刘　斌　向　坚　成晟华　张　希　张挽虹　李　倩
李冀申　沈　骏　陈　澄　周佳惠　贺俊博　赵　盈
徐　盼　晏　希　殷楚楚

江苏省金融稳定报告摘要

2019年，江苏经济运行总体平稳，综合实力显著增强，新旧动能持续转换，质量效益稳步提升，就业形势持续向好，物价水平总体稳定，对外贸易基本稳定，财政收入稳步增长，居民收入持续增加，经济社会发展的稳定性协调性明显增强。全省金融机构经营效益和风险控制能力稳步提高，金融基础设施不断完善，金融服务实体经济的效率和安全性提高，整个金融体系呈稳健运行态势。

一、江苏经济

（一）基本情况

2019年，江苏经济综合实力持续增强①。一是经济总量再上新台阶，全年实现地区生产总值99631.5亿元，按可比价格计算，比上年增长6.1%；全省人均地区生产总值123607元，比上年增长5.9%。工业生产运行平稳，全年规模以上工业增加值比上年增长6.2%，其中轻工业增长6.4%，重工业增长6.1%；固定资产投资比上年增长5.1%。二是财政收入稳步增长，全年完成一般公共预算收入8802.4亿元，同比增长2.0%。三是就业形势持续向好，年末全省就业人口4745.2万人，城镇就业人口3282.7万人，城镇新增就业人口148.3万人，城镇登记失业率3.03%；居民收入稳步增加，全年全省居民人均可支配收入41400元，较上年增长8.7%。四是物价水平总体稳定，全年居民消费价格比上年上涨3.1%，其中城市上涨3.1%，农村上涨3.4%。

（二）经济运行中存在的风险

1. 税收增长速度放缓，财政收支平衡面临较大压力

2019年全年，江苏地方一般公共预算收入同比增长2.0%，增幅同比下降3.6个百分点，全省财政收入形势不容乐观。一是房地产、装备制造等税收重点行业增长乏力，全年企业所得税同比仅增长0.3%。二是2018年增值税、个人所得税政策调整的影响已经显现，全年个人所得税同比下降25.4%。三是清理降费力度不断加大，非税收收入持续下降。此外，在房地产市场明显降温的情况下，以土地出让收入为主的地方基金预算收入也不容乐观。在中央提出积极的财政政策要加力提效的背景下，一般公共预算支出同比增长7.9%，加之化解地方政府隐性债务的需要，财政收支平衡压力较大。

① 数据来源于江苏省统计局。

2. 社会消费品零售总额增速放缓

2019 年全年，全省社会消费品零售总额累计同比增长 6.2%，增速较上半年回落 0.8 个百分点。其中限额以上汽车类零售总额同比下降 1.6%，占社会消费品零售总额的 10.47%，同比下降 0.42 个百分点。汽车类销售额在消费品零售总额中占比较大，下半年以来汽车消费持续走低拖累整体消费品零售总额增速下滑，汽车类消费对社会消费品零售总额增长的贡献率仅为 3.72%。一方面，由于经济增速逐年下行，居民收入增速放缓，消费预算约束随之收紧，消费趋于谨慎；同时居民部门杠杆率较高，债务负担和利息支出压力较大，消费受到抑制。另一方面，新能源汽车补贴政策退坡等多重因素造成全国汽车产销下滑，同时江苏省居民汽车拥有量远高于全国，增长空间有限。

3. 受全球经济增速放缓、国内经济下行压力加大以及中美贸易摩擦影响，江苏省外贸进出口同比双降

2019 年全年①，全省进出口总额同比下降 7.04%。其中，出口同比下降 5.86%，进口同比下降 8.93%，进出口顺差同比下降 0.87%。

中美贸易摩擦对全省出口影响较大，对进口影响有限。出口方面，涉税产品对美出口大幅下降是导致出口下降的主要原因。2019 年全年，全省涉税产品②对美出口额同比下降 17.82%，涉税产品对美出口减少对对美出口总额下降的贡献率为 75.94%，对全省出口总额下降的贡献率高达 48.93%。进口方面，全省可能涉税产品自美进口额同比下降 23.45%，涉税产品自美进口减少对自美进口总额下降的贡献率为 117.30%，对全省进口总额下降的贡献率为 10.94%。

世界经济下行压力加大、外需趋于疲弱、半导体市场进入低迷周期也是进出口下降的重要原因。今年以来国际市场需求整体疲弱，同时全球消费电子产品需求增长饱和，叠加中美贸易摩擦加速产能转移等因素，导致半导体行业出口大幅下降。2019 年全年，全省出口下降金额超过 1000 万美元的 12 家半导体企业合计出口同比下降 48.61%，对出口总额下降的贡献率为 54.46%。

二、金融业

（一）银行业

1. 基本情况

2019 年江苏省银行业经营总体稳健。一是资产负债规模不断扩大。至 2019 年末③，全省银行业金融机构资产总额 19.25 万亿元，比年初增加 1.53 万亿元，负债总额 18.51 万亿元，比年初增加 1.46 万亿元。二是存贷款余额保持平稳增长。至 2019 年末，全省银行业金融机构人民币存款余额 14.49 万亿元，比年初增加 1.36 万亿元；贷款余额 13.34 万亿元，比年初增加 1.77 万亿元。三是盈利水平有所上升。2019 年，全省银行业金融机构共实现净利润 2219.28 亿元，同比增加 210.12 亿元。

2. 银行业存在的风险

（1）重点关注行业风险仍在不断积聚。2019 年以来，省内部分重点行业信贷风险持续暴露。一

① 数据来源于跨境资金流动监测与分析系统，与海关数据可能存在一定差异。

② 涉税产品包含 160 亿元、340 亿元、2000 亿元及 3000 亿元中已加征关税的 1250 亿元产品。

③ 数据来源于江苏省银保监局。

是船舶行业仍面临全球需求不足和我国产能过剩的矛盾，整体不良贷款率居高不下。据了解，省内大型船企规模和利润排名情况较好，但个别地区多数中小船企生产经营却较为困难，利润率普遍较低，个别企业的资产利润率甚至不足1%。二是化工行业转型阵痛显现。随着全省加强对化工行业整治，化工企业数量锐减，一些中小化工企业面临关停淘汰的风险，预计2020年前为省内化工行业调整“寒冬期”。严厉的整改行动可能导致化工行业企业信用风险加速暴露，对全省银行业不良贷款管控带来巨大压力。三是汽车产业出现经营风险苗头。受行业政策调整、市场需求下滑等因素影响，江苏省汽车制造业亏损额同比大幅增长，不良贷款率高于同期全部不良贷款率。

（2）个别大中型企业信用风险持续暴露。2019年以来，在经济下行压力加大、行业政策调整等宏观因素影响下，江苏省个别大中型企业特别是民营企业的信用风险持续暴露。出险原因主要有以下几个方面：一是盲目跨界扩张经营，企业资金链风险逐步暴露；二是互保联保负担加重，引发企业债务风险传染；三是企业或实控人涉诉，生产经营受到严重影响。

（3）房地产市场呈分化趋势，结构性风险进一步积聚。全年全省商品住宅新开工面积连续10个月负增长，全省房地产业贷款余额增速呈逐月下滑态势。省内各市房地产市场分化加剧，信贷风险积聚。一是全省多地新建商品住宅成交均价呈不同程度上涨，个别城市库存高企。二是部分三四线城市库存高企，去化较慢。三是楼市杠杆资金大量入市，居民偿付压力加大。四是房企资金链较为紧张。

（4）地方政府融资平台风险总体可控，少数县区级平台的偿债风险仍需密切关注。2019年江苏省地方政府债务额度和渠道均有所增加，隐性债务新增势头得到控制，债务化解方案进一步细化。但省内个别低层级平台偿付压力仍不容忽视。一是平台债务进入集中偿付期，但政府债务信息仍不透明；二是融资平台对外担保较为普遍，传染性风险值得关注；三是平台企业债务呈现“长期转向短期”的结构性特征，“短贷长用”现象仍较为突出。

（二）证券期货业

1. 基本情况

2019年①，江苏省证券期货业保持平稳健康发展，积极地把握住了发展机遇。一是融资金额和企业上市数量仍居全国前列。全年全省新增上市公司31家，位列全国第2位，首发融资248.72亿元，位列全国第4位；再融资37家，融资额632.62亿元，发行债券125只，融资额1694.29亿元。全年融资总额2575.63亿元，规模相比2018年小幅上升。新三板挂牌企业定向增发77家，融资额53.92亿元。二是法人机构资本实力不断提高，抗风险能力进一步增强。截至2019年末，江苏辖内法人证券公司和期货公司净资本总额分别达1035.93亿元和41.42亿元，营业收入分别达223.12亿元和20.34亿元。全省共有法人证券公司6家，法人期货公司9家。

2. 证券期货业存在的风险

（1）个别上市公司重大违法违规带来的退市风险和维稳压力不容忽视。目前，省内存在退市风险公司共5家。其中康得新公司股票自2019年7月8日起停牌；保千里公司已于2019年5月24日起暂停股票上市。这两家公司股东数量多，且大多为自然人，后续维稳处置压力较大。

（2）股票质押风险仍较严峻。目前江苏省内上市公司中，大股东股票质押比例超过80%的公司

① 数据来源于Wind数据库。

占比持续居高不下。全省部分上市公司大股东存在股票质押融资到期无力偿还的风险。

（3）个别债券发行人违约风险凸显。据 Wind 统计，2019 年全年，江苏省 12 家债券发行人，36 只债券违约，违约债券金额高达 216.49 亿元。违约债券数和违约债券金额分别是 2018 年的 2.77 倍和 3.4 倍。

（三）保险业

1. 基本情况

2019 年，江苏省保险业整体经营较为稳健。全省全年实现保费收入 3750.21 亿元，同比增长 13.05%，其中财产险保费收入 940.88 亿元，同比增长 9.56%；人身险保费收入 2809.32 亿元，同比增长 14.27%；全省赔款和给付支出 1168.80 亿元，同比增长 17.35%。全省共有省级以上保险公司 111 家，其中财产险公司 45 家，人身险公司 66 家；按资本属性划分，中资 76 家，外资 35 家。

2. 保险业存在的风险

（1）车险市场风险隐患突出。中小保险公司车险销售过程中赠送、返现等非理性竞争问题相对突出，存在从前端销售费用营销向后端增加送修资源转移的冲动。2019 年，省内交强险亏损额逐步扩大，个别保险产品拒保、拖延承保以及销售时强制搭售其他保险的行为有所抬头。

（2）防范非法经营等违规行为形势依然严峻。部分代理人存在通过微信朋友圈、短信、电话等方式推荐、销售理财公司及 P2P 网贷产品的行为，同时存在个别 P2P 或理财公司将自身包装成互联网保险公司、非法开展保险业务甚至非法集资的情况，严重影响保险行业形象。

（3）2018 年部分法人保险公司经营评价下滑值得关注。根据中国保险业协会发布的 2018 年度保险公司法人机构经营评价结果，全国 74 家人身险公司中 6 家被评为 C 类，其中江苏占两席。

三、金融基础设施

（一）支付体系

探索风险防控“新手段”。推动建立省、市、县三级银行账户业务自律机制，实现商业银行账户业务自我管理、自我约束、相互监督的良好生态。依托“江苏政银易企通”，开展共享数据比对分析，实施账户穿透式风险监测，提升金融风险群防群治的合力。实施事后核查差别化动态管理，建立健全异常行为和异常交易监测。开展账户管理系统应急演练。

移动支付便民工程实现地域、场景双突破。实现公共交通场景全突破，公共交通领域移动支付应用已覆盖所有市区、所有地铁城市、全省高速公路和 31 个县域。2019 年 1—10 月，全省公交累计交易 3718.87 万笔、交易金额 6514.29 万元，地铁累计交易 4277.29 万笔、交易金额 1.30 亿元。在其他民生领域，实现 4300 余个公共缴费点、2.1 万余个菜场商超和 750 余所医院等移动支付应用覆盖，云闪付 APP 支持全省 130 余个公共缴费功能。

依托农村金融综合服务站和助农取款服务点，打造“农村移动支付体验区”。2019 年全年，全省县域累计新增云闪付 APP 用户 236.4 万人，全省已完成移动支付改造的传统金融服务站约 540 个，共打造 30 个县域云闪付受理商圈，累计发行“乡村振兴主题卡”4.1 万余张。

（二）信用环境

深化中小企业信用体系建设工作。扎实推进苏州小微企业数字征信实验区建设，紧密围绕实验区建设目标和任务，与苏州市政府签订“苏州小微企业数字征信实验区合作共建协议”，强化组织领导、完善机制建设、细化工作任务，逐步形成可复制推广的“苏州模式”经验。推动省内具备条件的地市参考复制苏州模式，通过“政府＋市场”的方式推进地方征信体系建设，进一步发挥征信服务促进小微融资，支持实体经济发展的积极作用。

将农村信用体系建设与精准扶贫、乡村振兴战略有机融合。指导辖内市、县人民银行联合政府相关部门、金融机构继续健全贫困户信用档案及贫困户、贫困村信用评价、信用培育机制，通过开展重点辅导，进一步发挥信用体系建设助推金融脱贫的积极作用。

（三）反洗钱

严格依法行政，有序完成全年现场检查任务。在前期充分调研基础上制定并下发《中国人民银行南京分行反洗钱现场检查操作指引》《中国人民银行南京分行反洗钱处关于进一步明确反洗钱行政处罚裁量基准有关执行要求的通知》，规范辖内执法检查和行政处罚的操作规程及注意事项。2019年，全省反洗钱检查项目共64家，其中银行机构33家、证券期货机构15家、保险机构15家、非银行支付机构1家，检查范围实现了行业全覆盖。

加强部门合作，不断增强洗钱和恐怖融资防范水平。一是主动作为，持续提高反洗钱调查有效性。强化金融机构报送重点可疑交易报告，开展反洗钱调查线索收集分析，协助执法部门开展反洗钱调查。深化合作，充分发挥反洗钱调查协查作用。深入推进三个专项行动，进一步完善合作机制，研究长效工作机制，切实提升合作成效。积极试点，推进长三角地区反洗钱快速协查机制落地。

注重科技创新，提升反洗钱监管效率。组织开发反洗钱风险管理平台，实现了日常监管的电子化，提升了反洗钱日常监管效率；完善大数据云分析系统，升级内设模型，进一步增强业务应用层与大数据存储运算平台的有机融合，有效提升了反洗钱现场检查效率。

（四）金融生态环境建设

紧紧围绕《2016—2020年江苏省县域金融生态环境建设规划》，修订了《江苏省金融生态县创建评价办法》。组织开展2019年金融生态县创建评审和县域金融生态环境综合评估工作。2019年，共评定出6个2016—2018年度金融生态达标县，8个2016—2018年度金融生态优秀县，24个金融生态创建县工作先进单位。同时，加强评估结果运用，将金融生态相关评估结果报送江苏省政府，同时通报各市政府。向综合评估排名较为靠后以及排名大幅下降的6个地区制发风险提示函，督促其正视问题和不足，明确下一步整改方向。

四、总体评估与政策建议

（一）总体评估

2019年，江苏省经济运行总体平稳，综合实力显著增强，在多变的外部环境中也保持了较高的增长水平，同时随着三大攻坚战的展开，经济增长质量持续向好；金融体系弹性增强，金融运行总体稳定，通过处置化解重大金融风险释放了金融风险，增强了金融体系的稳定性。

与此同时，江苏省经济金融也面临着挑战。中美贸易摩擦对江苏省的经济金融带来的负面影响不可忽视，经济运行中的结构性矛盾仍然存在，金融风险事件时有暴露，风险化解任务仍然艰巨。随着三大攻坚战特别是防范化解重大风险攻坚战的持续推进，体制机制性风险逐步得到化解，江苏省经济金融体系的稳健性将得到进一步的提高，风险防范能力也将进一步增强。

（二）政策建议

1. 健全中央和地方金融监管协作机制，维护区域金融稳定。坚持以提高金融服务实体经济水平、打好防范化解重大金融风险攻坚战为核心，以优化金融生态环境为目标，完善金融委办公室地方协调机制（江苏省）相关工作机制和内容，在推动金融市场健康发展、维护金融消费者合法权益、防范化解区域性金融风险、打击违法违规行为等方面扩大信息共享的广度和深度，提高金融监管效能，维护区域金融稳定，促进全省实体经济持续健康发展。

2. 坚守底线，坚决打赢防范化解重大金融风险攻坚战。着力防范重点领域风险，加大高风险中小银行机构监测力度，针对性完善风险应对预案，协同推进处置工作。持续监测大型企业、担保圈风险情况，协调做好风险化解工作。强化央行金融机构评级、存款保险、反洗钱等工作信息共享，加强跨部门交流，及时捕捉风险苗头。

3. 加强政策协同，疏通金融服务实体经济痛点难点。加强金融、财政、产业等政策的协同配合，加强对政银合作产品资金投向的引导、运行模式的调整和政策效果的评估，使得政银合作产品的投向更加精准、效果更加完善、财政资金的撬动作用更加明显。加大对供应链、产业链的支持，推动供应链核心国有大型企业加大应收账款质押融资确权和商业汇票信息披露力度，形成良好的示范效应。

4. 提升产业链供应链的稳定性和竞争力，提高行业话语权。要发挥我国产业门类齐全和产业链完整的优势，打通产业链、供应链“堵点”，强化上中下游的有序协同。引导和帮助企业走向专精特新道路，掌握更多关键核心技术，强化关键环节、关键领域、关键产品保障能力，增强产业链的稳健性、柔韧性和抗压性。实施产业基础再造和产业链提升工程，提升产业基础高级化、产业链现代化水平。密切跟踪新冠肺炎疫情之后发达国家产业链“回流”情况，防范对制造业产业链、供应链带来的冲击。

中国人民银行南京分行金融稳定分析小组

组　　长：郭新明

副 组 长：贾　拓

成　　员：崔　健　吉祖来　王　铮　陈涤非　董　倩

《江苏省金融稳定报告（2020）》编写组

总　　纂：崔　健

统　　稿：缪仕国

执　　笔：赵诗雨　马军伟　宋　磊　郝雨时

参与写作人员：王云艺　倪海鹭　李　诚　董二磊

浙江省金融稳定报告摘要

2019年，浙江省经济保持平稳发展势头，主要经济指标处于合理增长区间，供给侧结构性改革深入推进，结构、效益持续向好，为区域金融稳健运行创造了良好的环境。银行业运行总体平稳，各项贷款、存款稳步增长，不良贷款持续“双降”，中小法人机构经营总体稳健。证券业业务量与利润快速回升，期货行业经营形势回暖向好，资本市场有效支持实体经济。保险业业务规模平稳增长，服务领域持续拓宽，现代保险经济补偿和风险保障功能有效发挥。具有融资功能的非金融机构继续发挥补充作用，湖州、衢州绿色金融改革创新试验区和中国（浙江）自由贸易区纵深发展，温州、丽水、台州等区域金融改革工作不断深化，金融基础设施持续完善。总体来看，2019年浙江省金融稳定状况良好。

一、浙江省经济运行情况

（一）经济运行概况

1. 经济增速好于预期、高于全国，产业结构持续优化。2019年，浙江省实现地区生产总值62352亿元，居全国第4位，同比增长6.8%，高于全国0.7个百分点。人均地区生产总值107625元。规模以上工业增加值增长6.6%，三次产业的增加值分别为2097亿元、26567亿元和33688亿元，分别增长2.0%、5.9%、7.8%。三次产业增加值比例由上年的3.4:43.6:53.0调整为3.4:42.6:54.0。

2. 投资增速加快，消费稳中有升，出口份额继续提高。2019年，浙江省固定资产投资增长10.1%，增速高于上年3个百分点，高于全国4.7个百分点。其中，民间项目投资、高新技术产业投资、交通投资分别增长13.7%、21.8%、16.3%。社会消费品零售总额27176亿元，同比增长8.7%，增速高于全国0.7个百分点。出口23070亿元，增长9.0%，出口增速高于全国4个百分点，出口占全国份额为13.3%，比上年提高0.4个百分点。

3. 价格总体可控，CPI涨幅扩大，PPI降幅扩大。2019年，浙江省居民消费价格指数（CPI）上涨2.9%，涨幅扩大0.6个百分点。八大类消费品和服务项目价格同比“七涨一跌”。其中，食品烟酒上涨6.2%，医疗保健上涨4.8%，教育文化娱乐上涨3.7%，其他用品和服务上涨3.2%，生活用品及服务上涨1.8%，衣着上涨1.8%，居住上涨0.6%，交通通信下跌1.0%。工业生产者出厂价格指数（PPI）下降1.1%，降幅扩大4.5个百分点，购进价格下降3.5%，降幅扩大8.6个百分点。

4. 新动能不断增强，供给侧结构性改革持续推进。2019年，浙江省数字经济核心产业增加值增长15%，健康、文化、金融产业增加值均增长10%以上。2019年，新产品产值比上年增长11.2%，新产品产值率为38.2%，比上年提升2.4个百分点。2019年，传统制造业加快改造提升，17个传统制造业增加值比上年增长6.4%，其中化纤、非金属矿物制品、化工等行业增加值同比分别增长14.2%、15.6%、11.0%，10个重点传统制造业增加值增长7.1%。规模以上工业产能利用率81.3%，高于全国4.8个百分点。

（二）经济运行中需要关注的问题

1. 工业经济下行压力较大。工业企业经营困难较多，劳动力成本刚性增长，用能、用地和环保成本增加，企业家预期和信心不足。2019年，浙江省规模以上工业企业营业成本、销售费用、管理费用分别增长2.9%、6.4%、5.0%。而工业生产者出厂价格同比下降1.1%，企业盈利压力较大。第四季度浙江省500户工业企业问卷调查显示，企业经营景气预期指数9.9，同比下降3.7，企业家宏观经济信心指数为63，同比下降2.8。

2. 稳外贸压力加大。受中美经贸摩擦持续、贸易保护主义加剧、世界经济放缓和国际贸易需求减速等多方面因素影响，2019年浙江省外贸出口波动较大，对美出口下降。出口增速7月为27.7%，8月下滑至3.4%，9月为-2.3%。浙江省商务厅企业调查数据显示，出口企业订单指数和企业信心指数2019年上半年呈现较快下跌走势，第三季度后降幅趋缓，但总体仍处于“相对不景气”区间。

3. 部分领域物价涨幅过快。猪肉、果蔬等部分食品价格上涨过快，2019年浙江省食品价格比上年上涨8.0%，拉动CPI上升1.44个百分点。其中，受非洲猪瘟疫情影响，生猪供给收缩，短期内浙江省猪肉市场供不应求，导致猪肉价格上涨33.1%，拉动CPI上升0.71个百分点。

（三）经济形势展望

2020年是高水平全面建成小康社会和“十三五”规划的收官之年，浙江省仍将坚持“稳中求进”工作总基调，以供给侧结构性改革为主线，持续稳企业、增动能、补短板、保平安，推动经济社会平稳发展。展望2020年，预计服务业、消费对经济“稳定器”的作用仍在，全年呈前低后高走势。工业、投资、出口是影响浙江省经济增长的重要变量，三者在较大程度上决定经济走势，其中出口仍面临较大不确定性。叠加疫情影响，预计2020年浙江省经济增长可能进一步放缓，但在政策托底效应下，下探空间不大。

二、浙江省银行业运行情况

2019年，浙江省金融运行平稳。银行业各项贷款、存款稳步增长，较好地支持了实体经济发展。但个别法人银行业金融机构风险水平较高、大型民营企业风险出清难度较大、房地产和政府隐性债务潜在风险值得关注。

（一）银行业稳健性评估

1. 信贷总量平稳较快增长，金融保障有力有效。2019年，浙江省贷款新增1.58万亿元，在上年高基数基础上多增307亿元，创历史新高，居全国第3位，增速15.1%，列沿海主要省份第2位。2019年，浙江省降准释放资金1777亿元，再贷款再贴现发放798亿元，是上年的1.9倍。

2. 信贷资金投向更加精准，民营企业和小微企业支持力度明显加大。一是民营企业和小微企业贷款增加明显，较年初分别新增5011亿元、4304亿元，增速分别较上年提高3.3个、5.1个百分点，增量、增速均创近五年新高。二是制造业中长期贷款增长提速，同比增长40.7%，高于各项贷款增速25.6个百分点。三是涉农贷款较快增长，同比增长13.1%，较上年末提高3.9个百分点。四是房地产贷款增速持续下降，同比少增1431亿元，增速同比下降11.5个百分点。

3. 存款保持较快增长，住户存款拉动较大。2019年，浙江省各项存款比年初增加1.5万亿元，同比多增5535亿元，增速12.7%。一是住户存款较快增长，同比增速15.7%，高于全部存款增速3个百分点。二是非金融企业和广义政府存款稳中趋缓，非金融企业存款同比增长14.9%，保持平稳；广义政府存款同比增长8.4%，同比回落3.3个百分点。三是非银行业金融机构存款同比下降，降幅11.4%。

4. 信用风险得到较好控制，不良贷款持续回落。截至2019年末，浙江省不良贷款余额1109.78亿元，较年初减少99.07亿元；不良贷款率0.91%，较年初下降0.24个百分点，不良贷款率降至自2012年以来的最低点。

5. 中小法人机构经营总体稳健，融资渠道全面拓宽。截至2019年末，浙江省中小法人机构各项存款、贷款同比分别增长12.96%、18.36%，高于全省增速0.26个和3.76个百分点。不良贷款率1.08%，较年初下降0.17个百分点。2019年，浙江省法人机构发行同业存单和大额存单合计1.64万亿元，同比多发1060亿元；发行金融债930.5亿元，同比多发30亿元。

（二）银行业运行中需要关注的问题

1. 个别法人银行业金融机构真实风险水平较高。一是公司治理和内部控制不够健全。个别银行机构大股东通过隐性提名占有董事会多数席位，其他股东无法对其形成有效制衡。二是信贷资产账实偏离隐藏真实风险。部分银行借用“通道”转让不良资产，风险未实质转移。三是流动性压力需持续关注。个别银行以牺牲流动性来增加利润空间，期限错配较为严重。

2. 企业风险呈现“四化”特征，部分大型民营企业风险出清难度较大。一是企业规模小微化。资产规模2亿元以下的出险企业户数占比83.21%，同比增长11.11个百分点。二是涉贷金额集中化。资产规模5亿元以上出险企业涉贷金额占比73.35%。三是出险原因内生化。因“经营不善”出险的企业数量和涉贷金额分别占比44.72%、37.09%。四是直接融资两极化。2019年浙江省民企债券发行额同比下降29.29%；国企债券发行额同比增长56.21%。

3. 房地产市场和地方政府隐性债务潜在风险不容忽视。一是中小房企流动性风险较大。浙江省上市房企负债率75.6%，前期“快扩张、高杠杆、高周转”且在三四线城市业务较多的中小房企资金周转压力较大。二是地方政府隐性债务风险底数不清。金融机构反映，当前地方政府隐性债务规模、资金投向、融资渠道等信息不透明，不利于风险判断。

（三）银行业发展展望

展望2020年，浙江省银行业将继续保持平稳运行，存贷款规模合理适度增长，盈利能力保持较好水平，信用风险整体呈现趋稳向好态势，短期内不良贷款反弹压力不大，但需高度关注受新冠肺炎疫情影响产生的后续不良贷款回升压力，以及部分大型民营企业市场出清难等情况。

三、浙江省证券业运行情况

2019年，国内股票市场行情震荡上行，成交量大幅提升，叠加科创板业务增量与融资融券政策优化，浙江省证券期货经营机构业务量与利润快速回升，资本市场有效支持实体经济。在行业总体保持稳健的同时，仍存在公司债违约多发、上市公司与子公司风险传染、股权质押风险压降难等问题。

（一）证券业稳健性评估

截至2019年末，浙江省共有法人证券公司5家，证券公司分公司102家，证券营业部1021家，证券投资咨询机构3家。期货公司12家，期货营业部216家。

1. 证券行业业务增速处于高位。2019年，受益于市场行情上涨与政策环境优化，证券经营机构业务量大幅提升，浙江省证券经营机构累计代理交易额421655.10亿元，同比增长29.99%。实现手续费收入93.93亿元，同比增长33.71%。实现利润总额29.77亿元，同比增长121.67%。

2. 期货行业经营形势回暖向好。2019年，期货新品种和期权上市步伐明显加快，期货行业交易量回升较为显著，浙江省期货经营机构累计代理交易额491082.21亿元，同比增长25.38%。实现手续费收入17.06亿元，与2018年持平。实现利润总额17.58亿元，同比增长29.17%。

3. 资本市场有效支持实体经济。一是上市公司数全国领先。截至2019年末，浙江省境内上市公司总数458家，居全国第2位。新三板挂牌企业787家，居全国第4位。浙江股权交易中心挂牌企业8055家。二是公司债存续规模较大。截至2019年末，浙江省共有245家企业存续公司债594只，存续规模5061.33亿元。三是企业融资与并购重组齐发展。2019年，浙江省新增资本市场融资额4755.66亿元，共有157家上市公司实施并购重组208次，涉及金额971.23亿元。

（二）证券业运行中需要关注的问题

1. 公司债违约风险频现。自2018年下半年以来，受少数企业风险集中暴露影响，浙江省公司债违约风险加剧，实质性违约、到期偿付难、评级下调现象较为突出。2014年以来，浙江省累计违约公司债35期，违约金额共计232.23亿元，余额违约率为1.45%，涉及发行人9家，违约债项主体均为民营企业，潜在违约风险亟须关注。

2. 上市公司与子公司风险交叉传染。浙江省部分上市公司与控股子公司生产、运营与财务关联紧密，并存在风险隔离不到位、风险预警不及时、风险管控不规范等问题，导致风险在集团内部扩散。部分上市公司受子公司业绩下滑、子公司计提商誉减值、盲目参与子公司定增等影响，自身风险有所暴露，股价出现暴跌。

3. 高质押比例上市公司风险化解难度大。截至2019年末，浙江省仍有70家上市公司股价达到控股股东质押预警线，其中54家达到平仓线，占全部上市公司的11.79%，控股股东自身质押比例80%以上的上市公司仍有57家，部分上市公司受股权质押合同期限较长、股东多次补充质押推高股权质押比例等影响，股权质押风险压降较难。

（三）证券业发展展望

展望2020年，浙江省资本市场助力供给侧结构性改革、服务实体经济的能力有望进一步提升，但也面临一定挑战。面对风险与挑战，应将防范化解金融风险放在更加突出的位置，高度关注债券违约、大股东股票质押、私募基金风险防控等重点领域，提高上市公司质量，提升证券期货经营合规风控水平，切实推动浙江省资本市场长期稳定健康发展。

四、浙江省保险业运行情况

2019 年，浙江省保险业业务规模平稳增长，服务领域持续拓宽，现代保险经济补偿和风险保障功能有效发挥，服务实体经济能力进一步增长。但财产险公司受自然灾害影响，实际承保利润严重下跌；部分中小寿险公司经营压力较大，陷入发展困境。

（一）保险业稳健性评估

1. 财险公司增长平稳，业务结构调整深化。一是财产险公司非车险业务占比继续提高。非车险实现保费收入 320.6 亿元，同比增长 22.05%；车险实现保费收入 649.06 亿元，同比增长 5.0%。非车险与车险保费比为 33∶67，非车险占比较上年末上升 3.3 个百分点。二是财产险公司盈利受自然灾害影响显著。2019 年，浙江省财险公司实现承保利润 10.5 亿元，同比下降 54.5%；承保利润率 1.2%，较年初下降 6 个百分点。其中，1—7 月，财险公司盈利能力稳步回升，在“利奇马”台风造成巨大影响之后，8 月末财险公司实际承保利润呈断崖式下跌。

2. 人身险公司增速全面回暖，现金流持续改善。一是浙江省人身险公司实现保费收入 1657.6 亿元，同比增长 19%，增速较去年同期上升 15.7 个百分点，其中，寿险业务收入 1323.2 亿元，同比增长 18.8%，增速较去年同期上升 16.5 个百分点；健康险业务收入 295.6 亿元，同比增长 24.3%，增速较去年同期上升 17.9 个百分点；意外险业务收入 38.8 亿元，同比减少 5.1%，增速较去年同期下降 18.6 个百分点。从公司性质看，外资公司和中资公司增速分别为 43.8% 和 17.2%，外资公司明显领先于中资公司。二是人身险公司整体流动性得到进一步改善，浙江省人身险公司发生退保金 242.1 亿元，同比减少 4.7%；退保率 3.69%，较去年同期下降 0.8 个百分点；赔付支出 263.8 亿元，同比上升 6.4%。

（二）保险业运行中需要关注的问题

1. 保险业高质量发展有待进一步推进。一是行业高质量发展思维模式尚未完全建立。保险公司仍存在较强的“规模情节”，将保费增速超市场份额提升作为考核硬指标，规模导向较为普遍。二是行业转型升级基础尚不牢固。以财产险市场为例，总体经营效率不高，公司间实力差异悬殊，不利于形成良性共赢的市场竞争状态。三是保险服务能力有待提升。目前，保险公司服务能力不足的问题较为突出，制约了保险在服务实体经济、服务社会治理方面作用的充分发挥。如农险方面，商品林等中央财政补贴险种覆盖面不高，地方特色保险覆盖面低，不少地方特色农业产业未得到保险保障。

2. 自然灾害风险补偿机制亟须完善。浙江省是我国受台风、暴雨、洪涝等灾害影响最严重的地区之一，以“利奇马”台风为例，车险和有财政补贴的政策性农险的赔付金额占总体赔付金额的一半，人身伤亡、家庭财产、企业财产等其他领域保障仍显不足。此外，台风造成的损失绝大部分仍由人民群众、企业和政府承担，保险业发挥作用的空间还很大。

（三）保险业发展展望

2020 年是“十三五”规划的最后一年，也是全面建成小康社会的决胜之年，浙江省保险市场未来成长性总体较好，但高质量发展机遇与挑战并存。一是新冠肺炎疫情暴发导致消费、投资、出口均受明显冲击，波及保险行业，短期内出现保险业务下滑、保单疲软现象。但从长期看，在疫情缓和后，浙江省保险业保费预计将呈现恢复性增长。二是财产险市场分化加剧。车险市场增长遭遇瓶颈，非车险行业传统企财险、工程险、船舶险等将保持温和增长，而责任险、信用险、意外险等将随着互联网渠道的发展继续高增长。

五、社会金融活动

2019 年，浙江省具有融资功能的非金融机构发展平稳，但小额贷款公司不良贷款处于高位；典当公司利润水平大幅下降；融资性担保公司代偿率维持较高水平。

（一）小额贷款公司稳健性评估

截至 2019 年末，浙江省共有 334 家小额贷款公司，比年初减少 6 家，资产总额 682.3 亿元，同比下降 4.4%，所有者权益总计 603 亿元，可贷款资金规模 680 亿元。2019 年累计发放的各项贷款 1229 亿元，同比增长 5.7%；年末贷款余额 613 亿元，同比下降 9.7%；平均年化贷款利率 16.5%。从经营效益看，全年浙江省小额贷款公司营业收入 51 亿元，实现净利润 17 亿元，同比增长 10.5%。截至 2019 年末融资余额 45 亿元，同比下降 31.1%；银行融资余额 14 亿元，同比下降 16.3%，其中仅有 17 家小贷公司获得银行融资支持，较去年减少 3 家。从经营风险看，全年浙江省小额贷款公司提取风险拨备金 72 亿元，平均拨备覆盖率达到 73%，同比增长 81.7%。浙江省小额贷款公司全年共处置不良贷款 16 亿元，年末不良贷款余额减少 111 亿元，不良贷款率为 17.9%。

（二）典当公司稳健性评估

截至 2019 年末，浙江省共有典当公司 412 家，与年初持平；实收资本总计 93.32 亿元，资产总额 109.86 亿元。从浙江省典当公司总体情况看，一是典当总额持续增长。截至 2019 年末，发放典当总额 300.12 亿元，同比增长 4.1%。其中，房地产抵押典当总额 166.5 亿元；财产权利质押典当总额 69 亿元；动产质押典当总额 64.7 亿元。二是典当余额保持平稳。截至 2019 年末，浙江省典当公司共发生典当业务 168404 笔，发放典当余额 75.19 亿元，与上年持平。三是典当息费率增速加大。2019 年，浙江省典当利息和综合服务费收入 6.68 亿元，同比增长 21.01%；利润总额 1.42 亿元，同比下降 44.53%。全年共有 129 家公司亏损，比上年同期减少 32 家，亏损总额 1.07 亿元，同比增长 162%。

（三）融资性担保公司稳健性评估

截至 2019 年末，浙江省共有融资性担保公司 359 家，比年初减少 19 家。注册资本总额 518.8 亿元，同比增长 10.8%，融资性担保放大倍数为 2.14，担保准备金 49.3 亿元，同比增长 44.2%，拨备覆盖率 38.7%。浙江省融资性担保公司担保贷款总额 1549.8 亿元，同比增长 38.8%。从担保风险看，2019 年浙江省融资性担保公司担保代偿额达 40.4 亿元，同比下降 0.8%，代偿率达 3.31%，代偿率继续维持较高水平。从经营效益看，浙江省融资性担保公司担保损失额 22.2 亿元，同比增长 72.3%，担保损失率 1.9%。

六、金融改革与创新

（一）温州绿色金融改革

一是积极深化温州金融综合改革服务民营经济高质量发展。制订并实施《深化温州金融改革服务民营经济实施方案》。成功获批财政部牵头的国家深化民营和小微企业金融服务综合改革试点。二是建立健全民营企业融资传导机制。建立落实融资畅通工程工作机制，对银行机构民营和小微企业金融服务工作开展定期监测通报和督查指导，同时大力开展首贷户拓展工作。截至2019年末，温州市民营经济贷款余额4759.9亿元，比年初增加617.1亿元，占同期贷款增量的42.6%。2019年温州市企业首贷户新增5326户，首贷金额243亿元，占对公贷款增量的29.8%。

（二）丽水农村金融改革

一是探索金融支持“两山”转化路径。对接生态产品价值实现机制试点，基于生态信用正负面清单积分评定制度，创新推出“两山贷”。截至2019年末，已发放“两山贷”20笔，205万元。二是持续推进农村产权融资。截至2019年末，丽水市林权、农房、土地承包经营权抵押贷款分别达到66.06亿元、56.51亿元、9.77亿元，农村产权抵押贷款余额新增5.78亿元。三是大力推进金融标准化创新。丽水市申报的“林权抵押贷款标准研究与示范建设试点”“农村信用体系建设促进农村金融改革标准化试点”两个金融标准化项目先后列入浙江省金融标准创新建设试点项目。

（三）台州小微金融改革

一是信用信息共享平台三期银企融资对接功能上线，平台“信息母港”功能初步发挥。截至2019年末，平台三期银企融资对接系统上线试运行9个月共上传信贷产品213个，线上成功对接852笔，共31.03亿元。二是银行业小微金融服务改革持续深化。形成了包括永续债、小微金融债、绿色金融债、“三农”金融债、二级资本债等产品丰富的主动性负债体系，2019年度台州市法人机构通过主动性负债获得资金1665.32亿元。台州银行获批50亿元永续债额度，成为国内首家发行永续债的城商行，并成为LPR改革全国18家报价行之一。

（四）湖州、衢州绿色金融改革

一是在金融资源配置上更加绿色化。截至2019年末，湖州、衢州两地设立绿色金融专营机构和事业部合计92家，实现金融机构全覆盖；绿色信贷余额合计852.2亿元，较试验区获批前增长一倍，“两高一剩”行业贷款比重下降近一半；环境高风险企业实现环境责任保险100%覆盖。二是在政策激励扶持上更加市场化。创新运用财政、货币、监管等系列政策组合拳，湖州创新建立差别化绿色贷款贴息机制，对“深绿、中绿、浅绿”的企业和项目分别给予12%、9%和6%绿色贷款贴息；衢州建立5000万元的“绿色金融资金风险池”。三是在标准规范建设上更加体系化。湖州在全国率先发布绿色企业、绿色银行认定评价等10项标准；衢州在全国率先探索制定涵盖传统产业改造的绿色企业和项目认定标准。

（五）中国（浙江）自贸区建设

一是油品贸易试点政策取得突破。2019年8月末获中国人民银行油品贸易跨境人民币便利化试点批复，成为全国第一个油品贸易试点地区，2019 年 10 月 8 日成功落地首单全国自贸区油品企业便利化支付业务，金额 2764.65 万元，成为全国自贸区油品企业便利化支付的首次尝试。二是推动跨境人民币业务扩面增量。2019 年，浙江自贸区跨境人民币结算量 832 亿元，同比增长 86.1%。从覆盖面看，政策惠及面由区内 200 余家企业拓展至全省 800 余家，开办银行增至 16 家。业务范围由原来的中国香港、中国澳门逐渐发展至日本、美国、德国等 42 个国家和地区。

（六）宁波市普惠金融改革

一是普惠金融改革试点实现再升级。2019 年 11 月，经国务院同意，人民银行等五部委联合印发《浙江省宁波市普惠金融改革试验区总体方案》（银发〔2019〕281 号），同意宁波市开展普惠金融改革试验区建设工作，实现了改革试点再升级。二是扎实推进宁波普惠金融信用服务平台建设。建立非信贷信息自动化交换和共享机制，整合政务、商务、金融、公用事业等四大类信息。截至 2019 年末，已采集入库 17 个政府部门和公用事业单位、63 家金融机构 7.3 亿条信息，涉及全市 42.4 万企业、60.8 万个体工商户、94.8 万农户及 31.7 万产业工人；开通金融机构查询用户 5860 个，日均查询近万次。

七、金融基础设施

（一）支付体系稳健性评估

一是支付清算系统安全稳定运行。2019 年，浙江省支付系统处理业务 16.32 亿笔、金额 507.54 万亿元，同比分别增长 7.79% 和 7.48%，大、小额支付系统业务量分别居全国第 2 位和第 1 位。二是支付领域改革工作稳步推进。在全国率先取消企业银行账户许可，落实“两个不减，两个加强”的要求，实现企业银行开户“最多跑一次”，取消许可后企业银行账户业务处理平稳，开户水平明显提升。稳妥推进同城清算系统业务迁移，提前完成支付系统可承接同城清算标准业务的全量迁移。全国首家合资银行卡清算机构连通公司完成各项筹备工作。三是支付服务市场风险整治成效不断强化。持续推进打击治理电信网络新型违法犯罪，组织开展支付业务风险专项排查、深入推进无证经营支付业务整治工作，有效提升支付业务风险防控能力。启动“云互联”监测平台建设工作，推进与银行机构、支付机构业务信息的互联互通。组织开展支付结算管理专项督查，全面强化支付业务日常监管。四是城乡支付服务环境持续优化。全面实施“移动支付之省”建设。截至 2019 年末，浙江省云闪付 APP 累计注册用户达 1335.7 万户，所有地市共计 3.98 万辆公交车以及杭州、宁波、温州地铁所有线路均支持移动支付应用。

（二）征信体系稳健性评估

2019 年，浙江省社会信用环境持续改善。一是征信系统高效运行。浙江省共收录 3947.60 万自然人和 163.68 万户企业及其他经济组织的信用信息，全年累计查询 10058.65 万次。二是征信市场稳步发展。浙江省共有备案的企业征信机构 6 家、信用评级机构 13 家，全年共对外提供企业征信服务 1.97 亿次，完成信用评级评分 5000 余笔，有效缓解了信息不对称问题，促进了民营和小微企业融资发展。三是征信监管力度持续加强。对 38 家接入机构的 126 个分支行、6 家企业征信机构、13 家评级机构进行了现场检查或核查，妥善处理信息主体异议、投诉 978 起。四是地方信用体系建设扎实推进。联合浙江省发改委和省农业农村厅对首批12个创建地区开展考核验收，其中7个县验收通过获批首批省级“信用县”；完善浙江省企业信用信息服务平台，平台累计采集243万户企业1.5亿条信息，为43家金融机构开通用户1万余个；累计评定信用户1010万户，创建信用村8566个、信用乡367个，为已建立信用档案的904万农户累计发放贷款2.95万亿元。五是联合奖惩机制日臻完善。积极推动省市场监督管理局、省税务局、省生态环境厅等部门联合惩戒信息的应用，共同构建“守信激励、失信惩戒”信用约束机制。

（三）反洗钱体系稳健性评估

2019年，浙江省反洗钱工作跨入新阶段。一是跨部门监管协同机制持续强化。首次召开浙江省反洗钱工作会议，“一行两局”分管负责人出席会议，浙江省超过1400家义务机构的负责人参会，联合印发浙江省义务机构反洗钱履职要点，为扎实做好下一阶段反洗钱工作指明了方向。二是监管问责力度大幅提升。对46家义务机构实施执法检查，完成对40家机构和67名责任人员共计3444.5万元的行政处罚，金额同比增长276.36%，有效促进了义务机构履职意识和履职能力的提升。三是配合打击洗钱及上游犯罪取得里程碑式突破。在浙江省部署实施“盯案责任制”，全年共推动洗钱案件定罪12起，同比增长140%，取得历史性突破。其中成功推动“能量钢”虚拟货币诈骗洗钱案、“腾信堂”非法集资洗钱案定罪等多起在全国影响力较大的洗钱案件。

八、金融稳定总体评估

2019年，浙江省经济增长平稳，金融业总量合理增长，金融改革与创新不断推进，金融结构日趋合理，社会金融活动补充功能继续发挥，金融基础设施较为完善，整体金融稳定状况较好。中国人民银行杭州中心支行运用区域金融稳定定量评估模型对浙江省2019年区域金融稳定状况进行定量评估，结果显示，总分比2018年提高7分，区域金融稳定状况总体较好。从分项指标看，宏观经济得分较2018年提高，主要是全社会固定资产投资增长率、实际利用外资增长率得分提高；金融机构中银行业、证券业、保险业指标仍表现良好，因此得分继续保持满分，金融总体运行质量和效益保持平稳；金融生态环境得分与2018年持平，区域金融稳定状况总体较好。

中国人民银行杭州中心支行金融稳定分析小组

组　长：殷兴山

副组长：杨　民

成　员：叶天华　关　欣　费宪进　贺　聪　徐　宏　蒋仲山

《浙江省金融稳定报告（2020）》编写组

总　纂：蒋仲山

统　稿：潘晓斌　陈静

执　笔：巴洪涛　王艺林　王瑶瑶　王哲中　吴　翔　余伟宁

赵寒娇　薛同锐

安徽省金融稳定报告摘要

2019年，面对复杂多变的外部环境和艰巨繁重的改革发展任务，安徽省在党中央、国务院的坚强领导下，坚持以习近平新时代中国特色社会主义思想为指导，坚持“稳中求进”工作总基调，攻坚克难，统筹做好稳增长、促改革、调结构、惠民生、防风险、保稳定各项工作，综合实力进一步提升。但经济仍面临着下行压力，区域发展协调性有待优化，金融和实体经济的良性循环有待增强，区域金融供给侧结构性改革仍需深化，金融风险隐患显现，防范区域性金融风险仍面临较大压力。

一、区域经济运行与金融稳定

2019年，安徽省经济运行保持总体平稳、稳中有进、进中向好的态势，高质量发展取得新成效。初步核算，全年实现地区生产总值（GDP）37114亿元，居全国第11位，按可比价格计算，比上年增长7.5%，增速高于全国1.4个百分点，居全国第7位。其中，第一产业增加值2915.7亿元，增长3.2%；第二产业增加值15337.9亿元，增长8%，比全国高2.3个百分点，其中工业增加值11454.9亿元，增长7.5%；第三产业增加值18860.4亿元，增长7.7%，比全国高0.8个百分点。

（一）区域经济运行情况

1. 经济运行稳中有进，人均生产总值持续增加。2019年，安徽省经济运行基本平稳，主要指标增速保持较快增长区间，经济总量稳步上升。按常住人口计算，全年全省人均GDP为58496元，较上年增加4418元。全员劳动生产率84645元/人，较上年增加7023元/人。

2. 发展方式加快转变，产业升级稳步推进。2019年，全省产业结构调整持续推进，生产总值中一、二、三次产业比例由上年的7.8:41.4:50.8调整为7.9:41.3:50.8，其中工业增加值占GDP比重为30.9%。皖江城市带承接产业转移示范区生产总值24365.5亿元，增长7.5%；合肥都市圈生产总值23402亿元，增长7.7%；皖北六市生产总值10864亿元，增长7.2%。

3. 三大需求平稳增长，内需潜力持续释放。一是消费稳定增长，内部结构持续优化。2019年，全省社会消费品零售总额13377.7亿元，增长10.6%，增幅比全国高2.6个百分点，居全国第2位。二是投资加速增长，制造业成为重要引擎。2019年，全省固定资产投资增长9.2%，增幅比全国高3.8个百分点，居全国第8位。其中，制造业投资增长10.1%，技改投资增长14.4%。三是对外贸易保持增长，外资开放力度不断提升。2019年，全省进出口总额687.3亿美元，增长9.3%，增速居全国第5位，总量位次比上年前移1位，居第13位。

4. 消费价格水平保持稳定，生产价格水平有升有降。2019年，全省居民消费价格上涨2.7%，比全国低0.2个百分点，其中食品烟酒价格上涨7.1%。商品零售价格上涨1.9%。工业生产者出厂价格上涨0.3%，工业生产者购进价格下降0.1%。固定资产投资价格上涨2.3%，农业生产资料价格上涨2.3%。

（二）需要关注的问题

1. 内外部问题交织叠加，贸易环境更趋复杂。2019年，从国际看，全球政治经济格局深度调整，世界经济下行风险加大，国际贸易增长动能减弱，全球金融市场动荡加剧，中美经贸摩擦影响逐渐显现。从国内看，国内改革持续推进，周期性结构性矛盾并存，需求潜力释放制约较多，实体经济仍较困难，经济面临下行压力。

2. 经济下行压力依然存在，区域发展协调性仍有待进一步增强。近年来，全省工业发展增速加快，对经济增长支撑作用突出，但实体经济增长困难依旧较多，企业成本费用下降依然缓慢。1—12月规模以上工业企业每百元营业收入中成本为85.6元，同比下降0.2元，较全国平均水平高1.52元。与此同时，省内区域经济发展之间的协调性仍有待加强，资源型城市转型存在难度。

3. 房地产市场发展不均衡，非住宅类商品房面临去库存压力。

2019年，房地产调控政策力度依旧趋严，重点城市房价热度有所缓解，部分三四线城市房价上升较快，库存结构性矛盾突出，特别是非住宅类商品房去库存压力仍然较大。2019年，全省房地产开发投资6670.5亿元，比上年增长11.7%；全省商品房销售面积9229.4万平方米，下降8.1%；全省商品房销售额6823.5亿元，下降3.6%；年末全省商品房待售面积1531.7万平方米，下降9%。

二、非金融部门与金融稳定

（一）非金融部门财务收支情况

1. 财政收入增速有所回落，财政支出增速加快。全年财政收入5710亿元，增长6.5%，增幅较上年回落3.9个百分点。其中，地方财政收入增长4.4%，增幅较上年回落4个百分点。财政支出7391亿元，增长12.5%，增幅较上年提升6.6个百分点。

2. 非金融企业部门稳步发展，盈利能力小幅提升。2019年，全省工业增加值增长7.3%，增速居全国第10位，增幅比全国高1.6个百分点。其中高新技术产业增加值增长18.8%，战略性新兴产业产值增长14.9%，分别比规模以上工业增加值增速高11.5个、7.6个百分点。1—12月，全省规模以上工业企业利润增长2%，好于全国（下降2.1%）。

3. 住户部门居民收入稳步增长，消费性支出持续增加。2019年，全省城镇常住居民人均可支配收入37540元，增长9.1%，比全国高1.2个百分点；农村常住居民人均可支配收入15416元，增长10.1%，比全国高0.5个百分点。全年城镇居民人均消费支出23782元，增长10.5%；农村居民人均消费支出14546元，增长14.1%。

（二）需要关注的问题

1. 政府性债务风险总体可控，但财政收支缺口呈扩大趋势。至2019年末，安徽省显性政府债务余额7936.4亿元，其中一般债务余额3635.9亿元、专项债务余额4300.5亿元，低于8990.1亿元的中央限额。但未来地方财政稳健运行面临以下几个不利因素：一是“减税降费”政策不断加码，对地方财力影响不容忽视。二是未来10年，全省待偿还显性债务本息中74.63%的资金需在5年内偿还，地方政府中长期偿债压力较大。三是房地产调控背景下土地流拍、房地产投资降温，相关税收易产生较大波动。从财政收支缺口看，已由2014年的1000亿元扩大至2019年的1682亿元。

2. “两金”占比提高加大资金制约压力，部分行业产量同比下滑。一是“两金”占比有所提高。至2019年末，全省规模以上工业企业应收票据及应收账款和产成品库存“两金”占用8297.1亿元，增长13.61%；“两金”占流动资金比重为43.11%，较上年提高3.81个百分点，比全国高6.11个百分点。“两金”占比提高可能导致企业流动资金趋于紧张，影响经营效益。二是部分行业产量同比有所下降。2019年，全省规模以上工业统计的主要产品产量中，呢绒下降25.3%、金属切削机床下降17.5%、彩色电视机下降14.7%、橡胶轮胎外胎下降10.6%、工业机器人下降6.9%。

3. 国有企业降杠杆动力不足，部分大型企业杠杆风险突出。一是国有企业负债率相对较高。因规模较大、政府信用背书等有利因素，国有企业资产负债自我约束和外部约束力不强，一些国有企业资产负债率超过或接近80%。二是部分大型企业杠杆风险突出。据调查，目前全省共有20家大型有问题企业，包括民营企业16家，国有企业4家。企业平均资产负债率65.27%，其中超过80%的企业有6家、超过100%的企业有3家。年末涉及金融机构融资金额合计503.62亿元，对外担保余额199.72亿元。

4. 住户部门收入分配不均衡，债务水平持续攀升。城乡居民收入差距继续波动式扩大，城镇和农村居民绝对收入差距已由1985年的265元扩大至2019年的22124元，相对收入差距（城乡收入比，以农民人均纯收入为1）由1985年的1.7扩大到2019年的2.4。同时，住户贷款和债务负担持续增加，至2019年末，全省住户贷款余额较年初增长16.5%，比全省常住居民人均可支配收入增速高6.4个百分点。

三、金融业与金融稳定

（一）银行业

1. 银行业发展基本情况

（1）资产负债增幅收窄，利润呈负增长。至2019年末，全省银行业资产总额6.98万亿元，同比增长6.69%，增幅较上年下降2.71个百分点。负债总额6.71万亿元，同比增长6.61%，增幅较上年下降2.59个百分点。全年银行业累计实现利润总额694.98亿元，同比下降2.39%。全省银行业资产、负债、存款、贷款、利润指标均居中部六省第3位。

（2）各项存款增速下滑，住户存款增长较快。至2019年末，安徽省本外币各项存款余额54786.80亿元，同比增长7.01%，增速较上年同期回落3.94个百分点；人民币各项存款余额54377.87亿元，同比增长7.30%，增速较上年同期降低3.81个百分点。其中，人民币住户存款余额26113.79亿元，人民币非金融企业存款余额15071.41亿元，人民币财政性存款余额1295.26亿元，人民币机关团体存款余额9488.98亿元，人民币非银行业金融机构存款余额2388.28亿元，分别同比增长13.56%、0.95%、-1.28%、3.23%、6.82%。

（3）各项贷款增长稳中有进。至2019年末，本外币各项贷款余额44940.70亿元，同比增长

13.91%，增速较上年同期增加1.71个百分点。分部门看，住户贷款、票据融资增长较快。人民币住户贷款余额18288.55亿元、人民币票据融资余额2552.36亿元，分别同比增长16.52%、38.43%。

2. 需要关注的问题

（1）关注类和逾期贷款增多，不良贷款反弹压力大。至2019年末，全省银行业不良贷款“一升一降”，不良贷款余额795.9亿元，较年初增长9.48%；不良贷款率为1.77%，比年初下降0.07个百分点。但关注类贷款较年初增加248.6亿元，增长27.6%，逾期贷款较年初增加50.38亿元，后期信贷资产质量下迁压力较大。此外，个别机构通过虚假转让、借新还旧、重组、以物抵债、放松风险分类标准等手段掩盖和处置不良资产，需防范信用风险反弹。

（2）资本拨备缺口仍然较大，风险抵补能力待提高。随着盈利增速下行、企业违约风险上升，地方法人银行拨备及资本补充压力普遍加大。至2019年末，全省农商行拨备覆盖率106.92%，其中28家农商行拨备覆盖率低于150%；资本充足率11.5%，其中18家农商行资本充足率低于10.5%。村镇银行方面，11家村镇银行拨备覆盖率不足150%。

（3）全国范围内挤兑风险上升，流动性风险持续加大。受包商银行事件影响，全国范围内出现中小银行流动性风险事件。目前包商银行在皖同业债权风险得到有效化解，但部分信用风险较高且处置难、股东股权问题大的农商行、村镇银行，潜在流动性风险加大。同时，部分法人机构受资产质量下迁影响，信贷资金沉淀、借新还旧、企业续授信增多，存款增长持续放缓，个别银行30天内流动性期限缺口过大，头寸管理难度大，流动性总体趋紧。12月末，全省农商行系统流动性比例为62.4%，全省法人银行存贷比上升5.02个百分点，部分农商行流动性匹配率未达到80%的阶段性监管要求。

（4）股东及关联方贷款风险突出，股东行为和股权管理仍需规范。《关于加强非金融企业投资金融机构监管的指导意见》等制度发布以来，全省多数法人银行建立健全了相关制度，股东行为有所规范，股权结构不断优化。目前持有安徽省地方法人银行股份比例在1%以上的非金融企业股东共1224户，但仍存在股东及关联方贷款风险突出，股权质押贷款管理不规范，部分企业多头投资、超比例投资、入股资金来源核查难，个别股东不当干预银行正常经营决策等问题。

（5）房地产领域融资风险明显上升，地方政府隐性债务临期风险较大。至2019年末，全省房地产贷款同比增长15.79%，高于各项贷款增速1.67个百分点；房地产贷款余额占比38.48%，较上年同期提升0.56个百分点。受多重因素影响，全省多家大型房地产企业债券违约，全省经营性物业不良贷款余额增长26.22%。地方政府债务方面。辖内银行机构2020年到期平台贷款达633.69亿元，存量城投债回售及到期规模达365.6亿元，地方政府举债渠道持续收紧，多种政策共振下，存量风险处置以及融资接续挑战加大。

（二）证券业

1. 证券业发展基本情况

（1）证券期货机构数量持续增加，交易活跃度显著提升。至2019年末，安徽省共有2家法人证券公司、357家证券营业部，3家法人期货公司、40家期货公司营业部，全年新增6家证券营业部和2家期货营业部。全年全省证券交易额5.93万亿元，同比增速由上年的下降13.82%转为增长36.83%；期货代理交易额17.54万亿元，同比增长25.99%，2018年为下降9.03%。

（2）证券期货机构资产规模较快增长，盈利水平“一升一降”。至2019年末，全省证券经营机构和期货经营机构总资产分别为7582.01亿元和114.13亿元，同比分别增长35.26%和19.13%。全年全省证券营业部累计实现利润总额6.72亿元，同比增长89.40%；期货经营机构实现净利润1.58亿元，同比下降21.51%。

（3）区域多层次资本市场呈梯队式发展，各板块建设持续推进。至2019年末，全省共有上市公司105家（主板63家，中小企业板28家，创业板14家），同比增加2家。省新三板挂牌公司共308家，较年初减少32家，家数占全国挂牌公司的3.44%。此外，区域性股权市场快速发展，年末省股权托管交易中心共有挂牌企业5291家，较上年增加2305家，其中新设立的科创专板挂牌企业2043家。

（4）股票融资规模小幅收缩，信用债发行规模持续扩大。2019年，安徽省股债并举，继续推进直接融资。全年安徽省上市公司境内股票市场累计募集资金283.64亿元，同比减少70.45亿元；全省企业发行信用债券279只，同比增加35只；发行金额2383.15亿元，同比增加442.63亿元。

2. 需要关注的问题

（1）期货公司盈利能力和风控指标双降，个别机构客户权益保障程度邻近监管红线。2019年，全省3家法人期货公司累计实现营业收入和净利润同比分别下降4.23%和37.62%；年末，合并计算的净资本/净资产为68.56%，同比下降19.65个百分点；净资本/负债为10.67%，同比下降10.16个百分点。个别期货公司净资本/客户权益仅为6.57%，接近6%的监管红线，净资本对客户权益保障不足问题有所显现。

（2）少数上市公司大股东股权质押比例较高，股票质押风险需警惕。至2019年末，全省共有84家上市公司进行了股权质押业务，占全省上市公司总数的80%。其中，44家公司的大股东股票处于质押存续期内，平均质押比例为54%；10家公司的大股东股票质押比例超过80%。总体来看，上市公司股权质押比例偏高，若股价大幅下降且股东缺乏追加担保能力，易触发平仓风险。

（3）信用债违约规模和数量持续攀升，上市公司退市风险值得关注。至2019年末，全省共有22只信用债券发生违约，违约债券余额149.25亿元；其中，2019年新增违约债券13只，违约债券余额101.7亿元。近两年，省内中弘股份（2018年退市）、华信国际（2019年退市）、盛运环保等上市公司发生债务违约，或面临退市风险。在经济下行压力、新冠疫情暴发、信用分层持续加深等多重因素作用下，未来可能出现部分企业经营困难，债券违约和上市公司退市风险值得关注。

（三）保险业

1. 保险业发展基本情况

至2019年末，安徽省共有保险法人机构1家，省级分支机构65家，其中，财产险公司分支机构30家，寿险公司分支机构38家；信用险、农险、健康险、养老险、责任险等专业保险机构10家，保险从业人员44.45万人。全省保险业资产总额2313.48亿元，同比增长17.45%。全省保险深度3.63%，较上年同期下降0.4个百分点；保险密度2118.55元/人，较上年同期提高205.52元/人，公众保险意识进一步增强。

（1）保费收入增速同比上升，财产险增速小幅回落。2019年，全省实现原保费收入1348.65亿元，同比增长11.48%，增速较上年同期提高2.22个百分点。其中，财产险实现保费收入452.66亿元，同比增长10.73%，增速较上年同期回落0.88个百分点；人身险实现保费收入895.98亿元，同比增长 11.87%，增速较上年同期提高 3.76 个百分点。

（2）各项赔付支出增速同比下滑，风险保障能力持续增强。2019 年，全省累计赔款与给付 419 亿元，同比下降 0.06%。其中，财产险业务赔付支出 239.98 亿元，同比增长 7.73%；人身险业务赔付支出 179.02 亿元，同比下降 8.88%，连续 2 年出现负增长。全年累计提供风险保障 81.7 万亿元，同比增长 50.82%。其中，商业保险机构累计为 393.79 万人次贫困人口报补基本医保和大病保险 26.49 亿元；共有 15 家公司销售税优健康险产品，保单件数 10011 件，同比增长 85.93%。

（3）保险业务结构有所优化，人身险业务继续回归本源。财产险方面，非车险业务发展势头良好。农业保险粮食作物承保面积排名全国第 3 位，承保覆盖率 95%，高于全国平均水平 30 个百分点。以融资性小额消费贷款保证保险为主的保证保险业务持续增长，2019 年保证保险实现保费收入 32.63 亿元，同比增长 70.05%。人身险方面，保障型业务增长较快，意外险和健康险增速分别高于人身险 5.88 个和 15.53 个百分点。

2. 需要关注的问题

（1）财险行业均衡发展仍有待优化。财产险业务发展不均衡，2019 年车险保费收入 350.68 亿元，占财产险保费收入的比重为 77.47%。财产险业务过度集中于机动车辆保险，且增速差距较大。部分保险公司银邮渠道占比过高，核心竞争力不足，公司亟须均衡渠道发展。

（2）满付和退保风险仍未消除。个别公司非正常满期给付问题突出，反映出销售时可能存在与银行存款类比的误导行为。个别保险公司满付退保仍高位运行，且中短存续期产品存量规模较大，少数公司仍在售中短存续期产品，退保风险缓释周期较长，需持续关注风险。

（3）乱象治理工作仍需坚持巩固。部分机构刻意规避监管要求，打政策擦边球，长险短做、诱导客户退保、捆绑销售、落实可回溯要求不到位等。消费纠纷和理赔纠纷投诉多；销售环节自查问题多。个别领域保险高质量发展的基础仍较为薄弱，保险服务的覆盖面和精准度有待提升，不同主体间风险管理的能力与水平存在较大差异。

四、金融市场与金融稳定

（一）货币市场短期头寸调节作用不断增强

1. 同业拆借市场成交金额有所下降，参与拆借交易的机构数目和种类持续增多。2019 年，安徽省银行间市场累计进行信用拆借 2160 笔，成交金额 6911.2 亿元，同比减少 37.27%。其中，拆入金额为 6102.5 亿元，拆出金额为 808.7 亿元。累计净融入资金为 5293.79 亿元。2019 年，全省共 65 家机构参与同业拆借交易，较上年增加 3 家，涵盖了城市商业银行、农村商业银行、证券公司、财务公司、汽车金融公司、金融租赁公司、消费金融公司、信托投资公司和民营银行。

2. 债券回购交易参与度增加，质押式回购仍是回购市场主体。2019 年，安徽省共有 82 家机构参与债券回购市场，较上年增加 7 家；累计成交 20.82 万亿元，同比减少 8.13%。质押式回购交易占比 98.59%，同比提升 2.25 个百分点。回购市场维持短期化趋势，全年隔夜品种成交量占质押式回购的 85.35%，14 天以上的交易仅占总成交量的 4.89%。

（二）债券交易融资活跃度提高

1. 银行间债券交易活跃，交易机构高度集中。2019 年，全省共有 82 家机构参与了现券买卖交易，较上年增加10家；累计成交45428笔，成交金额50055.22亿元，同比上升50.75%。从交易主体看，交易量主要集中在少数机构，全省交易量前两名的机构全年合计成交量占全省的91.35%。

2. 债券融资规模下降，重点领域债券扶持创新力度加大。近年来，全国债券市场违约事件频发，安徽省债券融资规模在经历多年高速增长之后首次出现下降。2019年安徽省累计发行人民银行管理的各类债券4137.99亿元，同比下降6.06%。2019年，安徽省地方法人银行业金融机构发行小微企业专项金融债券100亿元；徽商银行在全国城商行中率先获批发行永续债，提高放贷能力。

（三）外汇市场业务总体稳健发展

1. 即期外汇、远期结售汇和掉期交易大幅下降。2019年，全省即期结售汇交易964笔，平盘量为32.35亿美元，同比下降24.75%。其中买入450笔，交易量14.64亿美元，占45.25%；卖出516笔，交易量17.71亿美元，占54.75%。

外币买卖交易15笔，平盘量5697.98万美元，同比下降88.51%；远期结售汇交易92笔，平盘量7118.21万美元，同比下降49.29%；掉期交易89笔，平盘量33.99亿美元，同比下降71.42%。

2. 推进资本项目外汇管理改革试点，抓“放管服”政策落地。安徽省关于支持长三角区域一体化发展建立资本项目外汇改革试点的请示获批，国家外汇管理局同意在合肥市试点6项资本项目外汇改革优惠政策，安徽省制定了《安徽省资本项目外汇改革试点工作实施方案》，召开试点工作启动会，举办试点业务培训，确保试点业务平稳运行。

做好直接投资存量权益登记“多报合一”工作，降低了企业制度性交易成本，为企业减轻了一定负担。至2019年末，全省共有2025家FDI企业完成申报，同比增加18家；484家ODI企业完成申报，同比增加25家。

（四）黄金市场各类业务发展稳中向好

1. 黄金交易所会员成交量大幅增长。2019年，安徽省累计成交72409.5千克，同比上升59.68%。从交易类型看，代理业务累计成交13356.5千克，占全部交易量的18.45%。

2. 商业银行黄金代理业务成交量大幅增长，黄金掉期交易占比较高。2019年，金融机构代理上海黄金交易所交易业务累计成交108414.42千克，合计成交金额328.92亿元，同比分别上升236.76%和272.93%。从交易品种来看，黄金掉期交易量75600千克，占比黄金询价交易的92.65%。

3. 账户金业务交易量有所上升，实物黄金业务、黄金远期业务及黄金租赁活跃度有所下降。2019年，账户金业务（包括纸黄金）累计成交65017.95千克，较上年同期上升11.41%，成交金额200.84亿元，较上年同期上升27.95%。实物黄金累计成交3965.38千克，同比下降19.84%，占商业银行境内其他黄金业务总量的0.22%；成交金额13.39亿元，同比下降11.82%。黄金租赁业务成交11868千克，成交金额34.48亿元，成交量同比下降42.46%，成交金额同比下降38.51%。黄金远期业务成交量为5020千克，成交金额15.65亿元，同比分别下降50.47%和43.08%。

（五）利率市场化改革持续推进

1. 企业融资成本有所下降。2019年12月，安徽省163家法人银行业金融机构实现全面参考LPR

进行贷款定价，LPR 贷款占比位于全国各省市第一，金融机构市场化定价水平不断提升，有效地支持了实体经济发展。至 2019 年末，安徽省金融机构贷款利率同比下降 17 个基点，小微企业贷款利率同比下降 28 个基点。

2. 多渠道增加“低成本”可贷资金，加大对薄弱环节的支持力度。一是持续运用再贷款再贴现工具。2019 年以来，安徽省再贷款再贴现累计发放 823 亿元。再贴现业务量位列全国前三，再贷款再贴现总量占全国总量 4%。二是积极发挥结构引导作用。针对 40 年来最严重旱情，积极运用支农及扶贫再贷款资金助力企业抗旱减灾。三是将运用人民银行资金发放的贷款、贴现业务从金融机构常规信贷资产池中分离，缩短政策传导中间环节，实现政策直通、精准滴灌的效果。四是严格落实定向降准政策，累计释放资金超过 400 亿元。

五、地方金融改革与金融稳定

（一）银行业总体平稳发展，持续发挥服务地方经济主力军作用

至 2019 年末，安徽省共有银行业法人银行业金融机构 166 家，比上年增加 1 家。其中，城市商业银行 1 家、民营银行 1 家、农村商业银行 83 家、村镇银行 67 家、资金互助社 1 家、信托投资公司 2 家、财务公司 6 家、汽车金融公司 2 家、金融租赁公司 2 家、消费金融公司 1 家。2019 年，全省地方法人银行各项业务稳步发展，整体风险可控，在支农、支小以及普惠金融等方面持续发挥重要作用。至 2019 年末，全省地方法人银行业金融机构资产和负债总额分别达 27509.74 亿元和 25003.05 亿元，同比分别增长 9.06% 和 8.3%；各项存款余额 18383.06 亿元，同比增长 8.86%；各项贷款余额 14579.89 亿元，同比增长 16.14%。

（二）证券期货机构发展势头良好，区域多层次资本市场建设持续推进

至 2019 年末，全省共有 2 家证券公司和 359 家证券分支机构；投资者账户 639.84 万户，较上年增长 10.58%；全年证券市场交易额 8.43 亿元，较上年增长 19.07%。

至 2019 年末，全省共有 3 家期货公司和 40 家期货分支机构；全年期货市场成交量 4.48 亿手，较上年增长 31.38%；全年期货市场累计代理交易额 17.54 万亿元，较上年增长 26.01%。

全省上市公司 46 家，总市值 4113.71 亿元。上市公司累计融资 441.24 亿元，其中，首发上市 12.08 亿元，增发（含重组）271.56 亿元，公司债券 157.60 亿元。

（三）政策性农业保险保障作用不断增强，服务“三农”能力不断提高

2019 年，国元农业保险股份有限公司实现保费收入 58 亿元，同比增长 17.91%，保费收入占全省产险市场份额的 12.81%，同比提高 2.12 个百分点；累计赔付 45.8 亿元，同比增长 2.16%。农业保险为全省 1000 多万农户提供风险保障近 600 亿元。

（四）具有融资功能的非金融机构总体稳健发展

至 2019 年末，安徽省共有小额贷款公司 372 家，较上年减少 70 家，基本实现县区全覆盖；贷款余额 424.65 亿元，同比减少 0.83%。年末全省共有融资性担保机构 236 家，较上年末减少 9 家，融

资性担保责任余额2208.56亿元，放大倍数3.46倍，代偿率4.48%。

六、金融基础设施与金融稳定

（一）支付系统运行安全稳健

1. 移动支付便民工程向纵深发展。充分发挥移动支付在交通出行、生活消费、民生保障、政务服务等便民支付领域的示范效应和带动效应，加快推动移动支付向县域和乡村下沉，营造全省城乡支付服务协同发展的良好市场环境。实现合肥地铁全线全面开通手机闪付进出站，全省16个地级市和61个县域公交已全面开通移动支付受理，安徽省成为全国第一个实现公交场景移动支付全面覆盖的省份。

2. 全省支付市场基础设施继续保持高效平稳运行。大小额支付系统、同城清算系统、网上支付跨行清算系统和银行业金融机构行内支付系统、银行卡跨行支付系统等支付市场基础设施业务量与往年基本持平，各系统处理资金流动总量是同期全省GDP的19.6倍左右。其中大额实时支付系统全年处理业务资金达全省GDP的14倍以上，继续发挥着社会资金流动“大动脉”和资金汇划“高速公路”的枢纽功能。

（二）征信系统服务应用水平不断提高

1. 中小微企业和农村信用体系建设取得显著进展。“安徽省中小微企业金融综合服务平台”和“安徽省农村信用信息共享服务平台V3.0”均已上线。至2019年末，中小微企业信用信息平台查询量为8.48万笔，累计查询15.02万笔；信用园区创建73个，信用园区内企业数9754户。农村信用信息平台查询量为22.48万笔，累计查询73.76万笔；创建数信用户131.91万户，信用村2174个，信用乡镇133个。

2. 应收账款服务平台不断推广，融资业务发展迅速。至2019年末，全省平台共促成融资交易2.4万笔，占全国融资总笔数的12%；累计融资7109亿元，占全国融资总额的6.7%，其中，2019年新增融资1413亿元。省内核心大企业与平台达成系统对接意向，有6家完成了系统对接，10家签订了对接协议；同时新增86条供应链持续在平台开展业务。

七、总体评估与政策建议

（一）总体评估

2019年，安徽省经济增长稳中有进，高质量发展取得新的成效；金融体系稳健运行，防范化解金融风险政策渐次显效。银行业金融机构资产负债规模不断扩大，存贷款保持快速增长；证券期货业机构业务发展较快，债券融资规模持续增加，区域多层次资本市场建设稳步推进；保险业总体保持良好发展态势，服务领域继续拓宽，保障功能和服务作用进一步发挥。同时，在经济下行压力加大、内外部环境日趋复杂的背景下，区域经济运行过程中周期性、结构性矛盾仍较突出，金融运行中的一些潜在风险可能暴露，维护区域金融稳定面临较大的压力和挑战。

1. 宏观经济方面

全省经济面临较大下行压力，高新技术产业和战略性新兴产业增长势头放缓，国际贸易增长动能不足；地方政府债务风险总体可控，但财政收支缺口持续扩大，中长期集中偿付压力增加，平台公司市场化转型存在诸多困难；企业应收账款和产成品库存“两金”占比偏高，部分行业产量下滑；住户部门内部收入分配不均衡，消费支出和债务水平不断攀升。

2. 金融业方面

银行业方面，法人机构公司治理亟待加强，信用风险高企且仍未充分暴露；部分银行资本拨备缺口仍然较大，风险抵补能力待提高；股东及关联方贷款风险突出，股东行为和股权管理仍需规范；房地产贷款集中度较高，投资业务出险增多，地方政府债务风险仍需关注。证券业方面，期货公司盈利水平和风控指标双降，个别机构净资本对客户权益保障程度不足问题有所显现；部分上市公司股权质押比例较高，平仓压力需警惕；信用债违约规模和数量有所攀升，上市公司退市风险值得关注。保险业方面，财险业务过度集中于机动车保险，行业结构发展有待优化；个别保险公司满付退保高位运行，且中短存续期产品存量规模较大，偿付压力凸显；行业消费纠纷和理赔纠纷投诉仍然较多，乱象治理工作需坚持巩固。

（二）相关政策建议

2020 年应深入贯彻习近平新时代中国特色社会主义经济思想和中央经济工作会议精神，坚定不移推动高质量发展，切实抓好“六稳”工作，协调处理好稳增长、调结构、防风险的关系。特别是在“稳定大局、统筹协调、分类施策、精准拆弹”的方针指导下，坚决守住不发生系统性区域性金融风险的底线，确保防范化解重大金融风险攻坚战圆满收官，切实维护金融体系健康稳定运行。

1. 加快实体经济高质量发展，激发各类市场主体活力。一是加大重要领域改革力度。持续落实大规模减税降费政策，加快释放改革红利，加力新生市场主体培育。二是加快提升创新能力。加强关键核心技术克难攻关，统筹推进基础研究和成果转化，支持大中小企业和各类主体融通创新，发展产业共性技术研发平台。三是推动传统产业优化升级。促进先进制造业和现代服务业深度融合，加快发展数字经济，持续推动工业增品种、提品质、创品牌。

2. 深化金融供给侧结构性改革，加大重点企业支持力度。一是不断深化国资国企、财政、金融等重点领域改革。完善以管资本为主的国有资产监管体制，增强国有资本投资、运营公司平台功能。完善金融供给体系，深化省农村信用社联合社改革。二是持续推动金融精准扶贫。进一步完善运用扶贫再贷款发放贷款定价机制，引导贫困地区贷款利率下行，支持贫困人员就业创业。加大产业扶贫金融投入，帮助贫困地区培育扶贫产业，实现信贷与产业扶贫间的深度融合。加强金融扶贫政策效果评估，强化相关部门间协作和信息共享，确保政策落细落实。三是重点支持民营企业、小微企业发展。引导金融机构加大对实体经济尤其是对民营企业和小微企业支持力度，着力缓解资本、流动性和利率等方面的约束。同时从使用担保基金、提高不良贷款容忍度、提升多层次资本市场功能等多方面入手，缓解企业融资难、融资贵问题。

3. 引导金融机构合规稳健经营，增强风险防控能力。一是健全银行业金融机构公司治理、内部控制、激励约束等制度安排，严格股东行为和股权管理，强化资本配置和资产损失拨备制度，切实提高金融机构损失吸收能力和风险管理能力。加快推进省联社改革进程，加强金融服务功能。支持农村商业银行增资扩股完善治理机制。二是推动证券期货业机构加快业务转型和探索场外市场创新，加大对资产管理、股指期货、融资融券、直投等创新业务的研究和风险管控能力，创新进程与风险管理能力和水平相适应。三是推动保险业机构强化以风险保障为核心的市场定位，加大保障类产品与服务创新，优化保险供给结构，建立科学的发展理念和模式，提升风险管理能力。四是持续推动融资性担保公司、小额贷款公司、典当行等具有融资功能机构规范发展。

4. 坚决打好防范化解重大金融风险攻坚战，加强金融监管和风险处置的协调合作。一是稳妥有序推进高风险机构风险化解，结合辖区实际，区分好轻重缓急、把握好节奏力度，一行一策、一地一策制订高风险机构风险化解方案，推动建立损失分担机制和激励约束机制，防范道德风险。二是根据金融委办公室的工作安排，适时建立金融委办公室地方金融监管协调机制，以及地方金融监管和风险处置协调机制。探索建立跨区域金融风险处置协作机制，加强金融风险处置的跨区域合作，特别是涉及地方法人银行、非法集资等重点领域，共同打击跨区域违法违规金融活动。

中国人民银行合肥中心支行金融稳定分析小组

组　　长：王均坦

副 组 长：黄　敏

成　　员：潘力工　戚　军　赵永红　王　进　金安立　姜世群
刘应淑　耿光颖　高克州　陈　琳　闵　洁　王　萍

《安徽省金融稳定报告（2020）》编写组

总　　纂：黄　敏

统　　稿：潘力工　梁　斌

执　　笔：王　亮　居　姗　张　媛　孟慧燕

参与写作人员：孙　韦　鲁玉祥　石少功　许平洋　王妍婷　王树琴
毛瑞丰　徐　惬　吴晓楠　张　瑜　李飞燕　周　浩
刘瑛娜　陆秉炜　王　娅

福建省金融稳定报告摘要

2019年，面对复杂严峻的内外部经济金融形势，福建省坚持新发展理念，深化供给侧结构性改革，全力打好三大攻坚战，全面做好“六稳”工作，经济运行平稳，结构不断优化，高质量发展不断向前迈进。金融业运行安全稳定，服务实体经济力度不断加强，金融风险总体可控。但在宏观经济下行压力加大情况下，经济发展面临的风险和挑战增多，金融风险防控压力不减。

一、区域经济运行与金融稳定

（一）区域经济运行总体情况

全年全省地区生产总值42395.00亿元，增长7.6%，高于全国平均水平1.5个百分点，经济保持平稳增长。

1. 三次产业运行平稳，结构不断调整。三次产业增加值分别为2596.23亿元、20581.74亿元、19217.03亿元，分别增长3.5%、8.3%、7.3%。三次产业增加值结构由上一年度的6.65∶48.13∶45.22调整为6.12∶48.55∶45.33。

2. 投资消费稳中趋缓，进出口贸易逆势增长。固定资产投资增长6.0%，比上年回落5.5个百分点。其中，制造业投资增长16.2%，比上年回落6.1个百分点。基础设施投资下降8%，比上年回落13.9个百分点。民间投资增长5.6%，比上年回落15个百分点，对全部固定资产投资增长贡献率为71.3%。消费品市场稳步增长，实现社会消费品零售总额15749.69亿元，增长10.0%，比全国高2.0个百分点，其中，限额以上批发和零售企业实现网上商品零售额增长较快，增长24.1%。进出口总额13306.7亿元，增长7.8%，比上年高1.2个百分点，比全国高4.4个百分点。其中，出口8277.86亿元，增长8.7%，比上年提高1.6个百分点；进口5028.83亿元，增长6.3%，比上年提高0.5个百分点。实际利用外商直接投资315.41亿元，增长3.3%，比上年提高0.3个百分点。

3. 财政收入增速放缓，财政支出力度加大。一般公共预算总收入5147.04亿元，增长2.0%，比上年回落5.4个百分点。一般公共预算支出5097.25亿元，增长5.5%，比上年提高2.2个百分点。

4. 居民收入持续增长，物价水平温和上涨。居民人均可支配收入35616元，实际增长6.3%。其中，城镇居民人均可支配收入45620元，实际增长5.5%，农村居民人均可支配收入19568元，实际增长6.9%。居民消费价格上涨2.6%，比上年扩大1.1个百分点。工业生产者出厂价格比上年上涨0.6%，比上年收窄2.2个百分点。

5. 供给侧结构性改革取得新进展，新动能不断壮大。房地产去库存进展良好，商品房待售面积同比下降0.9%；去杠杆进展顺利，规模以上工业企业资产负债率同比下降0.5个百分点；补短板进程加快，教育、卫生和社会工作等投资快速增长，分别增长36.5%和24.8%；新旧动能转换提速，高成长企业超过400家，高新技术企业达4500家，高新技术产业增加值增长12.3%，高技术制造业投资、制造业技改投资分别增长17%和22.2%。

（二）区域经济运行中值得关注的方面

1. 受外部环境挑战明显增多和国内经济结构调整两方面影响，宏观经济下行压力加大。从外部环境看，世界经济仍处在国际金融危机后的深度调整期，全球经济增长降至国际金融危机以来的最低点。高负债、老龄化、结构性改革迟缓、收入差距扩大等结构性问题制约中长期可持续增长。经贸摩擦、贸易保护主义、地缘政治风险等为区域经济发展带来风险和挑战。从内部环境看，福建经济与全国基本保持一致，处于转变发展方式、优化经济结构、转换增长动力的关键阶段，周期性、结构性、体制性问题相互交织，“三期叠加”影响持续深化，经济发展面临的不确定因素明显增多。

2. 投资增长后劲不足，消费回暖较为缓慢。受高速公路等传统基础设施相对完善、地方财政收入进入减收周期等因素影响，基建投资需求有所减弱，重大项目逐步减少。2019年全省基础设施投资持续负增长，民间投资放缓，制造业经营效益不佳，投资增长需要寻找新的支撑点。人均收入增长放缓降低居民消费意愿，住户部门杠杆率过快上升对消费抑制作用逐步显现。由于缺乏高技术含量、高附加值、符合消费结构升级的新产品、新供给，消费供给与需求错配，制约消费升级换代。

3. 产业基础高级化、产业链现代化任重而道远。福建优势产业集中在传统的劳动密集型产业，新产业新动能尚处于培育阶段，高技术制造业、先进制造业规模小，高技术产品国际竞争力不强，多数产品处于全球产业链的中低端，缺乏有特色、有竞争力的高端产品和系统设备，企业研发创新投入不足，关键和核心技术供给能力薄弱。

二、金融业与金融稳定

2019年，全省金融业紧紧围绕服务实体经济、防控金融风险、深化金融改革三大任务，加快转变金融发展方式，不断激发改革潜力，坚决打好防范化解重大金融风险攻坚战，维护区域经济金融安全稳定。金融业实现增加值2875.35亿元，同比增长9.2%，比上年提高6.1个百分点，增速创2013年以来新高；占地区生产总值的6.8%，比上年提高0.7个百分点。

（一）银行业稳定评估

1. 银行业运行情况

一是贷款规模稳步增长，存款增速明显回升。到年末，银行业金融机构资产总额103417.26亿元，增长4.86%。其中各项贷款52640.82亿元，增长13.2%，比上年提高2.21个百分点。负债总额96008.14亿元，增长4.24%。其中各项存款49836.41亿元，增长8.78%，增速比上年提高4.86个百分点。

二是地方法人银行运行平稳，各项指标稳中趋好。122家地方法人银行（不含厦门）资本总体充足，风险抵补能力较强，平均资本充足率17.24%，比年初上升0.66个百分点。拨备水平稳步提高，平均拨备覆盖率308.63%，比年初上升27.8个百分点。信贷风险管控较好，平均不良贷款率1.51%，比年初下降0.34个百分点。流动性整体稳定，平均流动性比例为56.7%，平均存贷比66.78%。

三是银行业信贷风险逐步缓释，信贷资产质量持续提升。到年末，银行业金融机构不良贷款余额599.99亿元，比年初减少88.94亿元，较2016年高位降低近380亿元。不良贷款率为1.14%，比年初下降0.33个百分点，连续13个季度下降。不良贷款持续双降。

四是理财业务转型平稳。法人银行业金融机构认真落实资管新规及配套细则要求，推动理财业务逐步整改规范和转型升级，不合规产品和业务持续压降，保本理财规模明显下降，各类符合规定的新产品逐步推出，结构趋于优化。

2. 银行业运行中需要关注的问题

一是信贷风险结构性隐患不容忽视。不良贷款呈现“地区集中、机构集中、企业集中、行业集中”特点。从地区存量看，厦门市、福州市、泉州市三个地区不良贷款合计占全省不良贷款的66.94%，信贷风险防控压力依然较大。从金融机构类型看，股份制商业银行不良贷款225.33亿元，占全省不良贷款的37.55%；不良贷款率1.72%，高出全省不良贷款率0.58个百分点。从企业规模看，中小型企业不良贷款余额318.63亿元，占全省不良贷款余额的53.11%；不良贷款率1.94%，比全省不良贷款率高0.8个百分点，为企业不良贷款高发主体。从行业分布看，制造业、住宿和餐饮业、批发和零售业不良贷款率居前三位。其中，制造业不良贷款153.01亿元，占全省不良贷款的25.54%，在制产业转型升级和淘汰过剩产能持续推进的情况下，制造业不良贷款可能进一步增加。

二是信贷质量仍未完全好转。截至2019年末，关注类贷款1764.88亿元，关注类贷款率3.35%。有8家法人银行关注类贷款率超15%。在宏观经济下行压力加大，金融风险加速“水落石出”的情况下，要警惕银行信贷风险反弹。部分银行个人信用卡贷款、消费贷款等零售业务快速扩张，积累一定的信用风险。

三是银行业流动性存在不稳定因素。截至2019年末，中长期贷款32412.59亿元，占各项贷款的61.57%；全年新增中长期贷款3606.41亿元，占全部新增贷款的61.97%。从存量和增量上看，中长期贷款占比均较高，存贷款期限存在错配。部分法人银行流动性应急管理手段相对单一，资金融入主要依赖金融市场和主发起行，当市场出现极端情况时，流动性管理压力较大。村镇银行受营业网点少、社会知名度不高等因素影响，组织存款存在一定困难，缺乏稳定的负债来源。

四是房地产业贷款高位运行。房地产信贷呈现“贷款增速快、信贷集中度高、住户部门杠杆率高”特点，住户部门债务积累过快、房地产业贷款挤占实体经济信贷空间等问题需引起关注。2013—2019年房地产贷款①平均增速19.14%，高于各项贷款平均增速。至2019年末，房地产贷款占各项贷款的30.9%，全年新增房地产贷款占新增各项贷款的33.06%。住户部门杠杆率高于全国平均水平近10个百分点，其中，福州、厦门等热点城市住户部门杠杆率均超65%。住房按揭贷款整体不良贷款率较低，但关注类贷款比年初增长11.18%。在房地产市场调控不放松、住户部门高杠杆背景下，一旦市场形势发生变化，相关贷款违约率可能上升。

五是部分地方法人银行业金融机构经营管理能力有待提升。个别地方法人银行业金融机构股东经营不善或出现风险，丧失持续出资能力。部分地方法人银行业金融机构对股东的管理较为被动。个别机构董事、监事的履职能力不足，存在内部人控制风险。

① 房地产贷款包含房地产开发贷款、购房贷款和证券化房地产贷款。

（二）证券业稳定评估

1. 证券业运行情况

一是证券期货行业运行总体平稳。2019 年末，3 家法人证券公司资产总额 1852.33 亿元，净资产 460.99 亿元，分别增长 11.04% 和 4.71%；净资本 407.81 亿元，下降 6.18%。实现营业收入 99.02 亿元，净利润 26.72 亿元，增长 51.99% 和 209.26%。5 家法人期货公司资产总额 239.44 亿元，净资产 44.84 亿元，净资本 30.19 亿元，分别增长 30.92%、11.04% 和 8.57%。实现净利润 1.88 亿元，增长 8.67%。已登记备案私募基金管理人 587 家，备案基金 1803 只，管理规模 2231.2 亿元。法人证券公司通过发行公司债券、次级债等方式增强资本实力和抗风险能力。

二是上市公司质量持续提升。2019 年末，全省共有境内上市公司 139 家，较上年增加 6 家，居全国第 7 位；总市值 1.90 万亿元，增长 34.73%。前三个季度，累计实现营业收入 1.38 万亿元、净利润 986.06 亿元，分别增长 18.99% 和 7.25%；平均每股收益 0.61 亿元，平均净资产收益率 9.20%，分别是全国平均水平的 1.3 倍和 1.1 倍。新三板挂牌公司累计 310 家，居全国第 8 位，总股本 192.76 亿元，可交易股本 113.13 亿股。

三是证券期货行业服务实体经济能力不断增强。省内（不含厦门）2 家法人证券公司全年共为省内外企业提供直接融资 463.72 亿元，海峡股权交易中心、厦门两岸股权交易中心累计为企业对接融资 86.93 亿元。

四是资本市场服务台企成效初显。厦门两岸股权交易中心“台资板”企业数量 638 家，打造“台企登陆的第一家园”初见成效。

2. 证券业运行中需要关注的问题

一是上市公司各类风险交织，规范运作能力有待持续提升。部分行业与公司盈利能力较弱，发展潜力不足，少数公司经营和财务风险较高。部分上市公司和挂牌企业内部治理结构和治理机制不完善不健全，个别存在违法违规现象。股票质押风险仍未消除，高质押企业面临强制平仓风险。

二是证券期货经营机构信用业务存在一定风险隐患。兴业证券、华福证券股票质押业务、债券交易和资产管业务中涉及较多诉讼或待仲裁事项。私募基金管理机构合规风险意识淡薄，集团化经营风险、流动性风险以及伪私募问题等不容忽视，个别机构因涉嫌非法集资案件被立案侦查。

三是非法证券活动仍时有发生。涉非形式不断翻新，非法投资咨询活动、非法股票配资、非法境外期货活动不同程度增加。非法证券期货活动涉众性越发突出，新情况、新问题对区域金融稳定造成一定影响。

（三）保险业稳定评估

1. 保险业运行情况

一是保险收入增长平稳。累计实现保费收入[①] 1174.77 亿元，增长 8.63%。其中，财产险保费收入 338.38 亿元，人身险保费收入 836.39 亿元，分别增长 7.33% 和 9.17%。2019 年末，保险业总资产 3057.97 亿元，增长 16.16%。

二是保险服务实体经济力度增强。信用保证保险[②]保费收入 25.4 亿元，增长 40.1%，中国信保

① 指原保险保费收入，下同。

② 不含厦门。

在闽机构提供风险保障162.98亿美元，协助出口企业获得贷款16.03亿美元。融资增信类保证保险及抵押物相关企财险为2万家次民营企业约40亿元贷款提供服务，为7069家企业提供财产抵押保险保障1780亿元。农业保险实现保费收入6.08亿元，增长8.57%，赔付支出5.12亿元，增长15.5%。

三是民生保障水平稳步提升。累计承担风险总额93.78万亿元，累计赔付支出364.19亿元，分别增长44.7%和5.18%。保险密度2956.87元/人，增长7.76%，保险深度2.77%。城乡居民大病保险实现设区市级统筹①，参保人数达2770万人，保费收入14.7亿元，为48.6万人次参保群众赔付医疗费用9.91亿元。积极开展保险助力脱贫攻坚，推出产业扶贫保险，共承保建档立卡贫困户4.64万户，提供风险保障5.34亿元②。

2. 保险业运行中需要关注的问题

一是财产险经营主体两极分化。产险市场竞争激烈，头部财险公司市场占比高、盈利能力强，对中小财险公司形成挤出，中小财险公司经营压力相对明显。

二是部分中小人身险公司业务存在转型压力。人身险公司业务结构逐步优化，健康险增幅较大，长期期缴业务占比进一步提高，但部分中小公司和业务渠道存在转型调整压力。

三是宏观经济等外部因素对保险业影响加大。受产业结构调整、中美经贸摩擦、金融市场波动等影响，信用违约风险向信用保证保险等业务传导成为大概率事件。部分保险公司难以完全识别、判断业务风险，业务稳健经营受到一定影响。

四是保险公司合规经营有待增强。保险市场非理性竞争行为以及销售违规、销售误导、数据不真实等问题依然存在，部分公司业务团队管理仍较薄弱。

三、金融市场运行与金融稳定

（一）金融市场运行状况

1. 货币市场交易活跃。同业拆借、债券回购、现券交易成交总额893608.45亿元，增长18.65%。企业在银行间市场发债融资1809.4亿元，增长34.95%。票据融资总量6544.37亿元，增长42.99%。银行承兑汇票余额4448.07亿元，增长54.49%。人民币利率互换交易额25091.88亿元，增长4.52%。

2. 直接融资规模大幅增长。全年境内上市公司、挂牌企业、非上市公司实现直接融资2491.55亿元，增长30.93%。并购重组活跃度明显上升，64家次上市公司开展并购重组，涉及金额181.33亿元，分别增长357.14%和381.49%。场外市场建设向纵深推进，新三板挂牌企业共310家。

3. 外汇跨境资金流动基本平稳。全年涉外收支顺差213.3亿美元，下降6%，结售汇顺差168.43亿美元，下降14.6%。货物贸易涉外收支顺差272.91亿美元，增长3.5%。投资资本金流入41.47亿美元，下降4%，结汇27.98亿美元，增长18.9%；汇出34.55亿美元，增长86.1%；购汇22.26亿美元，增长74%。跨境人民币业务金额3471.7亿元，同比增长1.07%，净流入563.5亿元。省内与“一带一路”沿线国家和地区办理人民币跨境实际收付业务379亿元。

① 不含厦门。

② 不含厦门。

4. 黄金市场交易显著增长。全省银行业金融机构（不含兴业银行）代理上海黄金交易所黄金交易2663.1亿元，增长42%。其他黄金交易品种（账户金、实物金、黄金租赁、黄金远期、黄金期权等）合计交易1459.9亿元，增长1.95%。上海黄金交易所主要7家会员单位[①]在上海黄金交易所成交总量（不含个人业务）188.13万千克，增长16.61%，成交额6066.41亿元，增长39.1%。

（二）金融市场运行中应关注的问题

1. 部分市场领域风险需持续关注。随着存续期企业债券本息偿付进入高峰期，企业偿债压力日益加大。部分发债企业经营利润下滑、流动资金紧张，或存在违约风险。此外，省内部分国有企业境外发债增加证券投资流入，但相关企业均未进行套期保值，存在汇率风险敞口。

2. 部分地方金融组织风险未完全释放。小额贷款公司、典当行等地方金融组织业务规模收缩、经营效益下滑，不良贷款较高，风险防控水平有待提升。

3. 非法金融活动整治难度和维稳压力仍然较大。一是非法集资犯罪形式复杂、非法集资新发案件居高不下。新发生非法集资案件357起，同比上升6.57%，涉案金额81亿元，增长23.25%。二是部分交易场所存在未经批准擅自开业、擅自开展违规业务、瞒报数据信息、内部治理混乱、产品逾期等现象，潜藏风险隐患较大。三是福州、厦门等网贷机构集中地区风险出清压力较大，部分网贷机构待偿余额较大，压降进度滞后。

四、金融基础设施与金融稳定

（一）支付体系

全省支付体系建设不断完善，支付服务环境不断优化。一是支付清算系统安全平稳高效运行。大、小额支付系统业务金额分居全国第6位、第8位，网上支付跨行清算系统业务金额居全国第5位。三大系统业务总金额325.01万亿元。二是移动支付便民工程提质增效。云闪付人口渗透率居全国省份第一，云闪付公交出行全省设区市覆盖率100%。成功打造全国首个“云闪付数字园区”，全国首个云闪付惠台利民项目——对台票务服务落地平潭。三是企业银行账户许可全面取消。全国首批推广省份实施取消企业银行账户许可，开户时间由3~4天压缩至1~2天。银政通系统新增上线运行可疑信息同业共享、大数据监测、异常信息提醒预警等功能模块，银行账户风险监测能力全国领先。四是农村支付环境建设持续深化。农村普惠金融服务点规范化改造完成率接近100%。依托服务点推广云闪付、社保和医保缴交等业务，不断提升服务点综合服务能力。

（二）信用环境

社会信用体系和社会守信激励、失信惩戒机制建设不断深化，中小微企业和“三农”征信服务不断改进。一是金融信用信息基础数据库稳定运行，机构类型和信息采集范围逐步扩大。至2019年末，金融信用信息基础数据库收录自然人数2751万人，收录全省企业及其他组织51.2万户，个人和企业系统日均查询分别约25万次和2.36万次。全年有48家村镇银行、1家证券公司、1家小额贷款

---

① 包括兴业银行、紫金矿业集团股份有限公司、福州福辉珠宝有限公司、厦门银行、厦门国际银行、海峡金服、华通银行。

公司、2 家融资租赁公司、1 家融资担保公司等机构接入数据库。二是两岸民间征信机构首次实现全面合作，共同推出 7 个种类征信产品和服务，支持闽台经贸融合成效显著。全年 86 家金融机构开通台湾地区信用报告查询服务，累计查询台企台胞在台信用信息 485 笔，累计发放贷款 4.74 亿元。台商台胞金融信用证书逐步推广，全年共计 54 位台胞、15 家台企获颁证书，共获授信额度 16.48 亿元。三是社会信用体系建设进一步拓展。征信业务综合平台与市场监管部门交换共享信息数据，全年共获得省市场监管局企业数据 390784 条，为金融机构提供信息查询 39045 次。全省中小微企业和农村信用体系建设继续推进。至 2019 年末，全省累计建立小微企业信用档案 114192 户，其中 29260 户企业获得银行融资；为 629 万户农户建立信用档案，对其中 313 万户农户累计发放贷款 79158.3 亿元。

（三）反洗钱

不断加强协调机制建设，增强反洗钱监管有效性，发挥反洗钱在防范化解重大金融风险和维护国家安全方面的重要作用。一是全面提升反洗钱监管实效。对全省 2294 家义务机构开展年度考核评级，对 103 家机构开展反洗钱现场检查，累计处罚金额 1376.7 万元人民币。二是推进洗钱风险评估。全省组织对 40 家金融机构开展洗钱风险评估，并针对风险较高的机构采取反洗钱监管措施。联合司法部门探索设计律师行业洗钱风险评估指标，对 1 家律师事务所开展洗钱风险评估，指导其采取措施补齐风险管理漏洞。三是加强资金监测，及时提示洗钱风险隐患。联合省侦查机关组织主要银行机构开展“精准监测”试点，动态关注风险发展状况，及时发布洗钱风险提示。四是不断加大对洗钱及相关犯罪的打击力度。全省推动《刑法》第一百九十一条“洗钱罪”立案 13 起、起诉 8 起、判决 10 起，分别增长 44.4%、60% 和 233.3%，实现判决数量、地区分布、上游犯罪类型、审理模式、判决力度 5 个方面的新突破。扫黑除恶专项斗争“打财断血”成绩突出，推动涉黑洗钱判决 3 起，实现全省涉黑洗钱罪判决的突破。

（四）金融司法环境

金融司法环境持续改善，金融审判机制优化，纠纷解决机制多元化。省内各地法院普遍开辟金融案件审判绿色通道，积极探索构建金融审判在线办案平台、金融纠纷“要素式审判”，试行“简式裁判文书”，对金融案件实行快立快审快结快执。全省法院全年一审审结金融借款、民间借贷等案件 14.47 万件，标的总额 1211.58 亿元。审结非法集资、网络传销等涉众型经济犯罪案件 3078 件。全省法院设立诉调对接中心 159 个，以调解、撤诉方式结案 22.36 万件。人民银行福州中心支行组织开展金融法治宣传 735 次，接受咨询 49.3 万人次，社会公众金融法治素养进一步提升。开展防控金融风险专题宣传，组织全省开展 310 场反洗钱宣传活动，受众超过 41 万人，发放宣传册和折页 11 万份。

（五）金融消费权益保护

持续畅通金融消费者投诉咨询渠道，不断完善金融消费权益保护咨询投诉处理机制。人民银行系统受理金融消费者投诉 666 笔，咨询 2107 笔，办结率 96.7%。建立疑似违法违规金融广告线索甄别与处置工作机制，共自行监测线索 42 条，处置 40 条。推动金融知识纳入国民教育“示范 + 扩面 + 提质”，积极推广社会实践基地金融教育模式，开展金融教育试点学校 539 所，授课累计超过

4300课时，受教育学生约32.4万人次。“一盘棋”开展金融宣传，举办“3·15消费者权益日”“普及金融知识 守住‘钱袋子’”“金融联合宣传教育”等集中性宣传活动，打响福建金融宣传品牌。

五、政策措施建议

（一）贯彻落实货币政策和宏观审慎双支柱调控框架，优化信贷结构

探索建立区域特色的宏观审慎管理框架，构建区域系统性风险监测、识别和评估机制，监测区域系统性风险变化情况。按照高质量发展要求，保持稳健货币政策灵活适度，保持流动性合理充裕。用好专项再贷款政策，向疫情防控保供重点企业提供快速精准支持。加大对企业复工复产的支持力度，管好用好再贷款再贴现专用额度。发挥好结构性货币政策工具正向激励作用，引导地方法人银行业金融机构聚焦主责主业，将信贷资金投向重点领域和薄弱环节，助力脱贫攻坚，支持小微、民营企业和制造业高质量发展。

（二）加强金融风险监测预警，坚决打赢防范化解重大金融风险攻坚战

进一步加强金融风险监测排查，关注新冠肺炎疫情对区域金融稳定的影响。及时掌握重点区域、重点行业和重点领域风险的动态变化。完善地方金融监管体系，加快推进金融委办公室地方协调机制（福建省）建设，支持推动建立福建省金融工作议事协调机制，增强金融风险处置合力。健全金融风险应急处置和防控协作机制，完善工作预案，增强应对金融突发事件的主动性和针对性。

（三）坚持新发展理念，推动经济高质量发展

深入实施创新驱动发展战略，坚持创新发展，着力营造有利于创新创业创造的良好发展环境，推进质量变革、效率变革、动力变革，加快建设现代化经济体系。坚持协调发展，完善体制机制，加快建立协调联动的城乡区域发展体系，推动区域优势互补、城乡融合发展，增强发展新动能。坚持开放发展，深度融入“一带一路”建设，着力形成全面开放新格局，以开放促改革、促发展、促创新。

（四）加大财税金融支持力度，支持实体经济稳健发展

巩固和拓展减税降费成效，推动降低企业用电、用气、物流和制度性交易成本，大力减轻企业负担。发挥政府性融资担保机构作用，引导银行业金融机构创新产品和服务，加大力度培育上市企业，支持符合条件的企业扩大股权融资、知识产权质押融资和债券融资。深入推进存量浮动利率贷款定价基准转换工作，进一步疏通LPR向实体经济，尤其是小微企业融资利率传导的渠道。

（五）坚持开放发展，推进区域金融改革创新

持续深化自贸试验区金融改革，推进跨境人民币创新试点和资本项目管理便利化试点，扩大改革惠及面。贯彻中央、福建一系列惠台政策，进一步扩大闽台金融交流合作成果。积极推动“海上丝绸之路”核心区建设，打造海丝体制机制创新先行区，支持省内企业与“一带一路”沿线国家和

地区实现更广范围的贸易畅通、更深层次的资金融通。

（六）健全金融服务体系，优化金融生态环境

进一步推进金融科技建设和应用，加快云计算、大数据、区块链等分布式技术安全应用，完善支付、反洗钱、征信等金融基础设施建设。加大监管力度，完善征信信息安全事件应急处置机制，加强重点风险领域的资金监测和重点领域的反洗钱调查，严厉打击洗钱行为。加大金融消费权益保护力度，持续探索数字时代金融教育有效性模式。坚决打击非法集资、非法证券期货活动以及恶意逃废债等行为，优化全省金融生态环境。

中国人民银行福州中心支行金融稳定分析小组

组　长：单　强

副组长：于松柏

成　员：徐剑波　曹桂元　阮玉盼　张　燕　姚祖明　王仁生
林　勃　林　震　杨少芬　李春玉　江　宇

《福建省金融稳定报告（2020）》编写组

总　纂：单　强

统　稿：于松柏

执　笔：徐剑波　杨　敏　谢仲庆　朱　敢　林　晖　郑　平
杨吉惠　郑境辉　江　颖　陈江宁

江西省金融稳定报告摘要

一、综述

2019年，江西省以习近平新时代中国特色社会主义思想为指导，深入贯彻落实习近平总书记视察江西重要讲话精神，坚持“稳中求进”工作总基调，坚持新发展理念，统筹做好“稳增长、促改革、调结构、惠民生、防风险、保稳定”各项工作，深入推进三大攻坚战，全力推动经济高质量跨越式发展，全省经济金融运行稳中有进、稳中向好，金融风险总体可控，但相关金融风险隐患需密切关注和防范。

经济运行稳中有进，协调发展势头良好。经济总量和居民人均可支配收入稳步增加，三次产业保持协调发展，经济结构持续优化。经济质效有效提升，高新技术产业、战略性新兴产业增加值占规模以上工业增加值比重稳步提升，就业形势保持稳定，减税降费政策扎实落地，民生保障更加向好。但产业转型升级压力、财政收支平衡难度依然较大。

金融业稳健运行，支持实体经济质效提升。银行业资产负债规模稳步增长，存款增长速度加快，贷款余额增量创历年新高，信贷结构趋于优化。首家民营银行裕民银行开业，银行体系不断健全。金融投放向经济发展重点领域和薄弱环节倾斜。法人银行业金融机构不良贷款双降，风险抵御能力不断提升。证券市场交投活跃度上升，证券机构经营效益持续好转，个别私募产品风险较大。保险行业运行平稳，退保情况好转，险资入赣再创新高，保险保障功能不断提升。

融资性准金融机构规模较小。小额贷款公司贷款主要投向农户和小微企业，但规模、融资余额仍处于下降状态。融资担保公司业务规模不断扩大，有效发挥“放大器”和“稳定器”作用，但融资担保放大倍数仍较低。典当行业规模较小，且过度依赖房地产业务，不利于行业健康发展。

金融市场有序发展，部分市场交易活跃。非金融企业债务融资工具实现跨越式发展，市场创新主体和品种运用的数量实现新突破。银行间债券市场规模持续扩张，成交利率整体下降。同业拆借市场交易平稳，拆借利率低位运行。票据市场交投活跃，承兑、贴现业务快速增长，票据直贴和转贴利率逐季走低。受避险情绪影响，黄金市场需求有所增长，交易量和金价双升。

金融基础设施建设继续深化。金融消费者投诉优质高效处理，有效维护金融消费者合法权益。差异化金融知识宣传教育活动持续开展，进一步提升重点群体的金融知识水平和防范风险能力。移动支付便民工程建设成效显著，支付服务环境持续优化。反洗钱案件调查工作积极推进，反洗钱、反恐怖融资、反逃税等工作效率得到提升。打击假币工作持续开展，对假币危害重点地区整治力度不断加大。金融监管协调和金融风险监测体系逐步健全。

金融稳定长效机制进一步健全。稳步推进防范化解重大金融风险攻坚战，推动出台地方法人银行风险化解方案，组织召开全省区域金融稳定协调合作领导小组会议，形成防控金融风险合力。推进重点领域风险治理，深化重点企业金融风险早期识别监测工作机制，夯实央行金融机构评级、金融风险区域分布图、压力测试等金融风险评估预警机制建设，密切关注金融机构经营风险和重点企业金融风险，推动金融风险早识别、早预警、早处置。严格落实应急值守工作要求，及时报送应急信息，全力协调做好危机管控和关键时期安全维稳工作。深化金融改革和金融管理服务，充分发挥存款保险制度在稳定公众信心、防范和化解金融风险中的作用，扎实做好风险处置与打击非法集资等工作，配合做好涉系相关风险防范化解工作，积极维护辖区金融稳定。

根据《江西省金融稳定状况评价办法》，运用综合评价模型进行定量评估分析，2019 年全省金融稳定综合评价得分为 83. 12 分，较上年提高 1. 12 分，与上述金融稳定状况的定性分析结论吻合，全省金融稳定状况处于稳定的安全区域。

二、区域经济运行与金融稳定

（一）区域经济运行情况

经济总量稳步增加，产业结构不断优化。2019 年，全省经济总量稳步增加，生产总值 24757. 5 亿元，同比增长 8. 0%，比上年回落 0. 7 个百分点，高于全国水平 1. 9 个百分点，居全国第 4 位、中部第 1 位。全省居民人均可支配收入 26262 元，增长 9. 1%，高于全国平均水平 0. 2 个百分点。居民消费价格（CPI）上涨 2. 9%，比上年提高 0. 8 个百分点。三次产业保持协调发展，增加值分别同比增长 3. 0%、8. 0% 和 9. 0%，产业结构由上年同期的 8. 6:46. 6:44. 8 优化为 8. 3:44. 2:47. 5。

三大需求同向增长，经济活力有待提升。全省固定资产投资增长 11. 1%，高于全国水平 5. 2 个百分点。消费市场保持活力，全省社会消费品零售总额 8421. 6 亿元，增长 11. 3%，高于全国水平 3. 3 个百分点，居全国第 1 位。对外贸易稳中向好，进出口总额增长 11. 1%，比上年加快 6. 1 个百分点，高于全国水平 7. 7 个百分点，居全国第 9 位、中部第 4 位。国有企业处于优势地位。2019 年江西企业 100 强榜单中，国有企业 33 家，民营企业 54 家，其他所有制企业 13 家。33 家国有企业实现营业收入占 100 强企业总营业收入的 54. 48%，资产总额占比 77. 02%，纳税额占比 65. 72%。

（二）需要关注的问题

发展质量明显提高，新旧动能转换接续仍然不足。高新技术产业、战略性新兴产业增加值占规模以上工业增加值比重分别为 36. 1%、21. 2%，分别提高 2. 3 个、4. 1 个百分点，高新技术企业突破 5000 家。但与此同时，全省主要依靠传统产业拉动的局面没有根本转变，工业动能转换接续、产业转型升级压力较大。辖内有色、钢铁、建材、石化等基础原材料产业占工业总量超过 40%，航空、智能制造、新能源汽车、电子信息、生物医药等战略性新兴产业总体规模较小，占全省工业比重仅 21. 2%。

民生保障更加向好，财政收支平衡矛盾加大。全省就业形势保持稳定，城镇新增就业 54. 34 万人，完成全年目标任务的 122. 7%；城镇登记失业率保持在 3% 以下的低位，41. 1 万贫困人口脱贫，贫困发生率降至 0. 27%。减税降费政策扎实落地，全年为企业减负 1450 亿元，支持发展加力增效。财政质量稳步提高，税收收入占比比上年提高 0. 2 个百分点，但财政收支平衡难度依然较大，财政总收入和一般公共预算收入分别增长5.4%和4.8%，比上年回落4.7个和0.8个百分点。而全省一般公共预算支出增长13%，较上年加快2.1个百分点。其中民生投入力度加大，教育、社会保障和就业、城乡社区、医疗卫生与计划生育支出分别增长11.9%、14.9%、36.2%和19.2%。

三、金融业发展与稳定状况

（一）银行业

1. 总体运行情况

存贷款增速加快，贷款投向结构向好。2019年末，全省银行业金融机构各项存款余额3.92万亿元，较上年末增长11.01%，同比提高2.54个百分点，增速高于全国平均水平2.08个百分点，列全国第3位、中部首位。各项存款余额比年初增加3877.1亿元，同比多增1122.1亿元。结构性存款占各项存款增量比重较上年下降11.7个百分点，拉低了金融机构负债端成本。

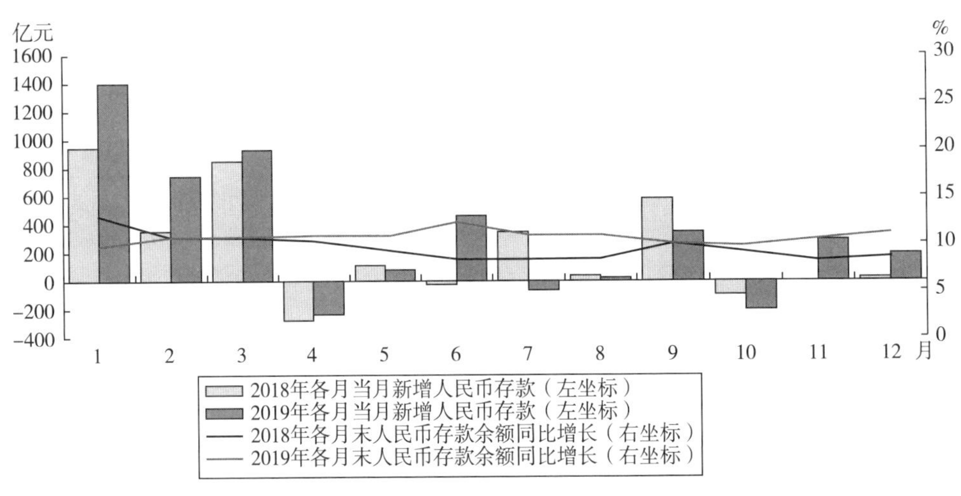

图1 2018—2019年江西省金融机构人民币存款增长变化

（数据来源：中国人民银行南昌中心支行）

各项贷款余额3.57万亿元，较上年末增长16.83%，同比下降1.06个百分点，但仍高于全国平均水平4.84个百分点，列全国第1位；贷款余额增加5136亿元，同比多增505亿元，增量创历年新高。信贷结构有所改善，金融投放向经济发展重点领域和薄弱环节倾斜。先进制造业和高技术制造业贷款增速分别高于各项贷款增速3.8个和15.8个百分点。涉农贷款余额占比36.3%，稳定在三分之一以上，普惠口径小微企业人民币贷款余额（含票据贴现）较年初增长16.7%，高出同期各项贷款增速0.3个百分点。新发放创业担保贷款154.9亿元，完成全年民生工程任务的140.8%。

表外业务持续收缩，未贴现银承减少最多。2019年，大量表外业务回归表内，金融市场风险有效缓释。全省表外融资业务减少730.2亿元，同比多减295.2亿元。其中，委托贷款减少173.3亿元，同比多减198.0亿元；信托贷款减少199.7亿元，同比多减42.1亿元；未贴现的银行承兑汇票减少357.2亿元，同比多减55.1亿元。

金融改革创新稳步有序推进。全省首家民营银行裕民银行开业，成为国内第18家、江西首家民营银行。浙商银行南昌分行、渤海银行南昌分行、瑞京金融资产管理公司落户。农村承包土地的经营权抵押贷款业务提质扩面，在全国率先开展农垦国有农用地使用权抵押贷款试点。赣州、吉安争创国家普惠金融改革试验区进展顺利，小微客户融资服务平台平稳运行，融资便利度、满意度、可得性进一步提升。绿色金融改革向纵深推进，畜禽“智洁贷”“链养贷”在全国率先落地，赣江新区发行全国首单绿色市政债、绿色境外债券，制定绿色票据、信托标准及地方绿色项目标准走在全国前列，年末全省绿色信贷余额比年初增长 18.9%，高于各项贷款增速。

2. 需要关注的问题

法人银行不良贷款风险相对集中，风险化解进展有待提速。2019 年末，全省法人银行业金融机构不良贷款余额和比率比年初下降 18.83% 和 1.42 个百分点，但省内法人银行业金融机构风险仍需关注。从机构维度看，农商行系统信用风险相对较高，不良贷款率比全省银行业金融机构不良贷款率高 2.64 个百分点。个别城商行由于业务拓展不审慎，追求业务规模和利润考核排名，通过资管业务、同业业务等渠道参与对外投融资经营，正面临妥善化解处置压力。从区域维度看，不良贷款主要集中省内少数设区市。

重点领域风险总体可控，部分领域风险隐患值得关注。2019 年末，全省房地产贷款余额同比增长 16.8%，房地产贷款增量占全部贷款增量比重 35.0%。全省融资平台新增贷款主要集中在融资平台企业（公司）、地市和县级平台，融资平台企业（公司）贷款余额占平台贷款比重 98.39%，地市级平台和县级平台比上年末新增贷款占比分别为 33.46%、57.48%。部分影子银行资金通过信托计划、资产管理计划投向相关限制性领域，且合作机构和资金去向多在外省，容易受到省外经济金融冲击或风险外溢。金融机构资产管理业务存在规范经营压力，银行理财产品短期内难以达到净值化管理、去资金池运作和期限匹配等要求。部分银行同业投资未严格穿透管理，业务发展仍不规范。

（二）证券期货业

1. 总体运行情况

证券市场交投活跃，市场规模总体较小。2019 年末，全省证券投资者资金账户数 736.67 万户，同比增长 16.37%，增速较上年同期快 5.55 个百分点；托管客户总资产 3804.15 亿元，同比增长 34.28%。全省证券公司分支机构累计证券交易额 55141.29 亿元，同比增长 31.66%。受经济发展水平等因素制约，全省证券市场规模较小。经营机构托管客户资产总值占全国比重为 0.85%，证券成交额占全国比重为 1.49%，上市公司数量占全国比重仅为 1.2%，与全省 GDP 和人口占全国比重不相符。

上市公司业绩有所下滑，风险化解稳步推进。根据 2019 年上市公司三季报披露的信息，全省上市公司总资产 5071.41 亿元，同比增长 14.23%；总股本 373.21 亿元股，同比增长 3.8%。上市公司营业收入 3850.21 亿元，同比增长 5.5%；归属上市公司股东的净利润 132.43 亿元，同比减少 22.73%。针对上市公司业绩波动、股权质押等风险，全省积极做好上市公司风险画像工作，定期监测上市公司风险，积极化解股权质押风险，2019 年已化解股权质押高风险公司 5 家。

2. 需要关注的问题

私募机构规模总体平稳，输入性风险需要防范。2019 年末，全省共有 255 家中基协备案私募基金管理人，较年初增加 11 家，备案基金产品 641 只，较年初增加 102 只。备案基金中，私募股权、创业投资基金管理人 168 家，基金 367 只，管理基金规模 1131.04 亿元；证券投资基金管理人 80 家，基金229只，管理基金规模47.85亿元；其他投资管理人7家，基金45只，管理基金规模360.84亿元。目前，辖区255家在中国基金业协会备案的私募机构中，经营地在省外的占比51%，辖区私募机构主要风险为省外存在经营风险的私募机构迁入省内的输入性风险和异地经营存在的合规风险隐患。

表1　私募基金类型及管理规模情况

类型	机构类型（家）	占比（%）	管理规模（亿元）	占比（%）
股权创投类	367	57.25	1131.04	73.45
证券类	299	35.73	47.85	3.11
其他	45	7.02	360.84	23.44
总计	255	100	1353.7	100

数据来源：江西证监局。

打击非法证券期货活动难度加大，相关领域风险仍需关注。尽管江西省持续保持了打击非法证券期货活动的高压态势，但难度加大，2019年监管部门办理涉非举报投诉较上年增加16件。目前，涉非信息传播渠道主要为网络、电话短信、微信等媒体或通信工具，非法证券期货活动风险蔓延极快，且大部分违法主体无真实固定经营场所且花样翻新，导致非法证券期货活动案件取证难、认定难。法人证券公司风险管理和内部控制仍有待加强，操作风险和内部控制风险时有发生。另外，由于各类资产价格波动加剧，信用风险发生概率增加。辖内个别证券公司资本中介业务和投资业务由于融资人或对手方未履约，导致自有资金损失的风险加大。

（三）保险业

1. 总体运行情况

保险行业规模不断扩大，保险保障功能进一步提升。2019年末，全省保险公司资产总额1473.55亿元，同比增长12.88%。保费收入835.19亿元，首次突破800亿元大关，同比增长10.83%，增速[①]全国排名第15位，同比上升7位。保险业经济“助推器”、社会“稳定器”作用进一步显现，全年累计提供各类风险保障53万亿元，同比增长33.28%；“险资入赣”达204亿元，创历史新高，有效拓宽了重大项目的融资渠道。全省保险公司累计赔付支出280.78亿元，同比增长5.98%。保险密度1797.04元/人，同比增加175.16元/人；保险深度3.37%，同比下降0.06个百分点。

表2　2019年江西保险公司主要指标　　单位：亿元、%

指标	绝对数	增长
一、原保险保费收入	835.19	10.83
1. 财产险	260.36	8.32
2. 人身险	574.83	12.00
二、赔付支出	280.78	5.98
1. 财产险	140.76	10.15
2. 人身险	140.00	2.10
三、应收保费	39.15	41.32

数据来源：江西银保监局。

① 保费收入剔除计划单列市。

非车险发展较好，人身险结构继续优化。2019 年非车险发展较好，全省非车险保费收入 49. 58 亿元，同比增长 10. 01%。其中，责任险、保证保险、农险、健康险、意外伤害保险同比分别增长 10. 83%、28. 77%、13. 4%、67. 52%、30. 57%；非车险保费收入在财产险中占比 19. 04%，同比提高 0. 29 个百分点。人身险结构继续优化，从销售渠道看，全省个险渠道实现保费收入 319. 30 亿元，同比增长 10. 10%；占寿险公司保费收入的 60. 44%，同比提高 0. 48 个百分点。从险种看，健康险实现保费收入 121. 77 亿元，同比增长 32. 17%；占寿险公司保费收入的 23. 05%，同比提高 4. 00 个百分点。从缴费期限看，新单期交保费收入 117. 90 亿元，同比增长 12. 90%；占寿险公司保费收入的 22. 32%，同比提高 0. 73 个百分点。

2. 需要关注的问题

产险公司业务结构有待优化，寿险公司流动性和退保压力仍存在。受江西省保险产品需求总体不足等因素影响，辖内产险公司业务结构依旧不合理，车险、责任险、意外险三大险种保费收入占产险公司保费收入比例高达 75. 94%，其中，车险保费收入占比 68. 68%。此外，受业务结构调整的监管政策及经济大环境影响，寿险公司新单保费逐年下降，流动性承压，2017 年末、2018 年末、2019 年末新单保费收入占寿险公司保费收入比分别为 49. 76%、43. 62%、40. 70%。2019 年全省寿险公司退保率虽有所下降，但退保率仍超出 5% 警戒线，退保压力依然存在。

四、融资性准金融机构发展与稳定状况

小额贷款公司规模处于下降通道，贷款主要投向农户和小微企业。2019 年末，全省开业小额贷款公司共计 171 家（含 19 家网络小贷），同比减少 3 家，下降 1. 7%；注册资本 237. 7 亿元，同比减少 1. 3 亿元，同比下降 0. 5%；从业人员 1805 人，同比下降 30. 7%。贷款余额 189. 5 亿元，同比下降 3. 37%；融资余额 6. 5 亿元，同比下降 36. 4%。其中，纯农贷款余额和单户 50 万元以下的小微贷款余额合计占全部贷款余额的 61. 9%，支农支小作用得到发挥。

融资担保公司业务规模不断扩大，融资担保放大倍数仍较低。全省融资担保机构有效发挥“放大器”和“稳定器”作用，业务规模取得突破。2019 年末，全省共有融资担保机构 156 家，注册资本金 252. 91 亿元，在保余额 666. 59 亿元，较年初增长 27. 26%，达历史新高，其中融资担保（直保）在保余额 626. 72 亿元，较年初增长 24. 81%；再担保余额 39. 87 亿元，较年初增长 83. 82%。全年新增融资担保业务 31175 笔，担保金额 543. 22 亿元。融资担保放大倍数 2. 37 倍，距离充分发挥担保作用还有一定差距。

典当行业规模较小，业务过分依赖房地产业。2019 年末，全省共有 173 家典当行（法人机构 169 家，分支机构 4 家），注册资本总额 27. 9 亿元，其中注册资本 5000 万元以上的 1 家，注册资本 2000 万元以上的 98 家，74 家典当行的注册资本不足 1000 万元。典当总额 20. 8 亿元，同比增长 15%，其中房地产典当总额为 10. 9 亿元。目前，全省典当企业房地产业务占比超过五成，财产权利等占比小，不少企业只做房地产，经营业务趋于同质化。长此以往，不仅不利于整个行业的健康发展，甚至在房地产下行周期中带来行业经营风险。

五、金融市场与金融稳定

债务融资工具发行首破千亿元，市场创新主体扩容。全年共发行 143 只债务融资工具，发行规

模首破千亿元，创历史新高，发行金额 1345.40 亿元，同比增长 57.23%，增速位列全国第四、中部六省第一。辖内江西银行和九江银行申报银行间市场 B 类主承销商成功获批，全年累计承销 53.10 亿元债务融资工具，占发行总额的 3.95%，较好地服务了当地经济发展。正邦集团和泰豪科技成功发行债务融资工具 5 亿元和 2 亿元，标志着江西省民营企业时隔两年后重返银行间市场取得重大进展。

货币市场交易平稳发展，利率呈下行趋势。在资金供给增加的影响下，银行间市场流动性合理充裕，货币市场交易平稳发展，利率呈下行趋势。2019 年，全省同业拆借市场总成交额 13790.82 亿元，同比增长 5.80%；全年拆借利率加权平均为 2.28%，同比下降 35 个基点；全省债券成交额 20.37 万亿元，同比增长 32.70%，其中质押式回购成交量 18.90 万亿元，同比增长 29.75%，加权平均利率下降 0.29 个百分点；买断式回购成交量 1.47 万亿元，同比增长 86.39%，加权平均利率下降 0.51 个百分点。

票据市场交投活跃，资金价格显著下降。从票据签发看，全省银行业金融机构累计签发银行承兑汇票 2458.01 亿元，同比增长 33.64%；从票据贴现看，全省银行业金融机构票据贴现余额 1987.94 亿元，同比增长 51.01%。受资金面整体相对宽松、商业银行使用票据调节信贷额度等因素影响，资金价格显著下降，全省票据直贴和转贴全年加权利率水平分别为 3.30% 和 3.23%，同比分别下降 1.35 个和 1.12 个百分点。

黄金市场需求增长，交易量和价格双升。受避险情绪影响，黄金需求有所增长。2019 年末，全省辖内金融机构各类黄金业务交易量累计成交 151.73 吨，同比增长 18.36%；各类黄金交易累计成交金额 458.17 亿元，同比增长 31.19%，其中黄金代理和黄金租赁是主要的业务品种，成交额市场占比分别为 31.43% 和 24.81%。各国央行持续购金行为和全球黄金 ETF 流入支撑黄金价格上涨。2019 年，各类黄金业务交易平均价格 301.97 元/克，同比上涨 10.83%。

人民币跨境收付保持较快增长，外汇收支形势企稳向好。2019 年全省 24 家结算银行办理人民币跨境收付金额 528.37 亿元，同比增长 48.37%，人民币跨境收付占同期本外币跨境收付总额的 16.54%，同比提升 4.49 个百分点。跨境资金运行保持稳健态势，全省跨境收支和结售汇继续实现双顺差，跨境收支顺差 53.5 亿美元，结售汇顺差 48.5 亿美元，重要运行指标保持平稳态势。

六、金融基础设施与金融稳定

金融法制环境进一步优化。金融消费者投诉咨询受理、处理工作机制不断健全，全省人民银行系统共受理有效投诉 955 笔，较上年增长 107%，投诉办结率 99.1%。全省金融消费者素养不断提升。2019 年全省金融消费者金融知识平均得分较 2017 年提高 11.8 个百分点，金融行为平均得分较 2017 年提高 2.5 个百分点。

支付体系进一步完善。移动支付便民工程建设成效显著，“云闪付”用户同比增长 106.6%，98.4% 的银行卡跨行支付系统联网特约商户支持银联移动支付方式，办理线下跨行移动支付业务的笔数和金额同比分别增长 4.5 倍和 5.4 倍。支付服务环境持续优化，累计设立助农取款点 3.3 万个，办理助农取款业务金额同比增长 12.5%。全面取消企业银行账户许可，切实加强企业账户事中事后管理，增强账户风险防范能力。

反洗钱和反假币工作成效明显。反洗钱工作成效突出，依法开展反洗钱调查 53 起，获银行账户

8000多个，涉案金额37余亿元。全省宣判洗钱案件15起，继续领跑全国，配合四部委打虚打骗专项工作，对44起案件开展分析支持，涉及人民币交易金额12721.9亿元，外币交易金额4.69亿美元。反假货币工作持续开展，全年共销毁各券别假人民币322852张（枚），金额1766.09万元，出台《江西省假币案件线索举报奖励暂行办法》，假币案件打击效率得到提升。联合省公安厅对省内假币危害重点整治地区进行反假币工作督导，进一步净化了货币使用环境。

金融信用信息基础数据库稳健运行。2019年末，征信系统收录江西省企业和其他组织30.98万户、自然人3212.43万人，接入各类金融机构82家，小额贷款公司94家，融资性担保公司41家，累计提供个人和企业信用报告查询1043.54万笔，累计批复融资租赁公司、网络小贷公司、公积金、担保公司、村镇银行、财务公司等25家机构接入征信系统。积极推广中征应收账款融资服务平台应用，引导23家大企业签订了《供应链应收账款融资合作备忘录》。

七、政策建议

强化创新驱动，推进经济高质量跨越式发展。深入实施创新驱动发展战略，推进创新型省份建设，强化科技创新引领作用，以高质量创新引领高质量发展，不断增强经济创新力和竞争力。聚焦装备制造、石化、建材等传统产业改造升级，培育壮大新材料、新能源、VR、移动物联网等新兴产业，加快推进新旧动能转换，提升产业基础能力和产业链现代化水平，推动科技和经济社会发展深度融合，推动产业迈向价值链中高端。大力培育消费新热点，加快夜间经济发展，壮大消费增长点。新冠肺炎疫情后加快江西省复工复产进度，鼓励地方政府出台加大消费、促进经济增长等政策，尽快引导经济社会发展追赶进位。

坚持稳健的货币政策灵活适度，加大服务实体经济力度。加大逆周期调节力度，坚持稳健货币政策灵活适度，保持辖内流动性合理充裕。用好用足疫情防控专项再贷款额度及复工复产再贷款、再贴现专用额度，做好疫情防控和经济社会发展金融保障，做好重大工程项目建设金融服务。发挥好再贷款再贴现货币政策工具结构优化、精准滴灌功能，不断提升金融服务涉农、小微企业、扶贫等经济薄弱领域的质效。继续推进江西省小微客户融资服务平台运用，借助科技手段促进银企信息对接，深入推进小微企业首贷行动，破解小微企业融资难题。

抢抓政策机遇，做大做强江西省资本市场和保险市场。深入实施企业上市“映山红行动”，推进与“2+6+N”产业跨越式发展五年行动计划以及独角兽企业、瞪羚企业培育行动深度融合、协同法力，推动航空、电子信息、中医药、装备制造、新能源、新材料六大优势产业龙头企业、科技创新领军企业到境内外资本市场上市挂牌。大力支持国有企业利用资本市场深化改革，逐步提高全省国有资产证券化率。抢抓IPO扶贫绿色通道、上市公司分拆于境内上市、科创板深化注册制、创业板试点注册制和新三板改革等机遇，纵深推进企业上市工作，做大做强江西省资本市场。保险行业要抓住国家改革发展机遇，积极丰富产品类型，拓展发展基础设施、能源资源、绿色环保、现代农业等领域的保险业务。健全完善保险组织体系，吸引更多优质保险公司进驻江西，形成门类齐全、险种全面和功能完备的市场体系。

打好防范化解全省重大金融风险攻坚战，提升金融风险预警效率。着力打好防范化解重大金融风险攻坚战，推动地方政府履行好属地风险处置责任，按照“一行一策”，加快推进高风险金融机构风险化解。加大金融风险监测预警力度，运用央行金融机构评级、压力测试、存款保险核查等机制，提高风险预警的频度和准确度。密切关注并动态监测反映实体经济特别是融资平台、房地产、光伏及产能过剩行业等风险情况。探索建立针对上市公司的早期金融风险识别机制，推动问题企业风险稳妥有序处置。持续开展互联网金融风险整治工作，重点监测互联网保险、保险欺诈、非法商业保险活动、非法集资、法律诉讼、非法证券期货等风险，持续做好各类交易场所、股权众筹领域风险专项整治。

健全金融风险应急处置机制，守住不发生区域性风险底线。全面落实金融委办公室地方协调机制（江西省），协调省内地方政府在促发展同时做好防风险工作，会同相关部门及时会商研判全省金融风险形势，研究风险防范化解措施，增进信息共享和政策协同。修订完善相关风险的应急制度和应急预案，适时开展应急演练，提升银行业金融机构风险应对能力和应急处置经验。对于发现的重大风险，要果断准确处置，防止事态扩散蔓延。要严格落实重大事项报告制度，及时发现各类重点金融风险和相关苗头隐患，推动风险早应对、早预警和早处置，切实维护区域金融稳定。

中国人民银行南昌中心支行金融稳定分析小组

组　　长：张智富

副 组 长：王地宁

成　　员：刘居照　袁新如　朱　锦　左　良　夏春雷　叶莉萍
尧云珍　花象清　吕　钢　李　翔　樊　勇　曾省晖
郭　斐　黄术生

《江西省金融稳定报告（2020）》编写组

总　　纂：王地宁

统　　稿：左　良　杨文悦　刘向东

执　　笔：侯　佳　乐林平　陈萌星　丁小红　徐尚朝

参与写作人员：胡　锐　朱合洪　叶少波　彭振江　熊晓宇　吴　俊
肖　忠　吴　琼　周　伟　彭　岚　黎　坚　吴　筠
林　海　陈　源　李慧瑶　谢云峰　谭　侃　欧阳坚
冷　平　周业承　陈　青　葛正灿　邓晓峰　徐展峰
魏斯怡　吴凯勰　黄声扬

山东省金融稳定报告摘要

2019年，山东金融业全面贯彻落实党中央、国务院和省委省政府各项决策部署，区域金融运行总体平稳。全省社会融资规模增速创历史新高，银行业金融机构改革取得积极进展，地方金融组织有序发展；信贷投放力度明显加大，支持实体经济的质量进一步提升，对新旧动能转换重点领域和薄弱环节支持力度加大。但经济金融运行中的结构性矛盾和薄弱环节仍然突出，实体经济运行中的各种矛盾和压力仍继续向金融业传导，大企业担保圈风险依然严峻，部分金融机构经营风险较高，非法集资、虚假宣传、违规经营等非法金融活动的风险防控压力依然较大。

一、宏观经济与金融稳定

（一）经济运行基本情况

1. 经济增长总体平稳，产业结构持续优化。2019年，全省实现地区生产总值71067.5亿元，增长5.5%，回落0.9个百分点。三次产业比例7.2∶39.8∶53.0。服务业对经济增长的贡献率达78.2%。

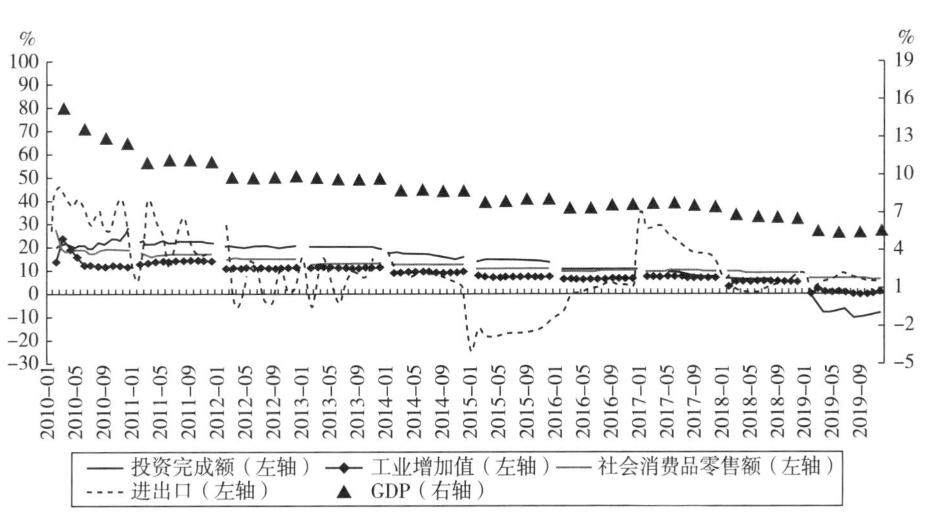

图1　2010—2019年主要经济指标月度增速变动

2. 动能转换提质加速，新动能加速成长。全年压减煤炭、生铁、粗钢、焦化产能875万吨、465万吨、923万吨、777万吨。“新技术、新产业、新业态、新模式”经济增势强劲，实现增加值占比28%，投资占比44.8%。高新技术产业产值占比达40.1%，提高3.2个百分点。

3. 外贸进出口增量提质，对外开放水平持续提升。进出口增长5.8%，对欧盟、东盟增长9.5%和15.2%，对“一带一路”沿线增长15.9%。实际使用外资增长18.6%，其中服务业增长36.7%。

4. 财政收支增速下降，民生保障仍保持有力。地方一般公共预算收入增长0.6%，回落8.5个百分点；一般公共预算支出增长6.3%，回落2.8个百分点。民生支出占财政支出比重达79%。城镇新增就业138.3万人，增长1.1%；城镇登记失业率3.29%，下降0.06个百分点。

5. 居民收入稳步增加，物价保持温和上涨。居民人均可支配收入增长8.2%，回落0.9个百分点。居民消费价格上涨3.2%，提高0.7个百分点。

（二）经济运行中存在的问题

经济发展内生动力依然不足，经济下行压力仍然较大。投资需求有待提升，民间投资持续低位，服务业投资比重较低；新旧动能转换接续不畅，“四新”经济规模偏小、比重较低，区域分化态势明显；财政收支困难突出，一般公共预算收支缺口有所扩大；就业结构矛盾加剧，“就业难”和“招工难”并存；贸易摩擦较多，外贸增长面临较多不利因素。

（三）经济运行对金融稳定的影响

实体经济风险持续向金融领域传递，大企业担保圈风险导致银行机构信贷资产质量承压；产能整合转移外溢风险突出，信用风险规模大占比高；地方政府隐形债务风险依然面临不确定性，专项债主要流入土储或棚改，对投资引领作用不强；地方财政收支差额扩大，政府处置风险能力减弱，金融风险防控形势依然严峻。

二、金融业与金融稳定

（一）银行业

1. 总体运行状况

（1）资产负债规模平稳增长。截至2019年末，全省银行业金融机构资产总额13.15万亿元，增长8.1%；负债总额12.71万亿元，增长7.99%。各项存款余额10.47万亿元，增长8.6%；各项贷款余额8.63万亿元，增长10.9%。

（2）地方法人银行业金融机构市场份额保持稳定。资产、负债占比分别为38.02%和35.96%，新增存款和新增贷款市场份额分别为48.76%和38.62%。

（3）金融机构组织体系更加健全。全省国有、政策性、股份制、外资银行二级分行以上机构282家，法人银行业金融机构282家，银行业从业人员24.44万人。

（4）信贷投放力度明显加大，支持实体经济的力度进一步增强。全省社会融资规模增加13831.2亿元，同比多增3989.5亿元，创历年新高。全年新增贷款8149亿元。中小微企业贷款增速连续12个月回升，增量占企业贷款增量的73.4%，同比提高37.3个百分点。普惠小微贷款同比增长25.6%，较企业贷款平均增速高19.6个百分点。绿色贷款同比增长32.8%，较全部贷款增速高21.9个百分点。

（5）表外业务平稳发展，业务结构不断优化。全省银行表外业务余额39657亿元，较年初增加

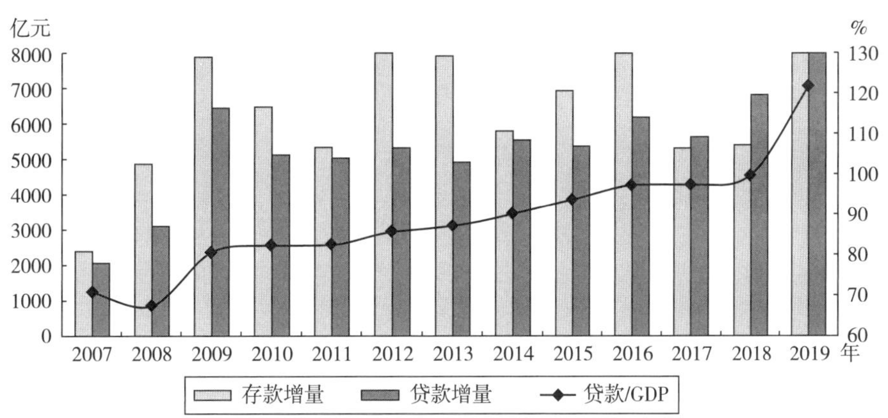

图 2　2007—2019 年山东省存贷款增长状况

（数据来源：中国人民银行济南分行）

5823 亿元。通道类业务逐步规范压缩，委托贷款、委托投资较年初分别增加 114 亿元、减少 16 亿元，发行非保本理财增加 173 亿元，同比少增 26 亿元，代理代销业务同比减少 1333 亿元。

（6）机构改革取得积极进展，地方金融组织有序发展。恒丰银行改革重组工作有序推进，改革措施成效逐步显现。农业银行山东省分行进一步做实"三农"金融事业部体制机制，经营能力和服务"三农"的水平得到有效提升。山东省农村信用社联合社改革稳步推进，12 家地市办事处改制为审计中心。393 家小额贷款公司全年累计发放贷款 521 亿元，贷款余额 548 亿元。299 家农民专业合作社开展信用互助业务试点，信用互助业务 2410 笔、金额 0.9 亿元。

2. 需关注的问题

（1）不良贷款双降，但信用风险形势依然严峻。全省不良贷款余额较年初减少 107 亿元，不良贷款率较年初下降 0.45 个百分点，为 2014 年以来首次下降，但存量较大。关注类贷款占比 6.71%；逾期贷款占比为 3.81%，未来信用风险管控形势仍然严峻。

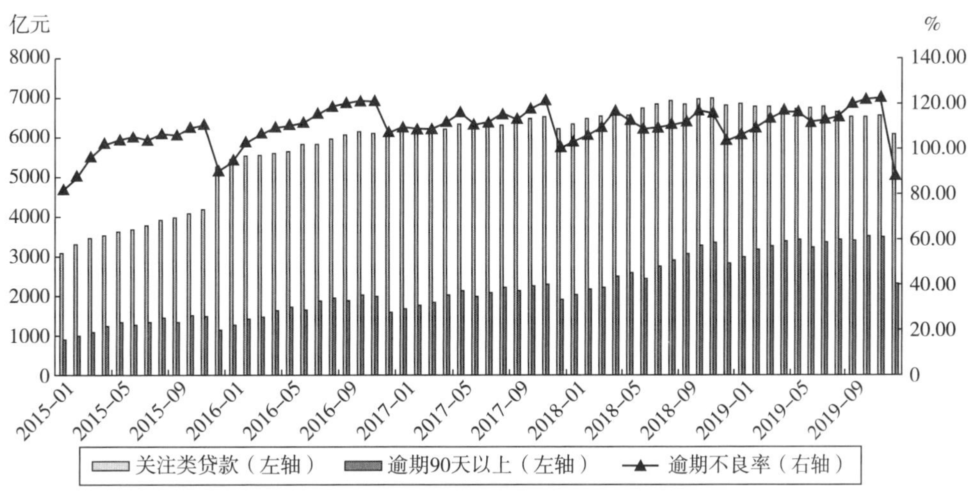

图 3　2015—2019 年山东省银行业逾期及不良情况

（数据来源：中国人民银行济南分行）

（2）资本充足状况有所下降，部分农村金融机构风险抵补能力较差。全省法人银行业金融机构统算的资本充足率、一级资本充足率和核心一级资本充足率分别下降0.45个、0.14个和0.22个百分点。有50家农村金融机构资本充足率低于10.5%，其中14家农商行资本充足率为负。

（3）流动性状况保持稳定，部分机构风险管理能力亟待提高。全省法人银行业金融机构统算流动性比例、核心负债率、超额备付率分别上升3.49个、1.09个和0.58个百分点。59家法人机构备付率不足1%，9家法人机构核心负债率低于40%。

（4）经营利润止降回升，清收处置不良导致财务压力上升。全省银行业金融机构净利润同比增长184.37亿元，扭转了2014年以来银行业利润持续下滑的趋势。全年累计清收处置不良贷款2843.52亿元，同比增长673.24亿元，创历史新高。财务资源消耗较大，继续大规模处置将难以维持。

（5）部分区域信贷风险持续暴露。全省不良贷款余额超过200亿元的地市5个，不良贷款率高于5%的地市3个。有10个县市不良贷款率超过10%。少部分地市大型出险企业较多，关联互保关系复杂，风险处置难度较大。

（二）证券期货业

1. 总体发展状况

（1）首次公开募资规模明显扩大，资本市场融资功能继续增强。全省16家企业境内首发上市，占当年全国首发企业的7.9%，首发筹资171.5亿元。全省境内上市公司数量211家，居全国第6位。25家次上市公司通过增发、配股合计融资90.3亿元。年末全省新三板挂牌企业数量549家，实现融资13亿元。

（2）证券交易量显著提升，证券公司盈利能力增强。全省证券分公司和营业部数量合计达到680家，较年初增加15家，全年实现交易金额9.4万亿元，增长25.8%。2家法人证券公司资产总额1470.2亿元，增长9.8%，实现净利润20.6亿元，增长66.7%。

（3）权益类交易市场日趋完善，区域性股权交易市场规模持续扩大。全省权益类市场达到20家。齐鲁股权中心新增挂牌企业884家，累计实现挂牌企业4045家，托管企业4247家，综合展示企业10390家，中介机构864家，实现各类融资525.2亿元。

（4）期货经营机构运行平稳，资产规模持续增长。全省共有法人期货公司3家，期货分公司及营业部155家。3家法人期货公司资产总额119.37亿元，增长20.03%；全年实现代理交易金额8.16万亿元，下降10.13%。

2. 需关注的问题

（1）上市公司产业结构不合理，市场竞争力不高。截至2019年第三季度末，上市公司净资产收益率为8.45%，较上年同期下降0.61个百分点，20家上市公司资产负债率超过70%警戒线，58家上市公司营业收入低于去年同期，2家下滑幅度超过50%，有19家上市公司出现亏损，7家上市公司被交易所风险警示。

（2）部分上市公司存在股票质押风险。57家上市公司控股股东股票质押比例超过50%，有33家质押比例超过80%，有17家超过95%，有8家质押比例100%。

（3）公司债券违约风险加大。7家企业发行的26只公司债券为风险类债券，对应债券余额为187.45亿元。部分地区发行人融资能力下降，新发债券规模大幅下滑，可能对后续公司债券偿还造成不利影响。

（4）风险暴露增多，需高度关注维稳风险。目前已暴露风险的私募基金管理人约有10家。非法证券期货活动风险仍然存在，隐蔽性、复杂性不断增强，查处困难较大。部分非法证券期货活动与非法集资、地方交易场所违法违规行为相互交织，影响社会稳定。

（三）保险业

1. 总体发展状况

（1）保险市场规模不断增长。全省共有法人保险公司5家，其中财产险公司3家，寿险公司2家。省级分公司以上保险主体97家。保险公司分支机构7538家，同比增长1.1%。全省保险业总资产6839.2亿元，同比增长14.9%。全年实现保费收入3238.9亿元，居全国第3位，同比增长9.4%。财产险公司保费收入同比增长7.1%。人身险公司保费收入同比增长10.3%。

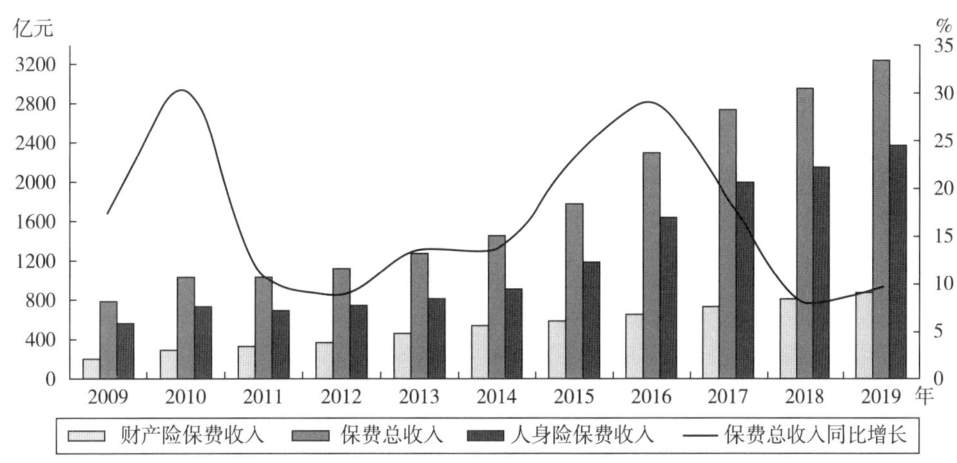

图4　2009—2019年山东省保费增长状况

（数据来源：山东银保监局）

（2）行业转型深入推进，业务结构逐步优化。“费改”产品推动人身险行业加快转型，健康险保费收入同比增长26.4%，占人身险公司保费收入的比例提高3个百分点。产险公司业务结构更趋均衡。责任保险、农业保险、保证保险等政策支持型险种保费收入增速分别达到22.8%、27.69%、33.38%。行业发展质量稳步提升。财产险公司综合费用率下降3.93个百分点，低于全国0.3个百分点。人身险公司退保率达近六年来最低水平。保险业累计为经济社会提供190.16万亿元的风险保障，保险资金运用余额超过2173亿元。

（3）法人保险业机构运行稳健。省内5家法人保险公司资产总额150.26亿元，负债总额101.41亿元。财产险公司累计实收保费47.67亿元；寿险公司累计实收保费20.47亿元，本年累计赔款金额为28.47亿元。

2. 需关注的问题

（1）区域保险业发展水平有待提升。全省仅有5家保险公司法人机构，综合实力偏弱。产品结构不合理。车险市场份额超过60%，非车险发展不足；健康险占人身险公司保费收入比重较低，仅为23.23%。

（2）保险业风险防控面临压力。“安邦系”“明天系”“生命系”“前海系”等高风险机构在山东省业务规模较大，消费者覆盖面广，存在处置风险。保险营销员队伍快速扩张，保险专业中介分支机构数量激增，存在操作风险隐患。

（3）粗放式经营掣肘行业发展。当前行业经营理念尚未根本扭转，高质量发展的业务模式和经营模式尚未根本形成，产品同质化、营销模式滞后、套取费用、不规范竞争等问题仍掣肘行业发展。

（四）金融业综合经营

1. 交叉性金融业务整体发展情况

（1）净值型银行理财产品显著增长。对全省252家法人银行业金融机构典型调查显示，截至2019年末，全省理财产品中，净值型产品发行量和募集资金占比分别提高18.03个百分点和24.13个百分点。保本型产品募集资金占比下降11.41个百分点，同业理财占比下降9.09个百分点。

（2）投资方式仍以标准化资产为主。全省法人银行业金融机构同业投资余额16890.53亿元。其中，债券等标准化资产投资余额占比64.03%，同比提高5.88个百分点。

（3）国债、信托等代理类业务增加较快。代理信托产品增幅达1188.33%，国债产品增幅达35.37%，白银产品增幅达22.89%。

2. 需关注的问题

（1）部分底层债券资产跨越过渡期处置难度大，资本压力凸显。中小法人银行过渡期内存量业务清零仍存在较大压力，受当前债券市场波动影响，个别未清零的机构持有的部分债券存在到期不能兑付、难以变现的风险。

（2）替代产品接续难，中小银行客户流失压力较大。资管新规出台后，法人机构均不同程度地压降保本理财产品，但部分中小机构资产管理能力不足，难以推出替代型产品，面临客户向大行流失的风险。

（3）资管业务模式重塑，中小机构竞争力不足。辖内部分中小法人银行业金融机构由于规模较小，从业人员投资管理能力不够专业，信息系统支持力度不足，竞争力较大型银行差距较大，资产管理业务开展面临较大挑战。

三、金融市场与金融稳定

（一）货币市场与债券市场保持运行平稳，交易量小幅增长

全省共有215家市场成员和非法人投资主体参与货币市场和债券市场交易，同比增加6家；金融市场成交总量完成61.9万亿元，增长8.4%；日均融入资金1350.1亿元，融出资金1126.7亿元，日均净融入资金223.4亿元，同比增长53.2%。215家机构中，交易量超万亿元的机构10家，超千亿元的机构26家。

（二）票据市场运行平稳，全年票据贴现利率呈下行趋势

全省票据贴现发生额12649亿元，同比增加2208亿元。再贴现余额135.14亿元，同比下降

23.92亿元。下半年以来，受货币市场环境影响，票据转贴现利率下行，带动贴现利率下行，11月份降至3.05%，创2017年以来新低。

（三）债务融资工具市场行业和所有制集中现象较突出

全省共新发行债务融资工具348单，同比增加2单；融资3068.1亿元，同比下降260.1亿元，融资额全国占比4.7%，下降1.39个百分点。全省存续期内债务融资工具552单，余额5090.7亿元，同比增加269.7亿元。90家新发行债务融资工具的企业涵盖15个行业，其中，制造业、开采业和交通运输行业发行量占比55.8%。72家地方国有企业共发行债务融资工具304单，融资2826.5亿元，融资额占比92.14%。

（四）黄金市场交易规模同比增加，黄金价格整体呈现上升态势

全省共有11家上海黄金交易所会员企业，其中综合类会员10家，金融类会员1家。全部会员总成交量2028.53吨，同比增加255.93吨。受中美贸易战、英国脱欧不确定性、地缘政治、对经济衰退的担忧以及美联储宽松政策影响，2019年黄金价格整体呈上升态势，年末价格较2018年末上涨18.83%。

四、金融服务与金融稳定

2019年，全省金融基础设施不断完善，金融服务水平不断提升，金融生态环境持续优化，为金融业稳定健康运行奠定了良好的基础。

（一）金融法制环境不断改善

严厉打击非法金融活动，联合省公安厅、省外汇局制订2019年全省预防、打击利用离岸公司和地下钱庄向境外转移赃款专项行动方案，总结形成《坚持攻坚克难　破解地下钱庄查处难题——山东“5·05”案开启地下钱庄行政查处工作新模式》，入选中央主题教育中组部案例选编。不断提升金融消费者权益保护水平，中国人民银行济南分行在省级层面正式启用“12363”呼叫中心，实现“一点接入、集中处理”。积极推动辖区协会与法院、仲裁和人民调解组织开展工作对接，实现诉调对接机制省、市、县三级全覆盖。发挥省整治虚假违法广告联席会议机制优势，积极处理涉嫌违法违规金融广告。

（二）支付体系建设持续深入

中国人民银行济南分行先后印发《山东省企业银行账户监督管理方案》（济银办发〔2019〕46号）、《山东省企业银行结算账户业务应急预案》（济银办发〔2019〕47号）等文件，强化企业银行账户管理。印发《中国人民银行济南分行办公室关于开展助农取款服务点分类管理工作的通知》，在全省全面推行助农取款服务点分类管理，促进城乡金融基础设施均衡发展。围绕“实透促活”四字方针，打造“移动支付齐鲁样板”，确定公共交通、校企园区、小微商户、县域地区等领域作为2019年集中攻坚领域，持续优化支付服务供给结构、提高支付服务供给水平。2019年，山东省内大额支付系统共处理业务1.6亿笔、金额245.4万亿元，分别同比增长0.2%、3.3%；小额支付系统共处理业务3.4亿笔、金额7.5万亿元，分别同比增长17.5%、79.7%。

（三）信用体系建设稳步推进

征信系统稳定运行，2019年，企业征信系统为山东省81万户企业和其他组织建立了信用档案，个人征信系统为6496.7万自然人建立了信用档案。全省金融机构查询企业征信系统218.47万次、查询个人征信系统2890.51万次。创新开展征信信息安全考核评估，对考核等级为B级及以下的机构开展巡检，采取分类监管工作措施。依法推进征信市场清理整顿，联合省市场监督管理局落实征信市场准入“负面清单”管理，清退名称或注册范围中含有“征信”但不从事征信业务的机构。持续推进国民征信宣传教育，组织开展为期5个月的“征信助力小微企业与民营企业融资发展”专题宣传活动，持续推进“征信知识讲堂”工作机制，促成山东工商学院等3所高校开设征信课程，全辖开设征信课程的高校达15所。

（四）反洗钱工作持续加强

反洗钱监管力度不断加大，2019年共组织对176家县级以上义务机构开展了执法检查，依法对78家机构进行了处罚，全部处罚项目均严格执行“双罚”，处罚金额总计2391.05万元。会同七大类上游犯罪主侦部门、对口司法部门，以及特定非行业主管部门等共12家省级单位，建立省级层面打防合作机制，并将责任具体压实到18个内设部门，形成了覆盖事前、事中、事后，贯穿打、防、管各个环节的完整反洗钱工作链条，建立起“穿透式”协调合作模式。首次与山东证监局联合开展执法检查，对构建山东辖区反洗钱监管合作长效机制具有重要意义。

（五）货币流通管理不断深化

现金流通渠道不断畅通，2019年金融机构和企事业单位监测点调查数据显示，与去年相比，社会对人民币整洁度的认可度进一步提高，辖内流通人民币整洁度状况良好。2019年现金供应及时，商业银行对现金需求满意度显著提升，百元券人民币在各月均未出现紧缺，各券别现金满足率均在80%以上。积极推进反假工作转型与深化，加大新版人民币防伪知识宣传，持续推进宣传重心由“线下向线上，城市向农村”转变，并对全省所有在用现金机具进行了统一升级。

（六）金融宣传和投资者风险教育扎实推进。

围绕分行“1+4”整体工作布局，加大新闻发布力度，拓宽政务公开渠道，全年通过中央驻鲁和地方媒体发布各类金融统计数据和重点工作新闻稿件70余篇，受理新闻采访20余件。在全国率先建立“一行二局一厅”——银证保加教育部门共同推进中小学金融知识纳入国民教育体系的工作机制，四部门共同开展相关工作。按照年度计划，在“3·15消费者权益日”“金融知识普及宣传月”、2019年“宪法宣传周”等重要节点组织开展了一系列宣传活动。

五、总体评估与政策建议

（一）2019年金融稳定状况总体评估

按照统一的层次分析模型和权重，对山东金融稳定状况定量评估显示：2019年综合评分73.11，比上年增加0.43。其中，宏观经济得分持续下降，投资、消费增长率大幅下降，尤其是固定资产投资负增长，叠加居民收入增长率下降等因素，导致宏观经济得分较去年下降0.14。金融行业得分增加，银行业资本充足率上升、不良率下降、盈利增加，证券业资产利润率上升，保险业保费收入增长较多，银、证、保得分分别较去年上升0.39、0.17和0.01。金融基础设施持续改善，得分与去年持平。

（二）2020年金融稳定状况展望及政策建议

2020年，全省金融风险形势依然严峻，部分深层次结构性矛盾更加突出，经济下行压力、金融风险防控压力、经济结构调整压力更加明显。妥善应对当前面临的困难和问题，应继续以习近平新时代中国特色社会主义思想为指导，坚决贯彻中央经济工作会议和党中央、国务院的各项部署，坚持“稳中求进”工作总基调，增强金融风险治理能力，强化市场化、法治化思想，压实各方责任，提升风险防控的前瞻性、全局性和科学性，深化改革和服务实体经济，在高质量发展中防范化解风险，坚决守住不发生系统性金融风险的底线。

一是继续实施稳健货币政策。以精准支持为导向，疏通货币政策传导渠道。以灵活适度的货币政策，确保货币信贷、社会融资规模增长同经济发展相适应。加强逆周期调节，督促金融机构加大对实体经济的资金支持力度，加强对民营、小微、乡村振兴等重点领域的支持，加快发展绿色金融。

二是切实加强金融监管协调。充分发挥金融委办公室地方协调机制（山东省）平台作用，加强中央与地方在金融监管、风险处置、信息共享和消费者权益保护等方面的协作，更好地服务实体经济、防范金融风险、深化金融改革。支持地方政府金融工作议事协调机制开展工作，落实地方政府属地金融监管和地方风险防范处置责任。

三是深化金融风险监测预警。分析研判辖区整体金融形势，监测评估金融风险，统筹做好区域金融风险的监测、摸排和跟踪，绘制全省金融风险“图谱”并持续更新，及时向地方政府提示风险，研究提出防控金融风险的意见建议。密切监测新冠肺炎疫情对实体经济、金融机构和区域金融稳定的影响，加大对部分机构和企业的调研力度，摸清风险底数，做好研判预警，防范风险叠加共振。

四是深入推进金融改革。深化金融供给侧结构性改革，加快贷款市场报价利率推广运行，强化利率自律管理，维护良好定价秩序，推动降低社会综合融资成本。推动银行多渠道补充资本，提升银行服务实体经济和防范化解金融风险的能力。深化地方金融改革，引导大银行服务重心下沉，推动地方中小法人银行优化股权结构、完善公司治理，积极推动城商行、农商行等地方法人机构的改革进程。推动临沂市金融服务乡村振兴改革试验区创建工作和济南市科创金融改革试验区创建工作等。

五是优化金融生态环境。严厉打击逃废债行为，强化银企互信，推动辖区信用环境建设，完善地方金融生态环境。统筹协调金融消费者教育、知识普及和权益保护，切实保护金融消费者合法权益。努力改善辖区金融机构发展环境和支持金融机构改善金融服务环境，优化营商环境，促进区域经济金融健康发展。

六是坚决打赢防范化解重大金融风险攻坚战。增强上下联动及部门联动，贯彻落实人民银行攻坚战实施方案及山东省攻坚战实施方案。充分发挥主观能动性，实事求是、标本兼治推进辖区大企业、高风险法人银行业金融机构、非法金融活动等重点风险有效化解。压实各方责任，依法依规处置风险，防范道德风险。提升风险应对的前瞻性和科学性，避免次生风险。

中国人民银行济南分行金融稳定分析小组

组　长：周逢民

副组长：董龙训

成　员：刘洪来　李云山　苑治亭　霍成义　张　军　彭江波
杜树星　孙华荣　肖承发　于正红　郑录军　刘云昭
吕　峰　毕德富　谢　伟　李建力　向　珂　张树强

《山东省金融稳定报告（2020）》编写组

总　纂：董龙训

统　稿：刘洪来　徐迎军

执　笔：张　宁　于明星　王　冠　孙　毅　孙艳云　王立章
范圣洁　齐玉录　袁　征

河南省金融稳定报告摘要

2019年，面对错综复杂的经济金融形势和严峻的内外部挑战，河南省金融系统以习近平新时代中国特色社会主义思想为指导，坚持“稳中求进”工作总基调，坚持以供给侧结构性改革为主线，按照高质量发展要求，在国务院金融稳定发展委员会统一指挥协调下，主动作为、扎实工作，引导金融加大对实体经济服务力度，推动防范化解重大金融风险攻坚战取得积极进展，经济金融实现良性互动发展。全年全省经济持续稳定增长，金融业保持平稳运行，金融风险整体可控，经济和金融体系韧性增强。同时，受内外部多重因素影响，全省经济内生动能有所减弱，产业转型升级任务仍较艰巨；银行业信用风险、流动性风险、声誉风险防控压力加大，房地产领域、城投企业、非标业务领域等风险隐患有所增加；证券业个别上市公司存在经营风险和流动性风险，个别新三板挂牌公司和私募管理人风险隐患仍需关注；保险业部分风险防控难度加大，行业高质量发展压力较大。全省金融平稳运行面临的困难和挑战增多，风险防控压力加大。

一、宏观经济与金融稳定

（一）宏观经济运行基本情况

1. 经济总量稳步扩大，产业结构逐步升级。2019年，河南省生产总值54259.20亿元，同比增长7.0%，增速高于全国平均水平0.9个百分点。三次产业结构优化调整为8.5:43.5:48.0，服务业继续成为经济增长的主要拉动力量，对GDP增长的贡献率为45.6%，高于工业1.8个百分点；先进制造业较快增长，高技术制造业增加值增长9.2%，高于规模以上工业1.4个百分点；优势特色农业比重上升，全省十大优势特色农业实现产值占农林牧渔业总产值的58.5%，同比提高2.5个百分点。

2. 固定资产投资平稳增长，居民消费较快增长。全年全省固定资产投资（不含农户，下同）同比增长8.0%，高于全国平均水平2.6个百分点；其中，民间投资、工业投资、基础设施投资、房地产开发投资同比分别增长6.7%、9.7%、16.1%、6.4%。全年全省社会消费品零售总额同比增长10.4%，高于全国平均水平2.4个百分点，城镇、乡村消费品零售额同比分别增长10.2%、11.2%，网上零售额、实物商品网上零售额同比分别增长19.4%、27.6%。

3. 扩大开放取得新进展，对外贸易稳定增长。“五区”① 联动、“四路”② 协同推进，“一带一路”建设深入融合，河南自贸区160项试点任务基本完成，开放型经济发展势头良好。全年全省外

① “五区”指的是郑州航空港经济综合试验区、中国（河南）自由贸易试验区、郑洛新国家自主创新示范区、中国（郑州）跨境电子商务综合试验区、国家大数据（河南）综合试验区。

② “四路”指的是空中、陆上、网上、海上“丝绸之路”。

贸进出口总值同比增长3.6%，居中部第1位，高于全国整体增速（3.4%）0.2个百分点；其中出口、进口同比分别增长4.9%、1.2%，贸易顺差同比增长9.2%；新兴市场进一步开拓，对“一带一路”沿线、东盟、欧盟、拉丁美洲等国家进出口分别增长14.6%、20%、15.3%、11.8%。

4. 居民消费价格涨幅扩大，工业品价格涨势平稳。全年居民消费价格受猪肉等食品价格影响较大，结构性特征明显，全年同比上涨3.0%，涨幅比上年扩大0.7个百分点；其中，食品烟酒价格上涨7.4%。工业生产者出厂价格、工业生产者购进价格同比分别上涨0.2%、1.2%，涨幅分别比上年收窄3.4个、2.8个百分点。

5. 财政收支较快增长，居民生活质量持续提升。全年全省一般公共预算收入同比增长7.3%，其中税收收入占一般预算收入的比重为70.3%；一般公共预算支出同比增长10.4%，其中民生支出占一般公共预算支出的比重为77.0%。全省就业形势总体稳定，全年城镇新增就业增速回落趋势放缓；全省居民人均可支配收入同比增长8.8%，快于经济增长1.8个百分点；居民人均消费支出同比增长7.7%，其中，城镇、农村居民人均消费支出同比分别增长4.7%、11.1%。

6. 供给侧结构性改革持续深化，新动能加速发展。短板领域投资快速增长，全年生态保护和环境治理业、公共设施管理业、卫生领域、教育领域投资同比分别增长67.4%、20.8%、29.6%、24.6%，分别高于固定资产投资59.4个、12.8个、21.6个、16.6个百分点。商品房库存持续减少，12月末商品房待售面积同比下降9.7%，其中，住宅待售面积同比下降11.4%。新动能蓬勃发展，高技术制造业、战略性新兴产业增加值增速分别高于规模以上工业1.4个、5.9个百分点。新产品较快增长，工业机器人、锂电子电池、新能源汽车产量同比分别增长56.9%、21.5%、11.4%。

（二）需关注的主要问题

1. 经济发展的内生动力仍待增强。在中美经贸摩擦影响持续深化的情况下，全省经济内生动能有所弱化。一是全社会投资动能趋弱。全年全省固定资产投资增速同比回落0.1个百分点，其中，第一产业、第三产业、基础设施投资增速同比分别回落29.0个、1.6个、2.4个百分点，房地产开发投资平稳增长压力加大。二是消费需求平稳增长压力加大。全年城镇、农村居民人均生活消费支出和城镇居民人均可支配收入增速放缓，比去年分别回落3.4个、1.7个、0.5个百分点，消费需求扩大的压力加大。

2. 产业转型升级任务艰巨。一是全年传统产业、高耗能工业增加值占规模以上工业增加值比重同比分别提高0.1个、0.7个百分点，高技术产业增加值占规模以上工业增加值比重同比下降0.1个百分点。二是第三产业发展仍需加快，全省第三产业增加值占地区生产总值的48.0%，低于全国平均水平（53.9%）5.9个百分点，与北京（83.5%）、上海（72.7%）、广东（55.5%）等发达地区相比，仍有较大差距。

二、银行业与金融稳定

（一）总体发展情况

1. 资产负债平稳增长，各项贷款较快增长。2019年，全省银行业金融机构加大信贷投放，优化资产配置，资产负债规模持续稳步增加。2019 年末，全省银行业金融机构资产、负债总额分别为 8.91 万亿元、8.56 万亿元，同比分别增长 8.9%、9.0%，增速持续高于全国平均水平。各项贷款占资产的 63.99%，同比上升 4.18 个百分点。全省银行业金融机构本外币各项贷款余额 5.69 万亿元，同比增长 16.4%，增速高于全国平均水平 4.5 个百分点；各项存款余额 7.08 万亿元，同比增长 8.9%，增速高于全国平均水平 0.3 个百分点。

2. 贷款结构持续优化，重点领域和薄弱环节资金支持力度不断增强。全省基础设施领域中长期贷款同比增长 17.1%，高于全国平均水平 7.0 个百分点；服务业（不含房地产业）中长期贷款同比增长 17.2%，较上年末提高 6.8 个百分点，高于全国平均水平 3.6 个百分点；制造业中长期贷款同比增长 4.5%，为近 17 个月以来的最高水平。全省涉农贷款、民营企业贷款、小微企业贷款同比分别增长 11.0%、6.7%、8.8%。

3. 金融改革稳步推进，金融创新成效明显。全年全省持续推进开发性政策性金融机构、大型商业银行、地方法人银行业金融机构改革工作，积极推动农业银行“‘三农’金融事业部”深化改革。全年共有 6 家农信社一对一改制为农商行，2 家农信社新设合并组建农商行，新设 2 家村镇银行。2019 年末，全省共有开发性政策性银行、大型商业银行、股份制商业银行、外资银行、资产管理公司、财务公司等一级分支机构 30 家，地方法人银行业金融机构 240 家①。普惠金融“一平台四体系”② 兰考模式成功入选中组部等五部委《贯彻落实习近平新时代中国特色社会主义思想在改革发展稳定中攻坚克难案例》和中共中央党校教学案例，目前已开始在 10 个市全辖复制推广；金融扶贫“卢氏模式”得到习近平总书记批示肯定；民营和小微企业金融服务“百千万”行动计划扎实推进，河南省自贸区金融服务效率和创新活力明显提升，《中国（河南）自由贸易试验区金融服务体系建设专项方案》确定的 33 项任务已完成 31 项。

4. 银行业重大风险攻坚战各项任务落实落细，重点领域风险化解处置有效有力。全省认真贯彻落实党中央、国务院关于打好防范化解重大金融风险攻坚战的决策部署，强化金融监管协调，探索建立河南省金融监管协调机制和金融风险处置机制，应对处置金融风险取得积极成效。配合人民银行总行、银保监会妥善应对和处置包商银行相关风险，积极推动化解 1 家投保机构票据风险，稳妥处置 1 家投保机构票据违约和集中取款风险事件；加大不良资产处置力度，2019 年末不良贷款率为 3.22%，较年初下降 0.04 个百分点；全省银行业表内非标业务规模持续收窄，理财非标业务规范发展；深入整治违法违规、影子银行、互联网金融和网络借贷、非法金融活动等乱象，严防信用风险、流动性风险等各类风险，切实维护全省金融稳定。

（二）需关注的主要问题

1. 信用风险防控压力较大。2019 年末，全省不良贷款余额较年初增加 239.49 亿元，不良贷款率高于全国平均水平，特别是中小法人银行业金融机构不良贷款余额较大、占比较高，信用风险防范化解压力较大。受融资环境趋紧和经营管理不善等多种因素影响，部分企业风险加速暴露，风险进一步向银行蔓延，对全省信贷资产质量造成较大影响，银行业信用风险防范化解任务仍较艰巨。

2. 流动性风险防范持续承压。受包商银行被接管事件影响，一些中小银行流动性整体趋紧，一

---

① 包括城商行 5 家、省联社 1 家、农商行 100 家、县域农信社 38 家、村镇银行 82 家、农村资金互助社 3 家、信托公司 2 家、消费金融公司 1 家、财务公司 6 家、金融租赁公司 2 家。

② 以“数字普惠金融为核心，以金融服务、普惠授信、信用建设、风险防控为基本内容”的“一平台四体系”模式。

些资产规模较小机构的线下同业存款以及传统存款面临压力，个别机构的流动性指标未达到监管要求。同时，信用风险、声誉风险、操作风险、市场风险等引发流动性风险的传染性增强，个别机构出现由舆情引发集中取款的情况，流动性风险防控压力依然较大。

3. 部分领域风险隐患有所增加。一是受资金链紧张等因素影响，中小房企违约风险不容忽视，个别本土大中型房企出现债务违约情况。二是城投公司风险向银行蔓延，部分地市城投公司短期内债务集中到期，还款压力较大，个别城投公司出现贷款违约情况。三是全省非标业务存量规模依然处于高位，违约情况有所增多，潜在风险不容忽视。

4. 声誉风险防控压力加大。部分地区经济领域多重风险因素交织传染，加上个别银行业金融机构经营管理水平不高，公司治理架构不完善，内部控制形同虚设，案件防控落实不到位，导致违规操作事件多发。2019 年金融监管部门的行政处罚主要涉及未经审批违规开展需核准事项、违规发放贷款、违规开展非标投资业务、信贷资产质量不真实等。随着互联网、自媒体的全面普及，负面舆情信息发酵传播速度加快，极易对银行机构声誉造成较大影响，进而引发人员聚集、集中取款等突发风险事件。

三、证券业与金融稳定

（一）总体发展情况

1. 市场主体规模持续扩大，上市后备企业数量快速增加。2019 年末，河南省共有境内上市公司 81 家，全年新增 4 家、迁址外省 1 家、退市 1 家；新三板挂牌公司 309 家；中原股权交易中心挂牌展示企业 8088 家，全年新增 3013 家；证券期货法人机构 3 家，证券投资咨询法人机构 1 家，证券期货分支机构 514 家，全年新增分支机构 14 家；私募基金管理人 137 家，全年新增 13 家。全省 IPO 在审企业 11 家，IPO 在辅导企业 32 家，全年分别新增 10 家和 16 家，均创历年新高，已经形成层次分明的上市梯队。

2. 市场融资功能不断增强，服务实体经济能力进一步提升。全省各类企业通过资本市场实现融资 1544. 41 亿元，是 2018 年全年融资总额的 2. 78 倍。其中，IPO 融资、股权再融资分别为 9. 26 亿元、755. 34 亿元，新三板挂牌公司定向增发融资 8. 81 亿元，中原股权交易中心挂牌企业实现融资 21. 2 亿元。河南省企业通过交易所债券市场融资规模持续扩大，其中，公司债券、证券公司次级债、资产证券化融资分别为 712. 33 亿元、10 亿元、27. 47 亿元。证券业扎实推进脱贫工作，履行社会责任成效明显，服务实体经济能力稳步提升。

3. 金融监管依法全面从严，行业风险有效防控。河南证监局持续加大金融监管力度，全年分别完成上市公司、新三板挂牌公司、债券发行人、证券期货基金机构现场检查 18 家次、3 家次、3 家次、59 家次，出具行政监管措施 2 份，对 3 家公司进行立案稽查。同时，强化行业金融风险防范化解，并取得阶段性成效。稳妥推进 1 家企业通过市场化方式退市，相关风险得到出清；督促部分公司大股东降低股权质押比例至 80% 以下；有效化解个别公司退市风险和生产经营风险；先后处置了 21 起公司债券及资产证券化违约产品风险，避免了个别城投债和资产证券化产品的全国首单违约；切实化解个别法人证券期货机构经营风险和私募机构潜在风险。全年全省证券市场运行平稳有序，风险整体可测可控。

（二）需要关注的主要问题

1. 个别上市公司存在流动性风险和经营风险。一是个别上市公司流动性风险突出。受金融强监管和降杠杆等多重因素影响，一些公司流动性短缺，部分公司股权质押比例过高，在股市大幅波动背景下，流动性风险加大。二是个别上市公司存在经营风险。个别上市公司由于行业或技术落后，缺乏风险意识和资金管理能力，短债长投、期限错配，进行大量偏离主业的投资，导致长期处于亏损状态，且短期内无法实现技术革新、转型升级，企业经营发展面临困境。

2. 个别新三板挂牌公司和私募基金管理人风险隐患有所增加。受融资收紧、续贷难度大等因素影响，个别新三板挂牌公司在自身经营存在困难的情况下，存在向不合格投资者私下转让股票以及非法发行股票的情况，潜藏维稳风险。个别私募基金管理人部分投资项目到期后无法退出，可能存在兑付风险和维稳风险。

四、保险业与金融稳定

（一）总体发展情况

1. 行业资产规模持续扩大，保费收入平稳增长。2019 年末，全省共有省级以上分公司 87 家，同比增加 5 家，法人保险公司 1 家。保险公司资产总额为 4653.54 亿元，同比增长 12.89%；其中，财产险、人身险公司资产总额同比分别增长 7.99%、13.31%。全年全省原保险保费收入 2430.84 亿元，位居全国第 4 位，同比增长 7.4%；其中，财产险、人身险业务原保险保费收入同比分别增长 8.73%、7.03%。

2. 商车改革阶段性成效明显，人身险转型发展稳步推进。商业车险改革成效逐步显现，全年全省商业车险平均折扣率同比下降 5.57 个百分点，投保率同比上升 2.97 个百分点，商业三责险平均保额同比增长 14.93%。人身险业务结构不断优化，保障型产品继续保持快速发展势头，全省健康险保费收入同比增长 25.8%，高于人身险整体增速 18.77 个百分点，新单期缴率、新单折标率比去年分别提高 5.35 个、3.23 个百分点，一些中小公司高度依赖银保渠道、趸交业务的局面逐步改善。

3. 财产险盈利能力逐步提升，保险业风险整体可控。全省财产险主要业务经营指标改善，承保利润率同比上升 3.26 个百分点，盈利能力逐步提升。全省人身险退保率较去年同期下降 0.57 个百分点，扭转了连续 3 年同期快速上升的势头，近十年来首次出现退保和满期给付规模双降，全年全省未发生由于退保和满期给付等原因引起的风险事件。

4. 保险产品创新力度加大，服务实体经济能力进一步提升。财产险方面，全年为社会提供风险保障同比增长 38.13%；生猪保险为 46.78 万农户提供 19.54 亿元经济补偿，赔付金额同比增长 80.15%；小麦、水稻保险覆盖率超过 70%；责任保险赔付支出同比增长 37.88%；首台（套）重大技术装备保险提供风险保障同比增长 75.78%。人身险方面，大病保险运行机制继续完善，进一步减轻了参保人员医疗费用负担；中国人寿会同相关单位探索建立了“互联网 + 健康 + 金融”模式；许昌计划生育家庭住院护理保险运行稳定，得到了全国人大调研组的积极肯定。

（二）需关注的主要问题

1. 部分风险应对处置难度加大。一是非寿险理财方面潜藏非正常退保风险隐患；融资性保证保险3个月以上和农业保险1年期以上应收保费增长较快，逾期及违约风险上升；疫情高发下可能引发养殖险赔付率高等风险，风险防控压力加大。二是处理分红型产品退保纠纷的数量和难度有所增加，化解高风险机构风险隐患的任务依然艰巨，应对处置各类案件风险的难度依然较大。

2. 高质量发展压力仍然较大。行业高投入、高成本、高消耗的粗放式经营模式没有根本改变，业务、利润、现金流进一步向大公司靠拢，中小公司“转型难、生存难”问题依旧突出，行业高质量发展的压力仍然较大。

五、金融市场与金融稳定

（一）总体运行情况

1. 货币市场成交量较快增长，资金融通以净融入为主。全省货币市场累计成交43.1万亿元，同比增长30.5%。全年资金净融入同比增长3.5%，业务类型以质押式回购为主；交易期限以隔夜和7天为主，成交量占比分别为72.6%、15.9%。

2. 银行间市场短期、超短期融资券发行量同比上升，票据承兑和贴现业务快速增长。全年全省非金融企业债务融资工具累计发行1237.2亿元，以短期、超短期融资券为代表的公开定向融资工具同比增加82.9亿元，占同期直接融资总额的45.8%，同业存单发行量同比减少244.4亿元。2019年末，全省法人银行业金融机构银行承兑余额、票据贴现余额分别为2684.1亿元、854.5亿元，同比分别增长20.6%、52.3%。

3. 期货成交金额平稳增长，黄金交易量较快增长。全年郑州商品交易所累计成交量、成交金额同比分别增长33.0%、3.5%。其中，PTA、甲醇MA、菜籽粕RM和白糖SR是最主要的交易品种。国内首批能源化工期权品种——PTA、甲醇期权在郑州商品交易所上市。金融机构黄金交易总量、成交金额同比分别增长23.5%、31.2%；新增黄金掉期业务类型。

4. 涉外收支稳定增长，结售汇市场运行平稳。全年全省涉外收支总规模1174.48亿美元，同比增长2.8%；涉外收入、涉外支出同比分别增长0.69%、5.63%。全省结售汇总规模同比增长4.16%；结汇、售汇同比分别增长0.02%、10.44%。

（二）需要关注的主要问题

1. 企业境外发债的汇率风险及偿付风险不容忽视。2019年，河南省企业境外发债资金流入大幅攀升，同比增长60.82%，发债企业主要集中于房地产和地方融资平台，融资周期以1—5年中长期融资为主，部分企业为降低融资成本选择部分锁汇或暴露敞口，在人民币汇率宽幅波动的走势下汇率风险加大。同时，房地产企业融资主要用于“借新还旧”，在房地产调控趋严的背景下，若企业资信或评级出现问题，极易出现再融资障碍，存在偿付违约风险。

2. 企业境外投资行为需理性引导。2019年，全省企业境外投资家数和规模都维持高位，投资规模同比增长59.09%，且投资模式中“境内融资+境外投资”不乏少数，企业向境内银行借款作为境外投资的资金来源，再通过资金池向境外关联公司借款以偿还境内银行贷款，以此不断放大境外投资规模，且辖内企业利润回流与投资规模明显不相协调。对此，应对企业境外投资资金来源进行审慎监管，并合理引导企业境外投资利润回流。

六、金融基础设施与金融稳定

（一）践行金融为民理念，金融消费权益保护工作进一步强化

妥善有效处理金融消费投诉，深化金融广告治理，统筹推进河南省金融消费权益保护协会成立，探索推进全省金融纠纷多元化解机制建设，强化金融知识宣传。中国人民银行郑州中心支行全年共受理处理金融消费者投诉2161笔、咨询10348笔，对90余条违法违规金融广告线索进行甄别处置，全省对4家银行业金融机构作出金融消费权益保护领域的行政处罚，在全省开展“3·15消费者权益日”“6月份守住钱袋子”“9月份金融知识普及月”等集中宣传活动。全年金融消费权益保护工作进一步强化，支持全省金融稳定和经济高质量发展。

（二）支付服务与监管并举，支付清算系统高效运行

认真落实国务院“放管服”改革要求，河南省取消企业银行账户许可工作于2019年6月10日起平稳顺利落地实施；全省“云闪付”APP累计注册用户、绑卡用户双双破千万；全省农村支付服务环境建设工作进一步提质增效，中国农业银行乡村振兴主题卡河南省发卡量居全国首位。持续加大支付市场监管力度，对43家银行机构和3家支付机构开展支付业务综合执法检查和专项执法检查；依法依规处置投诉举报事项。快速、稳妥处置1家银行行内系统故障无法正常登录支付系统事件，全省支付清算系统安全高效运行。

（三）征信业监管不断加强，服务水平持续提升

持续加强征信合规及信息安全管理，组织开展综合执法检查和专项检查，对辖内63家接入机构开展了现场检查；规范管理征信和评级市场，组织开展整治河南省征信市场乱象活动，公示1家备案企业征信机构，有效推进央行内部（企业）评级工作。持续推进河南省中小企业和农村信用体系建设，探索推动焦作智慧金融服务平台等地方征信平台建设，着力增加小微企业和“三农”征信服务有效供给；积极做好二代征信系统上线工作，不断提升征信服务便民利民水平，全省分别受理个人、企业信用报告查询468.54万次、7.95万次，同比分别增长9.15%、14.72%。

（四）反洗钱监管效能不断提升，精准打击洗钱犯罪

深入推进反洗钱工作，监管效能不断提升。开发执法检查辅助系统并在全省推广使用，借助科技手段提升效率；全年共对4580家义务机构全覆盖开展分类评级，对474家机构开展监管走访、对310家机构高管进行约见谈话、对70家机构进行质询，对28家法人机构开展风险评估，对62家机构开展执法检查。稳步推进特定非金融领域反洗钱监管，确定58家特定非金融机构为首批报送机构。积极配合有关部门协查请求，依法开展反洗钱调查和案件协查27次，下发反洗钱调查通知书301份，协助破获专项行动案件21起，推动狭义洗钱罪立案11起，宣判1起。

（五）发行基金调拨及供应有效保障，反假货币工作力度进一步加大

加强发行基金调拨，做好2019版50元以下（不含5元）面额新版人民币发行工作，在开封、

洛阳、鹤壁、驻马店4地探索构建了“调拨、押运、复点”三功能合一的货币发行区域分中心，参与处置化解一起集中取款事件，全省现金供应充足合理。牵头组织召开河南省反假货币联席会议第七次会议，全年全省警银收缴比居全国前列，协助公安部门成功告破“12·12”假币专案，得到国务院反假货币工作联席会议和公安部领导的肯定；信阳市、许昌市出台举报假币犯罪奖励机制，反假货币宣传不断加强。

七、总体评估与政策建议

（一）总体评估

从定量评估结果看，2019年河南省金融稳定综合评价分值对应评估表中所属类别为“B类地区较好+”，分值与去年基本持平。总体来看，全省宏观经济平稳运行、消费对经济增长拉动作用增强、金融支持实体经济力度加大、贷款结构持续优化、金融改革创新以及防范化解重大金融风险攻坚战各项任务措施的贯彻落实对全省金融稳定产生了积极影响。但在全省经济下行压力持续加大背景下，金融平稳运行面临的困难和挑战明显增多，金融风险防控压力依然较大。银行业信用风险、流动性风险、声誉风险隐患有所加大，证券业个别公司经营风险、流动性风险、维稳风险不容忽视，保险业相关风险防控难度加大。

（二）政策建议

1. 深化河南省供给侧结构性改革，全力做好“六稳”工作。结合河南实际，积极应对下行压力，把稳增长作为经济工作基本任务，持续激发有效需求，推进制造业高质量发展，纵深推进改革开放，提升新型城镇化水平，促进经济加快转型，扎实做好稳就业、稳金融、稳外贸、稳外资、稳投资、稳预期工作，统筹推进稳增长、促改革、调结构、惠民生、防风险、保稳定，保持经济运行在合理区间，确保全面建成小康社会和“十三五”规划圆满收官。

2. 推动金融回归本源，不断优化金融服务。引导金融业持续提升服务实体经济质效，持续优化融资结构，创新和丰富金融产品体系，强化金融支持新冠肺炎疫情防控工作，加大金融支持复工复产力度，鼓励科技金融、普惠金融、绿色金融发展，进一步做好民营、小微企业金融服务，全力做好金融助力脱贫攻坚工作，助推经济高质量发展。

3. 压实各方责任，加强金融监管，打赢防范化解重大金融风险攻坚战。真正压实金融机构主体责任、地方政府属地风险处置责任和维稳第一责任、金融监管部门监管责任，压实高风险村镇银行主发起行流动性救助和资本补充义务，推动相关各方形成风险化解处置工作合力。依法全面从严做好金融监管，完善金融风险监测、评估、预警和处置机制，深入整治市场乱象，引导金融机构合规经营、稳健发展。继续推动相关各方落实防范化解重大金融风险攻坚战行动方案，精准有效处置重点领域风险，有序化解各类金融风险，确保全省金融安全和稳定。

4. 紧扣重点，抓好中小金融机构风险化解处置。进一步摸排金融机构风险底数，特别是中小金融机构风险状况，坚持问题和风险导向，深化中小金融机构改革，分类施策，稳妥有序化解河南省中小金融机构风险。积极配合协调各方力量，通过大力清收不良贷款、加快资产变现和置换、积极引进战略投资者、加强农信系统内部帮扶等措施，有效化解相关风险。同时，科学把控存量风险处置节奏，严控增量风险，防止次生风险。

5. 强化金融基础设施建设，优化地方金融生态环境。贯彻落实人民银行等六部委联合下发的《统筹监管金融基础设施工作方案》，全力推动各项措施在河南落实落地，推动形成布局合理、治理有效、先进可靠、富有弹性的金融基础设施体系。进一步加强支付服务市场监管，逐步健全和完善征信体系，提升货币金银服务效能，强化反洗钱监管，完善金融消费权益保护机制，不断改善金融服务。健全和完善守信联合激励和失信联合惩戒制度，大力推进金融诚信建设，持续优化全省金融生态环境，助推经济高质量发展。

中国人民银行郑州中心支行金融稳定分析小组

组　　长：徐诺金

副 组 长：高玉成

成　　员：李天忠　帅　洪　赵德旺　崔　凯　王树生　戚兴如
李建华　贾　桐　刘秋香　路　漫

《河南省金融稳定报告（2020）》编写组

总　　纂：高玉成

统　　稿：赵德旺　张明辉　武松会

执　　笔：尹志刚　陈晓燕

参与写作人员：牛真真　冯健源　杨晶晶　张　楠　李　琨　陈　洁
宋鹏飞　杨子瑶　张振轩　郑　鹏　罗晓蕾　孟　园
郑霄鹏　苗晓艳　赵泽宇　郜立敏　姚元园　曹琳琳
银小柯　琚亚利

湖北省金融稳定报告摘要

2019年，面对错综复杂的经济社会发展环境和经济发展下行压力有所加大的严峻考验，湖北省坚持以习近平总书记关于防范化解重大金融风险攻坚战的系列重要讲话为指导，坚持“稳中求进”的工作总基调和高质量发展要求，统筹推进“稳定大局、统筹协调、分类施策、精准拆弹”的基本方针，经济社会发展保持了“稳中有进、进中向好”的良好态势。同时，湖北省持续加大金融体制改革力度，加快创新开放步伐，制定《关于推动创新创业高质量发展 打造“双创”升级版的实施意见》实施创新驱动发展战略。出台《关于实施“百万千亿金惠工程”深化民营和小微企业金融服务的意见》《湖北省民营、小微企业首次贷款专项行动实施方案》引导金融资源投向民营、小微企业。加大重点领域信贷投放和金融支持力度，优化金融服务质量绿色金融持续发展，存款保险制度深入推进，金融组织体系不断完善。总体上，湖北经济金融发展稳健，区域金融体系保持稳定。

一、区域经济运行与金融稳定

（一）经济运行基本情况

经济总量稳中向好。2019年湖北省地区生产总值为45828亿元，同比增长7.5%，比第三季度低0.3个百分点，较全国高1.4个百分点，延续了7.5%～8%的中高速增长态势，增长势头高于全国，好于预期。

工业经济高位回落。2019年，湖北省规模以上工业增加值同比增长7.8%，比上年加快0.7个百分点。高于全国2.1个百分点，高于全国的幅度，比上年扩大1.2个百分点。41个工业行业大类中，有37个实现增长，增长面达90.2%，比上年提高4.8个百分点。

投资小幅回升。2019年湖北省固定资产投资同比增长10.6%，与年初持平。民间投资增速加快，全年增长11.6%，较第三季度提高0.6个百分点。基础设施投资保持较快增长，全年增长14.7%，比第三季度回落2.4个百分点，但仍保持较快增长。工业投资小幅回升，全年增长8.1%，较第三季度回升0.2个百分点，其中，制造业投资由第三季度的9.5%回升至10%。

消费市场保持平稳。2019年全年湖北省社会消费品零售总额20224.23亿元，同比增长10.3%，增速与第三季度持平。其中，限额以上企业（单位）共实现消费品零售额8633.84亿元，同比增长9%。批发、零售、住宿、餐饮业呈“一升三缓”。线上零售业增长9.2%，较第三季度回升0.3个百分点。批发、住宿、餐饮业分别增长8.3%、12%和18.1%，分别较第三季度回落1.5个、0.1个和0.5个百分点。基本生活类商品和网络零售增长较快。2019年，湖北省限额以上企业（单位）通过公共网络实现商品零售额增长16%，较第三季度加快0.4个百分点。

进出口保持增长。2019 年，湖北省进出口总额为 3943.6 亿元，同比增长 13.1%，较前三季度回升 1.8 个百分点。其中，出口总额 2484.9 亿元，同比增长 10.3%，比前三季度下降 0.1 个百分点；进口总额 1458.7 亿元，同比增长 18.2%，比前三季度回升 5.2 个百分点。2019 年，实际利用外资 129.1 亿美元，同比增长 8.1%，较前三季度回落 0.4 个百分点。

物价结构分化加大。2019 年，湖北省居民消费价格上涨 3.1%，比年初高 1.4 个百分点。12 月当月湖北省居民消费价格指数为 4.7%，比去年同期高 2.8 个百分点。生猪、猪肉价格延续上涨趋势，但涨势收窄。工业生产者出厂价格上涨 0.2%，比去年同期低 4 个百分点。2019 年湖北省 PPI 为 100.2，其中 12 月当月 PPI 为 99.7，较 11 月上升 0.5 个百分点。CPI 和 PPI 的分化趋势面有所扩大。1—12 月，CPI 与 PPI 累计同比的“剪刀差”为 2.9%，较 1—9 月扩大 0.9 个百分点。由于从价格到生产之间存在时滞，PPI 下行对工业经济的制约作用或将在 2020 年显现。

财政收支保持增长。财政收入质量保持较高水平。2019 年湖北省地方一般公共预算收入完成 3388.39 亿元，同比增长 2.5%，比去年同期回落 6 个百分点，比前三季度回升 0.6 个百分点。其中，地方税收完成 2530.64 亿元，同比增长 2.7%，非税收入 857.75 亿元，同比增长 1.7%。财政支出保持较高强度。2019 年全年，一般公共预算支出完成 7967.73 亿元，同比增长 9.8%，较 1—9 月高 3.5 个百分点，比去年同期高 3.1 个百分点。从支出结构看，不断优化支出结构，大力压减一般性支出，统筹财力保重点。围绕“一芯两带三区”发展战略、支持产业结构升级、环境保护和城乡基础设施建设，资源勘探信息、科学技术、节能环保以及城乡社区支出分别增长 62.3%、54.5%、34.1% 和 9.0%。

房地产开发投资略有回升。房地产开发投资去年增长 8.9%，比第三季度加快 0.1 个百分点。2019 年全省商品房施工面积为 33825 万平方米，同比上升 8%。其中，住宅施工面积为 25541 万平方米，同比上升 9.2%。

（二）经济运行中值得关注的问题

1. 内需增长乏力，后劲不足

一是新开工项目下降，投资涨幅收窄。2019 年前 11 个月，湖北省新开工项目 10375 个，同比减少 15%。其中，全年新开工亿元以上项目 3567 个，同比下降 12.6%；完成投资额同比下降 14.3%。从资金来源看，全省全年地方政府债券新增发行计划已基本完成，后期受债务限额管理，新增融资空间已基本见顶。二是主要消费品增长乏力，消费发展后劲不足。汽车、石油持续低迷。年中汽车促销透支后续消费，第四季度汽车零售仍为下行，汽车销售传导至油品零售，加之环保治理影响，石油零售增速放缓。前 11 个月，全省汽车类和石油制品类限上商品零售额同比分别增长 -0.6% 和 6.2%，分别比去年同期低 5.2 个和 10.0 个百分点。

2. CPI 与 PPI“剪刀差”持续扩大

2019 年湖北省 CPI 持续攀升、PPI 持续走低，分化趋势面有所扩大。受非洲猪瘟、环保禁养政策等因素影响，猪肉价格持续上涨，推动 CPI 同比涨幅逐月扩大。尽管目前采取了释放中央储备肉措施，且能繁母猪及生猪存栏同比下滑势头已经停止，能繁母猪及生猪存栏环比开始上升，但预计短期内仍收效甚微，年内猪肉价格或将继续推升 CPI，预计可能春节前后见顶，2020 年 1 月或将突破 5%。价格的持续上涨削弱了居民消费能力，对消费增长产生制约，消费存在下行压力。11 月，PPI 同比继续下跌，维持走弱趋势，表明当前工业品需求依然不振，新涨价动能依然不足。企业利润下降，盈利空间进一步压缩，使企业扩大投资意愿不足，总需求难以提振。CPI 与 PPI 之间的“剪刀差”进一步扩大体现出当前通胀结构性特征可能导致总需求不振，值得关注。

3. 投融资期限不匹配

一般来说，长期投资的回收期都较长，很多基建项目仅建设期就需要 3—5 年。作为融资的主渠道，全省贷款的期限结构普遍较短，三年以上贷款不足发放量的三成，中长期贷款的平均期限约为 2. 79 年，融资期限相对投资偏短。从长期融资规模（权益融资、债券融资和中长期贷款）与全社会固定资产投资完成额的匹配度来看，超过 70% 的投资无法获得长期融资，主要靠滚动短期融资补充，极易引发资金链断裂，增加债务违约隐患。

二、银行业与金融稳定

（一）运行情况

存贷业务稳中有升再上台阶。2019 年湖北省本外币各项存款余额 60537 亿元，同比增长 8%，比年初增加 4484 亿元存款，增加额居全国第十。其中，住户存款同比多增 998. 1 亿元，非金融企业存款、广义政府存款同比分别少增 309. 4 亿元、203. 1 亿元。住户存款成为新增存款的主要来源。贷款余额 52242 亿元，同比增长 14%，比年初增加 6207 亿元，贷款增加额居全国第 8 位，居中部省份第 2 位。

银行间市场总体增长局部分化。2019 年湖北省银行间货币市场成交共计 20. 33 万亿元，同比增长 14%。其中，质押式回购成交 18. 29 万亿元，同比增长 17%；买断式回购成交 0. 28 万亿元，同比下降 22%；同业拆借成交 1. 76 万亿元，同比下降 6%。银行间债券市场现券成交共计 6. 62 万亿元，同比增长 102%。其中，现券买入 3. 29 万亿元，现券卖出 3. 33 万亿元。

信贷结构持续优化。在金融进一步支持实体经济的背景下，全省信贷投放更精准，信贷结构更优化。工业贷款质效提升。全省工业贷款余额 5812. 2 亿元，比年初增加 480. 5 亿元，同比多增 360. 1 亿元。其中制造业贷款增长 11. 3%，5 年来首次实现两位数增长，比年初增加 250. 26 亿元，同比多增超过 400 亿元。其中，中长期贷款占比超过六成，主要投向传统支柱行业和新动能领域，助推新旧动能加速转换。信用贷款占比超过七成，有利于巩固降成本效果；小微金融服务持续深化，普惠小微贷款余额比年初增长 19. 4%，高于全部贷款 6. 4 个百分点。再贷款、再贴现、准备金率等政策工具的结构引导作用充分发挥，重点领域和薄弱环节贷款增长较快。制造业、小微企业和县域贷款余额同比分别增长 11. 3%、10. 2% 和 14. 3%。绿色金融持续发展，节能环保项目及服务贷款比上一期增加 95. 20 亿元。

贷款利率明显下行，法人银行业金融机构定价能力提升。在 LPR 定价机制改革和金融机构减费让利的政策背景下，2019 年 12 月，全省金融机构新发放企业贷款利率同比降低 0. 17%，一年内减轻企业贷款成本约 52 亿元。12 月小微企业贷款加权平均利率 5. 6%，同比下降 0. 1 个百分点。12 月，一般贷款中利率高于 LPR 的贷款占比为 84. 4%，利率等于 LPR 的贷款占比为 1. 4%，利率低于 LPR 的贷款占比为 14. 2%，贷款利率加减点区间整体较 9 月有所下移。在 LPR 下降的情况下，贷款实际利率低于 LPR 的占比仍在扩大。全省“双层级、全方位”市场利率定价自律机制运行模式更趋完善，常备借贷便利（SLF）利率有效发挥利率走廊上限的作用，金融机构存款利率呈现分层有序、差异化竞争格局，人民币存款利率水平总体平稳运行。地方法人银行业金融机构自主定价能力切实提升。

（二）银行业风险分析

1. 法人银行实力有待增强

一是法人银行总资产规模中部省份靠后。如作为湖北省最大的城商行，汉口银行资产规模虽迈过4000亿元关口，但整体实力仍然不强，在全国城商行系统中排名第28位，在中部省份靠后。辖内武农商的资产规模不足3000亿元，在农商行系统中也不占优势。二是盈利能力不强。2019年，城商行中盈利最多的汉口银行实现净利润23.79亿元，明显低于中部和周边省份最大的城商行。三是管理能力偏弱影响资本补充。除湖北外，其他中部省份均有城商行或农商行上市融资，全省法人银行亟待提升管理水平和综合能力，多渠道补充资本，提高金融供给能力。

2. 贷款持续高增长面临压力

虽然2019年新增贷款完成全年6000亿元目标，但信贷增长形势不容乐观，贷款持续高增长的关键支撑并不牢固。2019年下半年以来，经济下行压力明显加大，全省PMI指数多数月份处于荣枯线以下，贷款需求指数回落至历史低位，企业贷款增速明显放缓。此外，从政策面来看，规范地方政府隐性债务、国企去杠杆、房地产调控等监管调控政策对信贷投放的影响会继续显现，贷款增长面临新旧动能接续不畅的困境。

3. 中小法人机构经营压力加大

一是不良防控压力大。相对全国性金融机构来说，法人机构不良贷款暴露较慢，不良率水平更高。特别是当前小微企业经营困难增多，法人机构的不良防控压力上升。二是盈利能力下降。随着利率市场化推进，银行负债成本上升、净息差持续收窄，叠加不良贷款处置和拨备计提等因素，法人银行的净利润明显减少。2019年，全省农商行系统实现净利润仅78亿元。三是业务发展难度加大。受资本补充渠道不畅、信贷需求疲弱和国有大行“掐尖”争夺优质客户等因素影响，法人机构维护存量、发展增量客户的挑战困难增多。

三、证券业与金融稳定

（一）运行情况

2019年，湖北省共计新增4家上市公司，12家新三板挂牌公司及593家区域性股权市场挂牌公司。截至2019年年底，湖北共有上市公司106家，新三板挂牌公司314家，区域性股权市场挂牌公司5571家。2019年底，湖北共有证券经营机构446家，其中法人证券公司2家，证券分公司53家，证券营业部381家；共有期货经营机构68家，其中法人期货公司2家，期货分公司18家，期货营业部48家。2019年长江证券、天风证券净资产（非合并报表口径）合计达384.42亿元，同比增长5.91%，2019年2家法人证券公司共实现营业收入87.96亿元（非合并报表口径），同比增长70.96%，通过公司债、次级债、短期融资券等合计融资345.74亿元，进一步增强了资本实力。美尔雅期货设立风险管理子公司，长期期货经营平稳，整体服务实体经济能力得到增强。

市场规模稳步扩大。截至2019年底，湖北省证券账户数量达到1038.30万户，同比增长

8. 72%；期货账户数共 21. 73 万户，同比增长 11. 93%。从证券客户交易结算资金余额、客户总资产来看，截至 2019 年底，分别达到 347. 90 亿元、7528. 11 亿元，同比分别增长 46. 81%、43. 96%。从期货营业部累计代理交易量和累计代理交易额来看，截至 2019 年底，分别达到 13453. 74 万手、93059. 44 亿元，同比分别增长 24. 40%、35. 18%。

证券行业盈利得到改善。受益于 2019 年上半年交易活跃度提升，湖北省证券分支机构交易总额共 9. 98 万亿元，同比增长 39. 71%；实现营业收入 31. 64 亿元，同比增长 34. 74%；实现净利润 6. 65 亿元，同比增长 308. 66%。

期货行业盈利有所减弱。2019 年，湖北省期货营业部手续费收入和净利润分别为 25554. 86 万元和 8576. 37 万元，同比分别下降 17. 67% 和 38. 44%。

债券市场直接融资规模大幅提升。2019 年，湖北省债券融资规模达 1802. 73 亿元，占全省资本市场直接融资的 66. 71%。政府债表现突出。2019 年，湖北省政府通过资本市场共发行政府债券 18 笔，合计 1041. 30 亿元，占比超过债券市场直接融资规模的一半。

服务小微企业能力进一步增强。截至 2019 年，武汉股权托管交易中心累计为企业办理了 4148 笔股权转让过户手续，转让总股本 15. 12 亿股，转让总金额 29. 56 亿元；累计为 125 家企业开展股权融资业务 377 笔，实现融资总金额 185. 49 亿元，其中股权直接融资 55. 84 亿元，股权质押融资 129. 65 亿元，服务对象均为小微企业。

私募基金运行平稳。截至 2019 年底，湖北省共有已登记私募基金管理人 375 家，共管理备案私募基金 704 只，管理基金净值总规模 1415. 50 亿元。私募基金管理人数量在全国排第 10 位。

（二）证券业风险分析

1. 上市公司及债券市场风险

部分上市公司潜在风险较大，主要涉及债务风险、违法违规风险、持续经营风险、股权质押风险，部分公司退市风险已解除，但仍有极少数企业存在较大风险；存在大股东股权质押比例较高现象。部分公司债券面临回售、到期，金额较大，部分公司仍面临较大资金压力。

2. 证券期货经营机构风险

证券期货机构合规风控基础不牢固，部分机构内部控制不健全，管理缺失，制度执行不严，合规管理与业务发展不匹配；有的机构落实投资者适当性不到位，风险揭示不充分导致客户亏损。股票质押风险仍是重点，同时行业资管产品处在转型整改的过渡期，也可能产生相应风险。

3. 私募基金风险

目前，湖北私募基金管理执业质量明显提高，但规范运作风险仍然存在。两级分化明显，机构发展水平和质量不均衡。风险隔离薄弱，部分私募机构向金融控股集团方向发展，不同子公司之间业务交叉，部分私募机构兼营民间借贷、担保等非私募基金业务，风险隔离不充分，易发生风险传导。合规意识欠缺，相当数量的私募机构内部管理弱化，合规管理专业人员短缺。非法集资顽疾未清，部分私募基金管理人利用私募基金名义开展非法集资行为，以及前期发现和查处的伪私募风险仍未得到有效清理，涉众维稳压力较大。

4. 非法证券活动及新三板市场风险

当前，非法证券投资咨询和非法经营期货业务线索居多，且多为通过互联网展业。新三板市场整体风险可控，但部分公司存在经营风险。

四、保险业与金融稳定

（一）运行情况

总体业务发展速度提升。截至2019年末，湖北省各级保险分支机构合计4192家。湖北省共有保险总公司4家，省级分公司77家，其中财产险公司34家，人身险公司43家；中心支公司516家，支公司1127家，营业部410家，营销服务部2051家，专属机构7家。2019年，湖北省累计实现原保险保费收入（以下简称“保费收入”）1728.57亿元，在全国排名第9位，位次较上年保持不变；保费收入同比增长17.52%，高于全国5.35个百分点；同比增幅在全国排名第3位，较上年上升12位。

财产险市场发展平稳。2019年累计实现保费收入458.9亿元，在全国排名第12位，位次较上年保持不变；保费收入同比增长16.48%，较上年同期上升1.05个百分点，高于全国5.76个百分点；同比增幅在全国排名第4位，较上年上升4位。

人身险市场发展较快。2019年累计实现保费收入1269.66亿元，在全国排名第9位，位次较上年保持不变；保费收入同比增长17.89%，较上年同期上升10.78个百分点，高于全国5.07个百分点；同比增幅在全国排名第6位，较上年上升9位。

（二）保险业风险分析

1. 经济金融形势变化冲击保险保障需求

2019年，国际经济下行压力增大，国内传统产业面临调整升级，加之中美贸易摩擦的持续性影响，对保险运行造成次生影响，外向型出口企业偿债能力下降，交易成本增加遏制外贸业务发展，货运险、出口产品责任险等风险保障需求将受到不利冲击。

2. 非法金融活动干扰保险市场稳健运行

部分保险非法经营风险持续存在，部分业外机构变相开展金融业务、存在“有牌无人”、地址不符、高管不符等情况；排查发现多项涉嫌非法经营的保险中介业务，多为省外机构或人员通过湖北省保险从业人员开展非法保险中介业务，影响湖北省保险市场的正常稳健运行。

3. 满期给付和退保风险等重点领域隐患比较突出

近年来，多家人身险公司热销中短存续期产品，多为1—3年，是退保支出较高的主要原因，满期给付和退保集中兑付可能给部分公司带来较大流动性压力。根据测算，2020—2021年湖北省人身保险业满期给付与退保总体仍将保持高位，现金流出预计分别为362.6亿元和402.4亿元，短期集中较大的现金支出压力将可能影响保险公司的正常经营。

销售误导可能引发的合同纠纷，在人身险销售时过分强调分红和收益而不进行必要的风险提示以及在销售时故意隐瞒合同中的重要内容，容易导致投保人的后期退保，大量的集体退保有可能导致保险公司的资金链断裂同时也会引发社会公众对保险行业的信任危机，引起群访群诉事件的发生。资料缺失可能导致的保单失效以及预期过低可能产生的退保风险同样值得关注。

4. 保险市场贯有风险依然存在

保险公司内控不到位引发风险。保险公司内部管控、内部审计运行中仍存在欠缺。反映在运营中引发操作风险、案件风险。保险服务不到位引发风险。有的公司经营中漠视消费者的合理诉求，一些苗头性问题没有得到妥善处理，引发消费者上访、上诉。保险业务合规风险。个别人身保险公司仍然存在未按规定对人身保险新型产品进行信息披露、未按规定对投保人进行回访、客户信息不真实、财务数据不真实等违法违规行为，冒用保险公司名义怂恿、欺骗保险客户购买理财产品。

五、金融基础设施与金融稳定

（一）支付体系建设稳中有进，监管规范有序

支付体系建设稳中有进。2019 年，全省支付清算系统高效稳定运行，湖北辖内共办理核算业务105953 万笔，其中内部交易 87404 笔，联网交易 18549 笔。发生确认业务差错 118 笔，业务成功率为 99.89%，业务办理准确、规范、及时，无不真实的业务发生，顺利实现精准降错量化目标。2019年支付体系建设两大特色表现为：一是民生领域支付服务持续优化，支付服务环境建设不断深入。积极推动农村数字普惠支付服务示范区试点建设，深入推进湖北省移动支付便民工程建设。二是积极稳妥推进取消企业账户许可，优化企业账户服务，强化企业账户管理，着力加强银行账户风险管理。至 2019 年 5 月全省取消企业账户许可后，各项工作运行平稳，有力促进了湖北省营商环境改善，支持了地方经济金融平稳健康发展。

支付体系监管规范有序。持续整治支付市场违法违规行为，开展支付结算执法检查。组织对辖内 4 家银行和 4 家支付机构开展现场执法检查，重点排查持证机构为赌博等非法交易提供支付结算服务及为无证经营支付业务提供支付通道的违法违规行为。强化支付机构全生命周期监管，从备案审核、巡检座谈、信息报备和业务中止四个方面加强对湖北辖内支付机构监督管理，畅通监管部门和市场机构的互动交流渠道。2019 年，共完成 6 家全国性支付机构湖北分公司的准入备案工作，完成 1 家支付机构分公司的市场退出。

（二）加强金融知识普及，创造良好金融法制环境

不断加强消费者金融知识普及力度，提升金融素养和维权意识，促进区域金融环境和谐稳定。2019 年，全省金融消费权益保护工作力度进一步加大，金融监管部门及各金融机构工作协调性不断增强。构建了多部门联合治理合作机制，有效治理省内违法违规金融广告行为。加强金融消费纠纷处理，2019 年“12363”金融消费咨询投诉热线受理咨询工单 2564 件，投诉工单 2261 件，受理投诉量比去年下降 18.76%。

持续出台一系列制度和政策，为金融业创新发展和支持实体经济发展创造了良好的金融法制环境。一是推动行政审批服务改革，实现简政放权、放管结合。二是加大涉金融案件打击和审判执行力度，营造法治化营商环境。三是引导金融资源投向民营小微企业，有效缓解民营、小微企业融资难题。四是引导企业服务实体经济发展和转型升级，鼓励银行、保险、信托、基金等各类金融机构加大对企业支持力度，引导金融市场健康发展。

（三）金融生态环境和征信体系建设再上台阶

中小微企业信用体系建设进一步加强，信用信息基础数据库不断完善。创新东湖试验区信用信

息平台建设，搭建“数据库+网络”的科技型企业专业信用信息平台，开发部署武汉东湖开发区企业信用信息数据库，上线运行“光谷信用网”，形成了数据库和网络相结合的信用信息服务平台。截至2019年末，人民银行金融信用信息基础数据库录入湖北省企业及各类机构户数43.93万户，同比增长15.7%；收录自然人数4483万人，同比增长3.0%。纳入中小微企业基础信息834万条、纳税信息2771万条，民间借贷信息16.89万条，提供查询58742次。各金融机构依托平台发放小微企业贷款100多亿元。随着金融信用信息基础数据库的进一步完善和发展，其在金融和政府部门等领域得到了更加广泛的应用为防范金融风险、改善社会信用环境发挥了重要的作用。

政银企合作长效机制逐步完善，金融支持地方经济发展取得新进展。2019年，围绕“一芯两带三区”区域产业战略布局和地方发展规划，编制了重大项目一览表，534个重大项目1341亿元融资需求得到满足。截至12月末，全省“早春行”活动已落实信贷支持3224.18亿元，履约率95.47%，其中，落实民营和小微企业信贷支持366.59亿元，履约率94.97%。

（四）反洗钱工作手段提升、成效提高

持续创新监管机制，强化司法协作，案件分析与调查取得丰硕成果。全年开展现场检查69项，各类非现场监管1459次，其中对47家义务机构实施风险评估，对1179家义务机构开展分类评级，开展走访113次。推动4起案件以洗钱罪立案、起诉和判决，协助破获多起洗钱相关案件。截至2019年底，受理公安、国安、监察委、税务、海关、金融局等单位来函协查17起；对案件和线索立项17起，组织实施反洗钱调查350次；积极与公安、检察院开展情报会商、案件导侦和类罪认定工作，引导将无法以“191”洗钱罪认定的案件向“312”掩饰隐瞒犯罪所得罪起诉。全年共协助破获“191”案件2起、“312”案件13起、“349”案件1起，并全部宣判。

（五）反假货币与现金管理持续推进

持续丰富反假宣传方式方法，不断拓展宣传覆盖面。2019年反假宣传月是新版人民币发行后首个集中宣传时段，针对群众对新版人民币知识需求大的实际情况，持续丰富宣传方式方法。全年共开展集中宣传和专题活动2200余场，动员各级人民银行和金融机构宣传人员3万余人次，营造了“人人懂鉴伪，大家齐反假”的浓厚宣传氛围，进一步净化了人民币流通环境。

2019年，湖北省共收缴假人民币11.9万张，面额合计856.04万元，收缴量和收缴金额较去年同期呈现双降态势，分别为-32.01%和-25.25%。从收缴区域看，在2019年全省发行基金投放、回笼规模继续收缩的大趋势下，城市地区假币收缴量在继2017年和2018年连续微降后，2019年出现大幅下降；农村地区假币收缴量在2017年和2018年逐年同比大幅上升后，2019年出现小幅下降。

六、相关政策建议

湖北省2019年以来经济增长态势趋稳，但整体内需支撑不足，实体经济扩张意愿有限，信贷有效需求不足，金融领域风险不断积累，这些因素对后期经济“稳增长”、贷款可持续性增长将产生负面影响，维护金融稳定面临较大挑战，建议从以下几个方面加强区域金融稳定性。

（一）落实金融宏观调控政策，加大对实体经济的支持力度

稳定支柱产业，抓好传统产业改造升级，实施产业链强链工程，培育壮大核心产业链。加大对

制造业领域金融支持力度。重点加大“十大重点产业”和高技术制造业领域的信贷投入，支持传统产业改造升级，提高制造业中长期贷款和信用贷款的比重，推动制造业高质量发展。破除消费体制机制障碍，打造武汉国际消费中心城市，聚焦服务消费、网络零售、信息消费三大增长点。发挥湖北自贸试验区、综合保税区和各级开发区开放招商平台功能，加快重点产业集聚，挖掘内需潜力，培育新动能。充分利用好一系列支持政策，通过财政补贴、贴息贷款等对符合条件的企业和农户予以资金支持。继续深化小微金融服务。重点做好民营、小微企业首次贷款专项行动工作，提高金融覆盖面，降低小微企业综合融资成本，以民营、小微企业首次贷款专项行动深化“百万千亿金惠工程”。扩大绿色信贷供给规模。探索运用大数据和互联网技术，构建网络绿色金融服务新业态，利用大数据开展小微企业绿色金融服务，提高绿色金融运行效率，降低小微企业绿色金融服务门槛。创新绿色信贷抵质押方式及绿色信贷产品，完善绿色信用体系建设，加大对长江大保护的支持力度。

（二）继续落实稳健的货币政策，加强信贷结构调整

进一步加大逆周期调节，努力做好全年信贷投放工作。继续用好专项再贷款政策，督促金融机构按照四个“百分之百”要求，进一步将疫情金融服务做深做实做好，尽可能降低疫情对信贷投放的影响。协调推动疫情防控债和专项同业存单发行，保障防疫物资供应。聚焦“一芯两带三区”区域和产业发展布局，积极挖掘、对接项目和市场主体有效融资需求，切实加大信贷投放力度。有针对性地运用货币政策工具和窗口指导方式，引导金融机构合理加快信贷投放节奏。以提升小微金融服务质效为着力点，切实增强金融支持实体经济力度。通过首次贷款专项行动继续深化“百万千亿工程”，努力扩大小微企业贷款覆盖面；鼓励金融机构强化信用信息开发利用，稳步扩大小微企业信用贷款；引导金融机构继续用好无还本续贷政策，降低企业资金周转成本。加大对民企发债支持力度，加强发债后备企业的遴选和培育，拓宽民企融资渠道。聚焦深度贫困地区金融精准扶贫，力争深度贫困地区贷款增速高于全省贷款平均增速。

（三）加强证券业风险治理，促进资本市场健康发展

重点着力防控上市挂牌公司风险。通过日常监管抓早抓小，持续跟踪风险苗头，强化过程监管，及时揭示化解风险。加强对上市公司日常风险的调查研究、监测排查、预判预警和应对处置能力建设，督促上市挂牌公司充分履行信息披露义务。及时将股权质押等重大风险处置情况报送各级政府及有关部门，防止风险蔓延。针对股票质押引起的流动性风险，协调政府保障企业融资渠道，为企业营造较为稳定的金融环境。切实防控公司债违约风险。加强与证券交易所的监管协作，及时共享债券风险信息。针对债券违约风险，督促重点债券发行人和受托管理人履行法定义务，加强与证券交易所和地方政府的沟通，摸清发债主体资产负债情况，督促企业多渠道筹措资金，力争不发生实质性违约。按照风险等级，分类施策，重点推进退市、场外配资等领域的风险防范处置工作。针对退市风险，以盘活再生为目标，引入战略投资者、推动企业并购重组，引导企业走上良性发展道路；针对场外配资风险，加大监测、核查、打击力度；加强证券期货经营机构、私募股权投资机构风险防控。

（四）加强保险市场风险治理，促进保险业健康发展

加强对保险市场非法经营现象的整治，划定监管红线，对于红线违规行为，一律依法从严处理，

主要采取停止接受新业务、撤换高管、高额罚款等顶格处罚为主。加强信息披露，通过第三方机构对保险公司进行评价，及时向社会公布公司经营行为、服务水平的评价结果，运用市场机制督促公司提高经营管理水平。同时重点加强与政府及有关部门沟通协作，紧紧依力出发，形成工作合力，有效防范和化解保险非法经营可能引发的群体性事件风险。通过抓源头、建机制、严监管、强自律，进一步推动各人身保险公司建立治理销售误导的长效机制，进一步加强对销售误导等违法违规行为的查处力度，切实规范市场秩序。落实保险机构防范案件风险的主体责任。动态甄别出满期给付与退保风险较为集中的重点公司、重点地区、重点渠道、重点产品和重点客户，及时发现风险苗头。督促相关公司快速处置，切实做好风险排查。通过开展应急演练和客户大走访活动，提高行业风险防范意识及应急处置能力，提升服务满意度。要求各保险公司建立系统性的风险预警机制，牢牢抓住风险管控的源头，加强内部管控和风险排查，制定切实有效的应急处置机制。

（五）加强金融基础设施建设，不断优化区域金融环境

继续加强账户管理，树立账户质量和风险防范为导向的管理理念和管理体系，完善账户质量和风险防范考核指标，充分发挥奖惩机制作用。维护支付服务市场秩序，持续深化支付服务市场环境建设。认真落实《金融机构反洗钱监督管理办法》，逐步推进反洗钱义务机构分类评级，并根据分类评级结果确定监管重点，跟进监管措施，实施分类监管。践行“征信为民”，保障征信服务与疫情防控“两兼顾，两不误”。持续加强征信合规和信息安全管理工作，确保接入机构信息安全。加快社会信用体系建设步伐，进一步完善湖北省信用体系建设长效机制。推广应用应收账款融资服务平台，切实发挥平台助力企业复工复产作用。持续推动湖北省征信和信用评级市场健康发展，着力为小微企业提供高质量征信服务。依托“五位一体”金融生态建设工作机制，“优环境、防风险、强机制”，改善营商环境，提升金融服务实体经济水平；深化政银互信，合力防范化解金融风险；加强信用环境建设与宣传，重塑湖北信用高地资金洼地。强化重大事项报告制度，完善应急管理体系，提高防范、化解、处置风险能力。促进金融机构规范经营行为，提升金融服务质效，切实保护金融消费者权益，维护金融稳定，构建和谐有序的金融消费环境。

中国人民银行武汉分行金融稳定分析小组

组　　长：王玉玲

副 组 长：林建华

成　　员：王以成　邓亚平　许　波　向秋芳　郑　艺　胡学林
夏国栋　常　新　童展鹏　谢崇礼　翟才毕

《湖北省金融稳定报告（2020）》编写组

总　　纂：谢崇礼

统　　稿：刘威林　王邦武　周永胜　瞿森垓　王凌云

执　　笔：邓　晓　方爱国　刘鸿伟　陈　娟　陈　楠　陈　阳
聂文斌　徐　融　程俊义

参与写作人员：王鹏程　许　思　江慧玲　陈立高　李政为　李　倩
李　蕤　吴　涛　周远慧　段　鹏　麻景豪

湖南省金融稳定报告摘要

2019年，湖南省以习近平新时代中国特色社会主义思想为指引，全面贯彻党的十九届四中全会和中央经济工作会议精神，以供给侧结构性改革为主线，坚持新发展理念，经济运行稳中有进，经济总量持续增长，产业结构不断优化，投资、消费稳步增长，进出口增速位列全国第一；全省金融系统不断优化各项金融服务，信贷保持较快增长，证券业、保险业服务实体经济水平不断提升，防范化解重大风险攻坚战取得明显成效，牢牢守住了不发生区域性系统性金融风险的底线。

一、区域经济运行与金融稳定

（一）区域经济运行状况

经济运行稳中有进，产业结构持续优化。2019年，湖南省实现地区生产总值（GDP）39752.1亿元，同比增长7.6%，增速高于全国平均水平1.5个百分点。第三产业比重同比提高1.3个百分点，产业结构持续优化。

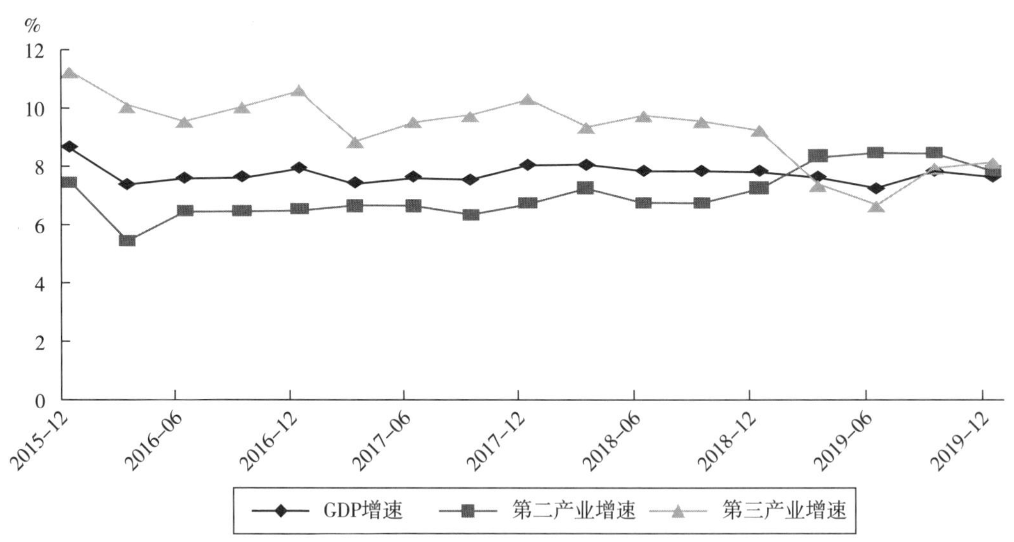

图1　湖南省GDP增速走势

（数据来源：湖南省统计局）

投资保持稳定增长，工业技术改造投资、高新技术产业投资增速较快。2019年，湖南省固定资产投资增长10.1%，增速比上年同期快0.1个百分点，继续保持在平稳较快增长区间。分结构看，工业投资同比增长 17.8%，其中工业技术改造投资和高新技术产业投资同比分别增长 35.7% 和 37.8%；基础设施投资增速同比下降 0.1%；民间投资持续保持向好态势，同比增长 18.3%。

消费增长平稳，结构稳步升级。2019 年，湖南省实现社会消费品零售总额 17239.5 亿元，同比增长 10.2%，较上年同期增加 0.2 个百分点。其中，文化娱乐体育健康类商品、交通电器设备类商品等升级类消费品零售额同比分别增长 18.4% 和 8.5%，较上年增速分别上升 14.6 个和 2.1 个百分点。

进出口快速增长，增速位列全国第一。2019 年，湖南省进出口总额 4342.2 亿元，同比增长 41.2%，增速比上年提高 14.7 个百分点，高于全国平均水平 37.8 个百分点，增速位列全国第一。其中，全年出口 3076.1 亿元，同比增长 51.9%；全年进口 1266.1 亿元，同比增长 20.4%。

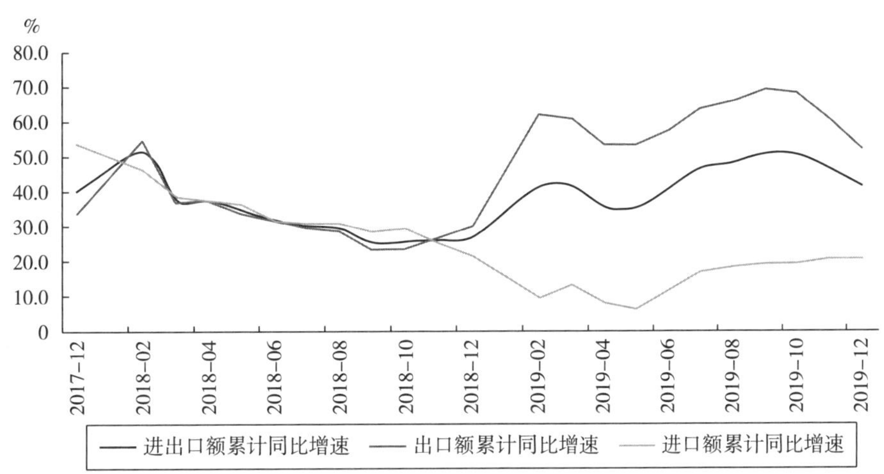

图 2 湖南省进出口增速

（数据来源：湖南省统计局）

财政收支缺口有所缩减，居民收入稳步增长。2019 年，湖南省各级一般公共预算收入 5003.6 亿元，同比增长 1.1%；一般公共预算支出 7255.1 亿元，同比增长 6.8%，财政收支缺口 2251.5 亿元，较上年减少 384.7 亿元。2019 年，全省居民人均可支配收入 27680 元，同比增长 9.7%，增速较上年提高 0.4 个百分点，高于全国平均水平 0.8 个百分点。

CPI 平稳上涨，PPI 同比下降。2019 年，湖南省 CPI 同比上涨 2.9%，与全国平均水平持平，高于上年同期 0.9 个百分点。八大类商品（及服务）价格呈现“七升一降”特征。其中，食品烟酒类、其他用品和服务类、教育文化和娱乐类涨幅靠前。全省 PPI 累计上涨 -0.4%，较上年回落 3.6 个百分点。

（二）区域经济运行需要关注的问题

企业应收账款增多，生产经营困难加大。从总量上看，全省工业企业应收账款增多，账期明显拉长，货款回笼难度加大。对全省 194 家工业企业监测数据显示，截至 12 月末，企业应收账款同比增长 7.7%。同时，中美贸易摩擦负面影响显现，企业经营形势较为严峻。

新发放平台贷款近半用于偿还到期债务，一定程度上影响基建投资增速。对全省 28 家主要银行机构的调查显示，2019 年第四季度新发放的平台公司贷款中近五成用于续接隐性债务融资，实际用于基建投资的增量资金较为有限。

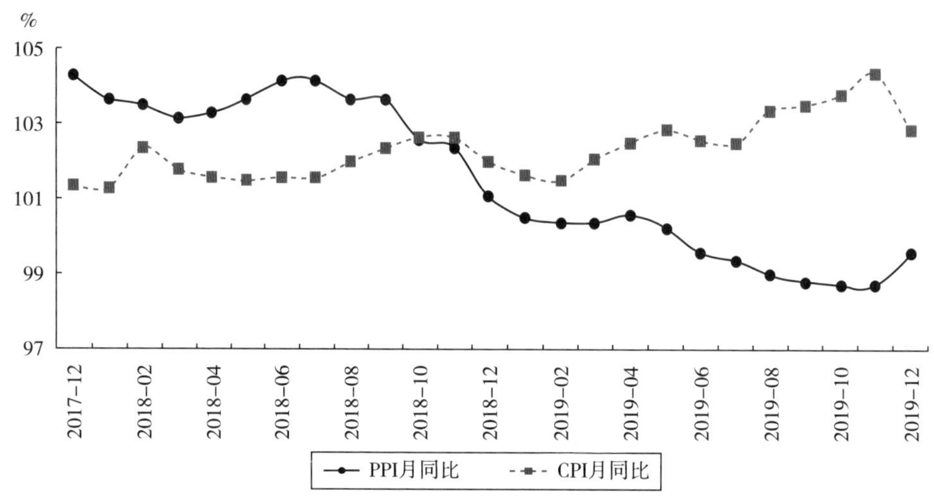

图3　湖南省 CPI 及 PPI 当月同比变动

（数据来源：国家统计局湖南调查总队）

地方税收收入增速趋缓，税收过度依赖房地产行业。2019 年，全省地方税收收入 2062.0 亿元，同比增长 5.2%，较上年回落 6.2 个百分点。受经济下行压力大、增值税降率、个税起征点升高和附加扣除等政策效应持续释放等因素影响，税收贡献率分化，税收过度依赖房地产行业。2019 年，增值税、企业所得税、国内消费税三大税种的增收贡献率分别为 30.0%、28.9%、-33.9%，房地产相关税收贡献度为 110.1%。

二、银行业与金融稳定

（一）银行业运行状况

信贷保持较快增长，金融服务实体经济水平明显提升。2019 年末，全省各项贷款余额 4.2 万亿元，同比增长 16.0%，增速比上年同期提高 1.5 个百分点。全年新增贷款 5829.8 亿元，同比多增 1227.9 亿元。其中，全省小微企业贷款余额 11292.4 亿元，同比增长 13.1%；民营企业贷款余额 9990.3 亿元，同比增长 13.5%。

经营质效整体向好，风险抵补能力持续增强。2019 年末，全省银行业不良贷款余额同比增长 3.6%，不良贷款率同比下降 0.19 个百分点；关注类贷款余额较上年减少 160.8 亿元；关注类贷款向下迁徙 10.7%，较年初下降 5.9 个百分点。全省银行业风险抵补能力持续增强，拨备覆盖率较年初上升 6.3 个百分点。

金融服务供给体系逐步完善，金融精准扶贫稳步推进。2019 年末，全省银行机构共 209 家，其中，村镇银行较年初增加 2 家，1 家农信社改制为农商行，全省农信社改制工作全部完成，农村金融服务体系进一步完善。2019 年末，全省服务点数量达 6 万个，行政村覆盖率超过 99%，全省农村地区银行网点 6194 个，每万人 ATM 3.76 台，每万人 POS 机 67 台，农村地区“营业网点 + ATM 自助银行 + 助农服务点 + 互联网金融”四位一体的金融服务新格局基本建成；全省农村地区银行网点接入人民银行跨行支付系统的占比达 98.3%；全省扶贫小额信贷累计发放 221.9 亿元，11 个深度贫困县贷款同比增长16.0%。

（二）银行业需要关注的问题

信用风险防控形势较为复杂，部分领域风险积聚。一是“两高一剩”行业企业受供给侧改革影响停产增多，导致全省石油和天然气开采业、黑色金属矿采选业、有色金属冶炼和压延加工业不良率较高。二是部分三四线中小房企资金回笼放缓，资金链趋紧，行业不良贷款率高于全省房地产业平均水平。三是政府融资平台作为地方政府最主要的融资主体，承担了绝大部分政府性债务，目前部分平台公司现金流较为紧张，后续还款压力大，谨防风险向银行体系传导。

中小法人银行业金融机构风险防控压力较大。一是部分机构不良贷款率依然较高。2019年末，全省法人银行业金融机构不良贷款余额较上年增加27.9亿元，不良贷款率高于全省银行业金融机构平均水平1.06个百分点，其中14家机构不良贷款率高于5%。二是部分中小法人机构抗风险能力较弱。20家中小法人机构资本充足率低于10.5%的监管标准，14家法人机构拨备覆盖率低于100%，风险抵补能力不足。三是关联交易管控薄弱。部分中小法人银行未真实、准确、完整披露关联方信息，关联交易风险管控不严，有的法人机构关联交易产生了较大风险，对贷款质量造成一定影响。四是资金业务风险加大。部分农商行业务发展偏离主业，大量开展资金业务，有的农商行资金业务规模超信贷规模，有的农商行投资债券发生违约，且未足额计提风险减值准备，资本状况易受到较大冲击。五是案防形势严峻。湖南省内金融机构案件发生数量和金额均呈上升态势，其中农商行借冒名贷款、伪造贷款资料等骗取贷款案件占相当比重，案件风险值得关注。

银行业盈利增速放缓，理财业务转型仍在路上。2019年，全省银行业金融机构净利润较去年增加4.48%，较上年同期减少6.22个百分点；分机构看，各行盈利水平仍旧维持分化走势，全省28家中资金融机构中，16家同比增盈，12家同比减盈。净息差由2018年末的2.63%下降至2.37%；利息收入较同期上升3.37%，利息支出较同期上升10.3%，利息支出增速明显高于利息收入。资管新规实施以来，湖南省银行理财业务非理性增长态势得到遏制，保本理财快速下降，净值型理财产品呈上升趋势，但占比仍然较低。同时，调查发现，在过渡期内，存在城商行资产互持、构建类资金池等问题，且由于理财项下类信贷项目规模较大，后续处置难度较高，回表或对银行资本充足率造成冲击。

三、证券业与金融稳定

（一）证券业运行状况

证券机构网点数量和投资者账户增加，证券交易活跃。2019年末，湖南省辖内共有法人证券公司3家，与上年持平；下设营业部492家，较上年增加88家。证券分公司48家，较上年增加10家；在湘设营业部437家，较上年增加13家。投资者账户2088.6万户，同比增长9.9%。证券交易量69047.1亿元，同比增长24.7%。

证券机构盈利能力大幅提升，创新业务发展较快。2019年，全省证券公司共实现利润总额33.1亿元，同比增长201.9%。其中，法人证券公司利润总额25.2亿元，同比增长187.4%；非法人证券公司利润总额7.9亿元，同比增长259.3%。创新业务中除股权质押业务出现下降外，其他业务均有不同程度的增长。

期货公司经营情况有所改善，期货交易扭亏为盈。2019 年末，全省法人期货公司 3 家，辖内期货营业部 28 家，较上年减少 2 家。全省期货公司总资产和总负债分别为 40.6 亿元和 27.2 亿元，同比增长 44.6% 和 45.0%；全年期货交易 5105 万手，同比增长 15.8%；利润总额 800 万元，实现扭亏为盈。

上市公司盈利增长较慢，募集资金大幅萎缩。2019 年末，全省上市公司 105 家，较上年增加 1 家；截至第三季度末，上市公司资产合计 16373 亿元，同比增长 9.8%；实现净利润 247.1 亿元，同比增长 6.1%；总市值 9841.6 亿元，同比增长 39.5%；累计募集资金 98.5 亿元，同比下降 58.9%。其中，A 股首发筹资 10.1 亿元，同比下降 77.9%；A 股再筹资 36 亿元，同比下降 80.5%。

（二）证券业需要关注的问题

两类交易场所清理整顿工作难度大。一方面，商品类和文化类两类交易场所自我化解风险难。交易平台本身是轻资产企业，难以赔付巨额交易及投资者亏损，且平台前期盈利大多已被股东、实际控制人及会员、代理商、居间商提前分配，资金后续追缴十分困难。另一方面，会员单位、代理商、居间商不配合化解存量风险，保证金难以保全。会员、代理商、居间商“跑路失联”和拒绝协商处置化解存量风险的情况凸显，且外省公安机关在查处过程中冻结其交易场所账户资金现象明显增多。

证券公司资管产品整改压力较大。湖南辖内证券公司涉及整改的资管产品较多，资管产品整改压力较大。有的证券公司存续的资产管理产品中超半数需要整改。需整改的问题主要涉及产品分类不合规、通道业务和多层嵌套等多个方面。部分资管产品整改面临融资人资金链紧张，难以提前终止产品，委托人与融资人不愿修改合同等问题。根据产品到期日推算，过渡期内完成整改任务的压力较大。

四、保险业与金融稳定

（一）保险业运行状况

市场服务主体数量变化不大，保险深度和保险密度同比上升。2019 年末，全省共有法人保险公司 1 家。省级保险分公司 58 家，较上年增加 1 家。其中财产险公司 25 家，较上年增加 1 家，人身险公司 33 家。保险专业中介法人机构 36 家，比上年减少 1 家。全省保险深度较上年上升 0.1 个百分点，保险密度同比增长 10.3%。

保费收入同比增速继续下滑，健康险增长迅速。2019 年，全省保险业原保险保费收入 1396.1 亿元，同比增长 11.2%，较上年增速下降 1.8 个百分点，保费规模列全国第 11 位。其中，财产险保费收入 397.8 亿元，同比增长 11.3%；人身险保费收入 998.3 亿元，同比增长 11.2%。健康险保费收入 253.5 亿元，同比增长 34%。

财产险与人身险赔付支出变化差异大，退保金大幅减少。2019 年，全省保险公司累计赔付支出 423.8 亿元，同比增长 3.2%，较上年增速下降 5.8 个百分点。其中，财产险赔付支出 207.4 亿元，同比增长 13.1%，较上年增速上升 2 个百分点；人身险赔付支出 216.3 亿元，同比减少 4.8%，较上年增速下降 12. 2 个百分点。全省保险公司退保金 115 亿元，同比减少 31. 9% 。

（二）保险业需要关注的问题

部分险企未对资产实行穿透管理。调研发现，湖南辖内部分险企对资产穿透管理执行不到位，未对包括非标产品在内的所有资产实行穿透管理。一方面，资管新规的实施可能会迫使一些非标资产进行调整，在未进行穿透的情况下，险企不能准确估计非标资产按资管新规要求调整而带来的影响。另一方面，不对资产实行穿透管理也会加大公司对资产的风险识别难度，难以把握整体风险。

部分地区高现金价值产品退保压力较大。据调查，部分地区保险产品退保率在 20% 左右，远高于全省平均水平，投资型高现金价值产品陆续退保是导致其退保率较高的主要因素。如某市退保金额前 20 位的产品中高现金价值产品退保金额占比达 83. 1% 。寿险公司经营偏离主业可能影响寿险公司在行业内部的核心竞争力，不利于企业和行业长期健康发展。

五、金融市场与金融稳定

（一）金融市场运行情况

同业拆借市场交易增速放缓，净流入规模呈现负增长。2019 年，46 家市场成员参与同业拆借交易，占全省市场成员数的 50. 0% ，较上年下降 12. 8 个百分点；同业拆借交易 12347. 7 亿元，同比增长 15. 5% ，较上年下降 16. 6 个百分点。全省同业拆入增速放缓，同业拆出快速增长，净流入规模呈现负增长。2019 年，湖南省同业拆入资金 10170. 4 亿元，同比增长 7. 2% ，同业拆出资金 2177. 3 亿元，同比增长 81. 5% 。

债券市场规模稳步增长，地方政府债余额较高。2019 年末，全省共有银行间债券市场成员 115 家，较上年同期增加 2 家；全省法人银行金融债券余额 368. 5 亿元，同比增长 57. 8% ，其中小微金融债 135 亿元，同比多发 80 亿元，绿色金融债余额 85 亿元；地方政府债限额使用率高，余额排名居前。2019 年，财政部下达湖南省地方政府债券限额 2592. 2 亿元，实际发行 2560. 2 亿元，增长 28. 5% ；全省地方政府债券存量 95 只，规模居全国第 5 位。

非金融企业债务融资工具同比多发，创新品种明显增多。2019 年末，湖南省非金融企业债务融资工具余额 2973. 6 亿元，同比增长 25. 7% ；累计发行债务融资工具 1217. 5 亿元，同比多发 325. 6 亿元；平均发行利率 5. 28% ，同比降低 50 个 BP。分类型看，民企发行 114. 6 亿元，居中部六省首位，同比多发 58. 6 亿元；制造业企业发行 180 亿元，同比多发 110 亿元；城投类企业发行 922. 7 亿元，同比多发 223. 3 亿元。2019 年，湖南省首次创设民企债券融资支持工具 1 亿元，推动步步高发行短期融资券 3 亿元；发行扶贫票据两期 32. 5 亿元，用于支持贫困县高速公路建设；发行资产支持票据 11. 7 亿元。

黄金市场业务增长明显加快，代理黄金交易大幅增长。2019 年，湖南省金融机构黄金市场业务发生额 389. 4 亿元，同比增长 46. 1% ，较上年提高 35. 9 个百分点。其中，上海黄金交易所代理交易 164. 5 亿元，同比增长 88. 9% ，较上年大幅提高 129. 9 个百分点。

（二）金融市场运行需要关注的问题

债券违约风险上升，违约风险向金融体系传导值得关注。2019 年，湖南省债券违约风险上升，并逐步向金融机构传导，农商行、证券公司、财务公司受冲击较大。一方面，金融机构自营债券投资违约面扩大。2019年末，全省金融机构投资债券违约涉及21家金融机构。另一方面，金融机构同业拆借与债券回购风险加大。截至2019年末，全省有5家金融机构存量同业拆借和债券回购交易发生违约，涉及资金约10亿元。

债券发行主体集中于城投类企业，民营企业、制造业等重点支持领域发债较难。2019年，湖南省仅11家非城投类企业发行债务融资工具，占全省债务融资工具发行额的20.2%，且非城投类企业在发行债务融资工具时覆盖面窄、发行规模小，存在认购份额不足、主承销商兜底的情况。同时，“三农”、小微企业等专项金融债推广难度大。据了解，由于金融债发行手续较为烦琐，发行耗时相比同业存单、大额存单偏长，地方法人银行业金融机构对发行金融债的意愿并不强。湖南省仅三家法人银行业金融机构发行小微企业专项金融债，“三农”、“双创”等专项金融债仍为空白。

六、金融基础设施与金融稳定

（一）金融消费权益保护环境持续优化

加强金融消费权益保护机制建设，金融消费权益保护成效显著。与湖南银保监局、省地方金融监管局签署湖南省金融消保监管合作备忘录，建立监管协调机制；成立湖南省金融消费权益保护协会，建成金融消费纠纷调解组织3个，调解57笔；“12363”咨询投诉电话呼叫中心全年共受理投诉1050个，解答咨询4947个，妥善处理群体性集中上访8批次，累计71人次；扎实开展支付服务领域金融消费权益保护现场检查，认定违规事实101条，提出监管意见72条；治理违法违规金融广告，规范金融营销宣传行为，全年移交并处置违法违规金融广告线索8批、22条。

推进普惠金融工作，夯实工作基础。联合省地方金融监管局，开展2019年度全省县域普惠金融发展情况评估，推动有关部门优化县域普惠金融发展环境；建立银行业金融机构普惠金融季报制度，夯实普惠金融工作基础；参加世界银行普惠金融全球倡议（FIGI）埃及研讨会，持续推进世界银行普惠金融全球倡议（FIGI）中国项目平江试点。

（二）支付基础设施建设持续升级　监督管理不断强化

支付基础设施建设持续升级。全年新增支付系统参与者161家，共处理支付业务3.34亿笔，金额95.3万亿元，同比分别增长24.5%、21.9%。受大小额支付系统业务规则改变的影响，2019年全省大额支付系统业务处理笔数同比减少2.7%，金额同比增长20.8%。全省小额支付系统业务笔数和金额快速增长，同比分别增长23%和44%。

监督管理不断强化。一是2019年对32家银行机构、2家支付机构开展了执法检查，其中2家机构罚款金额超百万元，累计罚款金额超过500万元。二是点面结合，突出重点监管。对发生二类、三类账户风险的某法人银行业金融机构采取暂停半年电子账户开户的监管措施，对某法人支付机构采取暂停新增业务的监管措施。三是开发湖南省支付结算大数据监管系统，利用大数据、云计算技术等金融科技，提高监管效率。

（三）社会信用体系进一步完善

加强信用信息归集与查询，征信服务水平持续提升。稳步推动二代征信系统切换，截至2019年末，省内共有98家机构接入金融信用信息基础数据库，归集湖南省37.7万户企业及其他经济组织、5027.3万自然人的信用信息。全省累计布设个人信用报告自助查询机289台，设置商业银行自助查询网点158个，实现全省县域地区自助查询全覆盖。全年提供企业和个人信用报告查询34.5万笔、1404.3万笔，同比分别增长26.6%、24.9%。

小微企业和农村信用体系建设不断深化，央行企业评级取得良好进展。一是扎实开展央行内部（企业）评级工作。推动117家地方法人银行业金融机构参与央行内部（企业）评级，较上年增长77.3%，累计向央行内部（企业）评级系统上传企业评级信息3969家。二是深化应收账款融资专项行动，大力推广政府采购贷款。2018—2019年，通过应收账款融资服务平台开展的线上融资新增420.5亿元，其中，中小企业融资新增321.8亿元，占比76.5%；实现采购贷线上融资共计3.2亿元，170家企业受益。三是在株洲开展区域一体化企业征信体系建设试点，对20个部门、8个省市级平台共采集2122万条企业信用信息。四是积极推动各地因地制宜搭建和完善农户信用信息系统，建立多层次的农户信用评价机制。

（四）反洗钱监管水平不断提升

分行业构建风险监测指标体系，开发风险监测与评估系统，探索开展金融机构洗钱和恐怖融资风险监测试点，组织对全省60家村镇银行开展洗钱风险评估，对2102家义务机构开展反洗钱分类评级。对53家义务机构开展执法检查，对特定非金融机构进行摸底，选取8家房地产企业探索开展反洗钱数据报送。围绕扫黑除恶、反恐、反腐等重点工作，指导义务机构做好可疑资金监测和反洗钱协查，移送的15条可疑线索被侦查机关立案侦查，协助破获“608”组织领导传销案等10余起案件。

（五）反假币工作成效显著

完善全省反假货币工作联席会议机制，进一步明确了联席会议各成员单位职责。会同湖南省公安厅、湖南省财政厅共同商定《湖南省假币犯罪举报奖励办法》，充分调动社会力量参与反假币工作。推促银行业金融机构提升机具识假技术，推进农村反假货币工作站点建设，以点带面发挥反假货币宣传示范效应。2019年，全省共收缴假币3765.7万元，公安机关立制贩假币案43起，收缴假币1219.5万元，有效遏制了假币犯罪蔓延的趋势。

（六）金融生态建设稳步推进

连续12年开展全省县域金融生态评估。持续优化指标设置和权重设计，强化政府债务风险和中小法人机构风险识别，促进金融生态建设与防范化解重大风险两大任务目标实现统一。继续指导推动县域金融安全区创建，积极发挥县级主体主动性，加快重点领域风险化解处置，引导县域金融环境良性发展。多种形式开展存款保险和非法集资等金融知识宣传，组织开展法人银行业金融机构、金融监管部门、地方政府共同参与的突发事件风险处置应急演练，有效提升风险应对水平。

（七）金融基础设施建设需要关注的问题

非法金融机构和非法金融活动风险值得关注，存量风险化解进展较缓慢。一是非法集资案件高发频发势头未得到有效遏制。2019年，湖南省新发非法集资案件数量和涉案金额同比分别上升

1.04%和38.2%。二是P2P全面出清压力较大。自2019年10月湖南省取缔所有P2P业务后，在营机构存量风险处置逐渐进入深水区，部分平台资金缺口较大，风险较为突出。三是养老领域非法集资引发信访矛盾。此类案件涉及金额较大、人数较多，且案发后追赃挽损率低、办案周期长，老人频繁上访、集访，易引发群体事件。

县域基础设施存在短板，金融风险防控压力增大。省内部分县域农村金融服务网点尚未全覆盖，金融服务产品开发不足，部分企业和个人诚实守信意识淡薄，部分地区金融案件执结率不高，司法行政环境不佳。金融生态环境欠佳加大了金融风险防控压力，主要集中在：一是个别县域政府性债务偿付压力较大。二是部分县域不良贷款反弹较快，信用风险上升。三是民间融资不规范，严重干扰经济金融秩序。

七、总体评估与政策建议

2019年，湖南省经济金融运行整体稳健，金融风险整体收敛，由前几年的快速积累逐步转向高位缓释。各金融机构认真贯彻落实党中央、国务院及省委省政府坚决打好防范化解重大风险攻坚战的决策部署，积极支持供给侧结构性改革，加大服务实体经济力度，银行信贷保持较快增长，证券市场助力企业融资，保险保障功能进一步增强，消保、支付、征信等金融基础设施不断完善，牢牢守住了不发生区域性系统性金融风险的底线。

2020年，湖南省经济稳中向好、长期向好的基本趋势没有变，但目前正处于转变发展方式、优化经济结构、转换增长动力的攻关期，结构性、体制性、周期性问题相互交织，"三期叠加"影响持续深化，经济金融发展困难和风险增多，金融稳定面临较为严峻的挑战。湖南省应全面贯彻党的十九届四中全会和中央经济工作会议精神，紧扣全面建成小康社会目标任务和"十三五"规划收官，坚持"稳中求进"工作总基调，坚持新发展理念，坚持以供给侧结构性改革为主线，实施稳健的货币政策，坚决打赢防范化解重大金融风险攻坚战，进一步深化金融改革开放，统筹推进稳增长、促改革、调结构、惠民生、防风险、保稳定，促进经济金融高质量发展。

中国人民银行长沙中心支行金融稳定分析小组

组　　长：张　奎

副 组 长：侯加林

成　　员：许均平　刘新光　罗世乐　魏祖元　罗雪飞　周　进
易叔贤　欧家波　李　明　欧阳文辉　刘　敏
彭　洪　侯　崴

《湖南省金融稳定报告（2020）》编写组

总　　纂：侯加林

统　　稿：许均平

执　　笔：袁　媛　禤沛生

参与写作人员：左淋丞　龙　玲　陈咏晖　夏　颖　李奕君　胡晔旷
李　杜　徐爱华　谭　旺　鲁梦翔　胡万俊　彭于彪
刘　玫　杨　丹　彭　星

广东省金融稳定报告摘要

2019年，广东积极应对国内外风险挑战明显上升的复杂局面，经济运行在合理区间，经济总量连续领先，经济结构不断优化、新旧动能加速转换，为金融业发展营造了良好的环境；区域金融体系平稳运行，金融改革开放稳步推进，金融稳定工作机制建设持续强化，金融对实体经济及薄弱环节的支持力度不断加大。与此同时，广东经济金融运行中仍然存在一些问题：经济下行压力加大，经济结构优化调整任务艰巨，中美贸易摩擦升级对出口的影响进一步加大；金融发展效益质量有所下降，中小法人银行存量风险仍需进一步化解，互联网金融等领域风险不容忽视。

一、金融业发展环境

2019年，广东经济运行总体平稳，结构调整持续深化，内需支撑有力，外需结构优化，物价涨幅扩大，房地产市场保持平稳。

（一）经济增速保持平稳增长

2019年，广东实现地区生产总值107671.1亿元，比上年增长6.2%，增幅比上年下降0.6个百分点。从年度增速来看，2014—2019年，广东经济增速从7.5%～8%的波动逐步放缓至7%以下。从各季度情况看，四个季度增速分别为6.6%、6.5%、6.4%、6.2%，季度增速持续下降，但仍运行在合理区间。

（二）结构调整持续深化

2019年，广东第一、二、三产业增加值分别为4351.3亿元、43546.4亿元和59773.4亿元，分别比上年增长4.1%、4.7%和7.5%。三次产业结构为4∶40.5∶55.5。在第二产业中，工业增速虽比上年放缓，但中高端行业发展较好，传统产业占比下降，内部结构有升有降。全年先进制造业增长5.1%，占规模以上工业比重为56.3%；高新技术制造业增长7.3%，占规模以上工业的比重为32.0%。计算机、通信和其他电子设备制造业、石化行业、电气机械和器材制造业三大产值超万亿元行业合计占全省规模以上工业总产值的49.7%，对全省规模以上工业增长贡献率达62.9%。服务业比重比上年提高0.7个百分点。现代服务业增加值占服务业增加值比重为63.8%，增速为9.7%，高于服务业增加值增速2.2个百分点。从经济类型结构看，民营经济增加值占地区生产总值54.6%，同比增加0.3个百分比。从进出口结构看，一般贸易进出口占外贸总额的比重为49.0%，高于加工贸易比重16.7个百分点，经济结构和贸易结构持续优化。

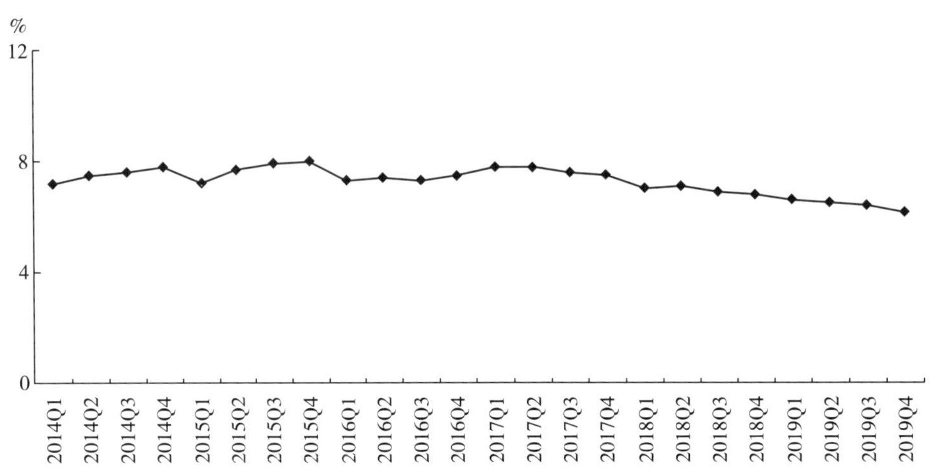

图1　2014—2019 年各季度广东 GDP 累计增速

（数据来源：广东省统计局）

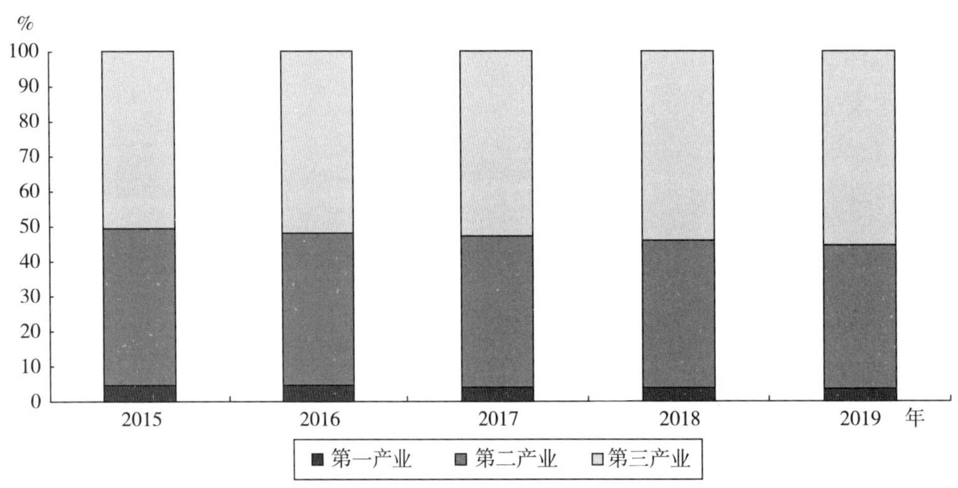

图2　2015—2019 年广东三次产业比重

（数据来源：广东省统计局）

（三）内需支撑有力，外需结构优化

2019 年，广东实现社会消费品零售总额 42664.5 亿元，比上年增长 8.0%，增幅比上年回落 0.8 个百分点。投资需求保持旺盛，完成固定资产投资 39244.6 亿元，增长 11.1%，增幅比上年上升 0.4 个百分点。工业投资增长 6.3%，制造业投资由负转正，增长 1.0%。实现进出口总额 71436.8 亿元，比上年减少 0.2%，增幅同比下降 10.9 个百分点，占同期我国进出口总值的 22.7%。其中，出口 43379.4 亿元，比上年增长 1.6%；进口 28057.5 亿元，比上年减少 2.9%，实现贸易顺差 15321.9 亿元，比上年增长 10.9%。

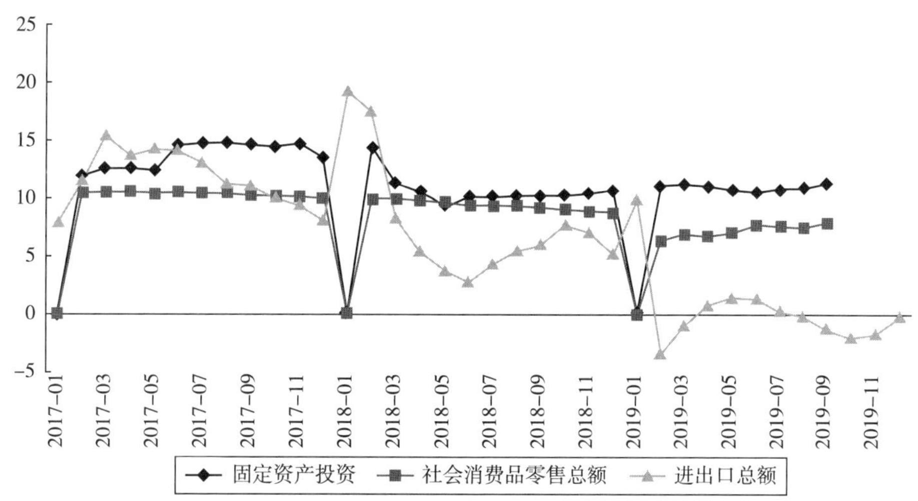

图3 2017—2019年各月广东投资、消费和进出口同比增速

（数据来源：广东省统计局）

（四）消费领域价格涨幅扩大，生产领域价格涨幅回落

2019年，广东居民消费价格指数全年累计上涨5.0%，涨幅比上年扩大2.8个百分点。工业生产者购进价格指数和工业生产者出厂价格指数（以上年同月为100）全年累计分别下降0.8%和上升0.2%，涨幅比上年分别回落1.5个和2.8个百分点。

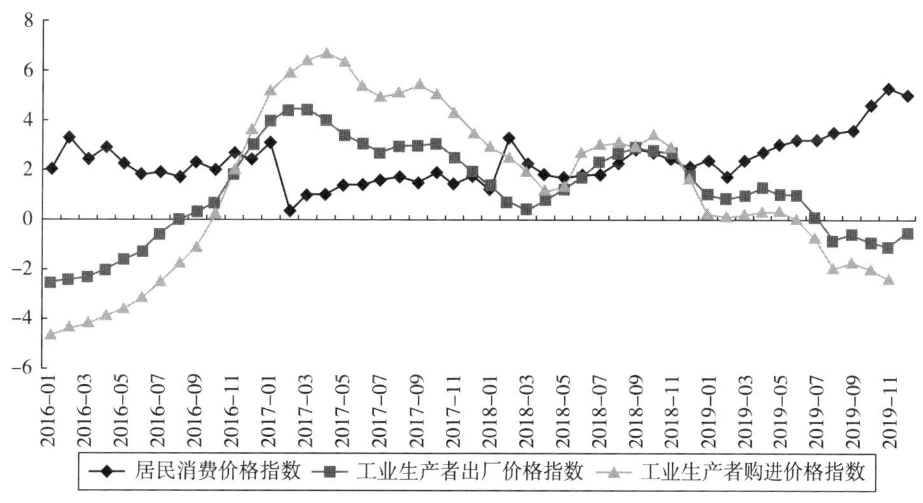

图4 2016—2019年各月广东各类价格指数同比增幅

（数据来源：广东省统计局）

（五）房地产市场保持平稳

2019年，广东房地产开发完成投资15852.2亿元，比上年增长10.0%，增幅比上年回落9.3个百分点。商品房销售面积略有下降，销售额上涨。全年商品房销售面积13846.5万平方米，比

上年下降 3.4%，其中商品住宅下降 1.7%。商品房销售额 19748.2 亿元，比上年增长 5.4%，其中商品住宅增长 7.5%。广东商品房平均销售价格（商品房销售额/商品房销售面积）每平方米 14262.0 元，比上年增长 9.1%，在调控政策出台密集的大背景下，广东商品房销售市场整体保持平稳发展。

二、银行业

2019 年，广东银行业金融机构认真贯彻执行稳健货币政策以及各项金融宏观调控措施，不断加强对实体经济和薄弱环节的金融支持力度，努力提高经营管理水平，扎实推进机制体制改革，着力提升金融服务水平。总体来看，各项业务继续保持稳健发展的良好态势。

（一）改革发展情况

业务发展保持稳健。2019 年末，全省银行业金融机构总资产余额 260159.0 亿元，比年初增长 10.5%，增速比上年提高 6.8 个百分点；本外币各项存款余额 232458.6 亿元，比年初增长 11.7%，增速比上年提高 4.8 个百分点；本外币各项贷款余额 167994.6 亿元，比年初增长 15.7%，增速比上年提高 0.5 个百分点。

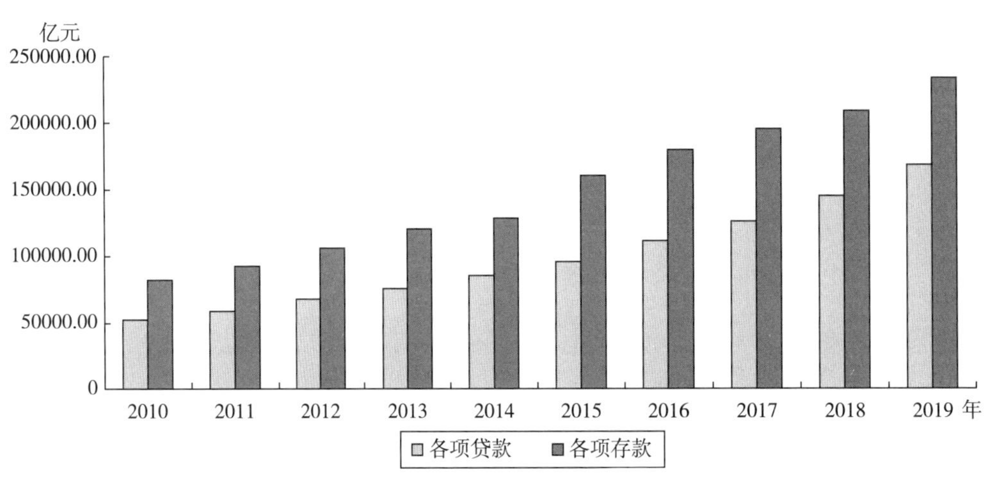

图 5 2010—2019 年广东银行业金融机构存贷款情况

（数据来源：中国人民银行广州分行）

不良贷款率有所下降。受经济下行压力影响，广东银行业金融机构的不良贷款余额略有增加，但不良贷款率有所下降。按五级分类口径，2019 年末广东银行业金融机构不良贷款余额为 1973.8 亿元，比年初增加 39.8 亿元，比年初增长 2.1%；不良贷款率为 1.2%，比年初降低 0.2 个百分点。

拨备水平稳步上升。2019 年末，广东银行业金融机构各项贷款损失准备余额为 3751.8 亿元，比上年末增长 17.0%，拨备覆盖率达到 190.1%，比上年末提高 24.2 个百分点。拨备贷款比为 2.2%，与上年末基本持平。

盈利能力继续提升。2019 年，广东银行业金融机构实现税前利润 3854.5 亿元，比上年增加 257.6 亿元，比上年增长 7.2%。资产利润率为 1.6%，与上年基本持平。

流动性趋势向紧。2019 年末，广东银行业金融机构存贷比为 72.3%，比上年提高 2.5 个百分点；

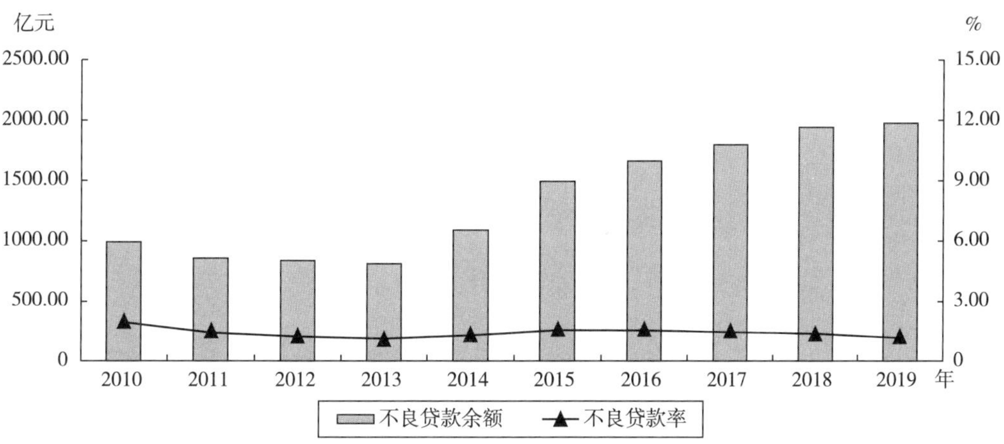

图 6　2010—2019 年广东银行业金融机构资产质量情况

（数据来源：中国人民银行广州分行）

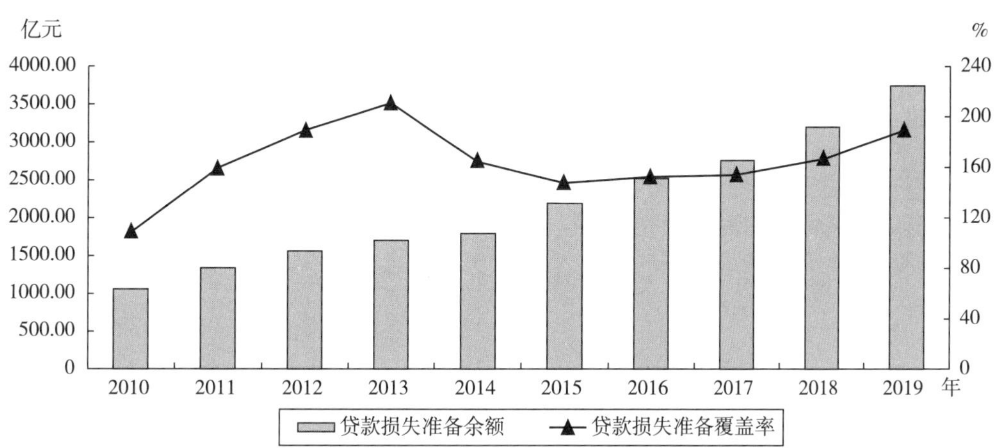

图 7　2010—2019 年广东银行业金融机构贷款损失准备情况

（数据来源：中国人民银行广州分行）

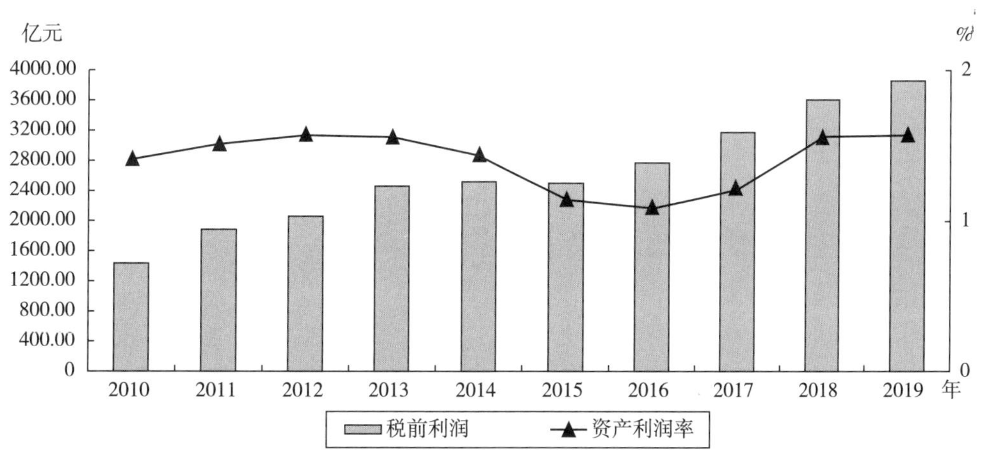

图 8　2010—2019 年广东银行业金融机构盈利情况

（数据来源：中国人民银行广州分行）

新增贷款与新增存款之比 111.0%，比上年降低 30.4 个百分点，流动性较上年宽松。

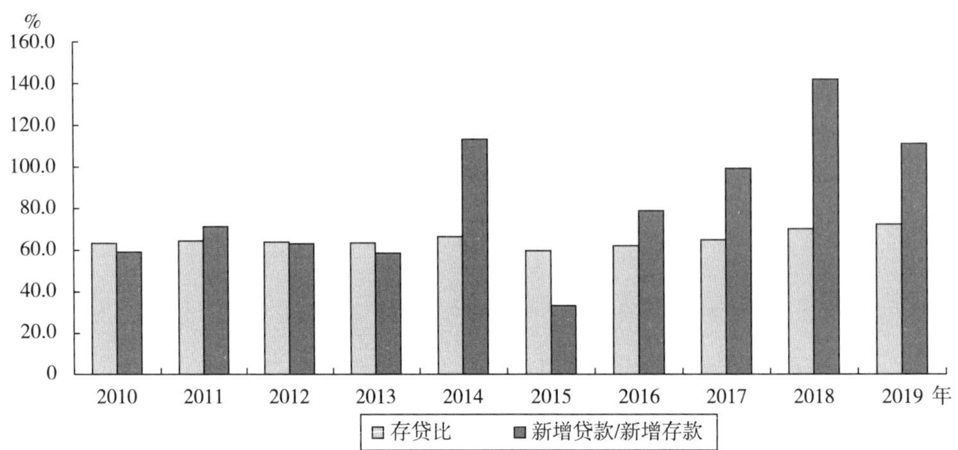

图 9　2010—2019 年广东银行业金融机构存贷比情况

（数据来源：中国人民银行广州分行）

银行业改革稳步推进。2019 年，广东政策性、开发性金融机构落实机构改革，以服务实体经济为导向，加大对重点领域和薄弱环节的资金支持力度，充分发挥政策性功能；国有商业银行分支行在机构设置、运用管理体制、业务创新和国际合作等多方面改革继续深化。农村信用社改制平稳推进，稳健经营能力持续增强。截至 2019 年末，全省已有 74 家农商行实现开业，占全省农合机构的比例达 84.1%，比上年末上升 27.3 个百分点，未改制农信社仅剩 9 家。

（二）主要风险

部分机构存在资本充足率不达标问题。截至 2019 年末，广东辖内 146 家地方法人银行业金融机构平均资本充足率为 14.4%、平均杠杆率为 7.7%。分机构看，10 家银行业金融机构中账面资本充足率低于监管标准（10.5%）。部分机构受资本补充途径狭窄、贷款清收效果不佳等影响，提升至监管标准存在较大困难，截至 2019 年末，10 家资本充足率不达标机构合计贷款损失准备缺口 241.9 亿元，资本补充压力较大。

农合机构风险需进一步关注。广东农合机构资产质量较差，风险较为集中。一是不良贷款率较高，全省农合机构账面不良贷款占地方法人不良贷款余额的一半以上；不良贷款率高于辖内法人银行业整体水平。二是拨备覆盖率偏低，全省农合机构拨备覆盖率远低于辖内法人银行业整体水平。三是发展水平不平衡，珠三角地区农合机构总体发展情况良好，而粤东西北地区农合机构相对较差。四是个别农信社改制缺口较大，2019 年末广东尚有部分农信社由于历史包袱沉重、改制缺口较大等原因未能完成申筹。

高风险银行机构风险化解成效显著但需继续加强推进。2019 年末，广东辖内央行金融机构评级为 8～10 级的高风险机构 8 家，比上年末减少 10 家。高风险机构数量大幅下降表明，风险处置成效显著，但剩余高风险机构属于历史包袱较重、化解难度较高的机构，相关风险化解处置工作需进一步推动。

理财业务转型存在一定困难。2019 年广东地方法人银行业金融机构积极落实资管新规及其配套细则，理财业务整改和转型取得进展，但仍存在一些问题。主要表现在：一是理财业务信息披露不充分。部分机构理财产品底层融资人发生欠息、展期、重组等重大事件，未向投资者进行充分及时的信息披露。二是过渡期后尚未终止的非标资产和权益类资产接续存在一定困难。部分机构新产品发行面临较大压力，短时间内难以获得足够资金用于承接过渡期后到期的非标准债权资产和权益类资产。三是公募理财产品债券资产配置受到较大影响。由于省内地方法人银行公募封闭式理财产品净资产普遍偏低，受投资集中度限制，所需债券规模较小，难以在二级市场找到交易对手。四是理财产品投资运作过程中存在刚性兑付情况。部分机构在理财产品投资标的出现违约的情况下，为维持流动性和避免声誉风险，仍按预期收益向客户进行兑付。

三、证券业

（一）改革发展情况

2019 年，广东证券期货业机构经营状况较为平稳，综合实力和持续发展能力维持在稳健水平，各项经营指标有所上升，抗风险能力得到进一步提升。然而，受中美贸易摩擦等因素影响，国内证券市场波动加剧，对广东证券期货业机构稳健运行带来了一定冲击。

证券公司经营业绩明显改善。2019 年，全省 28 家证券公司共实现营业收入 1045. 2 亿元，比上年增长 32. 1%，实现税后净利润 383. 6 亿元，比上年增长 46. 8%。截至 2019 年末，全省证券公司总资产 21749. 3 亿元，比上年末增长 15. 1%，净资产 5384. 8 亿元，比上年末增长 5. 9%。总体来看，证券公司收入和利润明显改善，综合实力和抗风险能力得到进一步提升。

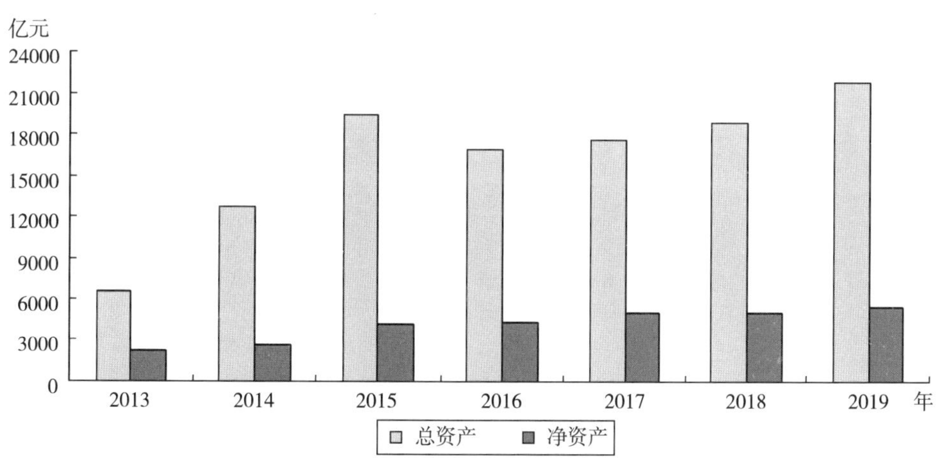

图 10　广东法人证券公司资产规模

（数据来源：广东证监局、深圳证监局）

基金公司新发基金产品稳步增加。截至 2019 年末，全省共有基金管理公司 35 家，比上年末增加 3 家；所管理的基金数量 2231 只，比上年末增加 289 只；基金规模 47513. 9 亿元，比上年末增长 7. 3%；基金净值为 51862. 4 亿元，比上年末增长 14. 9%，基金行业总体实力稳步增长，抗风险能力持续增强。

期货公司经营业绩有所下降。截至 2019 年末，全省共有期货公司 22 家，与上年持平；总资产 1377. 2 亿元，比上年末增长 28. 3%；净资产 256. 8 亿元，比上年末增长 15. 0%；全年实现营业收入

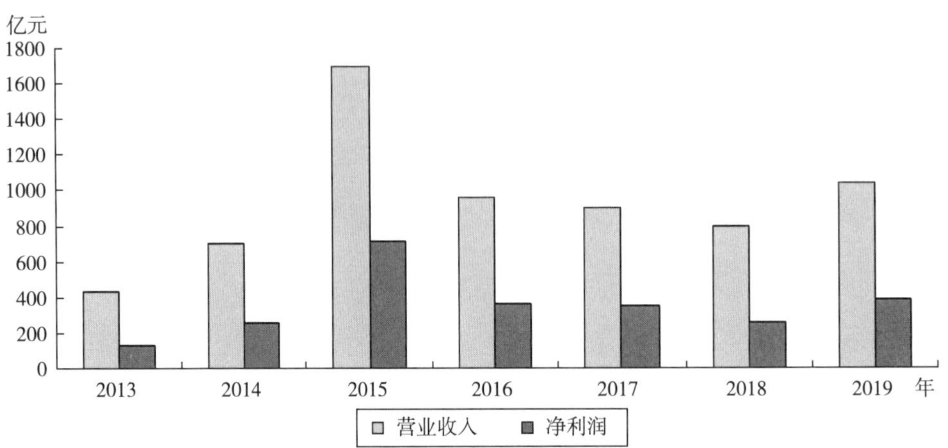

图 11　广东法人证券公司收入及利润

（数据来源：广东证监局、深圳证监局）

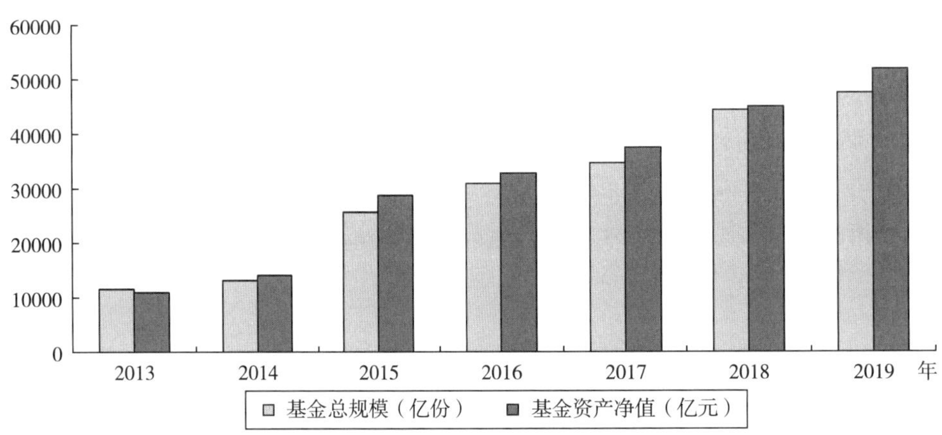

图 12　广东法人基金公司经营情况

（数据来源：广东证监局、深圳证监局）

47.5 亿元，比上年增长 10.7%；实现净利润 14.2 亿元，比上年增长 15.8%；全年期货代理交易额 111.7 万亿元，比上年增长 43.9%。

（二）主要风险

证券公司需整改的资产管理业务存在相关风险。自资管新规出台以来，广东省内证券公司对资产管理业务进行了调整，不合规资产管理业务规模逐步缩减，但资产管理业务目前仍存在非公开债券资产流动性较差、处置变现困难等问题，且存在产品投资的底层标的出现融资方违约的信用风险事件。此外，部分产品还涉及个人投资者较多，如处置不当易产生涉众风险。

上市股市股权质押平仓风险值得关注。随着 2019 年初我国证券市场的大幅反弹，2018 年下半年的股权质押风险得到一定缓解。2019 年下半年，沪指一直在 2800～3000 点徘徊，大盘蓝筹股价较稳步上涨，但许多中小盘个股股价却跌破 2018 年末低点。广东 614 家上市公司中，有 145 家上市公司股价跌破 2018 年末低点，占全部上市公司总数的 23.6%。在超过 20% 上市公司股价跌破 2018 年末低点的背景下，上市公司的股权质押风险仍需关注。

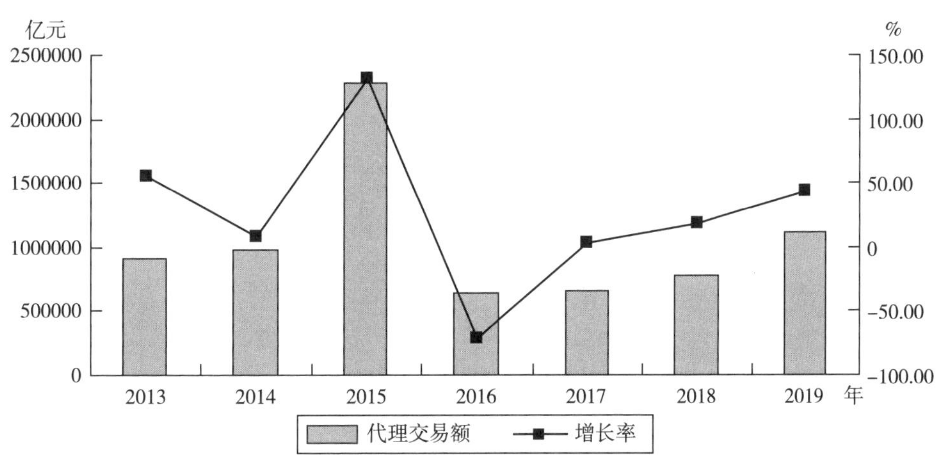

图 13　广东法人期货公司代理交易额和增长率

（数据来源：广东证监局、深圳证监局）

四、保险业

2019 年，广东保险业保持稳定发展态势，实现了规模平稳增长、产品结构逐步调整的协调发展。保险市场业务发展稳中向好，保险业积极转型升级，回归保障本源，风险保障水平快速提升，风险抵御能力稳步增强，服务实体经济能力不断提高。

（一）改革发展情况

保险业务平稳增长。2019 年，广东保险业继续保持良好发展势头，业务呈现平稳增长，保费规模稳居全国首位。2019 年全省保险公司资产总计 14884. 8 亿元，比上年增加 1847. 1 亿元，比上年增长 14. 2%。保费收入 5496. 7 亿元，比上年增长 17. 9%。其中，财产险业务保费收入 1433. 2 亿元，比上年增长 12. 8%；人寿保险业务保费收入 3011. 4 亿元，比上年增长 17. 1%；健康险和意外伤害险保费收入 1052. 1 亿元，比上年增长 28. 2%。

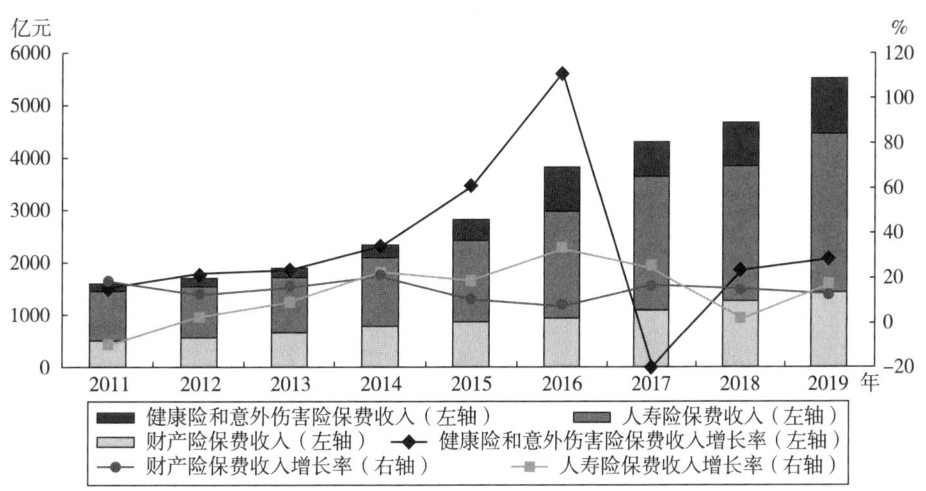

图 14　2011—2019 年广东保险业保费收入情况

（数据来源：广东银保监局）

风险保障力度加大。2019 年，广东保险业累计提供风险保障金额 1457. 2 万亿元，比上年增长 37. 2%。其中，财产险公司保险金额 1266. 0 万亿元，比上年增长 35. 0%；人身险公司期末有效保险金额 191. 2 万亿元，比上年增长 53. 9%。对实体经济发展及风险缓释起到保障支持作用。

赔付支出增长放缓。2019 年，广东保险业赔付支出为 1425. 3 亿元，比上年增长 1. 6%。其中，人寿险年累计赔付支出为 406. 0 亿元，比上年增长 15. 0%；财产险年累计赔付支出为 765. 6 亿元，比上年增长 2. 8%；健康险和意外伤害险年累计赔付支出为 253. 7 亿元，比上年增长 40. 1%。

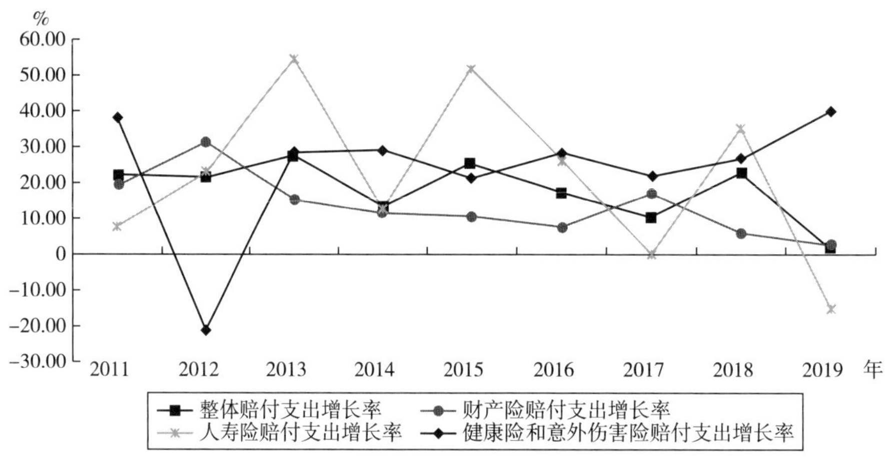

图 15　2011—2019 年广东保险业赔付支出增长情况

（数据来源：广东银保监局）

寿险退保金总额和满期给付有所回落。2019 年，全省寿险公司退保金总额 633. 8 亿元，比上年下降 30. 8%。其中，寿险退保金 596. 3 亿元，比上年下降 24. 1%；长期健康险退保金 37. 5 亿元，比上年下降 71. 3%。寿险公司满期给付 253. 4 亿元，比上年下降 15. 0%。

经营效益大幅上升。2019 年，广东保险业承保利润 106. 3 亿元，比上年增长 132. 3%。

各项准备保持充足。2019 年，广东产险公司各项准备保持充足，未到期责任准备金余额与财产

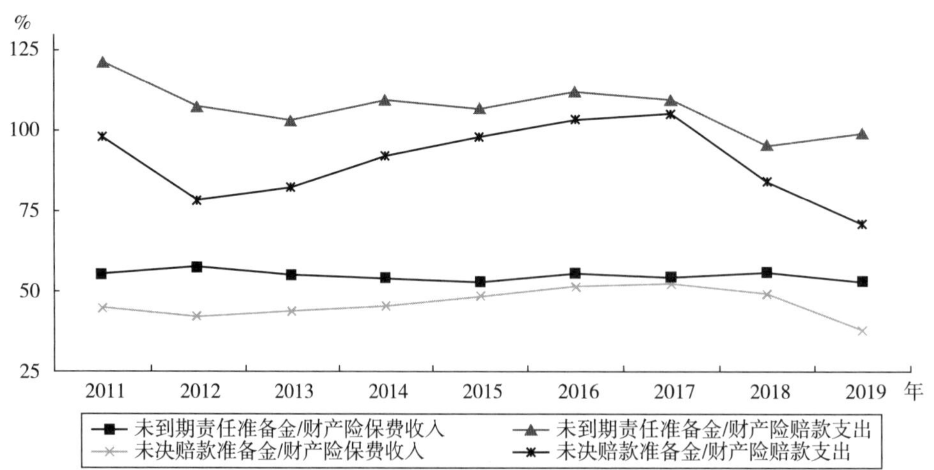

图 16　2011—2019 年广东产险公司各项准备情况

（数据来源：广东银保监局）

险保费收入之比为53.0%，比上年下降2.9个百分点；未到期责任准备金余额与财产险赔款支出之比为99.1%，比上年提高3.8个百分点；未决赔款准备金与财产险保费收入、财产险赔款支出之比分别为37.9%和70.9%，分别比上年下降11.5个和13.4个百分点。

寿险公司责任准备金余额继续保持2011年以来逐年上涨的趋势。2019年寿险责任准备金为11478.2亿元，比上年增长15.4%；长期健康险责任准备金为1296.1亿元，比上年增长22.8%。

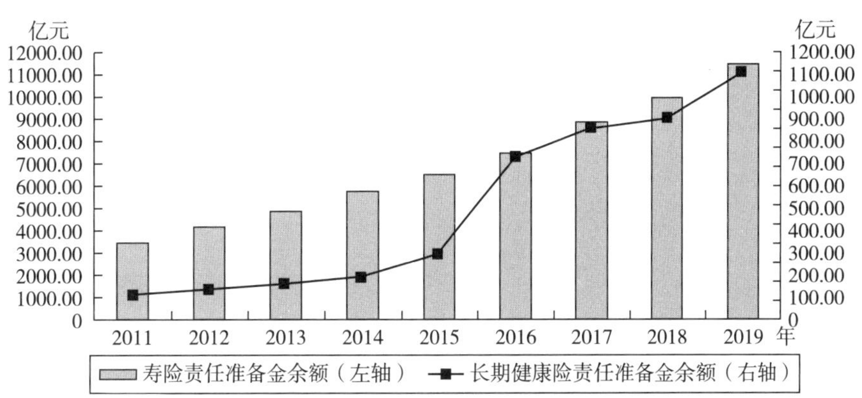

图17　2011—2019年广东寿险公司各项准备情况

（数据来源：广东银保监局）

（二）主要风险

保险业新单保费增长乏力。在中短期理财型产品带动的寿险高速发展周期中，销售主要依赖银邮渠道。随着保险行业回归保障本源，销售渠道逐步转向个险代理，受产品结构调整及销售渠道转型升级瓶颈影响，人身险新单保费增长承压。

资产负债期限错配和收益率不匹配问题依然存在。个别人身险公司主要业务的负债期限长，而在投资端却以短期的产品为主，错配风险大。另外，在长期低利率的环境下，保险公司的再投资和新增资产投资都面临着很大困难，利差损风险较大。少数中小保险机构投资收益率与负债成本严重倒挂，将给保险机构经营带来极大的风险隐患。

健康险赔付支出增速超保费收入增速。2019年广东健康险保费收入857.1亿元，比上年增长32.2%；累计赔付支出为222.3亿元，比上年增长45.9%，赔款占保费收入比加大。随着重疾发生率上升、赔付率上升，对于长期健康险，期限越久，病差损风险及后期赔付压力越大，影响保险公司长期稳健发展。

五、具有融资功能的非金融机构

（一）小额贷款公司业务发展有所放缓

截至2019年末，广东辖内共有小额贷款公司395家，其中新设6家，注销（或退出市场）10家；注册资本557.0亿元，较上年同比减少1.6%；全年累计投放贷款总额722.0亿元，较上年减少5.4%；年末贷款余额514.6亿元，较上年减少3.5%；不良贷款率8.8%，较上年增加2.4个百分点。

（二）融资担保公司经营稳健

截至2019年末，广东辖内融资性担保法人机构151家，比上年增加1家；注册资本总额305亿元，同比减少4.4%；在保余额1514.4亿元，同比增长12.7%；从业人员2917人，同比增长4.6%；在保户数近388万户（含个人消费金融担保客户），同比增加310万户；2019年，新增融资担保代偿额7.3亿元，融资担保代偿率1.6%。

六、金融生态状况

2019年，广东继续优化金融业发展的政策环境，加强金融法制、金融业信用体系和支付体系建设，深入推进反洗钱工作，有力地促进了广东金融生态环境的改善。

（一）区域政策环境继续优化

2019年，广东加强对中小企业融资、乡村振兴、金融扶贫、创业就业的政策支持，联合省科技厅组织开展2018年“普惠性科技信贷后补助”申报，对经济发展重点领域和薄弱环节的支持力度不断加大。创新开展“访百万企业助实体经济”专项行动，深化民营和小微金融服务。截至2019年末，辖区银行机构累计走访企业161.8万家，发现有融资需求企业12.3万家，已发放贷款2.7万户、856.3亿元。

（二）金融法治状况不断改善

金融法治建设方面，中国人民银行广州分行组织开展规范性文件清理工作，动态更新规范性文件目录，进一步完善了广东金融法制体系。开展粤港澳大湾区金融法律制度比较及协同研究，对粤港澳大湾区金融融合的法治协同提出政策建议。金融普法方面，中国人民银行广州分行组织辖区分支机构和金融机构在“3·15消费者权益日”“6·14信用记录关爱日”“金融知识普及月”“12·4国家宪法日”等重要节点开展金融普法宣传教育活动，有效提升公众金融法治意识和水平。2019年，全省12363热线累计受理投诉5912件，比上年增长58.5%，办结5479件，结案率92.7%；受理咨询20294件。

（三）信用体系建设日益完善

一是深入推进中小微企业和农村信用体系建设，促进中小微企业和农户融资。按照人民银行总行统一工作部署，积极构建信用评价机制，加强信用信息成果应用。截至2019年末，中国人民银行广州分行累计为81万家中小企业建立信用档案，评定信用农户426万户，依托信用服务平台实现政策、产品和融资对接，中小微企业和农户主体贷款规模不断扩大，有效支持地方经济高质量发展。二是充分发挥地方社会信用体系建设牵头作用，积极推进信用记录应用，持续扩大征信系统信息采集面，着力提升征信系统应用服务效能，与政府部门之间建立信用信息交换共享机制，推动守信联合激励和失信联合惩戒的落实与应用。三是积极培育信用服务市场，以市场需求为导向，按照市场化、法制化原则，积极引导新型征信业态有序发展，繁荣征信市场。截至2019年末，中国人民银行广州分行备案企业征信机构4家，信用评级机构12家。

（四）支付体系稳健运行

一是中央银行会计核算数据集中系统（ACS）综合前置及信息管理子系统顺利推广上线，共完成 10 家法人银行业金融机构 ACS 综合前置子系统推广上线工作，5 家法人银行业金融机构退出金融电子化公司代理接入 ACS 综合前置的金融机构，5 家农合机构退出 ACS 综合前置子系统，140 家法人机构 ACS 综合前置客户端升级换版工作。二是各支付清算系统安全平稳运行。2019 年，广东辖内各支付清算系统共处理业务 14.3 亿笔，金额 506.8 万亿元。其中，大额支付系统共处理业务 1.8 亿笔，金额 486.4 万亿元，笔数比上年减少 1.9%，金额同比增长 7.5%，笔数、金额分别占支付清算系统业务的 12.5% 和 96.0%，笔数、金额排名分别居全国第 3 位和第 5 位；小额支付系统共处理业务 4.2 亿笔，金额 8.6 万亿元，笔数、金额同比分别增长 8.3% 和 45.8%，笔数、金额分别占支付清算系统业务的 29.6% 和 1.7%，笔数、金额排名分别位居全国第二和第三。

（五）反洗钱工作实效性进一步增强

一是深入开展风险领域反洗钱现场检查。2019 年，中国人民银行广州分行累计对 53 家金融机构进行反洗钱执法检查，依法对违法情节较为严重的 19 家机构和 25 名相关责任人作出行政处罚。二是反洗钱案件调查工作的有效性进一步凸显，全年分行辖区共接收重点可疑交易报告 2730 份，开展案件调查 1346 起，经甄别分析向侦查机关移送线索 1029 条，成功破获各类型案件 92 起，取得了显著成效。三是反洗钱各项基础性工作稳步推进，2019 年，中国人民银行广州分行共利用报纸、杂志、电视、网络等载体，开展媒体宣传 500 余次，发放宣传资料 12 万余份，覆盖 300 万余人次，有效提升了社会公众对反洗钱的认识。

七、金融稳定工作实践与探索

2019 年，中国人民银行广州分行坚持稳中求进的工作总基调，加强统筹协调，坚持分类施策，实施精准拆弹，稳妥化解辖区金融重点领域风险，建立健全防范化解重大金融风险的长效机制，牢牢守住不发生区域性系统性风险的底线。

（一）建立健全区域金融风险防控工作机制

根据人民银行总行、广东省政府关于打好防范化解重大金融风险攻坚战方案的相关要求，及时制定分行攻坚战实施方案及工作分工；按照“一行一社一策”的思路，对广东辖内各家地方法人银行业金融机构建立有针对性的风险处置预案，建立健全风险处置快速反应机制，提高预防和科学处置风险的效率。

（二）加强风险监测评估与风险提示

密切关注重点领域和重点机构的金融风险，加强对辖内高风险金融机构、城商行、上市公司和大额融资企业的风险监测分析与评估；组织开展中外资银行业金融机构综合评估；开展银行业压力测试；高效优质完成央行金融机构评级，加强高风险机构风险提示和风险早期纠正工作；深入开展稳健性评估，对辖内证券、保险公司开展非现场稳健性评估，对部分证券、保险公司开展稳健性现场评估，深入了解辖区证券、保险法人机构稳健性状况，促进业务规范经营和可持续发展。

（三）稳妥化解重点领域和重点机构风险

采取早期纠正措施、推进农信社改制、督促村镇银行发起行落实风险化解责任等多种方式，大力推动辖内高风险银行机构的风险处置，广东辖内高风险银行机构由上年末的18家下降为8家；配合人民银行总行做好涉包商银行债权收购的相关工作，防范包商事件对省内中小金融机构的风险传染；配合地方政府有序处置团贷网等P2P网贷平台风险，开展非法集资案件的排查，严厉打击涉金融犯罪活动。

（四）推进区域金融改革发展

自广东新一轮农合机构改革启动以来，中国人民银行广州分行采取指导大力压降不良贷款、强化货币政策支持、加强监督引导、提供高效开业管理等措施，配合地方政府推动农信社改制工作。截至2019年末，全省88家农合机构，已挂牌开业农商行74家，比2017年末增加40家。定期监测辖区政策性银行、大型商业银行改革进展以及农业银行"'三农'金融事业部"改革进展情况，引导推动金融机构转变发展方式和运营模式。

八、总体评估和趋势展望

（一）总体评估

2019年，在国内外风险挑战明显上升的情况下，广东经济运行保持总体平稳，继续运行在合理区间；供给侧结构性改革优化升级，实体经济加快转型升级；防控金融风险的工作机制不断健全，防范化解重大金融风险攻坚战取得关键进展；区域金融改革创新取得积极进展，跨境金融产品和服务日益丰富；银行业继续保持稳健发展的良好态势，服务实体经济力度加强；证券期货业机构经营状况较为平稳，综合实力和持续发展能力维持在稳健水平；保险业回归保障本源，风险保障水平快速提升，抵御风险能力稳步增强。

与此同时，当前国际国内经济金融形势复杂严峻，世界经济增长持续放缓，我国正处于转变发展方式、优化经济结构、转换增长动力的攻关期，结构性、体制性、周期性问题相互交织。受此影响，广东金融业面临国内外风险挑战明显增多，农合机构风险较为集中，高风险银行机构风险化解仍需加强推进，上市公司股权质押平仓风险值得关注，保险资产负债期限错配和收益率不匹配问题依然存在，做好宏观审慎管理和金融改革发展稳定工作仍面临不少挑战。

（二）趋势展望

2020年是全面建成小康社会和"十三五"规划收官之年。展望未来一段时期，新冠肺炎疫情对我国经济造成一定影响，但是持续时间和规模有限，中国经济长期向好、高质量增长的基本面没有变化。同时也要看到，国内外经济都处于调整期，国内经济下行压力较大。作为全国首个经济总量突破10万亿元的省份，广东经济总量大、韧性强，产业体系相对完备，粤港澳大湾区建设稳步推进，经济发展前景广阔。预计 2020 年，广东金融业将继续保持平稳运行的态势，区域金融改革创新将不断深化，金融服务实体经济的质量和效率将持续提升，抵御风险的能力将进一步增强。

中国人民银行广州分行金融稳定分析小组

组　　长：白鹤祥
副 组 长：彭化非
成　　员：黄桂良　叶　茂　高文艺　张志东　李程枫　万剑韬
黄　润　陈卫东　陈洁波　李建民　姜小南　李　波
陈　瑜　杨白娥　徐宏练　冼宇航　林伟斌　陈　威

《广东省金融稳定报告（2020）》编写组

总　　纂：白鹤祥
统　　稿：彭化非　黄桂良　张　皓　陈一非
执　　笔：庄礼焕　陈育穗　吴　进　郑　勇　高思劼　覃麒桦
潘婧媛　沈凌镁　赵颖欣　廖文辉　陈　蕾　王昭彤
参与写作人员：龙永洁　李挚宁

广西壮族自治区金融稳定报告摘要

2019年，广西经济运行总体平稳，结构调整稳步推进，增长动能不断增强。金融业积极应对复杂多变的经济形势，不断推进改革创新，整体运行稳中有进，防控力度不断加大，防范化解金融风险攻坚战取得阶段性成果。但是，受到国内外复杂多变的经济金融环境影响，广西金融发展仍存在诸多不确定因素，金融稳健运行面临诸多挑战。

一、广西经济运行总体情况及主要特点

（一）经济运行总体平稳，结构调整稳步推进

2019年广西生产总值（GDP）21237.14亿元，同比增长6%。其中，第三产业占GDP的比重由上年50.5%提升至50.7%，产业结构持续优化。固定资产投资（不含农户）同比增长9.5%，其中高技术产业投资增长较快，同比增长27.0%。外贸进出口总值4694.7亿元，同比增长14.4%。广西居民消费价格同比上涨3.7%，比上年高1.4个百分点。广西城乡居民人均可支配收入比值为2.54:1，比上年缩小0.07。就业形势总体稳定，广西城镇新增就业人数41.37万人，城镇登记失业率2.60%，低于年度控制目标1.9个百分点。

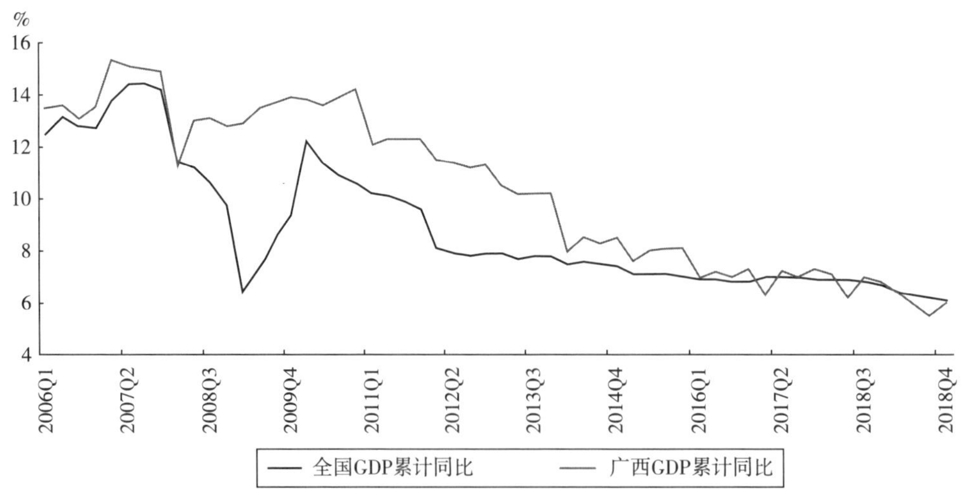

图1 全国和广西季度GDP累计增速

（数据来源：国家统计局）

（二）经济运行中需关注的问题

2019 年广西经济保持平稳运行，但发展不平衡不充分问题仍较突出。一是产业结构调整滞后、工业持续低位运行制约信贷投放。2019 年广西规模以上工业增加值同比增长 4.5%，较上年下降 0.2 个百分点。同时，广西产业结构仍较为落后，六大高耗能行业增加值占广西规模以上工业比重达到 45.8%，在国家产业信贷政策导向下信贷资金投向工业领域受限。二是经济承压下居民实际收入增速放缓，叠加住户部门加杠杆步伐较快，导致个人贷款质量有劣变趋势。2019 年末，广西个人不良贷款余额同比增长 25.20%。

二、金融业与金融稳定

（一）银行业

1. 银行业金融机构经营总体情况及其特点

（1）银行业金融机构数量稳步增长。2019 年，广西银行业新增 1 家股份制银行，1 家农村合作银行成功改制成农村商业银行。截至 2019 年末，辖内银行业非法人银行业金融机构 24 家：政策性银行 3 家、国有大型商业银行 6 家、股份制商业银行 10 家、外资银行 4 家、财务公司 1 家；银行业法人金融机构 141 家：城市商业银行 3 家、农村商业银行 35 家、农村合作银行 15 家、农村信用社 41 家、村镇银行 42 家、农村资金互助社 3 家、财务公司 1 家、金融租赁公司 1 家。

（2）资产负债规模稳步增长，资产增速略高于负债。2019 年末，广西银行业金融机构资产总额 41584.16 亿元，比年初新增 3057.49 亿元，同比增长 7.94%，增速同比提高 0.6 个百分点。广西银行业金融机构负债总额 39845.04 亿元，较年初增加 2869.73 亿元，同比增长 7.76%，增速同比提高 0.73 个百分点。

（3）各项存款平稳增长，贷款增量创历史新高。2019 年末，广西金融机构本外币各项存款余额 31646.01 亿元，同比增长 6.23%；全年新增存款 1883.22 亿元，同比少增 6.92 亿元。广西金融机构本外币各项贷款余额 30497.39 亿元，同比增长 14.27%；全年新增贷款 3691.24 亿元，同比多增 246.01 亿元，增量创历史新高。其中投资增速稳步回升、施工进度加快、企业用款需求增多等，带动非金融企业及机关团体贷款同比多增 601.86 亿元。

2. 银行业稳定性评估

（1）不良贷款指标同比双降。2019 年末，广西银行业金融机构不良贷款余额 680.42 亿元，同比减少 3.62%；不良贷款率 2.23%，同比下降 0.41 个百分点，但比全国高 0.21 个百分点，资产质量管控压力仍然较大。从机构类型看，城市商业银行不良贷款增加较多，比年初增加 9.62 亿元，农村合作金融机构和新型农村金融机构不良贷款年内实现负增长，比年初分别减少 12.34 亿元和 1.58 亿元。从不良贷款的行业分布来看，批发和零售业、农、林、牧、渔业和制造业的不良贷款余额排名前 3 位；个人贷款（不含个人经营性贷款）比年初新增不良贷款 13.24 亿元，同比提高 25.2%。

（2）农村合作金融机构不良贷款潜藏反弹风险，后续压降难度较大。截至 2019 年末，广西农

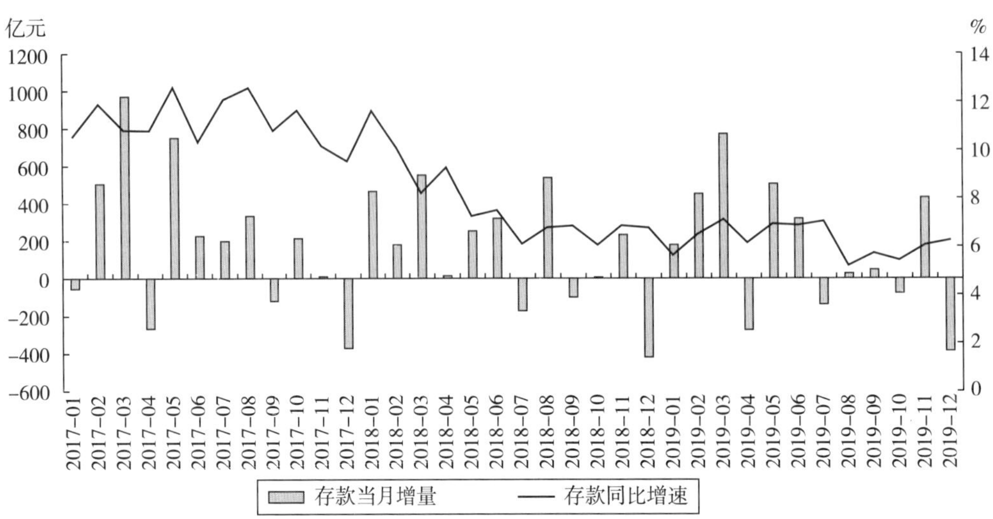

图2　广西存款当月增量与同比增速

（数据来源：中国人民银行南宁中心支行）

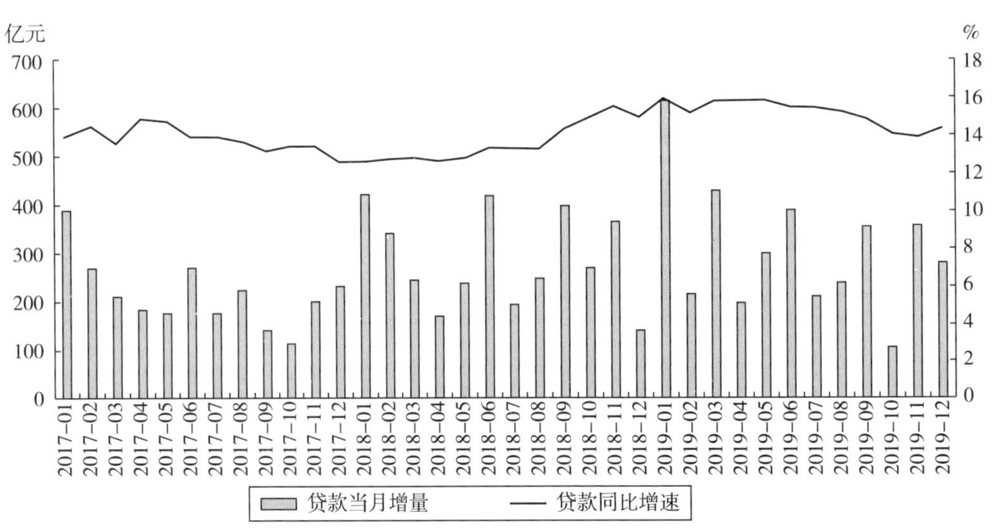

图3　广西贷款当月增量与同比增速

（数据来源：中国人民银行南宁中心支行）

村合作金融机构不良贷款余额同比减少12.34亿元；不良贷款率同比下降1.06个百分点，实现同比双降，但存在潜在的反弹风险。收息上调五级分类和续贷重组仍然是农村合作金融机构压降不良贷款的主要手段，其实质是一种变相的短期经营行为，多数借款人经营情况、还款能力没有实际改善。

（3）银行业法人机构流动性压力趋缓。法人机构流动性比例50.46%，同比提高4.45个百分点，存贷比79.23%，同比提高1.84个百分点，其中城市商业银行和农村合作金融机构流动性比例分别提高8.74个和2.41个百分点，存贷比分别提高1.94个和1.81个百分点。

（4）银行业法人金融机构资本充足水平较年初有所好转。2019年末，广西银行业法人金融

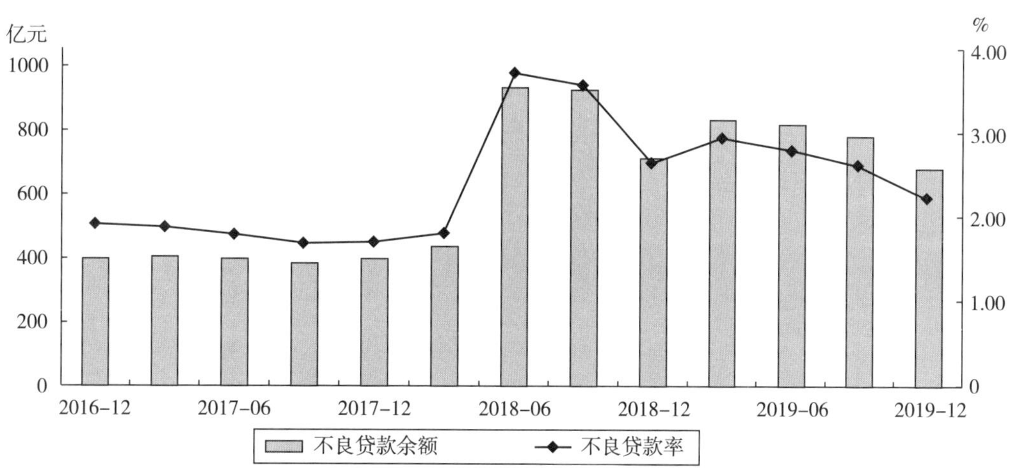

图 4　广西贷款质量变化趋势

（数据来源：广西银保监局）

机构资本充足率 11. 38%、核心一级资本充足率 10. 05%，同比分别提高 1. 02 个和 0. 33 个百分点。分机构看，城市商业银行资本充足率同比提高 1. 12 个百分点，核心一级资本充足率同比下降 0. 25 个百分点；农村合作金融机构资本充足率和核心一级资本充足率同比分别提高 0. 74 个和 0. 57 个百分点。

（5）经营效益稳步增长。2019 年末，广西银行业金融机构实现税后净利润 444. 78 亿元，同比增长 9. 42%。其中，利息净收入 994. 25 亿元，同比多增 56. 18 亿元；手续费净收入 96. 86 亿元，同比多增 3. 91 亿元，中间业务收入率 10. 71%，同比下降 0. 3 个百分点，资产利润率 1. 11%，同比提高 0. 02 个百分点。

（6）高风险机构数量同比基本持平。2019 年，中国人民银行南宁中心支行按季对广西 140 家法人银行业金融机构开展了四次央行金融机构评级工作。从第四季度评级情况看，金融机构评级档次主要集中于 5 级至 7 级区间，分布呈“中间大、两头小”的格局，高风险机构数量同比基本持平。

（二）证券业

1. 证券类金融机构经营总体情况及其特点

（1）辅导备案拟上市企业增多，新三板挂牌公司有所减少。2019 年广西新增 A 股上市公司 1 家；新增辅导备案的拟上市企业 7 家；新增新三板挂牌公司 1 家，终止挂牌 10 家；新增区域性股权市场挂牌企业 29 家，近 2600 家挂牌企业因股权未登记托管，按监管要求转为展示企业。截至 2019 年末，广西有境内上市公司 38 家，IPO 在审企业 1 家，辅导备案的拟上市企业 9 家，新三板挂牌企业 67 家，广西区域性股权市场挂牌企业 165 家，证券公司 1 家，基金公司 1 家，基金销售法人机构 1 家，已登记备案私募基金管理机构 86 家，证券分公司 29 家，证券营业部 187 家，期货分公司 3 家，期货营业部 30 家。

（2）证券交易量保持稳步增长。2019 年广西证券交易额累计 5. 29 万亿元，同比增长 20. 39%。而同期全国证券交易额同比增长 12. 1%，广西证券交易量增速优于全国。广西期货成交量 3050. 29 万手，成交金额 1. 79 万亿元，分别同比增长 11. 17%、13. 26%。公募基金管理规模 277. 71 亿元，同比下降 1. 67%，备案私募基金规模 453. 07 亿元，同比上升 12. 3%。

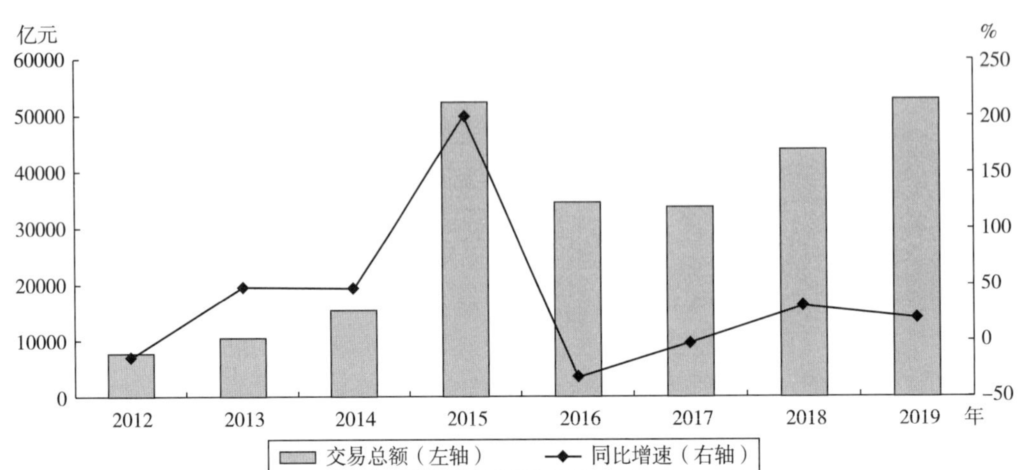

图 5 广西证券经营机构代理证券交易总额和增速

（数据来源：广西证监局）

（3）直接融资规模显著扩大。2019 年广西资本市场直接融资 467. 38 亿元，同比增长 46. 53%，其中 IPO 融资 7. 33 亿元，上市公司股权再融资 82. 39 亿元，新三板挂牌公司增发融资 3. 99 亿元，公司债券融资 317. 65 亿元，资产支持证券（ABS）融资 29. 78 亿元，区域性股权市场可转债融资 26. 24 亿元。

2. 证券业稳定性评估

（1）上市挂牌资源培育不足，市场发展后劲乏力。广西上市公司、拟上市公司和新三板挂牌公司数量少，上市挂牌后备资源匮乏，2019 年全国 A 股新增 IPO 上市公司 203 家，广西仅新增 1 家，目前全国 IPO 在审企业 400 余家，广西仅有 1 家。广西上市后备资源库的大多数企业离上市的标准相距较远，而资本市场持续低迷给企业上市带来很大的不确定性，推动企业发行上市后继乏力，新三板挂牌企业后劲不足。

（2）少数公司债券存在潜在的兑付风险。2020 年，广西公司债券市场将迎来又一个到期兑付或面临回售选择高峰，涉及规模近 410 亿元，个别债券发行人缺乏有效的“造血”功能，资产负债率较高，偿债能力和抗风险能力较弱。从 2019 年情况看，广西公司债券到期回售的兑付压力不大，但是部分公司债券发行人在公司治理、信息披露、日常经营等方面存在较多问题，在加强金融监管、融资环境趋紧形势下，少数债券发行人仍存在潜在的债券兑付风险。

（3）部分上市公司业绩不佳，经营机制不健全。2019 年前三季度，广西上市公司亏损家数为 9 家，扣除非经常性损益后亏损数达 12 家，少数公司扣除非经常性损益后已连续亏损 10 年以上。已披露的 2019 年业绩预告 30 家上市公司，有 8 家公司亏损。少数公司“空壳化”，主业不突出，投资管理不善，持续经营能力存疑。

（三）保险业

1. 保险类金融机构经营总体情况及特点

（1）保险业务增速放缓。2019 年，广西保险业实现原保险保费收入 664. 92 亿元，同比增长

5.71%，增速同比下降5.6个百分点。其中，财产保险保费收入216.78亿元，同比下降2.4%；人身保险保费收入448.14亿元，同比增长9.32%，增速同比下降1.73个百分点。

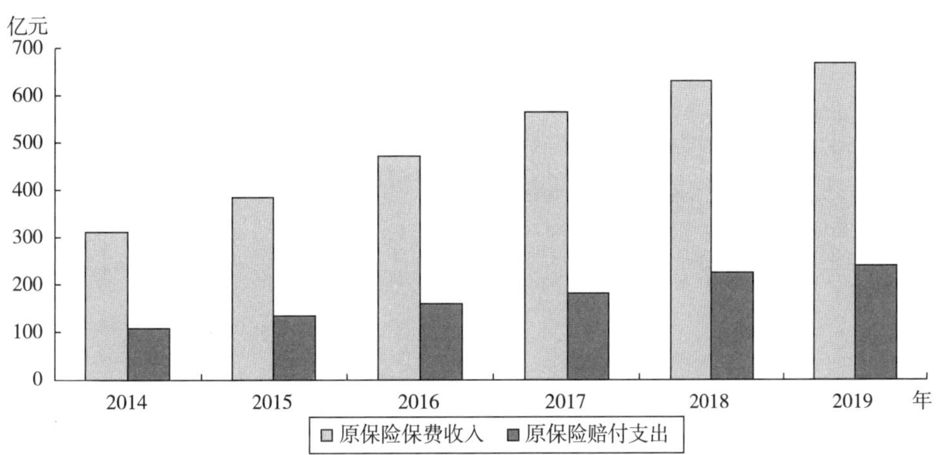

图6 2014—2019年广西保费收入和赔付支出

（数据来源：广西银保监局）

（2）市场体系不断完善。2019年，国富人寿广西分公司、国任财险广西分公司相继正式获批开业。截至2019年末，广西保险市场有2家地方法人机构，44家省级分公司，其中，财产险省级分公司25家；人身险省级分公司19家。广西各级保险机构共计2246家，保险代理、经纪、公估等各级专业中介机构共计339家，保险从业人员约19万人。

（3）风险保障功能较好发挥。2019年，广西保险业共为全社会提供各类财产和人身风险保障60.81万亿元，同比增长25.75%。寿险本年累计新增保单291.41万件，净增加95.22万件。广西保险业累计支付各类赔款和给付保险金237.93亿元，同比增长6.29%。其中，财产险公司支出赔款119.19亿元，同比增长21.39%；人身险公司支出赔付118.74亿元，同比下降5.52%。"社会稳定器"和"经济助推器"功能得到有效发挥。

2. 保险业稳定性评估

（1）满期给付、非正常给付与退保风险可控。2019年，广西投资型财险产品满期给付正常，未发生大规模退票、群体性事件等风险。广西人身险公司累计退保金额同比下降14.13%；退保率同比下降1.21个百分点。总体来看，广西人身险业务给付退保形势平稳，风险基本可控，全年未发生非正常给付与退保群体性事件。

（2）车险潜在高费用乱象问题值得关注。一方面，随着车险保费收入增速回落和行业竞争的加剧，资本逐利的性质决定了保险公司必然会投入更多费用争抢车险业务，可能导致出现车险市场高费用乱象。另一方面，部分公司存在将车险手续费转移至车险业务管理费、车险赔付支出、非车险相关科目中，甚至暂不入账的现象，造成行业财务数据不真实，一定程度上粉饰了车险市场高费用的真实情况。

（3）健康险业务非理性竞争趋势显现。2019年，广西健康险业务在粗放式高速增长情况下，其非理性竞争趋势也开始显现。比如，部分公司盲目以降低价格、增加保障病种、提高保额等方式快速拓展业务，激进的产品定价叠加部分重疾发病率上升，加大亏损风险隐患。

三、地方金融从业机构与金融稳定

（一）小额贷款公司运行平稳，经营风险逐步暴露

截至2019年末，广西小额贷款公司379家，与上年同期一致；注册资本330.08亿元，同比下降0.72%；全行业贷款余额546.79亿元，同比上升1.13%；实现总收入51.65亿元，同比下降4.74%；利润总额23.25亿元，同比下降30.67%。经营存在主要问题：一是不良贷款风险逐渐暴露。截至2019年末，广西小额贷款行业不良贷款余额同比增长8.82%；不良贷款率同比上升0.13个百分点。二是盈利能力持续下降。截至2019年末，广西小额贷款行业利润总额同比下降30.67%。三是行业发展后续动力不足。外部融资受限、内部融资渠道狭窄，“只贷不存”的经营模式难以助推行业健康、可持续发展，导致行业减资和退出现象频繁。

（二）融资性担保行业规模扩增，效用有待进一步发挥

截至2019年末，广西融资担保法人机构90家，同比增加3家；资产总额285.15亿元，同比增长3.38%；负债总额63.67亿元，同比增长8.84%；广西融资担保行业在保余额445.9亿元，同比增长55.83%；平均放大倍数2.94倍，其中国有机构平均放大倍数3.21倍；代偿率3.46%，同比下降0.96个百分点。广西融资担保行业结构逐步优化，但仍存在以下三方面问题：一是政府性融资担保体系作用尚待进一步发挥。截至2019年末，广西政府性融资担保在保余额占广西融资担保行业在保余额的19.31%，在融资担保行业中的支柱地位尚未形成。二是政府性融资担保机构正向激励机制尚未形成，导致考核结果运用效果差。三是银担合作亟待加强。银行、融资担保机构与小微企业之间存在信息不对称问题，缺乏信息交流平台，影响融资效率。

（三）典当行总体发展保持稳定，亏损局面尚未改善

截至2019年末，广西共有典当行120家，其中法人机构117家，从业人员439人。全行业资产总额12.09亿元，同比下降8.27%；负债合计0.39亿元，同比下降31.58%；在业务发展方面，全行业实现典当总额11.62亿元，同比增长2.03%；在经营效益方面，全行业实现主营业务收入0.35亿元，同比增长5.76%；主营业务亏损156.35万元，同比减亏66.10%。在行业运行过程中，两方面问题凸显：一是行业持续不景气，亏损局面尚未改善，有三分之一的典当行无业务开展，部分典当行继续延续亏损态势。二是融资渠道单一，银行贷款余额仍为零，主要仍依靠自有资金经营。

（四）地方资产管理公司稳健运行，业务开展受到制约

目前，广西获批设立的地方资产管理公司有两家，即广西金控资产管理有限公司和广西广投资产管理有限公司。截至2019年末，两家地方资产管理公司的总资产为197.39亿元，存量不良资产余额为127.14亿元，当年新增收购不良资产31.57亿元，实现营业收入11.03亿元。但地方资产管理公司在业务开展中，仍存在一些制约因素：一是地方资产管理公司并未获得金融许可证，在与金融同业开展业务合作、融资、不良资产议价等方面受到较大制约。二是法律诉讼程序无特别诉讼权利支持，资产处置效率不高。三是未能享受税收优惠政策，运营成本较高。

（五）各类交易场所行业发展进一步规范，行业风险存量暂未消除

截至2019年末，广西共有地方各类交易场所14家（不含区域股权交易市场），其中商品现货类交易场所6家，文化产权和艺术品类交易场所2家，金融资产类交易场所1家，权益类交易场所5家；资产总额40.1亿元，累计交易额639.32亿元。但行业发展仍存在几个方面的问题：一是风险存量暂未消除。部分商品交易所近年来投诉举报较多，虽然目前投诉举报有所回落，但风险处置仍不容忽视。二是大多数交易场所没能找到合法合规、可持续发展的商业模式，部分长期处于亏损运营状态或停业状态。三是地方各类交易场所的交易产品主要集中在食糖和大宗商品方面，与广西特色优势产业发展不相匹配，平台效应未能充分发挥。

（六）非银行支付机构业务稳步发展，风险仍需持续关注

截至2019年末，广西已备案非银行支付机构44家（其中支付机构法人3家，支付机构非法人40家）；全年共发生非银行支付业务10.91亿笔，金额7738.82亿元。2019年，中国人民银行南宁中心支行持续规范非银行支付业务经营，完成全国首例非银行支付机构业务拆分，完成“断直连”和客户备付金全额集中交存，持续打击无证经营支付业务，组织非银行支付机构积极防范电信网络新型违法犯罪，通过约谈、执法检查和现场督查等方式规范非银行支付机构业务发展。但个别非银行支付机构存在对客户身份核实不到位、特约商户资金结算管理落实不到位等问题，仍需重点予以关注和督导。

四、其他金融风险与金融稳定

（一）非法集资案件时有发生，社会稳定风险隐患犹存

广西近年来非法集资案件高发蔓延势头有所遏制，并未发现全国性大案。但案件仍处高位运行，涉及金额过亿、人数上千的较大案件时有发生，且非法集资已由传统的房地产、农业、商品零售等领域向投资理财、投资担保、互联网金融等领域蔓延扩散，互联网线上线下相结合、非法集资传销化等，形式花样不断翻新升级。截至2019年末，广西新发非法集资案件同比上升5.1%。集资金额同比上升34.06%。主要存在的风险：一是易激发群体性事件，社会稳定风险隐患较大。二是增加金融市场风险，扰乱正常金融秩序。三是非法集资项目多为虚构，常与虚拟经济相关联，造成资金脱实向虚。四是非法集资风险向银行传导，引发银行信用风险。

（二）银行间债券市场平稳有序，企业偿债能力有待提升

2019年，广西非金融企业在银行间债券市场发行债务融资工具662.65亿元，同比增长26%，企业到期债券全部如期兑付，未发生新增违约事件，投资者对广西的投资信心显著增强，但债券市场形势仍不容乐观。债券市场需要关注的问题：一是部分发债企业重大资产划转可能影响存续债券的偿还能力。2019年广西债券发行企业发生了系列预警事件，如广西某公司在未经债券持有人会议同意情况下完成重大资产划转、上海新世纪评级公司下调广西某公司主体信用等级。二是企业债券违约风险不容忽视。2020年广西企业在银行间债券市场到期的存量债券500余亿元，发行主体以城投

类企业为主，部分发行主体盈利能力较弱，偿债压力较大，潜在风险不容忽视。

（三）互联网金融风险总体可控，风险转移问题不容忽视

随着互联网金融风险专项整治工作的持续开展，互联网金融风险得到了有效控制，但仍存在外部互联网金融风险向辖内转移问题，值得高度关注。一是风险直接转移。如某网络科技公司在广西变更成立，不久即通过网站发布清盘公告，通知投资人前往广西兑付，而实际运营地、运营管理团队仍在外省。二是以科技公司的名义设立空壳企业开展网贷业务。如某科技公司在外省取得 ICP 备案并开展网贷业务，该公司平台发布公告称已出现兑付困难后，在广西成立公司并继续开展网贷业务，而该公司运营主体却不在广西。三是通过多方合作的方式将涉众风险转移。如广西某公司与外省公司合作，为该公司提供网贷贷后管理及催收服务，导致目前广西收到较多借款人投诉。

（四）房地产市场快速发展，信贷集中度风险值得关注

2019 年，广西房地产各项贷款余额 9905.27 亿元，同比增长 19.95%，高于同期各项贷款增速 5.25 个百分点；房地产贷款余额占各项贷款余额的 33.03%，较上年同期提高 1.44 个百分点。金融机构房贷占比高、增速较快，信贷业务增长依赖单一行业的程度高，需关注以下风险问题：一是全国性大型房企挤占本土中小房企市场空间，可能导致中小房企资金断裂风险。中小房企缺乏母公司资金支持、融资渠道单一，且在市场竞争中大多处于劣势，难以通过项目销售回笼资金，资金周转易出现困难，造成金融机构信贷风险。二是房地产开发企业融资渠道狭窄，主要通过商品房销售款与银行贷款获取资金，极少采用债券融资、股票融资和信托融资等其他融资方式，不利于金融系统充分分散房地产市场风险。

（五）跨境资金规模下降，存在一定流出压力

2019 年，广西银行业金融机构全年跨境收支总量 442.11 亿美元，同比下降 9.61%，全年跨境资金净流出 73.89 亿美元，同比上涨 74.07%，资金净流出主要集中在货物贸易项下，净流出 77.39 亿美元，同比增长 117.62%。2019 年，世界经济增长呈现总体放缓态势，主要经济体后续增长动能不足，全球贸易保护主义仍在升级，年内中美贸易摩擦问题不断反复，外部环境不确定性较大，对辖内进出口、跨境资金流动、产业转移等存在潜在影响。

五、打好防范化解金融风险攻坚战

（一）优化货币政策传导，提高信贷支持实体经济力度

强化逆周期调节，创新开展再贷款再贴现“双示范”创建、“双百亿”计划，落实好定向降准。围绕广西重大战略和支柱产业，牵头联合发改委、财政等部门出台了金融支持广西“双百双新”产业发展、西部陆海新通道建设、糖业全产业链发展、林业高质量发展四项政策措施，不断提高信贷支持实体经济力度。2019 年，广西支小、支农、扶贫再贷款余额同比增长 18.33%，通过货币政策工具为金融机构提供资金 1186 亿元。

（二）市场化银行债转股发展良好，进一步助推企业去杠杆

近年来广西市场化银行债转股取得初步实质性进展，截至2019年末，工、农、中、建、交五大银行的广西分行共有8个债转股项目落地，金额累计89.13亿元。从已落地项目看，银行系资产投资公司参与债转股项目金额占比98.63%，各国有商业银行广西分行主要以资产推荐机构名义向集团所属金融资产投资公司推荐债转股储备项目，以集团所属金融资产投资公司作为出资人实施。

（三）加大金融支持力度，缓解中小微涉外企业融资难

一是推动广西印发金融服务民营企业的实施意见，联合广西银保监局印发加强金融服务民营企业工作、信贷融资支持民营和小微企业“百千万”工程、“民微首贷”提升计划等文件，积极推动“银税互动”工程。二是引导、支持企业和金融机构依托应收账款融资服务平台及中小微企业征信服务平台发布融资需求、实现融资撮合，有力支持民营和小微企业融资。三是开展跨境金融区块链服务平台试点，有效缓解中小微涉外企业融资难题。截至2019年末，民营企业和小微企业贷款余额分别同比增长14.98%和11.56%，2019年小微企业加权利率同比下降6个基点。

（四）加快不良资产处置，妥善化解高风险金融机构风险

根据高风险金融机构的形成原因分类施策，精准拆弹，推动地方政府和监管部门落实风险化解和处置的属地责任和监管责任。综合运用风险监测、核查、约谈、风险警示、早期纠正、差别费率等措施手段，压实机构风险化解主体责任。各方明确责任，分工协作，形成合力，推动妥善化解高风险金融机构风险。截至2019年末，广西银行业法人金融机构不良贷款率5.59%，同比下降0.88个百分点。

（五）推动金融机构多渠道补充资本，资本管理能力有效提升

一是对资本充足情况较差的机构采取早期纠正措施，要求机构采取增资扩股、增加内部积累等方式尽快补充资本。二是深入开展金融市场政策宣讲和投融资教育，2019年引导8家农村合作金融机构加入银行间市场，较上年末增长60%。桂林银行、北部湾银行合计获得80亿元的二级资本债发行额度，完成实际发行60亿元。

（六）大力整顿金融秩序，金融生态环境日益优化

一是强化虚拟货币以及互联网资管领域摸排，筑牢前置金融安全防线。二是积极防范电信网络新型违法犯罪，针对问题支付机构采取约谈、暂停新增业务等监管措施，切实维护广西支付市场秩序。三是通过现场检查、名单库管理、协商关停可疑平台等方式对辖内网络炒汇平台实施集中整治，净化辖区外汇市场环境。四是推动金融机构提高资金监测预警实效，密切与执法部门在打击非法金融活动领域的合作，协助破获多起洗钱、地下钱庄、传销等案件。

（七）金融开放门户建设有序推进，区域金融改革持续深入

一是面向东盟的金融开放门户建设有序推进。2019年，广西面向东盟的金融开放门户推出131项改革举措，中国—东盟金融城累计入驻金融机构60家。二是跨境人民币业务纵深推进。2019年，广西跨境人民币结算量1570亿元，同比增长20.5%，继续在西部12个省区和全国9个边境省区中排名第一。三是推进金融支持中国（广西）自由贸易试验建设。出台《关于金融支持中国（广西）自由贸易试验区建设的若干政策措施》，实施9条外汇改革创新政策，筛选首批70家优质企业开展跨境人民币结算便利化试点。四是推动印发《广西壮族自治区绿色金融改革创新实施方案》，启动绿色金融改革创新示范区建设工作。

（八）加强外汇监管，防范化解跨境金融风险成效显著

一是研究建立广西与东盟跨境金融风险监测评估体系，提高区域风险预警能力。按季度开展防范化解金融领域重大风险专题调研、中美贸易摩擦和产业转移调研，做好前瞻性分析研判。二是与南宁海关等11个部门联合签署合作协议，健全跨部门综合治理机制。三是重点加强对银行卡境外提现消费、个人本外币兑换特许业务、QDII等重点业务的监管。四是开展联合行动，精准打击外汇违法违规行为，联合公安机关破获4起地下钱庄案。

（九）注重协作，建立健全防范化解金融风险协调合作机制

一是明确广西人民银行在打好防范化解重大金融风险攻坚战中的路线图、时间表、优先序、分工项，形成广西人民银行系统内上下联动合力。二是积极落实与广西银保监局签订监管联动框架协议，有力提升联合监管质效。及时成立包商银行广西接管小组，圆满完成广西辖区债权收购。三是在坚持金融管理主要是中央事权的前提下，结合广西的实际情况，加强沟通协调，强化中央和地方金融监管协作和互动。

六、总体评估与政策建议

（一）辖区金融稳定状况总体评估

2019年，面对错综复杂的国内外环境和持续加大的经济下行压力，广西坚持“稳中求进”工作总基调，全力以赴稳增长、促改革、调结构、惠民生、防风险、保稳定，全年经济运行总体平稳，稳中向好，结构调整稳步推进，增长动能不断增强。金融业不断推进改革创新，整体运行稳中有进，防控力度不断加大，防范化解金融风险攻坚战取得阶段性成果。但广西金融发展仍存在诸多不确定因素，各类金融风险也在集聚。银行业不良贷款指标保持高位运行，高风险机构的风险状况尚未有效缓解，影子银行存在监管盲区和资金投向限制性领域的问题；上市公司股权质押风险犹存，部分上市公司业绩不佳，公司债券存在潜在兑付风险；车险潜在高费用乱象问题值得关注，健康险业务非理性竞争趋势显现；小额贷款公司经营风险逐步暴露，融资性担保行业效用有待进一步发挥，典当行亏损局面尚未改善，地方资产管理公司业务开展受到制约，各类交易场所行业风险存量暂未消除；非法集资案件时有发生，企业债券违约风险压力较大，互联网金融风险转移不容忽视，跨境资金风险隐患仍然存在，风险防控能力面临新挑战。总体来看，2019年，广西金融稳定状况良好，金融体系保持稳健运行，全年未发生系统性风险事件。2020年是防范化解重大风险攻坚战的收官之年，应坚持底线思维，结合广西实际，牢牢抓住重点风险和任务，力争从基本完成风险治标逐步向治本过渡，完成攻坚战既定目标，切实维护辖区金融稳定。

（二）化解金融风险、增强金融业稳健性的政策建议

1. 深化金融体制改革，强化金融风险源头管控

一是推动中小法人银行业金融机构改革，探索建立损失分担、激励约束、市场化处置退出等机制，打破风险集聚的周期性。二是理顺银行内部体制机制和管理体系，建立健全适合现代银行特别是中小银行的公司治理体系。三是推动多层次资本市场发展，优化企业债务和股本融资结构。四是继续深化商业车险改革，全面放开费率和产品限制。

2. 发挥监管合力，有效防范化解金融风险

强化监管协调，健全金融监管信息共享和协调机制。科学防范金融风险，构建广西金融风险“大监测”格局，有效识别重大风险隐患，对金融活动的全流程、全链条动态监测预警，对苗头性、倾向性问题早发现、早预防、早处置。着力整治金融乱象，加强风险源头管控，积极稳妥防范化解重点领域风险。

3. 健全金融服务体系，营造良好生态环境

做好互联网金融监管长效机制建设；加强银行账户业务监管，指导银行机构做好银行账户风险防控，持续规范支付机构发展；进一步规范征信市场和评级市场发展，清理整顿“无证驾驶”机构；完善外汇业务事后监管，保持对外汇违法犯罪活动的高压打击态势；构建跨区域覆盖区、市、县三级的反洗钱检查联动机制，提升反洗钱监管调查实效；促进金融业综合统计体系建设，强化数据整合利用；加强金融消费者教育与金融知识普及，增强社会公众金融素养与风险识别防范能力。

中国人民银行南宁中心支行金融稳定分析小组

组　　长：宋　军
副 组 长：郭　勇
成员单位：金融稳定处　法律事务（金融消费权益保护）处
货币信贷管理处　调查统计处　支付结算处　国库处
金融研究处　征信管理处　国际收支处　反洗钱处

《广西壮族自治区金融稳定报告（2020）》编写组

总　　纂：郭　勇
统　　稿：李雪俏　朱燕宇
执　　笔：农丽娜　徐小瑛　吕永安　农　婧　周帼玲
参与写作人员：韦诗婷　宁　苇　吴　丹　曹　玮　黄　玥　陈燕和
苏　姗　胡欢欢　王　鑫

海南省金融稳定报告摘要

2019 年，面对国内外风险挑战明显上升的复杂局面，海南省继续坚持“稳中求进”工作总基调，贯彻新发展理念，坚持以供给侧结构性改革为主线，扎实做好“六稳”工作，全省经济呈现走势向好、结构趋优、动能转强、效益提升、更可持续的高质量发展态势，为海南自贸区（港）建设打下坚实基础。海南省金融业认真贯彻落实稳健的货币政策，大力推动金融改革创新，着力防范化解区域金融风险，金融服务实体经济能力明显提升，为全省经济发展创造了良好的金融环境。

一、区域经济运行与金融稳定

2019 年，海南省经济总体保持平稳增长，经济结构在优化调整中不断形成高质量发展的内生动力，消费结构持续升级，投资结构继续优化，民生保障有力，外商投资大幅增长，自贸区（港）建设扎实推进。

（一）经济运行总体情况

1. 经济增长保持平稳，产业结构不断升级。2019 年，全省地区生产总值 5308.94 亿元，同比增长 5.8%，增速与上年持平，低于全国平均水平 0.3 个百分点。三次产业结构由上年的 20.7:22.7:56.6 调整为 20.3:20.7:59.0，结构调整进一步优化。第三产业增速高于整体经济 1.7 个百分点，对经济增长的贡献率为 75.6%，是拉动全省经济增长的重要力量。全省 12 个重点产业[①]完成增加值 3339.27 亿元，同比增长 6%，对经济增长贡献率为 67.4%，产业发展态势良好。

2. 投资结构优化，对房地产依赖减弱。2019 年，全省固定资产投资完成总额同比下降 9.2%，固定资产投资占 GDP 比例为 60.5%，比上年回落 11.5 个百分点。其中，房地产开发投资下降 22.1%，非房地产开发投资增长 2.9%。12 个重点产业投资保持较高投资强度，占总投资比重的 75.2%。受房地产政策调控的持续影响，房屋销售面积和销售额维持下降趋势，同比分别下降 42.1% 和 38.8%。

3. 市场销售平稳增长，消费结构持续升级。2019 年，海南省社会消费品零售总额 1808.31 亿元，同比增长 5.3%。其中，乡村消费品零售额增长 6.4%，增速比城镇快 1.3 个百分点。消费升级类商品及服务持续较快增长，限额以上单位建筑及装潢材料、通信器材类和化妆品类零售额分别增长 85.2%、51.0% 和 30.8%；限额以上单位免税品零售额为 132.76 亿元，增长 22.7%。

4. 外向型经济平稳运行，外商直接投资大幅增长。2019 年，海南省对外贸易进出口总值 905.87

① 海南省十二个重点产业包括旅游产业、热带特色高效农业、互联网业、医疗健康产业、现代金融服务业、会展业、现代物流业、海洋产业（含油气）、医药产业、低碳制造业、房地产业、教育文化体育产业。

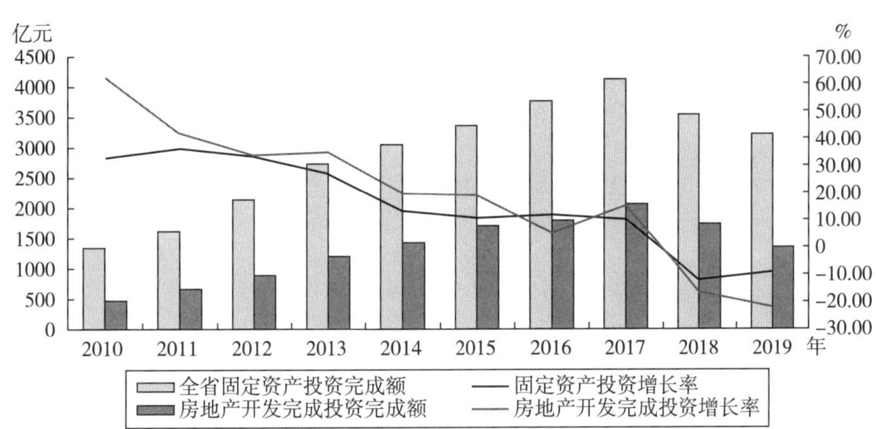

图1 2010—2019年海南省固定资产投资和房地产开发完成投资数据统计情况

（数据来源：海南省统计局）

亿元，同比增长6.8%。其中，出口总值343.71亿元，同比增长15.4%；进口总值562.15亿元，同比增长2.1%。全省实际利用外资总额15.2亿美元，同比增长88.3%。其中，全年新设立外商直接投资企业338家，同比增加171家；外商直接投资15.11亿美元，同比增长106.1%。

5. 财政收入增速放缓，民生领域保障有力。2019年，因减税降费带来的财政压力，海南省全口径一般公共预算收入1399.6亿元，同比增长1.9%，增速比上年下降10.5个百分点。其中，地方一般公共预算收入814.13亿元，同比增长8.2%。全省地方一般公共预算支出1859.08亿元，同比增长9.9%。其中，民生支出1411.80亿元，同比增长8.0%，占地方一般公共预算支出的75.94%。

6. 居民收入平稳增长，居民消费价格（CPI）明显上涨。2019年，海南省常住居民人均可支配收入26679元，扣除价格因素实际增长8.5%，比上年提高2.2个百分点。其中，城镇和农村常住居民人均可支配收入分别为36017元和15113元，实际增长均为8%，高于经济增速。城镇新增就业人数14.49万人，比上年增长7%；城镇登记失业率2.25%，同比下降0.06个百分点，农村劳动力转移13.41万人，就业形势稳定。居民消费价格同比上涨3.4%，涨幅比上年扩大0.9个百分点，高于全国平均水平0.5个百分点。工业生产者出厂价格同比下降2.6%，工业生产者购进价格同比上涨3.1%。

7. 旅游业发展态势良好，工业经济保持增长。2019年，全省接待游客8311.2万人次，增长9.0%；旅游总收入1057.8亿元，增长11.3%。其中，接待入境游客143.59万人次，同比增长13.6%，快于全国增速9个百分点；实现国际旅游收入9.72亿美元，同比增长26.2%。规模以上工业增加值537.78亿元，同比增长4.2%。高技术制造业增加值同比增长10.1%，占规模以上工业比重为15.6%，占比提高1.1个百分点。

8. 扎实推进自贸区（港）体制机制建设，营商环境改善。落实“1+N”政策体系，推动落实重点任务，自贸试验区总体方案试点任务实施率达95%以上。海南自由贸易账户体系顺利上线运行，有效提升了全岛资金汇兑便利化水平。推出11项外汇改革创新业务，自贸区（港）内企业贸易、跨境投融资便利化水平进一步提升。社会管理信息化平台一期初步建成，人流物流资金流进出岛信息管理系统投入使用。习近平总书记发表“4·13”重要讲话以来，重点用人单位共引进人才8.3万人，同口径增长4.2倍。制订和落实优化营商环境行动计划，新增市场主体24.44万户，同比增长70.8%。实行全国统一的市场准入负面清单，出台海南省产业准入禁止限制目录。

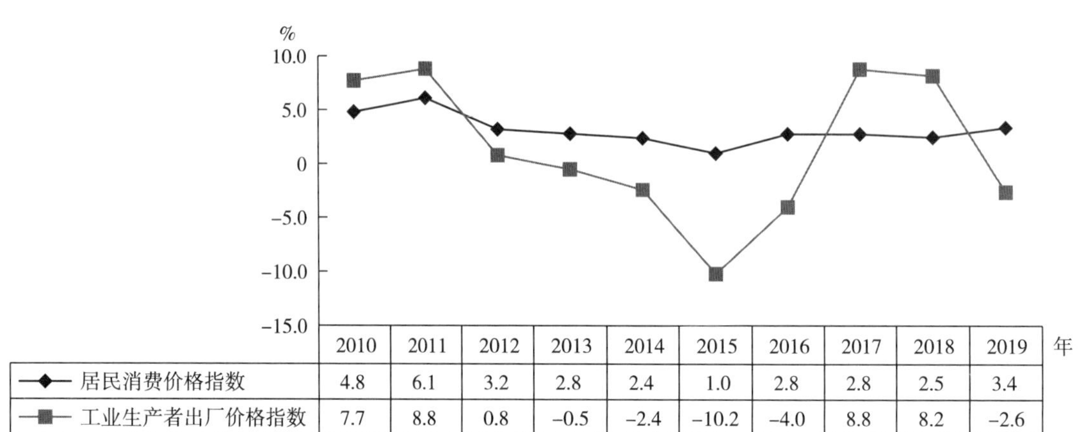

	2010	2011	2012	2013	2014	2015	2016	2017	2018	2019
居民消费价格指数	4.8	6.1	3.2	2.8	2.4	1.0	2.8	2.8	2.5	3.4
工业生产者出厂价格指数	7.7	8.8	0.8	−0.5	−2.4	−10.2	−4.0	8.8	8.2	−2.6

图 2　2010—2019 年海南省居民消费价格和生产者价格变动情况

（数据来源：海南省统计局）

（二）经济运行中需关注的问题

1. 财政收支平衡压力凸显。2019 年房地产调控与全面实施减税降费政策带来的减税效应持续影响财政收入的增长，而海南省产业升级、自贸区（港）政策效益还需较长一段时间才得以发挥，财政收入增速将可能放缓。2020 年，海南省围绕“三区一中心”建设和自贸港政策落地，在基础设施、重点园区和产业发展等关键领域建设的资金需求增多，脱贫攻坚、乡村振兴战略等任务需重点保障，新增支出需求较大。财政收入低速增长与支出需求增加，海南省财政收支平衡压力大。

2. 宏观调控和发展转型造成的经济下行压力还未完全释放。12 个重点产业中增速较快的互联网业、现代物流业、会展业、医疗健康业占 GDP 的比重合计仅为 13.3%，新经济增长点需进一步培育壮大。房地产业调控政策所带来的冲击可能导致海南省经济继续承压。

3. 价格调控政策实施力度有待提升。2019 年，食品烟酒价格上涨 8.1%，猪肉等食品价格推动 CPI 持续上涨。非洲猪瘟疫情后，海南省生猪产能恢复速度较慢，生猪价格居高不下，蔬菜水果价格同时高企。2020 年新冠肺炎疫情发生后，海南省各类产业均受到较大影响，产业产能需一段时间才能有效恢复，价格调控压力增大。

二、金融业与金融稳定

（一）银行业与金融稳定

2019 年，海南省银行业金融机构紧抓建设海南省自由贸易区（港）的战略机遇，深化改革创新，提升金融服务水平，持续加大对民营、小微企业的信贷支持力度，着力加强风险管控，切实提升服务实体经济的能力。

1. 银行业整体运行情况

（1）银行改革稳步推进，金融服务范围不断扩大。2019 年，海南省继续加大银行机构引进力度，全国首家投资管理型村镇银行“兴福村镇银行股份有限公司”正式开业；农村信用社产权改制稳步推进，万宁市农村信用合作联社成功改制为海南万宁农村商业银行股份有限公司。银行机构网点布局结构逐步完善，全省共有46家法人银行业金融机构、20家非法人银行业金融机构（其中外资银行1家）；支行及支行以下营业网点14449个，同比增长3.62%；从业人员25567人，同比增长2.79%。

（2）存款扭转负增长态势，住户存款保持增长。截至2019年末，全省各项存款余额9737.77亿元，比年初增加123.52亿元，同比增长1.32%，扭转上年负增长态势，主要是受住户存款增加的影响。住户存款余额4521.07亿元，同比增长7.26%；非金融企业存款余额2776.85亿元，同比下降7.18%；广义政府存款余额2271.77亿元，同比增长2.96%（表1）。

表1　　2019年海南省各项存款结构分析

栏目 项目	2019年末（亿元）	比年初增加（亿元）	同比增长速度（%）
各项存款	9737.77	123.52	1.32
（一）境内存款	9668.01	100.32	1.08
1. 住户存款	4521.07	302.72	7.26
2. 非金融企业存款	2776.85	-213.41	-7.18
3. 广义政府存款	2271.77	63.82	2.96
4. 非存款类金融机构存款	103.76	-70.72	-40.53
（二）境外存款	69.75	23.19	51.50

数据来源：中国人民银行海口中心支行。

（3）信贷投放增速加快，支持民营企业力度加大。截至2019年末，全省各项贷款余额9521.10亿元，比年初增加634.36亿元，同比增长7.95%，增速高于上年同期3.68个百分点。其中住户贷款余额2852.39亿元，同比增长16.19%；非金融企业及机关团体贷款余额6295.93亿元，同比增长4.67%，扭转上年负增长态势，但增速仍处于较低水平。从投向看，信贷支持民营企业力度明显增强，民营企业贷款余额3245.03亿元，同比增长6.54%，增速高于上年同期5.37个百分点。其中民营大中型企业贷款余额2538.63亿元，同比增长5.00%；民营小微型企业贷款余额782.22亿元，同比增长12.45%。

（4）房地产贷款增速持续下降，个人购房贷款占比大幅减少。截至2019年末，全省房地产贷款余额3125.67亿元，同比增长5.57%，增速比上年同期下降0.47个百分点，近三年增速持续下降。房地产贷款占贷款总额的32.83%，同比下降0.74个百分点。其中个人购房新增贷款占总新增贷款的28.21%，比上年同期大幅下降70.49个百分点，主要是受房地产全域限购等政策影响。全省房地产不良贷款余额15.22亿元，比年初减少12.65亿元；不良贷款率0.48%，比年初下降0.45个百分点，远低于全省平均不良贷款率。

2. 银行业发展中需关注的问题

（1）资产质量持续下行，信用风险化解难度加大。2019年末，全省银行业金融机构不良贷款余额和不良贷款率继续呈现双升态势。不良贷款余额561.96亿元，比年初增加145.92亿元，同比增长35.07%；不良贷款率5.90%，同比上升1.18个百分点，资产质量劣变加剧。不良贷款主要集中在三家银行机构，占全省不良贷款的84.40%。关注类贷款也呈现持续增加趋势，信贷资产质量向下迁徙压力大。关注类贷款余额1557.60亿元，比年初增加614.19亿元；关注类贷款率16.36%，同比上升5.67个百分点。

（2）银行业整体盈利水平下降，亏损主要集中在少数机构。2019年，受信贷资产质量劣变等因素影响，全省银行业金融机构加大资产减值准备计提力度，整体盈利水平大幅下降，延续上年亏损局面。2019年，全省银行业金融机构亏损309.38亿元，同比多亏121.59亿元。亏损主要集中在四家银行机构，合计亏损344.21亿元。

（3）部分法人银行业金融机构风险有所显现，面临防控压力。2019年，海南省部分法人银行业金融机构通过增资扩股、利润转增股本等方式，资本充足率大幅提升，资本充足率低于10.50%的机构减至3家，比上年减少12家。虽然法人银行业金融机构资本充足水平有所改善，但是部分法人银行业金融机构仍存在不良贷款率较高、贷款分类偏离度大、资产利润率低等监管指标未达标的情况，风险化解压力较大。截至2019年末，全省法人银行业金融机构不良贷款率高于5%的仍有6家。大部分法人银行业金融机构盈利能力差，成本收入比高。全省40家法人银行业金融机构有28家机构资产利润率低于1%，占机构数的67.5%，其中有5家机构资产利润率为负；成本收入比超过45%的机构高达30家，占机构数的75%，其中超过100%的有5家机构。

（4）优质信贷项目相对不足，行业投放较为集中。当前符合政策鼓励支持行业的项目较少，大型项目、优质项目匮乏，截至2019年末，全省本外币贷款增速比全国平均水平低3.9个百分点。从贷款投放行业看，新增贷款最多的行业仍然是运输、仓储和邮政业，其次是批发和零售业，合计占全省新增贷款的50.66%；而农林牧渔业占全省新增贷款余额的比例仅为1.20%。全省涉农贷款余额1604.23亿元，同比增长3.39%，增速比上年同期减少2.04个百分点，支农力度有待提升。

（二）证券期货业与金融稳定

2019年，海南省证券期货业平稳发展，证券期货市场交投活跃度提升，机构经营效益好转，资本市场融资功能有效发挥，多层次资本市场建设取得新发展。

1. 证券期货业整体运行情况

（1）证券交易量明显回升，证券机构业绩好转。截至2019年末，海南省共有2家法人证券公司、30家分公司和55家营业部。2019年证券市场交易活跃度回升，辖区证券公司分支机构证券交易金额7853.97亿元，同比增长31.14%，扭转近两年交易量持续下滑的局面；管理客户资产余额1067.58亿元，同比增长19.54%；净利润0.68亿元，同比增长3.84倍。两家法人证券公司资产负债规模稳步扩大，资产、负债总额同比分别增长15.58%和25.30%；全年共实现营业收入13.13亿元，同比增长6.25%；净利润2.88亿元，同比增长54.36%。投资收益和代理买卖证券业务净收入是证券公司业绩增长的重要贡献来源，同比分别增长36.64%和27.68%。

（2）期货交易量增长较快，期货业改革创新稳步推进。截至2019年末，全省共有2家法人期货公司、2家期货分公司和10家期货营业部。两家法人期货公司资产总额（不含客户权益）、净资产、客户权益总额分别为6.96亿元、6.36亿元和10.31亿元，同比分别增长2.96%、1.92%和26.66%；全年累计代理交易量、代理交易额同比分别增长14.46%和7.96%；营业收入1.13亿元，同比增长263.11%；净利润0.09亿元，扭亏为盈。期货公司分支机构累计代理交易量、代理交易额同比分别增长27.39%和11.76%；营业收入0.10亿元，同比下降33.49%；亏损0.08亿元。扎实推动海南自贸区（港）建设相关任务落地实施，创设海南特色农产品期货品种，证监会批复同意上海期货交易所下属的国际能源交易中心上线交易20号天然橡胶期货合约；设立大宗商品期货保税交割仓库，

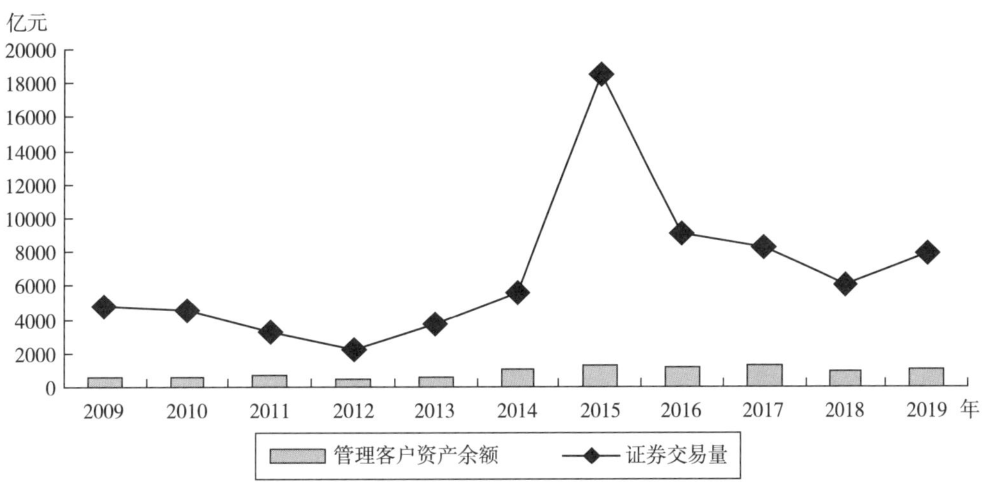

图 3 2009—2019 年海南证券营业部证券交易量与管理客户资产趋势

（数据来源：海南证监局）

2019 年 8 月和 10 月，海南省 20 号天然橡胶期货和原油期货保税交割仓库顺利通过审核。

（3）资本市场融资功能有效发挥，地方交易场所建设有序推进。2019 年，海南省 31 家境内上市公司总股本 501.19 亿股，同比增长 1.42%；总市值 2293.19 亿元，同比增长 13.01%。全年海南省企业在资本市场累计融资 214.42 亿元，同比增长 21.21%，资本市场服务实体经济能力逐渐增强。2019 年，全省共有 4 家企业完成辅导备案，其中 1 家已向证监会提交 IPO 申报材料，企业上市培育工作有序推进。新增海南国际能源交易中心、海南国际知识产权交易中心 2 家地方交易场所，“6 + 3”交易场所建设稳步推进，存量交易场所规范运作水平有所提升。

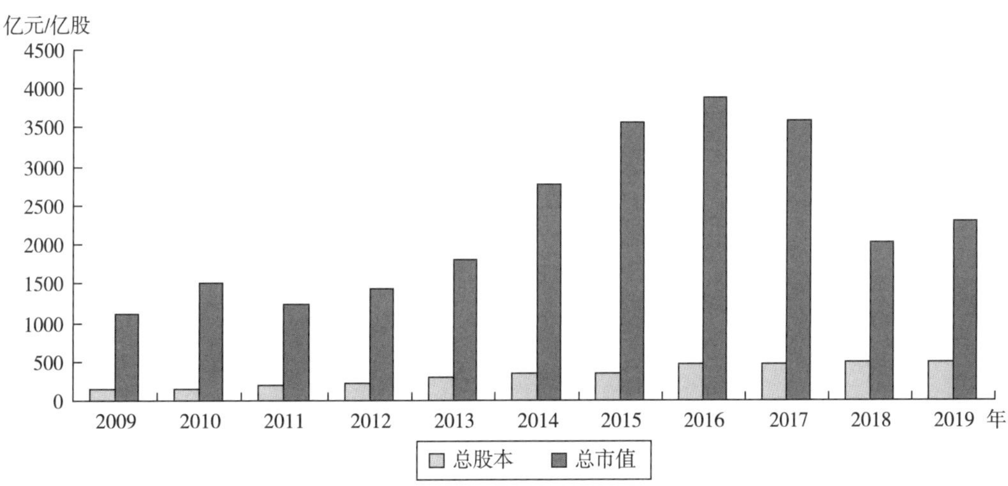

图 4 2009—2019 年海南上市公司总市值及总股本情况

（数据来源：海南证监局）

（4）私募基金发展加快，规模不断扩大。截至 2019 年末，海南省在中国证券投资基金业协会登记的私募基金管理人共 53 家，比上年增加 7 家；备案私募基金 102 只，比上年增加 55 只；管理基金规模 216.15 亿元，同比增长 8.01 倍。

2. 证券期货业发展中需关注的问题

（1）上市公司大股东股票质押风险突出。截至2019年末，海南省31家上市公司中有20家存在第一大股东质押所持股票情形，比上年减少2家。其中，13家公司大股东股票质押比例超过80%，质押股数占全省上市公司总股本的17.28%；10家因股价低于预警线或平仓线且不能增加提供其他担保品而存在股票质押平仓风险。

（2）公司债券违约风险承压。截至2019年末，海南省共有存量公司债券30只，涉及12家发行人，发行规模合计325.84亿元。目前已到期尚未兑付本金51.84亿元，个别发行人流动性紧张局面未改善，债券违约风险形势仍较为严峻。

（三）保险业与金融稳定

2019年，海南保险市场组织体系运行稳健，保险经济补偿和风险保障功能继续发挥，保险公司资产实力进一步增强，保险业服务经济发展力度加大。

1. 保险业整体运行情况

（1）保险业发展势头良好，经济补偿作用提升。截至2019年末，全省共有法人保险公司2家、保险省级分公司24家（财产险和人身险分公司各12家）、省级以下分支机构467家；保险专业中介法人机构19家、分支机构318家；保险从业人员6818人，同比增长8.15%；保险业营销人员4.33万人，同比下降0.32%。保险公司总资产2918.35亿元（含阳光人寿总公司），同比增长16.11%。保险深度3.8%，同比提高0.1个百分点；保险密度2145.3元/人，同比提高186.62元/人，保险覆盖面与渗透率扩大。

2019年，海南省保险公司实现原保险保费收入202.67亿元，首次突破200亿元大关，同比增长10.69%。其中，财产险公司、人身险公司分别实现保费收入77.45亿元和125.22亿元，同比分别增长14.5%和8.46%。保险业原保险赔付支出59.78亿元，同比增长6.79%。其中，财产险公司赔款支出37.7亿元，同比增长13.52%；人身险公司赔付支出22.08亿元，同比下降3.03%。

（2）财产险业务发展较好，人身险业务经营情况稳健。2019年，海南省财产险公司主要险种的保费收入均实现稳步增长。车险、农业保险、保证保险、责任险、健康险、企财险保费收入分别为42.61亿元、9.77亿元、8.24亿元、3.64亿元、3.46亿元和2.75亿元，同比分别增长5.98%、16.22%、18.08%、50.32%、116.12%和40.42%。人身险业务实现平稳增长，寿险满期给付支出规模下降，退保压力减缓。寿险业务保费收入90.26亿元，同比增长0.35%；健康险保费收入29.94亿元，同比增长39.95%；意外伤害险保费收入5.02亿元，同比增长21.97%。满期给付支出8.14亿元，同比下降20.77%。退保金21.64亿元，同比下降8.57%；综合退保率4.78%，同比下降1.15个百分点。

（3）产品服务创新力度加大，农业保险保收入功能充分发挥。2019年，海南省积极开展保险产品服务创新，在全国率先将关税保证保险制度应用于境外游艇入境关税担保领域，大幅降低境外游艇入境成本，助力游艇产业发展。民营橡胶价格（收入）保险项目在各市县落地实施，提前6个月实现建档立卡贫困胶农（达到开割条件并愿意参保）参保全覆盖的目标。全年“保险+期货”精准扶贫试点项目累计为18.09万户胶农的7.15万吨橡胶提供风险保障，向13.7万户次胶农赔付0.19亿元；天然橡胶价格（收入）保险向3.45万户次胶农赔付0.47亿元；海胶集团橡胶收入保险赔付4.46亿元，橡胶保险保收入功能充分发挥。农业保险特色产品推广力度加强，探索生猪保险“政

策 + 商业”业务模式，推出商业性非洲猪瘟扑杀保险、商业性附加仔猪养猪保险、商业性生猪目标出栏价格保险等新产品；争取大连商品交易所专项资金，联合期货公司开展畜禽成本价格保险试点，为畜禽养殖户提供养殖成本价格保障；在琼海、澄迈等市县试点开展商业性木瓜树风灾保险、商业性百香果及棚架保险等传统种植保险以及莲雾风灾指数保险、商业性作物种植风灾指数保险等气象指数保险；蔬菜价格保险覆盖面扩大，全年累计为 1. 24 万户次菜农的 10. 69 万亩蔬菜提供市场风险保障，参保面积较上年大幅增长。

2. 保险业发展中需关注的问题

（1）不法分子利用“代理投诉全额退保”扰乱保险市场。当前存在不法分子为牟取高额手续费，打着“保险维权”的名义，煽动消费者委托其代理向监管部门进行“全额退保”投诉。不法分子利用恶意投诉非法牟利，不仅扰乱保险市场秩序，影响保险公司正常经营活动，而且还严重误导消费者，导致消费者错失原有保险合同保障，额外支付高额费用，甚至被诱导购买非法理财产品。2019 年以来，海南银保监局累计接到近 200 件集中针对电销业务的恶意投诉案件。

（2）保险机构经营管理不规范现象仍值得警惕。2019 年，海南省保险机构经营管理不规范主要表现在销售误导、虚列费用、产品设计不达标和承保理赔不规范等方面。一是销售误导行为时有发生，如产说会、培训课件、电话销售、微信朋友圈等存在误导性内容。二是虚列费用问题屡禁不止，部分机构通过虚列广告费、虚挂中介业务等形式套取资金支付渠道账外费用或给予业务团队补贴。三是产品设计不合规，如产品责任设计不符合有关监管要求，变相突破监管规定将分红险、万能险设计为“双主险”产品捆绑销售。四是农业保险承保理赔管理不规范，包括承保理赔档案不完整、档案存在部分虚假资料、理赔档案所附气象证明资料未达到理赔条件仍核赔通过等问题。

三、社会金融活动与金融稳定

2019 年，海南省小额贷款公司、融资性担保公司、典当行等具有融资功能的非金融机构继续发挥自身优势，一定程度上缓解社会融资需求，对传统金融形成有益补充，但行业内部存在的一些问题和风险隐患也不容忽视。

（一）发展现状

1. 小额贷款公司业务发展放缓。截至 2019 年末，全省 70 家小额贷款公司贷款余额 76. 87 亿元，比上年减少 5. 30 亿元，同比下降 6. 45%。全年累计发放贷款 53. 45 亿元，同比下降 27. 00%。净利润 1. 42 亿元，同比下降 38. 08%，经营效益下降。从贷款期限看，1 年期以内（含）的贷款余额占比 67. 04%，比上年提高 0. 29 个百分点。从贷款额度看，单笔 100 万元以上贷款占比七成以上。从投放对象看，个人贷款、企业贷款、个体工商户贷款余额分别占全部贷款余额的 65. 81%、27. 38% 和 4. 12%。从行业分布看，贷款主要投向服务业，占比 38. 87%。从担保方式看，信用贷款和保证贷款合计占比 66. 10%，比上年下降 5. 49 个百分点。

2. 融资性担保公司平稳发展。截至 2019 年末，海南省共有 27 家法人融资性担保公司、4 家分支机构，与上年持平。全省融资性担保公司资产、负债规模小幅扩大，同比分别增长 1. 15% 和 9. 03%。担保责任余额 65. 54 亿元，同比增长 10. 02%。担保代偿余额 3. 42 亿元，同比增长 43. 55%；担保准备金余额 2. 92 亿元，同比增长 9. 54%；拨备覆盖率 85. 34%，比上年下降 26. 5 个百分点。融资性担保放大倍数为2.18倍，远低于规定上限，资本杠杆率仍较低。2019年未发生一笔担保业务的机构有5家，占法人机构数的18.52%。2019年新增担保业务同比增长11.91%；其中，新增融资性担保业务同比增长11.56%。融资性担保公司主要支持中小微企业和“三农”业务发展，中小微企业贷款担保和“三农”贷款担保同比分别增长1.98%和27.18%。全年担保业务收入同比增长15.75%；净利润同比增长8.13%。

3. 典当行业务规模缩减。截至2019年末，全省共有法人典当行166家、分支机构4家。全省典当行资产总额19.60亿元，同比下降1.10%；负债总额0.98亿元，同比增长5.01%。典当贷款余额8.93亿元，同比下降56.07%；典当逾期贷款余额0.40亿元，占典当贷款余额的2.24%。全年典当行发放典当贷款总额17.76亿元，同比下降20.19%；其中，房地产典当、动产典当、财产权利典当占全部典当贷款的比重由上年的79.36%、16.74%、3.90%调整为56.56%、34.88%、8.56%，房地产典当贷款占比大幅下降，典当业务结构有所优化。全年营业收入0.99亿元，同比增长9.14%；净利润0.12亿元，同比增长35.98%，盈利能力提升。

（二）应关注的问题

1. 小额贷款公司不良贷款率大幅上升。截至2019年末，全省小额贷款公司不良贷款率7.92%，比上年提高5个百分点，比银行业金融机构不良贷款率高2.02个百分点。从单家机构看，个别小额贷款公司信贷资产质量问题凸显，不良贷款率高达60%以上，风险控制能力亟待提升。

2. 融资性担保公司与银行合作仍存困难。目前全省尚有三分之一的担保机构未能充分开展融资担保业务，主要原因是受部分大型银行准入要求高和部分银行基于风险管控削减与担保公司的合作额度等因素影响，难以与银行开展合作。另外在银担合作中，风险分担机制尚未完全建立，担保公司面临较大的风险。

3. 部分典当行业务不规范。当前，全省典当行发展水平参差不齐，部分典当行经营困难，企业经营接近或已经停止。部分典当行业务不规范，2019年当期累计（含续当）超过1年的典当业务共203笔，同比增长47.10%，金额合计7064.61万元。

四、总体评估和政策建议

（一）总体评估

2019年，海南省深入贯彻习近平总书记“4·13”重要讲话和中央12号文件精神，着力推进自贸区（港）建设，坚持“壮士断腕”调控房地产，积极应对房地产调控对经济发展带来的下行压力，优化投资结构，改善和优化营商环境，持续推进全面深化改革各项措施，全省经济总体保持平稳增长、稳中提质。海南省金融改革创新取得新突破，金融支持供给侧结构性改革力度加大，金融机构服务实体经济质效不断提升，具有融资功能的非金融机构继续发挥“拾遗补阙”的作用，整体较好地发挥了金融服务实体经济的血脉作用，坚决打好防范化解重大金融风险攻坚战，为供给侧结构性改革提供良好的金融环境。

总体来看，2019年海南省金融稳定状况良好，前期暴露的重点领域风险正在逐步化解，金融风险总体可控，全年未发生区域性系统性金融风险。但是经济金融体系中仍存在银行资产质量下行、法人银行业金融机构风险防控压力大、上市公司大股东股票质押风险、部分保险机构经营管理不规范等一些影响金融稳定的风险隐患，存在诸多不确定性和不稳定性，维护金融稳定仍面临不少困难和挑战，防范化解工作依然繁重，需要认真应对、妥善处理。

2020 年是全面建成小康社会和“十三五”规划收官之年，海南省金融业将继续全面贯彻习近平总书记“4・13”重要讲话和中央 12 号文件精神，全力推进自贸区（港）建设，积极贯彻中央经济工作会议、全国金融工作会议精神，认真落实稳健的货币政策，努力应对新冠肺炎疫情带来的不利影响，落实打好防范化解重大金融风险攻坚战的各项任务，深化金融改革开放，全面做好“六稳”工作，统筹推进稳增长、促改革、调结构、惠民生、防风险、保稳定，着力提升风险防范和处置能力，牢牢守住不发生区域性系统性金融风险的底线，坚决打赢防范化解重大金融风险攻坚战，切实维护金融体系健康稳定运行。

（二）政策建议

1. 合理引导信贷投放，加大金融服务实体经济力度。立足海南省地方经济发展特点和自贸区（港）建设的总体要求，坚持防范金融风险与服务实体经济并重，积极发挥货币政策工具的精准调控功能，引导辖区银行业金融机构紧跟海南自贸区（港）“三区一中心”战略定位，加强对重点领域、薄弱环节的支持力度，支持重大项目和重要在建工程，特别是要加大普惠金融、绿色金融支持实体经济力度，严控信贷资金流向产能过剩、库存过大、杠杆过高的产业。鼓励银行业金融机构创新金融产品、优化服务模式，引导信贷资源向民营、小微企业倾斜。健全金融支持产业带动脱贫机制，引导金融机构加大对乡村振兴和扶贫领域的金融扶持力度，支持打赢脱贫攻坚战。针对自贸区（港）建设初期产业配套政策尚未完善的新局面，加强银政企协调沟通，积极培育新兴产业，在保证经济平稳增长的同时促进产业结构转型升级。

2. 提升金融风险防控能力，坚决打赢防范化解重大金融风险攻坚战。一是推动银行机构健全公司治理、内部控制和风险管理体系等，加快不良资产处置，增强资本实力，改善股本结构，提升抗风险能力，切实承担风险管理的主体责任，履行自我救助责任，守好风险防控的第一道关口。二是加强金融风险动态监测，跟踪排查不同领域、不同市场的金融风险情况，有序化解存量风险，坚决遏制增量风险，严防处置风险中产生次生风险。三是积极发挥存款保险、央行评级、稳健性现场评估等对风险的监测预警作用，加强对高风险金融机构的风险提示和早期纠正工作，促进金融机构业务规范经营和可持续发展。四是完善各项风险应急预案，优化处置程序，增强可操作性，提高风险应对能力。五是强化监管，加强协调，压实地方政府属地风险处置责任和维稳第一责任、各监管部门监管责任和人民银行最后贷款人责任，强化信息共享，形成反应迅速、协同高效的金融风险防控体系，落实好防范化解重大金融风险攻坚战实施方案各项任务。

3. 加强保险市场风险治理，促进保险业健康发展。一是严厉打击不法分子利用恶意投诉诈骗的行为。责令涉事公司妥善处置类似事件，要求按照保险合同原则办理，不得通融解决，彻底断绝不法分子收益链条，及时向公安机关报案，对职业性、团队型欺诈犯罪开展集中打击。二是加强督促指导，促进合规建设。督促保险机构切实承担主体责任，围绕公司治理、销售理赔、业务财务数据等重点，深入开展自查整改工作；加大监管检查力度，对保险机构实施保险产品和业务专项检查，对存在侵害消费者权益乱象的保险机构进行整治检查，对检查发现的违法违规问题，依法予以立案处罚，坚持违法机构与责任人“双罚制”。三是建议建立包括人民银行、银保监会、网信办、公安等部门在内的跨部门协作机制，共同开展恶意投诉行为专项整治行动。四是引导保险机构调整产品结构，加大保障类产品与服务创新，拓宽发展空间，充分发挥经济发展“助推器”作用。

4. 提升上市公司质量，促进资本市场健康发展。重点针对市场波动可能引发的各类风险，尤其是大股东股权质押风险和债券市场信用风险，加强舆情监控，提升风险应对能力。以上市公司风险化解为契机，整合现有上市资源，增强地方政府利用资本市场发展的主动权，大力提升上市公司质量。发挥区位产业优势，充分挖掘上市公司现有资源，加快优质企业、项目资源的培育和整合，引导上市公司及其股东将省外优质项目和业务逐步回归海南发展；鼓励并购重组，促进上市公司转型升级和资源整合，在发展中逐步化解风险。

中国人民银行海口中心支行金融稳定分析小组

组　长：曹协和

副组长：王江波

成　员：韩　芳　黄明理

《海南省金融稳定报告2020》编写组

总　纂：王江波

统　稿：韩　芳　黄明理

执　笔：陈太玉　庂继彬　符瑞武　王　宇　侯腊一　邓启峰

黄　创　何　山　林平玉　祝春盛

重庆市金融稳定报告摘要

2019年，重庆市坚持以习近平新时代中国特色社会主义思想为指导，全面落实习近平总书记对重庆提出的“两点”定位、“两地”“两高”目标、发挥“三个作用”① 和营造良好政治生态的重要指示要求，统筹推进“五位一体”总体布局，协调推进“四个全面”战略布局，坚持“稳中求进”工作总基调，深入贯彻新发展理念，落实高质量发展要求，深化供给侧结构性改革，全力保障“三大攻坚战”和“八项行动计划”推进落实，着力做好稳增长、促改革、调结构、惠民生、防风险、保稳定工作，全市经济稳中有进，符合预期。金融风险有效防控，金融业运行保持稳健。

一、区域经济运行与金融稳定

（一）经济运行情况

1. 地区生产总值增速逐步回升，产业和需求结构向好

2019年，重庆实现地区生产总值23606亿元，同比增长6.3%，增速较上年上升0.3个百分点，且高于全国增速0.2个百分点。分三次产业看，第三产业占比提升，第一、第二和第三产业增加值占比分别为6.6%、40.2%和53.2%，分别较上年下降0.2个、0.7个和上升0.9个百分点。分三大需求看，进出口总额同比增长11.0%，固定资产投资同比增长5.7%，社会消费品零售总额同比增长8.7%。

2. 供给侧结构性改革不断深化，“三去一降一补”成效明显

去产能方面，2019年，全市关闭退出煤矿3个、去产能170万吨。去库存方面，规模以上工业产成品存货比上年增长0.7%，比营业收入增速低5.9个百分点。去杠杆方面，规模以上工业企业资产负债率56.8%，比上年下降0.9个百分点。降成本方面，全年新增减税约380亿元，降费约340亿元；制造业、批发零售业等行业减税额度超过新增减税总额的50%，民营经济减税额度超过新增减税总额的62.5%。全市人民币企业贷款加权平均利率由2019年1月的5.48%下降至12月的5.18%，推动全年规模以上工业企业财务费用同比下降5.1%。补短板方面，全面建立城市提升工作推进机制，加快构建“米”字型高铁网、“850+”城市轨道交通网和“三环十八射”高速公路网。

3. 新兴制造业助推全市工业运行企稳，经济结构不断优化

2019年，重庆市规模以上高技术产业和战略性新兴产业增加值同比分别增长12.6%和11.6%，

① “两点”定位：西部大开发的重要战略支点，“一带一路”和长江经济带的联结点；“两地”目标：内陆开放高地，山清水秀美丽之地；“两高”目标：推动高质量发展，创造高品质生活；三个作用：在推进新时代西部大开发中发挥支撑作用、在推进共建“一带一路”中发挥带动作用、在推进长江经济带绿色发展中发挥示范作用。

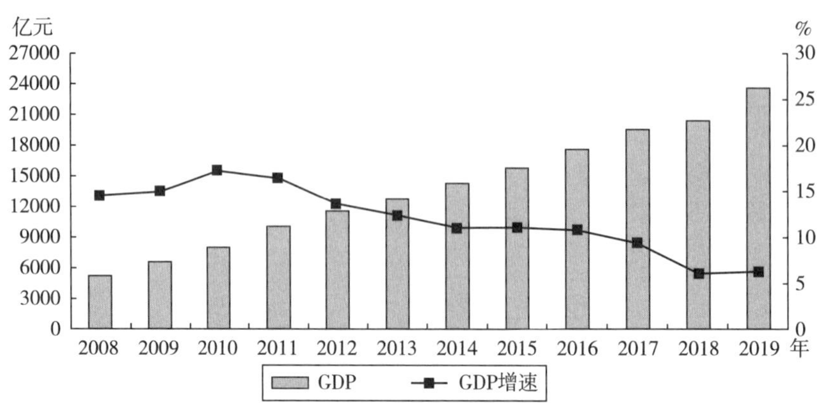

图1 2008—2019 年重庆市经济增长情况

（数据来源：重庆市统计局）

分别高于全国相应产业增速3.8个和3.2个百分点，均高于整体工业增速5个百分点以上，对整体工业增速的贡献率分别达34.8%和42.1%，推动全市工业运行企稳。数字经济增加值增长15%左右。实施1280个智能化改造项目，认定115个数字化车间和25个智能工厂。新产品产量保持较快增长，其中，集成电路增长5.2倍，智能手表增长1.5倍，3D打印机设备增长67.7%。

4. 企业和住户部门收入增速回升，政府部门收入下滑

从企业部门看，2019年，重庆市规模以上工业企业营业收入同比增长6.6%，呈逐步回升态势；利润总额同比下滑4.3%，但降幅较上年收窄3.6个百分点。从住户部门看，全体常住居民人均可支配收入28920元，同比增长9.6%。其中，城镇常住居民人均可支配收入37939元，同比增长8.7%；农村常住居民人均可支配收入15133元，同比增长9.8%。从政府部门看，一般公共预算收入完成2135亿元，同比下降5.8%；国有土地使用权出让收入1880亿元，同比下降11.9%。

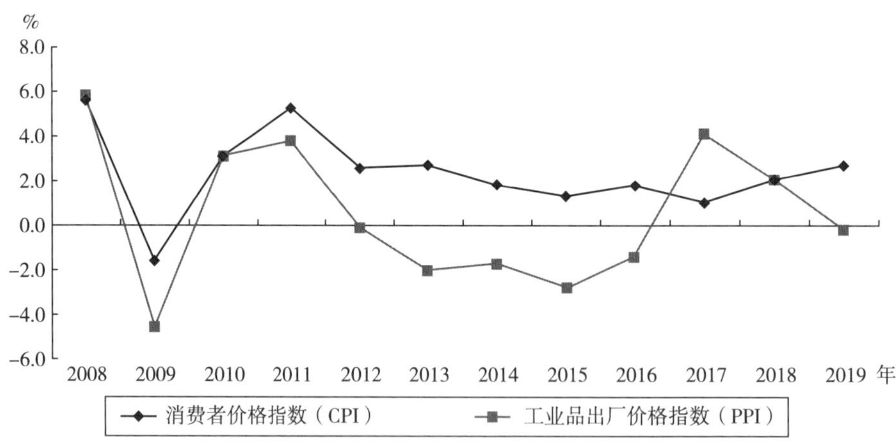

图2 2008—2019 年重庆市物价变动情况

（数据来源：重庆市统计局）

5. 对外贸易形势好于全国，加工贸易支撑明显

2019年，重庆市进出口总值5792.8亿元，同比增长11%，高于全国增速7.6个百分点。其中，出口3712.9亿元，同比增长9.4%；进口2079.9亿元，同比增长13.8%。从贸易方式看，加工贸易

进出口同比增长 13%，但一般贸易进出口同比略有下降。从市场结构看，东盟成为重庆第一大外贸合作伙伴，进出口同比增长 43.2%；对“一带一路”沿线国家合计进出口同比增长 32.1%。从商品结构看，机电产品出口占比近九成，其中，笔记本电脑出口量、值均居全国各省（自治区、直辖市）第一；集成电路进口占比超四成，肉类、水果等消费品进口激增。

6. 房地产市场“量降价升”，房地产投资增速放缓

随着前期购买力释放，加之个人住房按揭贷款政策有所收紧，房地产交易量有所下滑。2019 年，商品房销售面积和销售额分别为 6105 万平方米和 5129 亿元，同比分别下降 6.6% 和 2.7%。根据 70 个大中城市商品住宅销售价格统计，2019 年重庆市新建商品住宅和二手住宅销售价格同比分别增长 8.1% 和 1.7%。全年房地产开发投资 4439 亿元，同比增长 4.5%，增速同比下滑 2.3 个百分点。

（二）需要关注的问题

1. 结构性通胀和工业通缩“分化”，不利于实际消费和企业盈利

2019 年，重庆市居民消费价格总水平同比上涨 2.7%，高于上年 0.7 个百分点。总水平增幅扩大的背后，是结构性通胀特点突出。本轮结构性通胀受猪肉价格快速上涨影响较大，如食品烟酒上涨 6.8%，远高于总水平涨幅。受 2020 年新冠肺炎疫情影响，饲料供应不足，猪肉价格上涨的趋势暂未改变。CPI 和必需品价格上升，挤占居民消费能力，并导致剔除通胀后的实际工资收入增长放缓，从而不利于消费增长。同时，全年工业生产者出厂价格比上年下降 0.2%，购进价格上涨 0.1%，一定程度上表明工业通缩和产能消化仍显不足，价格“出降进升”也压缩了企业利润空间。

2. 财政收支矛盾持续凸显，政府债务率或将较快上升

2019 年，一般公共预算支出同比增长 6.8%，高于上年 2.1 个百分点，但一般公共预算收入增速已连续 8 个月负增长，财政收入下滑，而支出增长加快，导致财政收支矛盾扩大。由于 2020 年新冠肺炎疫情在短期对经济形成“休克式”冲击，财政支出在医疗保障、生产补助方面的支出需求加大，减税降费助企业渡过难关的任务也较重。在财政收支矛盾与刺激性财政政策需求加大并存情况下，预计未来政府债务率将较快上升。

3. 中美贸易摩擦和全球疫情扩散对贸易形成不利冲击

一方面，中美贸易摩擦的不确定性仍然存在，前期所加关税未完全取消，对美企业出口持续受到不利影响。美国已由重庆第一大外贸合作伙伴下降为第 3 位。部分对美出口企业为规避风险，减少征税带来的损失，将生产线搬迁至东南亚等地，尤其是通机生产企业转移更为明显。由于投资成本较大，已转移的生产线难以转回，导致产业链的净损失。另一方面，全球疫情不断扩散，韩国、日本等电子产业大国疫情相对突出，进而影响电子产业零部件进口，或冲击笔记本电脑加工贸易，导致进出口需求双下滑。

二、金融业与金融稳定

（一）银行业稳健性

1. 银行业运行分析

资产与负债规模增速加快，盈利能力增强。2019 年末，全市银行业金融机构总资产、总负债分

别为5.38万亿元、5.12万亿元，同比分别增长9.08%、8.83%，增速均明显高于去年同期。全年银行业累计实现税后净利润628.26亿元，同比增长16.68%，增速高于上年同期4.18个百分点。

资产质量保持平稳，法人机构整体资本实力增强。全市银行业不良贷款率1.12%，同比上升0.03个百分点。辖内42家法人银行总体资本充足率13.97%，同比上升0.74个百分点，保持较充足水平，不良贷款率1.30%，同比下降0.09个百分点，拨备覆盖率294.14%，同比上升31.09个百分点，总体损失吸收能力较强。

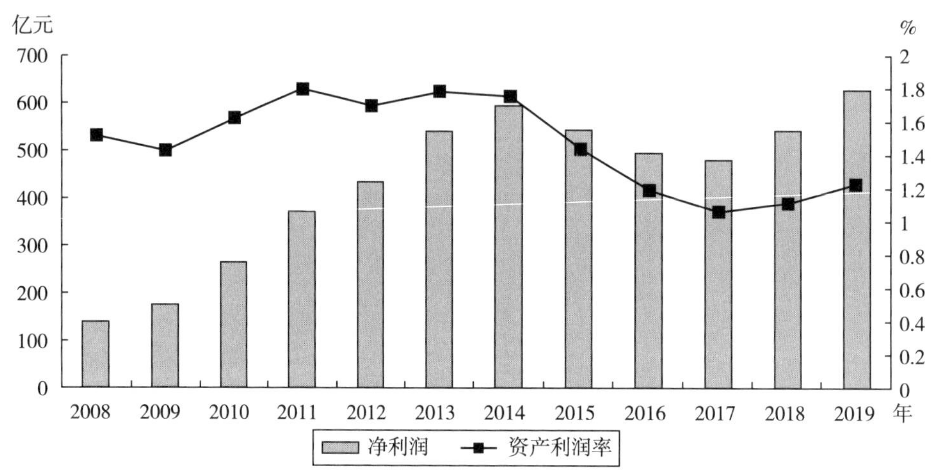

图3　2008—2019年重庆银行业盈利水平情况

（数据来源：重庆银保监局）

重点风险领域管控有力，银行业运行总体稳健。全市建立财政、发改、国资、人民银行、监管部门参与的政府隐性债务统计监测机制，对相关区县实施“名单制”重点监测，及时提示风险，目前辖区政府及融资平台债务未出现一例公开市场违约。对高风险金融机构逐一制定风险化解处置预案，落实风险处置责任，辖内未发生风险失控事件。推动加强“两非”风险处置协调机制，重庆成为全国第3个全面清退辖内所有P2P业务的地区。

2. 需要关注的问题

高风险金融机构风险化解不容懈怠。受实体经济疲软和自身经营管理不善等因素影响，2019年，辖区一些小型银行业金融机构经营陷入困境，在央行金融机构评级中被评为高风险金融机构，后续业务转型、流动性管理和不良资产处置均面临较大压力，风险处置化解不容松懈。

大型企业信用风险形势严峻。受经济下滑影响，辖内出险大型企业呈增多趋势，这些企业产业链条长，涉及金融机构多，影响较大，风险化解困难。此外，大型企业产业链上下游涉及众多中小企业，易造成次生风险，资产质量下行压力较大。

体系外金融乱象治理须持续关注。非法金融活动仍然活跃，非法集资引发的上访纠纷，在各类信访事项数量排名中位列前位，套路贷、高利贷、暴力催收等案发数量多。此外，虽然重庆市已宣布取缔P2P网贷机构，但存量机构后续处置难度仍然较大，同时仍需高度警惕和防控外地网贷机构的输入型风险。

互联网金融与正规机构交互渗透融合存在潜在风险。当前，互联网金融高速发展，与传统银行的合作愈加普遍，依托大数据等新技术的金融产品爆发式增长，但风控措施却相对滞后。大数据来源和使用的合法性、合规性，数据及模型的有效性，缺乏统一规则和标准，存在合规风险和操作风险。部分大数据金融产品利率高、无抵押、跨区域、面向收入较低的年轻群体，存在一定的次级债务特征，潜在尾部风险突出，经济金融周期催动的“共债”问题可能引发大数据现金贷款的风险集中暴露。

（二）证券业稳健性

1. 证券业运行分析

证券业机构数量保持稳定，资产总规模平稳增长。截至2019年末，重庆共有1家法人证券公司（西南证券）、42家证券分公司、205家证券营业部、4家法人期货公司、3家期货分公司、32家期货营业部、1家公募基金公司（新华基金）、1家基金管理子公司、3家证券投资咨询公司。其中，证券分公司较年初增加3家，证券投资咨询公司较年初减少1家。辖区证券业法人机构资产总额767.2亿元，较上年增长22.2%，累计实现净利润15.16亿元，较上年增长279%。

市场交易活跃度提升，投资者数量稳步增长。2019年，我国资本市场行情推升上行，投资者参与交易热情同步提升，辖区交易所市场证券交易额显著增长，证券经营机构累计代理证券交易额及期货经营机构累计代理商品期货交易额分别同比增长29.4%和25.8%。辖区证券投资者开户数494.26万户，较年初增长16.4%，证券投资客户资产5198.65亿元，较年初增长45.6%。

上市公司数量稳步增长，交易所市场融资规模保持稳定。截至2019年末，辖区共有上市公司（境内A、B股）54家，较年初增加4家。上市公司市价总值6277.94亿元，较年初增长33.56%。2019年，辖区证券市场融资金额2200.36亿元。其中，辖区18家公司通过资本市场实现股权融资150.86亿元，较上年增长243.18%；55家企业通过发行公司债券融资857.59亿元，较上年增长87.27%；16家原始权益人通过资产支持证券融资1189.29亿元，较上年下降36.26%。

2. 需要关注的问题

部分上市公司经营风险上升。一是经营业绩不佳。支柱产业汽车及零部件制造业上市公司经营业绩持续下滑，头部企业出现较大亏损。二是上市公司股权质押融资风险依然突出。截至2019年末，尚有10家上市公司大股东股票质押比例在80%以上，个别上市公司大股东已发生所质押部分股票被强制平仓的情况。三是两家公司面临退市风险。2019年，因经营业绩恶化，辖区上市公司中国嘉陵工业股份有限公司（集团）和天圣制药集团股份有限公司股票受到退市风险警示。

资管业务风险逐渐暴露值得关注。2019年，辖区部分证券业机构投向异地地方政府平台的资管产品出现逾期，存在较大到期兑付压力。据不完全统计，2019年辖区证券业机构有13只投向异地地方政府平台的资管产品不能正常兑付，涉及金额68亿元。

非法证券活动案防压力增大。2019年，随着股票市场热度上升，非法证券活动案件数量同比明显增多；辖区有1家私募基金公司兑付风险持续发酵，投资者维权投诉频繁，后续存在相关产品轮续兑付违约风险。

（三）保险业稳健性

1. 保险业运行分析

保险业持续开放，保险保障功能增强。2019年，首家专业健康险公司平安健康重庆分公司顺利开业。法人保险机构5家，数量居西部第一，外资保险机构10家，数量居中西部前列。全年保险业原保费收入916.5亿元，同比增长13.7%；全年赔付支出279.5亿元，同比增长0.6%。行业为重庆辖区社会发展提供风险保障91.8万亿元，保险密度和保险深度分别为2933.6元/人和3.88%，分别较上年增加334.6元/人以及0.08个百分点。

积极支持重大战略，服务实体经济深入推进。支持长江经济带重大战略，中欧班列（重庆）货运保险项目基本实现应保尽保。开展“银行+信保”业务，支持小微出口企业超过300家。深耕支农惠农领域，农业险为百万余户次农户提供逾500亿元保障，赔付支出同比较快增长，其中，应对2019年生猪疫情赔付支出增长112.5%，有效支持生猪复产复供。

法人机构经营稳健，盈利能力持续分化。辖区五家法人机构偿付能力总体较好，均满足监管要求。安诚财险、利宝产险、恒大人寿、阳光信保、三峡人寿偿付能力充足率分别为456.61%、175.88%、136.11%、1182.61%、501.36%。但盈利状况继续分化，仅恒大人寿实现盈利，其余四家公司亏损。

2. 需要关注的问题

保险业服务能力仍待“提档升级”。一是服务实体经济的能力不强。保险业协助化解小微企业、民营企业“融资难、融资贵”等问题作用有限；环境污染责任保险、自然灾害责任险等相关险种发展缓慢。二是服务社会民生的深度广度不够。农业保险参保率较低，险资支农融资试点的推进缓慢；保险机构改进大病保险理赔服务、发展个人税收优惠型健康保险等还需进一步加大力度。

保险市场运行仍存违规操作。一是部分公司盲目拼抢商业车险业务，通过车商、中间人向客户返利，变相突破监管红线的现象尚未杜绝。二是长期型普通寿险、分红险在条款、缴费期限及利率风险等方面，存在更多模糊空间，市场上存在夸大收益及责任、曲解政策、限售炒作、诱导投保等误导方式。

三、金融基础设施与金融稳定

（一）支付清算体系

1. 支付清算体系建设及运行情况

维护支付清算系统稳健运行，促进社会资金安全高效流转。率先完成重庆市同城资金汇划业务的“无感”迁移及“断直连”工作，督促辖内法人机构圆满完成超级网银“手机号码支付”功能投产，下发《关于加强支付清算业务高峰时期保障工作有关事项的通知》。2019年，全辖各支付系统参与者共办理支付系统业务1.74亿笔，同比增长10.92%；金额98.18万亿元，同比增长18.6%。

深入落实支付领域放管服改革要求，顺利完成取消企业银行账户许可工作。制定《重庆市取消企业银行账户许可工作实施方案》，组织全辖所有银行机构对公营业网点开展人民币银行结算账户管理系统的压力测试、模拟运行、应急演练，指导辖内支付清算协会组织全部银行机构会员签订《重庆市企业银行结算账户管理自律公约》。

推进支付领域供给侧结构性改革，服务实体经济和民生改善。打造绿色出行场景全覆盖，实现重庆市轨道184个站点扫码乘坐，及主城和远郊38个区县共计1.35万余台公交车上线云闪付；创新开展云闪付二维码助农取款服务试点；探索打造医院移动支付场景，解决群众“就医难”的痛点。

2. 需要关注的问题

支付领域金融风险防范仍须持续关注。今年以来，新发现4家无证机构，涉及客户交易资金6200余万元；累计清理整治无证机构22家。支付领域违法犯罪和非法经营案件时有发生，且犯罪手法花样翻新，下一步仍须持续关注，保持监管高压，有力防范和处置风险。

（二）征信体系

1. 征信体系建设及运行情况

征信系统覆盖面显著提升，防范信贷风险作用进一步增强。截至2019年末，重庆市253家机构接入征信系统，涵盖各类机构，其中小贷、融资性担保机构接入数量居全国前列。重庆市新增自助查询机37台，并上线自助查询机二维码支付功能。全辖共办理个人信用报告本人查询200.9万笔，企业信用报告本人查询3.7万笔，合规办理投诉28笔，征信异议868笔。

农村和中小微企业信用体系建设持续推进。支持金融扶贫工作，稳步推进“重庆农村信用信息基础数据库”建设，采集152.5万户以家庭为单位的农户、1896个农村经济组织信息600余万条；累计评定信用村（镇）691个，实现与“金融精准扶贫信息系统”的信息资源整合。积极参与中小微企业信用体系建设，搭建中小企业信用数据库及信用服务系统36个，采集中小企业信息371万户，提供信用报告12197份。

征信市场、评级市场规范发展。截至2019年末，重庆3家备案企业征信机构采集所涉企业数2560万户，提供企业信用报告查询26万次。接入机构全年累计录入债券市场评级资料230笔，信贷市场评级、跟踪评级报告5笔。

2. 需要关注的问题

征信乱象增多。一是部分金融机构自行修改客观展示的征信不良记录。二是部分机构非法开展所谓“征信洗白”“信用修复”业务，对征信不良记录提出异议，谋取非法利益。

（三）反洗钱体系

1. 反洗钱体系建设及运行情况

多方联动，工作机制完善夯实。修订完善重庆市反洗钱工作联席会议制度和信息共享制度。联合重庆市监委等多部门印发《重庆市洗钱案件协同办理操作指引》，建立洗钱案件办理联动机制。协助重庆市江北区检察院牵头六部门联合印发《关于惩处洗钱犯罪工作办法》，建立区级“侦、捕、诉、研、防”一体化打击洗钱犯罪机制。

务实创新，监管效能持续提高。建设反洗钱智能化大数据监管平台“小渝哨兵”，构建反洗钱大数据监管分析系统。强化金融行业监管，行政处罚9家义务机构及直接责任人。推动特定非金融行业监管，联合市住建委、重庆银保监局印发《重庆市关于规范购房融资和加强反洗钱工作的通知》，联合中国互联网金融协会、市金融监管局在全国率先开展网络小贷行业洗钱风险评估。

稳步推进，情报支撑有效发挥。加强线索移送，研判重点可疑交易报告295份，移送犯罪线索164条，涉及交易金额逾200亿元。及时预警利用“银税互动”贷款APP漏洞骗取贷款风险事件，挽回损失2.8亿元。提升金融情报价值，完成辖区62家机构1108份可疑交易报告的质量评价工作。

2. 需要关注的问题

互联网金融监管工作有待深化。当前互联网金融领域的洗钱和恐怖融资风险管控机制仍不健全，互联网金融行业本身具有隐蔽性、开放性和互动性，洗钱犯罪及其他非法金融活动风险在互联网金融行业的外溢效应可能超出传统金融。

第三方支付渠道风险持续攀升。支付机构为抢占市场份额盲目拓展商户，未严格落实客户身份识别要求，对商户身份真实性审查不到位，易被洗钱犯罪所利用，通过制造复杂交易达到模糊资金来源和去向的目的，成为转移地下钱庄、网络赌博、电信诈骗和非法集资等犯罪资金的隐蔽通道。

（四）金融消费者权益保护

1. 金融消费者权益保护机制建设及运行情况

初步形成普惠金融重庆新模式。创新普惠金融基地推进模式，建立“央行推进，政府参与，机构支持，多方联动”工作机制，巫溪、城口、秀山 3 个县试点建设并取得初步成效。

持续优化投诉管理模式。按周、月、季、年分析投诉数据，及时发布风险提示。2019 年受理处理金融消费者投诉 1564 件，消费者满意度超 98. 83% 。

创新开展金融知识宣传教育工作。首次实现金融管理部门全覆盖、宣传教育内容全覆盖、线上线下内容全覆盖。以案说法普及金融知识，基于“银税互动”骗贷案件制作宣传视频。发挥金融知识宣传在金融扶贫中的积极作用，首次将金融知识宣传与扶贫贷款发放相结合。

深入推进监督检查工作。开展全市 21 家商业银行分支机构金融消费权益保护工作现场检查，就个别银行违反必要原则、收集与业务无关个人信息的行为，给予处罚。

2. 需要关注的问题

金融营销宣传行为有待进一步规范。部分金融机构营销宣传存在引人误解的情形，部分市场主体发布违法违规金融广告。

四、总体评估和政策建议

（一）总体评估

2019 年是打好防范化解重大金融风险攻坚战的关键之年。中国人民银行重庆营业管理部按照党中央、国务院及总行系列部署，结合市委市政府相关工作要求，坚持稳中求进，分类施策，加强协调，有序推进防范化解金融风险各项工作取得阶段性成效。当前重庆市金融风险总体可控，但相关金融风险暴露相对滞后，仍有可能加速释放。尤其是大型企业风险处置、问题金融机构风险化解、非法金融活动防控等问题仍须高度关注。

（二）政策建议

2020 年将继续纵深推进防范化解重大金融风险攻坚战，同时针对新冠肺炎疫情给全球经济发展和金融稳定带来极大不确定性因素，要做好持久战准备，并依托攻坚战建立金融风险防控的长效机制。

强化监测分析，做到风险早发现、早识别。综合运用各项政策工具和履职手段，做实做细金融风险日常监测分析，持续优化金融风险监测评估机制和手段，全面风险摸排与重点风险排查相结合，动态把握金融风险整体形势和风险演化新动向，做到风险底数清、情况明。

坚持问题导向，稳妥处置突出金融风险点。一是精准处理好高风险金融机构，加强处置联动，发挥各方力量，争取高风险金融机构稳步“摘帽”。二是持续跟进重点企业风险化解处置进展，积极推动建立重点企业风险处置机制，“一企一策”制订并落实债务风险化解处置方案，推动全市重点问题企业风险有序下降。三是加强非法金融活动监测调查和线索移送，督促发挥金融机构识别风险的功能，严厉打击非法金融活动，严防输入型风险。扎实做好存量P2P机构的清理取缔工作，避免处置风险的风险，严防前期清理整顿的互联网金融违法违规行为死灰复燃。

抓紧补齐短板，推动建立风险防控长效机制。一是立足区域金融风险防控，按照国务院金融委统一部署，建立完善金融委办公室地方协调机制（重庆），落实地方金融监管、风险处置、信息共享等方面的协调协作。二是着眼重点领域，加快构建金融行业与监管、行政、司法部门全方位的协同防范和快速处置长效机制。三是加强压力测试、央行评级、存保核查等手段的统筹运用，进一步丰富完善维护金融稳定的“工具箱”。

中国人民银行重庆营业管理部金融稳定分析小组

组　　长：马天禄

副 组 长：李　铀

成　　员：陈振祥　温江勇　黄　莉　古　旻　江　洁　万　庆
李　理　何仕安

《重庆市金融稳定报告（2020）》编写组

总　　纂：马天禄　李　铀

统　　稿：陈振祥　吕峥嵘　谢　斐

执　　笔：纪宝林　吴　斯　郝　杨　周禹彤　刘科星　刘　林
王迪迪

参与写作人员：冯黎黎　邹芳莉　文　熠　罗　顶　何玲枢

四川省金融稳定报告摘要

2019年，面对复杂严峻的国内外形势，四川经济金融工作始终坚持以习近平新时代中国特色社会主义思想为指导，持续推进供给侧结构性改革，全力化解各类金融风险。全省经济总体继续运行在合理区间并好于全国平均水平，投资和消费平稳增长，对外贸易大幅攀升，物价水平基本平稳。金融业持续稳健经营，金融改革不断深化，金融市场有序运行，金融基础设施进一步完善。金融风险化解取得积极成效，银行信用风险上升势头明显收敛，重点机构和重点领域风险处置稳步推进，网络借贷存量风险大幅压降，非法集资风险高发态势得到有效遏制，金融风险总体可控。但前期积累的金融风险仍处于加速暴露期，稳增长压力之下信贷资产质量较为严峻，风险攻坚战中少数“硬骨头”反复拉锯，防范和化解金融风险的工作难度仍然不可小觑。

2020年是打好防范化解重大风险攻坚战的收官之年，各方应进一步提高政治站位，统一思想认识，强化责任感和紧迫感；夯实底线思维，坚持稳中求进，紧扣党中央、国务院关于经济金融“六稳”要求，全面压实各方主体责任，集中精力精准处置好重点领域风险，加快处置节奏和处置力度，坚持市场化、法治化处置原则，发挥好各渠道积极主动性，探索建立损失分担和激励约束机制，落实分类处置具体要求，确保攻坚战任务顺利完成。

一、经济环境

（一）2019年经济运行特点

1. 经济运行有所趋缓

2019年，四川经济运行总体处于合理区间，但受周期性、结构性和体制性因素叠加影响，经济增长有所趋缓。全省实现地区生产总值46616亿元，同比增长7.5%，增速较上年回落0.5个百分点，高于全国1.4个百分点。第一产业增长较慢，全年增加值增长2.8%，较上年回落0.8个百分点，第二产业增加值连续四年保持7.5%的增速，第三产业增速趋缓，全年增加值增长8.5%，继续快于总体经济增速，但较上年回落0.9个百分点。

2. 投资和消费平稳增长

2019年，四川全社会固定资产投资增长10.2%，连续三年保持同一增速。基建投资增长5.6%，同比大幅回落10.1个百分点。制造业投资增长7.2%，同比回升0.5个百分点，但波动频度远超往年，企业预期和信心不稳。房地产投资增长15.4%，同比上升4.8个百分点，成为全年稳投资的主要支撑。全省社会消费品零售总额增长10.4%，同比回落0.7个百分点，高于全国2.4个百分点。

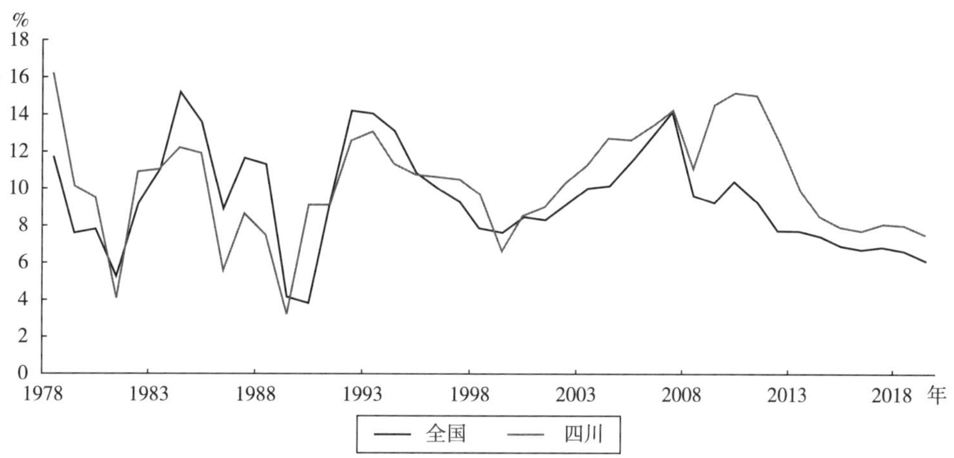

图 1　全国和四川经济增长

（数据来源：国家统计局、四川省统计局）

必需品消费增长是主要支撑因素，其中，日用品消费增长 15.2%，粮油、食品消费增长 13.8%，持续高于总体增速。改善性消费快速增长，其中，家用电器和音像器材类销售增长 14.8%，通信器材类销售增长 14.4%，化妆品类销售增长 14.1%，消费升级需求强烈。汽车销售触底回升，全年增长 4.8%，同比回升 1.2 个百分点，对总体消费拖累明显减弱。

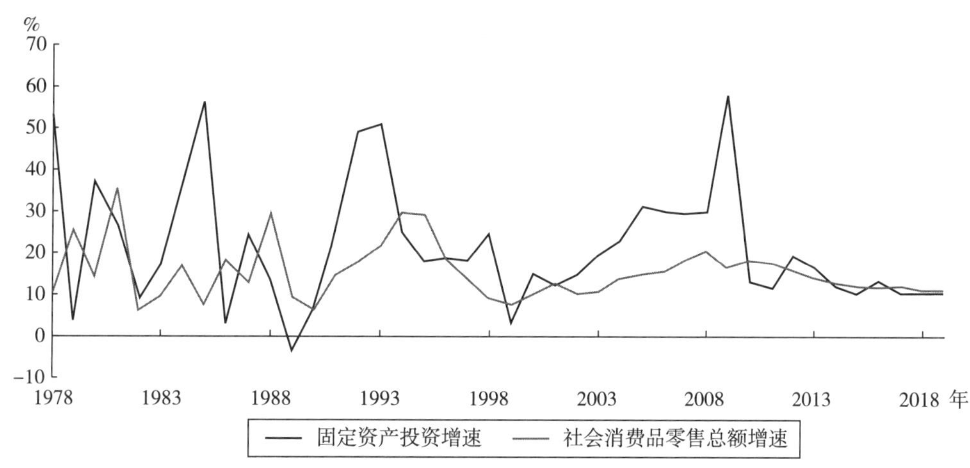

图 2　投资与消费增长情况

（数据来源：四川省统计局）

3. 对外贸易和跨境人民币业务大幅增长

2019 年，四川进出口值创下了历史新高。货物贸易进出口总值 6765.9 亿元，同比增长 13.8%，远高于同期 3.4% 的全国增幅。其中，出口 3892.3 亿元，增长 16.8%，远高于同期 5% 的全国增幅；进口 2873.6 亿元，增长 9.9%，远高于同期 1.6% 的全国增幅。全省跨境人民币结算金额 1399.97 亿元，同比增长 52%。全年与 40 个“一带一路”沿线国家实现跨境人民币交易 443.16 亿元，同比增长 3.69 倍。全年跨境人民币交易共涉及 157 个境外国家和地区、省内 5929 户企业主体和 48 家商业银行的 595 个分支机构，业务覆盖面持续扩大。

4. 企业和住户财务状况稳步提升

2019 年，各部门财务状况稳步提升。工业企业经济效益平稳增长，全省规模以上工业企业营业收入 39232 亿元，同比增长 10.1%；利润总额 2578 亿元，同比增长 12.7%。城乡居民收入稳步提高，全省农村居民人均可支配收入 1.5 万元，同比增长 10.0%，较上年提升 1.0 个百分点，城镇居民人均可支配收入 3.6 万元，同比增长 8.8%，较上年提升 0.7 个百分点。地方财政收支相对稳定，一般公共预算收入 3667 亿元，同比增长 7.2%，一般公共预算支出 9021 亿元，同比增长 7.2%。

5. 物价水平基本平稳

2019 年，四川 CPI 累计上涨 3.2%，同比提高 1.5 个百分点，高于全国平均水平 0.3 个百分点。生猪供应紧张局面未能根本缓解，牛肉、羊肉、鸡、鸭等替代品价格持续上涨。全省 PPI 累计上涨 0.4%，同比回落 3.2 个百分点，高于全国 0.7 个百分点，预计未来持续在负区间运行，不利于企业盈利改善。

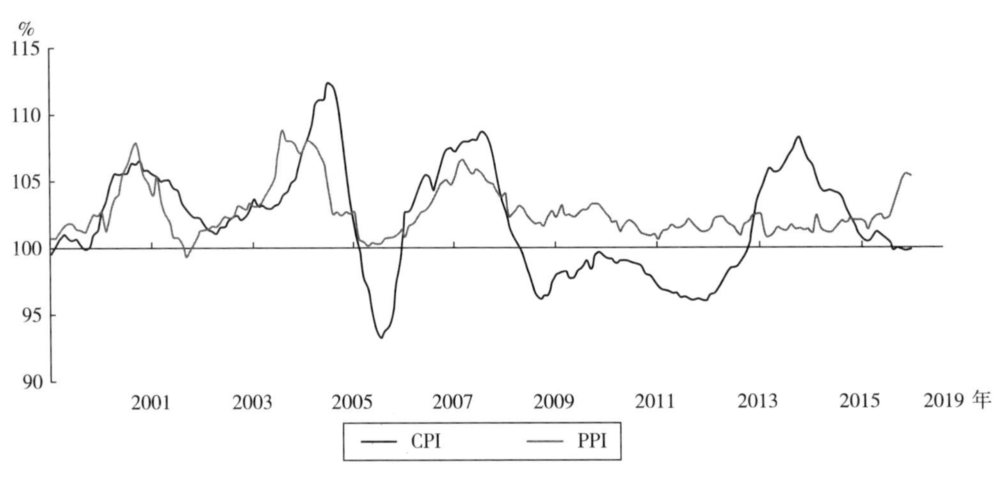

图 3 月同比物价指数

（数据来源：四川省统计局）

（二）经济运行需关注的问题

当前四川经济处于合理运行区间，长期继续向好发展的支撑因素仍然较多，但在周期性、结构性和体制性因素叠加和外部冲击影响下，需求与供给存在失衡矛盾，增长动能不足，经济面临一定下行压力。由于经济增长内生动力不足，工业和民营经济表现乏力，企业家投资意愿和融资需求降低，主动去杠杆行为增多，已授信企业不提款比例上升。四川经济依赖基础设施投资和房地产拉动的特征依然明显，考虑到房地产等领域调控政策仍将持续，随着地方政府隐性债务清理力度和房地产调控力度加强，基础设施、平台公司、房地产领域融资明显收紧，全省投资增速或将高位下落或趋缓。此外，中美贸易摩擦等外部冲击导致有效需求降低，部分企业订单减少、产能利用率不足、经营利润下降，部分技术密集型、资本密集型企业有可能发生产业转移。

二、金融业

2019 年，四川金融业平稳运行，银行业信贷结构逐步优化，证券期货业稳健经营，保险业服务经济社会能力提升，金融风险总体可控。全年金融业增加值3122亿元，同比增长6.2%，增幅提高5.1个百分点。金融业增加值占全省生产总值的6.7%，较上年下降1.6个百分点。

（一）银行业

1. 四川银行业发展运行状况

（1）资产负债增速小幅回升。2019年末，四川银行业资产总额10.22万亿元，同比增长5.7%，增速同比提高1.41个百分点；负债总额9.88万亿元，同比增长5.64%，增速同比提高1.5个百分点。政策性银行、大型国有商业银行、城商行和农村合作金融机构（不含成都农商行）资产余额分别同比增长10.32%、7.15%、6%和8.74%。

（2）存贷款持续较快增长。2019年末，四川银行业各项存款余额8.09万亿元，同比增长7.56%，增速同比提高1.39个百分点，其中，个人存款余额4.35万亿元，同比增长12.45%；单位存款3.58万亿元，同比增长4.52%。各项贷款余额6.29万亿元，同比增长12.76%，增速同比下降0.03个百分点，其中，短期贷款1.03万亿元，同比增长5.11%；中长期贷款4.89万亿元，同比增长13.52%。

（3）组织体系进一步优化。2019年末，四川银行业金融机构226家，其中省外机构一级分支机构51家（国有银行6家、政策性银行3家、股份制银行12家、省外城商行8家、外资银行16家、非银行金融机构2家、金融资产管理公司4家），法人机构175家（城商行13家、农村合作金融机构100家、新型农村金融机构53家、非银行金融机构8家、民营银行1家）。

（4）金融支持供给侧改革持续深化。2019年，坚持以供给侧改革为主线，四川省主动调整产业结构，积极培育“互联网+”产业环境，着力培育优势特色产业和战略性新兴产业。规模以上航空航天及设备制造业增加值增长29.2%，医疗仪器设备及仪器仪表制造业增长17.2%，计算机及办公设备制造业增长11.9%，电子及通信设备制造业增长11.4%，均高于规模以上制造业平均增速。全省研究开发支出超过830亿元，增长13.6%，高新技术产业实现营业收入1.8万亿元，增长9%，科技服务业实现营业收入2750亿元，增长10%，技术合同交易额达到1200亿元，增长20%，科技进步贡献率达到58%。

（5）金融改革纵深拓展。2019年，政策性银行在川分支机构持续推进金融改革，加大精准扶贫、“一带一路”建设支持力度；邮储银行助力“三农”、服务小微，开展健康扶贫、教育扶贫；农业银行“‘三农’金融事业部”改革立足六大领域优化金融服务，推动“三农”和县域业务提质增效。成都市农村金融服务综合改革试点进入深水区，围绕产权改革创新金融服务。基于“两权”抵押融资，探索农村不动产、动产抵（质）押贷款模式，累计发放农村产权抵押贷款214.1亿元，余额99.4亿元。积极支持现代农业园区建设，对13个园区1024户新型农业经营主体发放贷款5.2亿元，发放乡村振兴绿色贷款余额4135.21亿元，同比增长16.6%。

（6）存款保险风险化解措施有力。全年完成167家投保机构保费缴纳和差别费率核定、调整工作，对法人银行按季开展央行金融机构评级，进一步摸清机构实际风险状况。联合地方政府和监管部门，一对一指导央行评级在7级以上的机构制订完善风险处置化解方案和时间表，建立《四川省高风险金融机构风险化解台账制度》。针对不同类别风险机构，分别采取增资扩股、清收不良资产、压降股东占款、落实行业风险救助金、加强流动性支持等方式，提升机构经营和风险管理水平，2019年末高风险机构数量同比下降33%。配合做好包商银行接管和涉包风险防控工作，稳妥有序完成包商银行接管实施、预防挤兑、稳定同业、收购大额债权四个阶段性任务，有效阻止风险蔓延。

2. 稳健性评估

（1）不良资产处置加快，信用风险明显收敛。2019 年末，四川银行业不良贷款余额 1296. 75 亿元，较年初增加 47. 82 亿元；关注类贷款余额 2198. 44 亿元，较年初减少 335. 94 亿元。全年处置不良贷款 1141. 33 亿元，同比增加 107. 95 亿元，年末不良贷款率 2. 06%，比年初下降 0. 18 个百分点；关注类贷款率 3. 5%，比年初下降 1. 05 个百分点，信用风险明显收敛。

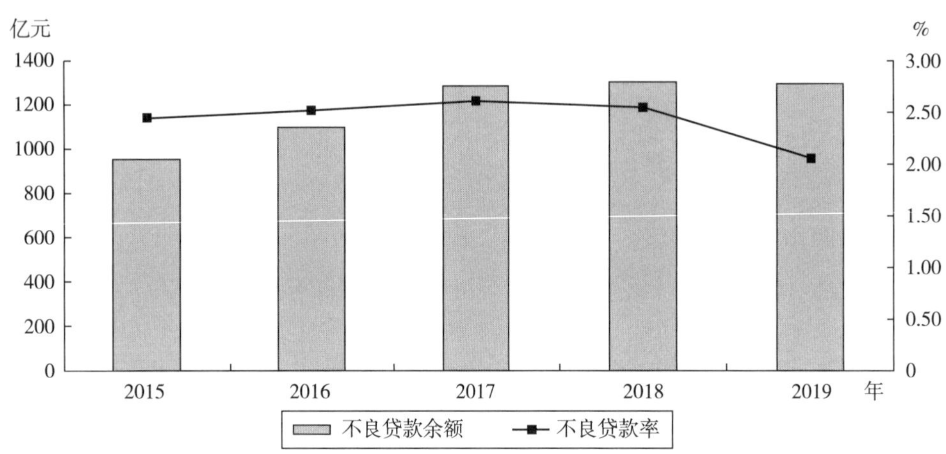

图 4　银行业资产质量

（数据来源：四川银保监局）

（2）法人银行拨备增加，资本补充压力有所缓解。2019 年，四川中小法人银行贷款损失准备余额 778. 22 亿元，同比增加 59. 53 亿元，增长 8. 28%；拨备覆盖率 138. 49%，同比上升 9. 46 个百分点；资本充足率 13. 32%，同比上升 0. 23 个百分点。

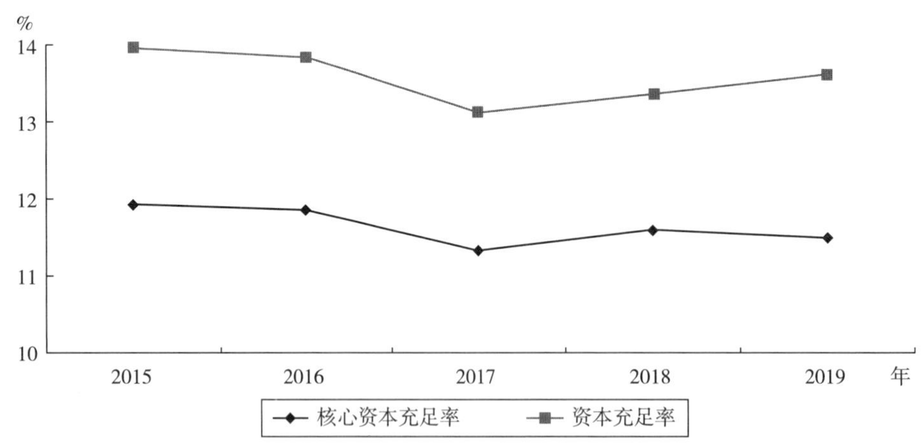

图 5　法人银行业金融机构资本充足状况

（数据来源：四川银保监局）

（3）法人银行流动性总体稳健，但个别机构流动性形势严峻。2019 年末，四川中小法人银行流动性比例 69. 81%，同比上升 1. 68 个百分点，流动性状况总体适度。部分城商行同业存单增速较快，但融资条件变化导致个别高风险机构流动性形势严峻，部分机构流动性风险管理体系存在薄弱环节，优质流动性资产充足率、流动性匹配率等指标远低于监管标准，流动性风险防控压力上升。

（4）净利润整体回升，盈利能力分化明显。2019 年，四川银行业实现净利润 935.76 亿元，比年初增加 161.41 亿元，同比增长 20.84%。资产利润率 0.94%，同比上升 0.12 个百分点；资本利润率 26.94%，同比上升 2.97 个百分点。银行业盈利水平整体有所回升，但机构间差异较为明显，政策性银行、国有银行、城商行和村镇银行盈利增加，外资银行和非银机构盈利下滑，股份制商业银行扭亏为盈。

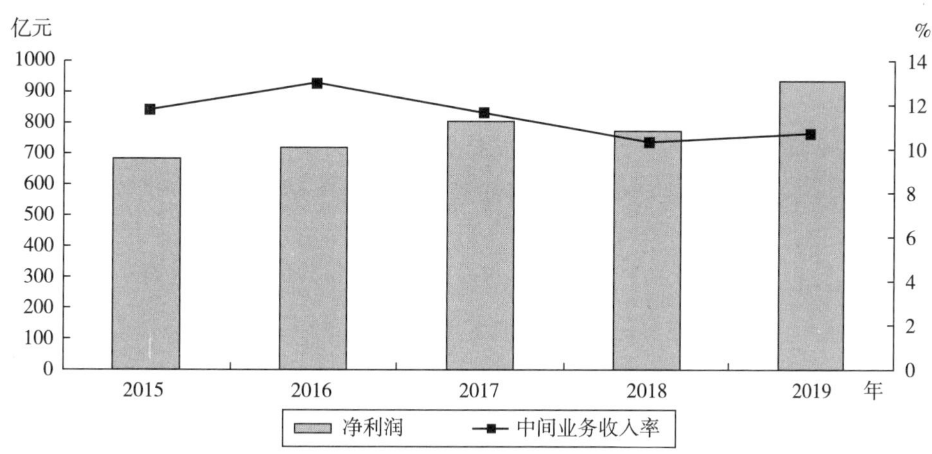

图 6 银行业盈利水平

（数据来源：四川银保监局）

（5）资产结构持续调整，同业业务明显收缩。2019 年，四川同业资产、同业负债年末分别同比下降 26.7% 和 15.7%。随着“去杠杆、防风险”监管力度持续增强，银行业陆续优化业务发展，调整业务结构，卖出回购 895.62 亿元，较上年减少 9.93%，买入返售 605.11 亿元，较上年减少 34.44%，法人银行理财余额 1338.65 亿元，较上年减少 17.94%。

（二）证券期货业

2019 年，四川资本市场总体保持平稳运行，上市公司保持良好发展态势，直接融资规模首次突破 3000 亿元，证券期货机构稳健经营，盈利能力增强。

1. 运行状况。

（1）上市公司总市值较快增长。截至 2019 年末，四川省有 A 股上市公司 125 家，全年新增 7 家上市公司。其中主板 65 家，中小板 30 家，创业板 30 家。总股本 1299.73 亿股，同比增长 2.06%；总市值 17793.93 亿元，同比增长 65.9%。新三板挂牌公司 272 家。

（2）涉农企业对接多层次资本市场取得新进展。“三农”领域直接融资规模不断扩大。四川农业上市企业 20 家，新三板挂牌公司 19 家。其中 2 家涉农企业首发上市实现融资 10.21 亿元，3 家新三板挂牌农业企业募集资金 1.34 亿元。农业龙头企业不断做优做强，3 家农业上市企业通过资本市场融资 50.88 亿元，实现快速发展。

（3）证券期货分支机构持续增长，法人证券公司收入、利润由降转增。2019 年，四川省有法人证券公司 4 家、法人期货公司 3 家，与去年同期持平。证券期货分支机构 559 家，较年初新增 14 家，其中证券公司分公司 61 家、基金公司分公司 14 家、证券投资咨询公司 3 家、独立基金销售机构 3 家、证券公司营业部 427 家、期货公司营业部 51 家。全省累计证券交易额 12.74 万亿元，同比增长 28.66%，累计期货交易额 9.83 亿元，同比增长 48.64%。3 家法人证券公司营业收入与净利润均保持较快增速。

（4）证券期货机构积极利用业务创新助力“三农”和小微企业发展。2019 年，省内证券期货公司积极加强融资创新服务，切实缓解“三农”和小微企业融资难、融资贵问题。华西证券与区域龙头法人银行、担保公司联合打造“投贷联动”融资模式；国金证券开展“先投资后投行”系列活动，为企业量身制定 3—5 年甚至更长的资本市场全周期融资和产业规划。华西期货公司创新设计凉山州苹果、鸡蛋产业链“蛋果期贷宝”风险管理项目，协助新型农业经营主体向银行申请低息贷款，打造“一站式”风险管理。

（5）私募基金业继续保持中低速增长。2019 年末，四川辖区经备案的私募基金管理人 430 家，较上年增加 27 家；管理基金规模 1927 亿元，同比增长 5.81%，管理人数量、管理基金规模领跑中西部。全国各类私募股权基金投向四川企业 88.08 亿元，同比下降 35.87%。

2. 需要关注的问题

2019 年，四川证券机构经营状况总体向好，其中 3 家法人证券公司营业收入、净利润，较去年均有所增长。但部分法人证券公司个别风险监测指标较 2018 年出现明显下滑，需要引起关注。受宏观经济景气度和中美贸易摩擦影响，个别上市公司经营状况持续恶化，在新《证券法》实施背景下，退市风险有所上升。

（三）保险业

2019 年，随着保险业回归保障本源的转型和改革逐步实施，四川保险业业务经营和服务经济社会的能力不断提升。

1. 运行状况

（1）市场主体继续增加，资产规模不断扩大。截至 2019 年末，四川已开业保险公司 98 家，比上年增加 4 家。按业务性质分，产险公司 42 家、寿险公司 46 家、养老险公司 5 家和健康险公司 5 家；按资本国别分，中资公司 74 家、外资公司 24 家。全省共有保险公司法人机构 4 家，各级保险分支机构 5097 家。全省保险公司总资产 4118.92 亿元，较年初增长 11.64%，共管理保户储金及投资款 1267.87 亿元，较年初增长 3.85%。全省保险密度 2576 元/人，比上年增长 217 元，保险深度 4.61%，比上年减少 0.2 个百分点。

（2）承保业务恢复有序增长，保险市场的活跃度和市场化程度有所降低。2019 年，全省承保业务恢复有序增长势头，实现原保险保费收入 2148.66 亿元，同比增长 9.73%。其中，财产险公司实现原保费收入 583.56 亿元，同比增长 7.58%；人身险公司实现原保费收入 1565.1 亿元，同比增长 10.56%。全省赔付支出共计 634.76 亿元，同比增长 0.32%。其中，财产险公司赔款支出 341.65 亿元，同比增长 10.09%；人身险赔款及给付支出 293.1 亿元，同比下降 9.11%。从市场发展程度来看，四川省大型产险公司规模优势和市场份额持续上升，寿险市场竞争发展格局变化不明显，财险业竞争的马太效应更加凸显。

（3）人身险服务水平和风险保障能力有所提升，业务结构不断改善。2019 年，全省人身险新单期缴率持续明显上升，新单期缴率 49.28%，同比上升 4.61 个百分点；非保险合同本年新增缴费同

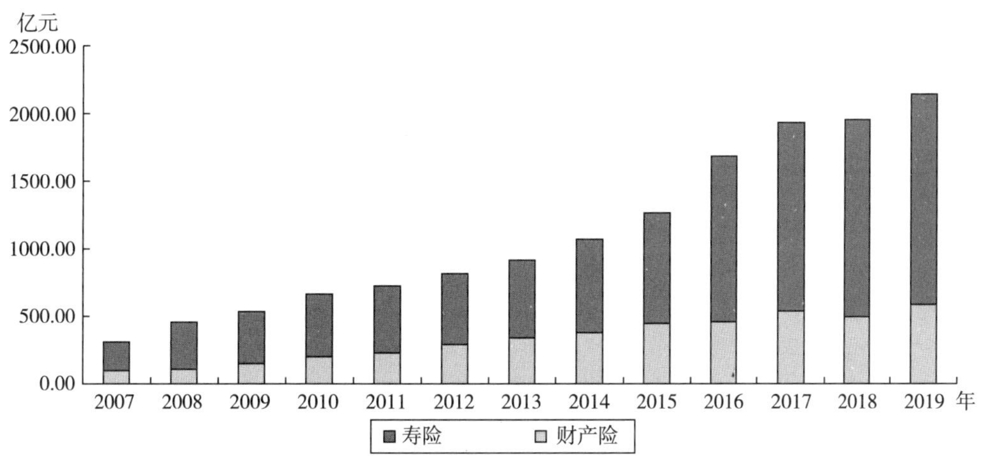

图7 保险业保费收入

（数据来源：四川银保监局）

比减少6.31%。渠道结构继续改善，全年个人代理渠道实现原保险保费收入824.99亿元，同比增长12.28%，业务占比52.71%，同比上升0.81个百分点。银邮代理渠道原保费收入同比增长4.55%，业务占比下降至36.92%，同比下降2.12个百分点。网络销售实现保费收入19.74亿元，同比增长27.28%。健康险持续迅猛增长，全年健康险保费收入304.15亿元，同比增长32.11%。

2. 需要关注的问题

（1）财产险公司盈利能力下降。2019年，受费用成本上升和赔款支出增长的双重影响，全省财产险公司综合成本率和综合赔付率均有一定程度上升，部分公司盈利能力下降较多，对中小财产险公司的业务拓展带来不利影响。

（2）基层保险公司风险管理意识不强，保险欺诈案件时有发生。近年来，四川保险欺诈案件呈现高发态势，其中以车险和农险领域表现较为突出。上述问题不但直接损害了市场秩序，间接推高了保险产品和服务价格，也一定程度上反映出，基层保险公司风险管理意识薄弱，内控管理偏松偏软，需要引起监管部门的高度重视。

（四）金融市场

2019年，四川金融市场总体平稳有序运行，货币市场等各类市场业务同比增长，为全省经济运行提供有力支持和保障。

1. 货币市场

2019年，货币市场成交规模小幅增加。四川辖内市场成员在货币市场累计成交40.3万亿元，同比上升3.9%，其中现券买卖和同业拆借累计成交增长明显。市场利率有所下降，市场成员IBO001拆入资金加权平均利率2.21%，比上年同期下降29个基点，拆出资金加权平均利率2.39%，比上年同期下降31个基点。资金总体呈现净融入状态，整体净融入金额4.4万亿元，地方城市商业银行资金融入和融出表现活跃。交易期限短期化特征明显，市场成员在货币市场7天以内交易占比74.9%，其中隔夜和7天期交易占比分别为68.7%和6.2%。

2. 票据市场

2019年，四川金融机构票据签发和贴现规模有所增加，累计签发银行承兑汇票3829.9亿元，同

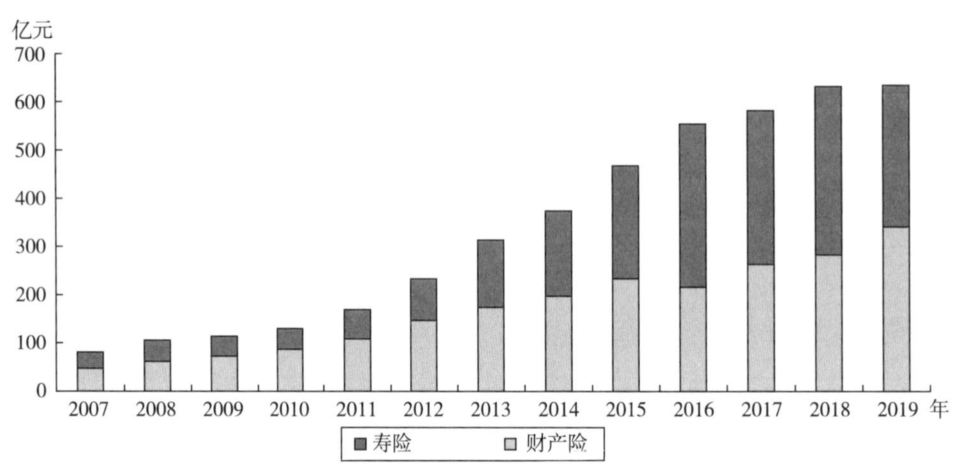

图8 保险业赔付支出

（数据来源：四川银保监局）

比增加295.2亿元；累计签发商业承兑汇票30.9亿元，同比减少0.2亿元。累计办理银行承兑汇票贴现5824.7亿元，同比增加740.38亿元；累计办理商业承兑汇票贴现359.1亿元，同比增加10.4亿元。票据贴现利率有所下降，12月金融机构贴现加权平均利率为3.5%，比年初下降45个基点；转贴现加权平均利率为2.87%，比年初下降5个基点。

3. 股票市场

2019年，四川资本市场积极支持中小微企业直接融资以及实体经济发展，实现直接融资3175.53亿元，同比增长13.38%。其中，7家首发上市企业实现融资36.62亿元，上市公司和挂牌公司实现股权融资109.39亿元，全国各类私募股权基金投资四川企业88.08亿元，各类企业发行债券融资1136.32亿元，同比增长71.43%。

4. 外汇市场

受减费降税、营商环境改善、产业向西部转移等积极因素影响，2019年，四川进出口规模达到6765.9亿元人民币，同比增长13.8%，远高于同期全国3.4%的整体增幅，进出口额居全国第10位；涉外收支规模1213.3亿美元，同比增长8.4%，收支顺差122.3亿美元，为2018年的20.9倍，收支总额居全国第12位；结售汇总额414.7亿美元，同比微增0.3%。

5. 黄金市场

2019年，四川金融机构代理上海黄金交易所黄金业务交易量有所上升，交易业务成交24751.18千克，较去年同期增长12.4%。实物黄金交易量明显降低，销售和回购业务累计成交3905.46千克，较去年同期下降28.7%。账户黄金交易量小幅增长，累计成交37987.34千克，较去年同期增加5.91%，成交金额121.12亿元。黄金租赁、黄金远期业务下滑明显。黄金租赁业务总成交量14513千克，较去年同期下降31.4%。黄金远期、期权业务分别成交1176千克、0.62千克，较去年同期分别下降87.23%、92.88%。

（五）金融基础设施建设

2019年，四川金融基础设施建设持续完善，各项金融服务向纵深发展，运行质量进一步提高，管理安全可靠，保证了四川辖内金融体系的高效运行。

1. 金融法治环境建设

（1）积极推进行政执法体制改革试点

四川辖区加强执法检查统筹，大力推进综合执法检查。开展执法检查135次，同比减少361次，其中，综合执法检查69次，同比增加47次。稳步推进执法检查与行政处罚“查处分离”试点，严格实施行政处罚，对金融统计、支付结算、反洗钱等6个领域金融违法行为实施行政处罚70件，罚没金额1873万元。认真落实“谁执法、谁普法”责任制，积极开展对外普法宣传940多场次，发放宣传资料170多万份。

（2）持续推进金融综合管理

2019年，对926家银行机构及其分支开展综合评价；强化重大事项报告执行力度，制定下发《重大事项报告制度问责办法》，收集处理重大事项报告3709件。进一步落实“放管服”工作要求，优化新设银行业金融机构开业服务内部操作规程，将工作流程从原来的6个缩减至3个，审核完成51家新设银行业金融机构接入人民银行金融管理服务体系的工作。

（3）互联网金融风险专项整治工作取得突破性进展

2019年，中国人民银行成都分行积极会同省金融局履行好双牵头职责，按照“能退尽退、应关尽关”的总体要求，扎实推进互联网金融风险专项整治，有序开展联合约谈、合规性检查、监督整改、移送司法等工作。相继发布P2P网贷僵尸机构、在营机构以及外省平台在川分支机构取缔公告，全面排查银行资金存管业务风险情况。2019年末，P2P网贷以外的其他互联网金融领域基本完成风险化解，增量风险得到有效管控，总体风险形势明显好转。

2. 支付体系建设

（1）支付系统平稳运行

2019年，四川支付系统运行平稳，支付清算总体安全有序。支付系统直接参与者16个，间接参与者5047个。支付系统发生业务3.12亿笔，金额166.48万亿元，同比分别增长26.83%和11.13%。农村支付环境建设深入推进，继续实施“支付兴农工程”，全省45000余个行政村实现助农取款服务点全覆盖。

（2）顺利实施取消企业银行账户许可

2019年6月10日在全省正式取消企业银行账户开户许可，商业银行主体责任进一步压实，开户秩序平稳，社会反映良好。企业开户时间缩短至1—2个工作日，企业账户服务进一步优化。

（3）支付服务市场监管持续加强

加强对支付违法违规行为的检查和处罚力度。辖区各级支付结算部门按照“查处分离”工作要求，对多家机构共计罚没金额近400万元。持续开展无证经营支付业务整治，为经济发展营造了良好的支付环境。

（4）移动支付业务快速发展

持续推动四川移动支付便民工程，2019年末四川云闪付累计用户1201万户，年内新增用户715万户；移动支付交易笔数2.33亿笔，较上年增长217.6%。成都市实现地铁云闪付“乘车码”扫码过闸，其中公交、地铁和BRT“一码通用”为全国首例。全省17个市州主城区、82个县域实现云闪付乘车。

3. 征信体系建设

（1）推进天府信用通平台建设

中国人民银行成都分行牵头省发改委等八部门共同打造天府信用通平台，接入 80 个 53 类数据查询接口、共享数据超过 13 亿条，共注册企业 859 家，促成融资对接 515 户、金额 48.42 亿元。

（2）加强征信合规监管

持续加强征信合规监管，完成全省 75 家接入机构执法检查、86 个人民银行县支行、259 家接入机构信息安全巡查，依法对 2 家机构 1 名责任人实施行政处罚。推动征信评级市场健康发展，完成金控征信、紫金诚企业征信备案及公示，联合省市场监管局对 53 家涉“征信”企业开展跨部门抽查。开展评级质量评审工作，首次对外披露四川征信机构监管情况。

（3）积极开展农村信用救助

联合省级五部门印发《关于推广实施农村信用救助的指导意见》，对全省非主观恶意失信且有生产经营能力和致富愿望的农村经济主体开展农村信用救助，锁定信用救助对象 4.07 万户，重新评级授信 33967 户，提供扶贫小额信贷 9.29 亿元。

4. 反洗钱

反洗钱工作水平进一步提升。2019 年，四川人民银行系统对全省 1531 家义务机构开展分类评级，对 67 家法人机构开展风险评估，约见 85 家机构高管谈话，对 68 家机构开展质询，对 363 家机构实施监管走访，发出监管意见书 130 份，开展风险提示 53 次。对 101 家机构开展现场检查，对违规情节严重的 49 家机构和 78 名责任人共计处罚 1487.7 万元。加强重点领域资金监测，积极配合开展扫黑除恶、打虚打骗、打击地下钱庄等专项行动。全年，接收四川各义务主体报送的重点可疑交易报告 451 份，向相关机关移送线索 265 起，立案 83 起，破案 50 起；反洗钱调查立项 159 起，开展调查 1753 次，调查涉及金额 9887 亿元；推动洗钱罪判决 5 起，立案 17 起，在侦在诉洗钱案件 14 起。

中国人民银行成都分行金融稳定分析小组

组　长：严宝玉

副组长：方　昕

成　员：王　敏　刘　异　杨宇焰　肖安富　苏　萍　肖　丹
范智勇　梁　涛　龚志强　黄全祥　谢保嵩

《四川省金融稳定报告（2020）》编写组

王大波　刘雪梅　田萍萍　张柏杨　吕　璐　李岷檐
聂　荣　蒋　平　霍　帅　丁惠强　李　昕　罗　飞
荣　巍

贵州省金融稳定报告摘要

2019年，贵州省坚持以供给侧结构性改革为主线，坚持以脱贫攻坚统揽经济社会发展全局，牢牢守好发展和生态两条底线，深入实施“大扶贫、大数据、大生态”三大战略行动，全省经济社会发展呈现“总体平稳、稳中有进、结构向优、质量提升、民生改善”的良好态势。全省金融业整体运行平稳，银行业不良贷款实现双降，服务实体经济能力不断增强，证券业多层次资本市场建设持续推进，保险业风险保障功能持续增强，金融市场稳步发展，金融基础设施建设不断完善，为贵州省经济转向高质量发展提供了有力金融支持。

一、区域经济运行

（一）区域经济运行情况

1. 经济运行保持平稳发展态势，第三产业占比首次突破50%

2019年，全省地区生产总值达16769.3亿元，同比增长8.3%，高于全国平均水平2.2个百分点，连续9年位居全国前列。其中，第一产业增加值2280.56亿元，同比增长5.7%；第二产业增加值6058.45亿元，同比增长9.8%；第三产业增加值8430.33亿元，同比增长7.8%。三次产业结构持续优化，结构占比为13.6∶36.1∶50.3，第三产业占比首次突破50%。

2. 十大千亿级工业产业发展提质增效，进一步深化供给侧结构性改革

2019年，在十大“千亿级产业振兴行动计划”深入实施的带动下，传统行业加快转型升级、提质发展，新兴行业加快培育壮大。全省工业规模以上工业增加值同比增长9.6%，比上年提高0.6个百分点，分别高于全国和西部地区3.9个、3.4个百分点，经济效益呈现盈利状况持续向好、降成本成效明显、减税降费效果显著等特点。全省规模以上企业实现利润总额886.58亿元，同比增长0.2%，营业成本同比下降2.7%，平均用工人数同比下降4.2%，税金同比增长5.3%；电力、热力、燃气及水生产和供应业实现扭亏为盈。

3. 加快实施服务业创新发展十大工程，旅游业保持较快增长

2019年，全省传统服务业与互联网、大数据等现代信息技术加快融合升级，新兴服务业保持较快发展。全省高铁旅客周转量220.02亿人公里，比上年增长21.8%；邮政业务总量76.05亿元，比上年增长20.6%；快递业务量2.46亿件，比上年增长16.0%；电信业务总量3874.88亿元，比上年增长76.8%；旅游总收入连续四年保持30%以上增长。

4. 财政收入稳步增长，民生类重点支出力度加大

2019年，全省财政总收入3047.81亿元，同比增长2.5%。全省一般公共预算收入1767.36亿

元，增加40.5亿元，同比增长2.3%。其中，税收收入1203.93亿元，同比下降4.9%；非税收入563.42亿元，同比增长22.3%。全省一般公共预算支出5921.4亿元，增长17.7%。全省民生类重点支出完成4003.11亿元，比上年增加476.46亿元，增长13.5%。

5. 居民收入稳步增加，脱贫攻坚成效明显

2019年，贵州省城镇新增就业人数78.49万人，同比增长1%。全省常住居民人均可支配收入20397元，同比增长10.7%。其中，城镇常住居民人均可支配收入34404元，同比增长8.9%；农村常住居民人均可支配收入10756元，增长10.7%。贵州省全面完成188万人易地扶贫搬迁任务，减少农村贫困人口124万人，贫困发生率下降到0.85%，脱贫攻坚取得实效。

（二）需要关注的问题

1. 工业经济存在下行压力

受经济形势影响，规模以上工业存在市场有效需求不足、部分支柱行业增长慢、新建投产企业减少、新动能后劲乏力等困难和问题。一方面，市场投资、消费需求不足。2019年全省规模以上工业产销率为98.1%，同比下降0.1个百分点。贵州省重点监测的19个行业中有13个行业产销率下降，同时支柱行业增长缓慢，19个行业中有7个行业增加值增长速度下降。另一方面，企业后续增长动能不足，贵州省工业企业营业收入8688.57亿元，同比下降0.4%；亏损企业亏损额152.98亿元，同比增长32.8%。2019年全省规模以上工业新增入库企业221户，同比减少94户，新增企业主要集中在煤炭、建材等传统行业，新兴产业企业占比仅为25%，同比下降8.3%。

2. 不确定因素叠加对经济影响有所增加

一是全省进出口总额受贸易摩擦、关税壁垒等因素影响出现下降。2019年，贵州省进出口总额453.57亿元，同比下降9.5%。其中进口总额126.43亿元，同比下降22.6%，出口总额327.14亿元，同比下降3.1%，进出口总额下降可能对经济增长形成拖累。二是非洲猪瘟等事件对农业经济形成一定负面冲击。受非洲猪瘟疫情等因素影响，贵州省部分生猪养殖企业经营困难，猪肉价格受影响有所上浮，并对CPI形成潜在上涨压力。三是2019年末出现的新冠肺炎疫情可能影响企业正常生产活动，对未来经济持续快速增长形成压力。

二、银行业

（一）总体运行情况

1. 资产负债稳步增长，市场主体更加丰富

截至2019年末，贵州省银行业金融机构资产总额40027.88亿元，同比增长9.88%，增速较上年同期上升3.28个百分点；负债总额38145.91亿元，同比增长9.95%，增速较上年同期上升4.04个百分点。2019年末，全省已有18家全国性银行、1家外资银行、2家跨省城商行、1家跨省农商行在贵州省设立分行。全省农村信用社改革持续推进，2019年末已组建农村商业银行57家（含获批筹建4家）。村镇银行84家，基本实现全省所有县市区村镇银行全覆盖。

2. 净利润同比负增长，盈利能力下降

2019年，贵州省银行业金融机构让利实体经济，加快不良贷款处置，补充减值准备，利润消耗较大，首次出现负增长。全年实现净利润454.36亿元，同比减少1.67%，资产利润率1.19%，同比

下降1.1个百分点。自2012年以来，作为银行业收入主要来源的净利差进入持续下降通道，2019年降至2.79%，较上年同期下降0.68个百分点，行业面临转型压力。

3. 不良贷款指标实现双降，信用风险有所缓释

2019年，全省银行业金融机构共处置不良贷款406.51亿元，同比增加19.69%。2019年末，全省银行业金融机构不良贷款余额391.2亿元，同比减少89.71亿元，不良贷款率1.37%，同比下降0.57个百分点。其中，农村法人银行业金融机构不良贷款化解明显，不良贷款余额同比降幅27.18%，不良贷款率同比下降1.87个百分点。

4. 信贷结构持续优化，重点领域和薄弱环节金融支持力度进一步增强

2019年末，全省金融机构人民币各项贷款余额28448.7亿元，同比增长15.1%，增速全国第8，信贷投放结构持续优化。一是重点行业信贷投放力度持续加大。全省交通运输、仓储和邮政业以及水利、环境和公共设施管理业贷款余额分别较年初新增585.4亿元和310亿元；信息传输、软件和信息技术服务业与科学研究和技术服务业贷款余额分别同比增长31.6%和21.2%，远高于其他行业。二是民生领域获得较大信贷支持。2019年末，全省涉农贷款余额12220.7亿元，较年初新增1271.6亿元，同比增长12%；小微企业贷款余额6584.6亿元，较年初新增452.3亿元。三是信贷资金持续向贫困县倾斜。2019年末，全省贫困县（不含花溪区）人民币贷款余额15199亿元，比年初新增2110.5亿元，分别占全省贷款余额和当年新增额的53.4%和60.6%；余额同比增长17.2%，高于全省各项贷款增速2.1个百分点。

（二）需要关注的问题

1. 信用风险仍是主要风险来源

一是银行机构资产指标改善主要受益于大力处置不良，2019年全年共处置不良贷款406.51亿元，但不良贷款余额仅压降89.71亿元，信用风险“边清边冒”。二是企业盈利水平较低，偿债能力弱化，部分激进投资和盲目加杠杆问题有待消化，违约风险上升。三是个人贷款增长较快，风险值得关注。四是随着全省扶贫小额信贷进入还款高峰期，逾期贷款逐渐增多、部分县区逾期率高，集中到期贷款量大，“户贷企用”存量贷款多、分类处置难度大等风险和问题正逐步暴露。

2. 部分中小银行流动性风险有所上升

少数银行机构存在负债来源集中度高、流动性风险突出等问题，个别银行机构流动性比较脆弱。部分银行机构依赖同业市场获得融资，流动性受市场波动影响较为明显，同业刚兑预期打破后，不同融资主体流动性分化和信用分层，辖内个别中小银行同业存单认购率有所降低，同业融资难度显著上升。

3. 部分重点领域风险仍需持续关注

金融扶贫信贷潜在风险不容忽视，煤炭行业信贷风险化解缓慢，房地产企业变相提供“零首付”“首付贷”等，可能导致房地产行业风险向金融体系传导。

三、证券业

（一）运行情况

1. 证券行业发展整体平稳

2019年末，贵州辖区共有法人证券公司2家，证券分公司29家，证券营业部104家，期货营业

部 11 家，私募基金管理人 83 家。全省证券从业人员 2244 人，期货从业人员 63 人，基金行业从业人员 1210 人。2019 年，贵州证券经营机构全年实现营业收入 33.88 亿元，同比增长 99.06%，盈利能力大幅提升；贵州期货经营机构全年累计亏损 195.58 万元，同比减少 18.35%。私募基金净值总规模 1304.97 亿元，同比增长 2.14%。

2. 法人证券公司稳健发展

2019 年，贵州省法人证券公司华创证券、中天国富证券持续推动合规风控建设，有效平衡业务发展与风险可控的双重目标，2 家法人证券公司实现营业收入 29.20 亿元，实现净利润 5.47 亿元，同获 A 类 A 级评价。

3. 市场融资能力有效发挥

2019 年末，贵州省境内上市公司 29 家，其中主板 19 家、中小板 9 家、创业板 1 家，上市公司总市值 16931.54 亿元，同比增长 80.54%；共有新三板挂牌公司 50 家，总市值 88.09 亿元，同比减少 35.46%。从融资情况看，2019 年贵州证券市场融资总额 962.54 亿元，其中，上市公司和新三板挂牌公司累积实现融资总额 24.71 亿元，同比下降 91.97%；债券市场本年累计筹资金额 816.28 亿元，同比增长 243.65%；区域性股权市场融资 121.55 亿元，同比增长 7.91%。

4. 期货市场交易持续回升

2019 年末，贵州省期货市场总资产 3.92 亿元，同比增长 3.70%；客户保证金 3.45 亿元，同比增长 1.17%；累计成交量 725.30 万手，同比增长 31.54%；累计成交金额 4527.41 亿元，同比增长 28.84%。从交易品种来看，2019 年共推出红枣、不锈钢、尿素和 20 号胶等 7 个期货新品种，其中，20 号胶是国际化品种，是继铁矿石、PTA 和原油期货后，业内第 4 个国际化品种。

（二）需要关注的问题

1. 资本市场发展仍滞后于贵州经济发展

近年来，贵州经济增速和人民币各项贷款增速持续位列全国前列，但全省支持企业利用多层次资本市场的政策体系和工作机制有待完善，全省各类企业充分利用多层次资本市场拓宽融资渠道的能力有待加强。2019 年，贵州辖内上市公司和新三板公司股票市场累计募集资金总额为 24.71 亿元，仅占证券市场融资总额比重 2.57%，仅为同期贵州省社会融资规模增量的 0.46%，资本市场整体规模落后于全国，与贵州经济的快速发展不相适应。

2. 部分上市公司股票质押风险仍需高度关注

2019 年末，29 家上市公司中，控股股东开展股票质押业务的公司超过一半，其中 40% 的公司股票质押股数占自身持股总数超过 80%，虽然已采取纾困基金支持等方式推进解决股票质押比例过高问题，但整体进度缓慢，资金压力较大，控股股东股票质押风险仍需高度关注。

3. 公司债兑付压力仍然存在

2019 年，全省 8 只公司债违约风险得到有效化解，全年没有出现公司债发行人违约情况。贵州成为全国没有公司债违约的 7 个省份之一，但全省公司债存续规模较大，兑付压力仍然较大。

4. 机构经营压力尚未缓解

2019 年，辖区证券分支机构数量历史上首次出现负增长，大部分证券分支机构同质化竞争严重，行业市场基础薄弱，专业服务能力不足，缺乏核心竞争力。另外，私募基金规范化运作水平和管理人整体合规意识不高，利益输送、非法集资等风险高发易发。

四、保险业

（一）运行情况

1. 保费收入增速回落，风险保障规模继续提升

2019 年，贵州省省级分公司以上保险公司 31 家，法人机构 1 家。全年实现原保险保费收入 489.26 亿元，较上年增长 9.73%，增速回落 5.27 个百分点。其中，财产险业务保费收入 223.41 亿元，增长 7.39%，增速回落 8.66 个百分点；人身险业务保费收入 265.85 亿元，增长 11.77%，增速回落 2.32 个百分点。保险行业全年赔付支出 186.57 亿元，同比增长 2.92%；累计提供各类风险保障 40.18 万亿元，同比增长 30.82%，保险保障增速超过保费收入增速。

2. 财产险公司非车险业务发展较快，人身险公司结构调整持续推进

2019 年，贵州省财产险公司监管指标总体较好，综合成本率、综合费用率、综合赔付率分别低于全国平均水平 6.41 个百分点、3.52 个百分点和 2.9 个百分点。原保险保费收入 246.6 亿元，同比增长 9.12%。其中，车险业务实现保费收入 172.06 亿元，同比增长 5.36%，增速同比下降 5.76 个百分点，连续六年增速下滑；非车险业务实现保费收入 74.55 亿元，同比增长 18.91%。贵州省人身险公司原保险保费收入 242.65 亿元，较上年增长 10.35%，增速同比回落 1.9 个百分点，但回落幅度大幅收窄，结构调整取得初步成效。其中，人寿险业务保费收入 172.16 亿元，同比增长 6.34%，增速同比上升 2.96 个百分点；健康险业务保费收入 62.56 亿元，同比增长 26.15%，健康险业务占比逐年上升。

3. 助推金融精准扶贫，风险保障能力不断增强

2019 年，全省开办农业保险、大病保险、“两保一孤” 保险、“防贫保” 等保险扶贫项目 125 个，共计 302.02 万户次、628.61 万人次，提供风险保障 2259 亿元。全省农业保险开办品种达 58 个，累计对 9 个中央政策性险种实施“降费、提标”，深度贫困地区的保险费率在全省统一下调的基础上再优惠 20%。农房保险“全省覆盖”，800 万农户实现“户户有保障”。机构通过免设或降低起付线、提高报销比例、取消封顶线等方式，加大大病保险对贫困人口的倾斜支付。创新开发包括意外险、寿险、医疗险的“黔惠保” 产品组合，为贫困人口提供基本医保和大病保险之外保费低廉、保障适度的保险补充。

（二）需关注的问题

1. 保险满期给付与退保风险仍然存在

2019 年，全省满期给付与退保支出规模仍处高位阶段。从近几年全国非正常集中退保重大风险事件来看，欠发达地区更容易发生退保等纠纷，特别是城乡结合部，大多是复杂社会关系聚居区，存在区域聚集效应和传播速度快的特点，需要加强防范。

2. 部分公司风险状况与应急处置水平有待提升

当前人身险市场面临存量业务满期与近年新增的“中短存续期业务” 退保叠加的状况，部分公司综合退保率较高且新单业务负增长，须予以高度关注。同时，部分公司特别是基层机构仍存在对退保风险重视程度不够，应急演练流于形式，执行力弱化等情形，需进一步强化各层级主体责任意识、危机意识、应急处置水平。

五、金融市场

（一）债券市场

债券融资工具发行同比大幅增长，金融债券发行量下降。2019 年，全省共有 10 家非金融企业发行债务融资工具 155.89 亿元，发行额较上年增加 104.1 亿元；其中，发行中期票据 90.5 亿元，短期融资券 8 亿元，超短期融资券 33 亿元，定向工具 5.72 亿元，资产支持票据 11.67 亿元。2019 年，全省发行各类金融债券 77 亿元，同比下降 39.84%。其中，金融机构发行二级资本债券 47 亿元，绿色金融债券 30 亿元。

（二）货币市场及票据市场

1. 同业拆借市场成员稳步增加，利率总体回落

2019 年末，贵州省共有全国银行间同业拆借市场成员 58 家，成员家数较上年增加 6 家。全年发生同业拆借交易 4238 笔，金额共计 1.69 万亿元。2019 年全省同业拆借加权平均利率 2.3022%，较上年同期下降 37.6 个基点。除 7 天、21 天和 1 个月 3 个期限拆借利率同比上涨外，其余期限拆借利率均不同程度下降。

2. 货币市场交易量大幅增长，资金流向以净融出为主

2019 年，贵州省银行间市场成员债券回购累计成交 18.66 万亿元，同比增长 55.5%；资金净融出 3.22 万亿元，交易产品以隔夜为主，交易规模占比达 90.01%；现券交易 7.16 万亿元，同比增长 81.27%，低风险债券为现券交易主体，占全部现券交易量的比重达 74.16%。非金融企业信用类债券占比 25.84%，风险偏好较上年有所下降。

3. 票据市场签发规模、贴现发生额同比大幅增长

2019 年，全省银行承兑汇票累计签发量 2187.38 亿元，同比增长 57.65%；贴现累计发生额为 738.81，同比增长 98.72%。总体来看，票据市场利率整体呈整体下行趋势。

（三）外汇市场

1. 跨境收支总额有所回落，结售汇顺差大幅收窄

2019 年，受经济下行压力及内外部形势影响，贵州省跨境收支规模有所回落。跨境收支总额 134.3 亿美元，同比下降 9.2%，净流入 12.1 亿美元，同比下降 68.5%。银行结售汇总额 71.2 亿美元，同比下降 13.5%，顺差 5.8 亿美元，同比下降 76.1%。尽管跨境收支总体保持净流入态势，但长期维持的经常项目、资本项目“双顺差”格局已有所变化，资本项目收支总额首次超过经常项目、首次出现逆差。跨境收支总体顺差大幅收窄，未来跨境收支波动可能加大。

2. 跨境人民币业务稳步发展，受益覆盖面进一步扩大

2019 年，跨境人民币实际收付金额 211.0 亿元，同比下降 1.6%，其中：直接投资和服务贸易人民币结算额分别增长 82.4% 和 51.3%，较上年取得较大增长。当年跨境人民币结算额占本外币跨境收付比重为 22.0%，较上年提高 1.7 个百分点，人民币为贵州省涉外结算第二大货币，暂排在美元之后。截至 2019 年末，跨境人民币累计结算额突破 2000 亿元，达 2055.9 亿元，跨境人民币业务覆盖面进一步扩大，受益主体（包括企业、机关、团体等）突破千家，达 1155 家，较上年末增加 216 家。

六、金融基础设施和金融改革创新

（一）支付结算体系

1. 农村支付环境普惠金融水平进一步提升

2019 年，围绕脱贫攻坚和乡村振兴战略的实施，贵州省农村支付服务环境建设着力推进移动支付向基层、向农村下沉，打造多功能助农取款服务点，推动非现金收购农副产品，进一步提升农村地区支付服务的普惠金融水平。全省“云闪付”农村地区新增小微商户 26.72 万个，全国排名第二位；农村地区新增用户 295 万户，1—11 月月均活动用户数 96.12 万个，全国排名第一位。

2. 高标准高质量完成取消企业银行账户许可，助力改善营商环境

持续落实党中央、国务院“放管服”改革工作要求，扎实稳妥地完成取消企业银行账户许可工作，未发生风险事件和任何负面舆情，企业开户环节和时间大大减少，企业金融营商环境得到优化，全省企业银行账户稳步增长。创新推广“贵州省银企账户管理平台”，为银行账户全生命周期风险管理提供有力保障。创新开发“企业工商信息核验系统”，有效解决银行在办理企业开户过程中信息核验难、开户耗时长、录入差错高、查询成本高等问题，缩短客户开户时间，为银行办理开户等业务节约成本。

（二）信用体系

出台多项工作制度，为营造良好的诚信环境提供制度保障。深入开展金融生态环境测评工作，优化区域信用环境。“一地一策”推进中小微企业和农村信用体系建设，发挥信用“助推器”作用。先后建成多个具有代表性的信息管理系统典型模式，推进中小微企业和农村主体信息的归集，丰富贷前信息数据，有效解决“三农”和中小微企业金融服务中的信息不对称问题和风险防控问题，实现信用与信贷有效联动，有效改善中小微企业和农村主体融资环境。金融信用信息基础数据库覆盖面不断扩大。大力推进村镇银行、小额贷款公司、融资性担保公司、融资租赁公司、金融租赁公司等小微机构接入金融信用信息基础数据库，实现 P2P 等网络借贷机构接入金融信用信息基础数据库的突破。年末金融信用信息基础数据库已收录 14.6 万户企业组织和 2699.9 万自然人的信用信息，提供企业信用报告查询 17.7 万次，个人信用报告查询 1395.2 万次。

（三）反洗钱

保持反洗钱监管高压态势，全年对 1526 家反洗钱义务机构开展工作考评，行业覆盖面连续 10 年达 100%，约见谈话 79 家，走访 229 家，质询 9 家，对违法反洗钱相关规定 7 家机构 15 名相关责任人处罚款 200.2 万元。加强与公检法及其他金融监管部门的协调配合，积极打击金融领域违法犯罪，持续推动洗钱入罪工作，全省成功宣判洗钱罪 11 例。

（四）金融消费权益保护

2019 年，贵州省金融消费权益保护工作高效推动，印发《关于建立金融消费纠纷诉调对接工作机制的指导意见》《关于进一步做好中小学德育工作的通知》等机制性文件，进一步畅通金融消费维权渠道，加强投诉管理和纠纷调处工作，规范开展检查评估，统筹推动金融广告治理，构建金融知识普及长效机制，推动普惠金融发展。贵州省人民银行系统共受理与处理金融消费者投诉 168 件、咨询 3876 件，办结率 100%，切实维护金融消费者合法权益。深入推进“蒲公英”金融志愿服务行

动，实现贫困村100%全覆盖，有效推动金融知识普及常态化。

（五）贵安新区绿色金融改革创新试验区

2017年6月，贵安新区成为全国首批、西南地区唯一一个获准开展绿色金融改革创新的国家级试验区。截至2019年末，共有22家金融机构拟入驻新区，形成了多层次绿色金融机构体系。全省绿色贷款余额达到2950亿元，较年初增长579亿元，增速为36%，其中，各金融机构投向贵安新区绿色金融改革创新试验区的绿色贷款余额约为162.3亿元；推动四家省内法人银行业金融机构以环境保护设备制造项目贷款、绿色农业开发项目贷款、传统产业技改项目贷款等绿色信贷资产作为合格抵质押物获得支小再贷款共计5.7亿元，累计盘活绿色信贷资产8.54亿元，推动发放绿色贷款9.19亿元。

七、总体评估

2019年，贵州省经济增长在顶住下行压力中保持高位平稳运行，脱贫攻坚在攻克贫困堡垒中持续告捷，实体经济在克服多重约束中稳步发展，全省经济转向高质量发展的步伐加快。金融业整体实力持续增强，聚焦贵州经济发展的重点领域和薄弱环节，较好地发挥了金融服务实体经济的血脉作用。与此同时，贵州省经济发展面临诸多困难和挑战不可忽视，主要表现在：脱贫攻坚剩下的贫中之贫、坚中之坚，攻克深度贫困最后堡垒任务艰巨；财政收支矛盾较为突出，投资增长下行压力加大，部分行业增长乏力，一些企业生产经营困难增多；部分地方政府偿债压力仍然较大；以及部分中小法人机构存在流动性风险、公司债兑付压力较大、保险退保率高企等。虽然仍然存在一些影响金融稳定的不确定性因素，但风险整体可控。

2020年，贵州省将坚持“稳中求进”工作总基调，坚持新发展理念，坚持以供给侧结构性改革为主线，切实贯彻落实好稳健的货币政策，坚决打赢防范化解重大金融风险攻坚战，稳步推进金融改革创新，着力提升金融管理和服务水平，全面做好“六稳”工作，统筹推进稳增长、促改革、调结构、惠民生、防风险工作，为促进贵州省高质量打好脱贫攻坚战和经济高质量发展创造良好的货币金融环境，牢牢守住不发生区域性系统性金融风险的底线。

中国人民银行贵阳中心支行金融稳定分析小组

组　　长：张瑞怀
副 组 长：邓　浩
成　　员：向　明　令狐春荣　李家鸽　毛洪江　周　俊　刘利红
何　炜　罗永国　秦少华　闵培忠

《贵州省金融稳定报告（2020）》编写组

总　　纂：邓　浩
统　　稿：令狐春荣　舒　勤　刘利红　黄　洲
执　　笔：石　实　袁　燕　陈　羲　季忠艳　张　笑　陈文杰
李志勇
参与写作人员：谢　璇　刘　爽　孔艳彦　潘　琳　徐振鑫　张　强
陈旭东　李　媛　赵　鑫

云南省金融稳定报告摘要

2019年，面对错综复杂的经济形势，云南省全面贯彻落实党中央、国务院重大决策部署，金融业坚持“稳中求进”工作总基调，贯彻新发展理念，落实高质量发展要求，金融运行稳中有进，融资总量保持稳定增长，金融供给侧结构性改革成效显著，为经济实现高质量发展提供了有力支持，也为金融风险缓释打下了良好基础。金融领域的突出风险得到稳妥处置，重点领域风险防控能力持续增强。金融基础设施建设和服务不断加强，布局进一步优化。但部分行业、领域和地区的风险仍需高度关注，风险防范工作的前瞻性仍需进一步加强。

一、区域经济

（一）宏观经济运行

2019年，面对复杂严峻的国内外经济形势，云南省经济保持了平稳发展的态势，主要经济指标领先全国，高技术制造业和服务业较快增长，重点产业保持稳定增长，展现较好的韧性。

1. 经济总量保持稳定增长，经济结构持续优化

2019年，云南省实现国内生产总值（GDP）2.32万亿元，同比增长8.1%，比全国（6.1%）高2.0个百分点，经济增速排名全国第2位。第三产业贡献度首次超过50%，服务业拉动经济增长成为新常态，三次产业增加值比重由2018年的14.0:38.9:47.1发展为2019年的13.1:34.3:52.6。其中，第三产业增加值同比增长8.3%，对经济增长的拉动作用进一步加大。

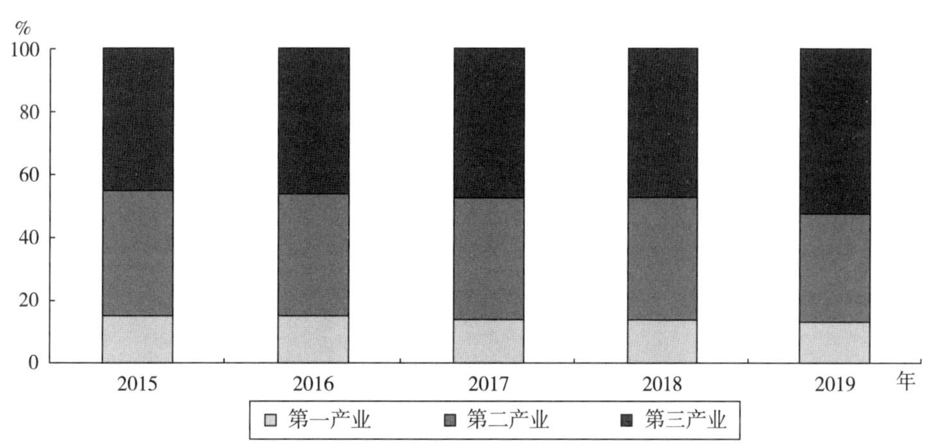

图1 2015—2019年GDP及构成比例

（数据来源：云南省统计局）

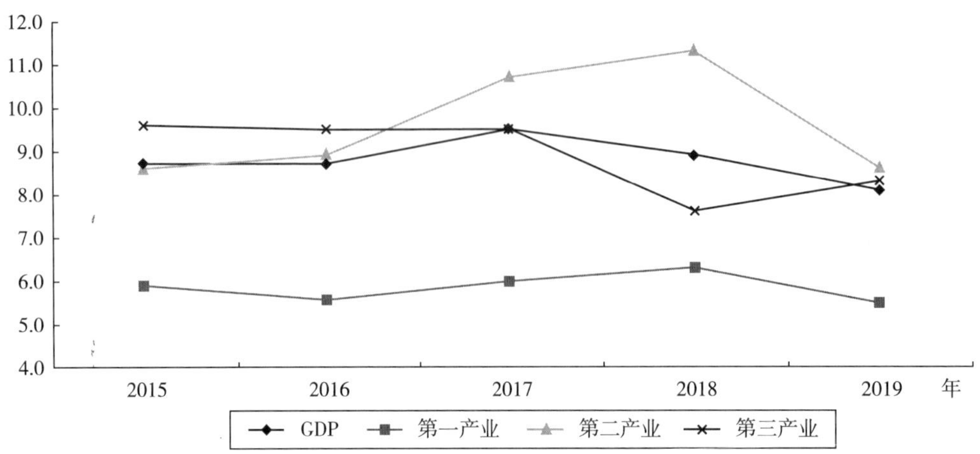

图2　2015—2019 年 GDP 及三次产业同比增速

（数据来源：云南省统计局）

2. 农业经济平稳向好，高原农业稳步推进

农林牧渔业增加值完成 3096.08 亿元，同比增长 5.5%。一是种植业发展态势良好。粮食生产再获丰收，总产量达到 1870.03 万吨。全年种植业完成增加值 1789.97 亿元，同比增长 8.7%。二是畜牧业增长平稳。牧业增加值完成 924.31 亿元，同比增长 0.9%，牛羊禽加速出栏弥补生猪缺口。三是林业和渔业稳定增长。分别完成增加值 260.78 亿元和 62.56 亿元，同比增长 1.9% 和 3.5%。

3. 规模以上工业增长平稳，高技术制造业增长较快

规模以上工业增加值同比增长 8.1%，增速比全国（5.7%）高 2.4 个百分点。从三大门类看，全省采矿业增加值同比增长 8.1%；制造业增加值增长 6.5%，其中高技术制造业增加值增长 31.1%；电力、热力、燃气及水生产和供应业增加值增长 12.8%。从主要行业看，39 个大类行业有 32 个行业保持增长，其中计算机、通信和其他电子设备制造业同比增长 67.0%。

4. 服务业快速增长，企业经营效率持续改善

服务业保持较为快速的增长，企业经营效率持续改善，对宏观经济增长的拉动作用更加突出。从企业经营情况看，全省 1982 家规模以上服务业企业共实现营业收入 2368.97 亿元，同比增长 16.0%，实现营业利润 328.39 亿元，同比增长 8.1%。从市场销售情况看，全年全省批发业销售额同比增长 12.8%；零售业销售额增长 11.9%；住宿业营业额增长 11.7%；餐饮业营业额增长 15.8%。

5. 固定资产投资平稳趋缓，重点领域支撑有力

固定资产投资（不含农户）同比增长 8.5%，增速比全国（5.4%）高 3.1 个百分点。分产业看，第一产业投资同比增长 25.5%，第二产业投资同比增长 11.8%，第三产业投资同比增长 7.0%。从重要行业看，工业投资同比增长 11.7%，其中，电力工业增长 9.3%，制造业增长 11.9%，采矿业增长 12.3%。从房地产市场看，云南省完成房地产开发投资同比增长 27.8%，其中住宅投资增长 43.2%；商品房销售面积同比增长 6.7%，销售额增长 12.9%。

6. 消费品市场平稳运行，消费结构持续优化

实现社会消费品零售总额 7539.18 亿元，同比增长 10.4%，增速比全国（8.0%）高 2.4 个百分点。城镇市场实现消费品零售额同比增长 10.4%，乡村市场实现零售额同比增长 10.6%，乡村市场保持快于城镇市场增长趋势。商品零售同比增长 10.4%，餐饮收入同比增长 11.0%。

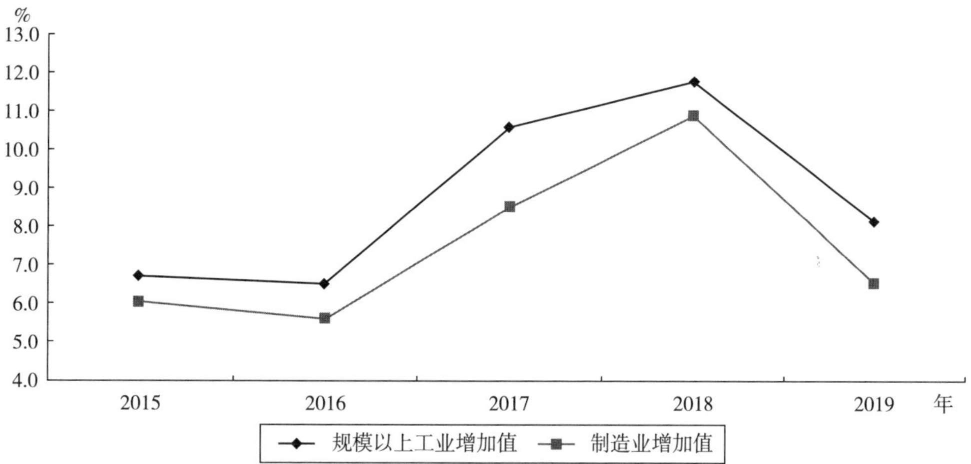

图 3 2015—2019 年规模以上工业增加值增速

（数据来源：云南省统计局）

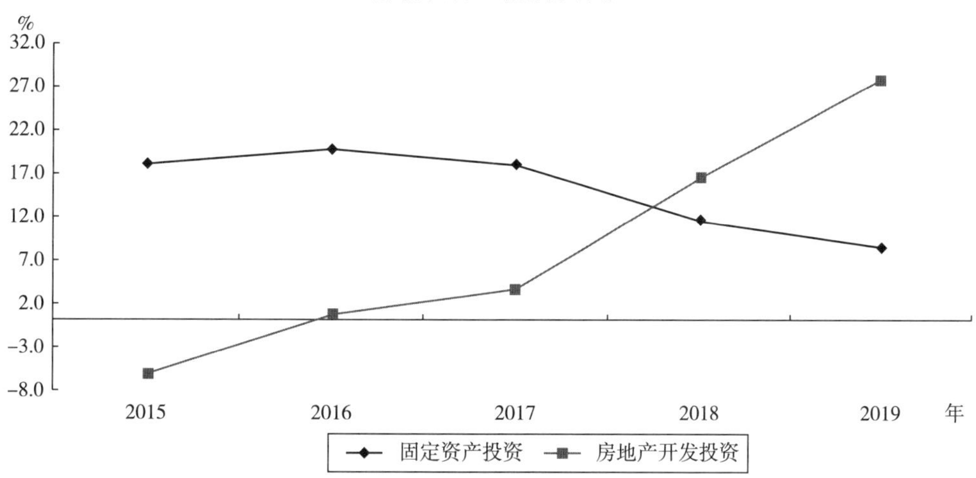

图 4 2015—2019 年固定资产投资增速

（数据来源：云南省统计局）

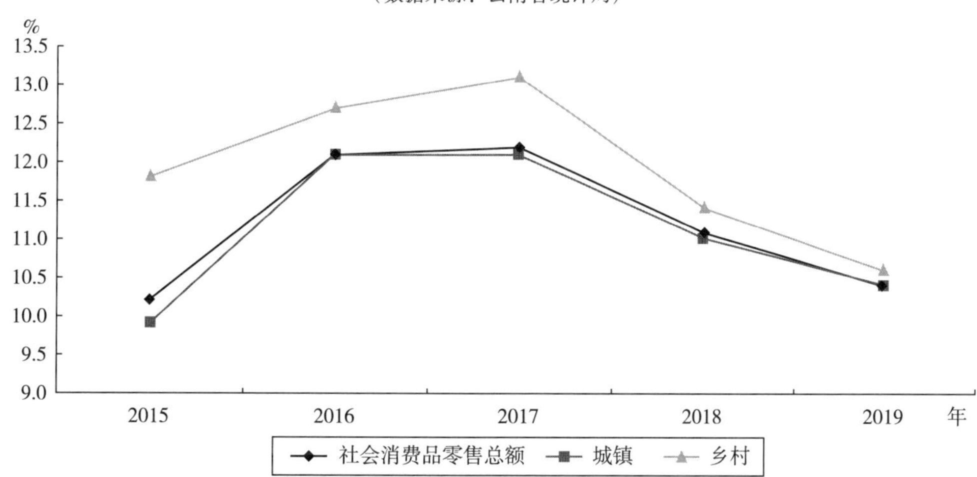

图 5 2015—2019 年社会消费品零售总额增速

（数据来源：云南省统计局）

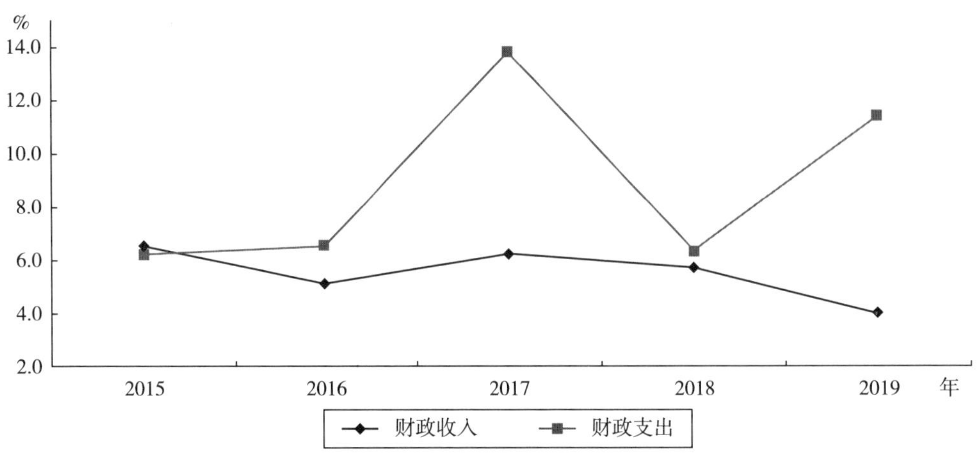

图 6　2015—2019 年财政收支增速

（数据来源：云南省统计局）

2019 年，云南省进出口总额 2323.7 亿元，同比增长 17.9%，其中，出口总额 1037.2 亿元，同比增长 22.4%；进口总额 1186.5 亿元，同比增长 14.6%，贸易逆差 149.3 亿元人民币。跨境收支总规模和银行结售汇总额保持两位数增长，银行结售汇更趋平衡，跨境资金流动延续总体稳定、双向波动更趋平衡的格局。

（二）需要关注的方面

1. 工业经济稳增长面临的内外部压力有所加大

工业经济保持稳定增长，规模以上工业增加值增速持续排名全国前列。但是，工业发展面临的内外部环境更加复杂严峻，下阶段工业经济稳增长压力仍然突出。一是外部环境趋于复杂。2019 年 12 月，全国工业生产出厂价格指数（PPI）同比下降 0.5%，自 7 月以来已连续 6 个月处于通缩区间，反映当前全国工业品市场仍然处于“供大于求”的局面。二是企业家信心不足。2019 年第四季度，云南省企业家宏观经济热度指数同比下降 4.8 个百分点；企业家信心指数同比下降 8.7 个百分点。三是风险高发影响金融供给效率。受金融风险高发影响，制造业贷款持续收缩，贷款余额全年同比下降 5.07%。

2. 基建投资形势趋于好转，但稳投资形势仍严峻

下半年以来，云南省基建投资增速有所回暖，投资预期向好，投资形势趋于改善，但基建投资资金来源不足的问题仍然突出，稳投资仍面临多重制约。一是项目资金缺口仍然较大。由于建设项目资本金非“债务性”规定，导致项目资本金筹措难度大，各级配套资金到位率低。二是 PPP 项目增长面临瓶颈。受 PPP 项目“10%”支出红线限制，政府负债高地区的财政已经难以承载更多新增 PPP 项目，未来 PPP 增长的空间将进一步受限。

3. 房地产市场热度回落、房企经营压力上升等问题制约房地产投资增长可持续性

云南省房地产投资持续保持 20% 以上的高速增长，但房地产市场仍存在一些周期性及结构性问题，投资与销售增长的不同步现象突出。房地产开发投资依然保持高位增长态势，但商品房销售端则呈现增长放缓特征。商品房销售额同比增长 12.9%，比 2018 年回落 20.1 个百分点。投资与销售存在明显的增长不同步现象，导致房地产商资金周转压力增大，融资能力弱、资金周转慢的房企或受较大冲击，需警惕由此带来的房地产信贷风险。

二、银行业

（一）银行业运行

1. 资产负债规模增速回升，股份制商业银行扭转资产规模下滑趋势

截至12月末，云南省银行业金融机构总资产44151.96亿元，同比增长7.86%，较上年末提高5.13个百分点；负债总额39438.97亿元，同比增长7.69%，较上年末提高5.27个百分点。其中，大型国有商业银行资产同比增长8.13%；股份制商业银行资产同比增长10.15%，扭转连续两年回落的趋势，相较连续两年七成以上股份制机构资产和负债同比负增长，2019年仅有三成机构表现为负增长，而招商、浦发、广发和民生银行资产和负债增长幅度均在20个百分点以上；地方法人银行业金融机构资产总额16390.13亿元，同比增长7.86%，地方法人银行业金融机构资产占比37.12%，继续保持三分之一以上。

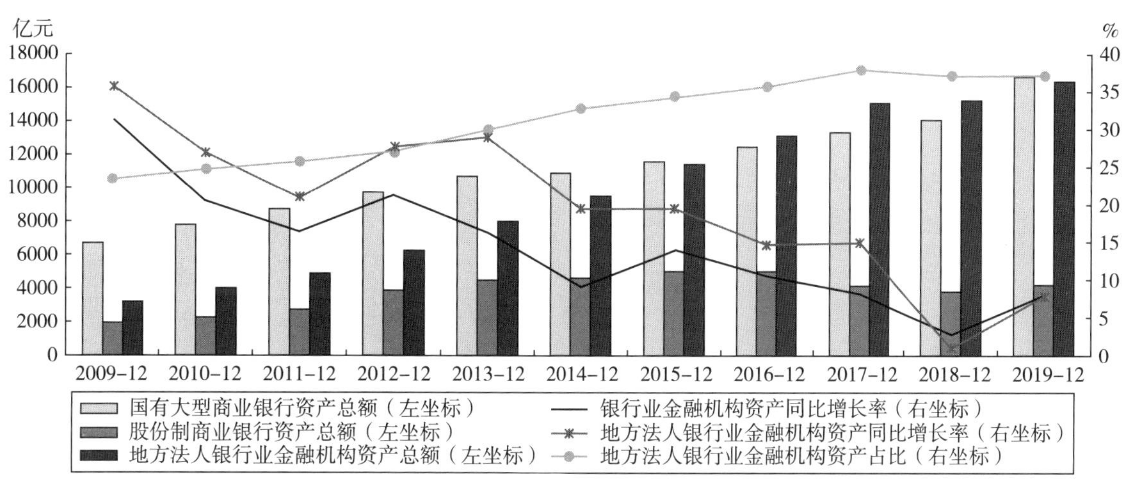

图7　2009—2019年云南省银行业金融机构资产变化情况

（数据来源：中国银行业监督管理委员会云南监管局）

2. 存款增速重拾回升，法人机构对存款拉动效应减弱

截至12月末，云南省金融机构本外币各项存款余额32985.37亿元，较上年末增加2244.529亿元，同比增长7.3%，较上年末提高5.38个百分点。从机构类型看，除政策性银行外，其他类型机构存款均表现为同比增长，3家政策性银行中除进出口银行存款同比微增外，其他2家政策性银行存款依然延续同比下降10个百分点以上；股份制银行中浦发银行连续三年存款下降；地方法人银行业金融机构存款增速放缓，同比增长5.08个百分点，在去年回落的基础上有所增长，对于金融机构存款总量增长的拉动作用大幅减弱。

3. 加大供给侧结构性改革，助推制造业转型升级

2019年，云南省金融机构继续实施差异化信贷政策，有保有压，“两高一剩”行业贷款实现稳妥有序出清。截至12月末，“六大高耗能”行业贷款余额2194.21亿元，比年初减少50.19亿元，同比多减155.87亿元，余额同比减少2.36%。同时，金融助力制造业转型升级力度加大，生物医药、装备制造等新型制造业中长期贷款实现快速增长。截至12月末，医药制造业中长期贷款余额比

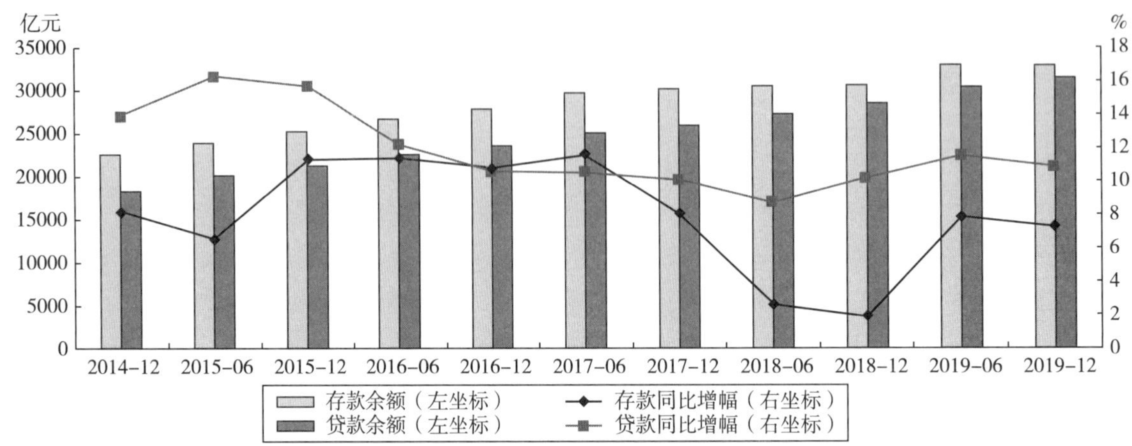

图8 2014—2019年云南省金融机构存贷款变化情况

（数据来源：中国人民银行昆明中心支行）

年初新增9.08亿元，同比增长77.07%；铁路、船舶等运输设备制造业中长期贷款余额比年初新增6.65亿元，同比增长21.00%。

4. 支持实体经济发展，“三农”、小微信贷得到有力支撑

2019年，云南省银行业继续聚焦经济社会薄弱环节，助推全省脱贫攻坚。一是“三农”领域金融支持力度再上新台阶。截至12月末，涉农贷款余额突破万亿元大关，达1.03万亿元，同比多增214.68亿元，余额同比增长7.67%，高于2018年同期1.82个百分点。二是强化再贷款再贴现在支农支小扶贫方面的引导作用。截至12月末，信贷政策支持再贷款余额143.6亿元，同比增长6.5%；再贴现余额175.07亿元，同比增长7.72%。其中涉农票据再贴现余额占比77.76%，小微企业票据再贴现余额占比46.37%。三是小微企业贷款“量增面扩”。截至12月末，小微型企业贷款余额5705.91亿元，同比增长8.15%。普惠口径小微贷款户数58.62万户，比年初增加10.45万户，贷款余额1722.87亿元，比年初增加134.07亿元。

5. 机构改革持续推进，着力提高发展质量

2019年，云南省银行业进一步深化改革创新力度，国家开发银行、进出口银行、农业发展银行云南省分支机构根据改革方案积强化自身职能定位，加大对重点领域和薄弱环节的支持力度。农业银行进一步深化“‘三农’金融事业部”改革，围绕县域城镇化、农业产业化、水利基础设施建设、抵押担保等重点领域和关键环节，持续加大“三农”信贷支持和产品创新力度，全力做好金融扶贫工作。地方法人银行业金融机构改革稳步推进，“按照成熟一家，改制一家”的原则和“充分尊重市场规律和机构意愿”的监管要求，8家农村信用社县级联社改制为农村商业银行。截至2019年末，云南省共有50家农村信用社县级联社改制为农村商业银行。

（二）需要关注的方面

1. 银行业资产质量仍面临潜在风险

截至12月末，云南省银行业不良贷款余额698.07亿元，较上年末减少133.65亿元，不良贷款率2.2%，较上年末下降0.71个百分点，高于全国0.34个百分点，较去年差距进一步缩小。细分来看，一是不同类型银行差异较大。政策性商业银行和大型银行较为稳健，不良贷款率分别为1.39%

和 1. 20%；股份制商业银行出现分化，整体不良贷款率 2. 27%，但平安银行、兴业银行、恒丰银行不良贷款率分别为 6. 16%、5. 73%、4. 98%，均高于和接近监管标准；中小法人银行业金融机构不良贷款率依然较高。农村金融机构不良贷款率 5. 19%，村镇银行不良贷款率 3. 25%，城商行不良贷款率 2. 6%，207 家法人银行业金融机构中有 35 家机构不良贷款率高于 5%。二是银行业关注类贷款潜在风险大，12 月末，关注类贷款余额 1338. 4 亿元，较上年末增加 73. 39 亿元，关注类贷款率 4. 22%，仅较上年末微降 0. 21 个百分点，隐藏资产质量向下迁徙的风险。三是部分地区不良贷款率高企。12 月末，昆明市不良贷款余额达 306. 26 亿元，占云南省不良贷款余额的 43. 87%；丽江、曲靖、德宏、临沧不良贷款率分别为 8. 4%、5. 64%、4. 3% 和 4. 15%，不良贷款余额合计 192. 51 亿元，占云南省不良贷款余额的 27. 58%。

此外，金融犯罪及“内部人控制”个案风险需高度重视。近年来，云南省先后发生了农村信用社省联社、富滇银行高管人员违法违纪等多起金融领域腐败和犯罪案件，以及南屏农商行“内部人控制”等个案，不仅给涉事机构带来极大的经济损失，埋下风险隐患，也对云南金融生态造成了及其恶劣的影响，需高度关注。

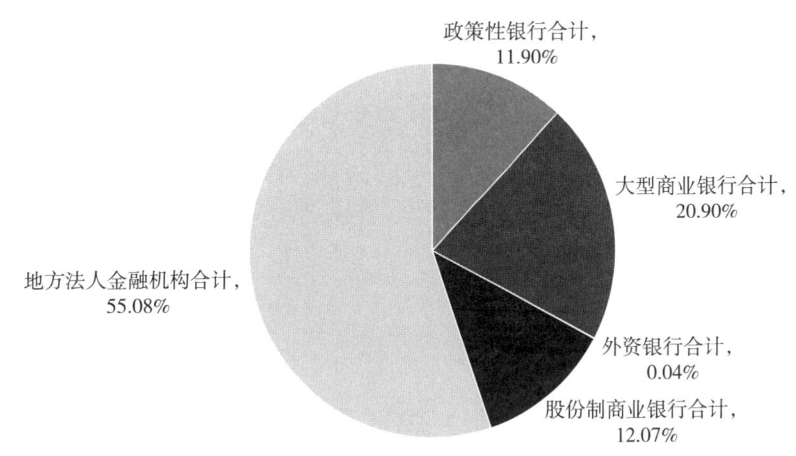

图 9　2019 年云南省银行业不良贷款构成

（数据来源：中国银行业监督管理委员会云南监管局）

2. 地方法人银行业金融机构风险防控压力仍较大

2019 年，云南省地方法人银行业金融机构通过多种方式补充资本，资本充足水平在资产质量持续下降情况下仍保持相对高位。云南省地方法人银行业金融机构资本充足率和核心一级资本充足率均保持在 12. 43% 以上；农村金融机构由于潜在不良贷款暴露，资本充足下降水平较为明显，有 14 家农村金融机构资本充足率低于 10. 5%，其中 3 家资本充足率为负数，较上年度减少 4 家。云南省地方法人银行业金融机构存贷比 83. 32%，较上年上升 3. 06 个百分点，有 24 家地方法人银行业金融机构存贷比超过 75%，相较上年减少 19 家；流动性比例为 55. 35%，较年初上升 0. 36 个百分点；核心负债依存度为 74. 09%，在去年大幅上升的基础上同比上升 9. 04 个百分点。

截至 12 月末，云南省共有 40 家地方法人银行业金融机构风险监测指标不达标，同比减少 20 家。按机构类型看，指标超标地方法人银行业金融机构中农村商业银行 1 家，农村信用社 24 家，村镇银行 15 家。按指标类型看，35 家地方法人银行业金融机构不良贷款率高于 5%，不良贷款率最高的为 71. 67%；拨备覆盖率低于 100% 的金融机构有 11 家，拨备覆盖率最低为 17. 69%；单一客户授信集中度高于15%的金融机构有16家。

3. 企业信用风险向金融体系传导压力加剧

一是大型企业信用风险不断暴露，金安桥、力帆骏马、后谷咖啡等债务违约对全省银行业资产质量带来较大负面影响。第四季度末，大型有问题企业9家，融资余额453.6亿元，已形成不良贷款132.73亿元，占云南省不良贷款的19%。特别是2019年以来，金安桥财务状况进一步恶化。12月末，该企业在云南省内银行的贷款中已有99.35亿元形成不良，占云南省不良贷款余额的14.23%。二是小微企业资产质量有所提高，但形势依然严峻。12月末，小微企业不良贷款余额231.02亿元，较年初下降40.59亿元，不良贷款率3.73%，占全部不良贷款余额中的33.09%，持续居高不下。

4. 不良资产处置困难加大银行资产质量风险防范压力

在资产质量持续下滑的背景下，加大不良资产核销处置力度，化解存量包袱成为银行防范化解风险的重要手段之一，但在不良存款处置核销过程中仍然面临较多困难。一是司法和执法方面对债权人权益维护力度还存在不足，对逃废金融债务的执法打击力度和对失信人联合惩戒力度还有待加强，对债权金融机构的合法权益维护力度不足。二是不良贷款打包处置回收率低导致资产保全压力加大，银行通过资产管理公司处置不良资产的规模迅速增长，资产管理公司在议价方面处于强势，资产成交价格持续走低，资产回收率明显下降。三是部分风险突出机构，不良贷款率高企，严重侵蚀风险抵补能力，风险化解处置十分困难，若无外部有效帮扶措施，依靠机构自身力量难以在短时间内有效改善经营指标。

三、证券期货业

（一）证券期货业运行

2019年云南省证券期货业贯彻新发展理念，紧密围绕服务实体经济，深化资本市场改革发展，全力推进多层次资本市场建设，对实体经济发展、供给侧结构性改革的支持力度不断加大，加强监管和防范化解资本市场重点领域风险，总体运行平稳。

1. 资本市场服务云南经济社会高质量发展取得新成效

2019年，云南省企业累计实现股票融资59.29亿元，其中3家企业实现首发融资26.16亿元，3家上市公司实现再融资33.14亿元。累计4家上市公司实施重大资产重组，交易金额549.75亿元。企业累计通过交易所市场发行36只公司债券，融资金额339.13亿元，资产证券化产品8只，融资金额111.1亿元。截至年末，存续公司债券126只，融资金额1152.95亿元；存量资产证券化产品74只，融资金额344.1亿元。截至2019年末，共有上市公司36家，本年新增3家上市公司，其中沪市14家、深市22家（主板21家、中小板10家、创业板4家），总股本630.86亿股，总市值5743.7亿元；拟上市公司共计10家，其中在审公司1家，在辅导公司9家。二是新三板挂牌公司数量持续增长助推多层次资本市场建设。2019年，云南省新增新三板挂牌公司2家、摘牌16家挂牌公司，辖区共有新三板挂牌公司79家，其中基础层69家、创新层10家，做市转让13家、集合竞价转让66家；2家挂牌公司实现股票融资2.17亿元。

2. 证券期货业服务实体经济能力进一步提升

2019年，云南省证券市场累计交易额为27598.18亿元，同比增长23.90%，客户资产2994.47亿元，同比增长22.22%，新增资金账户数13086户，累计资金账户数2628458户。期货市场累计交易额为26361.67亿元，同比增长54.66%，客户权益32.69亿元，同比增长48.32%，新增期货账户数257户，累计期货开户数39669户。截至2019年末，共有证券公司2家，证券投资咨询公司1家，证券公司分公司29家，证券营业部154家（其中国海证券玉溪营业部筹建中）。2家证券公司总资产745.23亿元、净资产236.05亿元，核心净资本187.37亿元。证券经营机构通过保荐上市、发行证券化等融资业务为云南省企业融出资金余额527.07亿元；云南共有期货公司2家，期货分公司5家，期货营业部29家。辖区2家期货公司总资产29.74亿元、净资产14.37亿元、净资本9.70亿元。已完成登记的私募基金管理人共91家，备案基金157只，管理资金规模1003.83亿元。

（二）需要关注的方面

1. 退市、债券违约、私募基金运作不规范等风险持续。受经济转型、行业低迷等多种因素的影响，云南省部分上市公司、挂牌公司出现不同程度的经营困难，少数公司甚至陷入持续困难，经营问题转化为违法违规行为的风险凸显。上市公司业绩回升的基础仍不牢固，仍需关注盈利水平下滑、经营压力不减、杠杆水平较高等问题。个别挂牌公司也因持续经营或盈利能力不足，主动摘牌或被强制摘牌。部分债券发行人负债多、业绩差，资金链断裂和债券违约风险凸显。部分私募基金日常管理和运作不规范，存在变相公开募集、违规代持、“名股实债”等违法违规行为，甚至涉嫌非法集资，隐含较大的风险隐患，个别私募股权基金出现兑付风险。

2. 上市公司利用资本市场优化资源配置能力不强。云南省上市公司两极分化严重，整体再融资能力不强，部分公司缺乏持续融资并快速发展能力，未充分利用资本市场优化资源配置。筹划并购重组的上市公司较多，但成功完成的较少，上市公司通过并购重组转型升级做优做强的典型案例较少。云南省上市公司主要集中在有色金属、化工、房地产等传统产业，其中20家公司属于制造业，占比60.61%具有成长性、创新型的高新技术企业较少，创业板企业只有2家；与建设面向南亚东南亚辐射中心密切相关的交通、物流、文化等产业上市公司尚属空白；旅游文化、绿色资源等优势资源资本化程度仍然较低，资本市场助推产业结构调整和新兴产业发展的作用发挥不够。

3. 个别证券公司存在股票质押业务风险。个别证券公司股票质押业务因对手方逾期未购回或股价低于处置线情况，造成公司资金回收存在困难。证券公司已采取措施，稳步压降股票质押规模，加大清收力度。目前，部分项目已进入司法程序通过查封对方资产、司法拍卖等方式逐步开展资金清收工作。

四、保险业

（一）保险业运行

2019年，云南省保险市场呈现总体运行平稳、行业实力稳步提升、业务结构持续优化、盈利能力不断提升的良好态势，但仍然面临一些问题和新挑战需要认真应对，妥善处理。

1. 行业实力稳步提升，保费增速平稳

截至2019年末，云南省保险公司总资产1148.77亿元，较年初增加136.77亿元。共有保险公司法人机构1家，省级分公司42家，其中当年新开业1家。州市级中支及以下机构2740家，实现129个县区全覆盖。保险业累计实现保费收入742.1亿元，保费增速11.1%，较去年同期提高2.18个百分点。其中财产险公司实现保费收入332.7亿元，较上年同期提高1.74个百分点。人身险公司实现保费收入409.4亿元，较去年同期提高2.53个百分点。

2. 业务结构持续优化，盈利能力不断提升

保险业保障型的健康险快速发展，同比增长38.92%，占云南省保费收入的17.1%，较2018年同期提升3.42个百分点。财产险公司车险保费同比增长5.41%，较去年同期下降0.82个百分点，同期信用保险、农业保险、责任保险保费同比大幅增长。人身险公司普通寿险业务同比增长12.07%，而同期分红、万能保险保费增速仅为-0.45%、2.4%。

财产险公司累计实现承保利润19.28亿元，同比增加9.01亿元，排名全国第5位。人身险公司短期险承保利润6.84亿元，同比增加2.55亿元。

3. 提供特色优质服务，助力保障民生

一是高原特色农业保险保障程度不断提升。结合云南省高原特色现代农业产业发展规划，农业保险险种和覆盖面不断深入推进。农业保险全年累计提供风险保障1489.59亿元，赔款支出10.7亿元，135.43万户次农户受益。二是全面对接健康扶贫需求。15个州市均落实了建档立卡贫困人口大病保险倾斜政策，包括降低起付线，提升最高保障额度等。在提升大病保险保障程度的同时，完善昭通民政救助补充保险、武定县“扶贫保”等特色健康保险项目运行模式，进一步提高对群众的医疗保障，降低群众自费部分，防止因病致贫、返贫。

（二）需要关注的方面

总体来看，保险业仍然处在难得的发展机遇期，但随着我国经济发展步入新常态，云南省保险业仍存在以下问题需要关注，一是保费增速可能趋缓。随着居民收入水平和保险保障意识的不断提高，保险公司业务转型将是主旋律。预计明年全省保险业业务结构调整仍将进一步深入，市场运行总体平稳，保费增速在年内呈“前高后低”走势。二是业务转型面临困难。财产险公司车险市场规模趋于饱和，车险手续费高企等恶性竞争有可能加剧，保证险等重点非车险种管控能力还有待加强，首台（套）、企财险、工程险等助力实体经济险种发展亟待提高。人身险公司聚焦保障功能的险种将成为重点市场，竞争将进一步加剧，保险产品保障责任、预期收益计算等越来越复杂，保险销售的规范性仍需加强。三是防控化解风险能力仍需加强。2020年是打赢三大攻坚战收官之年，防范化解保险领域风险攻坚战向纵深推进，保险机构在加强风险发现识别能力的基础上，还应进一步增强处置风险能力，防止发生处置风险的风险。并且需要加强与相关部门的主动沟通协调，提高效率，因地制宜地化解风险，做到依法监管，依法行政，依法处理各种市场问题。

五、金融基础设施

（一）金融基础设施运行

1. 支付清算体系助力营商环境改善，信用体系建设持续服务实体经济

2019年，云南省各类支付系统继续保持连续稳定运行。大、小额支付系统和网上支付跨行清算系统处理业务笔和清算资金均实现同比增长。2019年7月22日云南省全面实施取消企业银行账户许可，同时上线单位人民币银行结算账户辅助管理平台，实现账户“线上预约、电子申报；网络管理、

全程监控；流程优化、服务提效”的目标。深化农村支付环境建设，创新开展惠农商户分类评级，提升惠农业务质量。实现银联移动支付在“三区三州”地区的推广应用，上线运行边民信息平台，落实境外边民银行账户实名制，实现远程翻译和翻译信息的统一管理和共享机制。探索“政府＋市场”双轮驱动的征信发展模式培育云南地方征信平台，助力解决民营小微企业融资难题。与省市场监督管理局联合，全面清查辖内使用“征信”等字样的机构，制定规范文件，从源头上杜绝市场乱象。在商业繁荣、人流集中、交通便利的区域以及政务大厅布设查询机，通过云南省政府“一部手机办事通”APP 发布征信业务办理流程以及查询网点信息，引导社会公众就近查询；基于央行内部（企业）评级的信贷资产质押再贷款取得首突破，累计再贷款金额 3000 万元。

2. 反洗钱调查数据挖掘深入优势凸显，反假货币工作重心前移成效显著

2019 年云南省人民银行积极协助有关部门调查涉嫌洗钱及案件线索，共分析处理重点可疑交易报告 794 份，向有权部门移送可疑案件线索 95 条，协查洗钱犯罪相关案件 446 件，开展行政调查 6256 次，涉及交易金额 7.27 万亿元，协助破获或审理案件 45 起，涉及资金 152.88 亿元。参与 2019 年云南省禁毒工作督导 1 次，协助审理中央扫黑办督办的云南扫黑除恶 1 号案件“孙某某”案件，协助纪监委调查涉嫌洗钱腐败案件 234 起，涉及资金 4.46 万亿元，切实凸显反洗钱职能优势。全年共收缴假人民币 208761 张，合计金额 0.15 亿元，同比下降 17.39%；假币案件立案 39 起，破案 22 起，抓获犯罪嫌疑人 39 人，捣毁窝点 12 个；建成全国首家“货币鉴定工作中心”货币鉴定分析实验室。

（二）需要关注的方面

随着反洗钱监管工作的不断推进，需要关注以下问题：一是面临的洗钱风险形势仍然严峻。云南省毒品、走私、诈骗、非法集资等犯罪仍然多发，网络赌博、地下钱庄、传销、涉恐、涉税等方面洗钱风险居高。二是反洗钱人员保障不足和工作任务增长迅速的矛盾日益突出。三是反洗钱监管科技应用不足。反洗钱监管科技运用不足，日常监管工作还是单纯依靠传统人工方式作业，监管工作较粗放，监管效率较低。

六、稳定评估

（一）定量评估

运用区域金融稳定定量评估模型对 2019 年云南省金融稳定状况进行定量评估，基于评价指标的可比性和可获得性，从宏观经济运行、银行业、证券业、保险业和金融生态环境五个方面选取了 27 个指标进行量化评价。从定量评估的结果来看，受银行资产质量改善、保费收入继续增长的影响，云南省金融稳定状况综合得分 79.36 分，较上年上升 0.25 分，属于“B 类地区较好地区＋”。从具体指标变动来看，固定资产投资增长率等 20 项指标与上年持平，地区生产总值增长率等 5 项指标较上年继续改善，银行资产利润率等 2 项指标较上年下降。从分项指标看，宏观经济运行方面，地区生产总值增长率较上年继续改善，宏观经济得分较上年上升 0.85 分；银行业方面，资产质量有所改善，资本充足率、利润率指标保持稳定，得分较上年上升 0.77 分；证券业和保险业方面，增长较为平稳，得分与上年持平；金融生态环境方面，银行服务密度和征信数据库覆盖率继续改善，但地方财政收入占 GDP 比重有所下滑，得分较上年下降 0.85 分。

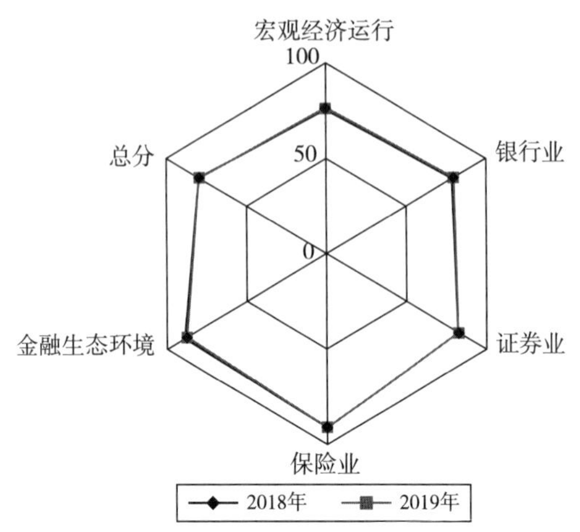

图 10　2018 年和 2019 年云南省金融稳定定量评估情况

（二）总体评估

2019 年，云南省经济保持平稳较快增长，全年实现 GDP 增速全国第二，经济总量在全国的排位提升到第 18 位，展现较好的韧性。外汇收支形势继续向好，经济结构持续优化，工业增长平稳，高技术制造业较快增长，固定资产投资平稳趋缓，重点领域支撑有力。同时也存在着基建投资资金来源不足，房地产市场热度回落、房企经营压力上升等问题制约房地产投资增长可持续性的问题。2019 年云南省金融运行稳中有进，融资总量保持稳定增长，金融供给侧结构性改革成效显著，为经济实现高质量发展提供了有力支持，也为金融风险缓释打下了良好基础。但部分行业、领域和地区的风险仍需高度关注，风险防范工作的前瞻性仍需进一步加强。证券期货市场总体运行平稳，但也存在退市、债券违约、私募基金运作不规范等风险。保险业保费增速可能趋缓，业务转型面临一定困难。总体来看，云南省经济金融呈现经济发展平稳向好、金融风险总体可控，金融机构资产质量有所提升，区域金融在改革发展创新中继续保持稳健运行。

中国人民银行昆明中心支行金融稳定分析小组

组　　　长：李　波
副　组　长：祁　红
成　　　员：芦江波　雷一忠　张　琦　洪丕莉　李　捷　穆海韬
　　　　　　张剑昆　吕　华　杨长明　王　森　陈志平

《云南省金融稳定报告（2020）》编写组

总　　　纂：李　波
统　　　稿：段　云　杨百昕
执　　　笔：许黎华
参与写作人员：毛　颖　张建伟　沈姗姗　和治臣　杨信信　胡祥文
　　　　　　康晓虹　雷　波

西藏自治区金融稳定报告摘要

2019年，西藏自治区以习近平新时代中国特色社会主义思想为指导，全面贯彻党的十九大和十九届二中、三中、四中全会以及中央第六次西藏工作座谈会精神，认真落实习近平总书记治边稳藏的重要论述和党中央、国务院决策部署，坚持“稳中求进”工作总基调，坚持以供给侧结构改革为主线，坚定应对风险挑战，深化改革开放，持续打好三大攻坚战，统筹稳增长、促改革、调结构、惠民生、防风险、保稳定，扎实做好稳就业、稳金融、稳外贸、稳外资、稳投资、稳预期工作，经济持续保持平稳较快增长，发展质量稳步提升，金融运行平稳健康，各类风险总体可控。

一、经济运行与金融稳定

（一）经济运行情况

1. 经济继续保持持续健康发展态势

2019年，西藏经济运行平稳，全区实现生产总值1697.82亿元，同比增长8.1%，较全国经济增速高出2.0个百分点。其中，第一产业增加值138.19亿元，同比增长4.6%；第二产业增加值635.62亿元，同比增长7.0%；第三产业增加值924.01亿元，同比增长9.2%。全社会固定资产投资同比下降2.1%。社会消费品零售总额达649.33亿元，同比增长8.7%；居民消费价格涨幅为2.3%，经济结构继续优化。

2. 民生福祉有力提升

2019年，西藏城乡居民人均可支配收入分别为37410元和12951元，同比增长10.7%和13.1%。城镇新增就业5.2万人，城镇调查失业率5.0%，98.1%的高校毕业生通过各种渠道成功就业。

3. 财政民生支出保障有力

2019年，西藏一般公共预算收入222亿元，同比下降3.6%；一般公共预算支出2180.88亿元，同比增长10.6%。全区积极推进科教兴藏，提高基本公共卫生服务经费标准等，带动社会保障与就业、农林水事务、卫生健康、教育等民生类支出分别增长41.6%、25.4%、12.8%和11.6%。

4. 金融业继续保持稳健发展

2019年，西藏实现金融业增加值122.6亿元，同比增长3.84%，占全区生产总值的比重为7.22%，拉动经济增长0.31个百分点，对经济增长的贡献率为2.06%。

5. 对外开放积极推进

2019年，西藏实现进出口贸易总额48.76亿元，同比增长2.60%，其中，出口额为37.46亿元，同比增长31.12%；进口额11.30亿元，同比下降40.37%。全区对外贸易进出口实现顺差，顺差额为 26.16 亿元。

6. 社会融资规模增速有所减缓

截至 2019 年末，全区社会融资规模存量达 5974.46 亿元，同比增长 0.39%。从融资结构看，人民币贷款、委托贷款和信托贷款增速明显放缓，同比分别增长 3.07%、16.88%和下降 32%，增速比去年同期分别低 9.66 个、1.19 个和 28.09 个百分点；企业债券融资规模和政府债券融资规模有所扩大，年末余额分别为 168.77 亿元和 248.37 亿元，同比增长分别为 67.93%和 95.91%。

（二）经济运行中存在的主要问题

2019 年西藏经济保持快速健康发展态势，但仍存在巩固脱贫攻坚成果仍然需要长效机制保障；基础设施仍然是制约发展的突出短板，农牧区公共服务供给仍然不能满足群众对美好生活的需要；金融“两项补贴”调整，优惠政策“洼地”效应不明显，政策收紧导致利用金融杠杆撬动投资难度加大；产业基础薄弱、同质化问题凸出、抗风险能力低导致投入产出效益低，工业增加值在全区生产总值中的占比较低，产业发展仍然不能充分吸纳就业促进群众增收，美丽西藏建设仍然面临着生态环境脆弱的考验等问题应予以高度关注。

二、金融业与金融稳定

（一）银行业与金融稳定

1. 银行业金融机构增加，网点布局持续优化

截至 2019 年末，西藏辖区共有银行业金融机构 17 家，其中银行机构 15 家、信托公司 1 家、金融租赁公司 1 家；法人机构 5 家；共有各级银行业分支机构 722 家，较上年末新增 5 家机构网点，网点布局更加合理。

2. 资产负债规模有所下降，经营出现亏损

截至 2019 年末，西藏银行业金融机构总资产 6748.17 亿元，同比减少 304.97 亿元，下降 4.32%；总负债 6569.44 亿元，同比减少 247.56 亿元，下降 3.63%；2019 年，全区银行业金融机构净利润同比减少 89.08 亿元，下降 121.25%。

3. 贷款保持小幅增长，增速趋缓态势明显

截至 2019 年末，全区金融机构本外币各项贷款余额 4695.46 亿元，同比增长 3.07%，比上年同期低 9.6 个百分点，较全国贷款平均增速低 8 个百分点左右。全年累计发放贷款 2254.92 亿元，较上年同期多投放 160.6 亿元。贷款增速趋缓主要原因有：从信贷需求上，地方政府隐性债务管理加强，前几年投放贷款到期归还，小微企业难以弥补信贷资金需求空缺；从信贷供给上，补贴政策调整后，商业银行利润收窄，对银行机构信贷投放影响较大。

4. 存款企稳回升，增速相对偏低

截至 2019 年末，全区金融机构本外币各项存款余额 4979.5 亿元、同比增长 0.91%，高于同期增速 1.4 个百分点。存款增速偏低的主要原因有：贷款增速趋缓，由此产生的派生存款增速减弱；化解地方政府隐性债务提前还款导致存贷款双降；实施新预算法和国库集中支付改革导致机关团体存款下降；产业链短，企业经营用款增多分流存款等。

5. 信贷支持重点突出，信贷结构持续优化

民营小微信贷支持力度持续加大，全年发放再贴现 269 笔、1.01 亿元。普惠口径小微企业贷款余额 354.82 亿元、同比增长 40.30%，占贷款总量的 7.56%。农户信贷需求得到较好保障，年末涉农贷款余额 1405.15 亿元。应收账款融资得到有力推广，全年促成应收账款融资业务 122 笔，金额 267.47 亿元，同比分别增长 90.62%、17.62%。创业就业金融服务得到加强，“双创”贷款余额 32.38 亿元、同比增长 14.17%，高于各项贷款平均增速 11.10 个百分点。制造业贷款实现增长，年末制造业贷款余额 240.95 亿元，同比增长 17.65%。

6. 金融风险总体可控，局部信用风险较突出

2019 年自治区宏观杠杆率保持基本稳定，整体呈下降趋势。银行资产质量总体保持良好，年末不良贷款率 2.37%，较年初上升 2.03 个百分点，仍低于全国平均水平。局部金融风险逐渐暴露，个别银行机构不良贷款上升较快，矿业企业信用风险突出，对银行信贷资产质量产生较大影响。

7. 地方法人银行各项指标下降明显，持续盈利难度较大

截至 2019 年末，全区 5 家地方法人银行业金融机构①资产总额 1061.09 亿元，同比下降 7.59%；负债总额 898.46 亿元，同比下降 8.24%；本外币各项存款余额 366.88 亿元，同比下降 11.44%；各项贷款余额 715.55 亿元，同比下降 0.30%。2019 年，全区地方法人银行业金融机构净利润同比下降 252.61%。银行业金融机构拨备充足，法人银行业金融机构拨备覆盖率及拨贷比均符合监管要求。存款保险制度保障有力，投保机构存款保险客户覆盖率达 99.8%。

（二）证券业与金融稳定

1. 证券期货基本情况

截至 2019 年末，西藏共有证券期货业金融机构 30 家，与上年末持平，其中地方法人证券公司 2 家。法人证券机构实现营业收入 36.05 亿元，同比增长 35.78%；实现净利润 18.64 亿元，同比增长 93.32%。法人证券机构资产总额 608.61 亿元，同比增加 52.90%，负债总额 417.63 亿元，同比增加 45.09%。法人证券机构风险准备充分，两家证券公司净资本风险准备比率远高于监管要求。

2. 基金管理机构情况

截至 2019 年末，西藏共有公募基金管理机构 3 家，管理公募基金产品 28 只，公募基金总份额 360.88 亿份，公募基金总净值 424.66 亿元；管理专户产品 21 只，专户总份额 95.85 亿份、专户总净值 246.27 亿元。已在中国证券投资基金业协会进行登记备案的各类私募基金管理机构 223 家，管理基金数量 1225 只，管理基金规模 2667 亿元。

3. 上市公司基本情况

截至 2019 年末，西藏共有上市公司 20 家，其中 A 股上市公司 19 家，较上年增加 2 家；H 股上市公司 1 家。截至 2019 年末，19 家 A 股上市公司总市值 1690.22 亿元，较年初上升 49.62%。西藏辖区上市公司股票市场累计募集资金 32.72 亿元，同比增长 0.21%；其中，首发筹资金额 15.45 亿元，同比下降 0.43%，再筹资金额 17.27 亿元。

（三）保险业与金融稳定

1. 保险机构情况

截至 2019 年末，西藏辖区有省级分公司以上保险公司 12 家，比去年增加 1 家，地方法人保险公

① 五家法人银行业金融机构为西藏银行、林芝民生村镇银行、堆龙民泰村镇银行、西藏信托和西藏金租。

司1家。西藏保险业机构日益丰富，组织体系逐步完善。

2. 保险业务发展状况

截至2019年末，西藏保险市场实现保费收入36.65亿元，同比增长9.58%，增速较去年同期下降9.83个百分点，较全国平均水平低2.59个百分点。全区保险机构累计赔付支出22.58亿元，同比增长25.46%，较全国平均水平高19.66个百分点。其中，西藏农业保险保费收入7.15亿元，累计赔付超过5.57亿元，已实现了地域、险种、责任的全覆盖。

2019年末西藏保险市场保险密度为1077.94元/人，同比增加94.12元/人，增长9.57%；保险深度为2.29%，同比增加0.03个百分点。保险密度和保险深度呈增长态势，保险普及程度继续提高，保险市场发展日趋成熟，保险业在地区经济中的影响力不断扩大。

（四）具有融资功能的非银行金融机构与金融稳定

截至2019年末，西藏共有小额贷款公司56家，贷款余额5.62亿元。融资性担保公司14家，融资担保金额6.83亿元。交易中心4家[①]，全年交易金额2.88万元。资产管理公司1家，全年处置不良资产金额18.09亿元。典当行15家。融资租赁公司5家。

（五）金融业中值得关注的问题

1. 银行业信用风险隐患增大，盈利能力下滑。一是不良资产呈现双升，信用风险隐患增大。受个别金融机构风险暴露和矿业企业债务违约的影响，自治区银行业金融机构不良资产双升，截至2019年末，自治区银行业金融机构不良贷款余额同比增长628.27%，不良贷款率为2.37%，同比增加2.03个百分点；关注类贷款同比增长750.20%。二是政策调整影响银行业盈利能力大幅下滑。受利差补贴和特殊费用补贴政策调整、地方隐性债务逐步清理等影响，自治区银行业金融机构有效信贷投放不足，导致银行业金融机构盈利能力下滑。截至2019年末，银行业金融机构亏损面较大，净利润同比减少89.08亿元，下降121.25%。

2. 部分证券期货公司治理有待完善，个别公司风险隐患较大。截至2019年末，西藏自治区19家A股上市公司中，高风险公司1家，次高风险公司1家，关注类公司12家，正常类公司5家。辖区个别上市公司存在退市风险、大股东股票质押风险和可持续经营风险。如：个别公司被实施退市风险警示；部分公司股东质押比例高，存在控制权变更风险；个别公司治理结构不完备，公司董事长、总经理长期处于缺位状态，存在持续性经营风险。

3. 保费增速下滑，赔付率较高。一是保费收入增速回落，承保效益减弱。截至2019年末，辖区西藏保险市场实现保费收入36.65亿元，同比增长9.58%，增速较去年同期下降9.83个百分点，较全国平均水平低2.59个百分点。二是赔付率较高，自治区财险公司赔付率达73.72%，一定程度上影响保险机构经营效益。

4. 法人银行阶段性信用风险、流动性风险仍应高度关注。一是法人银行信贷资产质量下迁明显。由于前期资产业务扩展、风险偏好降低等原因，在经济下行压力较大等影响下，法人银行业金融机构信贷资产质量下滑，2019年新增不良贷款较多。二是法人银行业金融机构流动性风险形势仍然严峻。由于法人银行业金融机构资产负债配置持续呈现“存短贷长”的期限错配问题，法人银行业金

---

① 天府四川联合股权交易中心、西藏产权交易中心、西藏商品交易中心、西藏锦绣商品交易中心。

融机构流动性指标不稳定，流动性具有一定的敏感性和脆弱性。三是法人银行盈利能力较弱，并存在一定声誉风险隐患。2019 年三家法人银行净利润较上年减少 6. 84 亿元，同比下降 93. 28%。

5. 具有融资功能的非金融机构发展质量不高，个别领域金融案件隐患较大。一是此类机构普遍存在公司制度和内控机制不完善、法人治理结构不健全、业务规模小、发展质量不高、市场竞争力不强、盈利能力弱、防控金融风险意识和能力不强等问题，部分机构守法经营意识淡薄，经营管理随意性较大，违规从事金融活动。二是金融领域案件仍有发生。2019 年全区各级经侦部门共立经济犯罪案件近 200 起，涉及总金额 6. 5 亿元，金融类案件主要涉及“地下钱庄”洗钱犯罪、以公民个人信息泄露导致的信用卡恶意盗刷犯罪和假币犯罪等。三是输入型非法金融案件持续增加。区外省份发生的“泛亚有色”“钱宝系”“团贷网”等案件对自治区影响较大，尤其是输入型 P2P 网贷利损群体较多。同时，涉及征信信息安全，金融机构员工贷款诈骗案件等也应引起高度关注。

三、金融基础设施与金融稳定

（一）支付清算设施逐步普及，运行平稳安全

2019 年，西藏辖区布放 POS 机具同比增长 16. 98%，ATM 终端同比增长 10. 79%。大、小额支付系统处理业务笔数和金额同比分别增长 10. 74% 和减少 5. 86%。农牧区支付服务环境显著改善，全区共建设金融综合服务站 50 个，助农取款交易同比增长 72. 32%，金额同比增长 1. 46 倍。支付工具本地化建设深入推进，全区所有 ATM 均提供藏、汉、英三种操作选择界面，农业银行成功上线藏、汉双语操作界面助农 POS 机。移动支付受理环境明显改善，“无感停车”停车场，“智慧公交”乘车等智慧城市工作有序推进。

（二）征信服务能力继续提升，覆盖面逐步扩大

2019 年，自治区个人和企业信息采集力度显著加大，公众征信查询量稳步增长。截至 2019 年末，个人征信系统收录自然人同比增长 3. 97%，个人查询同比增长 23. 54%。企业征信系统入库企业同比增长 44. 89%；企业查询同比增长 0. 84%。二是基层农牧区群众征信服务水平不断提升。截至 2019 年末，个人信用报告自助查询机县域覆盖率达 92%。同时，推出个人征信报告查询扫码支付，为信息主体提供速度更快、支付更安全的支付服务。扫码交易的笔数、金额显著增长。

（三）协作机制作用有效发挥，反洗钱履职能力显著提升

2019 年，西藏辖区人民银行系统加大与地方纪检监察、公安、国税、海关等部门的协调配合，开展案件与线索协查 130 起，主要包括涉贪涉腐、涉黑涉恶涉稳、地下钱庄、涉税、涉嫌走私、涉嫌诈骗等类型。全年协助公安机关破获案件 7 起。辖区人民银行接收重点可疑交易报告 35 份，启动反洗钱行政调查 5 起，分别向自治区公安厅、国税局移送线索 3 起、7 起，其中立案 1 起。可疑类型涉及非法集资、地下钱庄、网络赌博、偷逃税款、电信诈骗等。

（四）反假货币工作机制继续完善，有效净化人民币流通环境

2019 年，西藏辖区制定了《货币真伪鉴定工作规划》，完善拉萨、阿里两家人民币鉴定分析中

心建设，规范货币鉴定行为。制定了《辖区第二代货币发行管理系统反假子系统实施方案》，组织全辖652家网点按期完成系统上线和试运行工作，有序推进二代反假系统上线运行。辖区人民银行组织银行机构通过在银行网点、便民服务站、农牧区发放宣传资料等途径做好反假货币宣传。2019年收缴假人民币65.51万元。全年破获假币案件2起，捣毁印制假币窝点1家，抓捕制假犯罪嫌疑人5名，没收假币14300元。

（五）国库信息化建设步伐加快，资金汇划更加安全高效

2019年辖区代理支库完成国库数据集中系统（TCBS）业务测试并成功上线新系统，结束了全辖代理支库借助农行系统资金清算的历史。充分利用财税库银横向联网系统（TIPS），实现纳税人网签三方协议，辖区财税电子化迈向更高层次。实现全区商业银行、西藏银联全部接入TIPS。通过TIPS收纳税收收入同比增长0.72%，金额达252.91亿元；收纳关税收入同比增长4.3倍，金额1.77亿元；收纳非税收收入金额16.69亿元；成功上线运行电子退库业务，2019年办理电子退库业务金额2.18亿元。

（六）横向协作机制进一步完善，金融消费者权益保护渠道进一步畅通

2019年，辖区人民银行联合自治区教育厅印发《金融知识纳入西藏辖区国民教育体系工作方案》，积极推进金融知识纳入国民教育体系工作。协助市场监管局出台《西藏自治区整治虚假违法广告部门联席会议工作制度》，2019年监测发现18条违规金融广告线索，并进行线索甄别、分类、处理或移交。建立金融消费纠纷调解机制，推进金融消费纠纷调解场所建设，各商业银行二级分行以上均建立金融消费纠纷调解室。2019年辖区人民银行共受理咨询投诉122起，其中投诉100起，咨询22起，办结率、满意率达100%，金融消费者合法权益得到应有保护。

（七）构建良好交流平台，夯实对外金融合作基础

在人民银行总行统筹安排和自治区外事办的支持下，2016—2019年中国人民银行拉萨中心支行连续四次组团正式访问尼泊尔央行，双方就互设金融机构、互开本币结算账户、推进双边金融开放、联合打击洗钱和恐怖融资等问题交换意见，在增进互信的同时，建立了良好的交流平台，金融合作基础不断夯实。

四、防范化解金融风险工作重要举措

（一）牵头抓总完善监管协调机制建设

2019年，中国人民银行拉萨中心支行牵头组织西藏银保监局、西藏证监局、西藏自治区地方金融监管局制定了《西藏自治区金融监管协调机制方案（试行）》，明确了工作组织和各监管机构职责，确立联席会议制度、信息共享制度、调度纠偏制度，组织召开了金融监管协调会议，学习贯彻金融委及其办公室会议精神，加强监管协调，研判金融风险，共商应对措施，有效增强监管合力。

（二）制定防控化解金融风险攻坚战实施方案

根据中央打好风险防控攻坚战实施方案要求，西藏自治区印发了防范化解金融风险攻坚战实施

方案，安排部署防范化解金融风险攻坚战的各项重点工作，明确各职能部门的具体责任。各部门严格落实方案内容，形成了合力推动金融风险防范攻坚战的工作格局。

（三）全面防控西藏辖区金融领域重点风险

中国人民银行拉萨中心支行依托各风险监测系统，加强宏观经济金融的风险评估监测，强化对区域重要性金融机构和企业的风险监测，持续关注非法金融活动和金融乱象等风险情况，定期排查重点领域金融风险，做好金融机构压力测试、应急演练、稳健性评估、存款保险和央行评级等工作，全面深入分析评估西藏经济金融运行及经营风险形势，向地方党委政府和金融机构提示风险隐患，有效防范金融风险。

（四）妥善化解辖区金融风险事件

积极稳妥处置包商银行事件在西藏辖区产生的相关影响，组织辖区内金融机构开展风险排查，摸清辖区涉及包商银行相关风险底数；督促涉及机构积极开展风险处置工作，并拟定法人机构风险处置应急预案，为有效应对和稳妥处置风险奠定制度基础。

五、总体评估与下一步工作措施

（一）总体评估

2019 年，西藏自治区经济金融运行平稳，经济结构持续优化，经济运行稳中有进、稳中向好的态势得到延续，金融运行平稳安全，金融服务实体经济力度进一步加大。银行信贷保持增长，资本市场助力企业融资能力进一步增强，保险保障功能进一步完善；金融法律法规进一步健全，支付清算、征信、金融消费权益保护、国库等金融基础设施不断完善；金融监管协调机制作用进一步发挥，金融风险防控工作有效开展，牢牢守住了不发生区域性系统性金融风险的底线。同时，受国内宏观经济下行压力加大、外部不稳定不确定因素增多、自我“造血”能力不强等影响，西藏自治区经济增速下行压力较大，经济结构性问题仍然突出，产业散弱小，消费、出口对经济的支撑作用不足，金融业前期快速发展积累的问题和风险有所暴露，区外金融风险对区内金融市场的传染性加大，防控辖区金融风险、维护区域金融稳定面临较大压力和挑战。

（二）政策建议

1. 稳步推进经济结构调整和经济高质量发展。一是持续推进高质量发展。加快农业农村发展，推进乡村振兴，促进农牧区高质量发展；加强基础设施建设，加大国家投资落实力度，促进民间投资企稳回升；推进产业发展，坚持科技创新引领。二是持续推进改革开放。加强资源市场化配置，推进国企改革，支持民营经济发展；积极扩大对外开放，加快融入“一带一路”；全面优化营商环境，着力加大招商引资。三是持续推进协调发展。提升区域发展水平，加快边境地区建设，提高新型城镇化质量，打造园区经济升级版，加快产业集聚和新型工业化升级。

2. 不断加大金融服务实体经济力度。一是深化民营、小微企业金融服务，健全民营、小微企业贷款考核激励机制，提升小微企业贷款风险容忍度，力争小微企业贷款增速不低于各项贷款平均增速。二是加大重点领域金融支持力度。加大基础设施补短板、重点项目建设、产业建设、河谷经济发展金融支持力度。发展绿色金融，加强制造业信贷支持。三是做好脱贫攻坚与乡村振兴战略衔接实施。制定西藏扶贫小额信贷管理办法，推动建立完善西藏扶贫小额信贷风险补偿和贴息机制；加强乡村振兴战略金融服务，加快金融服务特色小镇建设，着力提高农村金融服务覆盖面和信贷渗透率，打造综合化、特色化乡村振兴金融服务体系。

3. 坚决打赢防范化解重大金融风险攻坚战。一是建立国务院金融委办公室地方协调机制。发挥好金融委办公室地方协调机制作用，发挥中央与地方两个积极性，做好金融服务实体经济，防范金融风险，推进金融改革工作。督促地方政府完善并实施地方金融工作议事协调机制，压实属地金融风险处置职责。二是全面贯彻落实西藏自治区防范化解金融风险攻坚战实施方案，打赢防范化解金融风险攻坚战。三是针对各类金融风险事件和高风险机构，提高风险应急处突能力，推进本辖区重点风险有效化解。

4. 全面动态监测辖区金融领域风险。一是加强做好宏观经济金融运行和风险监测评估工作，准确研判新冠病毒疫情对经济金融的影响；做好系统重要性金融机构、企业、企业集团的风险监测预警。二是密切关注金融机构的政策性风险和经营风险，加强对政策调整影响的研判。加强不良资产监测评估，引导金融机构妥善处置不良资产。制订并完善风险化解预案，加强法人机构风险监测。加强非法金融和非法金融机构监测，坚决防范非法金融活动蔓延。三是发挥金融机构稳健性评估、压力测试、存款保险、央行评级等工作在防范金融风险中的作用。高度关注创新性业务和产品在资产质量迁移、总体风险导向上的影响。

5. 持续优化金融生态环境。推动完善地方金融法规建设，完善金融基础设施，推进金融消费者权益保护工作。进一步完善支付结算体系，加快推进支付服务基础设施及第三方支付平台建设，继续打造金融电商惠民服务站。提升征信服务与管理水平，规范征信市场，加强金融诚信环境建设。强化反洗钱监管力度，加强与相关部门协调配合，坚决打击各类非法集资等案件。扎实推进反假货币和现金管理工作，进一步优化货币流通环境。

中国人民银行拉萨中心支行金融稳定分析小组

组　　长：刘家荣

副 组 长：洛桑占堆　李玉福　普布次仁

成员单位：办公室　金融稳定处　法律事务处　货币信贷管理处
统计研究处　支付结算处　反洗钱处　货币金银处
国库处　外汇管理处　征信管理处　清算中心

《西藏自治区金融稳定报告（2020）》编写组

总　　纂：刘家荣

审　　核：尼玛潘多　罗布参旦

统　　稿：马晓宇

执　　笔：孟凡春　名　慧　申继禄　叶贞麟

参与写作人员：丹　永　丹增晋美　仁青次仁　王旭亮　李成全　巴桑顿珠
伊毕热恒　陈孟星　杨　阳　孟红月　苟春华　美朵央宗

陕西省金融稳定报告摘要

2019年，面对国内外风险挑战明显上升的复杂局面，陕西经济增长企稳回升，金融业运行总体稳健，金融市场平稳发展，金融基础设施不断完善，金融机构改革持续深化，服务实体经济能力进一步增强。但陕西经济持续增长的压力加大，省内个别地区、机构和领域金融风险问题需要关注和警惕。

一、区域经济发展与金融稳定

（一）区域经济发展概况

1. 经济增长有所放缓，增速低于全国平均水平

2019年陕西经济运行总体平稳，但受经济下行压力影响，部分主要经济指标低于全国平均水平，整体呈现出农业稳步发展，工业生产增速回落，第三产业稳定发展，投资、消费、进出口放缓的态势。2019年，全省实现地区生产总值25793.17亿元，同比增长6.0%，较上年放缓2.3个百分点，低于全国增速0.1个百分点（图1）。其中，第一产业增加值1990.93亿元，同比增长4.4%，高于全国1.3个百分点，占GDP比重为7.72%，较上年上升0.23个百分点；第二产业增加值11980.75亿元，同比增长5.7%，与全国持平，占GDP比重为46.45%，较上年下降3.3个百分点，其中规模以上工业增加值同比增长5.2%，较上年回落4个百分点；第三产业增加值11821.49亿元，同比增长6.5%，低于全国0.4个百分点，占GDP比重为45.83%，较上年上升3.07个百分点，第三产业增加值占地区增加值的比重连续9年上升，地区产业结构调整逐步推进。2009年以来，陕西省GDP增速一直保持在7.5%以上，2019年首次增速下降超2个百分点；自2019年第一季度以来，季度GDP累计增速持续低于全国，2019年前三季度累计增速分别为6.3%、5.4%和5.8%，分别低于全国0.1个、0.9个和0.4个百分点。全省固定资产投资（不含农户）同比增长2.5%，较上年回落7.9个百分点，低于全国2.9个百分点（图2）。分产业看，第一产业投资较上年增长1.4%，第二产业增长11.2%，其中工业投资增长11.5%，为2014年以来最好水平；第三产业投资下降0.4%；社会消费品零售总额9598.73亿元，同比增长7.4%，较上年回落2.8个百分点，低于全国0.6个百分点。2019年，陕西省外贸经济保持平稳，全省实现进出口总额3515.75亿元，同比增长0.1%，低于全国3.3个百分点。其中，出口总额1873.27亿元，同比下降9.8%；进口总额1642.48亿元，同比增长14.5%。

2. 财政收入结构持续改善，民生保障水平显著提升

2019年陕西省地方财政收入2287.73亿元，同比增长2.0%。其中，各项税收1845.97亿元，同

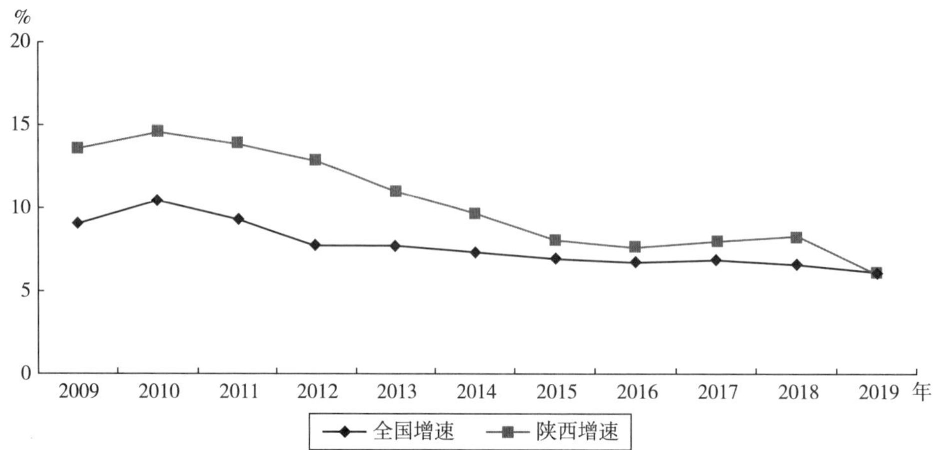

图1 陕西省国内生产总值增速与全国比较

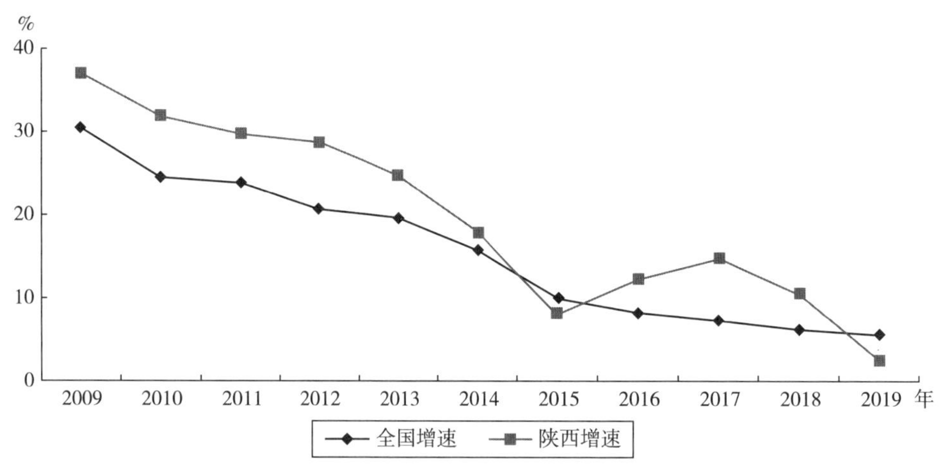

图2 陕西省固定资产投资增速与全国比较

比增长4.0%，较上年提高1.6个百分点，占地方财政收入的80.7%。财政收入结构持续改善，顶格落实减税降费政策，全省2019年减税降费608亿元，其中减税467亿元、降费6亿元、降低社保费135亿元。财政支出5721.56亿元，同比增长7.9%。其中城乡社区事务支出同比增长18.9%、教育支出增长9.2%、社会保障和就业支出增长8.1%，各项民生事业得到较好保障。全省各级财政共投入专项扶贫资金147.9亿元，同比增长14.4%；全省贫困人口减少到18.34万人，贫困发生率降低到0.75%，56个贫困县全部“脱贫摘帽”，脱贫攻坚取得决定性胜利。

3. 新旧动能稳步转换，发展活力增强

2019年陕西省继续推进新旧动能转换，创新驱动成效显著。全省综合创新水平指数居全国第9位；技术合同交易额达1467.83亿元，居全国第6位；28项科技成果获国家科学技术奖；战略性新兴产业增加值同比增长8.1%，占GDP的比重为10.7%，高于GDP增速2.1个百分点；高技术产业增加值同比增长11.1%，占规模以上工业增加值的10.8%，较上年提升1.1个百分点；具有较高技术含量和较高附加值的工业新产品产量保持较快增长，其中单晶硅产量增长2.3倍、太阳能电池增长22.1%、工业机器人增长21.3%。全省非公经济增加值占GDP的比重为54.5%，同比提高0.3个百分点。全年新登记市场主体125.96万户，同比增长39.14%，首次实现年登记量过百万户，市场主体总数同比增长29.75%。

（二）区域经济发展中需要关注的问题

1. 工业生产增速回落明显，企业生产经营压力较大

一是规模以上工业增加值增速回落。2019年全省规模以上工业增加值同比增长5.2%，增速下降4个百分点。主要是受能源工业影响，全省规模以上能源工业增加值同比增长5.9%，增速下降4.5个百分点；其中，煤炭开采和洗选业、石油及天然气开采业同比分别增长8.0%和3.7%，增速下降4.3个和8.2个百分点。二是企业生产成本上升，库存增加，资金周转紧张。2019年第四季度工业企业生产经营状况调查显示，企业综合成本上升，其中原材料、用工成本、环保成本占比较高；企业产成品库存有所增加，较第三季度上升0.4个百分点；25.9%的企业认为第四季度“资金紧张”，比重较第三季度上升0.7个百分点；工业企业景气指数为136.3，较第三季度回落1.2个百分点，企业生产经营面临的压力依然较大。

2. 投资增长乏力，重点领域投资有待加强

一是基础设施投资负增长的局面仍待打破。2019年全省基础设施投资同比下降1%，已连续8个月负增长。在政府规范举债和减税降费等政策影响下，地方主导的市政设施、城乡市容、游览景区等公共服务行业投资未有明显改观。电信、铁路、航空等行业民间投资占比不足10%，市场化程度不高。二是项目资金来源有待扩容。2019年全省投资到位资金同比增长1.3%，低于全省固定资产投资增速1.2个百分点。其中，国内贷款同比下降4.4%，特别是工业投资项目国内贷款下降21.8%，金融服务实体经济的力度还需加强。三是科技、民生领域投资亟须加强。2019年全省科学研究和技术服务业投资同比下降13.7%，增速较前三季度回落14.5个百分点；卫生和社会工作投资下降6.1%，已连续8个月负增长。

3. 房地产去库存压力显现，消费增速放缓

一是商品房待售面积出现增加趋势。受商品房竣工速度加快影响，2019年末全省商品房待售面积结束2018年8月以来逐月减少状态，待售面积下降速度明显减缓。年末全省商品房待售面积同比下降10.5%，降幅同比收窄11.9个百分点。二是消费增速放缓。2019年限额以上企业（单位）消费品零售额同比增长3.8%，增速回落6.5个百分点。在商品零售中，2019年全省限额以上企业（单位）商品零售额同比增长3.7%，增速回落6.4个百分点。在新兴消费模式下，2019年全省限额以上企业（单位）通过公共网络实现的商品销售额同比增长19.6%，增速回落11.2个百分点。

二、金融业稳健性

（一）银行业稳健性

1. 银行业运行状况

资产负债规模平稳增长，抵御风险能力较强。截至2019年末，陕西省共有银行业金融机构188

家[①]，其中地方法人机构 152 家，较上年末增加 4 家村镇银行。各级机构及营业网点 7258 家，从业人数 10.92 万人。银行业金融机构资产总额 55675.96 亿元，同比增长 8.63%，增速较上年上升 0.43 个百分点；负债总额 53730.84 亿元，同比增长 8.62%，增速较上年上升 0.55 个百分点；实现利润 575.47 亿元，同比增长 10.91%。全省人民币各项贷款[②]余额 34113.19 亿元，同比增长 11.80%，增速较上年下降 2.57 个百分点；人民币各项存款余额 44225.38 亿元，同比增长 9.02%，增速较上年上升 1.65 个百分点（图 3）。全年新增存款 3647.12 亿元，增量创历年新高。全省银行业金融机构拨备覆盖率 182.16%，同比上升 24.02 个百分点。贷款损失准备余额 957.79 亿元，同比增加 29.12 亿元。法人银行业金融机构平均资本充足率 14.20%，同比上升 0.28 个百分点。

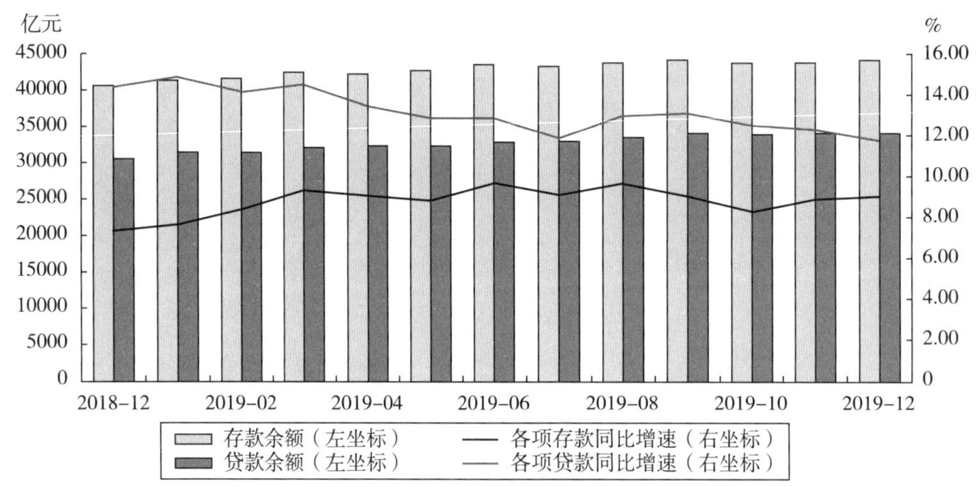

图 3　陕西省银行业金融机构存贷款变化趋势

央行金融机构评级结果整体较好，高风险机构风险化解取得成效。2019 年第四季度央行金融机构评级覆盖陕西省 149 家地方法人银行业金融机构[③]，评级结果在 7 级及以上的机构占比 87.25%。从机构类型看，城商行、村镇银行评级结果整体好于农村合作金融机构。在政府、监督管理部门和机构的共同努力下，陕西省高风险机构风险化解处置取得明显成效。部分机构采取不良贷款核销、补充资本等实质性风险化解措施，经营实力与风险抵御能力明显提升，退出高风险机构序列。

金融支持实体经济力度持续加大。一是积极对接重点领域、重点项目融资需求。2019 年，对实体经济发放的贷款增加 3511.92 亿元，其中基础设施领域贷款新增 873.90 亿元，占所有行业贷款新增额的 53.45%。二是精准扶贫提质增效。截至 2019 年末，陕西省金融精准扶贫贷款余额 1271.98 亿元，较年初增长 12.18%。其中，产业精准扶贫贷款累计发放 275.20 亿元，同比增长 88.43%；全年累计发放建档立卡贫困人口贷款 116.93 万笔，同比增长 82.37%；扶贫小额信贷发放 18.81 万户、余额 74.53 亿元。三是进一步完善民营、小微企业金融服务。2019 年末，全省普惠小微贷款余额 1533.90 亿元，较年初增长 22.61%，远高于各项贷款增速。其中，小微企业主和个体工商户经营性贷款增加较快，2019 年末余额为 758.53 亿元，较年初增长 28.26%。

---

① 银行业金融机构数、地方法人银行业金融机构数均不包含省联社及资产管理公司。

② 人民币各项存贷款余额采用中国人民银行统计口径。

③ 包括 2 家城商行、53 家农商行、2 家农合行、44 家农信社、42 家村镇银行及 6 家非银机构。

2. 影响银行业稳健性的主要因素

银行业金融机构不良贷款双降，但资产质量下迁压力依然较大。截至2019年末，银行业金融机构不良贷款余额较去年同期减少61.45亿元，不良贷款率下降0.38个百分点，银行业金融机构资产质量持续改善。但反映资产质量的先行指标未出现明显好转，关注类贷款余额较去年同期增长6.08%，部分机构关注类贷款率超过10%，信用风险防控压力依然较大。

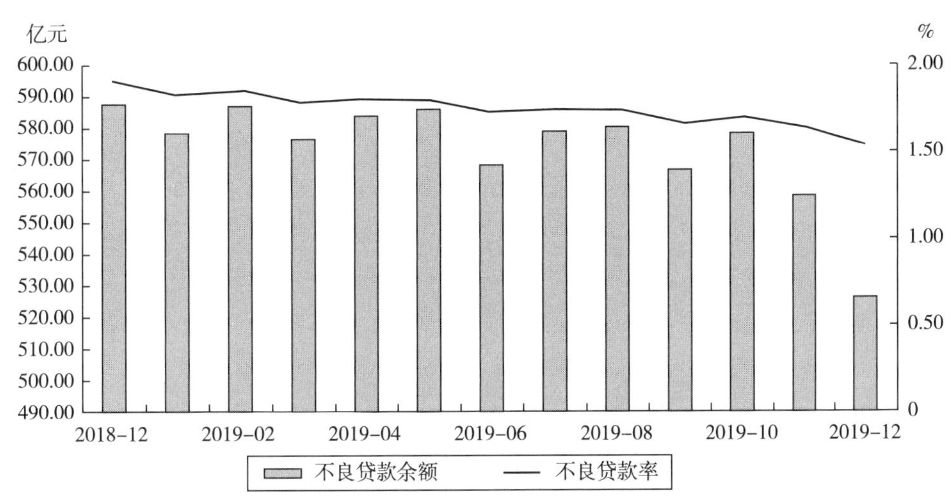

图4 陕西省银行业金融机构不良贷款变化情况

流动性整体充裕，部分机构流动性管理能力有待提升。截至2019年末，陕西法人银行业金融机构流动性比例为71.51%，较上年末上升13.09个百分点。各类型机构流动性比例较上年末均有所上升，且保持在合理偏高水平。但个别中小机构资产负债结构不合理，现金、超额准备金等优质流动性资产持有不足。中国人民银行西安分行对36家法人机构开展的流动性压力测试显示，在轻度情景下有2家机构未通过压力测试，流动性管理能力有待提升。

农村合作金融机构抗风险能力较弱，村镇银行风险有所上升。从央行金融机构评级结果看，截至2019年末，陕西省19家高风险机构中，17家为农村合作金融机构、2家为村镇银行。部分农信社资本及拨备覆盖长期不足，短期内难以依靠自身力量化解存量风险。村镇银行由于体量小、业务结构单一、风险管理机制不健全等原因，长期存在存贷比过高、不良贷款波动大、盈利能力不足等问题，需持续关注其潜在风险。

非银机构风险管控压力需持续关注。截至2019年末，陕西省3家信托公司存续信托项目同比减少147个，实收信托资产规模同比下降6.85%，需重点关注强监管态势下信托项目的违约风险及兑付风险。部分财务公司受集团去产能、调结构等转型压力影响，资产负债规模有所下降，需关注其所属行业风险的传导效应。长银消费金融公司业务扩张较快，总资产同比增长198.81%，其中，贷款余额同比增长215.28%。不良贷款率较去年同期上升0.96个百分点，信用风险防控压力上升。

（二）证券业稳健性

1. 证券期货业运行状况

证券期货交易活跃，区域股权市场融资规模下滑。截至2019年末，陕西省累计代理证券交易额56816.1亿元，同比增长36.11%；累计代理期货交易额114355.03亿元，同比增长26.18%。在陕西省股权交易中心挂牌公司1076家、托管公司1294家，同比分别增加379家、396家；全年融资金额23.93亿元，同比下降48.68%。

法人证券机构业务不断优化，盈利大幅增长。2019年，3家法人证券公司不断扩大业务范围，积极申请新业务资格，西部证券新增股票期权交易、股指期权做市等5项业务资格，并设立1家另类投资子公司；开源证券新增上交所转融通证券出借交易权限业务资格，并通过非公开发行短期公司债、增资扩股等方式募集资金27.42亿元。截至2019年末，3家地方法人证券公司总资产729.89亿元，同比下降2.72%；净资产311.89亿元，同比增长10.44%。2019年，3家法人证券公司实现营业收入55.78亿元、净利润13.73亿元，同比分别增长55.68%和150.09%。

法人期货机构业务平稳发展，盈利稳步增长。截至2019年末，3家法人期货公司累计代理期货交易额合计93590.84亿元，同比增长22.65%；期货交易保证金余额合计41.74亿元，同比增长17.84%；净资本总额10.34亿元，同比下降15.32%；营业收入3.06亿元，营业利润0.24亿元，分别同比增长5.7%、31.63%。

上市公司资产规模大幅增长，经营业绩持续向好。截至2019年末，陕西省内上市公司共53家，较上年增加4家，市价总值6773.14亿元，同比增长39.1%。截至2019年第三季度末，全省上市公司总资产10042.17亿元、净资产3917.19亿元，同比分别增长54.03%和21.25%；全省上市公司实现营业收入2141.48亿元，同比增长18.97%；实现净利润176.29亿元，同比增长19.68%。

2. 影响证券期货业稳健性的主要因素

实体经济与证券期货行业风险传导加速，信用风险有所放大。在金融去杠杆、银行信贷条件趋严的背景下，财务杠杆较高、前期扩张过快的部分实体企业资金链紧张甚至断裂，加之部分证券期货机构开展业务时合规风控把关不严，导致股票质押、资管产品等业务出现违约兑付风险。

人才缺乏、创新能力不足等制约证券期货行业高质量发展。由于地处西部经济欠发达地区，全省证券期货经营机构吸引并留住优秀人才的难度较大。高端人才缺乏导致证券期货经营机构产品创新、服务创新能力明显不足，难以根据投资者偏好设计出相应的多元化产品，无法满足投资者多样化投资需求。

实体企业利用期货市场套期保值能力亟待提高。随着经济快速发展，大宗商品需求量和结构发生一定变化，价格持续波动成为市场新常态。实体企业往往面临上下游价格双边敞口风险，风险管理需求大幅提高。许多企业对期货工具认识不足，难以利用期货工具开展套期保值业务。

（三）保险业稳健性

1. 保险业运行状况

保险市场规模持续扩大，风险保障功能不断提升。截至2019年末，陕西省拥有法人保险机构2家，省级分公司67家，同比增加5家。保险业总资产2162.50亿元，同比增长14.25%。全年实现保费收入1033.49亿元，同比增长6.61%。全省保险业共提供各类风险保障52.00万亿元，支付赔款300.03亿元，同比分别增长20.39%、6.80%，风险保障功能得到有效发挥。

业务结构调整持续深化，发展稳定性不断提高。从财产险来看，2019年陕西省非车险业务快速增长，同比增长25.50%；非车险业务占比32.84%，同比上升7.16个百分点，财险市场车险独大的局面持续改善。从人身险来看，2019年陕西省寿险新单期缴业务占比56.82%，同比上升10.31个百分点，保险业可持续发展能力持续提升。

民生保障功能不断发挥，服务经济社会能力增强。2019 年，人身险保障型产品增长较快，普通寿险业务保费增速 13.63%，同比提高 26.16 个百分点；健康险业务保费增速 30.73%，同比提高 9.24 个百分点。全省农业保险保费收入 14.2 亿元，同比增长 27.56%，支付农业赔款 7.18 亿元，同比增长 27.52%，保险服务农业生产能力进一步增强。截至年末，保险业累计为全省装备制造企业提供首台（套）重大技术装备风险保障超过 30 亿元，有力推动了陕西制造业转型升级。

2. 影响保险业稳健性的主要因素

中小财产险公司经营压力凸显。随着商业车险自主定价改革试点的深入推进，全省财产险公司的车险业务普遍呈现大幅下滑的态势。部分公司为争夺市场份额，出现商业车险非理性定价现象。特别是新公司、小公司，由于品牌影响小、服务网点少、定价能力弱，竞争能力明显不足，转型发展较为艰难，承保亏损较为严重。

个别人身险公司退保风险较高。2019 年全省人身险公司退保金额 117.69 亿元，同比下降 23.81%；退保率 3.88%，同比下降 1.97 个百分点；满期给付金额 79.05 亿元，同比下降 1.47%。尽管人身险公司整体退保和满期给付均呈下降态势，但个别公司前期销售的中短期产品退保风险仍然较为突出，其现金流变化情况仍需密切关注。

三、金融市场与金融稳定

2019 年，陕西省金融市场运行平稳，债券市场创新步伐加快；货币市场流动性合理充裕，资金利率中枢整体下行；债券交易活跃度提升，债券到期收益率上扬。

（一）金融市场运行状况

1. 金融市场创新发展，债券融资增量扩面

2019 年，陕西省金融市场创新步伐进一步加快，长安银行首获银行间市场 B 类主承销商资格，陕西成立全国第三家地方性增信机构。扶贫、绿色金融等领域债券融资实现创新突破。全年陕西非金融企业通过银行间市场发行债务融资工具 128 只，累计融资 1675 亿元。西安银行、长安银行分别发行小微企业专项金融债和二级资本债，实现融资 70 亿元。

2. 同业拆借成交量收缩，拆借加权利率上扬

2019 年，陕西省加入全国银行间同业拆借市场的成员共 54 家，较年初增加 4 家。受交易对手方违约事件频发影响，市场融出资金谨慎，全省金融机构通过同业拆借市场累计成交 3527.9 亿元，同比下降 32.47%。从利率走势看，拆借利率整体呈现前低后高态势，9 月达到峰值 3.23%，第四季度以来虽然有所回落，但较上半年明显上扬。

3. 债券回购成交量持续增长，回购加权平均利率先扬后抑

2019 年，陕西省加入全国银行间债券市场的成员共 82 家，较年初增加 11 家。全省金融机构债券回购累计成交 115485.65 亿元，同比增长 30.15%，其中质押式回购占比 88%。回购加权利率自第一季度基本呈现窄幅振荡态势并逐步走高，受同业市场流动性影响以及在央行全面降准和调降 MLF 利率等政策的积极信号下，第二季度以来回购利率持续走低。

4. 债券交易活跃度提升，债券到期收益率震荡走高

2019 年，陕西省市场交投氛围持续改善，金融机构参与现券交易 29785.68 亿元，同比增长

370.46%。年初以来，债券市场到期收益率保持在低位运行，且波幅收窄。但10月以来，由于银行配置债券需求明显减弱，而利率债供给仍保持稳定，导致一级市场招标利率走高，带动二级市场债券到期收益率提升。

（二）金融市场运行中需要关注的问题

一是债券发行存在结构性问题，民企发债普遍存在“注册易，发行难”现象。2019年全省债券发行主体仍集中于大型国有企业，辖内优质民企在债券发行认购环节面临诸多困难，影响债券市场融资功能有效发挥。二是地方政府债券投资者结构单一，95%以上为银行业金融机构。地方政府债券过度集中于银行，可能削弱其服务民营、小微企业的能力，也易造成风险聚积。有必要优化地方政府债券发行机制、扩大柜台发行规模、激发二级市场活跃度。

四、金融基础设施与金融稳定

（一）支付体系不断完善，支付服务效率稳步提升

1. 加大支付系统推广应用力度，支付服务能力显著提升

截至2019年末，陕西省支付系统参与者达5823家，全年净增支付系统参与者42家。全面取消企业银行账户许可，银行结算账户管理优化，支付服务便利化程度进一步提升。2019年继续推进移动支付便民工程建设，健全银行卡助农取款服务体系。全省共建立银行卡助农取款服务点57662个，同比增长35%，农村金融基础设施更加健全，支付服务普惠面明显扩大。

2. 加大监督执法检查力度，支付服务环境显著优化

中国人民银行西安分行强化对支付系统日常监管，增强各银行机构支付清算规则执行力，有力维护良好的支付清算秩序。通过开展支付结算执法检查、账户管理改革现场督查、无证机构清理整治、助农取款业务风险排查和清理整顿、防范和打击电信网络新型违法犯罪活动，有效净化省内支付服务环境，支付市场环境显著优化。

3. 强化支付体系风险管理，应急处置能力不断提升

强化非银行支付机构客户备付金管理和银行卡助农取款业务非现场监管力度，防范支付体系风险。中央银行会计核算数据集中系统（ACS）“一键式”灾备切换系统顺利上线，开展ACS综合前置系统主备切换演练，支付清算系统危机处置综合能力不断提升。

（二）征信服务水平显著提高，信用市场发展更加规范

1. 完善征信网络，提升征信服务水平

2019年28家村镇银行、融资租赁公司、小贷公司、融资担保公司等机构接入企业和个人征信系统。截至2019年末，全省共建成查询网点273个，配备自助查询设备308台，设备人均保有量位居全国首位。截至2019年末，陕西省企业和个人征信系统分别收录了26.8万户企业和2605万自然人的信息，月均查询企业和个人征信报告1.76万次和91.65万次，征信网络覆盖面和服务能力显著提升。

2. 推动平台建设，服务小微企业融资

2019年中国人民银行西安分行大力推动地方征信平台建设，在全省搭建中小微企业信用信息平

台5个，推动建立农户信用信息平台7个。探索“园区+市场化”为依托的信用金融服务新模式，被陕西省委、省政府发文在全省各工业园区推广应用，西安分行牵头在自贸区复制推广。推出“政采贷”线上全流程贷款审批系统，被列入陕西省复制推广项目。截至2019年末，累计为7.7万户尚未与商业银行发生信贷关系的中小微企业及628.03万户农户建立了信用档案，对其中474.76万农户进行了信用评定，创建信用村、镇3976个，社会信用环境不断优化。

3. 开展市场整治，推动征信市场发展

2019年陕西建立征信和评级行业自律机制，10家备案机构签署自律公约。中国人民银行西安分行联合地方市场监督管理部门开展征信市场规范整治工作，共排查企业226家，分类整治问题企业52家。加大央行内部（企业）评级结果运用，全年利用评级结果发放再贷款2.47亿元，征信市场稳健规范发展。

（三）反洗钱监管有效性不断增强，洗钱风险防控能力持续提升

1. 实践风险为本，反洗钱监管力度明显加强

中国人民银行西安分行深入践行风险为本的监管理念，全年开展监管质询30次、现场走访42家、约见谈话102人、现场检查35家，对17家金融机构、34名个人实施行政处罚858.5万元。开展反洗钱调查48起，调查金额892亿元，推动4起案件以洗钱罪立案侦查、1名嫌犯以洗钱罪宣判。

2. 加强监管协调，反洗钱监管整体有效性不断提升

中国人民银行西安分行联合省银保监局、证监局、地方金融监管局分别对银行、证券、网络小贷公司开展反洗钱现场检查、风险评估、监管走访，与省住建厅、司法厅等部门建立常态化合作机制，全省特定非金融机构累计报告可疑交易笔数居全国首位。借助监管科技大力提升区域洗钱风险监测预警水平，全年完成对66家金融机构的洗钱风险评估工作，实现了银证保行业全覆盖。

（四）营造良好金融法治环境，保障金融消费者合法权益

1. 以制度建设为抓手，提升依法行政能力

2019年，中国人民银行西安分行制定完善依法行政制度4项，建立系统完备、科学规范、运行有效的依法行政制度体系。实施行政许可标准化管理，排查收费项目8项，降低收费项目3项，切实减轻金融机构、企业和个人负担。规范行政执法行为，全省各级行共计开展执法检查54次，实施行政处罚60次，处罚金额897.99万元，未发生行政复议或行政诉讼案件。推行“双随机一公开”机制，全省各级行共计公示行政许可信息162514条，行政处罚信息64条，增强了依法行政的透明度和公信力。

2. 贯彻金融为民理念，加大消费者权益保护工作力度

2019年，中国人民银行西安分行联合陕西银保监局、证监局、司法厅等部门开展“3·15消费者权益日”“普及金融知识 守住钱袋子”等宣传活动。深入推进金融知识纳入国民教育体系试点，编写出版《金融知识读本》（初、高中版），定期在中小学开设金融知识课程，探索进行教育有效性评估。确保投诉受理处理渠道畅通，“12363”呼叫中心共受理投诉2699起，办结2507起，办结率92.89%，办结满意率100%，受理咨询6728起。推动金融消费纠纷多元化解机制建设，陕西经验在全国金融消费纠纷多元化解推进会上交流。深化宜君农村普惠金融综合示范区试点，推动陕西省普惠金融均衡发展。

（五）发挥存款保险风险纠正功能，进一步完善金融安全网

1. 深化投保机构风险监测，持续推进法人银行现场核查

2019 年，人民银行西安分行定期对全省 143 家投保机构开展运行监测，按月重点做好高风险投保机构监测，关注风险变化。对投保机构集中度风险、同业和表外业务等影响机构风险的关键领域开展重点调研。继续推进三年内对全省投保机构现场核查全覆盖计划，年内共对 50 家地方法人投保机构进行现场核查，进一步摸清风险底数。对 3 家投保机构根据核查结果进行了费率调整依据记录，要求监管报表数据与实际风险状况相差较大的机构更正了报表，并及时向地方政府、监管部门和主发起行提示风险。

2. 加大警示和早期纠正力度，推动机构风险化解处置

2019 年中国人民银行西安分行对全省法人投保机构共发出风险预警提示函 60 份，开展约见谈话 69 次。对部分投保机构开展早期纠正工作，下发早期纠正通知书，明确设定早期纠正目标，引导机构采取补充资本、控制资产增长、控制重大交易授信等风险化解措施。截至 2019 年底，已有 2 家投保机构按期达到早期纠正目标，1 家机构风险程度大幅下降。完善落实投保机构监管专员制度，为每家高风险投保机构设立监管专员，深入剖析问题根源，压实各方责任，督促问题投保机构化解处置风险。

五、地方金融改革与金融稳定

（一）地方金融改革情况

1. 城市商业银行改革持续深化，战略转型成效显著

2019 年 3 月，西安银行成功登陆上海证券交易所主板市场，成为西北首家 A 股上市城商行，启动战略发展新征程。长安银行互金平台成功上线，“优税 e 贷”实现线上线下并行，线上智能信贷产品“长乐贷”投入试运行，联合网贷业务迅速成长为新的利润增长点。

2. 农村金融机构改革不断推进，农村金融服务供给逐步增加

农村信用社稳步推进产权体制改革，2 家农商行即将取得开业批复；1 家联社获准改制农商行；3 家联社增资扩股方案获监管部门批准。村镇银行数量不断增加，至 2019 年末，全省共有村镇银行 42 家，全年新增 4 家，县域金融服务能力提升。

3. 非银行业法人金融机构快速发展，业务类型日益丰富

消费类信托、家族信托、慈善信托等创新类信托业务发展迅速，长安信托慈善信托存续 16 单，行业排名前 5 名。长银消费金融公司总资产突破 100 亿元，行业排名上升至全国前列。

（二）金融支持自贸区建设情况

2019 年中国人民银行西安分行积极推动制度创新，开展直接投资、外债注销登记等跨境投融资便利化措施、落实“本币优先”相关政策文件等推动陕西自贸区外汇金融改革创新优化升级。创新服务模式，打造“园区 + 市场化”信用金融服务平台；开展跨境金融创新专项行动与党员干部联系服务涉外重点企业工作。推进“资本项目收入结汇支付便利化”“跨境金融区块链服务平台”；推进“7 项外汇创新政策及 12 条跨境贸易便利化措施”等三项改革试点，实现中欧班列专属融资产品

“央行·长安号票运通”；“通丝路”跨境电商人民币业务平台；商业保理美元融资业务落地陕西自贸试验区；上线“政采贷”线上全流程贷款审批系统等四项全国首创。2019 年，全省自贸区跨境收支总额 292.33 亿美元，占全省跨境收支总额的 59.7%；银行结售汇合计 119.04 亿美元，占全省银行结售汇总额的 45.8%；跨境人民币结算额 108.6 亿元，同比增长 314.5%。

（三）准金融机构平稳发展，机构类型更加丰富

截至 2019 年末，陕西省共有小额贷款公司 282 家（含 3 家分支机构），贷款余额 269 亿元，同比增长 10.20%。全省共有融资性担保机构 181 家，其中法人机构 168 家（含再担保公司 1 家），分支机构 13 家，注册资本 519.11 亿元；融资性担保公司在保余额 1189.16 亿元，同比增长 12.93%。典当企业 206 家，典当总额 39.72 亿元，同比下降 4.90%。融资租赁公司 110 家，注册资本 469.46 亿元，租赁资产总额 179.12 亿元，同比增长 3.09%。

陕西金融资产管理公司发展质量持续提升。截至 2019 年末，陕西金融资产管理公司资产规模达到 708 亿元，是 2016 年成立之初的 20 倍；实现利润 7.94 亿元，同比增长 58.17%；净资产收益率为 10.91%。成立三年来，陕西金融资产管理公司累计收购金融不良资产 98.4 亿元，占全省市场份额近一半；累计签订市场化债转股合作协议 660 亿元，已落地 300 亿元，连续三年在全国非银行金融机构中排名第一。

六、总体评估与政策建议

（一）总体评估

2019 年面对国内外风险挑战，陕西省坚持“稳中求进”工作总基调，着力稳增长、促改革、调结构、惠民生、防风险、保稳定，保持了经济社会持续健康发展，为区域金融发展和稳定奠定了良好基础。整体来看，2019 年全省金融体系平稳运行，银行业资产质量有所好转，社会融资成本稳步下行。证券市场运行平稳，法人证券机构资本实力不断增强，保险业回归本源成效初显，服务经济社会能力提升。地方金融改革稳步推进，金融改革开放创新成果更加丰富，改善金融生态环境、化解风险方面的具体措施逐步落地，风险存量进一步下降，陕西金融体系整体稳健性较高，但 2020 年新冠疫情对各国经济金融体系已产生较大冲击，全球宏观形势不容乐观，黑天鹅事件仍有爆发可能，国内经济下行压力依然较大，陕西经济金融发展的内外部环境面临诸多不确定因素，地区金融风险防控形势更为复杂，需持续密切关注个别金融机构风险依然较高，证券市场波动性加大，股票质押、资管产品等业务兑付风险，中小法人保险公司经营压力加大等重点领域风险。

（二）政策建议

1. 继续加快产业结构调整步伐，提升金融服务实体经济能力

一是聚集特色产业，做强做大优势产业。不断夯实制造业基础，加强交通、信息、能源等基础设施建设，弥补产业链短板，对接国际、国内两个市场，推动产业升级。二是着力提升各领域关键核心技术创新能力，大力促进互联网、大数据、人工智能同实体经济深度融合，以新技术引领各行业各领域高质量发展。通过经济发展来为存量风险化解争取时间、腾挪空间。三是优化金融服务，

大力发展直接融资，提升金融和实体经济的适配性。聚焦科创企业和中小企业，继续做好对小微企业、贫困地区、扶贫事业等普惠金融领域的支持力度，增强金融服务实体经济的能力。

2. 有序稳妥化解风险，坚决打好防范化解金融风险攻坚战

一是依靠发展化解风险，协调好防风险和促发展的关系。坚持重点领域和薄弱环节的投入力度不减，同时要避免金融资源继续流向丧失偿债能力的“僵尸企业”。综合运用专项债、债转股等手段，稳妥处理地方政府债务风险。加强房地产市场调控，秉承“只住不炒”原则，“一城一策”加强房地产金融领域管理，确保刚性需求，加强对投机性金融需求的管控，推动房地产市场平稳健康发展。二是全面化解处置高风险机构风险问题。压实机构自身、政府和监督管理部门责任，统筹各方力量，综合利用核销、打包转让、增资扩股等方式手段推进风险处置和化解。加强对农合机构的监督管理，引导其加强风险管控，回归服务“三农”主业，提升稳健经营能力。三是加快农信社改革步伐。在保持农信社县域法人地位基本稳定的前提下，理顺秦农银行和省联社的关系，加强县域农村金融机构公司治理，完善农村金融服务体系，夯实农村金融发展微观基础。四是进一步落实区域金融风险化解处置属地责任，切实发挥中央和地方监管协调机制作用，完善跨部门风险联合处置机制，妥善处置各类金融突发事件。

3. 充分利用人民银行政策工具，强化宏观审慎管理

一是加强对高风险地区、高风险机构的监测预警，及时向政府、监管部门提示风险。利用监管协调机制加强风险研判，统筹各方力量推动风险化解处置。二是进一步完善以逆周期调节为核心、以系统重要性程度差别考量的宏观审慎评估体系，引导金融机构广义信贷合理增长，加强系统性风险防范。充分发挥法人银行业金融机构的央行评级的激励约束机制，将评级结果运用于 MPA 考核、货币政策工具运用及差异化监管中，引导金融机构审慎、稳健经营。三是发挥存款保险早期干预和风险纠正的功能，通过现场核查、风险警示和早期纠正工作，强化机构稳健经营意识。加强农村等金融服务薄弱地区的存款保险知识宣传，改善地区金融生态环境，为风险化解和经济发展提供良好的外部环境。

中国人民银行西安分行金融稳定分析小组

组　　长：魏革军

副 组 长：韩　飙

成　　员：陈敏安　冯　梅　古丹娜　赵小虎　陈　军　马小明
钱　皓　王　宁　王　萍　解群锁　杨　瑾

《陕西省金融稳定报告（2020）》编写组

总　　纂：魏革军

统　　稿：韩　飚　陈　军　肖瑞婷　王　敏

执　　笔：包　琼　雷梦菲　刘天宇　李　彦　孙庆卫　王　青
王　蓉　吴思绮　仵永恒　张志暹

参与写作人员：常博闻　陈朝雨　樊　悦　黄　丹　刘佳珍　刘　蔚
南　雁　孙炎炜　温秋鹏　王旭磊　张　雯　张左扬

甘肃省金融稳定报告摘要

2019年，甘肃省坚持“稳中求进”工作总基调，着力打好三大攻坚战，增强发展新动能，深化改革开放，全省经济运行稳中有进。全省金融机构牢牢把握高质量发展要求，立足甘肃实际，认真执行稳健的货币政策，着力服务全省经济社会发展，全省金融运行总体平稳有序。

一、区域经济运行与金融稳定

（一）经济运行情况

1. 经济运行稳中向好，产业结构有所优化

2019年，全省实现生产总值8718.3亿元，同比增长6.2%，经济回稳向好的势头进一步巩固。第一产业增加值1050.5亿元，增长5.8%；第二产业增加值2862.4亿元，增长4.7%；第三产业增加值4805.4亿元，增长7.2%。三次产业结构比为12.05：32.83：55.12。

2. 工业生产稳步提升，固定资产投资企稳回升

全年全省规模以上工业增加值增长5.2%，增速比上年提高0.6个百分点，其中规模以上非公有制企业工业增加值增长7.4%，增速比上年提高4.4个百分点。全固定资产投资比上年增长6.6%，增速比上年提高10.5个百分点。其中，项目投资增长4.2%，房地产开发投资增长12.7%。

3. 消费稳中有升，与“一带一路”沿线国家进出口保持增长

全年全省社会消费品零售总额比上年增长7.7%，增速比上年提高0.3个百分点。其中，城镇消费品零售额增长7.4%，乡村消费品零售额增长9%。全年进出口总值379.9亿元，比上年下降3.9%。对“一带一路”沿线国家进出口总值200.9亿元，增长2.8%，高于全省进出口总值增速6.7个百分点，占全省进出口总值的52.9%，比重比上年提高3.5个百分点。

4. 居民收入稳步增加，物价水平温和上涨

全年全省城镇居民人均可支配收入32323元，增长7.9%，增速与上年持平；农村居民人均可支配收入9629元，增长9.4%，增速比上年提高0.4个百分点。居民消费价格比上年上涨2.3%，低于全国0.6个百分点。全年全省城镇居民人均生活消费支出24454元，比上年增长8.2%；农村居民人均生活消费支出9694元，增长6.9%。

（二）经济运行中需要关注的方面

1. 工业持续增长动力不足

全省规模以上工业企业数量和规模均不具有竞争力，重点企业检修、停产等对全省工业生产影

响较大。高新技术产业及新动能增长乏力，全省规模以上工业战略性新兴产业和高技术产业增加值负增长，增速比规模以上工业增加值分别低4.9个和4个百分点。

2. 固定资产投资稳定增长基础不牢固

2019年全省基础设施投资增速自7月来持续回落，全年同比增长2.2%，低于固定资产投资增速4.4个百分点，占全省固定资产投资的29.7%，比上年同期下降1.2个百分点。全省5000万元及以上项目到位资金占完成投资额的77.2%，到位资金增速放缓，一定程度上影响项目开工建设进度。

3. 消费增长乏力

2019年，全省社会消费品零售总额同比增长7.7%，增速比全国平均水平低0.3个百分点。限额以上单位零售额持续下降，全省限额以上单位零售额同比下降0.1%，汽车和石油及制品两大类商品成为下拉全省消费品市场的主要因素。

4. 居民收入与全国差距不断拉大

受经济发展滞后等因素影响，全省居民收入水平与全国差距呈扩大趋势。2019年，全省城镇居民人均可支配收入居全国第29位，与全国的差距由上年同期的9293元扩大到10036元。农村居民人均可支配收入居全国第31位，与全国的差距由上年同期的5813元扩大到6392元。

二、金融业与金融稳定

（一）银行业与金融稳定

1. 银行业运行情况

（1）业务规模稳步增长，结构持续优化。截至2019年末，全省共有银行业金融机构136家，其中法人银行业金融机构119家。银行业金融机构资产总额28971.61亿元，同比增长5.49%；负债总额27599.35亿元，同比增长5.54%。年末，全省银行业各项贷款占比较上年同期提高0.86个百分点；存款增速提高1.66个百分点；以债券投资为主的投资业务同比增长43.55%。

（2）各项贷款增速放缓，存款增速稳中有升。2019年末，全省银行业金融机构本外币各项贷款余额20677.93亿元，同比增长6.74%；全年新增1225.88亿元，同比少增439.14亿元。单位中长期贷款和住户消费贷款稳定增长，单位短期贷款和住户经营贷款增速持续下滑。全省银行业金融机构本外币各项存款余额19768.46亿元，同比增长5.84%；全年新增1085.39亿元，同比多增184.15亿元。住户存款保持较高增速，企业存款低速增长，存款结构呈现出“居民化、定期化”特征。

（3）服务实体经济能力持续提升，支持地方经济发展力度不断加大。2019年末，全省银行业存放系统内款项同比下降8.04%，系统内存放款项同比增长9.54%。金融机构主动融入全省经济发展战略，积极对接重点领域、重点项目资金需求，不断加大对“三农”“小微企业”的信贷支持力度，年末，全省电力、交通、水利等重大基础设施建设项目贷款余额5370.45亿元，同比增长9.21%；涉农贷款余额6719.55亿元，与上年同期基本持平；小微企业贷款余额4735.91亿元，同比增长2.17%。

2. 银行业运行中存在的问题

（1）资产质量持续承压。2019年末，全省银行业金融机构不良贷款率7.24%，同比上升2.19个百分点，高出全国平均水平5.33个百分点，信用风险防控形势较为严峻。虽然去年全省银行业金融机构通过不良贷款批量转让、核销、自主清收等方式加大不良资产处置力度，但存量不良资产化解压力仍然较大。

（2）盈利空间进一步压缩。随着同业业务、通道类业务等逐步规范，银行业金融机构业务逐渐回归传统，发展速度放缓，利润渠道收窄，年末，全省银行业金融机构净息差为2.12%，同比缩小0.33个百分点，全年实现净利润154.87亿元，同比增长1.51%。资产利润率和资本利润率分别为0.55%和11.53%，比上年分别下降0.02个和0.53个百分点。

（3）地方法人银行业金融机构风险防控压力大。省内部分法人银行业金融机构公司治理不够健全、资产质量压力陡增、资本补充难度加大等问题较为突出。2019年末，地方法人银行业金融机构主要监管指标较上年同期均出现不同程度下滑。部分机构合规经营理念欠缺，在制度建设、内控管理、风险防控等方面存在缺陷和漏洞，违规操作、内控风险等情况仍呈高发多发态势。

（二）证券业与金融稳定

1. 证券业运行情况

（1）证券期货经营机构总体平稳。2019年末，全省共有法人证券公司1家，证券分支机构118家，比上年增加2家。证券投资者开户数243.74万户，同比增长6.17%；客户托管资产总额1338.93亿元，同比增长29.81%。法人证券公司华龙证券资产总额3268.69亿元，同比下降10.64%。全省共有法人期货公司1家，期货分支机构7家，较上年保持不变。期货经营机构开户数1.51万户，同比增长8.63%；客户权益总额5.99亿元，同比增长12.17%。法人期货公司华龙期货资产总额8.86亿元，同比减少7.97%。

（2）证券机构盈利水平较高，期货机构经营效益大幅下滑。2019年，全省证券经营机构累计实现证券交易额10935.51亿元，同比增长28.68%；全年实现净利润2.36亿元，同比增长123.27%。华龙证券实现净利润3.73亿元，同比增长564%。全省期货经营机构累计实现期货交易额4390.6亿元，同比增长1.35%；实现净利润861.27万元，同比下降47.27%。华龙期货实现净利润1223.96万元，同比下降37.47%。

（3）法人机构抗风险能力整体较强。2019年末，华龙证券净资产144.46亿元，同比增长4.81%；净资本104.43亿元，同比增长4.23%，风险覆盖率等各项风控指标均高于监管要求。华龙期货净资产5.75亿元，净资本3.11亿元，主要指标远高于监管要求，抵御风险能力强。

（4）上市公司经营业绩有所下滑。2019年末，全省共有A股上市公司33家①，H股上市公司2家，拟上市公司9家。全年共有4家公司实施再融资，募集资金总额27亿元。根据公开披露信息，截至2019年第三季度，辖区上市公司资产总额2930亿元，同比增长1.63%；净资产1274亿元，同比减少0.88%；归属上市公司净利润86.1亿元，同比减少16.81%。

2. 证券业运行中存在的问题

（1）期货行业经营压力不断加大。甘肃省期货经营机构创新发展水平较低，盈利模式单一，差异化、特色化发展实际效果并不明显，业务收入主要依靠经纪业务，对市场景气程度的依赖程度较高，潜存一定经营压力。2018年、2019年全省法人期货经营机构净利润连续两年分别下降42.24%、37.47%，盈利水平持续下滑。

① 主板上市24家，中小板上市6家，创业板上市3家。

（2）上市公司股权质押融资问题仍需关注。受股市行情大幅波动影响，辖内部分上市公司股价逼近股权质押警戒线，在系列纾困措施作用下，辖内上市公司股票质押平仓风险得以暂时缓解，截至2019年末，辖区上市公司第一大股东股票质押比例超过80%的公司有6家，较年初减少4家。

（3）上市公司债券违约风险有所上升。近年来，辖内部分上市公司投融资增速过快，财务成本快速上升，受经济下行、中美经贸摩擦等多重因素影响，部分企业经营陷入困境，省内两家上市公司已经发生债券违约情况。

（三）保险业与金融稳定

1. 保险业运行情况

（1）市场规模保持稳定，整体运行稳中有进。2019年末，全省共有黄河财险1家法人保险公司，省级保险分公司31家，比上年增加1家，其中产险公司19家，人身险公司12家。保险专业中介机构86家，比上年增加12家。全省保险业资产总额1021.83亿元，同比增长15.29%。全年实现原保险保费收入444.32亿元，同比增长11.36%；发生赔付支出151.59亿元，同比增长9.04%。

（2）业务结构不断优化，发展质量稳步提高。财产险市场发展质效提升，信用保险、特殊风险保险、农业保险、健康险等与国计民生和社会治理密切相关的险种实现快速增长，增速分别为390.21%、107.73%、44.80%和44.37%。人身险公司保费结构持续优化，健康险、普通寿险、意外险等保障型业务原保险保费收入分别同比增长40.48%、11.81%、0.66%。中短存续期产品为主的投连险、万能险原保险保费收入分别同比下降1.47%、1.43%。

（3）服务保障力度加大，稳定功能有效发挥。农业保险呈现跨越式发展势头，农险品种保额普遍提高30%~100%，保险费率降幅30%~40%，农业保险实现保费收入16.23亿元，同比增长50.48%。民生保险稳步发展，全省大病保险承保2222.99万人，筹资总额20.01亿元，赔付58.62万人次，补偿金额16.15亿元。"两保一孤""三户一孤"保险累计承保407.19万人，保费收入1.58亿元。健康扶贫方面，累计为48.52万贫困群众支付大病保险补偿11.73亿元。

（4）退保增速放缓，满期给付呈下降趋势。2019年，全省人身险公司退保金支出39.99亿元，同比下降17.65%，退保率为3.41%，低于全国平均水平1.56个百分点。满期给付22.71亿元，同比下降26.66%。

2. 保险业运行中存在的问题

（1）产险公司综合赔付率上升。2019年，全省产险公司累计赔款支出86.69亿元，同比增长20.12%；综合赔付率为61.99%，比上年同期上升4.81个百分点，高于全国平均水平0.32个百分点。其中，车险赔款支出49.8亿元，同比增长7.43%；非车险赔款支出36.89亿元，同比增长42.92%，非车险中，信用保险、保证保险、农业保险和健康险赔款支出增长较快，同比增速分别为232.16%、168.07%、55.88%和34.21%。

（2）法人保险公司经营发展受限。甘肃辖内法人保险机构数量较少，资产规模在全国保险公司中处于下游水平。法人保险公司或是受区域经济影响，或是受自身公司治理的限制，经营状况和业务发展不尽理想，险种结构及销售渠道单一，保费收入和盈利水平较低。

（3）保险业转型调整面临较大压力。人身险公司在外部资金面趋紧以及新业务转型困难多重因素影响下，业务结构调整承压。产险市场呈现多寡头局面，中小公司承保亏损较大。全省业务规模前六的产险公司全年共实现原保险保费收入134.93亿元，占产险市场的87.27%，8家产险公司承保亏损，均为中小型公司。

（4）保险业市场秩序有待改善。车险市场违规风险仍然存在，费用以更加隐蔽的方式流入除手续费以外的其他科目，查处难度增加。部分人身险公司合规经营理念欠缺，对违规操作、内外勾结行为等没有从源头上进行治理，通过银保渠道提取高绩效、公司内部虚假列支费用等问题仍然存在。部分保险中介法人机构内控薄弱，采取加盟制等形式盲目大量铺设机构，部分机构蜕变为违法违规业务“通道”，风险跨市场、跨行业传导可能性加大。

三、金融市场与金融稳定

（一）金融市场运行情况

1. 货币市场与债券市场运行平稳，交易量保持增长态势

2019 年，全省银行间同业拆借市场累计成交 558 笔，交易额 1477.39 亿元，同比增长 10.95%。债券回购交易累计成交 45386 笔，交易额 117317.11 亿元，同比增长 48.05%。现券交易累计 4654 笔，交易额 10176.39 亿元，同比下降 17.87%。全年发行各类债券（含同业存单）955.4 亿元，同比增长 7.63%。银行间市场成员持有各类债券余额 1622.72 亿元，同比增长 24.3%。

2. 票据市场发展平稳，贴现和转贴现利率下降

2019 年末，全省银行承兑汇票余额 746.61 亿元，同比减少 6.66%；票据贴现余额 938.08 亿元，同比增长 28.57%。票据贴现和转贴现利率水平明显下降，全省票据加权平均利率为 3.49%，同比下降 81 个基点。其中，贴现加权平均利率为 3.31%，同比下降 120 个基点；转贴现加权平均利率为 3.53%，同比下降 73 个基点。

3. 黄金市场交易缩量，业务发展总体平稳

2019 年，全省黄金市场交易小幅缩量，省内银行机构黄金市场境内交易额 442.05 亿元，同比下降 7.98%，未开展境外黄金交易业务。共有 15 家银行机构开办黄金市场业务，业务发展平稳，风险管理状况良好。

4. 外汇市场平稳运行，国际收支延续逆差格局

2019 年，全省跨境收付总额 120.67 亿美元，同比下降 2.83%，收支逆差 37.47 亿美元，同比增长 30.55%。银行结售汇总额 82.78 亿美元，同比增长 5.82%；结售汇逆差 28.38 亿美元，同比下降 9.13%。从结构来看，经常账户逆差稍有扩大，同比增长 13.9%；资本和金融账户净流入收窄，顺差 0.81 亿美元，同比下降 83.4%。

（二）金融市场运行中存在的问题

1. 债务融资发行主体较为单一

目前，全省发债企业局限于已在公开市场发行过信用债的传统大型企业，一些管理规范、披露机制健全、发展潜力大的高新技术企业、小微企业等尚未纳入发债储备库，有待挖掘发债潜力。

2. 城投类企业债券兑付集中度较高

2019 年全省债务融资工具发行和到期兑付主要集中在城投平台类企业。从发行情况来看，城投企业全年共发行债务融资工具 212 亿元，占全省发行量的 69.3%；从到期兑付情况来看，城投企业

全年共兑付债务融资工具186亿元，占全省兑付量的79.6%，集中度较高。部分发行主体盈利能力较弱，潜存一定偿债压力。

3. 涉外收支面临风险和挑战增多

2019年以来，全球经济同步下行，全球贸易、制造业生产与投资全面放缓。甘肃大宗矿产品贸易总量较大，大宗商品进口付汇对辖区国际收支平衡产生较大影响。当前中美关系走势不确定性较大，辖内企业应对中美经贸摩擦负面影响能力有限，国内经济结构转型等因素也加剧了企业困难，经常项目顺差收窄可能性较大。

四、总体评估与相关建议

（一）总体评估

2019年，甘肃省坚持“稳中求进”工作总基调，落实高质量发展要求，以打好三大攻坚战和构建十大生态产业体系为着力点，统筹推进稳增长、促改革、调结构、惠民生、防风险各项工作，经济运行呈现总体平稳、稳中向好发展态势。工业生产稳步提升，十大生态产业保持较快增速，“一带一路”对外贸易快速增长，消费市场保持稳定，城乡居民收入稳步增加，脱贫攻坚强力推进。而同时全省经济面临较大下行压力，工业经济持续增长动力不足，基础设施投资增速放缓，市场消费增长乏力，地区经济发展水平低导致居民收入水平与全国差距继续拉大，经济发展中不平衡、不协调、不可持续的矛盾和问题依然存在。

全省金融业稳健运行，金融体系不断健全，金融风险防范化解工作力度不断加大。银行业资产负债规模不断扩大，存贷款稳中有升。证券期货业经营规模保持稳定，法人机构抗风险能力整体较强。保险业保持良好发展态势，业务结构不断优化，保障功能和服务作用进一步发挥。但在内外部环境日趋复杂、内部结构调整阵痛逐步释放的背景下，金融运行中一些潜在的风险逐步暴露。银行业金融机构不良贷款和不良率持续双升，信用风险防控压力进一步加大。部分地方法人银行业金融机构资产质量劣变，拨备和资本不足问题凸显，风险处置化解难度较大。部分上市公司股权质押融资风险、债券违约风险有所上升。人身险公司在外部资金面趋紧及转型困难等因素影响下，业务结构调整持续承压。涉外收支面临挑战增多。

总体来看，全省经济金融运行中虽然存在一些不利因素和风险隐患，但风险总体可控，区域金融发展继续保持稳定态势。

（二）相关建议

1. 激活各类市场主体活力，推动实体经济高质量发展

全力推动产业结构优化升级，依托“十大生态产业”与“一带一路”区位优势，大力推动各类产业朝信息化、智能化、绿色化和服务化方向发展，着力提升实体经济发展质量。把支持民营和小微企业发展作为服务实体经济的着力点，持续加大重点领域改革力度，进一步减税降费和清理规范涉企收费，加快释放改革红利，全面支持各类企业发展。将再贷款、再贴现等央行资金重点向经营稳健、符合宏观审慎要求、监管合规的金融机构倾斜，支持金融机构扩大扶贫、民营和小微企业、乡村振兴等领域信贷投放，切实提升金融服务实体经济的能力。

2. 强化重点领域风险防控，坚决打赢防范化解重大金融风险攻坚战

依托金融委办公室地方协调机制和地方金融工作议事协调机制，加强部门协同配合，形成工作合力。建立健全以“早发现、早识别、早预警、早处置”为核心的金融风险防控机制，持续强化对地方法人银行业金融机构、影子银行风险、地方政府债务风险、房地产风险、互联网金融风险等重点领域的跟踪监测和化解处置。继续探索丰富对高风险机构和问题投保机构风险警示和早期纠正的有效手段，重点督导高风险法人机构坚守市场定位，深耕本地，健全完善内控合规和风险管理制度体系，不断提升风险防控和审慎经营水平，多措并举化解存量风险，严控增量风险。推动压实地方政府、监管部门、金融机构相关责任，稳妥有序化解高风险机构风险。进一步建立健全各类金融风险应急预案，强化应急演练，切实提升突发金融风险应急处置能力。

3. 完善金融基础设施，不断优化区域金融环境

推动健全金融相关基础法规，完善各类新兴金融业态管理规范，依法推进金融消费者权益保护工作。加快完善社会信用联合惩戒机制，定期通报失信企业和个人，司法和执法部门加大对失信行为的惩戒力度，严惩老赖行为。进一步优化金融法制环境，建立金融案件快立、快审、快结、快执机制，加大对债权类胜诉案件的执行力度，切实保护债权人合法权益。加强金融知识普及教育和舆论引导，引导和教育广大群众远离非法金融活动，不断增强社会公众金融素养和风险识别防范能力。

中国人民银行兰州中心支行金融稳定分析小组

组　　　织：张庆昉

副　组　长：李文瑞

成　　　员：王宗祥　聂　蕾　石建平　尚　莉　李高元　李艳华
　　　　　　刘　刚　王端行　李永国

《甘肃省金融稳定报告（2020）》编写组

总　　　纂：李文瑞

统　　　稿：王宗祥

执　　　笔：边永平　杨　柳　安子靖　马小华

参与写作人员：赵林le　张　莉　张　乾　王丽娟　刘　蘅　张　峰
　　　　　　景小娟　刘海申　孙雪峰　巩月明　王　琼　陈　全

青海省金融稳定报告摘要

2019年，青海省坚持“稳中求进”的工作总基调，不断深化供给侧结构性改革，着力做好“六稳”工作，深入实施“五四战略”，奋力推进“一优两高”，全省经济运行总体平稳、稳中有进，发展质量稳步提升。金融业运行平稳，风险总体可控。银行业资产负债规模小幅收缩，证券期货机构经营业绩分化，保险业保持良好发展势头，金融基础设施不断完备，服务实体经济质效进一步提高。大型企业债务风险处置有序推进，金融风险防控能力逐步提升。同时受宏观经济下行压力加大等影响，债务违约风险、信用风险、商誉减值风险等不断上升，金融风险防控依然面临严峻挑战。

一、区域经济运行与金融稳定

2019年，全省实现地区生产总值2965.95亿元，同比增长6.3%，高于全国平均增速0.2个百分点，低于年度目标下限0.2个百分点。其中，第一产业增加值301.9亿元，增长4.6%；第二产业增加值1159.75亿元，增长6.3%；第三产业增加值1504.3亿元，增长6.5%。

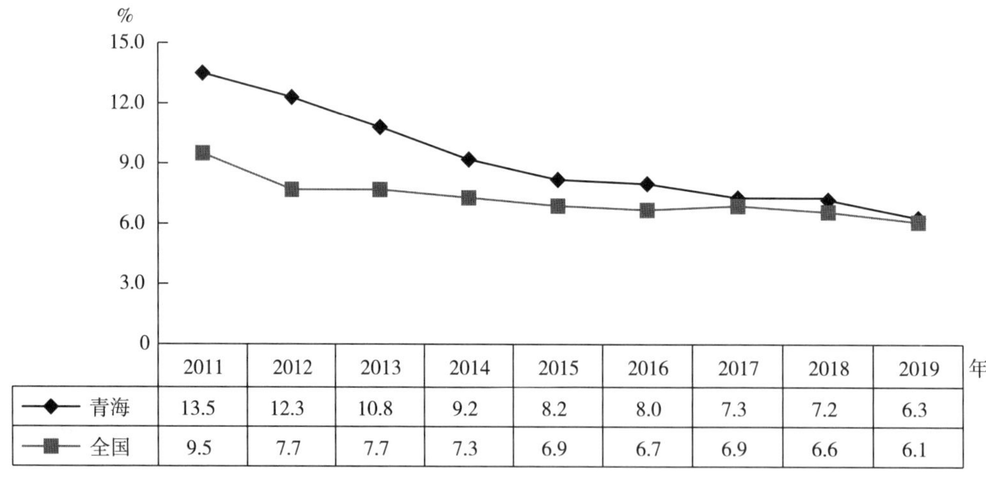

	2011	2012	2013	2014	2015	2016	2017	2018	2019
青海	13.5	12.3	10.8	9.2	8.2	8.0	7.3	7.2	6.3
全国	9.5	7.7	7.7	7.3	6.9	6.7	6.9	6.6	6.1

图1　近年来青海省与全国生产总值增速对比情况

（数据来源：国家统计局）

（一）区域经济运行情况

1. 农牧业丰收，工业承压运行，三产低位企稳。全省粮食总产量连续12年保持在百万吨以上，高原特色农牧业得到重点发展。规模以上工业增加值同比增长7.0%，低于上年同期1.6个百分点，国有企业、外商及港澳台商投资企业增加值出现负增长。第三产业总体企稳，其中旅游总收入561.33亿元，同比增长20.4%，成为拉动区域第三产业发展的重要板块。

2. 投资支撑基础薄弱，消费相对低迷，外贸不振。全省固定资产投资同比增长5.0%，第一产业投资下降3.6%，第二产业投资增长21.5%，第三产业投资下降1.9%。社会消费品零售总额同比增长5.4%，低于全国平均水平2.6个百分点。在中美贸易摩擦、部分重点项目收尾以及传统大宗商品出口受挤压等综合作用下，地区进出口总值较去年同期下降22.7%，其中出口下降35.1%、进口基本持平。

3. 财政收入增速下降，工业企业大额亏损，城乡居民收入继续增长。全省一般公共预算收入同比增长1.8%，低于上年同期7.9个百分点，其中地方一般公共预算收入同比增长3.4%，低于上年同期7.4个百分点。规模以上工业企业中亏损企业占比35.5%，累计亏损542亿元。居民人均可支配收入同比增长9.2%，其中城镇常住居民增长7.3%，农村常住居民增长10.6%。

4. CPI完成预期调控目标，PPI向零点回归。全省居民消费价格总水平同比上涨2.5%，低于全国平均水平0.4个百分点，在全国各省区市排名第21位，完成年度预期调控目标。工业生产者出厂价格下降1.5%，工业生产者购进价格下降1.8%，全年二者基本呈同步向零点运动态势。

5. 用电量微缩，运输量微增，社会融资规模大增。全省全社会用电量同比下降3.3%，其中一产和三产用电量稳定增长，工业用电量大幅降低。货物运输量同比增长2.2%，货物周转量增长1.9%。实现社会融资规模1278亿元，同比多增781亿元。

6. 房地产市场投资加码，供销两旺，价格领涨。全省房地产投资同比增长15.5%，其中住宅投资增幅高达36.2%。商品房新开工施工面积同比增长68.5%，其中商品住宅新开工施工面积增幅达93.0%；商品房销售面积增长7.3%。“2019年12月70个大中城市商品住宅销售价格变动情况”显示，在全国35个省会和副省级城市中，西宁市新建商品住宅价格以同比13.8%的涨幅位居第三，二手住宅价格以12.8%的涨幅高居第一。

（二）需要关注的问题

1. 非金融企业部门持续低迷。工业用电量、铁路货运量、工业贷款余额以及PPI等先行指标下行，盐湖化工、有色冶金等传统行业整体市场不景气，新能源、生物医药等新兴行业尚在起步阶段，经济内生动力不强。

2. 需求持续放缓。投资项目，特别是大型投资项目，数量欠缺，民间投资信心不足。受居民收入增长放缓与商品服务价格上涨双重制约，消费拉动力不足。旅游、教育、健康、养老等生活服务业态优质服务供给有限。

3. 风险持续暴露。个别省属重点企业债务风险高企，扭亏脱困任务艰巨，对金融生态环境产生不利影响。

二、金融业与金融稳定

（一）银行业

截至2019年末，全省共有银行业金融机构57家，其中，大型国有银行5家，政策性银行2家，股份制银行 7 家，邮政储蓄银行 1 家，城市商业银行 1 家，农村金融机构 38 家，信托公司 1 家，财务公司 1 家，资产管理公司分支机构 1 家。

1. 运行特点

（1）资产负债规模收缩。截至 2019 年末，全省银行业金融机构资产总额 8375. 06 亿元，比年初减少 471. 62 亿元，同比下降 5. 33%；负债总额 8290. 98 亿元，比年初减少 258. 47 亿元，同比下降 3. 02%。

（2）存贷款小幅增长。截至 2019 年末，全省银行业金融机构本外币存贷款余额均有所增长，其中，本外币各项存款余额 5858. 71 亿元，比年初增加 86. 73 亿元，同比增长 1. 52%，增速同比上升 2. 76 个百分点；本外币各项贷款余额 6689. 95 亿元，比年初增加 33. 21 亿元，同比增长 0. 83%，增速同比下降 3. 61 个百分点。

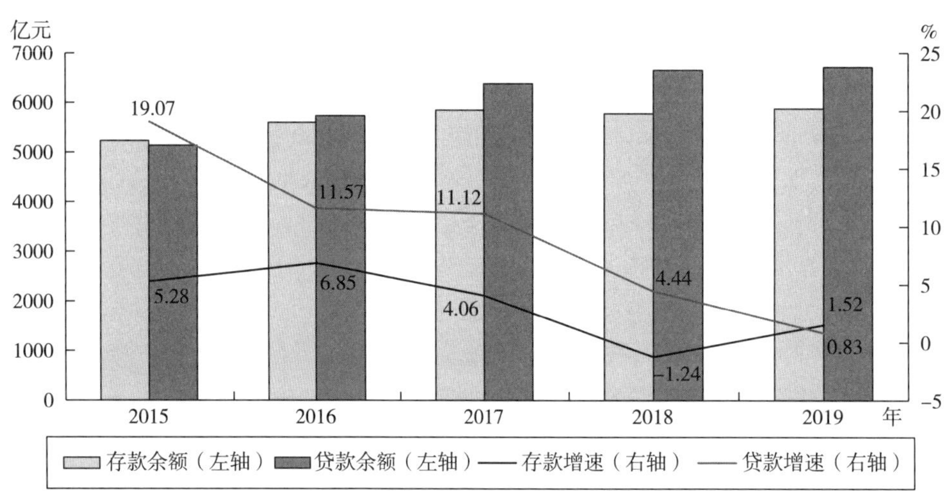

图 2 2015—2019 年青海省本外币存贷款变化情况

（数据来源：中国人民银行西宁中心支行）

（3）法人银行业金融机构风险整体可控。一是信用风险较低。截至 2019 年末，法人银行业金融机构不良贷款率 2. 58%，低于全省不良贷款率 4. 15 个百分点。二是风险抵补能力较强。法人银行业金融机构资本充足率 15. 74%，核心一级资本充足率 14. 49%，拨备覆盖率 174. 76%，均优于监管标准，抵御风险能力较强。三是流动性整体良好。法人银行业金融机构的整体流动性比例为 64. 75%，高于监管标准 39. 75 个百分点，流动性水平充足；除 2 家村镇银行外，其他法人银行业金融机构的优质流动性资产充足率和流动性匹配率指标均高于监管标准。

（4）表外业务增速持续放缓。截至 2019 年末，全省银行业金融机构表外业务 3190. 17 亿元，比年初增加 252. 71 亿元，同比增长 8. 6%，增速较 2018 年和 2017 年分别下降 2. 01 个百分点和 10. 57 个百分点。

（5）机构改革稳步推进。一是农村信用社改制进入收官阶段。2019 年，辖区 8 家农村信用社成功改制为农村商业银行。全省已有 29 家农村商业银行，仅剩的 1 家农村信用社正在积极创造条件改制。二是村镇银行“多县一行”试点工作顺利推进，试点行乐都三江村镇银行已顺利将注册资本增加至 1 亿元。

（6）服务实体经济质效提升。一是民营和小微企业贷款投放增强。截至 2019 年末，民营企业贷款余额1218.21亿元，同比增长6.65%，有贷款余额的企业户数29.2万户，较年初增加9.59万户；小微企业贷款余额1790.01亿元，其中普惠型小微企业贷款余额较年初增加26.13亿元。二是低息减费缓解“融资贵”。全省企业贷款加权平均利率降至4.95%，银行业为企业和社会公众减费让利4亿元。三是金融扶贫力度加大。全省扶贫小额贷款余额达到13.72亿元，累计支持建档立卡贫困户9.97万户。

2. 需要关注的问题

（1）贷款增长动力弱。全省银行业金融机构本外币贷款增速创五年新低。贷款增速疲软的主要原因：一是全省银行机构不良贷款的快速增加严重影响了区域信用环境。为控制风险，辖内部分银行总行变更贷款审批制度，由总行统一审查或派驻审查，提高了青海区域的贷款门槛，致使部分项目贷款基本停滞。二是青海坚定落实生态保护优先战略，推动经济结构调整，关停转一批高耗能高污染企业，压缩了部分贷款需求。

（2）不良贷款指标攀升。受经济下行压力增大导致部分企业经营效益下滑出现财务困难等因素影响，银行业金融机构不良贷款余额和不良贷款率飙升，资产质量恶化。截至2019年末，不良贷款余额450.24亿元，较年初增加243.62亿元，增长117.9%；不良贷款率高达6.73%，较年初增加3.62个百分点，超过5%的监管红线。

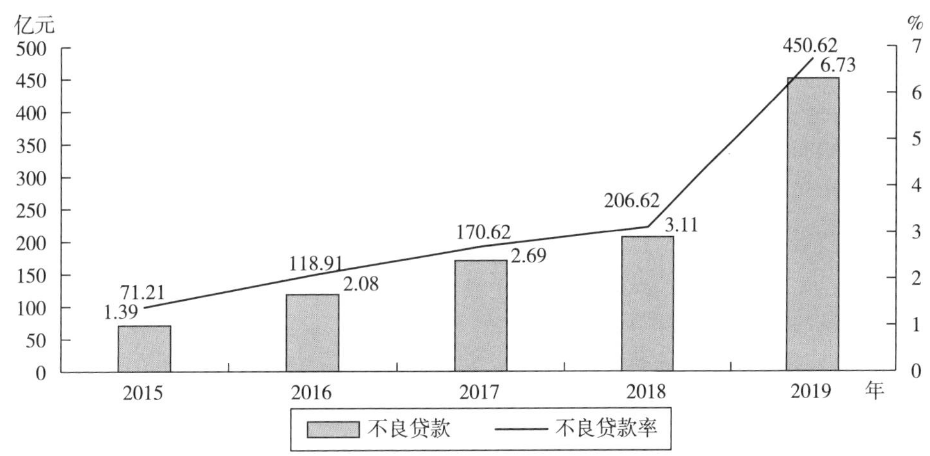

图3 2015—2019年青海省银行业金融机构不良贷款指标变化情况

（数据来源：青海省银保监局）

（3）利润急剧下滑。2019年，全省银行业金融机构亏损总额185.61亿元，利润同比减少201.04亿元，下降1310%，亏损额创历史新高，主要原因：一是全省不良贷款飙升，需大额计提资产减值损失，严重侵蚀利润；二是全省银行业净息差持续收窄，2019年净息差降至2.21%，较2018年下降0.22个百分点，资产盈利水平变弱。

（二）证券期货业

截至2019年末，全省共有法人证券公司1家，法人期货公司1家，证券分公司6家，证券营业部28家，上市公司12家，新三板挂牌公司6家。

1. 运行特点

（1）证券期货机构经营业绩分化。2019年，全省法人证券公司经营稳定性下降，盈利能力持续下滑；法人期货公司经营业绩好转，代理交易额及营业收入同比增长明显。其中，法人证券公司累计代理交易额同比下降7.99%，营业收入同比下降11.16%，净利润同比下降50.72%。证券营业部虽然累计代理交易额同比下降0.61%，但营业收入同比增长31.47%，净利润增长323.31%。法人期货公司代理交易额同比增长100.86%，营业收入同比上升0.11%。

（2）上市公司经营业绩好转。截至2019年末，辖区上市公司总股本140.09亿股，同比增长2.17%；总市值964.13亿元，同比下降3.01%。前三季度，上市公司实现营业收入633.99亿元，同比增长9.97%；实现净利润15.36亿元，同比上升57.05%，高于全国平均增长率47.05个百分点；亏损的上市公司同比少亏11.80亿元。

（3）公司债募集资金同比增长，私募基金募资能力有待增强。截至2019年，全省共有16只公司债券处于存续状态，共募集资金182.20亿元，同比增加27.3亿元；存量余额137.79亿元，同比增加19.93亿元。私募基金管理人14家，同比减少2家；管理基金总数同比减少1只；管理基金实缴规模134.23亿元，同比下降8.51%，私募募集资金主要投向本省企业，有效丰富了地方企业融资渠道。

2. 需要关注的问题

（1）部分证券期货经营机构业务合规性需要关注。一是个别证券期货经营机构通道类资管业务比重较高，部分资管产品存在流动性风险。二是部分私募基金管理人非标业务规模占比较高，个别产品流动性较差，产品的合规性和清算风险值得关注。

（2）证券机构业务拓展能力及行业吸引力减弱。一方面法人证券公司业务规模缩减，甚至出现停滞，经营业绩下滑明显；另一方面证券分支机构代理项目短缺，权益化产品比重较低，加之收入结构单一，利润增长渠道狭窄，导致行业吸引力下降，从业人员流失严重。

（3）上市公司经营风险凸显。一是部分企业受宏观经济下行压力增大等影响，盈利的可持续性欠佳，偿债压力较大，债务违约风险较高，股权质押比例过高，资金链紧张。二是部分企业公司治理不完善，存在部分违法违规行为，合规经营和管理意识有待增强。

（4）个别上市公司存在商誉减值风险。截至2019年第三季度末，全省共有6家上市公司，个别企业商誉账面余额占净资产的比例高达99.35%，预计年内将无法实现业绩承诺并大额计提商誉减值，导致企业大额亏损，影响公司经营业绩，商誉减值风险不容忽视。

（三）保险业

截至2019年末，全省共有保险机构343家，其中，分公司16家，包括8家财产险公司，8家人身险公司；中心支公司37家；支公司189家；营业部7家；营销服务部90家。

1. 运行特点

（1）保险行业持续平稳发展。一是资产规模继续扩大。截至2019年末，辖内保险公司资产总额达205.84亿元，同比增长17.26%。二是保险深度与保险密度双提升。其中，保险密度1619.56元/人，同比增加166.38元/人；保险深度3.32%，同比上升0.26个百分点，保险普及程度和发展水平得到提高。

（2）保险市场业务结构优化。一是产险领域非车险业务发展速度加快，财产险业务整体增速高于同期车险增速13.43个百分点，车险保费收入占财产险保费收入比重同比下降8.31个百分点，车险“一险独大”的局面明显改变。二是人身险领域保障型险种发展较快，全省健康险保费收入

16.46 亿元，同比增长 23.27%；占人身险保费收入的 29.04%，占比上升 2.67 个百分点。

（3）社会保险惠民作用显著。一是大病保险报付政策进一步向建档立卡贫困人口倾斜。二是在全国率先构建省级保险业务参与医保一体化服务格局。三是老年人意外伤害保险、计划生育失独特殊家庭人员住院陪护保险等险种发展良好。四是农业保险服务“三农三牧”能力持续增强。2019 年全省农业保险赔付支出 5.24 亿元，同比增长 36.06%。

2. 需要关注的问题

（1）保险产品供需存在矛盾。一是消费者对保障型保险产品需求旺盛，但市场主推各种分红理财型产品，或是给购买保障型产品附加很多条件。二是保险费率上浮较高。全省人均收入水平较低，但保险市场费率较高，呈现收入低保费高的矛盾状态，导致保险覆盖面难以扩大。

（2）财险公司应收保费上升。2019 年，全省财产险公司应收保费金额 6.19 亿元，同比增长 94.08%；应收保费率 11.7%，同比上升 4.41 个百分点。应收保费增长较快一方面减少了公司现金流，使公司财务稳健性面临一定的风险隐患。另一方面可能导致业务人员发生坐支、挪用或侵占保费资金等行为，存在一定的操作风险。

三、金融市场与金融稳定

1. 货币市场交易活跃程度不高，资金呈净融入状态

2019 年，全省地方法人机构银行间市场交易量共计 17400.60 亿元，同比增长 1.36%；累计融入 8908.28 亿元，累计融出 8492.32 亿元，净融入 415.96 亿元。其中，同业拆借累计成交 434.32 亿元，同比下降 56.71%；质押式回购累计成交 11218.92 亿元，同比下降 11.97%；买断式回购累计成交 307.16 亿元，同比下降 64.58%。现券交易量 5440.21 亿元，同比增长 113.19%。

2. 债务融资工具发行量增加，金融债券发行持续推进

2019 年，全省 3 家非金融企业在银行间债券市场发行债务融资工具 7 只，合计金额 64 亿元，同比增长 9.97%。青海银行成功发行 15 亿元绿色金融债券，30 亿小型微型企业专项金融债发行已通过初审。

3. 美元账户金大幅上涨，黄金租赁业务下降明显

2019 年，全省人民币账户金交易 20874.14 千克，交易金额 67.23 亿元，同比分别增长 41.3% 和 68.5%；美元账户金交易 9847.4 盎司，交易金额 1384.49 万美元，同比分别增长 2.75 倍和 3.17 倍；实物黄金交易 1108.92 千克，交易金额 3.82 亿元，同比分别增长 24.48% 和 32.64%；黄金租赁 930 千克，交易金额 2.86 亿元，同比分别下降 77.16% 和 74.1%。

4. 票据业务发展平稳，中小微企业签发占比较大

截至 2019 年末，全省企业票据融资余额 939.08 亿元，占人民币贷款比重为 13.32%，占比较去年同期提高 0.82 个百分点。金融机构累计签发银行承兑汇票 264.96 亿元，较去年同期减少 57.21 亿元，其中对大型企业累计签发占比 37.55%，对中小微型企业累计签发占比 62.45%。

5. 跨境人民币收付大幅增长，资本项下增速迅猛

2019 年，全省跨境人民币收付总额 13.57 亿元，同比增长 4.19 倍。其中，经常项下收付金额 1.62 亿元，同比增长 12.68%；资本项下因外商直接投资和跨境融资大幅增加，带动收付金额达 11.95 亿元，同比增长 9.21 倍。

6. 利率市场化改革稳步推进，市场定价有序

一是认真贯彻落实贷款市场报价利率（LPR）推广应用工作。截至2019年末，全省法人银行业金融机构新发放贷款中参考LPR定价的贷款占比达到90%。二是充分发挥省利率定价自律机制作用，按要求加强对辖内活期存款创新产品、定期存款靠档计息等不合理、不规范的存款创新产品的管理，有效维护全省市场利率定价秩序特别是存款市场的定价秩序。

7. 外汇市场运行总体平稳，跨境收支总额下降

一是结售汇总额回落过半，仍保持顺差格局。2019年，全省银行结售汇总额9.11亿美元，同比下降54.0%。其中，结汇4.96亿美元，同比下降40.9%；售汇4.15亿美元，同比下降63.7%；结售汇顺差0.81亿美元。在经历2018年的逆差格局后，再次呈现顺差格局，差额占结售汇总额的8.9%，呈现结汇与售汇基本平衡的小幅顺差格局。二是结售汇率高位运行。平均收入结汇率为133.5%，同比上升36.5个百分点，平均支出购汇率为108.3%，同比回落2.5个百分点。三是全省跨境收支总额10.15亿美元，同比下降46.7%。其中，跨境收入5.45亿美元，同比下降38.0%；跨境支出4.70亿美元，同比下降54.1%；收支顺差0.75亿美元，同比由大幅逆差转为小幅顺差，顺差占收支总额的7.4%，呈现经常账户逆差、资本金融账户顺差、整体收支基本平衡的格局。

四、金融基础设施与金融稳定

1. 支付服务市场运行安全稳健

一是支付清算系统平稳运行。截至2019年末，全省支付系统直接参与者2家，间接参与者968家。全年全省支付系统处理业务2055.49万笔，金额70904.24亿元，同比分别增长27.27%和4.97%。二是账户改革工作顺利实施。2019年7月22日起，全省企业银行账户许可由核准制改为备案制。三是移动支付便民业务增长迅速。全省3000余辆公交车支持银联移动支付方式乘车，日均交易达10.37万笔，单日交易峰值超18万笔。四是惠农金融服务环境持续优化。全省新增设立惠农金融服务点1129个，累计达6016个，全年发放补贴资金23.09万元。

2. 征信体系建设提质增效

一是征信服务水平稳步提升。顺利完成二代征信查询系统切换工作。截至2019年末，累计收录全省3.06万户企业和438.36万个自然人信用信息，累计查询企业、个人信用报告分别为2.84万次和319.57万次。二是地方信用体系建设日臻完善。专项治理金融领域失信问题，继续完善社会信用体系建设横向和纵向监督考核机制，加大联合惩戒力度，累计会签联合激励和惩戒合作备忘录35个，推动建立联合奖惩措施100多项。在全国率先将《青少年诚信教育读本》（小学、初中、高中版）纳入全省教材系列，累计发放读本7.05万册，推动形成“小学—中学—高校”全覆盖的诚信文化教育体系。三是信用普惠发展取得实效。评定省级信用县、乡（镇）、村、户分别为10个、207个、2415个、55.10万户。累计促进应收账款融资504亿元。贫困户信用修复不断深入，全省1802户信用得到修复的贫困户再次获得贷款6125.78万元。四是征信合规安全管理逐步加强。全省开发上线“征信系统非现场监管系统”和“自助查询机管理平台”，严守征信合规和信用信息安全。

3. 反洗钱监管效能显著提升

一是围绕扫黑除恶专项斗争，凸显金融情报价值。指导义务机构持续做好可疑资金交易监测，积极向有权机关移送线索及协助开展调查协查。二是筑牢分类评级基础，全面提高监管效能。完成

对全省303家义务机构分类评级工作，发出监管意见书97份，开展现场检查14家，风险评估11家，监管走访29家，约见谈话14家。三是开展区域特色工作，形成反洗钱监管合力。加强与地方金融监管部门和特定非金融行业主管部门的沟通协作，向17家联席会议成员单位和101家义务机构传导监管政策。

4. 金融消费权益保护工作深入推进

一是积极开展各类宣传教育活动。利用“3、6、9”集中性金融宣传教育活动，大力普及金融知识，努力提高社会大众金融素养。全年活动达2730余次，受众人数约70万人，媒体报道200多次。截至2019年末，全省有7个市州均已与当地教育部门建立了合作机制，金融知识纳入国民教育体系由点扩面，取得阶段性成果。二是加大监督检查力度。对10家银行业金融机构、1家非银行支付机构开展专项检查，被检查单位网点覆盖率达40.74%，检查共发现问题90多条，提出整改建议近70条，约见谈话3家，限期整改8家。三是全面打造“青海省12363投诉咨询电话呼叫中心”升级版。全年共处理投诉115起、咨询357起，办结率达100%。

五、总体评估与政策建议

（一）总体评估

2019年，全省经济运行总体平稳、稳中有进，发展质量稳步提升。地区生产总值增速高于全国平均水平，规模以上工业增加值保持增长，城乡居民收入水平持续提高。金融平稳运行的宏观经济基础保持稳定。银行业金融机构存贷款保持增长，民营企业和小微企业贷款投放不断增加，服务实体经济质效进一步提升，法人银行业金融机构风险抵补能力较强。上市公司营业收入保持增长，盈利水平得到提升。保险业资产规模继续扩大，业务结构不断优化，社会保险惠民作用发挥显著。货币市场交易量小幅增加，结售汇总额有所回落，金融市场运行平稳。金融基础设施不断完备，为金融市场有效运行提供了有力保障。但全省经济依然面临部分传统行业市场不景气、新兴产业发展不足、新旧产能转换衔接不够等问题。投资、消费、工业等经济指标增速同比下降，经济下行压力有所增大，企业债务违约风险爆发并开始向金融业传染。金融业风险点增多，面临信用风险防控和信贷增长压力交织、个别上市公司经营风险凸显、保险公司应收保费增长过快、法人银行业金融机构同业融资难度加大等问题。这些不利因素和风险隐患对维护辖区金融稳定带来了诸多挑战。

总体来看，全省金融运行平稳，风险可控。但防范化解金融风险，维护金融稳定的任务仍然艰巨。

（二）政策建议

1. 多措并举形成合力，打赢防化金融风险攻坚战

一是充分发挥青海省金融风险防范化解工作领导小组办公室的作用，主动作为，加强资源信息共享，由被动向主动转变，做到全省防范化解金融风险工作“一盘棋”。二是压实金融机构风险管理的主体责任、地方政府的属地风险处置责任和维稳第一责任、金融监管部门的监管责任和人民银行的最后贷款人责任，厘清职责，由分散监管向合力监管转变。三是科学防范金融风险，丰富监测手段和方法，加强金融风险监测与预警，由事后处置向事前监测转变，做好对大型有问题企业债务风

险、银行业信用风险、资产管理业务、影子银行、地方政府债务等重点领域风险排查，按照市场主体风险类别进行差别监测，由行为监管向主体监管转变，对苗头性、倾向性问题早发现、早预防、早处置。四是按照市场化法治化原则开展金融风险处置，采取核销、重组、转让、债转股等多种方式处置银行业不良资产，积极化解省内部分重点企业集团的债务风险。

2. 深化供给侧结构性改革，提高经济发展质量

一是夯实工业增长基础，巩固“三去一降”成果，有序推进“僵尸企业”处置工作，促进传统产业向数字化、网络化、智能化、绿色化、服务化升级。二是培育壮大新兴产业，深入实施创新驱动战略，发挥科技创新在产业升级中的核心作用，加快产业布局调整，补齐产业协调发展短板。三是发挥财政政策在扩大内需和结构调整上的积极作用，着力扩大消费需求，继续做好“六稳”工作，保持全省宏观经济平稳健康发展。四是优化投资结构，激发民间投资活力，创新投资模式，促进民间投资稳步回升。

3. 优化金融服务水平，提升金融服务实体经济质效

一是继续落实稳健的货币政策，充分发挥再贷款、再贴现等货币政策工具调结构的作用，引导金融机构加大对实体经济支持力度的同时，大力支持科技创新、战略性新兴产业和“三农”、小微企业、民营企业、绿色信贷等薄弱领域。二是巩固金融精准扶贫服务，深入推进金融扶贫和产业扶贫相结合。三是加强金融产品创新，增加金融服务供给的针对性和有效性。四是加快多层次资本市场建设，充分发挥区域股权交易中心作用，加强企业培育，助力企业发展，提高企业直接融资比重。

4. 健全金融服务体系，营造良好金融生态环境

加强支付清算系统业务管理，推广移动支付，优化惠农金融服务，促进支付市场运行安全稳健。完善社会信用体系建设监督考核机制，加强征信宣传和诚信教育，增强征信合规安全管理，确保信用信息安全。构建全方位反洗钱体系，加强反洗钱监管。加大金融消费权益保护监督检查力度，提升金融消费权益保护水平。优化外汇管理服务，提升贸易投资自由便利化水平。严厉打击非法集资、非法理财等违法金融活动，加强金融知识宣传与引导。

中国人民银行西宁中心支行金融稳定分析小组

组　　长：马　骏

副 组 长：石海城

成　　员：冯可心　李新鹏　张云莉　荆海龙　胡　冰　贾丽均
曹建勋　韩涌泉　裘冠民　潘　娟　魏　平

《青海省金融稳定报告（2020）》编写组

总　　纂：曹建勋

统　　稿：潘　娟　苏中华　丁　宏

执　　笔：马　婧　王建民　祁　俭　孙亚刚　徐　静　魏春飞

参与写作人员：毛泽强　刘　涛　李生海　侍晶晶　赵爱珍　唐娟娟
韩志宏

宁夏回族自治区金融稳定报告摘要

2019年，宁夏坚持“稳中求进”工作总基调，统筹推进“稳增长、促改革、调结构、惠民生、防风险、保稳定”各项工作，经济运行呈现“总体平稳、稳中有进、稳中向好”的发展态势。金融业运行较为稳健，金融风险总体可控。银行业认真执行稳健的货币政策，资产负债规模稳步扩大，信贷投向更趋优化，重点领域和薄弱环节的信贷支持力度进一步强化；证券业机构盈利水平快速提升，企业上市步伐加快，市场融资功能有效发挥；保险业规模持续扩大，重点领域险种不断丰富，保险保障功能持续增强。但经济金融运行中出现的一些新情况和新问题，如工业经济下行压力较大、经济结构依重依能、地方法人银行经营压力持续上升、直接融资业务种类单一、保险公司费用成本管理薄弱等问题仍需关注。

一、经济运行情况

2019年，宁夏经济运行呈现“总体平稳、稳中有进、稳中向好”的发展态势。全年实现地区生产总值3748.5亿元，比上年增长6.5%，比全国水平高0.4个百分点。

（一）经济运行总体平稳，发展态势持续向好

1. 内需有效释放，投资消费持续改善

（1）投资降幅逐月收窄，投资结构不断优化。2019年，宁夏固定资产投资同比下降10.3%，降幅比上年收窄8.6个百分点，连续7个月降幅收窄。投资结构进一步优化，制造业投资占工业投资的比重由上年的53.6%提高至61.8%，六大高耗能行业投资占工业投资的比重由上年的66.1%下降到63.4%。

（2）市场消费稳定增长，网上销售增长较快。2019年，宁夏实现社会消费品零售总额同比增长5.2%，比上年多增0.4个百分点。其中，城镇消费品零售总额同比增长4.7%，乡村消费品零售额同比增长11.1%。传统零售业态加速转型升级，积极推进线上线下融合发展，全年实现网上销售商品零售额同比增长22.5%，比社会消费品零售总额增速快17.3个百分点。

（3）对外贸易小幅下降，利用外资稳定增长。2019年，宁夏实现货物进出口总额240.6亿元，同比下降3.3%，降幅较上年收窄23.7个百分点，其中出口同比下降17.3%，进口同比增长33.4%。全年新设外商投资企业25户，实际利用外资2.51亿美元，同比增长17.2%，其中制造业实际利用外资同比增长47.4%。

2. 三次产业平稳增长，结构调整稳步推进

（1）农业生产“十六连丰”，产业融合步伐加快。2019年，宁夏粮食总产量373.2万吨，实现

“十六连丰”，枸杞、草畜、酿酒葡萄农业优势特色产业产值占农业总产值的比重达到87.4%，农业效益进一步提升；培育国家级农业产业龙头企业24家，自治区农业产业化联合体72家，农产品加工业总产值780.6亿元，加工转化率达68.0%，农村第一产业、第二产业、第三产业加快融合。

（2）工业生产稳中向好，企业效益稳步提升。2019年，宁夏规模以上工业增加值同比增长7.6%，比全国高1.9个百分点，其中重工业增加值同比增长9.0%，对工业增长支撑作用明显增强。规模以上工业企业利润总额218.1亿元，同比增长10.0%，营业收入利润率为4.52%，比上年增加0.52个百分点。

（3）服务业发展态势良好，内部结构不断优化。2019年，宁夏服务业增加值1584.7亿元，同比增长6.7%，对经济增长的贡献率为51.4%，拉动经济增长3.3个百分点。其中，批发零售业增加值同比增长4.4%，交通运输、仓储和邮政业增加值同比增长5.3%，金融业增加值同比增长5.3%。以“互联网+”为代表的新兴服务业快速发展，规模以上互联网和信息技术服务业营业收入同比增长20.3%，租赁和商务服务业营业收入同比增长17.2%。

3. 消费价格增势平稳，居民就业态势良好

（1）消费价格增势平稳，生产价格小幅下降。2019年，宁夏居民消费价格同比上涨2.1%，涨幅较上年回落0.2个百分点。其中，食品烟酒上涨4.8%，医疗保健上涨4.0%，居住上涨1.1%，衣着上涨0.4%，交通和通信下降1.9%。宁夏工业生产者出厂价格指数同比下降0.6%，降幅高于全国0.3个百分点。

（2）居民收入持续增长，居民就业态势良好。2019年，宁夏居民人均可支配收入24412元，同比增长9.0%，增速比全国高0.1个百分点。其中，城镇居民人均可支配收入增长7.6%，农村居民人均可支配收入增长9.8%，农村居民人均可支配收入增速连续十年高于城镇居民人均收入。2019年，宁夏城镇新增就业7.8万人，城镇登记失业率为3.74%，低于年初控制目标；农村劳动力转移就业79.4万人；累计110.3万人脱贫，贫困发生率降至0.47%。

4. 财政收入保持增长，民生支出增长较快

2019年，宁夏一般公共预算总收入747.8亿元，同口径增长6.6%。地方一般公共预算收入423.6亿元，同口径增长7.2%。其中，税收收入267.5亿元，同比下降10.3%，非税收收入156.1亿元，同比增长12.9%。地方一般公共预算支出1438.4亿元，同比增长1.4%。其中，教育、社会保障等民生领域增支较多，同比分别增长5.8%和4.3%。

5. 供给侧结构性改革不断深化

2019年，宁夏淘汰电石、建材等落后产能409万吨，整治“散乱污”企业425户。2019年末，住宅去库存周期为4.7个月，同比下降0.5个月。实施“创新驱动30条”“降成本30条”“稳增长24条”等措施，全年降低实体经济成本130亿元以上，规模以上工业企业每百元主营业务收入中的成本为83.5元，比全国低0.6元。进一步加大补短板力度，新增国家高新技术企业50家，R&D投入强度达到1.3%，研究和实验发展投资增长2.4倍，租赁和商务服务业投资增长31.7%。

（二）区域经济运行中需要关注的问题

1. 工业经济增长下行压力较大

一是部分重点行业增加值下降。2019年，宁夏十大工业行业中共有三个行业处于下行区间，其中，煤炭行业增加值下降2.3%，医药行业下降11.5%，轻纺行业下降4.6%，三个行业占全区规模

以上工业增加值的比重为20.6%，规模以上工业增加值少增0.8个百分点。二是部分企业生产经营困难。2019年，宁夏减产企业587户。其中，减产5000万元以上的企业131户，减少产值236.9亿元；规模以上工业亏损企业376户，同比增长15.0%。

2. 经济结构依重依能特征进一步强化

2019年，宁夏规模以上工业增加值同比增长7.6%，其中，轻工业增加值同比下降5.1，重工业增长9.0%，重工业增加值占比由2016年的80.7%上升至90.3%。农林牧渔业增加值较上年增长3.2%，增速回落0.8个百分点，第三产业增加值较上年增长6.8%，增速回落0.9个百分点，经济结构依重依能特征进一步强化。

3. 投资增长动力不足

一是大项目支撑不足。2019年，宁夏投资建设项目3567个，比上年增长19.8%。但5000万元及以上项目1079个，下降3.7%，完成投资下降13.7%。二是民间投资降幅较大。宁夏民间投资下降13.6%。其中，工业民间投资下降5.7%，房地产开发民间投资下降15.5%，上述两个行业占宁夏民间投资的84.4%，是民间投资下降的主要因素。

二、金融业运行

2019年，宁夏金融业保持稳健运行，为宁夏经济高质量发展创造了良好的货币金融环境。

（一）银行业

1. 银行业发展基本情况

（1）资产负债规模稳步扩大，部分机构增速放缓。2019年末，宁夏银行业金融机构资产总额9751.1亿元，同比增长3.9%，较上年末上升1.1个百分点。其中，大型国有商业银行、村镇银行增长较快，同比分别增长6.3%、19.7%。负债总额9462.5亿元，同比增长4.2%，较上年末上升0.3个百分点，其中，城市商业银行、村镇银行增长较快，同比分别增长6.3%、21.4%。

（2）各项存款增速回升，住户存款新增较多。2019年末，宁夏本外币存款余额6460.4亿元，同比增长6.9%。其中，人民币存款余额6443.4亿元，同比增长6.9%，较上年末加快3.8个百分点；全年新增人民币存款414.0亿元，同比多增234.0亿元，是上年增量的2.3倍。分部门看，住户存款新增340.9亿元，是带动宁夏存款增长的主要因素；非金融企业存款新增35.8亿元，改变了非金融企业存款连续下降的态势；机关团体和财政性存款合计新增58.1亿元，同比少增43.7亿元。

（3）各项贷款增速平缓，信贷投向更趋优化。2019年末，宁夏银行业金融机构本外币贷款余额7427.6亿元，同比增长5.5%。其中，人民币贷款余额7216.8亿元，同比增长6.0%，较上年末放缓1.5个百分点；全年新增人民币贷款379.1亿元。分部门看，住户部门贷款增长较快。2019年末，住户贷款余额2327.2亿元，同比增长21.2%，较上年末加快8.5个百分点。分期限看，中长期贷款保持稳定增长。2019年末，中长期贷款余额4564.1亿元，同比增长7.9%，高于全部贷款增速1.9个百分点；短期贷款及票据融资同比增长2.9%。分投向看，工业贷款小幅增长。2019年末，宁夏工业贷款余额2124.5亿元，同比增长1.3%；基础设施行业（不含电力、热力、燃气及水生产和供应业）贷款余额832.4亿元，同比增长5.3%。从薄弱领域看，宁夏精准扶贫贷款余额559.7亿元，其中个人精准扶贫贷款（含已脱贫人口贷款）余额115.0亿元，产业及项目精准扶贫贷款余额313.5

亿元。

（4）不良贷款略有下降，盈利能力有所上升。2019 年末，宁夏银行业金融机构不良贷款余额 306.7 亿元，较年初减少 52.7 亿元；不良贷款率 4.08%，较年初下降 0.96 个百分点，其中，大型国有商业银行及股份制银行不良贷款较年初减少 47.2 亿元。宁夏地方法人银行业金融机构不良贷款余额 229.6 亿元，较年初增加 0.1 亿元；不良贷款率 9.43%，较年初下降 0.84 个百分点。宁夏银行业金融机构实现净利润 35.1 亿元，同比增长 183.8%，增速较上年加快 344.9 个百分点。银行业金融机构资产利润率 0.37%，同比提高 0.82 个百分点。

（5）跨境收付持续增长。2019 年末，宁夏跨境人民币收付金额 41.93 亿元，同比增长 37.2%，占同期本外币跨境收付总额的比重为 18.3%，比上年末上升 7.2 个百分点。宁夏共有 629 家企业办理跨境人民币业务，比上年末增加 109 家；业务涉及欧美、亚非拉等 63 个国家（地区），比上年末增加 4 个，境外地域范围不断拓宽。宁夏与“一带一路”沿线 14 个国家发生跨境人民币结算业务，收付金额 5.37 亿元，同比增长 111.9%。

2. 需要关注的问题

（1）地方法人银行业金融机构经营管理压力较大。一是资本充足水平持续下降。2019 年末，宁夏地方法人银行业金融机构（不含宝塔财务公司）资本充足率为 13.34%，较年初下降 0.23 个百分点，其中 3 家资本充足率为负，后期资本补充压力较大。二是公司治理机制不健全。部分机构“三会一层”架构不全，存在独立董事和外部监事数量不符合要求、未设立监事会或专职监事，未按照公司章程的要求定期召开股东大会、董事会和监事会，个别村镇银行主发起行过度干预村镇银行经营管理等问题。

（2）部分实体企业经营风险加剧银行信用风险。一是部分重点企业、大型企业经营困难。2019 年末，宁夏规模以上工业企业中，亏损企业 376 户，同比增长 15.0%，企业经营风险影响银行信贷资产质量。二是民营企业经营风险上升。根据人民银行统计，2019 年末，宁夏私人控股企业不良贷款率为 16.07%，普惠口径小微企业不良贷款率为 7.43%，均显著高于全部贷款平均不良率。三是大型企业风险处置进展相对缓慢。目前，宁夏羊绒行业、宝塔石化财务公司等企业风险问题仍在处置中。

（二）证券业

1. 证券业发展基本情况

（1）证券分支机构保持稳定，盈利水平大幅上升。2019 年末，宁夏有证券经营分支机构 59 家。其中，证券分公司 15 家，证券营业部 44 家，无法人证券经营机构，证券从业人员 705 人。全年累计证券交易额 8726.8 亿元，同比增长 42.5%。证券机构总资产 39.9 亿元，同比增长 68.8%；营业收入 3.8 亿元，同比增长 67.9%，营业利润 1.5 亿元，同比增长 520.6%。

（2）基金公司数量增加，市场规模有所下降。2019 年末，宁夏有 46 家基金代销机构，较上年增加 3 家。其中，1 家独立基金销售机构，证券类 31 家，期货类 1 家，银行类 13 家，所属代销营业网点 846 个。全年累计销售开放式基金 146.9 亿元，同比减少 34.8%，其中申购额 114.0 亿元，同比减少 44.6%；赎回开放式基金 127.7 亿元，同比减少 24.5%；手续费收入 2838.8 万元，同比减少 8.3%。

（3）期货公司发展平稳，交易规模持续扩大。2019 年末，宁夏有 4 家期货分支机构，其中，期货分公司2家，期货营业部2家，期货从业人员28名。全年期货累计成交量11303762手，同比增长54.1%，交易额7220.3亿元，同比增长71.7%；新增期货账户2002户，同比增长66.7%。

（4）企业上市步伐加快，债券市场运行平稳。2019年5月16日，宁夏宝丰能源股份有限公司在上海证券交易所主板成功上市，公开募集资金81.6亿元，成为目前宁夏资产规模与股本规模最大、IPO募集资金最多的上市公司。2019年末，宁夏共有14家上市公司，总市值1272.3亿元，同比增长172.9%，流通市值79.3亿元，同比增长66.7%。现有晓鸣农牧、伊品生物和智诚安环等10家企业进入上市辅导备案程序，较上年增加3家。新三板挂牌企业54家；区域股权交易市场新挂牌企业1157家，较上年增加207家，覆盖22个市县，全年共募集资金2.2亿元。债券市场运行平稳，全年共有9只债券回售、到期，18只债券付息，兑付金额合计47.1亿元，均未发生违约情况。

2. 需要关注的问题

（1）证券机构业务种类单一、机构分布较为集中。目前，宁夏仍无地方法人证券、期货、信托、基金等交易机构，收入主要来源于传统经纪业务，资产管理、股票质押和融资融券等业务还未取得实质性进展。证券分支机构分布不均衡，78.0%的证券分公司及营业部和87.0%的证券从业人员集中于省会城市，地市、县域证券服务覆盖率较低。

（2）部分证券机构经营存在不合规行为。个别证券分支机构存在风险测评过期、回访工作不扎实等问题。部分证券机构内部管理不完善，存在负责人违规操作账户买卖股票的行为。

（三）保险业

1. 保险业发展基本情况

（1）资产负债规模持续扩大，机构主体数量保持稳定。2019年末，宁夏保险业资产总额479.9亿元，同比增长16.6%；负债总额521.7亿元，同比增长16.2%。保险法人公司1家，财产保险省级分公司10家，人身保险省级分公司12家，省级以下保险业分支机构491家；保险专业中介机构法人公司7家，省级分公司51家，省级以下分支机构61家；保险兼业代理机构131家。共有保险从业人员62118人。

（2）保费收入继续增长，保险深度和密度全面提高。2019年末，宁夏保险业累计实现保费收入197.7亿元，同比增长8.1%。财产险保费收入68.2亿元，同比增长6.7%。其中，车险保费收入47.0亿元，同比增长2.8%。人身险保费收入129.5亿元，同比增长8.9%，其中健康险快速增长，累计实现保费收入36.2亿元，同比增长18.4%。保险深度5.27%，同比提高0.34个百分点；保险密度2845.6元，同比增长7.1%。

（3）赔付支出稳步增长，风险保障能力不断提升。2019年末，宁夏保险累计赔付支出63.6亿元，同比增长5.1%。其中，财产险赔付支出37.1亿元，同比增长15.0%；人身险赔付支出26.5亿元，同比减少6.2%。2019年末，宁夏保险行业为全社会提供风险保障达到38.7万亿元，同比增长224.8%。

（4）重点领域险种不断丰富，经济补偿功能持续增强。2019年，宁夏保险业加快转型，保险产品不断丰富，保险的经济补偿和“社会稳定器”功能进一步发挥。“扶贫保”扩大覆盖面，全年大病补充医疗保险承保76.7万人、家庭意外伤害综合保险承保76.5万人。城乡居民大病保险期末有效承保人数达到488.1万人，为43179人报销医疗费用1.8亿元。涉及交通、医疗、教育、旅游、安全生产等领域的责任保险，累计承担风险总额4575.1亿元，同比增长21.8%。农业保险承保种植业作物1296.4万亩、养殖业牲畜545.7万头（只），参保农户66.6万户次，承担风险总额154.8亿元。

2. 需要关注的问题

（1）费用成本管理能力较弱。目前，宁夏部分保险企业依然粗放式发展，精细化管理水平较低。2019年末，保险公司业务及管理费用同比增长15.6%，增速较上年加快2.9个百分点。其中，车险业务及管理费用增速为36.8%，较上年上升20.1个百分点。

（2）存在一定的流动性风险隐患。一是产险公司非车险赔付支出大幅增长导致现金流压力较大。2019年末，保证保险业务赔付支出2.7亿元，同比增长186.2%；企业财产保险业务赔付支出2.2亿元，同比增长174.1%；责任保险业务赔付支出1.8亿元，同比增长51.1%。二是寿险公司人身险业务满期给付和退保金规模较大，现金流出较多，占总保费收入的比例较高，存在流动性风险隐患。2019年末，满期给付10.1亿元，退保金13.8亿元，两项现金流合计23.9亿元，约占寿险业总保费收入的19.0%。

（四）具有融资功能的非存款类金融机构

1. 具有融资功能的非存款类金融机构发展情况

2019年末，宁夏共有小额贷款公司134家，较年初减少28家，贷款余额65.7亿元，同比减少19.1%。融资性担保机构62家，较年初减少6家，其中政策性担保机构32家，占比为51.6%。融资性担保责任余额161.3亿元，同比增加3.5%。

2. 需要关注的问题

（1）融资担保作用未得到有效发挥。2019年末，宁夏62家融资性担保机构在保余额231.2亿元，代偿金额21.6亿元，较年初增长6.4%。个别融资担保机构爆发风险后，处置工作进展缓慢，融资担保功能基本停滞。

（2）小贷公司经营风险逐步暴露。2019年末，宁夏小额贷款公司数量同比减少28家，不良贷款余额8.6亿元，较年初增加1.1亿元。逾期贷款长期无法收回，导致小额贷款公司经营难以为继，易产生债务违约风险。同时，还存在法定代表人、实际经营者以个人或其他名义非法集资的风险隐患。

（五）非法集资形势依然严峻

2019年，宁夏非法集资整体形势有所好转，但手段花样翻新，认定难度加大，重大案件、跨省案件频发的问题日益凸显，同时非法集资有向城乡接合部，农村等偏远地区蔓延的趋势。全年新发生非法集资案件立案50起，同比上升51.5%，破案37起，同比上升37.0%，涉案金额11.3亿元，同比上升30.1%，直接挽回经济损失3139万元，同比下降78.2%。

三、总体评估与政策建议

（一）总体评估

运用区域金融稳定定量分析模型，从宏观经济、金融机构、金融生态环境三个方面构建指标体系，对2019年宁夏金融稳定状况进行量化评估。从总体评估结果看，金融稳定总体形势受宏观经济、银行、证券和保险市场好转的影响，2019 年宁夏金融稳定综合评价评估值较 2018 年上升 0. 0566。从各方面的评估指标看，受到社会消费品零售总额增长率上升的影响，宏观经济评估值比 2018 年上升 0. 0253；由于不良贷款率下降和资产利润率上升，银行业综合评估值较 2018 年上升 0. 0421；由于境内证券市场交易额增长率上升，证券业综合评估值较 2018 年上升 0. 2759；在保险密度上升的影响下，保险业综合评估值较 2018 年上升 0. 2373；金融生态环境评估值因法制环境调查综合得分下降，较 2018 年下降 0. 1034。

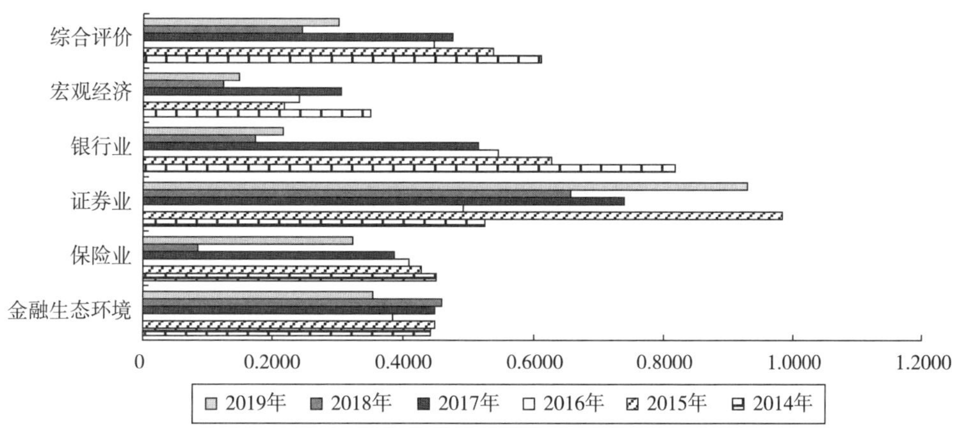

图 2014—2019 年宁夏金融稳定总体状况及组成部分对比图

（二）政策建议

1. 强化政策支持力度，加强中小银行机构风险管理

一是发挥再贷款、再贴现等货币政策工具的结构引导作用，引导金融机构重点加强对民营和小微企业、金融精准扶贫、乡村振兴和受疫情影响的企业等重点领域和薄弱环节的金融支持。二是完善银行补充资本的市场环境和配套政策，适当降低中小银行通过优先股、可转债、二级资本债等资本工具补充资本的标准，进一步增强资本补充工具的灵活性和多样性。三是加强中小银行公司治理、股东及关联方风险排查与评估，深入分析潜在风险隐患，及时矫正风险，加强督导落实整改，增强服务地方实体经济和自身抵御风险的能力。

2. 严格证券期货业务合规监管，推动多层次资本市场发展

一是严格监管措施，促进证券期货经营机构规范经营，贯彻落实投资者适当性管理办法和合规管理规定，筑牢机构合规风险防线，力争做到风险早发现、早预警、早处置。二是促进证券机构加强与宁夏各类企业合作，做好支持辅导工作，争取更多企业在主板市场、新三板等各类交易场所挂牌上市，推进资本市场发展。三是支持证券机构积极探索证券承销与保荐业务、金融衍生产品、资产证券化等业务，推进机构业务转型发展。

3. 强化保险机构费用成本管理，关注流动性风险隐患

一是保险机构加快完善费用成本管理机制，对不同类别的保险业务制定差异化的费用档次，探索实施差异化的核保政策和销售费用政策。二是强化风险监管，密切关注保险机构经营过程中的流动性风险隐患及个别保险机构的现金流风险隐患，优化现金流监测和压力测试制度，加强资产负债期限匹配管理。三是及时治理市场乱象，规范保险公司管理和经营活动，警惕非正常退保和群体性事件，有效防范化解相关风险。

4. 加强各类重点风险防控，坚守不发生系统性风险底线

一是精准处置重点领域风险。继续有序处置重点机构风险，着力化解地方中小金融机构风险，进一步明确和压实各方责任，推动辖区高风险机构风险化解处置工作。二是推动完善修订基础性金融法律制度，加强打击非法金融活动等重点领域的立法工作。继续开展网络借贷等互联网金融风险专项整治，严厉打击非法集资等非法金融活动，全面整顿金融秩序。三是不断完善各类金融机构和具有融资性功能的非金融机构的监测、预警、风险提示，严格执行重大事项报告制度，加强风险趋势及变化研判，及早防范化解金融风险，努力维护金融安全稳定。

中国人民银行银川中心支行金融稳定分析小组

组　　长：高　波

副 组 长：束　华

成　　员：陈义俊　王　谦　王立军　冯爱华　庄淑霞　马　飞
　　　　　孙登云　李云晖　崔淑娟　王　青　曹宏强　马建斌
　　　　　梁非哲　强起宏　马　康　刘永奎

《宁夏回族自治区金融稳定报告（2020）》编写组

总　　纂：束　华

统　　稿：冯爱华　李　斌

执　　笔：行　颖

参与写作人员：吉　洁　宋　渊　刘江帆

新疆维吾尔自治区金融稳定报告摘要

2019年，新疆维吾尔自治区认真贯彻新时代党的治疆方略，特别是社会稳定和长治久安总目标，着力做好“六稳”工作，保持社会大局持续稳定和经济平稳健康发展，为区域金融稳定奠定了良好基础。新疆金融业全面落实党中央、国务院关于打好防范化解重大金融风险攻坚战的各项工作部署，按照自治区服务实体经济、防控金融风险、深化金融改革工作要求，在深化金融改革基础上，加大金融对实体经济支持力度，切实防范化解金融风险。全年金融业运行总体平稳，未发生重大风险，区域金融保持稳定。

一、宏观经济运行

（一）经济运行情况

2019年，新疆经济总体呈“V”形走势，与全国增速差距不断缩小，经济主要指标呈现稳中向好态势。

1. 经济“恢复性”增长，第三产业经济贡献率高。2019年，新疆实现地区生产总值13597.11亿元，较上年增长6.2%，增速均高于上年、全国0.1百分点。三次产业增加值分别为1781.75亿元、4795.5亿元、7019.86亿元，较上年分别增长5.3%、3.7%、8.1%。其中，第三产业对经济增长的贡献率为66.7%，较上年提高4.4个百分点。

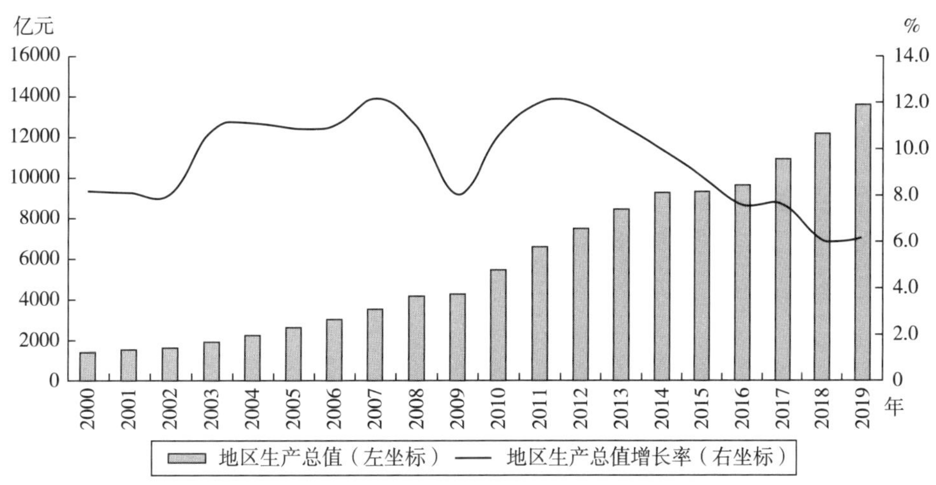

图1 2000—2019年新疆地区生产总值增长变化情况

2. 固定资产投资稳步回升，装备制造业和高技术制造业投资快速增长，基础设施投资占比高。2019 年，新疆完成固定资产投资（不含农户）较上年增长 2.5%。其中，第一产业投资增长 2.2%，第二产业投资增长 6.9%，第三产业投资与上年持平。从投资结构看，装备制造业和高技术制造业投资快速增长，分别较上年增长 22.3%、15.4%；基础设施投资占全部投资的比重为 34.9%，但增幅低于固定资产投资 3.3 个百分点。

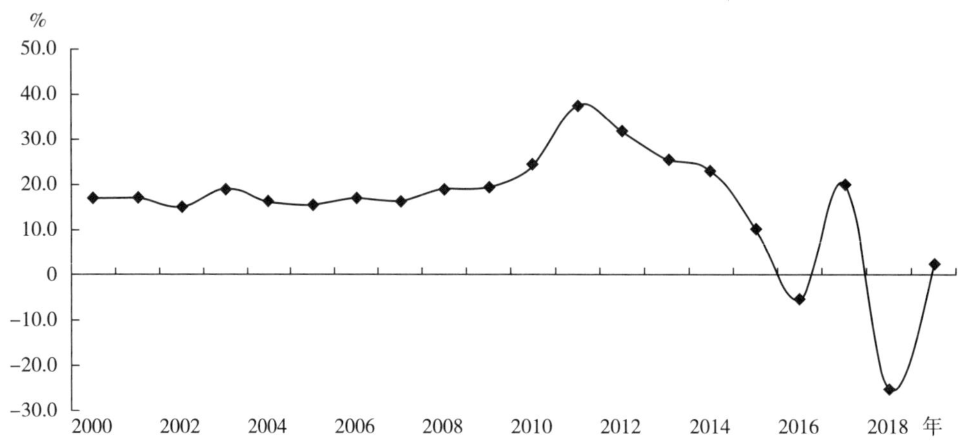

图 2　2000—2019 年新疆固定资产投资增幅变化情况

3. 消费市场稳中有升，新型消费增长较快。2019 年，新疆实现社会消费品零售总额 3361.61 亿元，较上年增长 5.5%，增速较上年提高 0.3 个百分点。网络消费增势强劲，企业实现网上销售额 202.0 亿元，较上年增长 26.5%；本地消费者网上零售额 990.1 亿元，较上年增长 35.9%，占同期新疆社会销售品零售总额的 29.5%。

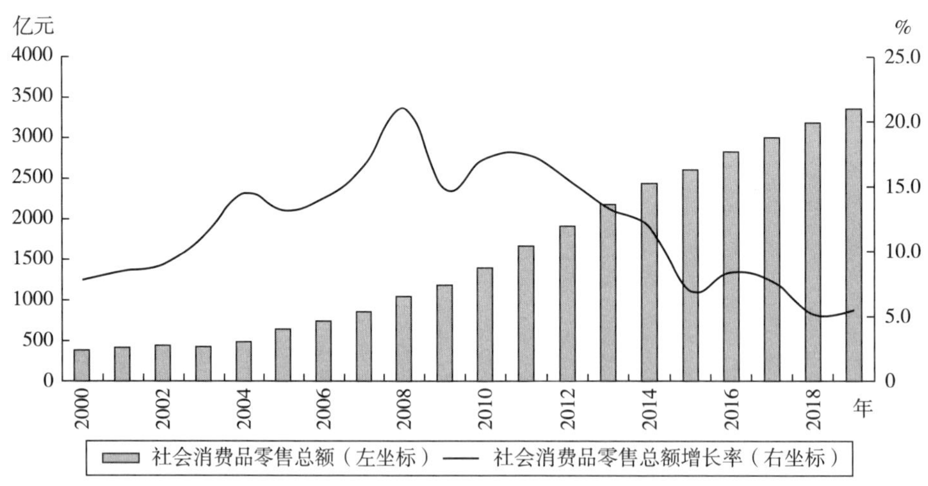

图 3　2000—2019 年新疆社会消费品零售总额增长变化情况

4. 物价保持平稳增长，城乡收入差距继续缩小。2019 年，新疆居民消费价格指数（CPI）上涨 1.9%，涨幅低于上年 0.1 个百分点。工业生产者出厂价格（PPI）下降 1.5%，工业生产者购进价格（IPI）与上年持平。城镇居民人均可支配收入 34664 元，较上年增长 5.8%；农村居民人均可支配收入 13122 元，较上年增长 9.6%，增幅较上年提高 1.2 个百分点，创 2016 年以来新高。

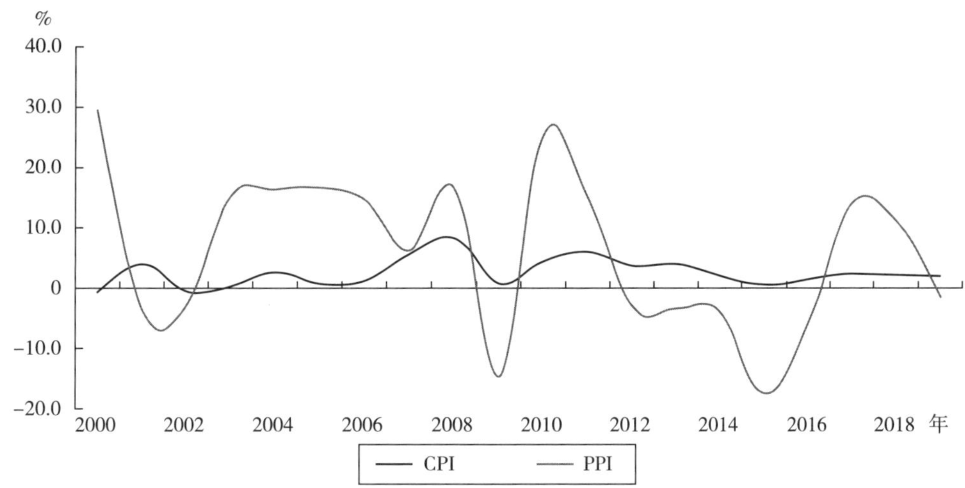

图 4 2000—2019 年新疆价格指数增长变化情况

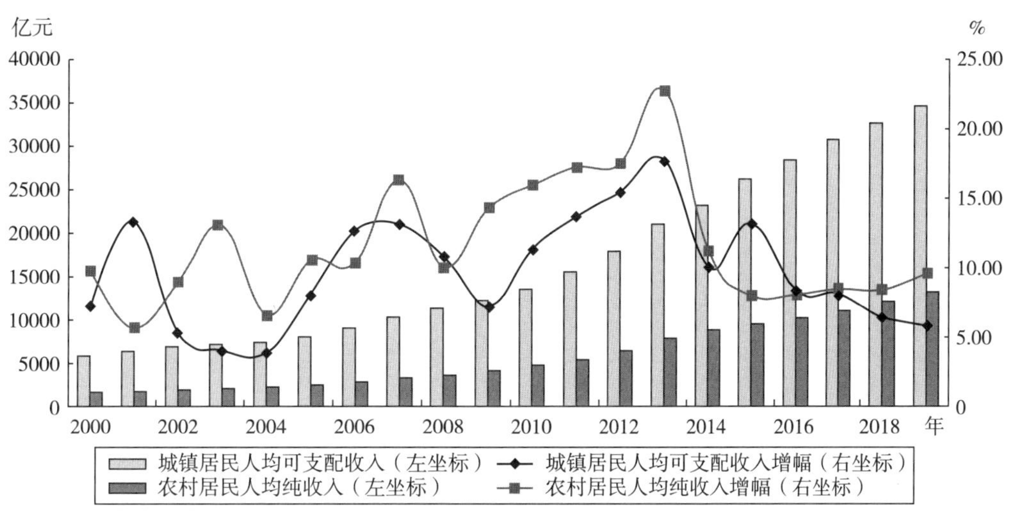

图 5 2000—2019 年新疆居民收入增长变化情况

5. 财政收入总体平稳，减税降费红利持续释放。2019 年，新疆一般公共预算收入 1577.37 亿元，较上年增长 3.0%；一般公共预算支出 5267.06 亿元，增长 5.6%。全年减税降费规模超过 280 亿元，社保降费为全疆企业减少社保缴费负担 62.17 亿元。

6. 对外贸易规模下滑明显，利用外资连续下滑。2019 年，新疆实现进出口总额 1640.9 亿元，较上年增长 23.8%。其中，以边境小额贸易方式进出口 985 亿元，增长 23.3%，占外贸总额的 60%，以一般贸易方式进出口 565.3 亿元，增长 19.8，占外贸总额的 34.5%；利用外资 0.5 亿美元，同比下降 73%，为近 10 年来最低点；非金融类企业对外直接投资（含境外放款）9.2 亿美元，与去年同期基本持平。

7. 供给侧结构性改革取得新成效，转型升级焕发新活力。2019 年，新疆煤炭去产能 144 万吨，关停 30 万千瓦以下煤电机组 59.65 万千瓦；商品房待售面积较上年下降 6.5%。其中，住宅 458.93 万平方米，下降 18.9%；涉企服务性收费项目由上年 24 项缩减至 2019 年的 13 项，缩减幅度达

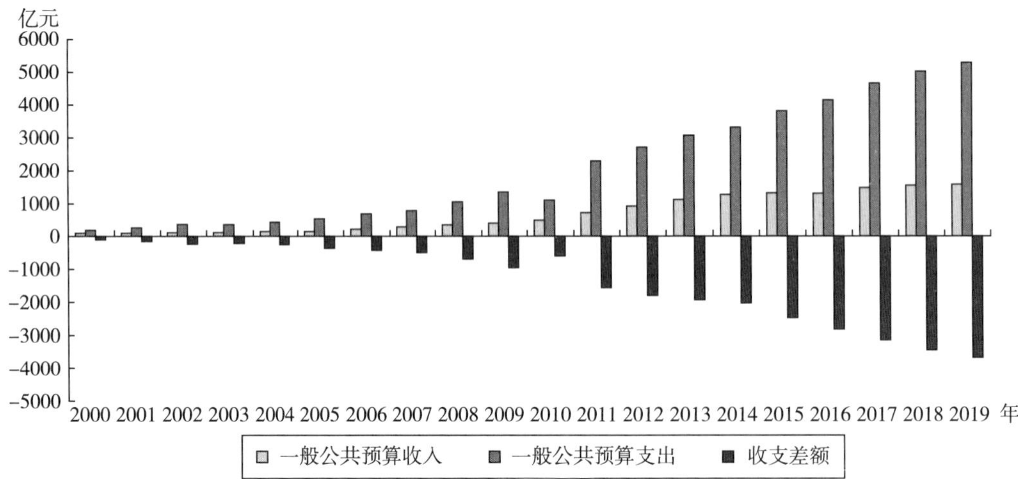

图 6 2000—2019 年新疆财政收支增长变化情况

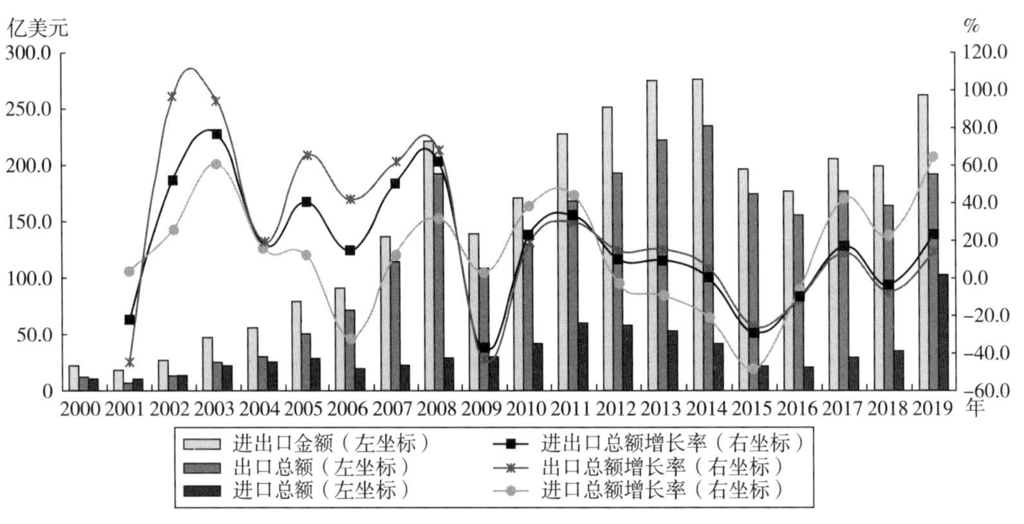

图 7 2000—2019 年新疆进出口贸易增长变化情况

45.8%。规模以上企业总资产周转天数同比减少 27.3 天，产成品存货周转天数同比少 2.8 天；水利、环境和公共设施管理业投资增长 14.9%，全疆所有地州迈入高速公路时代，各地州实现铁路互联。

（二）经济运行中需关注的问题

2019 年，新疆经济“恢复性”增长，呈现出筑底回稳态势，但新疆经济运行中仍存在一些影响金融稳定的因素：一是实体经济增速放缓，固定资产投资动力不足，工业生产回暖基础不牢，传统消费和对外贸易增速放缓，导致市场需求整体偏弱，信贷需求不旺。二是伴随经济由高速发展转向高质量发展，新疆经济同时面临增速放缓和新旧动能转换压力，企业劳动力、原材料、环保等成本不断攀升，部分企业经营效益下滑，导致风险由实体经济领域向金融领域传导。三是部分大型企业债务风险突出引致银行风险增加。监测发现，2019 年第四季度新疆 7 家大型有问题企业资产负债率已达 82.8%，银行贷款已形成不良 75.1 亿元，不良率 30.7%。其中，1 家大型民营企业集团不良贷款余额59.39亿元，占全区法人客户不良贷款余额的33.16%。

二、金融业运行及稳健性评估

（一）银行业

1. 运行情况

（1）资产负债规模保持增长，盈利能力有所上升。截至2019年末，新疆共有银行业金融机构149家；资产、负债总额分别为33550.47亿元、32058.02亿元，较上年末均增长5.7%。其中，本外币各项贷款余额20525.6亿元，较上年末增加1635.1亿元，增长9.3%，同比多增338.4亿元；本外币各项存款余额23454.7亿元，较上年末增加1058.7亿元，增长4.8%，同比多增433.7亿元。2019年，新疆银行业实现净利润313.45亿元，同比增加31.56亿元，整体资产利润率0.96%，同比上升0.05个百分点。

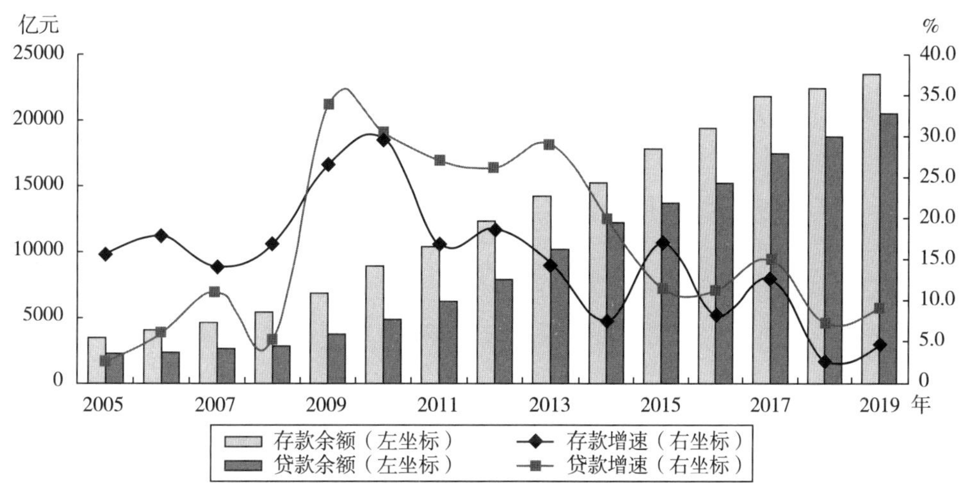

图8 2005—2019年新疆银行业存贷款增长变化情况

（2）法人银行业金融机构资本充足，流动性整体较为充裕，盈利能力有所上升。截至2019年末，新疆法人银行业金融机构有117家；核心一级资本充足率、资本充足率分别为13.94%、15.22%。117家机构中113家机构的资本充足率、106家机构的拨备覆盖率满足监管要求，资产安全性较高；117家机构的流动性比例均到达了监管要求，短期流动性充裕。2019年，实现净利润110.29亿元，同比增长19.1%，资本利润率和资产利润率分别为10.42%、1.01%，同比分别上升0.97个、0.12个百分点。

（3）非银行金融机构运行平稳，业务规模增长较慢。截至2019年，新疆6家非银行机构资产、负债总额分别为911.56亿元、705.32亿元，分别较上年末增长4.6%、5.9%。其中，贷款余额为644.65亿元，较上年末下降1.4%，存款余额为159.06亿元，较上年末增长184.7%。2019年，实现净利润10.78亿元，同比增加1.88亿元，同比多增10.33亿元。

（4）银行业改革深入推进。2019年，辖区5家农村信用社改制为农村商业银行，农村商业银行增至25家，10家农村信用社启动了改制组建农商银行工作；农业银行“‘三农’金融事业部”支农

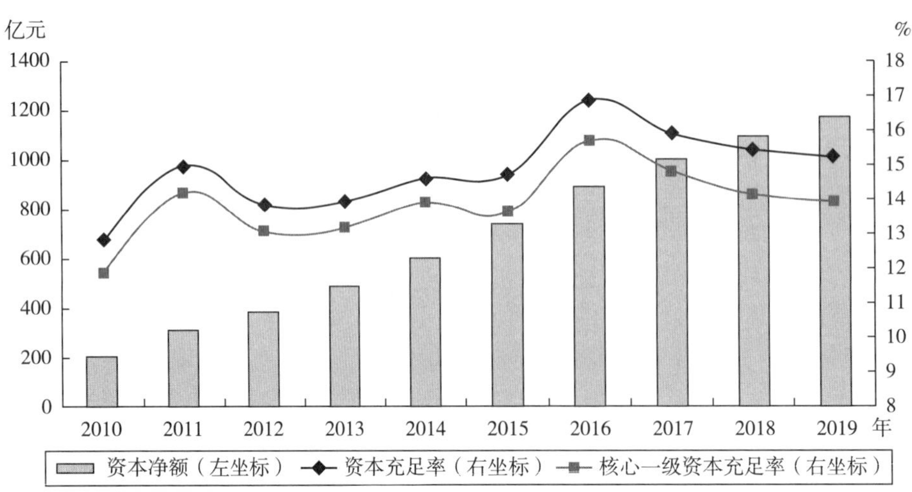

图 9　2010—2019 年新疆法人银行业金融机构资本充足水平变化情况

成效明显，111 家县域“‘三农’金融事业部”涉农贷款余额 850.76 亿元，较上年末增加 91.73 亿元，同比多增 179.7 亿元，占县域“三农”金融事业部贷款余额的 85%；国家开发银行充分发挥开发性金融中长期投融资优势，本外币贷款占全疆的 16%。进出口银行积极发挥补短板作用，2019 年各项贷款增长 6.5%。农业发展银行加大金融扶贫支持力度，2019 年末扶贫贷款投放达到全部贷款投放量的 48.7%。

2. 风险处置情况

（1）新疆辖区包商银行风险得到妥善处置。根据总行统一部署，协调多方力量组织开展风险处置。在摸清风险底数的基础上，按照总行债权收购的基本程序和步骤，于 6 月 4 日完成新疆辖区 1 家企业、9 家金融机构债权收购转让工作。

（2）高风险机构风险初步化解。2019 年，新疆农信社系统 83 家机构累计清收化解不良贷款 117.83 亿元，较上年增长 38.35%。12 家高风险农合机构累计处置不良贷款 17.51 亿元，不良贷款处置率 40.61%，6 家高风险农合机构信贷风险初步化解；3 家高风险村镇银行通过增资扩股，压降不良，退出高风险名单。

3. 稳健性评估

2019 年，新疆银行业金融机构积极应对新疆经济金融形势及政策调整变化，加大服务实体经济力度，采取切实有效措施防范化解重大金融风险。全年银行业总体运行稳健，风险整体可控。但运行中仍存在一些风险因素，影响银行业稳健发展。

（1）银行业信贷风险持续暴露。截至 2019 年末，新疆银行业金融机构不良贷款余额 338.88 亿元，较上年末增长 14.2%。其中，国有商业银行、政策性银行、村镇银行不良贷款余额分别较上年末增长 20.7%、58%、30.5%；不良贷款率为 1.6%，较上年末上升 0.07 个百分点。其中，法人银行业金融机构不良贷款率为 2.82%，农村商业银行、农村信用社、村镇银行的不良贷款率分别为 3.17%、3.45%、3.38%。117 家法人银行业金融机构中 9 家机构的不良贷款率在 5% 以上。

（2）高风险机构信贷风险依然突出，抵御风险能力不足。2019 年第四季度新疆有高风险机构 6 家。截至 2019 年末，6 家高风险机构不良贷款余额较上年末增长 79.9%，整体不良贷款率 14.65%，较上年末上升 6.65 个百分点。6 家机构中 5 家机构的不良贷款率高于 10%，拨备覆盖率均不足

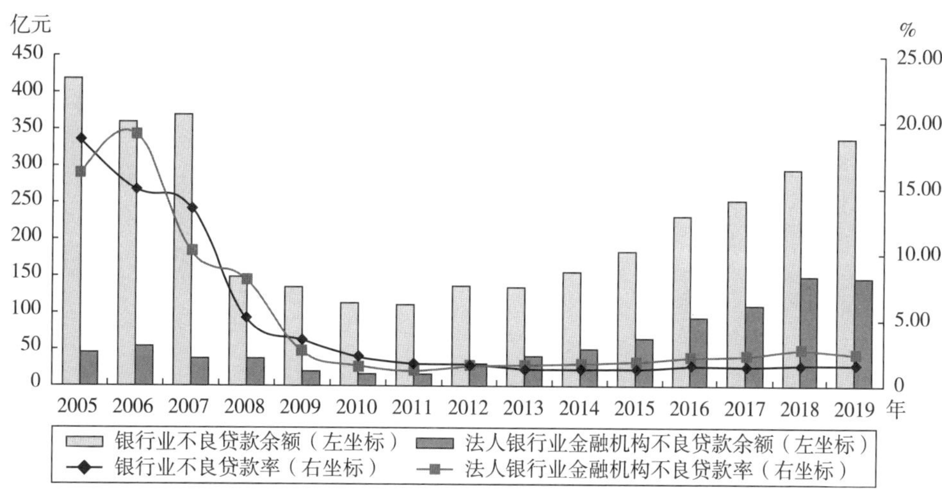

图 10 2005—2019 年新疆银行业不良贷款变化情况

150%，其中 2 家机构的拨备覆盖率不足 50%；5 家机构资本充足率未达监管要求，2 家机构资本充足率已为负值。2019 年，6 家高风险机构有 4 家经营亏损。

（3）部分法人银行业金融机构存在一定流动性风险隐患。截至 2019 年末，55 家法人银行业金融机构流动性比例较上年下降，个别机构流动性比例不足 25%；117 家机构中存贷款比例超过 90% 的机构有 34 家，7 家机构的存贷款比例超过了 100%，流动性管理压力大；117 家机构中 20 家机构的核心负债依存度不足 60%，负债稳定性不足；个别机构存在一定流动性缺口，流动性缺口率不达标。

（4）法人银行业金融机构公司治理问题突出。辖区法人银行业金融机构大部分股权分散，法人股占比低，农信社系统机构高管任命需经自治区联社提名和批复，村镇银行高管由发起行任命，股东大会不能切实发挥作用，监事会监督作用成效不明显，尤其是对经营决策中的风险不能有效监督，内部审计难以揭示出实质性的风险。

（二）证券业

1. 运行情况

（1）证券市场交易快速回升，证券机构盈利大幅上升。2019 年末，新疆共有证券公司 30 家、证券营业部 102 家；全年证券交易 18276.45 亿元，较上年增长 24.5%，增幅提高了 85.8 个百分点。其中，股票交易 11912.03 亿元，较上年增长 39.9%；债券交易 6190.4 亿元，较上年增长 5.2%；基金交易 170.96 亿元，较上年下降 38.8%。2019 年，新疆证券机构实现利润总额 2.65 亿元，较上年增加 2.1 亿元，增长了 3.8 倍。

（2）上市公司规模稳步增加，资本市场融资规模下滑较多。2019 年，新疆辖区 A 股上市公司 55 家，新三板市场上市企业 72 家。截至 2019 年末，A 股上市公司总股本 938.35 亿股，较上年增加 2.55 亿股；总市值 6108.61 亿元，较上年增长 11.6%。上市公司资本市场融资 460.08 亿元，较上年下降 14.7%。其中，股票市场融资 80.96 亿元，较上年减少 129.54 亿元，下降 61.5%；发行公司债 379.12 亿元，较上年增加 50.04 亿元，增长 15.2%。

2. 稳健性评估

2019 年，新疆证券市场规模较上年明显回升，市场参与意愿较为积极，经营机构经营利润上升，

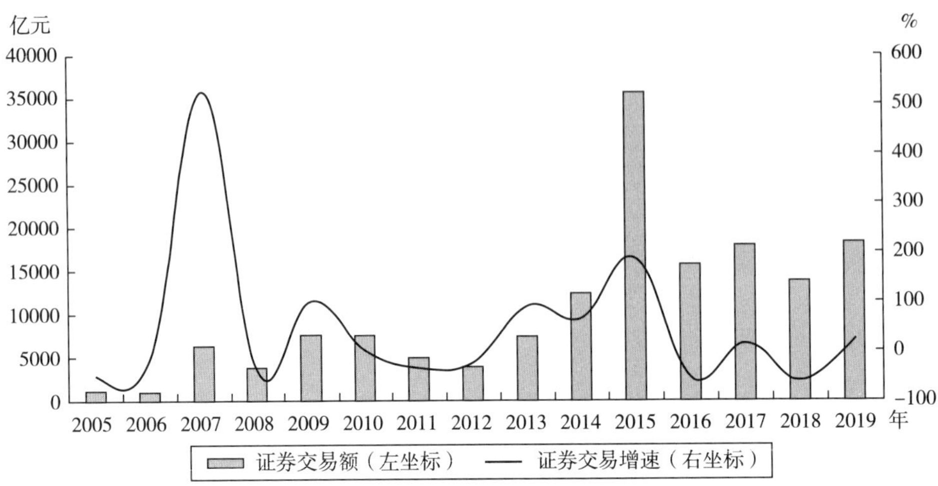

图 11　2005—2019 年新疆证券交易变化情况

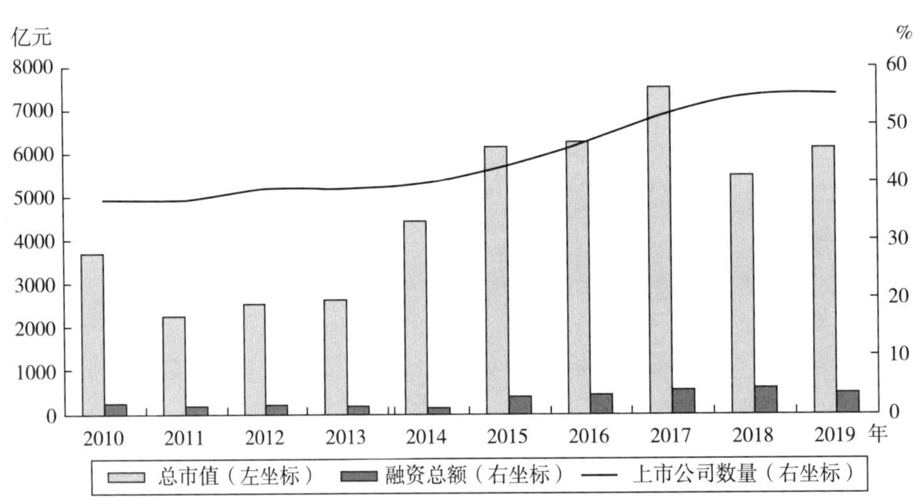

图 12　2010—2019 年新疆上市公司变化情况

总体保持稳健发展。新疆上市公司整体经营业绩有所好转，但部分上市公司经营持续亏损，上市公司资本市场融资能力下滑，部分上市公司存在违规经营和退市等方面风险需要关注。同时，新疆上市辅导备案企业中农业、能源、旅游等传统行业公司较多，高新技术企业较少，企业规模相对内地企业优势不大。

（三）保险业

1. 运行情况

（1）保险业规模持续扩大。2019 年末，新疆共有保险公司 34 家，其中财产险公司 20 家，人身险公司 14 家；保险业资产总额 1332.17 亿元，较上年末增长 15.8%；保险金额共计 33.62 万亿元，较上年末增长 39.7%。其中财产保险公司保险金额 14.64 万亿元，较上年末增长 0.7%，意外险保险金额增长最快，较上年末增长 34.8%；人身险公司保险金额 8.45 万亿元，较上年末增长 18.1%，寿险保险金额大幅上升，较上年末增长 57.3%。

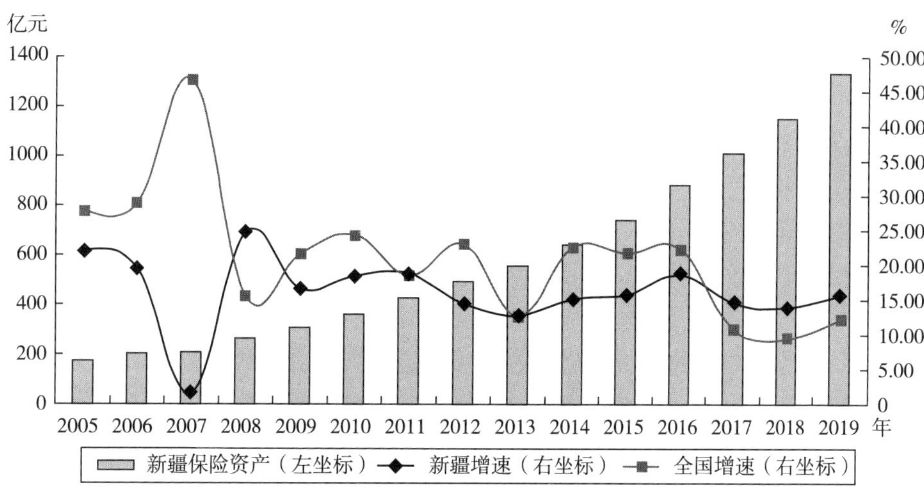

图13　2005—2019年新疆保险业资产规模变化情况

（2）产品结构不断优化，保费收入稳步提升。2019年，新疆保险业累计保费收入654亿元，较上年增长13.3%，增速同比上升3.1个百分点。其中，车险业务企稳回升，保费收入较上年增长8.3%；农险保费收入较上年增长37.8%，同比多增14个百分点，保费规模居全国首位；保障水平较高的意外险和健康险保费收入较上年增长19.5%。

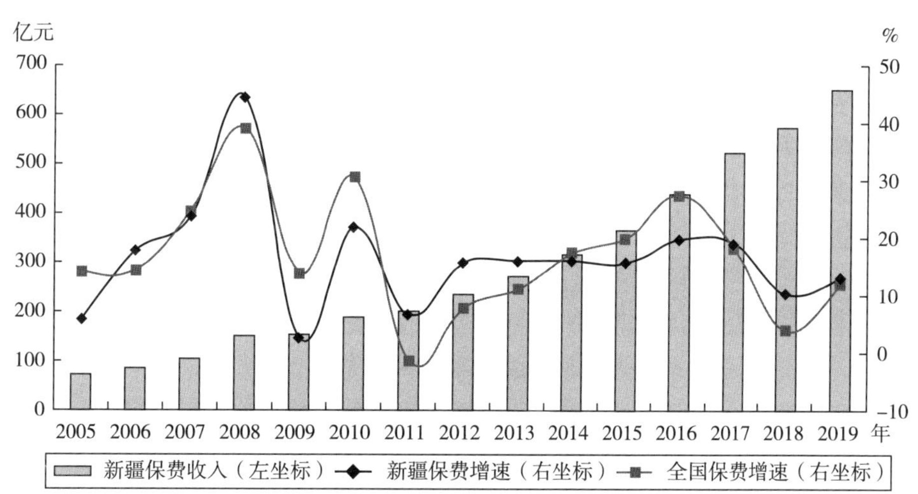

图14　2005—2019年新疆保险业保费收入变化情况

（3）保险保障能力持续提升。2019年，新疆保险业赔款与给付支出237.58亿元，较上年增长14.9%，高于全国增幅10.05个百分点。其中，财产险累计赔付支出130.38亿元，较上年增长24.92%，机动车辆险、农业险、健康险的赔付额占全疆产险赔付支出的87.2%；人身险累计赔付支出107.2亿元，较上年增长4.84%，寿险累计赔付支出占全疆人身险赔付支出的74%。

（4）风险逐步化解，部分监管指标持续改善。2019年，财产险市场综合费用率33.5%，较上年下降0.79个百分点，应收保费率19.3%，较上年下降0.09个百分点；人身险满期给付27.81亿元，较上年下降18.3%，退保率2.4%，较上年下降1.6个百分点。总体看监管指标向好，经营呈现持续改善态势。

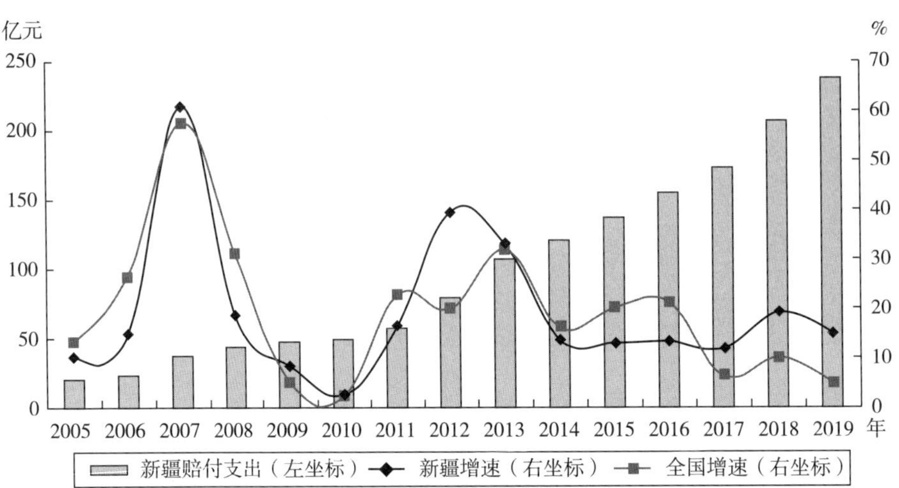

图 15　2005—2019 年新疆保险业赔付支出情况

（5）保险业改革持续推进。2019 年，商业车险改革持续深入，车险业务企稳回升，保费收入、赔付支出较上年分别增长 8.3%、2.4%，车险承保利润率 8.9%，较上年提高 2.91 个百分点，高于全国平均水平 7.63 个百分点；农业保险提供风险保障 996.88 亿元，较上年增长 24.9%，启动了红枣“保险 + 期货”试点。

2. 稳健性评估

2019 年，新疆保险业总体发展较快，市场规模持续增长，经营秩序良好，保险对社会经济发展的经济补偿作用有效发挥。保险机构偿付能力稳定、退保风险可控，主要监管指标满足监管要求，整体保持平稳运行态势。但保险业运行中仍然存在一些风险因素，影响保险业稳健发展。

（1）信用保证保险风险压力较大。2019 年，新疆保险业保证保险保费收入较上年增长 28.2%，提供贷款风险保障 1747.54 亿元。由于银行业信贷风险持续上升，保证保险特别是小额信贷保证保险与借款人信用紧密相关，信用风险向保险业传递聚集问题不容忽视。

（2）中小保险公司存在生存风险。商业车险市场化费率改革、车险“报行合一”等政策落地后，部分中小财产险公司业务过度依赖车险的短板日益凸显。2019 年，安邦财险、渤海财险车险保费收入分别较上年下降了 19.9% 和 76.3%，部分中小人身险公司仍处于业务转型过程中，寿险新单保费收入大幅下降。

（3）保险销售人员管控风险增加。人身险公司销售队伍不稳定，误导客户、骗取保费、民间借贷甚至非法集资等风险上升，保险公司管控难度加大。截至 2019 年 12 月末，人身险公司营销员留存率仅为 32.8%。

（四）地方性金融①

1. 运行情况

（1）小额贷款公司业务规模下滑，盈利能力弱。截至 2019 年末，新疆共有小额贷款公司 223 家，注册资本金 150.42 亿元；贷款余额 166.88 亿元，较上年末下降 14.8%。小额贷款公司资金主

① 数据不包含新疆生产建设兵团。

要来源于银行融资6.8亿元、股东借款1.93亿元、小贷公司同业拆借、小额再贷款2.48亿元。2019年，新疆小额贷款公司整体仅盈利4139万元。

（2）融资性担保公司代偿风险有所降低。截至2019年末，新疆融资担保公司法人机构109家，注册资本金148.7亿元；融资性担保业务在保余额144.9亿元，较上年末减少7.81亿元。其中，小微企业担保87.23亿元，涉农担保53.03亿元；再担保业务在保余额19.23亿元；融资担保代偿金额29.21亿元，较上年末增加0.83亿元，代偿率4.93%，较上年末下降3.7个百分点。

（3）典当业业务规模增长较快，经营风险上升。截至2019年末，新疆共有典当行235家，其中法人机构224家，分支机构11家，注册资本合计42.89亿元；典当业资产总额38.18亿元，较上年末增长69.52%，逾期当金余额5.08亿元，较上年末增长67.17%，绝当余额2.43亿元，较上年增长了2.6倍。

（4）融资租赁机构资产规模大幅增长。截至2019年末，新疆共有融资租赁公司73家，其中内资9家，外资64家，注册资本182.88亿元；资产总额285.03亿元，较上年末增长3.16倍；通过银行借款融入资金9.75亿元，较上年末增长4.5%，通过资产证券化融资12.24亿元。

（5）商业保理业务快速增长，盈利能力大幅上升。截至2019年末，全区共有商业保理公司34家，其中内资31家，外资或中外合资3家；资产总额167.97亿元，较上年末增长85.1%，其中发放保理融资款本金148.66亿元，较上年末增长84.7%。2019年实现利润6.8亿元，同比增长3.4倍。

（6）股权交易中心融资规模保持增长。截至2019年末，新疆股权交易中心现存挂牌企业24家，展示企业756家，托管企业15家；完成股权转让手续788笔，股权转让数22.32亿股，较上年末增加172笔、1.29亿股；累计实现融资54.46亿元，较上年增加7.71亿元，增长16.5%。

2. 稳健性评估

一是小额贷款公司贷款质量差，2019年末不良贷款余额69.92亿元，不良贷款率41.9%，部分机构经营困难；部分公司存在违规融资、超范围经营、账外经营等问题，存在较大风险隐患。此外，小额贷款公司法定地位不明确制约了业务开展，融资困难；二是融资担保公司盈利能力下降，经营风险上升；注册资本金偏小、抗风险能力弱；业务品种单一、竞争同质化问题严重限制了融资性担保机构服务实体经济的能力，担保责任余额连续5年负增长。三是典当行绝当余额增长了2.6倍，经营风险明显加大。四是典当行、融资租赁、商业保理尚未全部接入人民银行征信系统共享信息，在业务开展中机构无法及时、真实、有效的查询客户信用信息，加大了风险防控难度。

三、金融市场运行情况

（一）运行情况

1. 银行间市场流动性合理充裕，债券融资稳中略降。2019年末，新疆债券市场余额7815.87亿元，同比增长18.63%；发行各类债券3057.84亿元，同比略降3.53%。其中，地方政府债发行1292.64亿元，同比增长20.49%，占债券发行总量的42.27%；同业存单发行831.4亿元，同比下降36.04%；公司信用类债券发行913.8亿元，同比增长18.81%，品种以非金融企业债务融资工具和公司债为主。

2. 货币市场交易涨跌互现，回购利率呈下行趋势。2019 年，新疆 8 家金融机构在银行间市场累计发生信用拆借 3311.39 亿元，同比下降 52.31%，净融出资金 979.41 亿元。12 月，同业拆借加权平均利率 2.93%，较 1 月上升 0.8 个百分点；累计发生回购交易 88079.14 亿元，同比增长 54.69%，净融出资金 9677.45 亿元。交易利率波动下行，12 月质押式隔夜回购加权利率 2.02%，较 1 月下降 0.28 个百分点。

3. 现券市场交易活跃，交易品种相对集中。2019 年，新疆发生现券交易 9985.94 亿元，同比增长 33.12%。交易品种主要为政策性金融债、国债和地方政府债，占现券交易的比重分别为 58.37%、17.85% 和 7.59%。交易主体主要为城市商业银行、证券公司资管业务和农村商业银行。交易方向为现券买入资金流出，净流出资金 225.91 亿元。

4. 黄金市场交易小幅上升，价格延续上涨态势。2019 年，辖内商业银行黄金市场累计交易 100.07 吨、319.58 亿元，同比分别增长 10.83% 和 22.28%。辖内商业银行参与上海黄金交易所代理业务 43.27 吨、141.73 亿元，同比分别增长 78.29% 和 98.71%。商业银行账户金是主要交易产品，交易量 49.99 吨，占总交易量的比重近 50%。

5. 票据市场加快发展，以转贴现方式为主。2019 年，新疆辖内法人银行业金融机构票据业务发生额 9844.68 亿元，同比增长 88.45%。在支付功能方面，银行承兑汇票发生额 1365.72 亿元，同比增长 71.23%。在融资功能方面，贴现及买断式转贴现发生额 4396.95 亿元，同比增长 22.03%；回购式转贴现发生额 4016.86 亿元，同比增长 421.19%；再贴现发生额 65.15 亿元，同比增长 24.13%。

（二）需要关注的问题

1. 债券违约事件频发导致民营企业发债难度加大。2019 年，新疆债务融资工具的发行规模和净融资额快速增长，但受国内民营企业违约事件频发影响，导致市场对民营企业发债评级要求提高、发行期限以短期为主。全年新疆仅有 3 家民营企业发行 7 单债务融资工具合计 45 亿元，发行量同比大幅下降 31.82%，发债企业信用评级都在 AA+ 及以上，发债期限近七成为 9 个月至 1 年期的短期融资券。预计未来一段时间内，主体评级偏低的民营企业通过在全国银行间债券市场发债融资仍然存在较大困难。

2. 债券集中兑付压力增加。截至 2019 年末，新疆非金融企业债务融资工具余额 1058.7 亿元，2020—2021 年存量债券中 599.9 亿元到期，占现有存量债券近六成，其中存量债券排名前 5 位的企业，到期债券占总兑付额的 43.54%。在当前经济形势日趋复杂严峻的背景下，已发债企业发新还旧应对到期债务的难度较大，违约风险上升。

四、金融基础设施运行情况

（一）防范化解金融风险工作机制逐步完善

2019 年，新疆金融稳定机制不断健全，人民银行推动地方政府出台防范化解重大金融风险攻坚战实施方案、高风险金融机构风险处置化解工作方案，压实各方责任；借助金融监管协调联席会议对辖区金融风险状况和高风险金融机构处置情况进行前瞻性研判，持续推进高风险机构和地方性金融风险的处置化解。

（二）维护金融稳定政策工具作用有效发挥

2019 年，新疆人民银行系统严格按照“穿透”原则对法人银行业金融机构的公司治理和资产质量开展了专项核查，积极运用央行评级结果推动高风险机构风险处置，约谈高风险机构负责人 47 次。对投保机构监管指标严重失实等情况进行全面筛查，建立重点关注名单，对 21 家投保机构开展全面核查，实现问题投保机构现场核查全覆盖。对 4 家投保机构开展早期纠正，开展风险警示谈话 16 次，发送《存款保险风险警示函》11 份。

（三）支付系统体系建设深入推进

2019 年，新疆完成取消企业账户许可工作，建立健全企业账户风险监督管理长效机制，切实推进个人银行账户分类管理改革；深入推动公共交通、社保、旅游、县域示范商圈等领域移动支付便民工程建设，云闪付 APP 累计用户 267 万户，增长 75.6%；建成助农取款服务点 2548 个，128 个助农取款服务点建成综合金融服务站，农村支付服务环境不断深化。

（四）社会信用体系不断完善

2019 年，新疆持续推进农村信用体系试点，推进小微企业信用体系成果的应用。推动税务、电力、燃气、电信等公共信用信息共享，采集非银行信息 667 万余条。推动中征平台在政府采购领域应用，促成企业通过平台达成交易 2436 笔，金额 1213.4 亿元，同比增长 20.43%。全年共举办征信宣传活动 3116 场，建立 43 家征信宣传教育基地，营造诚实守信社会氛围。

（五）反洗钱工作深入推进

2019 年，新疆构建完善反洗钱监管格局，提升反洗钱监管效能，监管合作初见成效，特定领域联合监管和定向监管有效开展。充分利用资金监测分析机制预防洗钱和恐怖融资风险，全年向反恐部门、侦查机关等部门移交涉恐交易线索 31 批次、可疑交易线索 111 条，非法经营地下钱庄类可疑交易报告 10 份，开展案件协查 110 起，协助破获涉黑涉恶案件 16 起。

（六）金融法治环境不断优化

2019 年，新疆金融业运行的法治环境不断改善，金融机构特别是地方法人银行业金融机构通过司法途径维护自身权益的能力有所提升。金融消费者权益保护工作机制不断完善，全年共受理、处理金融消费者投诉 241 件，咨询 2361 件，投诉较 2018 年增长 11.84%，咨询较 2018 年增长了近 10 倍。全年累计开展法制宣传教育 11297 次，发放宣传资料 205 万余份，参与金融机构 12318 个。

（七）反假币工作成效显著

2019 年，新疆反假货币联席会议工作机制进一步健全完善，银警合作进一步强化。2019 年，全辖共收缴假人民币 46330 张，3952818.5 元，较 2018 年分别下降了 33.98% 和 30.22%。全年共举办反假货币宣传活动 2022 场次，参加反假货币知识在线竞赛 34811 人，宣传受众 703261 人次。

（八）整治金融乱象成效明显

2019 年，新疆加大对“7 +4”类机构的清理整顿，通过年审对经营风险较大的 90 家小额贷款公司、29 家融资性担保公司、12 家典当公司予以撤销经营资格、注销或退出市场；全年共破案非法集资案件 90 起，抓获犯罪嫌疑人 214 人，挽回经济损失 2.2 亿元，同比分别上升 50%、1.16 倍、26.4%。依法查处“恒基泰富”“鼎丰轩合”等重大非法集资案件，稳妥推进“e 租宝”“泛亚有色”“温商贷”等案件处置工作；对大宗商品类交易场所进行清理整顿，全区 11 家大宗商品交易场所规范经营 9 家，已注销 1 家，拟立案侦办 1 家；对 40 家 P2P 网络借贷机构进行专项整治，已完成清退 19 家，3 家出险机构 2 家立案侦办，1 家风险出清，剩余 17 家机构将按退出计划有序清退。截至 2019 年末，全新疆 P2P 网贷借贷余额合计 7.58 亿元，较上年末下降 89.33%；网贷出借人数 4705 人，较上年末下降 93.14%。

五、总体评估与政策建议

（一）总体评估

2019 年，新疆经济发展稳中有升，产业结构不断优化，三大攻坚战取得重要进展，改革开放更加深入，营商环境不断改善，装备制造业和高技术制造业投资快速增长，消费市场稳中有升，新型消费增长较快，物价保持平稳增长，城乡收入差距继续缩小，财政收入总体平稳，减税降费红利持续释放，供给侧结构性改革取得新成效，转型升级焕发新活力。

金融业整体运行稳健，信贷总量和结构调整优化，重点领域和薄弱环节的政策支持不断加大，金融精准扶贫扎实推进。2019 年末，社会融资规模较上年增加 2339 亿元，是上年同期的 3 倍；基础设施建设贷款增长 8.9%，增速稳步回升，制造业中长期贷款增长 12.8%，高于上年同期 12.9 个百分点；小微企业贷款增长 17.6%，高出各项贷款增速 9 个百分点；涉农贷款、绿色贷款、南疆四地州贷款增幅均在 10% 以上；南疆四地州扶贫再贷款余额、限额分别占全疆的 94.3% 和 86.1%。银行业存贷款规模持续增长，盈利能力上升，地方法人银行业金融机构资本和流动性整体充裕，农村信用社改革持续推进，高风险金融机构风险初步化解；证券市场交易快速回升，上市公司规模稳步增长；保险业规模持续增加，服务经济社会能力持续提升，商业车险和农业保险改革成效明显；地方性“7+4”类机构风险得到初步整治，非法集资、互联网金融风险得到有效化解；金融市场运行平稳，票据融资需求增强，规模快速上升；金融基础设施日趋完善，风险防控手段不断丰富，防控能力明显提升。

新疆经济金融在平稳运行中仍存在一些问题和风险。一是经济增长更多依赖资源、能源和重工业，经济持续增长的动力不足。二是制造业发展缓慢。新疆制造业投资增速、增加值增速、营业收入增速和利润增速分别为 -1.8%、1.4%、3.6% 和 -45.2%，分别低于全国 4.3 个、4.5 个、0.6 个和 49.3 个百分点。三是经济增速放缓，固定资产投资动力不足，工业生产回暖基础不牢，信贷有效需求不足。部分大型企业受经济形势和政策变化影响，债务风险凸显。四是银行业信贷风险持续显现，农村信用社、村镇银行风险突出，高风险机构风险处置成效尚需巩固。五是上市公司融资能力下滑，部分公司连续亏损、违规经营问题需关注。六是保险业信用保证保险风险显现，实体经济风险向保险业传递。七是地方性金融风险形势仍较为复杂，处置工作仍存难度。

（二）政策建议

1. 紧盯区域政策调整变化，引导金融机构业务发展。2020 年，在习近平新时代中国特色社会主义思想的指导下，辖区金融业应紧扣自治区全面建成小康社会目标任务，坚持“稳中求进”总基调，坚持新发展理念，积极调整业务结构，改善运营环境，加大对新疆经济发展中重点领域、短板和薄弱环节的支持力度，保障新疆经济实现量的合理增长和质的稳步提升。

2. 落实好重大风险攻坚战各项工作任务。按照国务院金融委重大风险攻坚战安排部署，切实落实好新疆重大风险攻坚战实施方案，督促各相关部门采取切实措施，加大各自领域重大风险的处置力度。同时，加大部门间合作配合，加大高风险金融机构等重点领域风险处置化解的攻坚力度，加快推动处置工作进度，坚决打赢重大风险攻坚战。

3. 加强多层次的监管协调机制，持续优化和改善金融运行的外部环境。加快建立金融监管地方协调机制和地方议事机制，明确各相关部门的监管职责，同时加强部门间的协作配合，完善职责更趋合理、明确，符合当前金融监管形势的监管协调机制。明确各级地方政府重大风险化解第一责任人职责，进一步完善社会信用体系和相关法律法规，提升司法执行效率，为金融业发展创造良好的运行环境。加强金融监管力度，严厉打击市场乱象，加大对地方性金融的监管力度，明确监管职责消除监管真空。

中国人民银行乌鲁木齐中心支行金融稳定分析小组

组　　长：王新平

副 组 长：岳永生

成　　员：马　军　王　勇　孙海芹　杨婷君　阿曼古丽·巴拉提　庞小红　郇志坚　赵　冰　热夏提·莫合买提　黄公健　王杰璞

《新疆维吾尔自治区金融稳定报告（2020）》编写组

总　　纂：马　军

统　　稿：庞小红

执　　笔：赵　强　李国俊　赵　莹

参与写作人员：王坤衍　孙志成　付　聘　刘遵乐　宋雪丽　邹兴军　严文静　高　兴

大连市金融稳定报告摘要

2019年，大连市经济保持平稳运行，多项宏观指标企稳回升，部分指标有所回落，经济发展从整体上为区域金融稳定创造了稳健的外部环境。金融业整体保持稳健运行，市场运作有序，法人银行业金融机构经营稳健，风险防范意识持续增强。但经济增长的内生动力不足，传统产业有效供给乏力，新兴产业尚未形成有效支撑，经济发展面临不确定性，金融业的平稳运行仍面临较大的挑战。

一、区域经济运行与金融稳定

（一）经济运行稳中有进，金融稳定基础坚实

1. 坚持“稳中求进”的工作总基调，经济运行总体平稳、稳中有进

2019年，大连市深入贯彻落实中央决策部署，坚持新发展理念，狠抓“六稳”工作落实，着力推进高质量发展，产业结构调整加快，新旧动能转换提速，就业、收入、物价总体稳定，民生事业持续进步。全年实现地区生产总值7001.7亿元，按可比价格计算，同比增长6.5%。其中，第一产业增加值458.5亿元，增长3.0%；第二产业增加值2799.9亿元，增长11.9%；第三产业增加值3743.3亿元，增长2.9%。

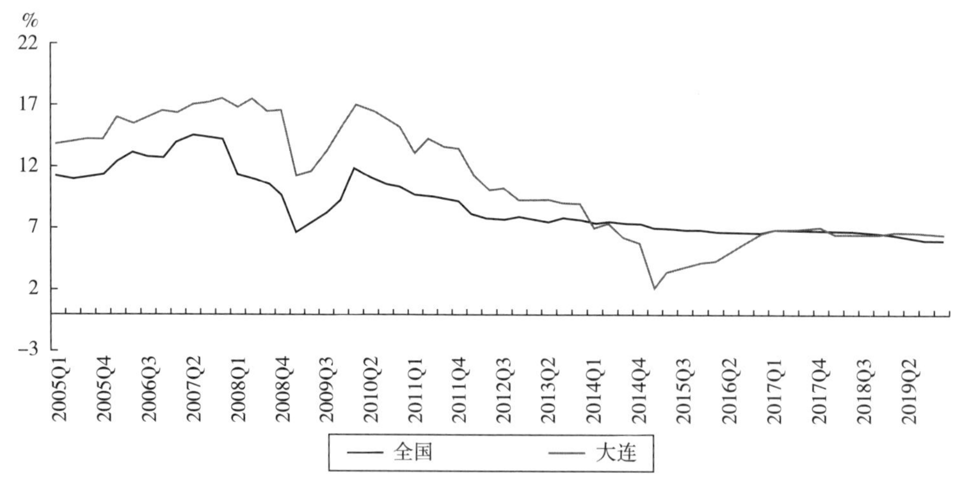

图1　生产总值（GDP）累计同比增速

（数据来源：国家及大连市统计局）

2. 扎实推进制造强市建设，固定资产投资有所回落

2019年，大连市固定资产投资额同比负增长，虽然投资面临一定困难，但一些积极因素正在聚

集。恒力2000万吨/年炼化一体化项目全面投产；长兴岛产业园一期PTA（精对苯二甲酸）项目已建成三条年产660万吨PTA生产线，成为全球最大的PTA生产基地之一；红沿河核电二期工程按计划完成投资31亿元；庄河新能源海上风电场实现59.1兆瓦机组发电；金普新区智能装备产业基地加快建设；长兴岛经济区、西中岛石化园区等先导区持续发挥积极带动作用。

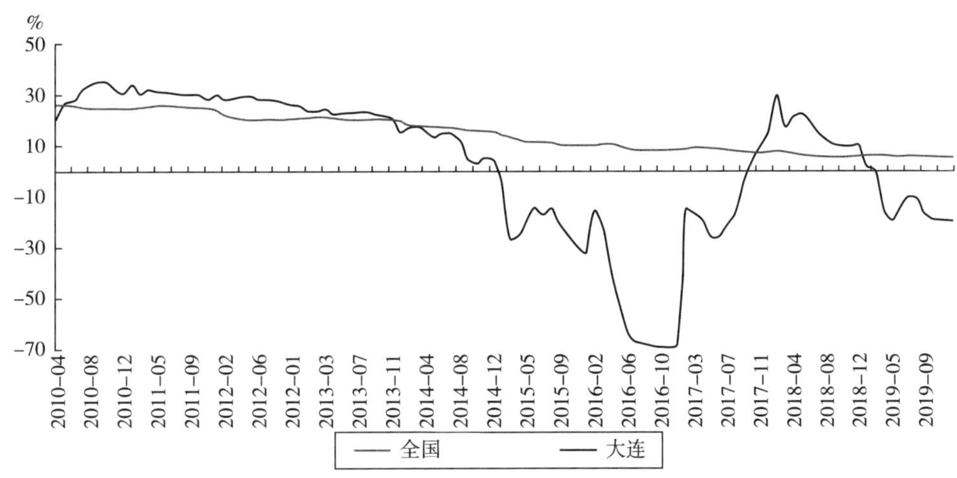

图2 固定资产投资累计同比增速

（数据来源：国家及大连市统计局）

3. 着力推进改革开放，招商引资和对外贸易保持韧性

2019年，大连市进出口总额有所下降，但出口保持小幅增长。自贸区建设取得丰硕成果，大连自贸片区率先完成《辽宁自贸试验区总体方案》确定的119项全部改革试点任务，在全国第三批7个自贸试验区共21个片区中排名第一。大连自贸片区全力打造优质营商环境，松下电池二期、万纬产业园、大连国际先进装备博览中心等一批重点项目和产业平台竣工投产，东芝机车动力电池、科达利精密、唯品会大连运营中心、毅都冷链水果交易中心等21个项目开工建设，松下电池三期、日本欧力士、玛弗罗新工厂、德邦辽宁总部智慧产业园等25个项目签约入驻，完成其他各类储备项目

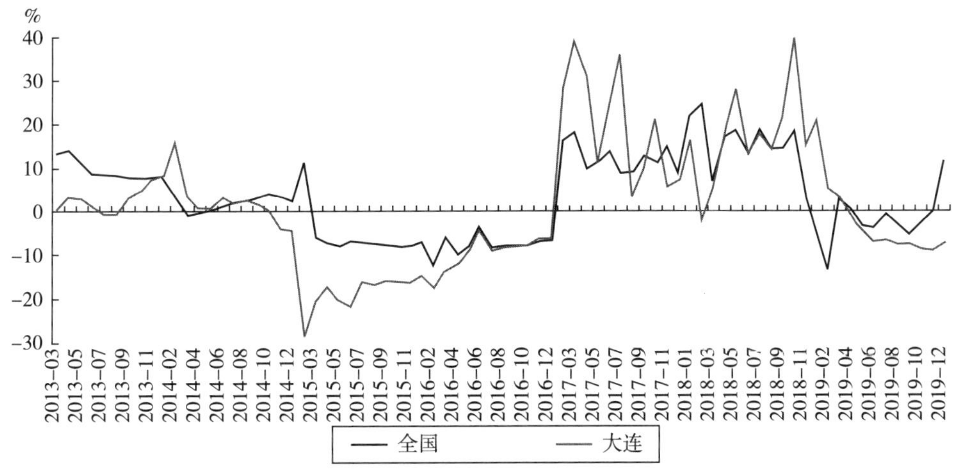

图3 进出口总额累计同比增速

（数据来源：国家及大连市统计局）

100 个，已确定投资超过 140 亿元。

4. 积极推动经济高质量发展，支柱产业与新动能协同发力

2019 年，大连市规上工业增加值同比增长 16.1%，增速比上年加快 0.2 个百分点；规上工业企业实现营业利润 534.5 亿元，同比增长 19.9%。主要行业中，计算机、通信和其他电子设备制造业完成增加值同比增长 33.4%，石油加工业增长 30.5%，化学原料和化学制品业增长 23.9%，通用设备制造业增长 12.0%，汽车制造业增长 10.7%，电力、热力生产和供应业增长 8.3%，铁路船舶制造业增长 7.0%；金属制品、机械和设备修理业完成增加值同比下降 2.8%，农副食品加工业下降 5.9%，医药制造业下降 6.4%，服装行业下降 7.9%，专用设备制造业下降 16.2%。

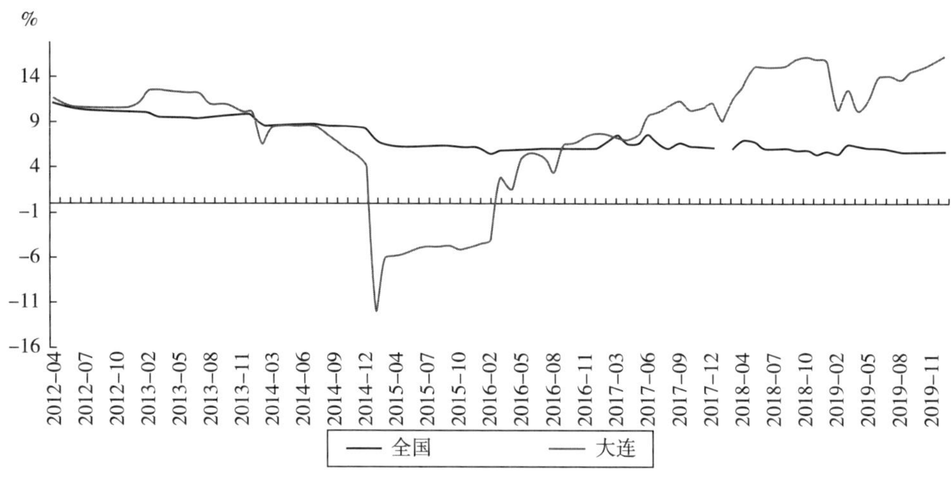

图 4　规模以上增加值累计同比增速

（数据来源：国家及大连市统计局）

5. 切实保障和改善民生福祉，确保全民共享全面振兴新成果

2019 年，大连市城镇居民人均可支配收入同比增长 6.7%，农村居民人均可支配收入同比增长 10.3%。居民消费价格涨幅平稳，CPI 涨幅控制在 3.3%。职工薪酬和用工人数稳步增长，大连市规

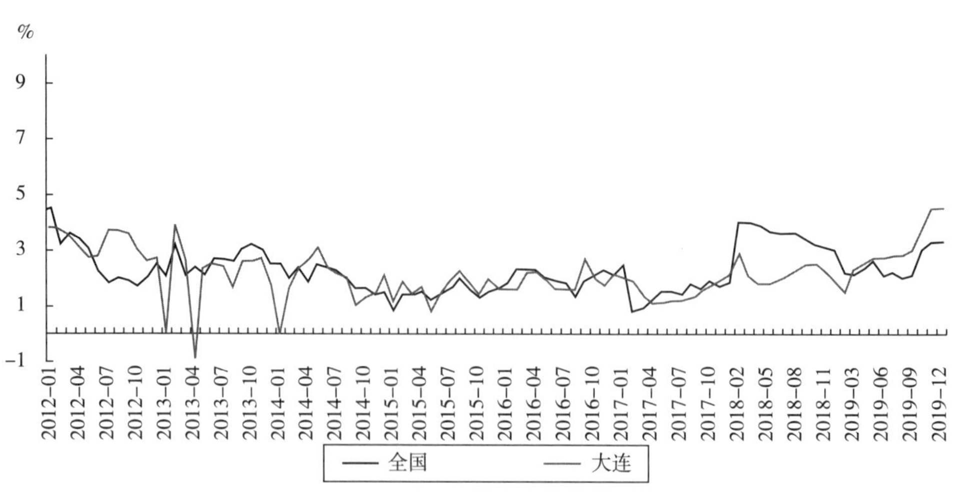

图 5　大连市 CPI 走势

（数据来源：国家及大连市统计局）

上服务业应付职工薪酬为320.3亿元，同比增长10.2%；规模以上服务业共吸纳用工人数29.9万人，同比增长2.8%。2019年，大连市政府公开挂牌督办的“城市安居”“管网改造”“贫困救助”“四好农村路”“困难家庭帮扶”等十五项重点民生工程圆满完成，百姓生活切实改善，群众获得感持续提高。

（二）区域经济运行中不利于金融稳定的因素

2019年，大连市经济运行态势良好，为推动高质量经济发展提供有力支撑。但是，经济发展中同样面临困难和压力。一是大连市正处于转型发展的关键期，推动质量变革、效率变革、动力变革的任务仍十分艰巨，同时大连市经济整体对投资的依赖度较高，国际上单边主义、贸易保护主义抬头，导致投资环境堪忧。二是轻重工业发展不均衡，石化、造船、装备制造和电子信息等传统产业面临结构调整和优化升级问题，对经济的拉动作用逐步减弱，与市民生活密切相关的消费品生产工业整体低迷，缺少知名品牌和领军企业。三是工业经济增长过度依赖大企业，由于大型企业受大宗商品价格、经济周期波动等影响较大，若其下行将导致产业链上中小企业发生连锁反应，增加经济运行的不稳定性。四是东北特钢、大机床、金玛商城等一系列债务事件相继爆发，在凸显了企业信用风险的同时，也对区域金融生态环境建设产生了一定的影响。应提高产业利用率，稳定经济增长基础，聚焦企业生产经营中的实际需求，进一步加大减税降费力度，降低融资贷款难度，扩大帮扶企业范围，真正提升企业的获得感，使企业生产经营保持稳定快速发展。

二、金融业与金融稳定

（一）银行业运行状况及风险分析

截至2019年末，大连市共有地方法人银行业金融机构13家，本部（分行）47家。2019年，大连市银行业金融机构存款增速持续回升，贷款增速探底回升，存款利率整体小幅上升，贷款利率略有回落，金融机构资产质量下行，银行业持续健康发展依然面临挑战。

1. 银行业运行状况

（1）金融机构存款增速持续回升，非金融企业存款降幅收窄。截至2019年末，大连市银行业金融机构本外币各项存款余额14633.6亿元，同比增长4.5%，比上年同期高5.6个百分点。其中，外汇存款余额67.3亿美元，同比下降10.1%；非金融企业存款余额4299.1亿元，同比下降2.3%。

（2）金融机构贷款增速小幅回升，非金融企业贷款增速由负转正，票据融资持续高增长。截至2019年末，大连市金融机构本外币各项贷款余额12526.3亿元，同比增长4.3%，创42个月以来新高。其中，非金融企业及机关团体贷款余额9037.4亿元，同比增长1.5%；票据融资余额884.6亿元，同比增长36.1%。

（3）人民币定期存款利率保持平稳，普惠口径小微企业贷款利率呈下降趋势。2019年，大连市银行业金融机构人民币活期存款加权平均利率0.31%，人民币定期存款加权平均利率2.46%，同比提高27个基点。新发放人民币贷款加权平均利率5.07%，同比下降52个基点，其中，新发放全口径小微企业贷款加权平均利率4.65%，同比下降129个基点。

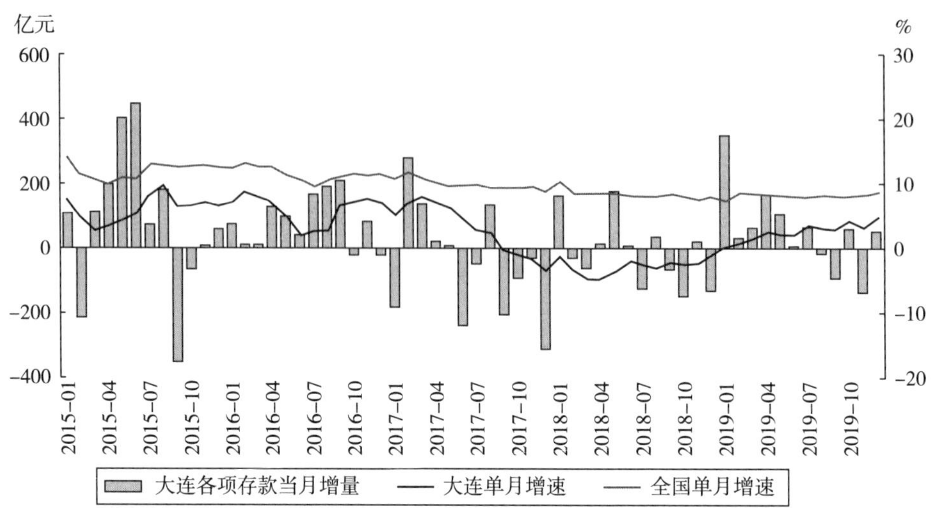

图6 金融机构存款增量、增速走势

（数据来源：中国人民银行）

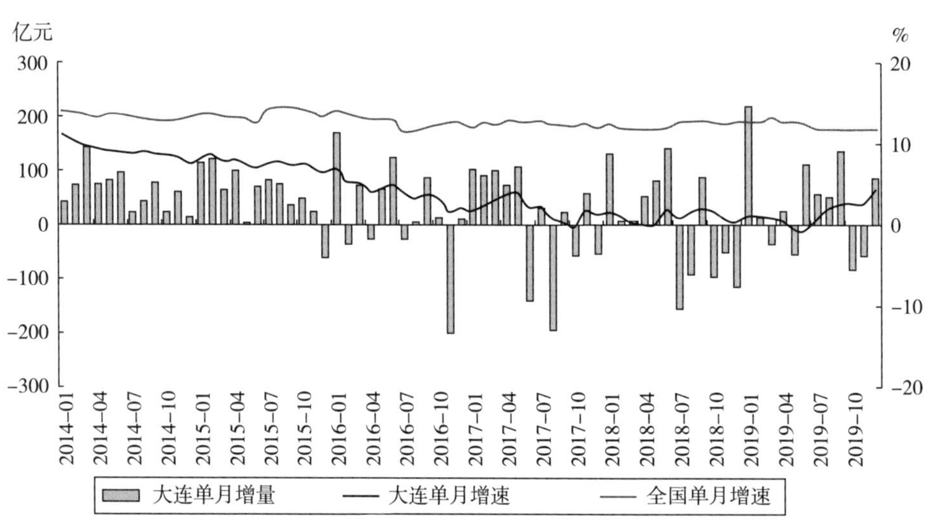

图7 金融机构贷款增量、增速走势

（数据来源：中国人民银行）

（4）不良贷款持续双升，金融机构盈利状况有所好转。截至2019年末，大连市银行业金融机构不良贷款余额830.5亿元，同比增长33.2%；不良贷款率6.6%，同比增加1.4个百分点，增幅27.5%。金融机构贷款损失准备金余额767.5亿元，同比增加37.4亿元；拨备覆盖率92.4%，同比下降24.7个百分点，风险抵补能力有所下降。2019年，大连市金融机构累计实现税前利润33.6亿元，同比多增223.8亿元。

2. 银行业风险情况分析

（1）资产质量下行压力仍然存在。当前金融机构信贷风险仍处于持续释放阶段，尤其在非金融企业债券市场融资受阻、银行机构信贷投放趋于谨慎的情况下，部分负债率较高的企业资金链断裂风险增加，债务违约风险上升。部分银行迫于考核、监管评级等压力，通过贷款展期、借新还旧、转贷基金、调低不良标准等手段“隐藏”不良贷款。随着经济下行压力持续加大以及监管趋严，金融机构不良贷款继续双升是大概率事件，金融机构盈利增长承压。

（2）中小金融机构风险管控能力有待进一步提高。大连市银行业经营基本稳健，但部分中小法人机构风险需要关注。部分地方中小法人机构偏离“立足本地、服务‘三农’和小微”的业务定位，经营与管理存在偏差，公司治理存在缺陷，资产质量风险逐渐暴露。个别机构存在拨备缺口，资本充足率承压，影响银行长期健康发展。

（3）重点领域风险向银行体系积聚。一是政府债务偿还压力不减。受宏观经济形势和项目自身建设周期影响，大部分投资尚未产生效益，中短期内债务风险比较突出。二是债券市场债务集中到期压力加大。在债券市场刚性兑付打破，债券违约处置机制尚不完善的情况下，投资者风险偏好明显降低，对区域后续债券市场融资不利。

（二）证券业运行状况及风险分析

截至2019年末，大连市共有证券经营机构118家，其中证券公司1家，证券分公司26家，证券营业部91家；期货经营机构76家，其中期货公司1家，期货分公司33家，期货营业部42家；登记私募基金管理人91家；境内上市公司28家；境外上市公司18家；新三板挂牌公司70家。2019年，大连市资本市场总体运行保持平稳，法人证券机构盈利水平上升，期货交易量有所增长，上市公司融资额同比下降。

1. 证券业运行情况

（1）证券机构平稳运行，法人证券机构盈利水平上升。截至2019年末，大连市证券经营机构沪深开户数334.9万户，同比增长8%。辖区全年股票成交额13058.4亿元，同比增长39.3%，证券交易额25446.8亿元，同比增长21.7%。法人机构资产总额85.8亿元，负债总额35.5亿元；盈利水平有所上升，累计实现营业收入4.6亿元，同比增长9.3%，净利润1.8亿元，同比增长66.9%。

（2）期货公司代理交易量有所增长。截至2019年末，大连市期货经营机构开户数9.5万户，同比增长6.2%，客户保证金合计107.2亿元，同比增长8.9%；期货公司实现期货成交量3亿手，同比增长4.7%；实现期货代理交易额合计19万亿元，同比增长16.5%，实现手续费收入1.8亿元，同比增长24.7%。

（3）上市公司融资额同比下降。截至2019年末，大连市境内上市公司28家，其中主板19家，中小板7家，创业板2家，总股本667.1亿股，总市值3554.1亿元，非限售A股流通市值1360.9亿元。新三板挂牌公司70家，成交量0.3亿股，成交额1.3亿元，其中3家新三板挂牌企业融资3.2亿元，境内上市公司本年未通过股票市场募集资金，同比下降71.8亿元。

2. 证券业风险情况分析

（1）上市公司经营压力增加。2019年，大连市上市公司整体表现为规模偏小、负债上升、盈利下降，经营压力增加。一是上市公司数量规模偏小。截至2019年末，大连市上市公司共28家，比去年减少1家，占全国上市公司数量约0.7%，总市值仅占全国的0.6%左右，总体体量偏小。二是上市公司负债水平高。28家公司中，半数公司资产负债率超过50%，其中部分上市公司资产负债率偏高。三是盈利能力下降。已披露数据显示，全市上市公司归属母公司股东的净利润合计53亿元，同比下降66.7%。在上市公司业绩下滑期间，出于经营压力，容易出现股东挪用资金、虚假发布信息粉饰业绩等违规行为。

（2）密切关注公司债到期偿还情况。2019年是大连市公司债兑付高峰，风险防范处置工作面临较大压力。全市公司债券发行人陆续进入偿债期，地方政府融资平台普遍收入规模有限，刚性支出较高，财务压力较大，而且在银行等渠道融资存在不同程度的限制，有的按时支付利息已存在困难，本金兑付具有更大的不确定性。

（3）相关市场主体违规经营风险。近年来，大连市违规问题和风险相对频发，獐子岛、天神娱乐、天宝食品、大控、金玛商城等多家公司或其大股东，因涉嫌多种类型证券违法行为甚至证券犯罪，被采取行政监管措施、行政立案或刑事立案，给公司的正常运营带来较大压力。

（三）保险业运行状况及风险分析

截至2019年末，大连市共有保险总公司4家，保险分公司46家，从业人员6.38万人。2019年，大连市保险业把握机遇、开拓创新，保险市场运行呈现出稳中有进、进中趋好的发展态势。但受地区经济发展动力不足影响，保险市场仍存在增速较慢、混业风险加大等潜在风险。

1. 保险业基本运行情况

（1）资产规模有所提高。2019年，大连市保险行业资产总额975.9亿元，增长11.1%。全市保险公司中，财产保险公司分公司24家（含政策性保险公司分公司1家），人身保险公司分公司22家；支公司231家，营业部18家，营销服务部153家。

（2）保费收入稳步增长。2019年，大连市保险业实现保费收入371.2亿元，同比增长10.7%，增幅较上年增加9个百分点。其中，财产险业务实现保费收入87.6亿元，同比增长7.6%；人身险业务实现保费收入283.7亿元，同比增长11.7%。

（3）赔付支出有所下降。2019年，大连市保险业赔款与给付支出95.4亿元，同比下降7.6%，其中，财产险业务赔款支出46.8亿元，同比下降1.1%，人身险业务赔款及给付支出48.6亿元，同比下降13.1%。

（4）业务结构有所改善。2019年，大连市财产险公司实现原保费收入91.1亿元，同比增长8.4%，较上年增加4.5个百分点，车险实现保费收入54亿元，同比增长3.2%，较上年增加1.8个百分点。人身险业务实现原保费收入280.1亿元，同比增长11.5%，较上年增加10.5个百分点，人身险公司寿险业务新单期缴保费44.1亿元，同比增长7.5%，较上年增加30.7个百分点。万能险实现保费收入1.6亿元，同比下降3.2%，较上年少降1.9个百分点。

2. 保险业风险情况分析

（1）业务发展动力不足问题明显。从总体上来看，大连市保险市场保费收入同比增长10.7%，低于全国1.5个百分点。从财产险业务来看，全年保费收入同比增长7.6%，低于全国平均水平近0.6个百分点。从人身险业务来看，全年保费收入同比增长11.7%，低于全国平均水平2个百分点。保费收入整体低于全国平均水平。

（2）行业转型发展有待深入。尽管市场秩序维护取得明显成效，但总体来看，多数中小财险公司在差异化竞争方面深耕不足，仍采用拼费用赢市场的粗放发展模式。人身险公司新单业务趸交比例较高，新单期缴产品总体期限较短，产品保障功能有待进一步加强，业务转型仍处攻坚期。

（3）机构乱象尚未根治。部分保险法人机构重业务轻合规，对分支机构管控不到位，考核指标不合理，风险管控流于形式，恶性竞争等问题屡有发生。

三、金融市场运行与金融稳定

2019 年，大连市金融市场继续保持规范发展态势，金融市场对地区金融稳定的调节作用进一步发挥。法人机构参与银行间同业拆借市场活跃度上升，银行间债券市场成交量继续保持大幅增长，票据市场交易更加活跃，外汇市场、黄金市场交易规模均显著增长。

（一）金融机构参与金融市场交易日趋活跃

1. 法人机构参与银行间同业拆借市场活跃度上升

2019 年 8 月，山口银行大连分行加入同业拆借市场并顺利开展业务，大连市同业拆借市场成员增加至 8 家。2019 年，大连市共 5 家机构通过银行间市场开展同业拆借业务，全年成交金额 5312. 9 亿元，是上年同期的 1. 5 倍。其中，拆入资金 891 笔，成交金额 4553. 5 亿元；拆出资金 324 笔，成交金额 759. 4 亿元。年内同业拆入和拆出加权平均利率分别为 4. 05% 和 2. 58%，同比分别下降 51 个和 4 个基点。

2. 债券市场成交量大幅增长

2019 年，大连市金融机构参与全国银行间债券市场交易 5. 1 万笔，成交金额 12. 1 万亿元，同比增长 24. 5%。从资金流向看，金融机构参与债券市场交易仍呈现资金融入，净融入资金 11362. 8 亿元。从利率走势看，质押式回购融出资金加权平均利率 2. 40%，同比下降 24 个基点，利率波动区间 2. 0% ~4. 5%；融入资金加权平均利 2. 21%，同比下降 24 个基点，波动区间 2. 1% ~3. 2%。现券交易融出资金加权平均利率 3. 08%，同比下降 59 个基点，波动区间 3. 0% ~8. 3%，融入资金加权平均利率 3. 09%，同比下降 57 个基点，波动区间 3. 1% ~6. 0%。

3. 票据市场交易稳中有降

2019 年，大连市金融机构累计签发银行承兑汇票 2951. 4 亿元，同比下降 7. 4%；银行承兑汇票直贴规模累计 2148. 9 亿元，同比下降 2. 2%。截至 2019 年末，银行承兑汇票签发余额 1978. 7 亿元，同比下降 7. 6%。金融机构票据贴现利率呈现低位震荡走势，6 月达到全年峰值 3. 58%，8 月为全年最低点 3. 00%，极差 58 个基点。年末全市票据贴现利率 3. 46%，同比下降 37 个基点。

4. 外汇市场交易量显著增长

2019 年，大连市金融机构在银行间外汇市场成交 1575 笔，同比增长 51%；外汇总成交量累计折合 142. 6 亿美元，是上年同期的 4. 9 倍。其中买入外汇折合 68. 3 亿美元，卖出外汇折合 74. 3 亿美元。成交币种以美元为主，年初以 6. 503 元人民币/美元开盘，年末以 6. 9622 元人民币/美元收盘。

5. 黄金交易规模明显上涨

2019 年，商业银行代理上海黄金交易所场内黄金交易成交量 39055. 7 千克，成交金额 124. 5 亿元，分别是上年同期的 2. 4 倍、2. 9 倍。商业银行实物黄金成交量 2249. 7 千克，成交金额 7. 4 亿元，较上年同期下降 20. 4%。人民币账户金成交 39882. 8 千克，成交金额 126. 2 亿元，分别为上年同期的2.3倍、2.7倍；美元账户金成交0.75亿美元。商业银行开展黄金理财业务金额7.2亿元。

（二）金融市场创新及运用亟待提速

1. 法人银行业金融机构创新产品运用进一步丰富

2019年12月，大连银行成功在银行间市场发行“2019年第一期信贷资产支持证券”，发行总额11.6亿元，其中优先档8.2亿元，次级档3.4亿元，为全省首单。该笔债券的发行是大连市中小法人银行业金融机构深入参与金融市场的又一次“试水”，有利于中小金融机构有效盘活存量信贷资产，进一步强化流动性管理。

2. 非金融企业直接融资步伐趋缓

2019年，大连市仅5家企业在银行间市场发行债务融资工具23笔，金额320亿元，较上年减少6.5亿元；5家企业中，仅1家民营企业。推动大连市非金融企业更加有效地利用金融市场创新产品，在满足融资需求的同时拓宽资金来源、降低综合融资成本，是下一步亟须解决的问题。

四、金融基础设施与金融稳定

（一）支付体系运行平稳规范，移动支付向县域发展

2019年，大连市支付系统运行安全平稳。大额支付系统处理业务620.8万笔，金额20.2万亿元；小额支付系统处理业务1198.8万笔，金额2451.1亿元；同城票据交换系统清分票据220.8万笔，金额3736.3亿元。全年开立核准类账户3.2万户，办理销户1.5万户。联网核查公民身份信息系统累计处理业务3826.9万次，日均处理业务10.5万次。支付服务组织较为稳定，取得支付业务许可证的法人支付机构2家，已备案非法人支付机构31家。银行卡服务功能持续增强，全市银行卡发卡总量6344万张，同比增长6.1%；注册商户16万户，同比增长30.9%；银行卡POS交易金额7892万笔，同比增长5.9%，POS交易金额3311亿元，同比下降3.6%。银行卡助农取款服务有序发展，全市共设立服务点3152个，其中加载电商功能的1391个，累计办理取款、转账、缴费等业务117.3万笔，交易金额9.74亿元，极大地便利了农民的生产与生活。大力推进移动支付便民工程向县域发展，全市建成银联标准惠农站120个，拓展金州东沟旅游街区90%受理商户、瓦房店李官龙王庙乡村旅游街区商户200余个，持续拓宽县域支付场景，着力打造县域示范商圈，加速农村支付环境提档升级。

（二）严格执行分类监管，保障国家金融安全

2019年，大连市金融机构坚持落实底线思维，服务稳定大局，洗钱风险防范能力显著增强。坚持依法行政，全年对8家义务机构开展反洗钱现场检查，包括银行机构3家、财务公司2家、证券机构1家、非银行支付机构1家及保险资管公司1家。实施分类差异化监管措施，2019年开展监管走访50家、书面质询21家、约见谈话15家。坚持法人监管主线，对全辖22家法人义务机构开展分类评级，其中A级2家、BBB级3家、BB级8家、B级9家，结合风险评估、检查走访、风险排查、风险提示、培训辅导等手段指导法人义务机构不断提升反洗钱履职能力和水平。围绕金融稳定大局，

做好线索移送和案件协查等工作，全年与禁毒支队、市追逃办等部门开展案情会商 14 次，发起反洗钱调查协查 33 次，在打击虚开骗税违法犯罪专项行动中协助侦破“2·27”虚开发票案，助力四部委打击虚开骗税领导小组专项行动。

（三）持续推动信用体系建设，加强征信管理与服务

2019 年，大连市进一步完善企业与个人征信系统建设，辖内接入企业征信系统和个人征信系统的机构分别达到 55 家和 48 家，覆盖银行、信托、财务、资产管理及小额贷款公司等行业，共收录全市 44.8 万余家企业、656.7 万自然人的相关信息。窗口服务水平不断提升，全市累计设立 26 个查询网点、28 台自助查询机；全年全市人民银行累计提供个人报告查询 54.4 万人次、企业报告查询 990 余笔，为各类信息主体了解自身信用状况、参与经济活动等提供了便利。对 4 家接入机构实施执法检查，开展各类培训 5 场，参训机构 60 余家、700 余人次，进一步规范接入机构征信业务；发动社会组织、新闻媒体、金融机构等举办各类活动 1800 余场，参与活动人数 14 万余人，有效增强公众信用意识。2019 年，为 4.1 万余户新设社会组织配发机构信用代码证，持有机构信用代码证组织达 44.8 万余户；推广中征应收账款融资服务平台拓宽中小企业融资渠道，全年新增用户 55 户，实现融资交易 310 笔，融资金额 163.2 亿元。

五、总体评估及对策建议

（一）总体评估

1. 定量评估结果

2019 年，大连市金融稳定综合得分 67.72 分，较上一年下降 3.25 分。2013 年以来，国内经济逐步进入新常态，经济增速转向中高速区，经济结构、特点发生调整和转变。受主要经济指标波动影响，经济领域的调整向金融领域传导，大连地区的金融指标也出现了波动，大连市金融稳定综合评分呈现下降趋势。

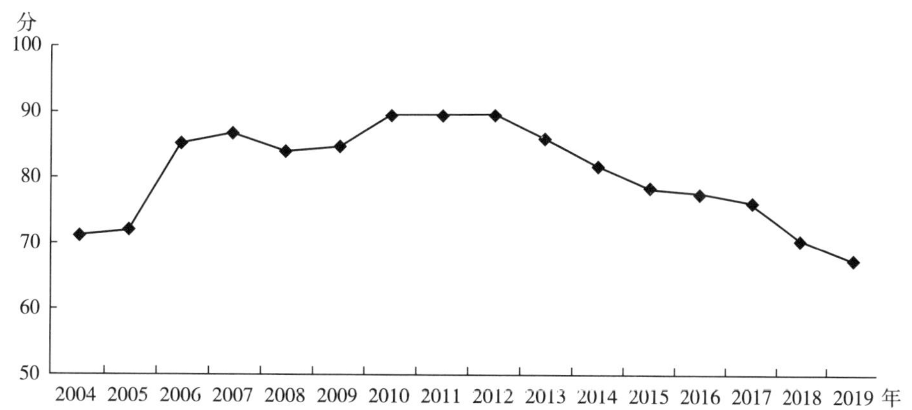

图 8　大连市金融稳定综合评估得分趋势

2. 定量评估结果分析

具体看宏观经济、金融机构和金融生态环境三部分指标得分，如图 9 所示，呈现出不同的变化

趋势。金融生态环境受整体经济形势变化影响较小，2011 年以前逐年上升，之后呈现小幅波动，波动幅度在 1% 左右；2016 年金融生态环境得分降幅较大，2017 年以来得分连续三年回升。金融机构得分受金融机构指标影响呈现阶段式特征，2006 年，大通证券改革后，得分升幅达到 10.7%，之后金融机构得分保持平稳；2011 年以来，受经济回升势头减缓影响，金融机构发展速度放缓，得分有小幅下降；2013 年以来，受整体经济形势低迷影响，金融业面临一定考验，得分持续下降；2017 年以后，金融机构得分状况有所好转。宏观经济得分与经济形势密切相关，2007 年以前整体呈“U”形上升趋势；2008 年，在国际金融危机影响下，得分出现下降，跌幅为 7.8%；2010 年以后，得分在国际金融危机影响减弱的形势下逐步上升，增幅达到 20.2%；从 2013 年开始，得分下降，降幅 15.1%；2017 年得分大幅度上升，2018 年以来再次出现下降。

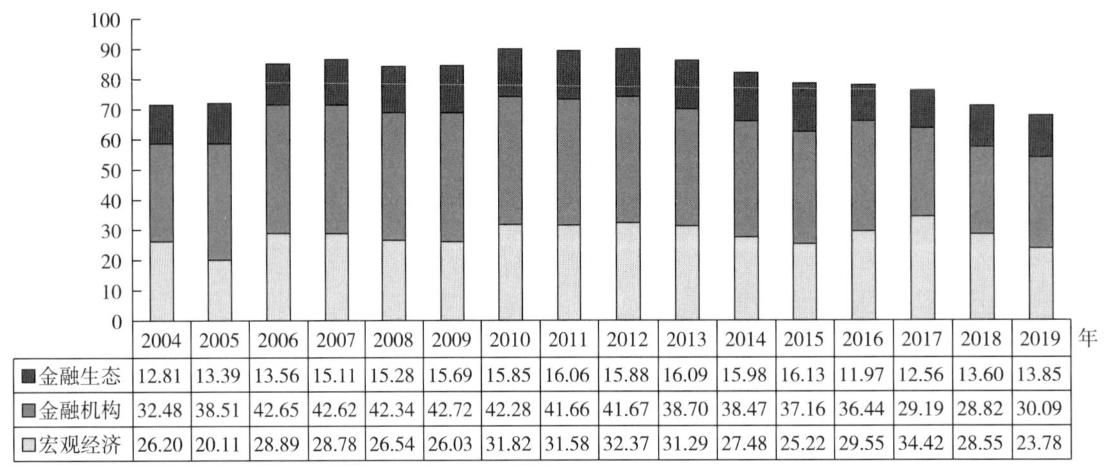

	2004	2005	2006	2007	2008	2009	2010	2011	2012	2013	2014	2015	2016	2017	2018	2019
■金融生态	12.81	13.39	13.56	15.11	15.28	15.69	15.85	16.06	15.88	16.09	15.98	16.13	11.97	12.56	13.60	13.85
■金融机构	32.48	38.51	42.65	42.62	42.34	42.72	42.28	41.66	41.67	38.70	38.47	37.16	36.44	29.19	28.82	30.09
□宏观经济	26.20	20.11	28.89	28.78	26.54	26.03	31.82	31.58	32.37	31.29	27.48	25.22	29.55	34.42	28.55	23.78

图 9　金融稳定定量评估三方面指标变化趋势

具体细分金融机构指标，从宏观经济、银行业、证券业、保险业和金融生态环境五方面，得到雷达图：

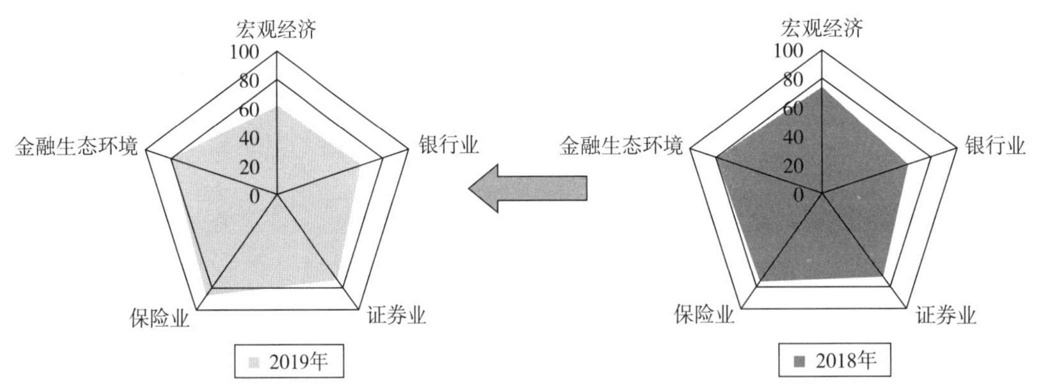

图 10　2018—2019 年大连市金融稳定定量评估雷达

从定量评估结果来看，2019 年大连市宏观经济发展得分下降；金融生态环境得分有所提高；金融机构得分整体上升，银行业、证券业和保险业得分均有不同幅度提高。

宏观经济方面，得分 61 分，低于 2018 年 12.2 分，其中农村居民纯收入增长、房地产销售价格指数等指标得分好于上一年，就业情况、对外经济等相关指标得分与上一年持平，经济增长、消费增长、居民消费价格等相关指标得分低于上一年。这说明大连市经济发展的拉动力不突出，整体发展趋缓；民生领域情况较好，居民收入有所增加；消费价格有所上涨，房地产价格波动不大。

金融生态环境方面，得分81.5分，高于2018年1.5分，其中地方政府财政、市场体系完善等相关指标得分高于上一年，信用环境完善相关指标得分与上年基本持平，地方法制环境相关指标得分低于上一年。2016年以来大连市连续发生多起债务违约事件，对大连市金融生态环境造成负面影响，随着事件逐渐进入后期处置程序，这种负面影响逐步减弱。

金融业发展方面，银行业得分65.2分，高于2018年1.7分，其中资本充足性、资产流动性、对市场风险的敏感度等相关指标持续保持较高得分，盈利能力得分好于上一年，但是由于不良贷款大幅度增加，资产质量方面得分均持续降低，银行业整体得分仅有小幅上升。证券业得分74.8分，高于2018年2.8分，其中资本充足率、资产安全性和资产流动性等各项相关指标得分与上年基本持平，由于行业盈利能力有所上升，证券业得分整体提升。保险业得分87.7分，高于2018年12.8分，其中资产流动性和资产安全性等指标得分与上一年基本持平，资产充足性指标得分较上一年有所提高，盈利能力指标得分升幅较大，拉高了保险业整体行业得分。

（二）对策建议

1. 加速发展金融产业，突出区域金融中心地位和金融产业地位

进一步完善政策环境，营造功能齐全、竞争充分的现代金融组织体系。强化促进金融机构发展的若干政策，树立增强大连金融总部意识，特别鼓励金融机构业务中心建设。大力发展对金融业起重要支撑和辅助作用的相关商务服务业，促使金融第三产业全面发展。

2. 优化区域金融生态环境，防范和化解金融风险

加快社会信用体系建设，加大对失信企业和个人的惩戒力度，妥善处置重大金融风险事件，支持金融机构合法的金融案件法律诉求，保障金融风险处置的司法公平和效率，消除因风险事件对地区金融生态造成的不良影响。要加强对准金融机构的监管及民间借贷的引导和规范，防范和打击金融欺诈、非法集资、非法证券期货活动等各类违法违规行为。

3. 完善机制体制建设，引导金融机构支持实体经济

建立正向激励机制，加大对新增信贷、直接融资、债务承销、人民币结算、金融基础建设的奖补力度。充分发挥财政资金的杠杆作用，推动建立市场化风险补偿机制。要设立产业引导基金，引导金融资源向重点产业和重要领域倾斜，鼓励金融资源真正为实体经济服务。

4. 优化信贷资源配置，统筹推进产业协调发展

发挥好银行信贷对产业结构调整的作用，引导商业银行调整信贷结构，以第三产业和支柱型成长性产业为重点服务对象，加大从技术水平低下、资源能耗严重、产出效率不足等落后产业的信贷退出力度，大力支持发展循环经济，实现经济的可持续发展。改变对大企业、大集团、大客户的信贷过度集中投入的偏好，从实际出发，加大对以民营经济为主的中小企业的信贷投入。

5. 建立完善多层次资本市场，拓宽企业融资渠道

推动更多的优质企业进入资本市场，推动企业多渠道上市，积极培育上市后备资源，做大做强大连板块。大力发展公司债券，增加中长期企业债券发行规模，推动辖区更多企业利用短期融资券、

中期票据、中小企业集合票据等直接融资工具在银行间市场融资。有效发挥区域性产权交易市场作用，充分发挥市场融资功能支持企业发展。

中国人民银行大连市中心支行金融稳定分析小组

组　　长：关守科
副 组 长：符　林
成　　员：蔡　群　任晓磊　黄晓静　朱　焱　李秀君　钟　相
　　　　　于向阳　林　君　宋林洋

《大连市金融稳定报告（2020）》编写组

总　　纂：符　林
统　　稿：蔡　群　单晓丽
执　　笔：陈家宁　姚　宁　冯　雪　尹　航　汪　静　时瑞晗
参与写作人员：赵娜娜　顾文欣　万　晨

青岛市金融稳定报告摘要

2019年，青岛市上下坚持以习近平新时代中国特色社会主义思想为指导，认真贯彻落实习近平总书记视察山东、视察青岛的重要讲话、重要指示批示精神，加快推进“中国—上海合作组织地方经贸合作示范区”“军民融合创新示范区”“中国（山东）自由贸易试验区青岛片区”等重大战略实施，坚持“稳中求进”工作总基调，统筹推进稳增长、促改革、调结构、惠民生、防风险、保稳定，“学深圳、赶深圳”，全面发起15个攻势，全市经济呈现稳中有进、稳中有新、稳中提质发展态势。全市金融业总体运行平稳，金融业服务实体经济的能力进一步提升，金融基础设施建设不断加强。

一、区域经济运行

（一）经济运行总体平稳

1. 经济增速处于合理区间。初步核算，2019年全市实现生产总值11741.31亿元，按可比价格计算，比上年增长6.5%，高于全国水平1.3个百分点。其中，第一产业增加值409.98亿元，增长1.6%；第二产业增加值4182.76亿元，增长4.7%；第三产业增加值7148.57亿元，增长8.0%。经济结构持续优化，三次产业结构调整为3.5:35.6:60.9。

2. 新产业新技术发展势头良好。全市规上装备制造业增加值增长6.6%，规模以上战略性新兴制造业增加值增长4.6%，均高于规模以上工业增加值增速。从工业投资看，工业战略性新兴产业投资增长24.0%，高技术制造业投资增长26.8%，分别高于全市投资增速2.4个和5.2个百分点；工业技改投资增长29.7%，高于全市投资增速8.1个百分点。

3. 服务业发展实现“双突破”。全市服务业增加值首次突破“七千亿”，达到7148.57亿元，增长8.0%；占GDP比重首次突破60%，达到60.9%，比上年提升1.3个百分点。服务业成为经济发展的“新引擎”“定盘星”和“稳定器”。

4. 经济高质量发展成效显现。第三产业增加值占GDP比重高于第二产业25.3个百分点，对经济增长贡献率达到70.4%，高于第二产业41.8个百分点，第三产业主引擎作用凸显。经济运行稳中有新，“四新”经济投资增长36.7%，占全市投资的比重为44.6%，比上年提升4.9个百分点；新能源生产稳步提升，规模以上企业新能源发电量增长2.6%。经济运行稳中提质，规模以上工业企业每百元营业收入中的费用为11.09元，比上年减少0.82元；规模以上服务业企业成本利润率为11.9%，比上年提升4.2个百分点。

5. 消费结构不断升级。2019年全市消费品零售总额增长8.1%，城镇消费品零售额增长7.6%，乡村消费品零售额增长10.3%，农村居民消费潜力不断释放。高科技产品成消费热点，全年限上零售业法人企业新能源汽车销售增长1.8倍，智能家用电器和音像器材销售增长37.4%，智能手机增长20.3%。服务消费需求旺盛，居民人均生活消费支出中，用于教育文化娱乐服务消费增长12.9%，居民对美好生活的多样性需求在上升。

6. 固定资产投资结构持续优化。发起“双招双引”攻势，2019年全市投资项目和投资增速均实现大幅增长。全市在建投资项目5649个，是上年项目总量的1.5倍。其中，新开工项目3101个，是上年新开工项目总量的1.9倍；计划投资亿元以上产业类项目1622个，比上年增加453个。投资增速逐季提升，第一季度6.3%、上半年7.5%、前三季度15.3%，全年增长21.6%，比上年提升13.7个百分点，增速创近七年来新高。

7. 对外贸易逆势增长。随着“一带一路”国际合作新平台纵深推进，自贸试验区制度创新加快落地，2019年全市货物进出口5925.6亿元，增长11.2%，比上年提升5.5个百分点。其中，出口3411.9亿元，增长7.4%；进口2513.7亿元，增长16.9%。外贸进出口规模再创历史新高，继续保持全省外贸龙头地位。

8. 持续深化财税金融体制改革。2019年，全市财政收入保持正增长，金融存贷款持续双增，进一步释放政策红利。2019年全市一般公共预算收入1241.7亿元，增长0.8%。税收收入901.7亿元，占一般公共预算收入比重为72.6%。受益于减税降费政策，企业所得税下降2.6%，个人所得税下降28.1%。全市本外币各项存款余额17876亿元，较年初增加1752亿元，同比多增760亿元；各项贷款余额18210亿元，较年初增加2071亿元，同比多增378亿元。

9. 居民收入稳步提高，就业形势保持稳定。2019年，全市居民人均可支配收入45452元，增长8.2%；其中城镇居民人均可支配收入54484元，增长7.2%；农村居民人均可支配收入22573元，增长8.4%。全市居民人均消费支出29501元，增长8.0%。2019年全市城镇实际新增就业75.1万人，增长5.4%。其中，服务业吸纳就业50.5万人，增长9.6%，占新增就业比重达67.3%；民营经济吸纳就业61万人，增长4.1%，占新增就业比重达81.8%。

10. 消费价格结构性上涨，工业生产价格基本持平。2019年，全市居民消费价格指数103.3%，非食品价格指数101.3%，受蔬菜、瓜果和肉类价格上涨等因素影响，食品价格指数达到111.6%。全市工业品出厂和购进价格指数保持平稳，分别为100%和98.4%。

（二）需要关注的问题

总体来看，2019年全市经济继续保持“稳”的格局，新动能不断培育，高质量发展的力量在集聚，全市经济发展的含金量在提高。同时也要看到，经济运行中仍存在不少困难和挑战，特别是外部不确定性因素较多，结构转型面临压力较大，经济下行压力加大。经济运行中存在的主要问题有：中美贸易摩擦对贸易形势存在潜在不利影响，减税降费力度加大使得财政压力有所加大，消费价格结构性上涨，部分企业生产经营出现困难等。

二、金融业运行

2019年，青岛市金融业实现增加值754.3亿元，同比增长9.7%，高于全市GDP增速3.2个百分点，占GDP的比重为6.4%，较2018年提高0.1个百分点；金融业实现全口径税收156.3亿元，同比增长7.5%，较2018年下降3.1个百分点。

（一）银行业

2019年末，青岛市银行业金融机构共计67家，其中，开发及政策性银行3家，国有大型银行6家、股份制银行11家，城市商业银行8家，农村商业银行4家，村镇银行8家，外资银行17家，企业集团财务公司6家，金融资产管理公司、信托公司、金融租赁公司、消费金融公司各1家。2019年新设立浙商银行青岛分行、东营银行青岛分行2家机构。

1. 银行业运行和发展情况

（1）资产负债规模较快增长。2019年末，青岛市银行业金融机构本外币资产总额25299.9亿元，比年初增长10.1%；本外币负债总额24254.9亿元，比年初增长9.9%。

（2）存贷款余额稳步增长。本外币存款余额16994亿元，同比增长12%，较2018年提高3.6个百分点，分别比全国、全省高8.9个和9.1个百分点；余额比年初增加1816.1亿元，同比多增838.3亿元。本外币贷款余额18363亿元，同比增长13%，较2018年提高0.4个百分点，分别高于全国、全省0.97个和2.04个百分点；余额比年初增加2105.9亿元，同比多增434.6亿元，新增额再创新高。

（3）盈利水平与风险抵御能力稳步提升。2019年，青岛市银行业金融机构共实现实现拨备前利润总额236.9亿元，较去年同期增加43.4亿元。2019年末全市银行业金融机构贷款损失准备金余额568.7亿元，比年初增加13.6亿元，年末拨备覆盖率216.2%，同比提高34个百分点，处于近三年最高水平。

（4）不良贷款处置力度加大。全年共处置不良贷款326.1亿元，同比多处置75.7亿元。持续推进银行业不良贷款化解处置，全市银行业不良贷款余额263.1亿元，比年初减少41.5亿元，不良贷款率1.43%，较年初下降0.44个百分点，低于全国0.43个百分点，低于全省1.5个百分点。

（5）服务实体经济质效进一步提升。2019年，普惠小微、基建相关行业[①]等重点领域贷款分别新增213亿元和635亿元，余额同比分别增长30%和17.1%，均高于全部贷款平均增速。普惠小微贷款利率继续下降，2019年全市新发放普惠小微贷款利率平均为6.39%，同比降低0.5个百分点。房地产贷款增速得到有效控制，全年房地产贷款余额同比增长17%，增速同比下降1个百分点；其中，个人住房贷款余额同比增长15.94%，增速同比下降1.39个百分点。

2. 需要关注的问题

（1）信用风险防控压力较大。虽然全市银行机构账面不良贷款率较低，但信用风险管控仍存在一定问题，如：异地贷款风险较为突出，个别机构采取多种手段人为压低账面不良率，大额不良贷款出现新发、频发苗头。

（2）贷款结构仍不尽合理。虽然出现了一些积极变化，但银行信贷行业投向和客户选择偏好仍有待进一步调整。年末房地产贷款余额占全市贷款余额的35.9%，同比提高1.7个百分点。受行业景气度影响，制造业贷款余额同比下降0.43%。

（3）服务实体经济能力需提升。银行服务意识仍不够强，办法还不够多，主要表现在适应高质量发展的绩效考核机制建设滞后、客户基础薄弱、有效需求发掘不足、服务手段同质化等问题仍不

① 包含电力、热力、燃气及水生产和供应业，交通运输、仓储和邮政业，租赁和商务服务业，水利、环境和公共设施管理业。

同程度存在，金融综合服务体系跟不上经济社会发展需要，金融服务质效仍需进一步提升。

（4）合规管理有待进一步加强。2019年，青岛市外汇管理局、青岛银保监局对辖内银行机构开出多张罚单，对负有责任的个人处罚力度明显加大。从处罚情况看，贷款业务“三查”不到位、理财产品资金池运作等问题屡禁不止，客户身份识别不到位、员工行为管理不审慎等现象时有发生，银行机构合规管理意识有待加强。

（二）证券期货业

2019年末，青岛市证券期货业金融机构共计163家，其中法人证券公司1家，证券分公司31家，证券营业部118家；期货分公司14家，期货营业部32家；独立基金销售机构3家，公募基金分公司5家；证券投资咨询机构5家。2019年，全市新设立2家证券分公司、4家证券营业部、1家公募基金分公司、1家独立基金销售机构、5家期货分公司和1家期货营业部；撤销1家证券分公司，4家证券营业部升级为分公司、1家证券分公司降级为营业部。

1. 证券期货业运行与发展情况

（1）证券与期货交易额同比增速回升。受证券市场低靡影响，证券经营机构实现交易额39103.81亿元，同比增长43.4%，扭转上年度下降的趋势。期货经营机构实现代理交易额39854.48亿元，同比增长39.03%，较2018年提高36.13个百分点。

（2）企业上市挂牌工作成效显著。2019年末，全市境内上市公司总数为39家，较去年新增9家，其中科创板上市公司1家。拟上市公司共23家，其中待审企业9家、辅导备案企业12家。

（3）资本市场直接融资大幅增长。2019年，辖区各类主体利用资本市场实现直接融资1091.9亿元，是上年的1.94倍，创历史最高水平。其中股权融资166.69亿元，债券融资885.2亿元。此外，私募股权基金管理人达到178家，投资规模548亿元，在投项目783个，其中投向青岛市占比超30%。

2. 需要关注的问题

（1）资本市场发展尚不充分。上市公司数量偏少、整体实力偏弱，目前青岛市上市公司家数相较其他计划单列市仍有不小的差距，且缺乏行业龙头企业，创新引领示范效应不足。证券期货基金业态尚不完善，无法人公募基金公司和全牌照法人证券、法人期货公司，投早投小的天使投资、创业投资基金的发展仍不充分。

（2）重点领域风险防范化解工作任务依然繁重。现存股票质押风险处置难度明显加大，个别公司质押比例仍高居不下，平仓风险尚未实质性消除。交易所债券存量规模已超1600亿元，潜在的信用风险、流动性风险不容忽视。私募基金行业风险个案不断出现，“伪私募”风险仍可能暴露。

（三）保险业

2019年末，青岛市共有保险业金融机构67家，其中法人保险公司1家，财产险分支机构34家，人身险分支机构32家。2019年新引进保险公司分支机构1家。

1. 保险业运行与发展情况

（1）保费收入保持较快增长。2019年，青岛市保险业实现保费收入486.9亿元，同比增长10.8%，在5个计划单列市中保费规模排名第2位，增速排名第3位。财产险公司实现保费收入132.8亿元，同比增长20%；人身险公司实现保费收入306.6亿元，同比增长7.17%。

（2）保险深度与保险密度稳步提升。2019 年，青岛市保险深度 4.15%，同比大幅提升 0.49 个百分点；保险密度 5185 元，同比增加 506 元。

（3）保险业产品结构布局日趋合理。财产险非车险业务增长强劲，工程险、保证险、货运险、农业险增速超过 30%，车险保费占比为 69.5%，同比下降 3.1 个百分点。人身险业务加速回归保障本源，养老年金保费收入增长 215.5%，健康险保费收入增长 22%。理财类产品销售规模下降，保户投资款本年新增交费同比下降 8.6%。人身险公司裁撤虚增及低效人力，年末保险从业人员数量同比下降 14.3%。

（4）保险业服务实体经济力度不断加大。全年保险金额 27.6 万亿元，同比增长 18.1%，与支持地方经济发展密切相关的财产险保险金额达到 15.6 万亿元，同比增长 40.7%。保险资金通过债权计划、信托计划和 PPP 模式有力地支持了青岛市重点项目建设。

2. 需要关注的问题

（1）保险业聚集效应未能充分显现。目前青岛市法人保险公司仅有 1 家，行业聚集效应以及对上下游产业链的带动作用不明显，也不利于高层次金融人才的引进和培养。在政府统计中，保险公司分支机构不纳入当地经济统计，尽管保费规模较大，但是对青岛市 GDP 的贡献度偏低。

（2）保险服务新旧动能转换作用尚未全部发挥。保险业对于提升改造旧动能、培育壮大新动能的支持作用发挥不充分，试点险种的覆盖面不够宽，参与企业不够多，不能有效满足服务经济转型的需要。

三、金融基础设施建设

（一）金融消费者权益保护工作进一步深化

不断完善“12363”呼叫中心建设，全年受理投诉和咨询 6164 件。开发金融消费者投诉数据统计监测分析系统，顺利在 18 家全国性银行上线。持续深化金融纠纷多元化解机制建设，在省内率先建立小额纠纷快速解决机制，在 26 个社区和银行网点设立基层调解站，全年调解纠纷 63 件。大力推进金融知识纳入国民教育体系，会同青岛市教育局等多部门印发《关于推进中小学金融知识普及教育工作的通知》。继续做好“3·15 消费者权益日”“普及金融知识　守住钱袋子”等宣传活动。进一步强化对金融机构金融消费权益保护工作的监督管理。

（二）账户管理与支付结算体系平稳运行

推广银行为企业提供工商登记、银行开户“一站式”服务模式，简化优化审批程序，账户审批办理时间大大缩短。加快实施全国移动支付便民示范工程，率先发行“电子社保卡”，实现线上 APP 社保在线缴纳、医院预约挂号等便民功能，二维码办税、缴税业务顺利推广。持续推进农村金融普惠进程，依托助农取款点提供综合化金融服务，加快“借贷合一”助农卡推广，打造“城乡支付一体化”。加强支付系统建设，稳妥推进客户备付金集中存管政策，开展非银行支付机构风险专项整治工作，切实维护辖区支付服务市场健康发展。

（三）征信服务和管理水平有效提升

加强自助查询服务推广与管理，在全市布设 30 个商业银行自助查询网点，为市民提供自助查询

63.5万次。联合建设银行青岛市分行推出更为便捷、高效的企业网银查询信用报告新模式。联合市发改委等部门筹备成立国资背景企业征信机构，推动建立青岛市企业信用信息共享平台，采集、整合企业信用信息，向金融机构、政府部门等提供查询服务。推动青岛市第五人民医院顺利接入应收账款融资服务平台，实现公立医院接入平台的全国性突破，全年实现应收账款融资344亿元，同比增长71%。

（四）反洗钱监管持续深入

持续推进洗钱风险管理试点工作，编写《ARROWS洗钱风险评估手册》，提升评估工作规范化和可操作性。完善监测系统建设，提升重点可疑交易筛查及报送能力，全年向公安、纪委等部门移送线索37起。落实扫黑除恶专项斗争，推动2起涉黑洗钱罪立案侦查。打击虚开骗税违法犯罪两年专项行动取得重大成果。

（五）反假币与现金管理进一步加强

筑牢假币堵截防线，不断深化警银合作，推动公安机关对涉假币案件立案9起，采取强制措施11人，摧毁假币窝点4个。在平度市开展假币犯罪专项治理，顺利完成预期目标。在郊县、乡镇等区域设置378个反假工作站和400名义务宣传员，组织金融机构将现金服务送下乡，定向投放原封新券近90亿元，优化农村区域现金流通环境。进一步加强纪念币发行管理，顺利完成全年纪年币（钞）发行任务。强化对虚拟货币及其风险的监测防范，联合相关机构对开展虚拟货币经营场所专项排查，成功移送违法线索2条。

四、总体评估与政策建议

（一）总体评估

参照人民银行上海总部定量评估方案，采用专家调查法、层次分析法等技术方法，对青岛市金融稳定状况进行了综合评估。评估结果显示，青岛市金融稳定状况良好。宏观经济层面，经济增速处于合理区间，经济结构持续优化，投资与税收稳中有升，市场价格涨势处于合理区间，社会民生持续改善，供给侧结构性改革成效显现。金融机构层面，银行业资产负债规模稳步增长，风险抵御能力稳步提升，不良贷款处置力度进一步加大，不良率保持低位运行，服务实体经济质效进一步提升，证券业和保险业运行平稳，金融基础设施不断完善。但仍有一些问题需值得关注，如受新冠疫情冲击，国内经济下行叠加外需急剧减少，使得重点领域风险防范化解工作任务依然繁重，资本市场发展有待完善，金融服务实体经济能力仍需进一步提升。

（二）政策建议

1. 深化金融改革与创新，助推金融业回归服务实体经济本源。稳步扩大社会融资规模，加快多层次资本市场建设，发挥青岛市蓝海股权交易中心作用，推动企业上市、挂牌培育和上市公司再融资，推进上市公司并购重组。培育引进产业投资基金和股权投资基金，支持民间资本联合设立投资基金。支持设立法人证券公司和保险公司，发挥金融机构的总部效应和集聚效应。完善地方金融体系，充分发挥政策性融资性担保公司在缓解小微、民营企业融资困难中的作用，规范地方金融控股公司发展，支持法人银行业金融机构增资扩股、稳健发展。建立全面共享的企业信息平台，将企业基本信息、水电、纳税、社保、进出口、涉诉等信息进行整合，供金融机构查询，减少信息不对称，扩大信贷覆盖面，降低抵押担保需求。

2. 防范和化解地方金融风险，坚决打赢防控金融风险攻坚战。2020 年是打好防范化解重大金融风险攻坚战的收官之年。要保持工作势头不松懈，加强上下联动与横向联合，重点加大对高风险金融机构、非法金融活动、政府隐性债务等重点领域的监测预警，做到早发现、早报告、早处置。完善风险化解处置机制，强化金融机构在防范金融风险中的主体责任，提高风险防范意识，鼓励金融机构通过清收、转让、重组、核销等手段处置不良贷款。强化金融司法联动机制，缩短资产评估、拍卖等程序周期，完善资产流转市场建设，提高抵质押资产变现效率。加大对影子银行的监管力度，督导金融机构按照资管新规与理财新规的要求规范创新业务发展。加强地方金融监管协调，厘清地方金融监管部门的职责边界和各部门责任，稳妥处置金融风险，营造良好金融生态。严防舆情和案件风险，健全应急管理工作。

3. 加强金融基础设施建设，优化金融生态环境。持续推进金融消费者权益保护工作；进一步完善支付结算体系，提高清算服务的安全、稳健、便利性；不断提升征信服务与管理水平；强化反洗钱“穿透式”监管，进一步推动反洗钱入罪；扎实推进反假货币和现金管理工作；加强金融诚信环境建设，保护金融机构合法债权；严厉打击非法集资、非法理财等违法金融活动，创造良好的金融环境。

中国人民银行青岛市中心支行金融稳定分析小组

组　　长：张文武

副 组 长：顾延善

成　　员：郝龙敬　于　兵　杨培和　孙利大　万利华　于洪平
　　　　　鞠正忠　高　翔　于　海　代　靖　岳隆庆

《青岛市金融稳定报告（2020）》编写组

总　　纂：顾延善

统　　稿：郝龙敬　李素平

执　　笔：吴亦男

参与写作人员：王冉冉　牟晓丽　许　倩　刘　磊　刘翠萍　刘金文
　　　　　　　孙恺男　邱　轲　张　欣　贺　坤　段　超　赵映光

宁波市金融稳定报告摘要

2019年，宁波经济运行稳中有进，金融业运行总体稳健，服务实体经济能力不断提升，重点领域风险趋于收敛，金融基础设施建设深入推进。综合评估结果显示，2019年辖区金融稳定状况良好，风险总体可控。

一、区域经济运行

（一）区域经济基本情况

1. 经济增长总体平稳，人均生产总值稳中有进。2019年，全市实现地区生产总值11985.1亿元，按可比价计算，同比增长6.8%，增速较上年回落0.2个百分点。分产业看，一产、二产、三产分别实现增加值322.3亿元、5782.9亿元、5879.9亿元，同比分别增长2.3%、6.2%、7.6%，三次产业增加值之比为2.7∶48.2∶49.1。按常住人口计算，全市人均地区生产总值14.3万元，同比增长7.84%。

2. 工业生产稳步回升，创新驱动效果显现。2019年，全市规模以上工业增加值3991.5亿元，同比增长6.4%。规模以上工业企业实现销售产值17297.3亿元，同比增长3.2%；实现利润总额1298.5亿元，同比增长4.7%。规模以上工业企业投入研发费用336.8亿元，同比增长13.7%；实现新产品产值6059.1亿元，同比增长10.3%，对总产值增长的贡献率92.3%，比上年提高56.1个百分点。

3. 投资消费稳定增长，外贸形势好于全国。按支出法，全年固定资产投资同比增长8.1%。其中民间投资增长6.1%。构成方面，基础设施投资增长7.5%，工业投资增长10.5%，房地产投资增长7.3%。实现社会消费品零售总额4473.7亿元，同比增长7.7%，其中限额以上社会消费品零售总额1563.7亿元，增长2.6%。全年完成进出口总额9170.3亿元，同比增长6.9%。其中出口同比增长7.6%，高出全国2.6个百分点；进口同比增长5.8%，高出全国4.2个百分点。

4. 财政、居民收入保持增长。2019年，全市实现财政总收入2784.9亿元，同比增长4.9%。在地方税收中，增值税和企业所得税分别增长3.9%、10.6%，个人所得税下降20.8%。居民人均可支配收入56982元，同比增长8.7%，扣除价格因素实际增长5.5%。

5. 价格指数出现分化。2019年，全市居民消费价格（CPI）同比上涨3.0%，工业生产者出厂价格（PPI）价格同比下降2.1%。

6. 全市房地产市场总体平稳。2019年全市新建商品住宅、二手住宅分别累计成交1501.1万平方米、1002.2万平方米，同比分别增长16.1%、8.4%；全年累计完成房地产开发投资金额1703.59

亿元，同比增长7.3%，比上年末回落8.2个百分点。

（二）区域经济运行中需关注的问题

1. 经济回稳的微观基础不牢固。2019年第四季度工业增加值增速虽有所回升，但部分关联性指标未同步明显好转，工业产销值增速回落、PPI指数下行表明工业品市场需求仍然疲弱，用工成本上升进一步压缩企业利润空间，企业生产经营困难仍较多。

2. 挖掘内需面临多重障碍。工业投资增长后劲不足，全年全市工业投资占全市投资的比重下降为22.3%，低于“十二五”时期约30%的平均水平；消费增长持续低迷，全年全市限额以上消费品零售总额增速仅为2.6%，增速处于2007年以来的较低水平。

3. 中美经贸摩擦持续影响。受市场预期不稳和阶段性赶单效应影响，全市出口增速波动较大，企业生产经营难以保持正常节奏。对辖内外贸企业的调查显示，由于担忧贸易摩擦情况反复，企业的出口订单、经营策略等并未因一阶段协议达成而发生明显变化。

二、银行业

（一）银行业经营情况

截至2019年末，全市存款类法人银行业金融机构共25家，总资产、总负债分别为18520.72亿元、16886.78亿元，比上年分别增长15.83%、15.62%；拥有市级分行36家，总资产17864.76亿元，同比增长7.14%，总负债17638.06亿元，同比增长6.94%。

1. 表外业务规模明显下降。截至2019年末，辖区银行业表外业务（含金融衍生品）余额58464.75亿元，同比减少57.7%。其中非保本理财、委托贷款年末余额分别为193.12亿元、1067.96亿元，同比减少0.06%、6.81%。

2. 存款增速平稳，信贷支持实体经济有力。截至2019年末，全市本外币各项存款余额20857.81亿元，同比增长8.92%，增速较上年上升3.41个百分点。各项贷款余额22187.24亿元，同比增长11.29%，占广义信贷（不包括表外理财）的比重74.34%。

3. 资本充足水平稳中有升。截至2019年末，辖区25家法人银行资本充足率15.34%，同比上升0.38个百分点；核心一级资本充足率10.34%，上升0.1个百分点。有7家机构资本充足率超过25%、14家机构超过15%。

4. 不良贷款继续双降。2019年，辖区银行业金融生态和各类信用修复工作不断推进，顺利完成将年末不良贷款率降至1.2%以下的目标。2019年末全市银行业不良贷款余额234.24亿元，比年初减少13.58亿元；不良贷款率1.06%，比年初下降0.19个百分点，不良贷款余额、不良贷款率连续14个季度双降。

5. 盈利增长较快。2019年，辖区银行业实现净利润379.42亿元，同比增长22.48%。净息差、净利差分别为2.24%、2.07%，同比分别下降12个和2个基点，盈利增长主要原因是资产质量持续向好，减值准备同比少计提85.92亿元。盈利结构方面，净利息收入占比79.06%，同比上升3.12个百分点，中间业务收入占比16.85%，同比下降1.4个百分点。

6. 资金价格与银行间市场发债规模小幅下降。2019年，全市银行业金融机构新发放贷款加权平均利率5.84%，同比下降3个基点；非金融企业债务融资工具发行428.2亿元，同比下降2.2%，发行量仅次于2018年，居15年以来（2005年以来）次高。

（二）重点领域风险趋于收敛

扎实推进存款保险制度实施和央行金融机构评级，法人机构评级结果改善，2019年末无高风险机构。配合总行做好包商银行宁波分行接管工作，圆满完成大额债权收购。资管新规效果初显，同业乱象得到有效治理，资管业务向本源回归。积极推进破产重整及债转股，推进1家大型出险企业司法重整，防止风险的蔓延和扩散；1家企业成功实施债转股。

（三）辖区银行业发展中需关注的问题

1. 关注类贷款反弹，部分机构信用风险高企。2019年，辖区银行业不良贷款延续2016年第三季度以来的双降趋势，贷款分类偏离度、新发生不良贷款等指标持续好转。但是，在总体信用风险下降背景下，潜在信用风险趋于上升，全市关注类贷款持续反弹，年末余额611.79亿元，同比增长12.15%，连续7个月增速超过10%。部分机构不良率高企，辖内有3家分支机构、3家村镇银行不良率超过5%。

2. 部分法人机构资金来源与运用不稳定，潜藏一定流动性风险。资产端价格下行与负债端成本高企导致部分中小法人机构经营压力上升，潜在流动性风险有所上升：一是两家机构同业融入总额占总负债的比重超过45%，不满足监管要求（≤1/3），对同业资金的依赖度过高；二是6家机构核心负债依存度未达监管标准（≥60%），中长期负债比例过低，资金来源不稳定；三是4家村镇银行流动性匹配率不满足应高于100%的监管要求，资产负债期限错配程度高，资金借短长用易产生流动性风险。

3. 经营效率与成本控制能力有所下降。总体来看，银行业竞争加剧，新型业务拓展难度增加，经营效率有所下滑，2019年全市银行业金融机构成本收入比29.21%，分别比2017年、2018年上升0.17个、1.33个百分点；中间业务收入比率16.85%，比2017年、2018年下降3.4个、1.4个百分点；从法人机构看，25家机构成本收入比35.71%，同比上升0.07个百分点，不满足监管要求（≤35%）；有22家超过35%，部分机构超过100%，成本控制能力较弱。

三、证券业

（一）证券业经营情况

1. 经营主体数持续增加。截至2019年末，辖区证券经营机构182家，同比增加12家。其中，证券营业部158家，证券公司分公司22家，基金公司、证券投资咨询公司各1家。期货经营机构48家，同比增加3家。其中，期货营业部38家，期货经纪公司1家，期货分公司9家。境内上市公司81家，同比增加5家，包括主板公司48家，中小板公司15家，创业板公司17家，科创板公司1家。

2. 证券期货交易量上升。2019年辖区证券交易成交总额64154.63亿元，同比上升36.47%；期货代理交易量、金额分别为6748.49万手、42379.97亿元，同比分别上升1.95%、1.09%。2019年末，证券投资者账户数215.72万户，同比增长7.75%，客户保证金余额150.45亿元，同比上升49.51%，证券托管市值5593.56亿元，同比上升62.77%；期货投资者账户数4.43万户，同比增长7.63%，客户保证金余额55.36亿元，同比下降8.62%。

3. 证券、期货经营机构盈利分化。2019年，受资本市场回暖影响，证券经营机构盈利上升，全年手续费及佣金收入13.38亿元，利润总额3.71亿元，同比分别上升34.41%、151.31%；而期货经营机构经营状况未有改善，全年代理交易手续费收入3.02亿元，同比下降9.54%，利润总额-0.15亿元。

4. 法人期货机构经营稳健。2019年法人期货机构（兴业期货）经营总体稳健，截至2019年末，资产总额50.86亿元，较年初上升31.28%，负债总额45.43亿元，较年初上升36.3%。2019年全年期货代理交易量2392.97万手，同比增长20.55%；期货交易金额22756.61亿元，同比增长49.26%。全年实现营业收入12266.96万元，净利润202.83万元，同比分别增长24.44%、170.18%。截至2019年末，公司净资本3.31亿元，风险资本准备总额2.22亿元，净资本与风险资本准备总额比例149%，流动资产与流动负债比例1373%，负债与净资产比例6%，均符合监管要求。

5. 永赢基金经营稳健。2019年度，永赢基金坚持稳健经营，各项业务稳步发展，无重大风险事件发生。截至2019年末，该公司总资产17.68亿元，总负债2.69亿元，所有者权益14.99亿元，全年实现净利润2.69亿元。年末共有49只公募产品，包含2只货币基金、39只债券型基金、3只指数基金以及5只混合型基金，管理规模1574亿元，其中非货币公募规模1029亿元。

（二）辖区证券业发展中需关注的问题

1. 融资结构失衡未明显改善。2019年非金融企业资本市场融资总额388.51亿元，同比增加44.19亿元；占新增贷款比例17.30%，同比提高4.84个百分点。资本市场融资额虽有所提升，但与银行信贷相比，在社会融资中的占比仍然不高。资本市场中股权融资40.21亿元，同比下降79.44%；占资本市场融资比例10.35%，同比下降62.2个百分点，资本市场中的股权融资与债务融资比例失衡较为明显。

2. 个别上市公司股权质押风险尚未化解。2019年末，辖内有41家上市公司大股东开展了股权质押融资业务，其中22家股权质押比例超过50%，7家超过90%。个别上市公司大股东出现偿债风险后，由于债务规模大，涉及机构多，风险处置进程较为缓慢，目前虽已采取了暂缓还本付息措施，但股权质押风险尚未解除。

3. 盈利渠道单一状况未有效改善。辖区证券期货经营机构以营业部为主，近年来虽积极拓展创新业务，但收入依赖经纪业务的局面未得到根本性改变。受资本市场回暖影响，证券机构的盈利有所改善，但期货经纪机构连续两年亏损，持续经营能力需密切关注。

四、保险业

（一）保险业经营情况

1. 保险业稳健发展。截至2019年末，宁波保险市场共有各类保险机构709家，从业人员

5.18万人。保险深度3.14%，同比增加0.14个百分点；保险密度4400元/人，同比增长9.88%。2019年末，全市保险公司资产总额658.57亿元，同比增长9.08%。全年实现原保险保费收入375.83亿元，同比增长17.23%，其中财产险保费收入165.55亿元，同比增长8.32%；人身险保费收入210.28亿元，同比增长25.35%。赔付支出147.7亿元，同比增长13.55%，其中财产险赔付支出108.6亿元，同比增长12.83%，人身险业务赔付支出39.11亿元，同比上升15.62%。产险机构全年实现利润7.80亿元，同比增长38.41%；寿险公司退保率3.35%，同比下降0.65个百分点。

2. 保险保障量增面更广。全年保险业共提供23.89万亿元风险保障，同比增长21.11%；人身险累计新增承保3989.93万人次，同比增加461.57万人次。巨灾保险提供7亿元大灾风险保障，应对台风已决赔案6.54万起，支付赔款超过5.33亿元。医疗责任险提供风险保障3.82亿元，调处终结各类赔案9046起。大病保险全年提供理赔服务16.85万人次，赔付支出1.36亿元。农险产品种类发展至57个，提供风险保障88.7亿元。

3. 国家保险创新综合试验区建设稳步推进。全年新推保险创新项目20个，民办教育培训机构综合保险、水库防洪超蓄救助保险纳入重大保险创新项目管理。建成首个全国数字健康保险交易示范性平台，对接16家保险（总）分公司，联通全市410家公立医院，实现商业健康保险线上核保核赔、快速理赔、直付理赔等功能。全面推行宁波地区车险实名缴费、车险电子保单统一上线，做好交通事故“网上数据一体化处理”工作。

（二）辖区保险业发展中需关注的问题

1. 保险业经营环境面临一定挑战。总体来看，辖区保险业整体运行稳健、风险可控。保险业经营与所在区域经济金融发展密不可分，随着国内“三期叠加”影响持续深化，经济下行压力加大，宁波辖区经济发展面临较大挑战，外向型经济更容易受全球经济走势、中美贸易摩擦影响，辖区保险业经营面临的不利因素较多，稳健发展的任务较为艰巨。

2. 保险机构流动性补充能力有待强化。2019年，全市保险市场10年期及以上保费收入同比降低3.62%，新单趸交年化保费收入占比58.09%，一年期以上新单趸交保费收入同比增长100.95%，主要依赖开门红期间趸交业务带动，在保险业回归保障功能的监管导向下，亟须加大提升中长期保障型险种经营能力。

五、类金融活动

（一）小额贷款公司业务规模大幅收缩

截至2019年末，宁波市小额贷款公司共计43家，同比减少4家，资本净额从上年末的70.6亿元降至59.4亿元，银行融资从上年末的15.9亿元降至2.0亿元，可放贷资金大幅下降。从贷款规模上看，期末贷款余额54.2亿元，同比下降37.0%，其中150万元以下的小额贷款余额24.4亿元，同比下降31.2%，占比45.0%，同比上升3.8个百分点。

（二）融资担保公司业务规模企稳回升

截至2019年末，宁波市融资性担保机构共计42家，同比增加3家，注册资本41.57亿元，同比上升10.6%；期末在保8700户，余额55.1亿元，同比分别上升31.8%、14.7%，担保放大倍数从上年末的1.28升至1.33。全年担保总额49.0亿元，同比上升3.3%，自2017年到达历史低点后连续两年实现小幅增长，且户均担保金额明显提高，从上年末的77.0万元升至94.2万元。

（三）典当行业业务规模稳步增长

截至2019年末，宁波市典当企业共75户，同比减少23户，总资产12.8亿元，同比下降25.4%，总负债0.9亿元，同比下降51.6%。从业务规模上看，全年放贷总额39.0亿元，同比上升61.1%，其中不动产抵押贷款22.8亿元、动产质押贷款10.5亿元，同比分别上升110.1%、79.8%。典当行业业绩明显提升，全年息费净收入7100万元、净利润1600万元，同比分别上升16.4%、23.1%。

（四）互联网金融风险明显下降

截至2019年末，辖内正在清盘退出的P2P网贷机构有4家，尚在运营的机构由年初的19家降至0家；全年完成9家资管及跨界分领域的互金企业整治，涉及5家违规从事“虚拟币”交易的企业、2家互联网资管类企业以及2家交易场所。

六、金融市场

（一）同业拆借

2019年，全辖银行间市场同业拆借成员13家，较上年增加1家。全年累计完成拆借交易3882笔、22547.39亿元，同比分别下降11.33%、10.50%。拆借加权平均利率呈震荡态势，上半年拆借加权平均利率除在税期月末敏感时点冲高之外，其余时点整体在相对低位小幅震荡，下半年整体呈现下行走势。

（二）债券回购

2019年，全辖14家法人银行业金融机构、2家货币基金和多个资管账户参与债券回购交易24.02万亿元，同比上升6.95%。交易品种以短期为主，其中隔夜品种占95.23%，7天品种占3.37%，短期特征鲜明。

（三）现券交易

2019年，全辖14家法人主体和多个资管账户累计交易现券3.76万亿元，同比下降36.05%。从交易品种来看，政策性金融债、同业存单和国债的交易规模分别占39.41%、26.14%和14.54%；从资金价格走势看，现券利率总体下行，但期限利差上升。

（四）债券发行

2019年，全辖债务融资工具发行70笔，同比增加2.94%；累计发行金额428.2亿元，同比下降2.22%；加权平均利率为4.26%，同比下降1.27个百分点，较同期全市企业贷款加权平均利率低

0.89个百分点，发债成本优势明显。均胜电子、奥克斯、富邦控股累计发行8单民营企业债券融资支持工具，融资金额29亿元，信用风险缓释凭证成交12.3亿元。

（五）黄金交易

2019年，辖内金融机构金交所和期交所黄金交易合计2990.62吨，同比上升3.38%；交易金额9439.24亿元，同比上升20.69%。一家法人机构还开展了260.66亿美元的境外黄金交易。交易品种以黄金拆借、账户金、黄金租赁为主，全年成交金额分别为157.09亿元、119.69亿元、31.04亿元。

（六）外汇交易

2019年，全年跨境收支顺差412.3亿美元，同比增长9.5%；结售汇顺差352.1亿美元，同比微增1.9%。5家法人机构累计外汇交易折合4349.22亿美元，同比下降25.89%。从交易类型看，美元/人民币掉期交易占32.19%，即期结售汇交易占69.94%。从趋势上看，四个季度交易量分别为1099.37亿元、1187.37亿元、997.76亿元和514.71亿元，呈逐季下滑态势。

七、金融基础设施

（一）支付清算体系运行

2019年，宁波市支付系统日均处理业务笔数、清算资金金额较上年分别增长7.53%和5.94%。持续推进支付清算基础设施建设，强化支付系统安全管理，取消企业银行账户许可。移动支付便民工程建设成果显现，银联“云闪付”在地铁、公交领域实现全覆盖，可受理银联二维码医院51家，建设智慧菜场112家、“惠停车”停车场116个。助农金融服务点移动支付业务发展和标准化建设稳步推进，年末开通移动支付业务的银行卡助农服务点388个。

（二）信用体系建设

征信系统服务水平不断提高，普惠金融信用信息服务平台累计查询160万次，日均查询量达8800次，累计有3156户企业借助平台获得银行融资，贷款余额401亿元。持续推进农村信用体系建设，评定出宁波市级信用村73个、信用乡镇3个。应收账款融资服务平台推广工作取得突破，全年成交金额291.5亿元，同比增长24.6%；开通用户229户，同比增长23.8%。

（三）反洗钱监管

强化反洗钱日常监管，法人义务机构的现场监管率连续7年保持100%，客户身份基本信息完整率、可疑交易报告质量持续提升。完成辖区法人机构反洗钱分类评级工作，对非法人机构进行分类评级。积极参与互联网金融风险专项整治、扫黑除恶专项斗争等活动，及时向市扫黑办、公安、税务等部门移送可疑线索，协助调查非法集资、地下钱庄、涉税等洗钱相关案件。

（四）反假币工作

2019年，宁波辖区收缴假人民币数量同比增长109.99%。建立举报奖励制度，加强信息收集分析，对假币收缴信息开展数据分析，协助公安机关破获5起假币刑事案件。利用“3·15”“5·15”特殊时点广泛宣传人民币和反假货币知识，组织微信有奖答题和反假货币理论考试，多渠道提高群众识假、反假能力。

（五）金融消费者权益保护

2019年，宁波市金融消费纠纷人民调解委员会全年接待来访236人次，通过口头、书面、开庭等方式完成227起调解。12363共接听来电3577起，其中受理投诉231笔、咨询3346笔。提升需求侧金融素养，开展现场宣传活动3780场，金融课覆盖全市五个区县（市）、10万余名中小学生。

（六）普惠金融建设

开展全国首批金融科技应用试点，率先完成真实消费场景下全国首笔借记卡、贷记卡刷脸支付。2019年末，宁波普惠金融信用服务平台采集入库17个政府部门和公用事业单位、63家金融机构7.3亿条信息。2019年11月，获批创建国家级普惠金融改革试验区，为更好地服务宁波民营和小微企业、助力乡村振兴夯实基础。

八、总体评估与政策建议

综合评估显示，2019年宁波辖区金融风险总体可控，金融稳定状况进一步提升。2020年，全球经济形势依然复杂多变，年初受到新冠病毒疫情冲击，因此，要在促进经济高质量发展中，进一步做好金融风险防控，维护辖区金融稳定。

（一）提高金融服务实体经济能力

一是充分发挥专项再贷款抗疫“输血”功能，精准帮扶防疫相关企业，助力企业复产复工，尽快恢复正常经营秩序。二是综合运用定向降准、再贷款、再贴现等政策工具，保持流动性合理充裕，促进货币信贷、社会融资规模增长与经济发展相适应。三是充分发挥宏观审慎评估（MPA）的考核激励作用，引导金融机构落实尽职免责、考核激励等改革措施，降低小微企业贷款风险权重，营造敢贷愿贷能贷的政策环境，加大对民营和小微企业、制造业等实体领域的信贷支持。

（二）加强金融风险监测评估

一是密切关注新冠肺炎疫情、中美贸易摩擦进展、房地产发展动向等对辖区经济金融的影响，重点关注县域融资平台杠杆率、上市公司股权质押等对辖区信用风险的影响，进一步完善金融风险监测体系，提升前瞻性和有效性。二是加强地方政府债务真实情况调研，探索建立房地产市场风险分析指标体系，积极开展对居民杠杆率高企等突出问题的调研。三是综合运用存款保险、央行评级、压力测试等措施，摸清辖区金融机构风险底数，推进风险机构早识别、早处置。

（三）积极稳妥做好风险处置

一是压实金融机构主体责任、地方政府属地风险处置责任和维稳第一责任、金融监管部门监管责任，持续推动化解个别机构风险问题。二是推进市场化法治化处置企业风险，持续推动债转股、破产重组工作，有效化解大型企业流动性风险，防止风险向金融体系扩散和蔓延。三是深入推进互联网金融风险专项整治工作，打击非法金融活动，2020 年底前显著压降重点风险。

中国人民银行宁波市中心支行金融稳定分析小组

组　　　长：周伟军

副　组　长：田国良

成　　　员：李巧琴　周　豪　应姬臣　徐惠良　詹旭波　鞠志杰

徐洪水

《宁波市金融稳定报告（2020）》编写组

总　　　纂：周伟军

统　　　稿：田国良　徐洪水

执　　　笔：黄　健　楼东玮　徐希一　叶佳幸

参与写作人员：林　荫　陈璐佳　刘良毕　俞佳佳　张德富　龙腾飞

上官忠东　孙诗雄

厦门市金融稳定报告摘要

2019年，厦门市继续深化供给侧结构性改革，积极应对国内外复杂挑战，经济实现总体平稳、稳中有进的发展态势。金融业运行总体稳健，银行业资产负债结构持续优化，对实体经济支持力度加大；证券期货业经营主体继续增加，市场交投活跃度有所上升；保险业市场规模稳步扩大，业务结构与风险指标保持良好；金融市场平稳运行，金融基础设施建设持续完善。但厦门市经济金融运行仍面临一定困难和挑战，部分领域风险值得高度关注。

一、区域经济运行与金融稳定

（一）区域经济运行情况

1. 经济呈现稳中向好态势，产业结构保持稳定

2019年，厦门市实现地区生产总值5995.04亿元，同比增长7.9%，增速较比上年提高0.2个百分点，高于全国、福建省平均增速1.8个、0.3个百分点，位居计划单列市首位。其中，第一产业、第二产业、第三产业同比分别增长0.7%、9.7%、6.6%，三次产业结构为0.4:41.6:58.0，第二产业贡献率较上年显著提高7.6个百分点。

2. 工业增速总体平稳，服务业新业态不断拓展

2019年，厦门市规模以上工业实现增加值1795.95亿元，同比增长8.6%，增速较上年下降0.2个百分点，高于全国平均增速2.9个百分点。工业经济集群化特征明显。电子、机械两大支柱行业工业产值占规模以上工业总产值的68.8%，“三高”（高技术、高成长、高附加值）工业企业工业产值占规模以上工业总产值的83.6%。同年，厦门市服务业实现增加值3474.56亿元，同比增长6.6%，增速较上年下降0.9个百分点。金融业顶层设计不断完善，继续助力实体经济增长，全年金融业实现增加值660.66亿元，同比增长8.0%，拉动GDP增长0.9个百分点；服务业新业态不断拓展，互联网相关服务业营业收入同比增长30.4%，增速进一步加快。

3. 投资增速回落，招商引资成效显著

2019年，厦门市固定资产投资（不含农户）同比增长9.0%，增速较上年回落1.1个百分点，但高于全国平均增速3.6个百分点。基础设施投资仍是主要动力，市政工程投资步伐继续加快，全年市政投资同比增长76.8%，拉动固定资产投资增长4.5个百分点。房地产开发投资完成899.53亿元，增速较上年提高1.2个百分点。与此同时，招商引资成效显著，全年形成招商项目2383个，总投资1.2万亿元，有效支撑固定资产投资增长。

4. 消费增速回升，网络零售发挥主要推动作用

2019 年，厦门市完成社会消费品零售总额 1731.85 亿元，同比增长 12.2%，增速较上年提高 5.6 个百分点，高于全国平均增速 4.2 个百分点。网络零售增速大幅回升，全年限额以上批发零售企业通过互联网实现商品零售额 378.40 亿元，同比增长 36.2%，增速较上年提高 28.2 个百分点；汽车类商品零售止跌回升，全年限额以上汽车类商品零售额 331.86 亿元，同比增长 4.3%；但受新零售业务冲击，实体零售持续低迷，全年实体零售完成零售额 47.54 亿元，同比下降 5.9%。

5. 外贸增速放缓，利用外资力度加大

2019 年，厦门市实现外贸进出口总额 6412.89 亿元，同比增长 6.9%，增速较上年提高 3.6 个百分点，高于全国平均增速 3.5 个百分点。其中，出口总额 3528.71 亿元，同比增长 5.7%，增速提高 3.0 个百分点；进口总额 2884.18 亿元，同比增长 8.3%，增速提高 4.3 个百分点。从贸易伙伴看，对“一带一路”沿线国家、东盟、欧盟外贸进出口实现较快增长，同比增幅分别为 14.4%、11.3%、8.9%；从贸易结构看，机电产品出口和大宗商品进口增长较快。另外，厦门市利用外资力度进一步加大。全年实际利用外资总额 134.16 亿元，同比增长 25.0%，合同和实际利用外资规模均居福建省首位。

6. 住宅价格指数回升，物价涨幅扩大

2019 年厦门市商品住宅成交量增长较快，成交价格回升。年末一手、二手住宅定基价格指数（2015 年 = 100）分别为 157.2、142.0，同比分别增长 3.9%、6.1%。同期，厦门市居民消费价格（CPI）同比上涨 3.0%，涨幅较上年扩大 1.2 个百分点，低于全国平均涨幅 0.3 个百分点。

7. 财政收入增长放缓，居民收入增长提速

2019 年，厦门市实现财政总收入 1328.47 亿元，同比增长 1.7%，增速较上年回落 6.4 个百分点；其中，地方级财政收入 768.32 亿元，同比增长 1.8%。全年完成财政支出 914.65 亿元，同比增长 2.5%，增速较上年下降 9.5 个百分点。

2019 年，厦门市全体居民人均可支配收入 55870 元，同比增长 9.7%，增速较上年提高 0.4 个百分点；其中，城镇居民人均可支配收入 59018 元，同比增长 8.5%。

（二）区域经济运行需关注的问题

1. 工业生产下行压力较大

从有需求端看，2019 年厦门市工业生产者出厂价格指数（PPI）为 98.31，较上年进一步下降 2.97 个百分点，需求疲软态势加剧。从供给端看，一方面，规上企业减产形势严峻，且年度升规企业及新投产企业规模小，对工业拉动作用有限。2019 年全市减产企业数占比达 47.3%，较上年扩大 9.9 个百分点；同年，全市规下转规上工业企业共 286 家，新投产企业 17 家，合计净增产值 122.49 亿元，仅占当年规上工业产值增量的 27.1%。另一方面，工业增长缺乏大项目拉动，后劲不足。全年厦门市工业投资仅增长 5.2%，低于全省 10.3 个百分点。

2. 加工贸易下滑或令外资增长及外汇收支承压

加工贸易内嵌于全球产业链，而且以低附加值加工环节为主，相比一般贸易，更易受外部环境冲击。2019 年在美国加征关税的影响下，厦门市进出口加工贸易数据均有不同程度的回落，占比也呈现下降趋势。厦门市进出口加工贸易以外资为主，其颓势或将制约辖区外贸增长。同时，加工贸易是厦门市货物贸易顺差主要来源，其萎缩将令辖区外汇收支承压。

二、金融业与金融稳定

（一）银行业

1. 银行业运行情况

（1）银行业资产负债规模稳步扩大

截至2019年末，厦门市共有银行业金融机构47家，机构数与上年持平。其中，中资银行27家，外资银行14家，外资银行代表处2家，信托公司1家，财务公司2家，消费金融公司1家，金融租赁公司1家；法人机构11家。银行业资产总额1.86万亿元，同比增长2.9%；负债总额1.76万亿元，同比增长2.5%，增速较上年均有所回落。

（2）社会融资规模加速增长，贷款支持小微企业成效明显

截至2019年末，厦门市社会融资规模存量同比增长14.2%，增速较上年末提高8.2个百分点；全年增加2295.06亿元，是2018年增量的2.5倍。本外币贷款余额同比增长11.8%，增速较上年末提高3.5个百分点；全年增加1195.56亿元，创历史新高，有力支持厦门市经济增长。其中，小微企业贷款实现“量增、价降、面扩”，国标口径小微企业贷款增加289.63亿元，同比多增146.16亿元；民营企业贷款增加228.24亿元，同比多增26.46亿元。贷款去房产化趋势进一步强化，年末全市房地产贷款余额占本外币贷款余额的比重33.7%，较上年末下降0.5个百分点。

（3）资产负债及表外业务结构继续优化

伴随各项金融改革向纵深推进，银行业资产负债结构不断优化，资金空转明显减少。从资产投向看，贷款增速高出资产规模增速9.6个百分点，贷款余额占资产总余额的63.6%，较上年提升5.1个百分点；而包括存放同业、买入返售、拆放同业在内的同业融出余额下降14.8%、以SPV为主的其他投资余额下降30.0%。从负债来源看，存款、债券发行均保持增长，同比分别增长10.75%、6.85%，同业负债则同比减少21.38%。从表外业务看，发行非保本理财产品余额399.72亿元，同比减少9.27%。

（4）利润增速有所回落，不良贷款实现双降

2019年，厦门市银行业实现税后利润174亿元，同比增长17.7%，增速有所回落。年末全市银行业逾期60天以上贷款全部计入不良，不良贷款余额130.11亿元，同比减少12.47亿元；不良贷款率1.1%，同比下降0.25个百分点；拨备覆盖率230.09%，同比提高25.2个百分点。

（5）法人银行资本充足与流动性水平保持良好

截至2019年末，厦门市法人银行业金融机构核心一级资本充足率为10.95%，较上年提高0.35个百分点；资本充足率为13.97%，较上年回落0.27个百分点，资本较为充足。年末全市法人银行流动性比例为83.17%，较上年提高4.30个百分点，流动性整体充裕。

2. 银行业运行需关注的问题

（1）金融对重点领域和薄弱环节的支持力度仍需加强

尽管2019年厦门市银行业对小微企业的支持力度明显提升，但国企和房地产企业仍聚集相对多的信贷资源，批发零售、交通和房地产仍是贷款投向前三大行业，增量占比合计75.5%。相较之下，年末厦门市制造业贷款余额减少27.44亿元，9.8%的占比远低于制造业在GDP中近30%的比重，

且短期贷款仍占主导。另外，绿色信贷产融对接仍较不顺，贷款余额占比仅2.1%，低于全国主要商业银行平均水平。

（2）结构性降杠杆任务依然艰巨

一方面，受个人住房贷款止跌回升影响，2019年厦门市居民杠杆率出现反弹，年末为84.2%，仅次于杭州（103.8%），位居全国第2位，是全国平均水平（55.8%）的1.5倍。另一方面，国企降杠杆压力仍较大，年末市属国企资产负债率67.1%，同比上升2.46个百分点。部分国企利用融资优势，以参股、投资、委托贷款等形式介入金融领域，甚至出现挪用信贷资金、不当套利等违规行为，拉长了实体经济融资链条。

（3）银行业信用风险防控形势仍较严峻

2019年厦门市银行业不良贷款实现双降，但先行指标关注类贷款率达3.5%，考虑实体经济下行压力较大，辖区个别大中型企业风险已经或正在暴露，银行业信贷资产质量总体承压。另外，从单家机构看，辖区个别信用风险突出的机构2019年不良贷款率进一步上升，凸显资产分类监管收紧的影响，后续其信用风险压降难度增大，恐进一步恶化盈利状况。

（二）证券期货业

1. 证券期货业运行情况

（1）经营主体数量保持稳定

截至2019年末，厦门市共有证券机构经营机构189家，较上年增加2家；其中，1家法人证券公司、27家证券分公司、109家证券营业部；2家法人期货公司、17期货分公司、21家期货营业部。此外，2019年末厦门市有1家法人基金公司，数量保持不变。但登记备案的私募基金管理机构达359家，较上年减少4家。

（2）市场交投活跃度有所提升

2019年，厦门市证券交易总额4.95万亿元，同比增长28.85%；年末投资者股票账户数218.61万个，同比增加11.32%。同期全市期货交易额3.5万亿元，同比增长29.62%；年末期货账户数5.84万户，同比增加15.42%。证券机构营业收入14.05亿元，同比增长44.7%；实现净利润0.04亿元，同比下降96.37%，主要受个别证券营业部亏损较大拖累；全年证券机构亏损面51%，与上年基本持平；同年，期货机构营业收入4.00亿元，净利润1.50亿元，同比增长分别20.44%、1.5%。

（3）上市公司直接融资回落较大

截至2019年末，厦门市共有上市公司49家，较上年增加2家；其中主板21家，中小板16家，创业板12家。上市公司实现首发融资8.06亿元，同比下降70.5%；实现再融资114亿元，同比减少67.74%。2019年前三季度，厦门市49家上市公司营业收入合计7699.53亿元，同比增长15.53%；归属母公司股东的净利润111.14亿元，同比减少7.15%。此外，2019年厦门市新三板挂牌企业130家，较上年减少25家；累计融资1.55亿元，同比下降66.74%。

2. 证券期货业运行需关注的问题

（1）证券期货机构经营压力较大

因机构数量进一步增加，市场竞争持续加剧，加之经济下行压力加大，2019年辖区证券机构经营总体亏损，信用风险防控形势较为严峻。截至年末辖区法人证券公司股票质押业务、资管业务及承销债券业务均存在不同程度违约情况。

（2）部分上市公司股权质押与退市风险较大

截至2019年末，厦门市有3家上市公司第一大股东股权质押比例达到或接近100%，面临强平风险；另有2家公司经营继续亏损，债务重整对经营状况的改善尚未显现，可能触发退市风险。

（3）私募基金市场风险与合规风险仍较突出

一方面，由于市场流动性下降，叠加前期募资投资过多等因素，私募基金募资难、投资难、退出难问题日益突出，部分机构面临募资端刚性兑付压力；另一方面，由于行业法规尚在完善，从业人员良莠不齐，机构合规意识淡薄，形成了个别违法犯罪活动。

（三）保险业

1. 保险业运行情况

（1）保险市场整体实现平稳增长

2019年，厦门市保险市场呈现平稳增长态势，保险公司机构数与上年持平。截至年末，共有各类保险公司39家，其中财产险公司21家，人身险公司18家，法人财险与寿险公司分别为1家。全年共实现保费收入226.68亿元，同比增长7.7%。其中，财产险保费收入78.86亿元，同比下降1.82%；人身险保费收入147.82亿元，同比增长13.54%。保险公司赔付支出78.81亿元，同比增长8.12%。保险密度为5284元/人，同比增长162元/人，保险深度为3.8%，同比下降0.6个百分点。

（2）保险业务结构保持较好

财产险方面，2019年厦门市车险、非车险保费收入分别为56.19亿元、28.78亿元，非车险占比较上年提高7.12个百分点至33.87%。人身险方面，2019年普通寿险保费收入107.37亿元，占比较上年下降5.1个百分点至43.7%；相比之下，分红险的占比有所上升。寿险新单期交率下降5.5个百分点至76.4%，高于全国24个百分点；APE折标率下降3.3个百分点至86.2%，高于全国17个百分点。

（3）主要风险指标控制良好

财产险方面，2019年厦门市产险公司应收保费率（扣除保证保险）为14%，较上年提高0.3个百分点；行业综合成本率为97.3%，同比上升4.7个百分点。人身险方面，2018年寿险公司退保率为2.9%，下降1.1个百分点。

（4）服务和保障经济民生能力持续提升

2019年厦门市大力发展绿色保险业务，建立环境高风险领域环境污染强制责任保险制度，截至2019年末，环境污染责任保险共承保企业339家，保费收入441.31万元，共提供风险保障5.95亿元。同时，继续支持社会服务保障体系建设，全年厦门人身险公司共为保险消费者养老积累寿险责任准备金638亿元，提供长期健康险风险保障3378亿元，行业保障基础进一步夯实。另外，继续发挥出口信用保险的风险保障与贸易促进功能，支持厦门外贸稳增长，推动企业参与“一带一路”建设。全年厦门出口信用保险公司共服务支持出口企业2597家，同比增长39.9%；短期险实现保额144.8亿美元，同比增长9.5%；累计支持企业向“一带一路”沿线国家出口16.95亿美元，同比增长3.61%。

2. 保险业运行需关注的问题

（1）行业经营乱象仍较多

目前厦门市车险市场非理性竞争问题仍较突出，全年车险综合成本率101.24%，高于全国2.6

个百分点，其中车险综合赔付率65%，高于全国5.6个百分点；车险虚挂中介、虚列费用等数据不真实问题仍不同程度存在。寿险领域销售误导时有发生；短期健康险无序竞争明显，部分产品亏损严重。

（2）中小法人保险公司发展困难

因市场份额难以突破，保费收入疲软，加之保险资金投资遭遇不利市场环境，2019年厦门市两家法人保险公司亏损额进一步扩大，偿付能力充足率逐年下降。两家公司全年累计实现保费收入15.81亿元，同比下降2.15%；净亏损1.41亿元，同比扩大2.18倍。

三、金融市场与金融稳定

（一）金融市场运行情况

1. 银行间市场

2019年，厦门市法人银行继续通过银行间市场加强流动性管理。全年法人银行在全国银行间同业拆借市场累计成交15566.42亿元，同比下降0.08%；拆入资金及隔夜拆入为主要模式，占比分别达76.58%和90.28%。债券回购交易保持活跃。全年法人银行共完成债券回购交易10.26万亿元，同比下降3.38%；质押式回购、正回购及隔夜回购为主导，占比分别为99.76%、56.96%和96.16%。此外，法人银行通过银行间债券市场融资规模回落，全年累计发行小微金融债60亿元，同比减少130亿元，发行同业存单2935.6亿元，同比减少278亿元。非金融企业利用银行间债券市场融资的规模也呈现大幅增长，全年累计融资914.9亿元，同比增长27.99%，融资品种以超短期融资券为主。

2. 票据市场

2019年，厦门市票据市场业务总体大幅增长，服务实体经济的承兑和直贴业务为主要推动力，受包商银行接管后市场情绪影响，机构间买断式转贴现业务全面下滑。全年商业汇票承兑业务累计发生2458.42亿元，同比增长50.57%；票据贴现业务累计发生1119.93亿元，同比增长80.12%。相较之下，全年买断式转贴现累计发生3292.43亿元，同比下降61.64%；回购式转贴现业务累计发生3517.47亿元，同比增长2.97倍，其中买入返售为主要操作方向。

3. 黄金市场

2019年，厦门市黄金市场业务量小幅攀升。全年合计成交1263.64亿元，同比上升10.37%。从业务结构看，黄金交易所代理交易业务占比最大，成交418.97亿元，占成交总量的33.16%；其次为黄金掉期，成交251.16亿元，占比19.88%。

4. 外汇市场

2019年，厦门市银行结售汇规模与上年基本持平，但逆差增幅显著。全年银行结售汇总额789.6亿美元，同比上升0.2%；其中，结汇360.5亿美元，同比下降6.8%；售汇429.1亿美元，同比增长6.8%。全年结售汇呈现逆差68.5亿美元，同比增加3.5倍；其中12月逆差额创2016年以来新高。

（二）金融市场运行需关注的问题

1. 跨境资金流出压力加大

2017年以来，厦门市跨境收支顺差规模逐年下滑，2019年呈现五年来首度逆差，逆差规模达

7.5 亿美元，主要来自经常项目的货物贸易和初次收入，逆差分别为9.3 亿美元和12.1 亿美元。鉴于全球经济运行的不确定性加大，预计辖区跨境收支状况将出现较大波动，甚至可能出现持续小幅逆差的格局。

2. 民营企业债务融资支持工具运用范围受限

2018 年以来，人民银行总行推出民营企业债务融资支持工具，但受多个因素掣肘，支持工具目前在辖区的运用范围较为有限。一是地方政府支持政策需要跟进，属地增信机构在缺乏地方政府支持下积极性有待强化；二是民营企业与银行逆向选择问题亟待破解，对于资质好风险低的民营企业，银行愿意单独创设信用风险缓释凭证，但由于银行融资利率低于发债融资利率，这类企业往往发债意愿弱。

四、金融基础设施与金融稳定

（一）支付体系

2019 年，厦门市支付服务环境总体良好，服务质量持续改善。一是支付清算系统运行安全平稳，通过大小额支付系统和同城资金清算系统业务共发起业务笔数1183.87 万笔，金额354082.21 亿元，同比笔数减少40.42%%，金额减少10.46%。二是非现金支付工具使用量继续扩大，全年签发票据9655.96 亿元，同比增加4.54%。三是支付密码推广率保持全国领先，截至年末支付密码推广率达95.89%，较上年提高0.2 个百分点。四是非银行支付机构数量持续增多，截至2019 年末备案支付机构分公司40 家，本地预付卡法人支付机构4 家。

（二）征信体系

2019 年，厦门市正式入选全国首批社会信用体系建设示范城市（全国仅12 个城市入选），辖内信用体系建设在人民银行与发改委“双牵头”工作模式下快速推进。一是社会信用信息征集和应用进展显著，地方信用法规规章建设取得重大进展。市统一社会信用信息平台已归集79 个部门1.3 亿条信用数据，并基于数据基础推出了市民“白鹭信用分”等具体应用；同年出台了《厦门市信用数据政务共享和市场化应用暂行办法》等规章制度。二是征信系统收录信息数量快速增长，截至年末信用信息基础数据库共收录厦门市97000 户借款企业和超过618 万人的信用信息，2019 年1—12 月对外提供个人信用报告查询近29.23 万笔，企业信用报告查询近1.1 万笔。三是机构信用代码推广工作稳步推进，截至2019 年末共发放机构信用代码证28.77 万份，当年新增2.79 万户，变更1.2 万户。四是应收账款质押登记系统和融资服务平台发展平稳，截至2019 年末共有463 家银行和企业注册为平台用户，实现融资交易近1083 笔，交易金额70.1 亿元。五是中小企业和农村信用体系建设成效显著，对全市纳税信用A 级企业实施守信激励措施，累计对11000 多户次企业提供了近200 亿元的信贷支持；截至2019 年末共完成农户精准建档21 万余户，共评定信用镇2 个、信用街道5 个、信用村43 个、信用社区63 个。

（三）金融司法环境

2019 年，厦门市积极探索金融纠纷非诉解决机制建设。由人民银行厦门市中心支行、厦门市银保监局、厦门市证监局联合厦门中级人民法院等单位共同成立了金融司法协同中心，通过整合金融司法、监管、服务资源，建设一站式多元解纷机制。截至2019年末，累计受理各类传统和新类型金融案件11963起，标的195.77亿元；实现诉前调解、委托调解267起，标的5.01亿元，有效缓解了审判压力，降低了银行舆情风险。

中国人民银行厦门市中心支行金融稳定分析小组

组　　长：王彦青

副 组 长：黄　涛

成　　员：李世荣　于宏凯　梁志瑾　陶文立　郑紫萍　董玉霞　刘清波　谢树峰　林志强

《厦门市金融稳定报告（2020）》编写组

总　　纂：黄　涛

统　　稿：潘望春

执　　笔：翁舒颖

参与写作人员：刘雅珣　林志伟　陈　楠　何怡萱　张志杰　孔德营　陈玉婵　李康宁

深圳市金融稳定报告摘要

2019年以来，国内外风险挑战明显上升，国内经济下行压力进一步加大，世界大变局加速演变的特征更趋明显。深圳处在优化经济结构、转换增长动力的关键时期，结构性、体制性、周期性问题相互交织。面对复杂局面，在党中央、国务院的领导下，深圳金融坚持贯彻落实稳健的货币政策，持续深化金融供给侧结构性改革，不断改善金融管理和服务。深圳金融保持平稳运行，系统性金融风险整体可控。

2019年是防范化解金融风险攻坚战的关键之年。一些突出风险化解取得阶段性成果，防范风险的长效机制不断完善。当前，P2P网贷平台等互联网金融领域的增量风险总体已经得到有效控制，但存量风险仍需进一步化解。2019年5月，包商银行深圳分行被接管，在深圳人民银行、银保监局、证监局、地方金融监管局等相关部门的努力下，顺利地完成了相关大额债权收购，较好地实现了保护存款人利益和维护金融稳定的政策目标。

另外，深圳金融仍然面临不少薄弱环节。银行业的信用风险暴露虽然总体趋缓，但零售客户风险、村镇银行抗风险能力偏弱等问题需要关注。股票质押风险、私募基金违规经营依旧是证券业的重点关注领域。保险业方面，财产险持续亏损，寿险销售误导问题依然突出。从宏观审慎维度来看，宏观杠杆率过高增加了金融脆弱性，房价过高的负面影响应引起重视，金融控股公司亟须纳入监管，资管业务规范尚在进行。展望2020年，在新冠肺炎疫情的冲击下，国际金融市场持续动荡，可能会诱发新一轮风险暴露，跨境资本流动的波动性可能增加，未来金融风险防控压力会加大。

2020年是深圳经济特区建立40周年，是粤港澳大湾区和中国特色社会主义先行示范区“双区建设”的关键时期，是高质量全面建成小康社会和“十三五”规划的收官之年。深圳金融将以习近平新时代中国特色社会主义思想为指导，坚持“稳中求进”工作总基调，坚持高质量发展要求，以供给侧结构性改革为主线，继续实施稳健货币政策，坚决打赢防范化解重大金融风险攻坚战，深化金融改革开放，为经济发展创造良好的货币金融环境。

第一部分　经济金融运行情况

一、经济运行情况

（一）宏观经济增速仍处下行通道，第二产业增速明显放缓

2019年，深圳市GDP为26927.09亿元，按可比价格增长6.7%，增速比上年下降0.9个百分点，高于全国0.6个百分点。第二产业增加值10495.84亿元，增长4.9%，增速比上年下降4.3个

百分点，其中，规模以上工业增加值增长 4.7%，增速比上年下降 4.8 个百分点，为 2004 年以来历史最低值；第三产业增加值 16406.06 亿元，增长 8.1%。

（二）固定资产投资对经济增长起到支撑作用，增速明显高于全国平均水平

2019 年，全市固定资产投资 7355.62 亿元，增长 18.8%，增速比上年下降 1.8 个百分点，高于全国平均增速 13.4 个百分点。其中，基础设施投资增长 33.6%，房地产开发投资增长 15.9%。

（三）消费增长结构性放缓，网络消费保持快速增长

2019 年，全市社会消费品零售总额 6582.85 亿元，增长 6.7%，增速比上年下降 0.9 个百分点，低于全国平均增速 1.3 个百分点。其中，汽车、成品油、纺织服装等基本生活用品的零售额分别下降 4.4%、8.6% 和 5.4%，是拉低社会消费品零售总额增长的主要原因。网络销售额保持快速增长，增速达 40%。

（四）进出口增长整体乏力，对中国香港和美国贸易下降明显

2019 年，深圳出口总额 1.67 万亿元，增长 2.7%，比上年提高 4.3 个百分点；进口总额 1.31 万亿元，下降 4.7%，比上年下降 24.1 个百分点，净出口 3644 亿元，增长 42%，净出口占地区 GDP 比重为 13.5%，处于近年来低值。进口大幅下降、净出口大幅增长主要是由于上年抢进口的高基数效应。受贸易摩擦等不确定性事件冲击，对中国香港和美国的进出口总额比上年分别下降 5.0% 和 4.1%。

（五）税收收入增速放缓，非税收入大幅增长，地方财政收支保持平衡

2019 年，深圳一般公共预算收入 3773 亿元，增长 6.5%，比上年提高 0.3 个百分点。其中，受减税降费政策影响，税收收入 3068 亿元，增长 5.7%，比上年下降 3.5 个百分点，受财政专户利息调入影响，非税收入 705 亿元，增长 10.4%，比上年提高 16 个百分点。一般公共预算支出 4551 亿元，增长 6.2%，比上年提高 13 个百分点。

（六）食品价格指数上涨明显，生产者价格指数处于低位

截至 2019 年 12 月末，深圳 CPI 累计同比上涨 3.4%，涨幅比上年扩大 0.6 个百分点，高于全国 0.5 个百分点，其中各季度末同比分别上涨 2.6%、3.5%、3.1% 和 4.9%。分类别来看，全年食品烟酒价格上涨 7.5%，推动总指数上涨 2.32 个百分点，是 CPI 上涨的主要原因。深圳 PPI 累计同比下降 0.2 个百分点，高于全国 0.1 个百分点。全年 CPI 与 PPI 的剪刀差值有所扩大，12 月末为 3.4%，比上年末提高 0.8 个百分点。

（七）商品房市场量价回升，去库存周期下降

2019 年，深圳新建商品住宅销售面积 372.15 万平方米，同比增长 27.3%，12 月均价为 59011 元/平方米，同比上涨 2.9%。二手住宅成交面积 648.46 万平方米，同比增长 24.2%，12 月均价为 62779 元/平方米，同比上涨 14.3%。12 月末，住宅类商品房可售面积 303.05 万平方米，较上年同期减少 43.42 万平方米，据测算，住宅类商品房去库存周期为 9.8 个月，同比下降 4.5 个月，已连续 7 个月不足两位数。

（八）非金融部门杠杆率总体趋稳

当前，深圳企业及住户部门杠杆率仍处于高位，但是上升趋势得到遏制。截至 12 月末，企业杠杆率 204.7%，比上年下降 1.3 个百分点；住户杠杆率 83.2%，比上年提高 0.9 个百分点；地方政府杠杆率 1.6%，比上年提高 1.0 个百分点。

二、金融运行情况

（一）从 2018 年低点起，社会融资加快增长，表外融资继续收缩

2019 年，全市社会融资规模累计增量 9702 亿元，同比多增 3070 亿元。其中，表内信贷新增 6920 亿元，同比多增 1214 亿元，表外融资净减少 1816 亿元，较上年少减 420 亿元，直接融资新增 3466 亿元，同比多增 913 亿元，其他融资新增 1132 亿元，同比多增 532 亿元。表内信贷增量占社融总量的 71.3%，其中，人民币贷款净增加 7501 亿元，同比多增 253 亿元，外币贷款（折算为人民币）净减少 581 亿元，同比少减 961 亿元。

（二）银行业资产恢复正增长，盈利增速有所下降

伴随社融增量的明显反弹，深圳银行业扭转了上年金融去杠杆导致资产增速为负数的状况，12 月末资产规模 8.94 万亿元，增长 11.5%，增速较上年提高 15.9 个百分点。总负债规模 8.64 万亿元，增长 11.6%，增速较上年提高 16.3 个百分点。分机构来看，国有银行、农商行、村镇银行及民营银行的资产扩张相对较快，分别为 17.2%、18.7%、18.3% 和 32.4%。银行业全年共实现拨备前利润 1945.05 亿元，增长 7.3%，增速下降 6.8 个百分点，盈利增速下降的主要是 2019 年前三季度资产规模扩张较慢所致。

（三）存贷款保持两位数增长，房地产贷款增速明显放缓，制造业贷款增速偏低

从资产负债结构上看，截至 2019 年 12 月末，银行业资产的主要投向分别是贷款（占比 67.6%）、存放系统内（占比 24.7%）及投资（占比 3.6%），分别增长 13.4%、14.6% 和 7.5%。银行业负债的主要来源分别是单位存款（占比 48.5%）、储蓄存款（占比 20.9%）及同业负债（占比 16.7%），其中，单位存款和储蓄存款分别增长 12.4% 和 12.6%，同业负债下降 6.3%。

从贷款投向上看，主要为住房按揭（21.9%）、房地产业（13.5%）、制造业（11.2%）、批发零售业（10.8%）、租赁商务服务业（9.3%）以及个人消费（7.7%）。总体来看，受房地产调控政策影响，房地产相关贷款增速较前期已有明显下降，其中，住房按揭贷款增长 9.7%，房地产业贷款增长 17.0%，增速分别下降 2.7 个和 13.4 个百分点。受益于小微信贷政策，批发零售、租赁商务服务业贷款分别增长 18.8% 和 22.7%，增速分别提高 5.0 个和 4.8 个百分点。受实际不良贷款生成较高影响，2016 年以来，制造业贷款增速年平均增速只有 9.8%，远低于其他各类贷款。

（四）银行理财规模持续收缩，净值型产品快速增长

截至 2019 年 12 月末，深圳共有 44 家银行开展理财产品端业务，产品端余额合计 1.11 万亿元，

比上年下降7.66%。其中，净值型理财产品余额4623.03亿元，增长62.17%，占比为41.65%。共有27家银行开展理财资产端业务，资产端余额合计6740.32亿元，比上年下降17.45%。其中，通过各类通道间接投资的理财业务资产端余额4497.58亿元，下降18.54%，占比66.42%，其他均为直接投资产品。从穿透后的资金投向上看，主要投资方向为非标资产（占比35.2%）、债券（占比28.1%）、权益类投资（占比16.1%）。

（五）证券机构经营情况好转，公募基金规模继续扩张

受益于股票市场回暖，截至2019年末，深圳22家证券公司总资产1.71万亿元，增长17.2%，实现营业收入841.89亿元，增长32.4%，实现净利润308.53亿元，增长45.2%。证券公司的风险覆盖率、流动性覆盖率和净稳定资金率分别为218.10%、194.40%和136.46%，均高于监管标准。14家期货公司总资产877.54亿元，增长30.0%，实现营业收入31.84亿元，增长21.6%，实现净利润10.96亿元，增长45.8%。深圳证券行业资产管理规模为12.61万亿元，资产管理业务规模约占全国的四分之一。其中，公募基金的公募业务规模为3.91万亿元，增长17.5%，非公募业务规模为2.14万亿元，增长18.8%。

（六）法人保险机构资产平稳增长，保费收入增速高于全国平均水平

截至2019年末，深圳市场共有法人保险机构27家，法人保险机构数量全国排名第2位。法人保险机构总资产4.85万亿元，同比增长9.18%，较上年提高2.19个百分点。法人保险机构资产总额位居全国第2位，占全国保险机构总资产的23.59%。深圳保险市场全年累计实现保费收入1384.47亿元，同比增长16.19%，增速较全国高4.02个百分点。其中，财产险保费收入362.04亿元，增长5.18%，人身险保费收入1022.42亿元，增长20.67%。

（七）房地产贷款快速增长，不良率处于低位

截至2019年12月末，深圳房地产贷款余额为2.07万亿元，增长11.78%，占总贷款余额的35.3%，以房地产为抵押品的贷款余额为2.83万亿元，增长12.80%，占总贷款余额的48.2%。在房地产贷款中，房地产开发的不良贷款率为0.06%，比年初下降0.12个百分点，个人住房的不良贷款率为0.26%，比年初提高0.04个百分点，新发放个人住房贷款平均首付比为40.5%，较上年提高0.25个百分点。以房地产为抵押品的不良贷款率为0.63%，比年初下降0.10个百分点。

（八）金融市场总体平稳运行，流动性保持合理宽裕

2019年，深市总体震荡上行，改变了2015年以来下跌趋势。截至年末，深证成指、中小板指、创业板指分别上涨44.1%、41%和43.8%。全年深市累计成交73万亿元，日均成交2993亿元，环比增加45.5%。伴随市场回暖，股票的总体估值自底部回升，深证成指滚动市盈率为24倍，历史分位数由上年末的30%回升至62%。中小板指、创业板指和沪深300指数滚动市盈率为27倍、50倍和12倍，历史分位由上年末的1%、0.3%、14%底部位置修复至26%、50%和37%。全年，深市股票融资5089亿元，增长29%。其中，新增IPO公司78家，融资规模为646亿元，增长25.8%，再融资规模为4443亿元，增长339%。

货币市场流动性保持合理充裕，利率总体低位运行。上半年，受结构性去杠杆影响，R007月末波动明显。下半年，R007震荡幅度降低，资金利率逐步下行，年末R007和DR007分别收于3.07%和2.65%，较年初分别下降48个和39个基点。全年深圳货币市场成交207.10万亿元，同比增长27.94%，增速较全国多15个百分点。其中，深圳金融机构通过货币市场合计融入资金132.27万亿元，同比增长39.27%，合计融出资金74.83万亿元，同比增长11.85%，净融入资金57.44万亿元，同比增长104.63%。

国债收益率窄幅波动，信用债违约率处于低位。2019年，银行间债券市场呈现区间震荡格局，国债收益率窄幅波动，2019年末，1年期和10年期国债收益率分别收于2.38%和3.17%，分别较年初下行22个和6个基点。2019年，深圳会员在银行间市场买入现券24.29万亿元，增长27.11%，卖出现券23.67万亿元，同比增长32.31%，净买入现券0.62万亿元，同比下降49.18%。截至12月末，深圳银行间市场交易商协会注册累计发行883只非金融企业债务融资工具，余额3193.22亿元，未出现违约情况。交易所债券方面，12月末存续400只，余额6515.65亿元，共有12只债券发生违约，涉及本金70.51亿元，按存续本金计算，违约率为1.09%。

人民币汇率双向波动明显，市场主体持有美元意愿增强。2019年，人民币汇率对美元汇率走势主要受中美贸易谈判进程波折影响，双向波动频繁，全年走势“两升两贬”呈W形，总体收贬。年末，在岸人民币汇率（CNY）和离岸人民币汇率（CNH）分别收报6.9762和6.9617，同比分别贬值1.62%和1.15%。全年深圳银行间外汇市场合计成交3.86万亿美元，同比增长10.09%。由于人民币汇率走弱，市场主体持有外汇的意愿有所增强，全年深圳银行间人民币外汇市场净买入外汇1517.15亿美元，同比增长25.68%。

三、值得关注的中长期问题

（一）结构性问题预示经济下行压力将进一步加大

从需求侧来看，消费、投资及进出口需求持续疲软。2019年，深圳居民人均可支配收入同比增长8.7%，叠加住房、教育、医疗等因素，对居民消费增长形成约束，固定资产投资增速虽然支撑了经济增长，但自2015年，年增速平均高于全国增速10个百分点以上，当前高增长模式难以持续，受全球经济增长放缓及贸易摩擦影响，出口增长持续乏力，外贸形势难言乐观。

从供给侧来看，在新旧动能转换的过程中，部分传统产业，如电子电器、通信产业等，受结构性、周期性因素影响，面临市场竞争激烈、租金及人工等成本上升等困难，部分企业产能陆续迁出，5G、人工智能、高端生物技术等新兴产业存在技术不成熟、市场待发掘、核心尖端技术对外依赖度高等薄弱环节，形成新增长动力还需要时间。

结合需求与供给两个方面，经济下行在一定时期内大概率会延续，将对前期过于乐观的投融资决策产生中长期影响。

（二）房价过高的负面影响需要引起重视

近年来，深圳房价的涨幅远远超过居民收入增长，2019年末房价收入比为0.94，房价已经处于高位。从实体经济来看，房价持续上涨，推高了居民生活及企业经营成本，对其他领域的投资及居民消费形成挤出效应，不利于鼓励创新创业，对区域经济转型升级及潜在增长形成负面影响。当前，房地产金融的挤出效应已有所显现，可能会对区域金融的健康发展形成不良影响。2019 年末，深圳房地产业贷款占总贷款比例为 12.9%，较 2016 年提高 4.7 个百分点，制造业贷款占总贷款比例为 9.7%，较 2016 年下降 2.7 个百分点。

从金融视角来看，房价脱离经济基本面"虚高"，导致经济部门资产负债表形成"财富幻觉"，加大了金融脆弱性。同时，房地产已经成为银行的主要抵质押物，未来一旦房价下行，在顺周期机制的作用下，银行资产质量将面临持续大规模的负面冲击。

（三）金融对实体经济重点领域支持需要加强

近年来，通过政策引导，小微企业的信贷比重有所提高，但小微企业融资难、融资贵、融资慢的问题，没有得到根本性解决。从激励约束机制上看，银行面临资金成本、流动性及资本的约束，经营模式表现出路径依赖特征，普遍倾向于把资金贷给国有或大型企业，对小微企业或制造业支持不足。2019 年末，深圳小微企业贷款占总贷款比例为 22.5%，明显低于小微企业对 GDP 的贡献（占比约 50%），制造业贷款在各项贷款的占比（9.7%）和中长期贷款占比（5.9%），也明显低于制造业增加值占 GDP 的比重（占比约 40%）。

另外，银行风险管理能力偏弱，普遍依赖房产抵质押方式，构成普惠金融可持续发展的薄弱环节。截至 2019 年 6 月，除微众银行外，深圳信用类普惠金融产品约占普惠金融产品总量的 6.8%，其他 93.2% 的普惠金融产品均为房产提供抵质押。深圳房价的持续上涨形成一致预期，导致银行偏好住房抵质押融资，结果造成企业主融资后倾向购买更多住房，从而引起更多资金流入房地产，这实际上不利于培养银行的信用贷款能力，不利于金融体系发挥管理风险、支持创新发展的功能。

第二部分 金融部门稳健性评估

一、银行业

（一）信用风险暴露整体趋缓，零售风险加速暴露

2019 年下半年以来，在信用风险暴露趋缓和处置力度加大等积极因素的共同作用下，深圳市银行业不良贷款增长放缓，12 月末余额为 758.64 亿元，同比少增 133.61 亿元，不良贷款率 1.26%，比年初下降 0.05 个百分点。另外，受经济增速下行以及催收政策收紧等因素影响，零售业务的不良贷款快速增长，截至 12 月末，个人经营性、信用卡不良贷款余额较年初分别增长 42.1% 和 106.3%，专营个人消费类贷款的两家机构不良贷款余额增长 83.7%。

（二）银行业信用风险缓释能力整体增强

2019 年末，银行业各项资产减值准备合计 1639.91 亿元，分别占各项贷款及总资产比例的 2.71% 和 1.83%，同比分别提高 0.22 个和 0.18 个百分点，占不良贷款的 216.17%，同比提高 25.37 个百分点。其中，17 家地方法人银行的拨备覆盖率均超过 150%，中位数为 294.67%，假设拨备覆盖率降低为 100%，经测算，17 家银行可以一次性释放 116 亿元资金，大约占同期贷款规模的 2.6%。但从贷款拨备率来看，深圳地方法人银行普遍不高，只有 3 家银行超过 3.46% 的全国平均水

平，其他 14 家银行介于 2% ~3%。

（三）法人机构总体稳健经营，村镇银行抗风险能力偏弱

2019 年第四季度，32 家法人银行业金融机构的央行评级等级均在 6 级及以上，无评级等级为 8 ~10 级的高风险金融机构。主要关注以下方面：一是村镇银行流动性管理能力偏弱，多数银行负债端主要依赖主发起行或股东的大额存款，个别银行流动性监管指标贴近监管下限，部分银行未能通过 2019 年流动性压力测试；二是部分银行的公司治理、内部控制存在缺陷，导致不能严格执行风控标准，构成经营隐患；三是部分机构对员工异常行为关注不足、操作风险管控薄弱、对外合作不规范，导致出现风险案件。

（四）中小银行风险初步缓释，市场影响逐步消退

2019 年 5 月 24 日，包商银行因出现严重信用风险，被人民银行和银保监会接管。包商银行深圳分行负债超过 700 亿元，其中大额负债超过 300 亿元。接管对少数大额债权没有提供 100% 的先期全额保障，打破了以往的刚性兑付，深圳人民银行、银保监局、证监局以及地方金融监管局等相关部门加强沟通协调，通过“五合一”工作机制，顺利完成相关大额债权收购和转让协议的签署，包商银行深圳分行自接管后总体稳定，未出现挤兑等极端情况。接管期间，金融市场流动性总体宽裕，5 月 28 日，银行间市场存款类机构的 DR007 上升至最高值 2. 86%，之后逐渐回落维持低位震荡，6 月最高值为 2. 56%，较 5 月 28 日下降 30 个基点。受包商银行风险事件影响，个别村镇银行的大额存款在短期出现了流失，但经过一段时间适应，截至年末，深圳村镇银行存款整体增长 14. 5%，期间未出现流动性风险。

（五）互联网贷款等新业态面临非传统风险因素

对深圳 49 家银行业金融机构调研显示，截至 2019 年 9 月末，上述机构共推出线上个人贷款产品约 43 个，贷款余额合计 3216 亿元，其中法人机构 2606 亿元，分支机构 610 亿元。线上贷款表现出小额、分散、短期的特点，多数线上贷款笔均额度在 10 万元以内，期限介于 6 个月至 12 个月，年化利率介于 5% ~10%。互联网贷款的发展，降低了单笔贷款业务的经营成本，方便客户取得贷款，提高了个人金融渗透率，对支持普惠金融发挥了积极作用。

总体来看，金融机构的风险控制措施较强，多数线上贷款产品不良率小于 2%，但个别机构风控能力较差，不良率相对较高（超过 5%）。除传统信贷面临的信用风险外，线上贷款还面临线上欺诈、多头债务、个人信息搜集的真实性及合规性、合作机构经营风险、贷款催收合规性等问题，对风险管理及金融科技有更高的要求，应当引起持续关注。

（六）问题大企业风险暴露趋于收敛

自 2018 年以来，部分大型企业集团受经济增长放缓，金融去杠杆及自身经营管理不善等因素影响，出现资金困难、银行信贷逾期或被下调为不良贷款、债券违约、股票质押融资爆仓等风险状况，加上此类企业融资规模大，所暴露的金融风险引起社会广泛关注。总体来看，前期风险基本充分暴露，新增风险可控，截至 12 月末，问题大型企业有 14 家，融资余额合计 504 亿元，其中 207 亿元调为不良贷款，问题大型企业的数量较年初下降了 17 家，融资余额下降了 105 亿元。目前，相关银行

通过贷款重组、不良贷款处置（含清收、核销、转让）、诉讼保全资产、引入战略投资者资产重整等方式，积极开展风险处置。

二、证券业

（一）股票质押风险仍是重点关注领域

截至2019年末，深圳299家上市公司中约六成的上市公司大股东或实际控制人存在股票质押，质押融资总额逾1472亿元。质押比例超过80%的公司共32家，质押融资金额504亿元，其中，15家股价已触及质押平仓线，涉及融资金额197亿元。在A股市场回暖及多方共同努力下，辖区股权质押风险有所缓解。但是，受经济下行压力影响，大股东早期股票质押融资资金回收难度加大。民营企业融资渠道受限、成本过高，股票质押仍然是民营企业大股东融资的主要选择，股票质押存在反弹和新增的风险。

（二）私募基金违规经营引发兑付风险

截至2019年12月末，深圳存在风险苗头的私募机构共计108家，涉及备案产品772只，资金规模约1152亿元，投资者约2.7万人。已有53家私募机构出现延期兑付、实控人失联等情况，涉及投资者1.45万人，待偿余额263亿元。已出险的股权类私募机构，普遍存在保本保收益的违规问题，多数私募机构跨行业经营，主要涉及网贷平台、商业信贷、房地产等业务。

三、保险业

（一）财产险承保持续亏损

2019年，深圳财产险累计承保亏损6.2亿元，承保利润率为－1.88%，但较上年亏损有所下降①。其中，非车险承保亏损13.44亿元，承保利润率为－9.00%，较2018年缩窄3.68亿元；车险承保利润为7.24亿元，承保利润率为4.02%。值得关注的是，2019年车险保费收入增长12.98%，逆势于汽车销售市场的下滑，主要是因为深圳地区新车车险折扣比其他地区具有明显优势，业务的快速增长很可能透支未来几年的市场利润，大量赔付可能会在今后逐步释放出来。

（二）寿险市场销售误导问题依然突出

根据深圳银保监局统计，全年接到有效投诉5861件，同比增长180.30%。其中，销售投诉和理赔投诉占比较高。前端销售人员通过虚假宣传话术诱导投保人投保，出险后产生大量纠纷，主要涉及夸大保险责任或收益、隐瞒退保损失等合同重要内容、虚假宣传、给予合同约定以外的其他利益、阻碍消费者如实告知等现象。

---

① 2018年亏损11.65亿元。

四、地方金融

（一）P2P 网贷平台风险处置任务依然艰巨

当前，深圳市 P2P 网贷平台基本已经停业，处于风险处置的清收退出阶段，仍然面临退出任务重、资产质量差、违规问题多、配合程度低、社会维稳任务大等突出问题。一是涉及面广，全市纳入整治范围的 P2P 网贷机构 431 家，借贷余额约 1061 亿元，出借人数 156 万人，其中 82 家 P2P 被公安部门立案，涉及待偿金额 341 亿元，出借人数 62 万人。二是平台资产质量差，资金流向穿透有难度，据不完全统计，具备真实抵质押物的借贷余额仅占 30%，逾期率达 44%。平台资金交易频繁，穿透分析追踪有难度。三是处置难度大，部分中小型风险平台，配合程度低，信访压力大，部分平台异地经营，风险较高且不配合处置工作，协调异地联合处置比较困难，部分平台涉及私募基金逾期，引发风险跨领域蔓延。

（二）部分地方金融机构仍然存在涉众风险隐患

一是部分商业保理公司从事缺乏法律法规支持的票据贴现业务，或开展与商业保理无关的催收业务、讨债业务，部分企业通过 P2P 网贷平台、交易场所开展融资业务。二是前海航交中心不能按时兑付引发社会稳定隐患，存续规模 43.6 亿元，涉及投资者 1.9 万人，由于多次兑付违约，2019 年发生百人级别投资人维权 3 起。三是非法集资犯罪形势严峻，2019 年，经公安部门立案的新发非法集资案件 121 宗，涉案金额约 502.78 亿元，涉及人数 51.92 万人，案件普遍金额大、涉众人数多、处置链条长、进度缓慢。

五、金融控股公司

金融控股公司亟须纳入监管。深圳的非金融企业投资金融机构情况较多，注册地在深圳且名称中含有“金控”及类似字样的企业有 1035 家，其中 1033 家不具备金融控股实质。部分金融控股公司股权结构复杂、成员企业层级多、关联交易不透明、风险管理体制不健全。当前，对金融控股公司的实际监管尚未落地，风险监测的框架、机制及渠道均未真正建立，客观准确评估相关风险比较困难。未来，在金融控股公司监管试行办法及细则正式推出后，有序规范存量企业，持续监管增量企业，在公司治理、风险管理、关联交易、信息系统建设等方面还有大量基础性工作需要落实。

六、金融基础设施

个别第三方支付机构违规为非法平台提供服务。经过持续清理整顿，2019 年支付市场整治成效显著，但仍有个别机构违规为非法平台提供支付服务。一是黑灰产业利用支付机构渠道转移资金的现象未从根本上清除，网络博彩等黑灰产业存在逐渐向聚合支付、小微商户等渠道转移，并向个人收款、分散收款等方向发展的趋势，资金支付方式更加隐蔽、分散。二是网贷平台利用支付机构渠道转移资金的情况仍然存在，个别支付机构违规为网贷平台提供代扣支付业务，引发大量投诉，直接将互联网金融风险延伸至支付领域。

七、资管业务

当前，非标资产处置及净值化转型是资管新规整改难点。一是非标资产处置困难，深圳理财业务资产端于2020年末资管新规过渡期后到期的非标资产余额为1333.7亿元，主要银行皆存在过渡期后到期的非标资产。部分非标资产投资周期长、流动性较差、无法直接转让或者出售，部分非标资产实际已经出险，风险资产回表有合规隐患。二是客户普遍对净值型产品接受度不高，个人普遍存在较强的刚性兑付预期，对净值波动的接受程度不高，且投资期限较短，当前净值型产品占比不到一半，产品净值化转型相对缓慢。

八、跨境资金流动

跨境资金由逆差转顺差，跨境资本流动风险可控。2019年，受进出口顺差扩大带动贸易顺差扩大，以及证券投资、其他投资等资本项目资金流入增多影响，跨境资金保持净流入状态。全年跨境收支总额6289.3亿美元，同比下降1.3%，其中，跨境收入同比上升1.7%，跨境支出同比下降4.3%，跨境收支顺差98.2亿美元（上年为逆差94.9亿美元）。跨境人民币流动平稳有序，全年跨境人民币收付金额合计1.69万亿元，再创历史新高，同比增长2.8%。从结构上看，跨境人民币收入7901亿元，支出8954.2亿元，收付比为1:1.13，累计净支出1053.2亿元。

第三部分　形势研判及展望

一、2020年形势研判

总体来看，2019年的经济增长绩效来之不易，必须清醒地认识到，当前，世界经济增长持续放缓，全球动荡源和风险点显著增多，外部环境的变化可能会长期化。深圳正处在转变发展方式、优化经济结构、转换增长动力的关键时期，结构性、体制性、周期性问题相互交织。展望2020年，在经济下行压力加大的影响下，叠加新冠肺炎疫情等不确定性事件冲击，新一轮的风险暴露可能会被诱发，存量的风险处置难度可能会加大，防控金融风险的制度建设需进一步完善。

（一）新冠肺炎疫情等不确定性事件冲击

2020年以来，新冠肺炎疫情持续蔓延，破坏了世界经济既有运行机制，造成全球金融市场持续动荡。深圳经济为外向型经济，是全球产业链的重要环节，容易受到外部需求的影响，部分产业链也会因国外关键零部件供给缺乏而中断。深圳外来务工人员多，三次产业占比高，疫情防控对能源、贸易、航空、酒店、旅游、餐饮、零售及商业地产等行业造成“休克效应”。以上因素叠加会使得深圳面临的冲击形势更为严峻，对深圳金融平稳运行构成重大挑战。目前，由于金融支持疫情防控等政策对冲，相关风险还未充分暴露，预计在疫情防控支持政策逐步退出后，将会逐渐显现。

（二）经济下行压力增加非金融部门脆弱性

当前，深圳市的非金融部门杠杆率相对偏高，宏观经济下行压力进一步加大，将造成宏观杠杆率的被动提高，对部分高杠杆个体的偿付能力形成冲击。经测算，假设2020年信贷增速不变，GDP增速减半，则2020年末非金融企业部门杠杆率将提高至218.3%，同比上升13.6个百分点，住户部门杠杆率将提高至90.3%，同比上升7.1个百分点。鉴于深圳当前宏观杠杆率在全国已经处于相对高位，非金融企业部门每年平均利息负担约占营业盈余的40%，住户部门每年平均利息负担约占劳动报酬的36%①，如果宏观杠杆率继续提高，将通过实际收入下降，引发个体流动性偿付能力螺旋下降的机制，诱发信用风险加速暴露。

（三）地方金融机构风险处置的次生影响

与之前年份相比，2020年宏观经济形势更加困难，这可能会加大风险处置的难度。一方面，经济下行导致资产追偿变现难度更大；另一方面，债权人在经济不景气时，维权意愿可能会加强，希望能够尽量挽回损失。以上因素可能会加大风险处置的复杂程度，甚至可能会在处置过程中激化矛盾。当前，防范化解重大金融风险攻坚战已经进入收尾阶段，需要在风险处置中提高政治站位，提前做好工作预案，妥善应对各类矛盾，避免金融风险引发维稳问题。

面对上述问题，也应当看到有利方面。总体来看，深圳经济长期向好的基本趋势没有改变。在党的坚强领导和中国特色社会主义制度的显著优势下，借助粤港澳大湾区和中国特色社会主义示范区的发展契机，深圳有完备的先进制造业产业集群，有年轻的人力资本和人力资源，有创新发展优势，有粤港澳大湾区的市场优势和内需潜力，地方财政政策层面还有较大的腾挪空间。

从深圳市金融来看，前期金融风险隐患已经相对充分暴露，金融机构的治理总体规范，房地产价格等系统性因素并不存在下跌的条件，金融体系逆周期储备较为充足，抗风险能力较强，系统性风险处于可控状态。

二、展望

（一）坚决打赢重大金融风险攻坚战

2020年，重大金融风险攻坚战已经进入收官阶段，需要稳妥做好攻坚战的扫尾工作。一是推动落实攻坚战各项任务部署。对标攻坚战实施方案的具体要求，根据时间表、路线图，增强上下联动，强化横向联合，压实负责部门落实前期方案，及时报告重大风险处置进展。二是继续做好重点领域风险处置工作。探索完善市场化、法治化金融风险处置机制，压实各方责任，建立损失分担机制。稳妥推动P2P网贷平台风险化解，按要求完成互联网金融风险专项整治。配合做好重点金融控股集团风险处置，推动重点中小银行风险处置，积极化解大型企业集团风险。三是继续压降重点风险。积极推动结构性降杠杆、打击非法金融活动、保护金融消费者权益、防范外部冲击等工作。提升风

---

① 估算的逻辑是利用非金融企业杠杆率和融资成本计算出每年付息占GDP比例，再根据收入法下GDP核算细项，假设分配比例不变，从而算出需要支付的利息占企业营业盈余的比例。假设以LPR改革后的贷款加权平均利率作为非金融部门的融资成本。住户部门的估算方法类似，但考虑了中国家庭信贷参与率大约只有30%的影响。

险应对的前瞻性和科学性，避免引发处置风险的风险。

（二）加快落实地方协调机制

2020 年 3 月，金融委办公室地方协调机制（深圳市）正式成立，下一阶段，需要完善各项工作制度，加强统筹协调，确保地方协调机制有效履职。一是主动担当，积极作为，充分调动各方积极性。牵头单位需要坚持以身作则，严格自律，增强服务意识，注意沟通协调方式方法，承担好地方协调的纽带作用。二是加强交流合作，逐步提升协调机制有效性。加强内部统筹，梳理成员单位所关心的信息，探索建立成员单位信息交换机制。跟踪评估宏观金融动态，及时向市政府报告工作情况，配合市政府争取金融支持政策。主动加强与成员单位的业务交流，主动向成员单位通报日常工作发现的风险隐患，积极配合金融监管工作。三是明晰权责，压实风险处置责任。围绕防范化解金融风险，从宏观审慎角度出发，厘清风险处置职责边界。金融机构承担防控风险主体责任，地方政府承担属地风险处置和维稳第一责任，金融监管部门承担金融监管责任，人民银行承担最后贷款人责任。

（三）完善宏观审慎管理框架

当前，宏观审慎管理处于初创阶段，有大量的工作需要完善。一是坚持问题导向，完善金融业综合统计。宏观审慎重点关注宏观杠杆率，房地产、股票、债券等重要金融资产，金融控股公司与系统重要性金融机构，跨行业、跨市场、跨部门的金融活动，以及跨境资金流动等风险，风险评估的基础是数据，需要通过完善金融业综合统计，为宏观审慎管理奠定基础。二是加快推进重点工作落地实施。探索完善房地产金融宏观审慎管理，加强区域系统重要性金融机构或区域重点金融机构监管，推动金融控股公司监管落地，探索开展跨境资金流动宏观审慎管理。三是推动宏观审慎工具实践。宏观审慎工具箱包括资本、流动性、资产负债、跨境资金流动、金融市场或金融设施等管理工具，对应的职能管理分散在不同部门，需要通过机制设计，提高跨部门协调效率。四是完善多部门协同的治理机制。宏观审慎管理的成效，很大程度上受金融监管、财政及产业等政策影响，需要建立一致的激励相容机制，才可能发挥政策合力。

（四）建立健全房地产金融长效管理机制

房地产金融长效管理机制的核心在于坚持“房住不炒”，落实“一城一策”。一是完善宏观审慎管理，平抑房地产金融顺周期波动。探索逆周期差别化住房信贷政策，加强房贷利率逆周期调节，控制房地产贷款集中度，实施逆周期资本监管。二是强化微观审慎管理，避免信贷资源违规流向房地产。落实金融机构审慎经营主体责任，严格审查个人住房贷款的首付比、偿债收入比、购房资金来源、实际购房资质、中介机构等要素，探索对杠杆率过高的房地产企业实施逆周期管理，限制其购地、囤地行为。三是加强部门协调，推动房地产长效机制建设。加强金融与产业、财税、人口、社会保障和住房等有关部门协作，提前做好政策储备预案，推动地方政府加大住房供给，加强医疗、教育等短板建设，抑制房地产投机炒作行为，共同促进房地产市场健康发展。

（五）加强地方金融监管建设

深圳的“7 +4”类地方金融机构数量众多，质量良莠不齐，部分机构违规经营，仍然存在风险隐患。总结经验教训，未能落实金融牌照管理、功能监管实际缺位，是地方金融风险集中暴露的主要原因。建议进一步强化地方金融机构持牌管理，以实质重于形式原则，判断机构或产品是否涉及金融，由地方协调机制指定主监管方，参照已有的类似监管规则予以监管，切实执行金融持牌管理。建议在统一的监管政策框架下，探索赋予地方金融监管局适当的执行政策灵活度，因地制宜，提高地方金融监管的积极性和有效性。

（六）提高金融服务实体经济能力

围绕金融供给侧结构性改革，优化融资结构和金融机构体系、市场体系、产品体系，为实体经济发展提供更高质量的金融服务。一是加强对小微企业等重点领域的金融支持。推进 LPR 运用，疏通货币政策传导机制，引导企业融资成本下行。推动发改、财政、工信、金融监管“几家抬”，用好定向降准、再贷款再贴现、宏观审慎评估和征信管理等政策工具，有效满足小微企业等重点领域的融资需求。二是运用大数据技术提升金融服务效能。进一步发展互联网贷款，推动金融机构提升线上贷款风控能力，对贷款客户实现精准风险定价，切实防范线上欺诈风险。加强地方基础性数据设施建设，支持地方信息集聚整合，推动大数据加强风险管理效能。三是通过改革创新形成新增长空间。推进金融领域综合授权改革试点，先行先试推进人民币国际化，推动“理财通”、本外币合一资金池等人民币产品服务创新，加快推进本外币账户和业务一体化建设。配合做好 DC/EP 在深圳的落地试点，不断探索大数据、人工智能等技术在金融管理的实践应用。

中国人民银行深圳市中心支行金融稳定分析小组

组　　长：黄　富

副 组 长：张春光

成　　员：胡春冬　华继旺　李立宪　李晓霞　刘川巍　刘学成
刘　钟　孙春广　王洪波　吴　燕　熊　伟　余　钢
张海泓　周赞文　朱　凯　朱松涛　邹　颖

《深圳市金融稳定报告（2020）》编写组

总　　纂：张春光

统　　稿：赵玉旭　王翔宇

执　　笔：熊　英　朱雯君

参与写作人员：暴　鹏　曹　源　陈　曦　盖　鹏　高　洁　高　敏
姜雨杉　李　菡　李伟聪　马　媛　庞春阳　师翔
舒　磊　熊康莉　叶　梅　袁雅文　原昕昕　张东波
张瑞军　张　腾　赵　灵　邹　玲